FERNAND DRUJON

CATALOGUE

DES OUVRAGES, ÉCRITS ET DESSINS

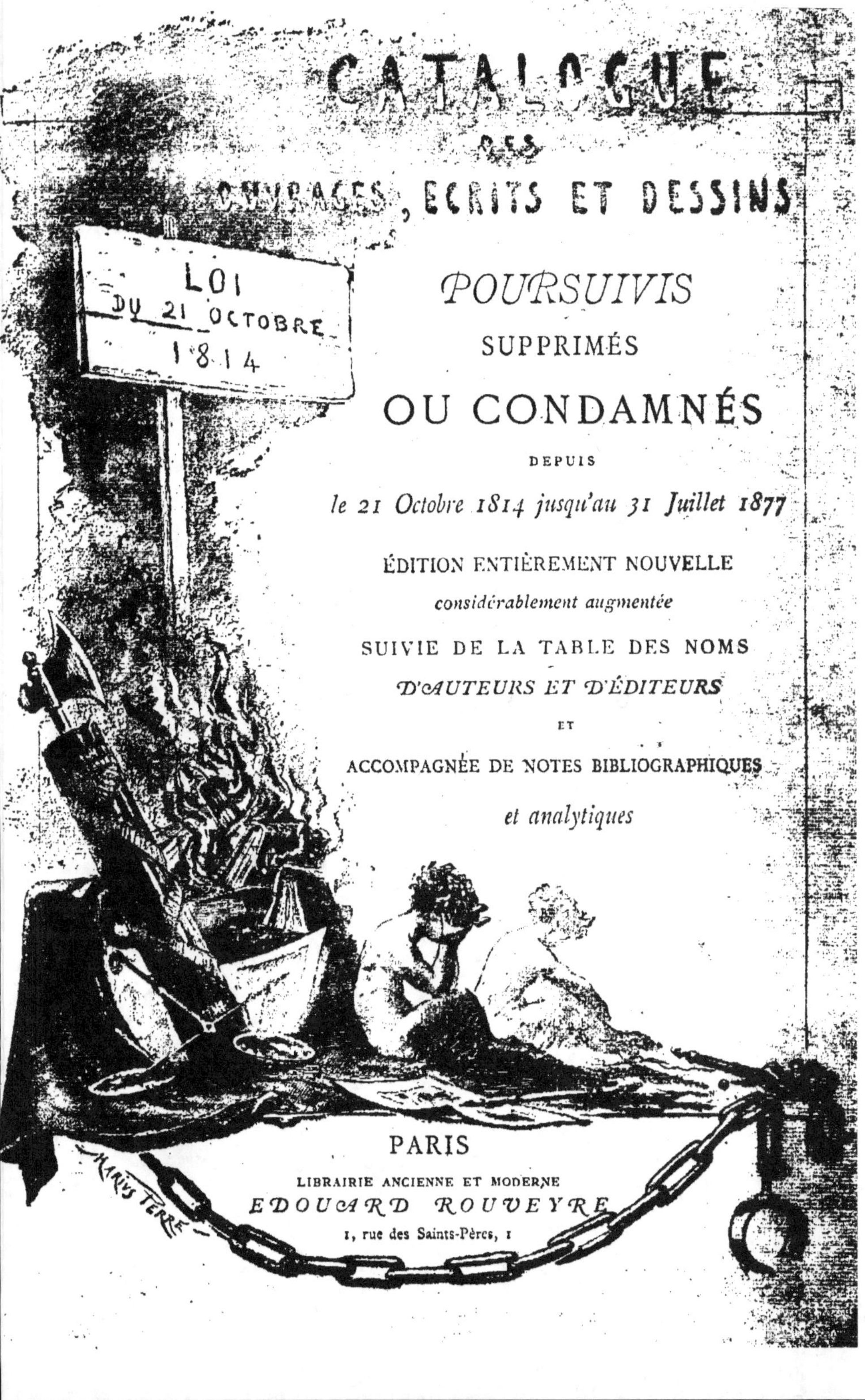

POURSUIVIS

SUPPRIMÉS

OU CONDAMNÉS

DEPUIS

le 21 Octobre 1814 jusqu'au 31 Juillet 1877

ÉDITION ENTIÈREMENT NOUVELLE

considérablement augmentée

SUIVIE DE LA TABLE DES NOMS

D'AUTEURS ET D'ÉDITEURS

ET

ACCOMPAGNÉE DE NOTES BIBLIOGRAPHIQUES

et analytiques

PARIS

LIBRAIRIE ANCIENNE ET MODERNE

EDOUARD ROUVEYRE

1, rue des Saints-Pères, 1

CATALOGUE

DES

OUVRAGES, ÉCRITS ET DESSINS

POURSUIVIS, SUPPRIMÉS

OU CONDAMNÉS

CATALOGUE

DES

OUVRAGES, ÉCRITS ET DESSINS

DE TOUTE NATURE

POURSUIVIS, SUPPRIMÉS OU CONDAMNÉS

DEPUIS LE 21 OCTOBRE 1814 JUSQU'AU 31 JUILLET 1877

Edition entièrement nouvelle, considérablement augmentée

SUIVIE DE LA TABLE DES NOMS D'AUTEURS ET D'ÉDITEURS

ET ACCOMPAGNÉE DE NOTES BIBLIOGRAPHIQUES ET ANALYTIQUES

PAR

FERNAND DRUJON

PARIS

LIBRAIRIE ANCIENNE ET MODERNE

ÉDOUARD ROUVEYRE

1, RUE DES SAINTS-PÈRES, 1

1879

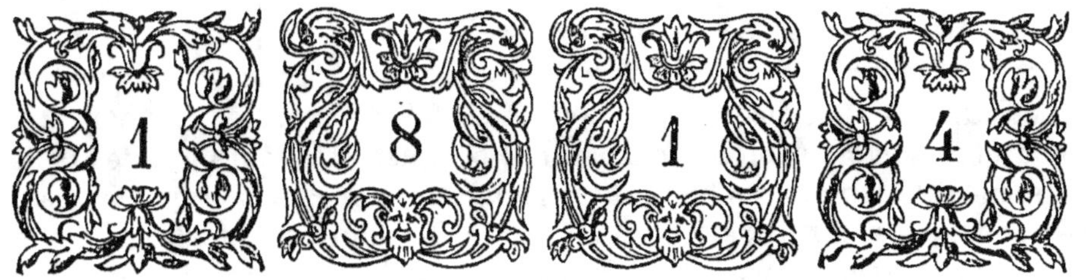

AVANT-PROPOS

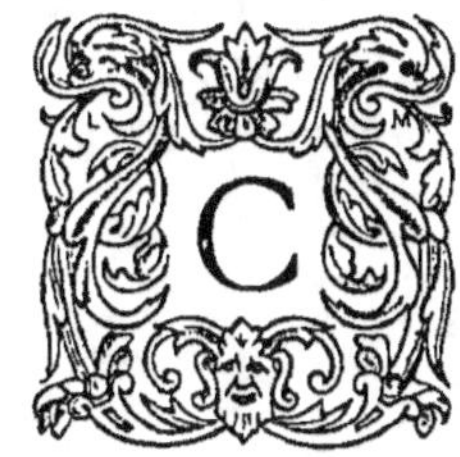

E serait assurément une œuvre aussi attrayante qu'utile que l'étude approfondie de tous les écrits condamnés de tous temps, en tous pays. Depuis Protagoras d'Abdère, dont les livres impies furent, cinq siècles avant notre ère, brûlés publiquement, par ordre des magistrats athéniens, jusques aux condamnations prononcées de nos jours contre les écrits les plus récents, que d'ouvrages ont été atteints, et parfois pour des motifs si opposés, par les censures de la justice humaine! Quelques-uns cependant ne méritaient point ces rigueurs : ceux-là, la postérité les a depuis réhabilités et le temps a fait justice des circonstances particulières ou des hommes sous les coups desquels ils avaient succombé. Mais pour le plus grand nombre, on doit reconnaître que ce fut avec raison qu'on les prohiba, car ce n'était point à des institutions passagères, à des idées de convention qu'ils s'étaient attaqués, mais bien à ce qu'il y a de plus sacré et de plus respectable, à l'autorité des lois, à la morale, à la Divinité.

Une aussi vaste étude suffirait à absorber plusieurs années de travail et remplirait de nombreux volumes ; aussi ne nous proposons-nous pas d'en esquisser, même une faible partie, dans cet ouvrage; peut-être, et nous l'espérons un peu, nous sera-t-il donné, dans un autre livre, de revenir sur ce sujet. Actuellement, notre but est beaucoup plus modeste : nous n'offrons aux lecteurs qu'un travail de bibliographie destiné à leur faciliter des recherches, jusqu'à présent bien pénibles, par suite de l'extrême diffusion et de l'insuffisance des renseignements concernant la matière que nous allons traiter.

Ce catalogue, pour lequel nous avons adopté le classement alphabétique rigoureux, comme étant le plus naturel, complété d'ailleurs par des tables aussi détaillées que possible, est principalement destiné à trois classes de personnes : les magistrats, les bibliophiles, les libraires et éditeurs. Bien que nous ne nous proposions aucunement de faire un manuel de jurisprudence (il existe assez d'excellents traités spéciaux sur la matière), nous croyons cependant devoir livrer aux méditations de ces derniers l'extrait suivant d'un des livres les plus autorisés, *le Nouveau Code annoté de la Presse*, par M. G. ROUSSET (Paris, 1856, in-4) :

« L'art. 26 de la loi du 26 mai 1819 porte que tous les arrêts de condam-
« nation contre les auteurs ou complices des crimes et délits commis par
« voie de publication, seront rendus publics dans la même forme que le
« jugement portant déclaration d'absence, c'est-à-dire par leur insertion
« au *Moniteur*. Cet article n'a pas été abrogé par le changement de juri-
« diction des délits de presse (art. 25, déc. du 17 février 1852). Or, *l'art. 27*
« *de la loi précitée punit du maximum de la peine qu'aurait pu encourir*
« *l'auteur, quiconque réimprimerait, vendrait ou distribuerait un écrit,*
« *un dessin ou une gravure condamnée, dont la condamnation aurait été*
« *rendue publique par l'insertion au* Moniteur *ci-dessus prescrite **. »

---

* Citons à l'appui de ce qui précède un remarquable arrêt de la Cour de Paris inséré comme suit dans la *Gazette des Tribunaux* du 9 avril 1853 :

Cour impériale de Paris. — Audience du 7 avril 1853.

Vente d'écrits précédemment condamnés. — Révélation. — Abrogation des art. 287 et 288 du Code pénal.

Les art. 287 et 288 du Code pénal ont été abrogés par la loi des 17 et 19 mai 1819.

En conséquence, les peines prononcées par la loi de 1819 ne doivent point être réduites à des peines de simple police à l'égard de ceux qui, sur les poursuites dirigées contre eux, auront fait connaître les auteurs, imprimeurs et graveurs des chansons, pamphlets, figures ou images précédemment condamnés et ceux encore qui leur auraient remis les écrits incriminés.

Le maximum de la peine doit être prononcé aux termes de l'art. 27 de la loi du 26 mai 1819, contre les vendeurs ou distributeurs d'écrits et gravures frappés de condamnations antérieures.

M. G......, libraire, poursuivi pour avoir vendu des gravures et des livres précédemment condamnés, a déclaré tenir ces ouvrages du s^r O..... En même temps il réclamait le bénéfice de l'art. 288 du Code pénal qui réduit à des peines de simple police la pénalité prononcée contre les coupables de publication et distribution de certains écrits, quand ils en font connaître les auteurs et imprimeurs.

G...... et O..... furent condamnés, par jugement du 29 janvier 1852, de la

Il existe dans les jugements et arrêts que nous avons relevés une grande quantité d'espèces que nous ne devions pas intercaler dans un catalogue exclusivement réservé à des écrits et à des dessins, mais que nous ne pouvions cependant nous dispenser de citer, alors que nous avions l'intention de signaler les poursuites dirigées contre les manifestations de la pensée sous toutes ses formes. Nous avons cru bien faire en réunissant toutes ces espèces dans les deux paragraphes suivants qui, nous l'espérons du moins, compléteront ce catalogue d'une manière utile et intéressante pour les chercheurs.

6e chambre du Tribunal correctionnel, à six mois de prison et 500 fr. d'amende.

Sur l'appel du ministère public et des srs O..... et G......, l'affaire venait aujourd'hui devant la Cour.

Après avoir entendu Mes ALLOU et PAILLARD DE VILLENEUVE, la Cour, sur les conclusions de M. l'avocat général FLANDIN, a prononcé l'arrêt suivant :

« Sur l'appel d'O..... et les conclusions de G......,

« Adoptant les motifs des premiers juges,

« Et considérant que les dispositions de l'article 287 du Code pénal ont été virtuellement abrogées par les lois des 17 et 26 mai 1819;

« Qu'il en est de même des dispositions de l'article 288 qui, par son texte même, se réfère à l'article précédent;

« Sur l'appel du ministère public.

« Considérant qu'aux termes de l'art. 27 de la loi du 26 mai 1819, les vendeurs ou distributeurs d'écrits et gravures frappés de condamnations antérieures régulièrement publiées doivent subir le maximum de la peine applicable ;

« Que les écrits et gravures vendus par G...... et O..... avaient été, antérieurement à ces ventes, condamnés par décisions judiciaires publiées dans le *Moniteur*, et que d'ailleurs G...... et O..... sont reconnus coupables d'avoir, en 1852, mis en vente et vendu des gravures dont la publication n'était point autorisée par le ministre de la police, délit prévu par l'art. 22 du décret du 17 février 1852;

« Met l'appellation et le jugement dont appel au néant, en ce que G...... et O..... n'ont été condamnés qu'à six mois de prison, et vu l'art. 365 du Code d'instruction criminelle, leur faisant application de l'art. 22 du décret du 17 février 1852, les condamne chacun à un an de prison, à 1,000 fr. d'amende, prononce la confiscation des écrits et gravures saisis, condamne solidairement G...... et O..... aux frais du procès, fixe à une année la durée de la contrainte par corps. »

Ouvrages consultés et à consulter.

Les rapports de la censure sous la Restauration.

Il convient que nous citions d'abord toutes les sources auxquelles nous avons puisé les indications nécessaires pour la rédaction de notre catalogue. Indépendamment des grandes collections que nous avons compulsées, le *Moniteur universel*, le *Journal officiel,* la *Gazette des Tribunaux* et le *Droit*, nous avons aussi fait usage de notes nombreuses que nous avons été à même de prendre, avant et après les événements de 1871, dans les dossiers judiciaires et dans ceux de la Préfecture de police. De plus, et nous devons lui payer ici ce tribut de notre gratitude, nous avons tiré grand profit de l'examen de fiches spéciales qu'a bien voulu nous communiquer M. G. MACÉ, actuellement commissaire de police des délégations judiciaires de la ville de Paris. Ce magistrat, qui, aux débuts de sa carrière, était secrétaire du Contrôle général de la Préfecture de police, chargé, comme on sait, en partie, de l'exécution des lois et règlements en matière de presse, avait constitué, à l'aide de fiches, un répertoire des condamnations, des poursuites et des saisies auxquelles il avait coopéré : c'est ce travail, entrepris pour son usage personnel, que M. MACÉ a bien voulu nous abandonner.

Enfin les travaux antérieurs nous ont été également fort utiles bien qu'ils ne continssent que des indications très-succinctes et parfois erronées. Aussi avons-nous dû reprendre tous les articles et les vérifier un à un en les classant chacun à leur ordre et en y ajoutant des notes qui, nous l'espérons du moins, donneront à notre travail un caractère d'utilité véritablement pratique.

Voici la liste de ces catalogues :

I. **Catalogue des ouvrages condamnés** depuis 1814 jusqu'à ce jour (1er septembre 1827), suivi du texte des jugements et arrêts insérés au *Moniteur.* — Paris, PILLET aîné, imprimeur-libraire. 1827, pet. in-18 de 71 et 64 pages.

II. **Catalogue alphabétique des ouvrages condamnés,** ou relevé de toutes les publications officielles faites au *Moniteur*, en exécution de la loi du 26 mai 1819, suivi d'un *Memento des parquets*, contenant la nomenclature des envois et des rapports périodiques ou accidentels à faire par MM. les procureurs du roi, etc., etc. — Paris, au bureau du *Journal du palais* et chez DUPONT, imprimeur-libraire. 1836, in-8 de 74 et 38 pages.

III. **Catalogue des ouvrages** qui ont été l'objet soit de condamnations, soit de poursuites judiciaires, depuis 1814 jusqu'au 1er janvier 1843. — Paris, impr. de DUPONT, 1843, pet. in-18 de 86 pages.

Ces trois catalogues ne sont guère qu'une sèche nomenclature de titres plus ou moins tronqués et ils ne nous ont servi qu'à éviter certaines omissions. Il n'en est pas ainsi du suivant qui est un travail très-bien fait, consciencieux et dont le seul tort, à notre avis, est d'être divisé en quatre parties, ce qui rend les recherches plus longues et plus pénibles : en voici le titre exact :

IV. **Catalogue des écrits, gravures et dessins condamnés** depuis 1814 jusqu'au premier janvier 1850, suivi de la liste des individus condamnés pour délits de presse. — Paris, chez PILLET, fils aîné, éditeur, 1850, in-12, 204 pages.

(On attribue la rédaction de ce livre à MM. MAYNARD DE FRANC ou GAILLARD, commissaires-inspecteurs de la librairie au ministère de l'intérieur.)

V. **Catalogue des ouvrages condamnés depuis 1814 jusqu'au 1er janvier 1850.** (Extrait du *Moniteur universel.*) — Paris, impr. de PANCKOUCKE. 1851, in-folio, 4 pages.

VI. **Catalogue des ouvrages condamnés comme contraires à la morale publique et aux bonnes mœurs,** depuis le 1er janvier 1850 jusqu'au premier janvier 1874. Supplément du *Journal officiel de la République française*, du 7 mars 1874. — Paris, A. WITTERSHEIM et Cie. In-4 de quatre pages.

VII. **Catalogue des ouvrages condamnés** comme contraires à la morale publique et aux bonnes mœurs du 1er janvier 1814 au 31 décembre 1873. — Paris, librairie des publications législatives, A. WITTERSHEIM et Cie. 1874, in-8 de 112 pages.

Ce catalogue, qui a pu rendre des services puisqu'il était le plus complet jusqu'alors, laisse cependant beaucoup à désirer, sous le rapport de l'exactitude et de la correction. Ce n'est guère qu'une réimpression des index publiés en 1851 et en 1874 dans le *Moniteur* et dans le *Journal officiel*.

VIII. Enfin, nous ne devons point passer sous silence un dernier travail dont nous n'avons fait cependant qu'accessoirement usage, puisque son objet ne rentre pas dans notre cadre: c'est la **Liste des écrits étrangers dont l'entrée en France a été interdite depuis le 4 septembre 1870,** publiée par le ministère de l'intérieur (Direction de la sûreté générale, 4ᵉ bureau, imprimerie et librairie). — Paris, imprimerie nationale. Octobre 1876, in-4 de 62 pages.

(Nous aurons plus tard occasion, dans une étude sur les interdictions de livres étrangers, de nous servir de cet intéressant document.)

Tels sont, en y ajoutant quelques notes recueillies, par occasion, dans diverses pièces périodiques, tous les documents imprimés dont nous avons fait usage. Rappelons aussi la *Note des ouvrages à supprimer dans les cabinets de lecture* dont nous parlons plus amplement à la page 277 de notre *Catalogue*. On voit que nous n'avons rien négligé pour que notre travail fût aussi complet que possible, et les omissions que l'on y pourra constater ne sauraient être attribuées qu'à l'insuffisance ou à l'inexactitude de ces documents que nous avons contrôlés cependant avec un soin minutieux. Enfin, pour terminer cette série d'*Index* français, il nous faut citer aussi divers ouvrages signalés, vers la fin de la Restauration, à la vigilance du parquet de la Seine, par la censure instituée par ordonnance royale du 24 juin 1827 et si rigoureusement exercée alors. Nous avons puisé ces indications dans un recueil périodique intéressant et curieux, mais si oublié aujourd'hui que la *Bibliographie de la Presse* de M. Hatin n'en fait même pas mention. Nous voulons parler de la *Gazette littéraire,* revue française et étrangère de la littérature, des sciences, des beaux-arts, etc., publiée à Paris, chez Paulin, in-4, paraissant tous les jeudis et dont le premier numéro porte la date du 3 décembre 1829. Nous ignorons quand cette feuille cessa de paraître, la collection que nous avons sous les yeux s'arrêtant au numéro 5 de la deuxième année, 30 décembre 1830.

Après la Révolution de Juillet, cette revue publia, sous le titre de *Bibliothèque historique*, une série de cinq articles insérés dans les numéros des 19, 26 août, 2, 9 et 23 septembre 1830.

Voici en quels termes s'exprime le rédacteur de ces articles qui, on ne peut que le regretter, n'ont cité qu'un nombre assez limité d'ouvrages incriminables suivant les tendances d'alors : « La révolution de 1830 a fait « tomber entre nos mains un grand nombre de documents de police que « nous nous proposons de porter à la connaissance du public. Parmi ces « documents se trouvent placées en première ligne les analyses des livres « nouveaux que M. Franchet faisait faire dans ses bureaux et qui ser-

« vaient de base aux poursuites judiciaires dirigées contre les plus coura-
« geux de nos écrivains. Nous possédons environ trois ou quatre cents
« analyses de ce genre dont on attribue la rédaction à M. l'abbé Mutin,
« chef de division au ministère de l'intérieur. Ces travaux avaient pour
« but de suppléer à l'incurie ou à la modération de certains membres du
« parquet. M. Mutin rendait un compte étendu de tous les ouvrages ayant
« quelque importance, signalait leur tendance, en marquait les passages
« dangereux, et, savait faire sortir, de quelques lignes, les motifs d'une
« grave condamnation. Cette besogne achevée était soumise à M. Franchet
« qui invoquait ordinairement toute la sévérité des lois contre le malheu-
« reux auteur du livre dénoncé par M. Mutin. » — Certes les appréciations
du censeur n'étaient point tendres à l'égard des écrits qui lui étaient
soumis ; on ne saurait cependant, à moins d'être partial, s'empêcher de
reconnaître que les réflexions du rédacteur qui les a citées n'étaient guère
empreintes de plus de modération. Cette disposition critique s'explique
d'ailleurs par l'influence des événements qui venaient de se passer. Pour
nous qui secouons, au bout de près de quarante ans, cette poussière de
greffe et de procédure, nous nous bornerons à énoncer simplement, avec
les titres des écrits censurés, la date des décisions administratives motivées
par les rapports de M. l'abbé Mutin.

Nous citons les ouvrages dans l'ordre où les a fait figurer la *Gazette
littéraire*.

Histoire de la Contre-Révolution en Angleterre, par Armand
Carrel. — In-8. Paris, 1827. A. Sautelet et Cie.

Dans cet ouvrage l'abbé Mutin avait relevé plusieurs passages contenant
l'apologie du régicide et des attaques à la royauté légitime.
Par ordre de M. Franchet, il fut envoyé au procureur du roi, le 12 décembre.

Les Soirées de Neuilly, par M. de Fongeray. — Paris, Moutardier,
in-8, 1827.

Ce livre, dont l'auteur véritable est le sieur Cavé, l'un des rédacteurs du
Globe, se compose de quatre petites comédies intitulées : « Les alliés, une
Conspiration de province, les Conversions et les Français en Espagne. »
Il était dénoncé comme étant écrit dans un très-mauvais esprit et comme
contenant plusieurs passages assez licencieux. De l'aveu même du censeur,
cependant, il ne fut point jugé nécessaire de le déférer aux tribunaux.

Scènes contemporaines, par Madame la vicomtesse de Chamilly.
In-8 de 335 pp. Paris, chez Urbain Canel, 17 novembre 1827.

Deux pièces surtout de ce volume, intitulées *le Prêtre marié* et *la Quête* ont motivé par leurs tendances impies et immorales la juste indignation de l'abbé Mutin. Le livre fut envoyé au procureur du roi, le 21 novembre 1827.

De la crise actuelle, lettre à S. A. R. monseigneur le duc d'Orléans, par M. Cauchois-Lemaire. — In-8 de 69 pp. Paris, 18 décembre 1827.

Cet ouvrage, sévèrement apprécié par le censeur et déféré au Parquet le 20 décembre 1827, fut condamné, le 14 février suivant, par les motifs énoncés à lapage 368 de notre catalogue.

Histoire de la Garde nationale de Paris, depuis l'époque de sa formation jusqu'à l'ordonnance du 29 avril 1827. Par Ch. Comte, auteur du *Censeur européen.* Publié le 14 juillet 1827, anniversaire de la prise de la Bastille. — Gros in-8 de 534 pp. Paris, chez Sautelet, imprimerie de Gauthier-Laguionie.

L'analyse faite par le censeur concluait à établir le mauvais esprit de cet ouvrage, sans que les assertions y contenues fussent jugées assez fortes cependant pour motiver une poursuite. L'ouvrage fut néanmoins envoyé au procureur du roi, sans cette dernière conclusion, le 28 juillet 1827.

Œuvres de V.-A. Arnault, de l'ancien Institut de France, etc. Mélanges. — 2 vol. in-8. Paris, chez Bossange, libraire, 28 septembre 1827;

L'abbé Mutin critiqua fort sévèrement ces mélanges et notamment certains articles fort hostiles à la religion et à ses ministres. Sur ses conclusions, les deux volumes furent envoyés au procureur du roi, le 3 octobre 1827.

Œuvres complètes de Voltaire. 1º Edition in-18 de Fortis, Lachevardière, imprimeur. — 2º Edition in-32, Baudouin frères, éditeurs. Rignoux, imprimeur.

Nous avons eu déjà l'occasion de parler, à la page 288 de notre catalogue, de diverses œuvres de Voltaire mises à l'index en 1825. Le 29 septembre 1826, M. l'abbé Mutin rédigea un rapport des plus sévères contre ces éditions de petit format et à bon marché qui rendaient plus facile la vulgarisation des productions immorales, séditieuses et impies du « grand corrupteur. » — Le rapport fut transmis au parquet.

Extraits de la morale théorique et pratique des Jésuites. — In-12 de 200 pp. Paris, imprimerie de Gauthier.

« Par un excès de zèle incomparable et que la haine seule peut enfanter,
« l'auteur, disait M. l'abbé Mutin, s'est donné la peine de compulser bien
« des volumes pour en extraire des propositions plus ou moins répréhen-
« sibles qui peuvent se trouver éparses dans l'immense somme de théologie
« des jésuites. Mais du moins on est sûr qu'il ne reste rien à exhumer
« contre eux, et que tout ce qu'il y a de plus propre à irriter l'hypocrisie
« de nos révolutionnaires, à séduire les ignorants et à scandaliser les
« esprits faibles, se trouve maintenant réuni dans un seul acte d'accusa-
« tion. Du reste, il n'y a rien à poursuivre ni à noter dans le peu de chose
« qui appartient personnellement à l'auteur. »

Nous ne pouvons nous empêcher de faire remarquer que l'argumentation
du censeur nous semble bien spécieuse.

Œuvres choisies de Parny. — 2 vol. in-32. Paris, chez Lemoine,
libr.-impr. de Decourchant.

Bien que cette petite édition ne contînt ni *la Guerre des dieux*, ni *le
Portefeuille volé*, elle fut déférée au parquet, le 12 juillet 1826, sur les
conclusions du censeur. Cette mesure ne paraît pas, toutefois, avoir abouti
à une poursuite, car on verra à la page 287 du catalogue que les deux
condamnations prononcées contre les ouvrages de Parny ne le furent que
sous la monarchie de Juillet.

Aventures intéressantes du duc de Roquelaure. — Paris, chez
la veuve Demoraine et Bouquain. — Imprimerie de Lottin de Saint-Germain, in-18 de 106 pp.

« De telles infamies, dit l'abbé Mutin, n'avaient jamais été imprimées
« que clandestinement, quelle audace de les faire paraître aujourd'hui avec
« noms d'éditeurs et d'imprimeur ! et quel est l'imprimeur de cet écrit,
« c'est le sieur Lottin de Saint-Germain, imprimeur du roi et de la pré-
« fecture de police ! »

L'ouvrage fut déféré au Parquet; nous avons cité les condamnations
intervenues, soit sous le titre ci-dessus, soit sous celui de *Momus français*,
aux pages 42, 263 et 297 de notre catalogue.

Quatrième lettre à M. le rédacteur du Journal des Débats,
par M. Salvandy. 10 août 1827 ;

Septième lettre à M. le rédacteur du Journal des Débats, par
M. Salvandy. In-8 de 60 pp., impr. de Fournier, 5 septembre 1827 ;

Huitième lettre au rédacteur du Journal des Débats, par
M. Salvandy. Paris, chez Sautelet, 9 octobre 1827.

Ces trois lettres, contenant maintes attaques contre la Charte et contre les ministres, furent déférées au procureur du roi, sur les conclusions de l'abbé Mutin qui en fit une critique très-sévère.

Explication de l'énigme de la Révolution européenne commencée vers le milieu du xviiiᵉ siècle. — 2 vol. in-8, imprimé par G. Sulze.

« J'ai lu jusqu'à la dernière page, dit M. l'abbé Mutin, ces deux volumes
« d'infamies et j'ai noté les milliers et milliers d'impostures dont ils sont
« remplis. Mon dessein a été de bien apprécier d'avance l'effet que produi-
« rait dans le royaume cette œuvre ténébreuse et abominable si elle venait
« à s'y introduire. Or, toutes mes réflexions me portent à dire qu'elle n'y
« exciterait que l'horreur et le dégoût. L'horreur par l'atrocité et le dégoût
« par l'absurdité des calomnies. »

Après ce début peu tendre, le censeur continue son long rapport par une analyse minutieuse des deux volumes, en examinant « s'il serait expédient de les déférer aux tribunaux anglais ? » Il termine par cette conclusion assez surprenante : « Aurait-on à craindre de donner à cet
« ouvrage une publicité dangereuse ? Ou mon rapport est nul, ou il
« démontre à toutes les lignes que cette publicité ne serait d'aucun danger ;
« mais quoique le libelle ne soit pas dangereux, il n'est pas moins impor-
« tant de le faire condamner pour venger à la fois et la majesté des rois et
« la morale des nations aussi horriblement outragées. »

La *Gazette littéraire* ne dit pas si ces conclusions furent adoptées.

Examen du projet de loi sur la presse, par Evariste Dumoulin. — In-8 de 73 pp. Paris, chez Baudouin frères.

Le rapport du 22 janvier 1827 conclut à la poursuite de cette brochure « séditieuse, quoiqu'elle soit d'ailleurs dépourvue de talent et même d'esprit. »

Du ministère et de la censure, par A. Jay. — In-8 de 34 pp. Paris, chez Moutardier, impr. de Fain.

Le rapport de l'abbé Mutin sur cet ouvrage est fort sévère ; mais il ne conclut pas à des poursuites, et rien n'a fait connaître que le livre eût été déféré au Parquet.

Chansons inédites de P.-J. Béranger. Tome V. — In-32 de 64 pp. Bruxelles, 1827.

Chansons inédites de P.-J. Béranger. Tome V. — In-32 de 128 pp. Bruxelles, 1827.

Nous parlons *in extenso*, page 82 de notre catalogue, des condamnations prononcées contre les chansons de Béranger. Indépendamment de celles que nous citons, telles que : « *Le bon Dieu* (p. 56) ; *les Chantres de paroisse* (p. 86) ; *les Missionnaires* (p. 259) ; *les Capucins* (p. 68) ; *le Deo gratias d'un épicurien* (p. 118) ; *la Descente aux enfers* (p. 119) ; *le Mandement des vicaires généraux de Paris* (p. 240, condamné en manuscrit seulement) ; *Mon curé* (p. 264) ; *C'est le roi* (p. 74) ; *les Consolations* (p. 102) et *les Culottes* (p. 113). » L'abbé MUTIN, dans son long et minutieux rapport, en signalait un grand nombre d'autres à l'attention du Parquet, comme contenant des outrages et des attaques au roi, aux mœurs et à la religion. Ce sont notamment : « *La Messe du Saint-Esprit. — L'Accouchement. — Les Mœurs. — L'Officier en retraite. — La démence de Charles VI. — Le Cordon sanitaire. — Le Retour d'un bon roi. — Le Marcheur. — Le Lavement. — La petite Ouvrière. — L'Abbesse d'un couvent. — Ariane et Bacchus. — L'Oratoire d'une dévote. — La Relique de Saint-Nicolas. — Turlututu. — Sermon d'un carme. — Les deux Sœurs. — Le Tour de ronde. — Les Arrhes de l'amour. — Le Porte-étendard. — Le Petit homme rouge. — Nabuchodonosor et la Péronnelle.* »

Le rapport du censeur royal fut transmis, au mois de juillet 1827, au procureur du roi. Il faut convenir que, parmi les pièces qu'il dénonçait, un grand nombre méritaient d'être condamnées qui ne l'ont point été.

Concordat de l'Amérique avec Rome, par M. DE PRADT, ancien archevêque de Malines. In-8 de 310 pp. — Paris, BÉCHET, libraire. Imprimerie de HUZARD-COURCIER.

M. l'abbé MUTIN ne se bornait pas à signaler aux tribunaux les ouvrages qu'il jugeait bons à supprimer ; il les faisait également connaître, suivant les cas, à la congrégation de l'index et ce fut ainsi qu'il dénonça l'ouvrage ci-dessus mentionné à S. E. le cardinal apostolique, le 29 janvier 1827. — Quant au rapport très-sévère qu'il rédigea, le 25 du même mois, sur le livre, d'ailleurs fort étrange, étant émané de la plume d'un évêque, il ne paraît avoir été suivi d'aucun effet.

Œuvres de Michel Lepelletier de Saint-Fargeau, député aux Assemblées constituante et conventionnelle, assassiné le 20 janvier 1793, précédées de sa vie, par Félix LEPELLETIER, son frère. — Bruxelles, chez LACROSSE, imprimeur-libraire, in-8 de 502 pp.

Ce volume contenant, entre autres pages délictueuses, une apologie formelle du régicide a fait l'objet d'un rapport fort sévère de l'abbé MUTIN, en date du 25 janvier 1827. Il ne paraît pas d'ailleurs avoir été déféré à justice, mais son introduction en France dut être très-certainement interdite.

Le congrès des ministres ou la revue de la Garde nationale, par Barthélemy et Méry. — Paris, chez Dupont, in-8 de 32 pp.

« Nouvelle satire en vers faciles, dit le censeur. Rien contre le roi. Ses « ministres seuls y sont livrés au mépris et au ridicule. Cela est certaine- « ment un délit prévu par les lois; mais ce délit, il y a déjà plusieurs « années qu'on ne le punit pas. »

Revue et licenciement de la Garde nationale, pot-pourri, par Debraux et Lepage, in-32.

« Grand éloge de la Garde nationale, quelques sottises contre les « ministres désignés sous le nom d'oppresseurs : rien de plus. — Il a été » publié une grande quantité de ces brochures in-32, sous le titre de *com-* « *plaintes, doléances, oraisons funèbres,* etc., etc. Mais aucune n'offre rien « de répréhensible. Elles sont toutes écrites dans un langage bas et trivial « à la portée du peuple et ne peuvent produire de mauvais effets. D'ailleurs « les journaux se chargent de répandre, chaque matin, les doctrines les « plus dangereuses et ne laissent par conséquent plus rien à la presse non « périodique. »
Ces réflexions sont curieuses à noter sous la plume de l'abbé Mutin.

Aide-toi, le ciel t'aidera; aux citoyens et aux électeurs. — In-8 de huit pages. Paris, impr. de Gauthier-Laguionie, 13 août 1827.

Ce petit écrit excita particulièrement la bile du censeur qui le qualifie de « manuel de sédition et d'hostilité où l'on s'attache à rendre les conspi- rations légales. » Nous ne sachons point cependant qu'il ait été déféré au Parquet.

Les amis de la liberté de la presse. Lettre d'un jeune pair de France aux Français de son âge. — Une feuille in-8. Paris, chez Lenormand, imprimeur du roi.

Cet écrit de M. de Montalivet, bien que sévèrement apprécié par le censeur, ne paraît pas avoir été déféré au Parquet.
Il en est de même des trois opuscules suivants, relatifs aux élections et très-succinctement analysés par le censeur royal :

Lettre d'un électeur de Paris à un électeur de Bordeaux;

Avis aux électeurs de 1827, par M. Baudouin ;

Aux citoyens du département de l'Aube, appelés à exercer les fonctions d'électeurs.

Là s'arrêtent, dans la *Gazette littéraire*, les extraits des rapports de M. l'abbé Mutin. Il est regrettable que la publication de ces documents n'ait point été continuée, car ils jettent une vive lumière sur les tendances et sur l'esprit qui dirigeaient les poursuites en matière de presse, à la fin de la Restauration.

Nous venons de voir, dans les pages qui précèdent, que, depuis son rétablissement, la censure exerçait sur les productions de l'esprit un contrôle fort sévère et qui, en plusieurs circonstances, aboutit à des poursuites judiciaires. Là ne se bornèrent point les effets de cette institution anti-libérale. Nous savons en effet que, lorsqu'elle ne pouvait provoquer l'envoi d'un écrit au Parquet, la censure cherchait à en atténuer l'influence, soit en le faisant supprimer par mesure administrative, ce qui dut d'ailleurs être fort rare, soit, ce qui fut beaucoup plus fréquent, en empêchant qu'il fût annoncé en librairie ou par la voie de la presse périodique, soit même en défendant absolument sa mise en vente.

C'est ainsi que, à la suite de la brochure intitulée : **Les amis de la liberté de la presse,** marche et effets de la censure, par M. le vicomte DE CHATEAUBRIAND, pair de France, in-8, Paris, 1827, brochure qui fut elle-même interdite, on trouve une petite liste d'autres écrits également frappés de la même mesure par les censeurs. Ce sont :

Lettre d'un électeur de Paris à un électeur de Bordeaux;

Lettre d'un jeune pair de France aux Français de son âge, par M. le comte DE MONTALIVET ;

Des inconséquences ministérielles, ou *Lettre d'un député aux propriétaires de la* Gazette universelle de Lyon, par M. HYDE DE NEUVILLE, député de la Nièvre ;

Explication de la nouvelle loi sur les colléges électoraux et les jurys adressée à tous les électeurs de France, par N.-A. DE SALVANDY ;

Du rétablissement de la censure par l'ordonnance du 24 juin 1827, par M. le vicomte de CHATEAUBRIAND, pair de France ;

De la censure que l'on vient d'établir en vertu de l'article 4 de la loi du 17 mars 1822, par le même ;

De l'abolition de la censure, par le même ;

Comment on fait les Révolutions, par M. Alexis DE JUSSIEU. — In-8, 25 cent. ;

Lettres à M. le comte de *, pair de France, pendant la censure de 1827 à 1828,** par « l'auteur de la Politique de M. de Villèle ; des Lettres au comte de ***, pair de France, sur les lois de réduction et de conversion des rentes ; de la Note sur la situation de l'Espagne, etc., etc. — Première Lettre, avec un post-scriptum sur la mort de M. Canning. » Chez Dentu, rue du Colombier. Paris, 1828, 1 fr. 25.

Lettre à M. Lourdoueix, par M. PAGÈS. 1 fr.

Du ministère et de la censure, par M. JAY. 75 centimes.

Ainsi toutes ces brochures et bien d'autres encore sans doute furent interdites dans les dernières années de la Restauration. Mais ce ne fut pas seulement aux écrits politiques que la censure s'attaqua alors, elle proscrivit encore un grand nombre d'autres publications dont nous trouvons une liste, qui, bien que restreinte, ne laissera pas de causer quelque surprise au lecteur d'aujourd'hui. Nous la reproduisons telle qu'elle est imprimée en tête d'une édition des œuvres de Bertin (Paris, LEMOINE, 2 vol. in-32) :

OUVRAGES DÉFENDUS SOUS LE GOUVERNEMENT DÉCHU

(Extrait du Catalogue de *Lemoine*, 24, place Vendôme, Paris).

Adélaïde Duguesclin, tragédie de VOLTAIRE. — In-32, papier vélin.

Mahomet, tragédie de VOLTAIRE. — In-32,   id.

Alzire, tragédie de Voltaire. — In-32,   id.

La princesse de Navarre, pièce de théâtre, de VOLTAIRE. — In-32,   id.

Pandore, opéra de VOLTAIRE,   id.

Tanis et Zélide, pièce de théâtre, par VOLTAIRE,   id·

Zuline (?), pièce de théâtre, par VOLTAIRE,   id.

La mort de César, pièce de théâtre, par VOLTAIRE,   id.

Mérope, pièce de théâtre, de VOLTAIRE, .   papier vélin

Amélie, ou *le Duc de Foix*, pièce de théâtre, par VOLTAIRE, id.

Samson, opéra, de VOLTAIRE,   id.

Zaïre, tragédie, de VOLTAIRE, .   id.

Eryphile tragédie, par VOLTAIRE,   id.

Brutus, tragédie, par VOLTAIRE,   id.

L'Indiscret, comédie, par VOLTAIRE,   id.

Mariamne, tragédie, par VOLTAIRE,   id.

Artémire, tragédie, par VOLTAIRE,   id.

La Prude, comédie de VOLTAIRE,   id.

Œdipe, tragédie de VOLTAIRE,   id.

Le Mariage de Figaro, pièce de théâtre par BEAUMARCHAIS, id.

Le Méchant, comédie,   id.

Malagrida, ou *le Jésuite conspirateur*, pièce de théâtre, . id.

Rousseau, *Emile*, 4 vol. in-32,   id.

Voltaire, chefs-d'œuvre dramatiques. 10 vol. in-32,   id.

La Henriade. 1 vol. in-32,   id.

Piron. 3 vol. in-32,   id.

Parny. 3 vol. in-32,   id.

Malfilâtre. 2 livraisons in-32,   id.

Luce de Lancival. Œuvres complètes, — 2 vol. in-32,   id.

Le Sage. *Gil Blas.* — 5 forts vol. in-32,   id.

La Rochefoucauld et **Vauvenargues.** *Pensées et Maximes.*
— 2 vol. in-32,   id.

Gresset. — 2 vol. in-32,   id.

Fénelon. *Télémaque.* — 4 vol. in-32,   id.

Fabre d'Eglantine. — 2 vol. in-32,   id.

Ducis. Œuvres complètes. — 8 vol. in-32,   id.

Mme Deshoulières. — 1 vol. in-32,   id.

Demoustier. *Lettres à Emilie.* — 4 vol. in-32.   id.

Colardeau. — 2 vol. in-32,   id.

M.-J. Chénier. — 1 vol. in-32,   papier vélin.

Bertin. Œuvres complètes. — 1 vol. in-32,   id.

Bernard. Œuvres complètes. — In-32,   id.

Beaumarchais. Mémoires. — 4 vol. in-32,   id.

Bonnard. Poésies. — 1 vol. in-32,   id.

Arnauld, membre de l'Académie française. Vie politique et militaire de Napoléon. — 35 livraisons in-folio, avec un grand nombre de pièces lithographiées ;

L'art de péter. — In-18, orné d'une jolie gravure ;

Les sangsues du Peuple, depuis le commencement de la monarchie jusqu'à Polignac et Peyronnet. — 1 vol. in-32, vélin ;

La parfaite demoiselle, guide moral de l'éducation des jeunes personnes. 3ᵉ édition. — 1 vol. in-12, orné d'une belle gravure ;

Lettre à M. l'archevêque de Paris, par M. Fournier-Verneuil, brochure in-8 avec cette épigraphe : « *Jesuita, Jesuita, Jesus non ibat ita!* » (Il en est parlé dans le catalogue.)

Les crimes des reines de France. — In-18, grav.

Les crimès des rois de France. — In-18, grav.

Les crimes des Papes, depuis Saint-Pierre jusqu'à Pie VI, par La Vicomterie, député de la Convention nationale. — 2 vol. in-18, ornés de gravures. — **Supplément** au même ouvrage jusques et y compris Pie VII, contenant l'assassinat de Basseville et du général Duphot. (Pour ces trois ouvrages, voir le catalogue, page 112.)

Pie VI et Louis XVIII, conférence théologique et politique, trouvée dans les papiers du cardinal Doria et traduite de l'italien par Marie-Joseph Chénier. (Cet ouvrage, qui ne se trouve dans aucune édition des œuvres de l'auteur, fut saisi et condamné en 1822. Voir le catalogue, page 318.)

Bien que plusieurs de ces ouvrages eussent été déjà sévèrement proscrits sous le gouvernement impérial, la liste que nous venons de transcrire est empreinte d'un tel caractère d'intolérance inouïe qu'on ne peut s'empêcher de penser que le libraire qui l'a rédigée y a dû intercaler certains écrits, dans un but mercantile ou par légéreté.

Peut-être sera-t-on surpris que nous ne parlions point du *Dictionnaire des livres condamnés au feu*, de Gabriel Peignot, non plus que des excellents articles publiés sur le même sujet par M. Gustave Brunet. Nous ferons remarquer que les écrits dont il est question dans ces ouvrages ne rentrant point dans notre cadre, nous avons dû nous renfermer strictement dans les limites de la période que nous avons choisie. Il en est de même des condamnations prononcées par la *Congrégation de l'Index*, à Rome. Ces sentences n'obligeant point *judiciairement* en France, nous avons dû nous abstenir de les mentionner, nous réservant d'ailleurs d'y revenir dans de futurs travaux. Nous croyons bon toutefois d'indiquer aux bibliographes qui voudraient se livrer à des recherches sur les livres condamnés une liste aussi complète que possible des catalogues, traités, index, etc., dont ils pourraient faire usage fructueusement. Elle ne comprend pas moins de 221 articles et occupe les pages 133 à 156 de la *Bibliotheca bibliographica* du Dr Julius PETZHOLDT (gr. in-8 de XII-939 pages. Leipzig, 1866.)

Signalons en outre pour les personnes désireuses d'être fixées sur l'autorité de l'*Index* en France ainsi que sur certains ouvrages français ou étrangers qui n'ont point été visés par des poursuites ordonnées par les autorités séculières les quelques ouvrages suivants :

Considérations sur la propagation des mauvaises doctrines. — Paris, à la société catholique des bons livres. MDCCCXXVI, in-12 de VIII-304 pages (excellent recueil d'instructions pastorales et d'articles sur les abus de la liberté de la presse sous la Restauration) ;

Instruction pastorale de Mgr l'évêque de Luçon sur l'index des livres prohibés. — Paris et Luçon, 1852, in-8 de 238 pages (les pages 199 à 222 contiennent un index des livres prohibés, pour le diocèse de Luçon, depuis le mois d'août 1845, jusqu'à la fin de 1852) ;

· **De l'autorité de l'Index en France.** Mémoire pour un prêtre persécuté à propos de cette question. — Paris, DENTU, 1853, in-8 de 24 pages (ce factum n'est point inutile à rapprocher de l'ouvrage précédent. Il a trait aux démêlés d'un prêtre respectable du diocèse d'Auch avec son archevêque) ;

La Congrégation de l'Index mieux connue et vengée, par l'ancien évêque de Luçon (Jacques-Marie-Joseph BAILLÈS). — Paris, veuve POUSSIELGUE et fils, 1866, in-8 de VII-616 pp.

Le *Dictionnaire des Anonymes* (dernière édition, t. I, col. 685,) contient une notice très-complète et très-intéressante sur ce volume.

Enfin on ne peut lire qu'avec intérêt et profit un opuscule intitulé : **Instruction contre les mauvais livres, les mauvais journaux et les romans,** suivie d'un catalogue des livres plus ou moins dangereux par le P. J.-B. BOONE. — Paris, A. DAVESNE, 1846, in-18 de 73 pp.

§ II.

Emblèmes et objets de diverse nature poursuivis ou condamnés.

Boutons de manchettes. — En 1873, la mode étant de porter de larges boutons de manchettes en métal, certains fabricants eurent l'idée d'en faire faire de nombreux modèles, de la dimension d'une pièce de 2 francs, représentant des sujets grotesques ou libertins. Ces boutons fabriqués en cuivre imitant tantôt le bronze, tantôt le vieil argent, étaient assez grossièrement travaillés et se vendaient à très-bas prix. En quelques semaines, les bazars et les boulevards furent inondés de cette marchandise que des individus colportaient aussi dans les cafés. Quelques-uns des sujets gravés sur les boutons étaient tellement obscènes que la police dut intervenir et, comme l'autorisation préalable, prescrite par l'art. 22 du décret du 17 février 1852, n'avait été ni demandée, ni accordée, on ordonna la saisie, tant sur la voie publique que dans les boutiques et chez les fabricants, de tous les boutons à sujets indécents ou séditieux. On ne saurait évaluer à moins d'une centaine les saisies qui furent ainsi pratiquées dans l'espace de quelques mois. La plupart des petits marchands sur lesquels on trouva des boutons prohibés en furent quittes pour la perte des objets qu'on leur avait saisis; les fabricants et vendeurs en gros furent déférés au Parquet.

Il serait aussi fastidieux qu'inutile d'énumérer ici toutes les saisies opérées à cette occasion, il suffira de citer les principales en indiquant la nature des sujets qui avaient motivé les sévérités administratives :

1° Du 9 janvier 1873. — Saisie chez Joseph L..... de plusieurs grosses de boutons en métal représentant : *L'Exécution de Mgr Darboy, la Vengeance* (sujets politiques non autorisés), *une Partie d'ânes, le Malade imaginaire, En avant! la Pantoufle* et *le Tonneau* (sujets licencieux). On a saisi en même temps plusieurs coins et matrices ayant servi à la fabrication de ces boutons.

L'affaire a été déférée au parquet de la Seine.

2° Du même jour. — Saisie chez le sieur H., d'un grand nombre de boutons représentant la République coiffée du bonnet phrygien. — Affaire déférée au Parquet.

3° Du même jour. — Saisie chez les sieurs R.....-D........, fabricants, de plusieurs grosses de boutons en métal représentant les sujets suivants : *Portrait de Rossel, Caricature de M. Thiers, le Niveau* (sujets séditieux), *l'Enfant qui pisse, Léda et le Cygne, l'Ane et le Singe, Nécessité n'a point de loi* et le mot ordurier *M....* (sujets licencieux). Saisie en même temps de plusieurs matrices et coins. — Affaire déférée au Parquet.

4° Du 10 du même mois. — Saisie chez S........, de plusieurs douzaines de boutons de même nature : *le Pilori, le Bonnet phrygien, l'Allemand victorieux* (sujets séditieux), *le Garde champêtre, le Cancan* (danses indécentes), *le sein* (sujets obscènes). Saisie en même temps des coins et matrices. Affaires déférées au parquet de Paris.

5° Enfin, en 1875 et en 1876, on saisit à plusieurs reprises, dans des bazars, des boutons fabriqués dans un but de propagande politique, les uns en cuivre représentant les armes de l'Empire, les autres en porcelaine, portant les mots « L. N. — Appel au peuple. »

Tous ces objets, ainsi que les précédents, ont été détruits soit par mesure administrative, soit en vertu des ordres de la justice.

Cible séditieuse. — Le 16 mai 1873, on opéra une saisie, la plus bizarre assurément en matière de dessins politiques, dans un tir forain installé rue Legendre. Le propriétaire du tir avait imaginé de faire peindre sur une plaque de tôle, découpée convenablement, trois personnages assis autour d'une table et représentant « Napoléon III, l'empereur Guillaume et le prince de Bismark. » Les têtes de ces trois personnages étaient mobiles, et quand un tireur adroit avait réussi à toucher le point noir, un mécanisme très-simple les faisait remplacer, la première par une tête de loup, la seconde par une tête de singe, la dernière par une tête de renard, le tout à la grande joie des spectateurs.

Le sieur Amand H......, maître du tir, faisait, paraît-il, des affaires d'or à l'aide de sa cible, qu'il vit partir avec le plus grand chagrin, quand l'autorité, peu soucieuse de se créer des embarras, en fit opérer la saisie comme dessin non autorisé. Le sieur H....., ayant d'ailleurs agi par ignorance, ne fut aucunement poursuivi.

Cure-oreilles et cure-dents. — Qui croirait que des ustensiles aussi simples eussent dû jamais être soumis à l'appréciation de la justice ? La faute en est à l'esprit de lucre de fabricants peu scrupuleux sur les moyens de gagner de l'argent. En 1875, au mois de janvier, des industriels du macadam, généralement désignés sous le sobriquet de « camelots, » parcouraient les cafés des grands boulevards en offrant aux consommateurs de petits bonshommes en corne ou en buffle représentant généralement un moine ou un prêtre à tête mobile et dont les deux pieds étaient terminés, à leur extrémité cachée dans le corps du pantin, par un cure-oreilles et un cure-dents. Rien n'était plus facile, en faisant jouer ces pièces mobiles, que d'obtenir une figurine grotesque ou obscène. Les camelots excellaient à montrer mystérieusement au public, avec un boniment *ad hoc*, ces petits objets qui, une fois repliés et remis en place, avaient l'aspect le plus inoffensif. Comme il ne manque jamais d'amateurs pour ces sortes de choses, les marchands arrivaient à réaliser d'assez beaux bénéfices en vendant 4 ou 5 fr. la pièce des objets qui ne leur revenaient en moyenne qu'à 75 centimes. Plusieurs d'entre eux furent arrêtés nantis de leur triste marchandise et déférés à la justice. L'instruction établit que ces cure-oreilles étaient généralement fabriqués dans la Suisse allemande. Voici d'ailleurs dans quels termes écrivait un fabricant de Soleure à l'un des prévenus, son client : « Je vous adresse, par la poste, les cure-dents « suivants : Six jésuites, 4 fr. 50; une sœur de charité, 1 fr. 15; un chien « mangeant un jésuite, 1 fr. 15; quatre cochons, 3 fr. J'espère que l'article « conviendra. » Dans une autre lettre le même fabricant annonçait « pour bientôt, mille douzaines terminées; mais il fallait prendre patience. Tout est retenu en Allemagne. Le jésuite surtout va très-bien. »

Dans son audience du 24 avril 1875, le Tribunal correctionnel de la Seine, considérant le caractère heureusement peu grave de l'affaire, condamna trois marchands ambulants à 25 fr. d'amende et un quatrième à 50 fr. de la même peine. Le jugement ordonna en outre la destruction des nombreux spécimens saisis. (Voir la *Gazette des Tribunaux* des 26-27 avril 1875.)

Emblèmes. — Nous n'avons que peu de choses à dire au sujet des emblèmes. Nous en avons parlé en différents endroits du *Catalogue* et de la préface, mais sous d'autres titres (Boutons, Pipes, etc.). Peu de poursuites judiciaires ont été dirigées spécialement contre des emblèmes, mais de fréquentes saisies ont été ordonnées par mesure administrative dans un intérêt d'ordre public.

Ainsi, tandis que, sous l'Empire, on proscrivait avec rigueur ces bijoux portant des fleurs de lis ou tout autre attribut de la royauté légitime, de même, dans ces dernières années, on a soigneusement cherché à faire disparaître, en vertu de l'art. 22 du décret du 17 février 1852, un grand nombre d'objets très-divers (car toute chose, aujourd'hui surtout, est susceptible d'être choisie pour emblème), exposés, distribués ou mis en vente, le plus souvent dans un but de propagande politique. Bornons-nous donc à citer quelques-unes des saisies de cette nature :

1º Du 3 novembre 1872. — Saisie d'une large ceinture rouge, sur la tombe des quatre sergents de La Rochelle, au cimetière Montparnasse ;

2º Du 29 du même mois. — Saisie d'un drapeau rouge et d'une couronne portant ces mots : « A Bourgeois, Ferré et Rossel » (fusillés tous trois pour participation à l'insurrection) ; ces objets avaient été clandestinement déposés au pied de l'arbre de la Liberté planté sur la place du Petit-Montrouge ;

3º Du 28 août 1875. — Saisie, dans un magasin, d'une écharpe blanche portant, en broderies, une couronne impériale entourée de violettes et d'une autre écharpe, blanche et verte, portant aussi brodée cette inscription : « A Sa Majesté l'impératrice, Marie de C....... — Artois et Lorraine » ;

4º Du 24 novembre 1876. — Saisie, chez le sieur M..., d'une grande quantité d'épingles ornées les unes d'aigles, les autres de couronnes fermées, d'N couronnés, etc., etc.

Rappelons enfin les saisies d'images représentant un bouquet composé de trois violettes, sous chacune desquelles se trouvait une photographie d'un des membres de la famille impériale, et ajoutons que, dans le même temps, on a fait disparaître avec soin des étalages les portraits du comte de Chambord ou des princes de la branche cadette ornés d'un des attributs du pouvoir suprême.

Foulards. — En 1829, on mit en vente à Paris et l'on s'efforça de répandre en province des foulards imprimés représentant l'effigie du duc de Reichstadt. A Paris, la suppression de ces objets séditieux fut promptement ordonnée et mise à exécution. Au mois de novembre de la même année, la D^elle Roisselle, tenant le magasin de nouveautés de *La Rosière*, à Arras, mit fort innocemment dans sa vitrine deux de ces foulards qui furent immédiatement saisis par la police locale.

Renvoyée devant le Tribunal de police correctionnelle, la pauvre marchande fut condamnée, le 17 dudit mois, à 15 jours d'emprisonnement et 100 fr. d'amende. Toutefois, elle se pourvut contre cette décision et fut déchargée de ces peines, le 27, par jugement du Tribunal de St-Omer, ordonnant toutefois la lacération des deux foulards saisis. (Voir la *Gazette des Tribunaux* des 9, 10 novembre et 1er décembre 1829).

Ce n'est point le seul exemple de poursuites dirigées contre des objets de cette nature ; nous verrons, dans notre premier supplément, que diverses espèces de foulards, représentant des dessins ou portant des écrits avec vignettes sans autorisation préalable, furent supprimés administrativement ou déférés aux tribunaux, vers la fin de l'année 1877.

Médailles et médaillons. — Les poursuites au sujet de médailles et médaillons obscènes ou séditieux ont été beaucoup moins nombreuses que pour les photographies ou les emblèmes. Sauf dans les cas que nous signalons ci-après, les médailles politiques n'ont été saisies qu'à très-petit nombre ou même par unités. La fabrication de ces objets étant plus coûteuse que celle des photographies notamment, et la valeur première ayant une certaine valeur intrinsèque, on comprend qu'on les ait beaucoup moins employés comme objets de propagande.

Une des plus curieuses que nous ayons vue est une pièce d'argent de la valeur d'une pièce de 5 f♦. représentant M. Thiers sur une des faces et sur l'autre l'exécution de Ferré, Bourgeois et Rossel. Cette pièce, qu'on croit avoir été fabriquée en Suisse, fut saisie, en 1873, chez un marchand de médailles qui l'avait achetée, par curiosité, à un inconnu dont on ne put retrouver les traces.

Une autre affaire de médailles, très-importante en apparence, et qui se produisit en 1873, est la suivante, au sujet de laquelle la *Gazette des Tribunaux* du 13 août publia l'article que nous reproduisons ci-après :

Les Médailles de la Commune. — « Il y a quelques jours, la
« Préfecture de police, avisée que des médailles commémoratives des évé-
« nements de la Commune étaient mises en vente dans un bazar de la
« rive gauche, fit procéder à des investigations qui amenèrent bientôt la
« découverte de deux individus qui les avaient frappées et publiées. Par
« suite des perquisitions opérées à leur domicile, on saisit un grand
« nombre de médailles semblables, ainsi que plusieurs coins et matrices
« en fonte destinés à en faciliter la reproduction.

« Ces médailles, qui sont généralement en plomb, sont de modules très-
« différents. Quelques-unes ont été dorées ou argentées avec soin, à l'aide
« de la galvanoplastie; d'autres, et c'est le plus grand nombre, sont frap-
« pées en plomb ou légèrement bronzées. Les inscriptions qu'elles portent
« sont tirées, pour la plupart, de l'*Officiel* de la Commune, et n'offrent que
« peu d'intérêt.

« Parmi les plus curieuses, on peut citer les suivantes :

« 1° Médaille dorée, un peu plus grande qu'une pièce de 100 francs,
« face : un bonnet phrygien et ces mots : « Commune de Paris, 1871. »
« — Revers : « Bataillon des pétroleurs, dits enfants du Tonnerre,
« 20 mai 1871. Les citoyens Parisel et Ciffault organisent femmes et
« enfants avec des pinceaux et casseroles pour aller badigeonner les murs
« et y mettre le feu;

« 2° Très-grande médaille dorée du diamètre d'un verre à boire ordi-
« naire. — Face : Trois étoiles avec une inscription : « Après les épreuves
« de Pierre et Louis Bonaparte, le citoyen Rochefort propose, le 15 sep-

« tembre, de vendre la Corse. » — Revers : Sur un fond représentant un
« mur en brique : « A vendre. La France [offre à l'univers, à qui voudra
« acheter la Corse pour 1 fr. une fois payé. Pie IX doit s'en rendre
« acquéreur pour s'y installer lui et toutes les éminences. Paris, le 15 sep-
« tembre 1871.

« 3° Grande médaille dorée. — Face : Un superbe coq perché sur un
« canon, hissé lui-même sur un monticule, avec ces mots : « Je veille
« pour la nation. Buttes] Montmartre. 15 avril. Fédérés de 1871. » —
« Revers : « Comité des délégués à la guerre pendant la Commune de
« Paris. Les citoyens Arnault, Tridon, Avrial, Varlin, Delescluzes.
« 8 mai 1871. »

« 4° Grande médaille en plomb. — Face : « Commune de Paris. Fédérés de
« 1871. Liberté, égalité, fraternité, ou la mort. » — Revers : « République
« française. » Manifestation des femmes, rue de Rivoli et sur les boule-
« vards. Le 3 avril 1871, pendant que les gardes nationaux se battaient
« sur la route de Versailles, mille femmes environ parcouraient les rues,
« tambours et clairons en tête, aux cris de : Vive la Commune !

« 5° Médaille large et mince en zinc. — Face : Un polichinelle grossiè-
« rement dessiné, faisant un pied de nez, avec ces mots : « 1872. Voilà
« pour vous ! » Et sur le revers : « Messieurs les bonapartistes, orléanistes,
« légitimistes et autres banquistes. »

« 6° Pièce de bronze de la dimension d'une pièce de 10 centimes. —
« Face : la tête de Napoléon III, horriblement défigurée, avec ces mots :
« Du plus grand des empereurs, voilà tout ce qu'il reste. » Revers : un
« hibou aux ailes déployées, tenant des os en croix, avec ces mots : « Vam-
« pire de la France — Paris, 2 décembre 1851 — Sedan, 2 septembre 1870. »

« On remarque en outre dans cette collection, qui se compose de plus de
« quarante modèles différents, de nombreuses médailles représentant les
« traits du citoyen Rochefort avec les devises les plus élogieuses.

« Les autres médailles, moins luxueusement établies, sont généralement
« de la dimension d'une pièce de 5 francs et ont trait à des particularités
« fort insignifiantes ; elles ne se font guère remarquer que par les fautes
« d'orthographe parsemées dans leurs inscriptions.

« On évalue à plus de onze cents le nombre des médailles saisies ; elles
« ont été placées sous scellés dans une petite caisse en bois que deux
« hommes ont peine à porter.

« Les fabricants et vendeurs ont été laissés libres ; mais la procédure et
« les scellés ont été mis à la disposition de la justice, à qui il appartient de
« statuer sur cette affaire.

« D'après les dires du sieur X..., le frappeur, ces médailles ne seraient

« nullement destinées à faire l'apologie des faits insurrectionnels, mais
« seulement à en perpétuer le souvenir. »

L'instruction ouverte au sujet de cette affaire contre les sieurs M......,
tenant le bazar de la rue Soufflot, T....., marchand de médailles et auteur
des légendes qu'on vient de reproduire et Duseaux, fabricant, établit par-
faitement l'innocence d'intention des trois prévenus. Le sieur T..... ne
s'était proposé aucun but de propagande, mais simplement une spéculation,
en vendant aux amateurs (et il en vendait, paraît-il, beaucoup depuis 25
centimes jusqu'à 2 francs) ses médailles en plomb plus ou moins façonnées;
le sieur M...... en avait accepté en dépôt, comme il aurait pris toute marchandise; il n'y eut donc que le sieur Duseaux qui fut poursuivi pour
fabrication et publication de médailles sans autorisation; il fut condamné,
pour ce motif, à 25 fr. d'amende, par jugement du Tribunal correctionnel
de la Seine (10e ch.), en date du 4 octobre 1873. Le sieur T....., toutefois, y
perdit ses médailles dont la destruction fut ordonnée; il y avait bien 95
kilogrammes de plomb.

Au commencement de l'année 1874, au moment où l'on s'entretenait
beaucoup, dans le monde politique, de la mise en circulation de pièces de
50 centimes à l'effigie de Napoléon IV, le parquet de la Seine fut saisi d'une
affaire analogue. Une instruction fut ouverte contre les sieurs L........,
numismate, B......, représentant de commerce, et B....., ancien conseiller
d'Etat et préfet de l'Empire, accusés d'avoir fait circuler ou mis en vente
des pièces de 5 fr. à l'effigie de l'ex-prince impérial. Une perquisition opérée
au domicile du sieur L.... amena la découverte et la saisie *d'une seule* de
ces pièces, du poids de 25 grammes, en tout semblable aux pièces de 5 fr.
ordinaires, sauf pour les légendes (Napoléon IV, empereur. 1874. Empire
français). Quant aux mots : « Dieu protége la France, » ils étaient rem-
placés par un simple cordon, comme pour nos pièces de 2 fr.

L'instruction ayant établi que la vente par les sieurs L... et B... à l'ancien
conseiller d'Etat, de la pièce que nous venons de décrire avait eu pour
mobile un simple intérêt de curiosité et non un but de propagande, l'affaire
fut terminée par une ordonnance de non-lieu. On acquit alors la certitude
que ces pièces avaient dû être frappées, mais à nombre très-restreint, chez
un fabricant de Bruxelles.

En 1830, après le renversement de la monarchie légitime, on fit frapper
clandestinement des pièces de 5 fr. en tout semblables à celles portant
l'effigie de Charles X, mais où la tête de ce souverain était remplacée par
celle de son petit-fils avec ces mots « Henri V, roi de France. » Nous avons
vu de ces pièces exécutées en cuivre et nous ignorons si l'on en a fabriqué
en argent. Quoi qu'il en soit, elles furent naturellement sévèrement prohibées sous le règne de Louis-Philippe. Plus récemment, au mois de septembre 1873, au moment où l'on cherchait à faire disparaître les emblèmes

de toute sorte, un marchand du quai Conti ayant exposé de ces médailles en cuivre, reçut l'ordre de les retirer de son étalage.

Quant aux *médaillons* en plâtre représentant des sujets obscènes, le *Moniteur* ne cite que deux affaires de cette nature; ce sont :

1º Arrêt de la Cour d'assises de la Seine, du 19 septembre 1851 (aff. PELLEGRINI. — *Moniteur* du 12 octobre 1851);

2º Arrêt de la même Cour, du 9 octobre 1851 (aff. CHRISTOFANI-PELLEGRINI et CECCONI. — *Moniteur* du 21 novembre suivant).

Disons enfin que le 15 janvier 1873, on a saisi, sur la voie publique, entre les mains d'un nommé L........, marchand ambulant, un certain nombre de médaillons en plâtre représentant la République coiffée du bonnet phrygien et dont la destruction a été ordonnée par mesure administrative.

Photographies obscènes et séditieuses. — Le nombre des procès pour vente, mise en vente, colportage ou fabrication de photographies est presque incalculable. On ne saurait l'évaluer même approximativement, l'insertion des jugements dans le *Moniteur* où la *Gazette des Tribunaux* ayant été faite d'une façon fort irrégulière. Le nombre des saisies est encore plus considérable; mais dans presque tous les cas, les insertions ou compte-rendus ne font pas mention des sujets et ne détaillent point le nombre des exemplaires, choses que mentionnent seulement les procès-verbaux de saisie.

Nous devons donc nous borner ici à indiquer d'une façon générale les sujets qui ont été le plus souvent soumis à l'appréciation de la justice : 1º Photographies poursuivies pour outrages aux bonnes mœurs. Ce sont principalement des femmes nues, soit d'après nature, soit d'après des estampes ou tableaux, des hommes et des femmes groupés dans des postures indécentes, des personnages connus représentés dans des situations obscènes. — 2º Photographies poursuivies pour outrages à la morale publique et religieuse. Elles représentent pour la plupart des prêtres, des moines, des prélats, dans les attitudes les plus lubriques ou commettant des actes d'immoralité infâme qu'on peut aisément imaginer. — 3º Photographies séditieuses. Presque toutes représentent des souverains, et notamment Napoléon III, dans des situations honteuses. Après les événements de 1871, on vit paraître dans Paris des myriades de photographies ayant trait à la guerre, à l'Allemagne, à la Commune, aux incendies de Paris, aux barricades, au massacre des otages et aux exécutions de Satory. Pour arriver à faire disparaître ces tristes exhibitions, M. le général de Ladmirault, gouverneur de Paris, prit, le 28 décembre 1871, en vertu des pouvoirs que lui conférait la loi des 9-11 juillet 1849 sur l'état de siége, un arrêté interdisant, de la façon la plus formelle, la mise en vente, l'exhibition et le colportage des portraits des individus poursuivis et condamnés pour participation à l'insurrection du 18 mars et de tous dessins, photographies, estampes ou emblèmes relatifs aux événements des deux siéges et de nature à troubler la paix publique. Malgré la vigilance des magistrats, ce ne fut qu'après plusieurs mois de recherches incessantes et de saisies qu'on arriva à faire disparaître à peu près entièrement les objets ainsi prohibés.

Pour éviter d'inutiles longueurs, nous nous bornons à transcrire ci-après la liste des individus condamnés pour vente de photographies obscènes ou prohibées, telle qu'elle est insérée au supplément du *Journal officiel* du 7 mai 1874 :

AMILHAT. Trib. Bordeaux, 30 janv. 1867. *Moniteur* du 14 av. 1867.

ARGAILLANT. Trib. Seine, 29 avril 1864.

AUBERT. Trib. Seine, 15 janv. 1858. *Moniteur* du 19 av. 1858.

AUBRÉE (fille). Trib. Seine, 15 janv. 1858. *Moniteur* du 19 av. 1858.

BOUCHU. Trib. Seine, 5 août 1858. *Moniteur* du 8 oct. 1858.

BRISSONNET. Trib. Seine, 21 janv. 1858. *Moniteur* du 18 sept. 1858.

BAUDRY. Trib. Bordeaux, 30 janv. 1867. *Moniteur* du 14 av. 1867.

CHAVOT (Claude-Jules). Trib. Seine, 15 mars 1864.

CARRÉ (Ernest-Edouard). Trib. Seine, 1er av. 1864.

CAILLET (Jean-Baptiste). Trib. Lille, 8 août 1871.

COANUS. Trib. Seine, 14 août 1858. *Moniteur* du 8 oct. 1858.

CHUCHU (Edme). Trib. Seine, 5 août 1858. *Moniteur* du 8 oct. 1858.

CAILLOT. Trib. Seine, 1er juillet 1864.

DURET. Trib. Seine, 11 janv. 1858. *Moniteur* du 19 av. 1858.

DESOLEUX (Joseph-Louis). Trib. Seine, 15 mars 1864.

DUFOUR (Jean). Trib. Seine, 22 juill. 1864.

DOLAR (F^e). Trib. Seine, 1er juill. 1864.

FOURNET. Trib. Seine, 14 août 1858. *Moniteur* du 8 oct. 1858.

FLORE (fille). Trib. Seine, 15 janv. 1858. *Moniteur* du 19 av. 1858.

FLAMENT. Trib. Seine, 10 mars 1859. *Moniteur* du 26 mai 1859.

FILLIAT. Trib. Bordeaux, 30 janv. 1867. *Moniteur* du 14 av. 1867.

FALCONNET. Trib. Bordeaux, 20 janv. 1867. *Moniteur* du 14 av. 1867.

FOUSIGNE (Ferd.). Trib. Seine, 1er av. 1864.

FOURNIER (Jean-Bapt.). Trib. Seine, 1er juill. 1864.

FIALET (Louis). Trib. Seine, 1er juill. 1864.

GUÉRARD (Etienne). Trib. Seine, 30 juill. 1864.

GAUDIN. Trib. Bordeaux, 30 janv, 1867. *Moniteur* du 14 av. 1867.

GOBERT (Henri). Trib. Seine, 15 mars 1864.

GARDEL et GAILLET. Trib. Seine, 11 mars 1864.

GÉRARD (Auguste). Trib. Seine, 29 av. 1864.

HILBERT (fille). Trib. Seine, 14 août 1858. *Moniteur* du 8 oct. 1858.

JARDIN. Trib. Bordeaux, 30 janv. 1867. *Moniteur* du 14 av. 1867.

Jnigo. Trib. Bordéaux, 30 janv. 1867. *Moniteur* du 14 av. 1867.

Jouvin. Trib. Seine, 15 janv. 1858. *Moniteur* du 19 av. 1858.

Klélé (fille, F⁰ Courrier). Trib. Seine, 12 av. 1864.

Latouche. Trib. Bordeaux, 30 janv. 1867. *Moniteur* du 14 av. 1867.

Léautté (Charles). Trib. Seine, 15 janv. 1858. *Moniteur* du 14 av. 1858.

Lelogeais (Auguste). Trib. Seine, 22 juill. 1864.

Lucat. Trib. Seine, 16 janv. 1858. *Moniteur* du 19 av. 1858.

Leymarie (Charles). Trib. Seine, 16 janv. 1858. *Moniteur* du 19 av. 1858.

Leroy. Trib. Rouen, 27 fév. 1866. *Moniteur* du 5 avril 1866.

Ledot. Trib. Seine, 16 janv. 1858. *Moniteur* du 19 av. 1858.

Levasseur. (G.) et Fᶜ Levasseur. Trib. Seine, 29 av. 1864.

Lembin, Camille (Fᵉ). Trib. Seine, 22 juill. 1864.

Landry (Vᵉ). Trib. Seine, 1ᵉʳ juill. 1864.

Martel (Pierre). Trib. Seine, 22 juill. 1864.

Moreau d'Hilliers (Fᵉ). Trib. Seine, 22 juill. 1864.

Piot. Trib. Bordeaux, 30 janv. 1867. *Moniteur* du 14 av. 1867.

Pinet. Trib. Seine, 22 oct. 1864.

Picard (Ch.-Vict.). Trib. Seine, 15 mars 1864.

Preux (Charles). Trib. Seine, 12 av. 1864.

Pister (Alexis). Trib. Seine, 12 av. 1864.

Remson Ol. (Fᵉ). Trib. Seine, 1ᵉʳ juill. 1864.

Renaudin (fille). Trib. Seine, 16 janv. 1858. *Moniteur* du 19 av. 1858.

Rincazeaux. Trib. Bordeaux, 30 janv. 1867. *Moniteur* du 14 av. 1867.

Radiguet. Trib. Seine, 15 mars 1864.

Rocheblanc (Jean-Ferd.). Trib. Seine. 1ᵉʳ av. 1864.

Rodgu (Fᵉ). Trib. Seine, 1ᵉʳ juill. 1864.

Sajoux. Trib. Bordeaux, 30 janv. 1867. *Moniteur* du 14 avril 1867.

Sert. Trib. Bordeaux, 30 janv. 1867. *Moniteur* du 14 av. 1867.

Sératski. Trib. St-Omer, 26 fév. 1856.

Savaton (Fᵉ). Trib. Seine, 1ᵉʳ juill. 1864.

Thiébault. Trib. Seine, 15 janv. 1858, *Moniteur* du 19 av. 1858.

Vercelli. Trib. Bordeaux, 30 janv. 1867. *Moniteur* du 14 av. 1867.

Vernon. Trib. Bordeaux, 30 janv. 1867. *Moniteur* du 14 av. 1867.

Van der Gerd (J.). Trib. Seine, 14 av. 1864.

Veyron (Cyrille). Trib. Seine, 1ᵉʳ juill. 1864.

Voisin (Julie). Trib. Seine, 1ᵉʳ juill. 1864.

Depuis l'arrêté pris par le gouverneur de Paris, quelques condamnations ont été prononcées pour vente ou mise en vente de photographies obscènes ou séditieuses. Nous rappelons ici les principales :

1º Du 1ᵉʳ juillet 1873, jugement du Tribunal correctionnel de la Seine (7ᵉ ch.), condamnant les sieurs Pagnon, courtier, et Marconi, photographe, chacun à six mois de prison et 100 fr. d'amende, pour fabrication et mise en vente de photographies et clichés représentant des femmes nues (études d'après nature).

2° Du 17 février 1876, jugement du même Tribunal (8ᵉ ch.), condamnant les sieurs Auger à une année d'emprisonnement, Lavoisier, à 3 mois de prison et Schmeier à un mois de la même peine pour fabrication et mise en vente tant de photographies obscènes (femmes nues) que de photographies représentant la galerie satirique non autorisée connue sous le nom de : *La ménagerie impériale.*

3° Du 3 avril 1873, saisie, chez un sieur J......., de très-nombreuses photographies, visées par l'arrêté du 28 décembre 1871, et représentant des scènes de l'invasion, de la Commune, les prétendants assistant à l'incendie de Paris, le comte de Chambord sur le trône, revêtu des insignes de la royauté, etc., etc.

4° Du 16 septembre 1872, saisie chez un sieur P...., marchand de comestibles, d'un nombre considérable de boîtes de tapioca sur la face principale desquelles étaient collées des photographies et chromolithographies représentant : *la maison de détention du maréchal Bazaine à Versailles, l'assassinat des otages à la Roquette, les assassinats de la rue Haxo, les insurgés aux barricades, l'exécution de Gustave Chaudey, la prison des chantiers à Versailles, la cellule de Mgr Darboy à la Roquette, Scènes de moines et de femmes,* etc., etc. Tous sujets non autorisés ou formellement prohibés.

Nous n'avons pas besoin d'ajouter que, dans toutes les affaires que nous venons de citer, la destruction des photographies, planches ou clichés saisis, a été formellement ordonnée soit par la justice, soit par les autorités administratives.

Disons aussi, en terminant cet article, que des tableaux faits au daguerréotype, représentant des sujets obscènes, ont été condamnés à la destruction, par arrêt de la Cour d'assises de la Seine, en date du 23 juillet 1851 (aff. contre Malaireda, Bonvalet et consorts. — *Journal officiel* du 7 mai 1874).

Pipes. Porte-cigares. Porte-cigarettes. — Ces objets ont fréquemment tenté l'imagination des fabricants d'obscénités. Presque toujours les individus poursuivis pour fabrication ou mise en vente de ces objets ont été inculpés en même temps d'autres délits ; aussi les condamnations ont-elles été fort difficiles à retrouver. Voici celles qui ont été prononcées pour le seul motif de mise en vente de pipes obscènes :

1° Arrêt de la Cour d'assises de la Marne du 12 août 1851, condamnant Prosper-Vassal à trois mois d'emprisonnement et 100 fr. d'amende pour outrages aux bonnes mœurs pour mise en vente d'une « pipe en terre blanche représentant une femme nue laissant voir, sous ses jupons, ses parties sexuelles teintes en rouge. Destruction ordonnée. (Voir *Moniteur* du 14 septembre 1851);

2º Jugement du Tribunal correctionnel de Reims, du 24 juin 1858, condamnant Alexis-François-Marie PICARD, à 300 fr. d'amende, pour outrages à la morale publique et religieuse, par la mise en vente de pipes représentant des sujets obscènes et de médaillons irréligieux. Destruction ordonnée. (*Moniteur* du 30 juillet 1858) ;

3º Jugement du Tribunal correctionnel de la Seine, du 6 juillet 1858, condamnant les nommés BAILLEUL, PUBLIER, TOURNAISE, chacun à 300 fr. d'amende et COURTOIS à 200 fr. d'amende pour outrages à la morale publique par la vente et mise en vente de « pipes » représentant les sujets suivants : *Un faune et une femme*, dans une attitude obscène; *groupe obscène d'un homme et d'une femme entourés de nuages; femme nue supportant le fourneau de la pipe dans une attitude ignoble; torse de femme nue soutenu par une tête de bouc; Léda et le cygne; femme nue tenant un poisson dans une attitude obscène; l'Accident de Montretout; bacchante ivre; torse de sirène.* Le même jugement a ordonné la destruction des objets saisis. (*Moniteur* du 18 septembre 1858);

4º Jugement du Tribunal correctionnel de la Seine, du 18 juillet 1858, condamnant les nommés CHARPENTIER, DUBUT, à un mois de prison et 16 fr. d'amende, GEORGES, DAMPERNAUD à 300 fr. d'amende, AUBLÉ et LOBRICHON à 100 fr. de la même peine, pour outrages aux bonnes mœurs, par la fabrication, vente et mise en vente de pipes représentant les mêmes sujets que ci-dessus et de plus les suivants : *Coq et poule ; le Repos; la Saône; Laïs et son chien; Vénus callipyge; la Madeleine; Angélique; le Coup de vent.* Destruction ordonnée. (*Moniteur* du 18 septembre 1858);

5º Jugement du même Tribunal, du 30 juillet 1858, condamnant, pour les mêmes motifs, GISELON à 500 fr. d'amende et Jules ETIENNE à 150 fr. de la même peine. Destruction ordonnée. (*Moniteur* du 18 septembre suivant).

Ajoutons que, dans les derniers temps de l'Empire, un grand nombre de pipes ayant la forme d'une « Lanterne » ont été saisies et détruites à l'époque où paraissait le fameux pamphlet périodique de Rochefort.

Enfin, dans ces dernières années, des saisies assez nombreuses de pipes à sujets lubriques ou séditieux ont été opérées, notamment aux dates ci-après :

1º 4 février 1874. — Saisie chez un sieur D......, fabricant, de huit pipes en racine de bruyère, présentant la forme d'un bonnet phrygien, avec cocarde tricolore ;

2º 1ᵉʳ février 1875. — Saisie chez le sieur R..., débitant de tabac, de pipes en terres dont le fourneau représentait une République coiffée d'un bonnet phrygien peint en rouge ;

3º Même date. — Saisie chez un sieur C......., débitant de tabac, de plusieurs pipes et porte-cigares en terre et en bois, représentant des femmes nues, etc.;

4º 3 février 1875. — Saisie chez un sieur H......, même profession, d'objets de même nature ;

5º 12 février 1875. — Saisie, chez une débitante de tabac du quartier de l'Odéon, de pipes et porte-cigares en écume et en ambre, représentant des femmes nues dans des poses extrêmement licencieuses.

Les individus chez lesquels ces saisies ont été opérées paraissant avoir agi sans esprit de criminalité, aucune suite n'a été donnée à ces affaires. — Les objets saisis ont d'ailleurs été détruits de leur propre consentement. Quant à la dernière saisie, toutefois, les pipes et porte-cigares, ayant une certaine valeur matérielle et artistique, ont été restitués sous condition qu'ils ne seraient point exposés en vente aux vitrines.

Vers la fin de cette même année 1875, on tenta de faire entrer en France des caisses de pipes fort indécentes, représentant une main de femme tenant un phallus. Ces caisses ont été refoulées à la frontière, par mesure administrative.

Serviettes. — Au mois de mai 1838, la police saisit chez un ouvrier de Rouen, le sieur *Cadinot,* environ cinquante paquets de serviettes damassées sur lesquelles on voyait des fleurs de lis, l'image du *duc de Bordeaux* surmontée de la couronne royale et ces vers fameux :

> « La couronne est à moi
> « Du droit de ma naissance;
> « Je l'aurai par la Loi,
> « Car je suis Fils de France. »

Arrêté au Havre, *Cadinot* fut amené dans les prisons de Rouen et, après un mois de détention préventive, comparut, le 27 juin, devant les assises de la Seine-Inférieure, sous prévention d'atteinte aux droits que le roi tenait du vœu de la nation française.

Le jury, tout en reconnaissant le fait matériel de fabrication des serviettes séditieuses, déclara que l'accusé ne les avait ni exposées, ni mises en vente et que, par conséquent, il ne s'était rendu coupable d'aucun délit.

Cadinot, dont les convictions légitimistes ne devaient d'ailleurs pas être bien solides, fut acquitté sans avoir besoin de lire pour sa plus ample justification une pièce de vers, composée par lui, en 1830, contre Charles X et sa famille et à laquelle il semblait tenir beaucoup. (Voir *la Gazette des Tribunaux* du 30 juin 1838.)

Statuettes. Bustes. Groupes. Sujets divers. — Il n'est personne qui, dans les années qui viennent de s'écouler, n'ait été à même de remarquer soit sur les parapets de nos ponts, soit aux étalages de certains bazars ou de marchands de porcelaines des statuettes indécentes, en plâtre, en terre cuite, en biscuit ou en pâte blanche ou coloriée. Les principaux sujets érotiques ou licencieux ainsi exposés sont les suivants : Vénus sortant de l'onde, dans une posture extrêmement lubrique ; — Léda et le cygne ; — une femme assise, les jupons relevés, dans un panier dont elle forme le couvercle : en soulevant les anses, on aperçoit naturellement ce qui devrait être caché ; — une femme dont la chemise largement ouverte et béante laisse également voir des formes très-accentuées ; — des groupes figurant : un prêtre et une servante ; — un capucin et une femme ; — un nègre et une femme blanche ; — des baigneuses |nues, que des baigneurs cachés regardent curieusement ; — un enfant sur un vase, qu'il n'est pas besoin de désigner autrement, etc., etc.

Comme pour les photographies, les efforts de la police sont parvenus à faire disparaître ces objets qu'on ne voit plus que bien rarement. Il en est de même des *lithophanies,* dont quelques-unes exécutées avec beaucoup de soin, que des colporteurs apportent d'Allemagne, et promènent le soir dans les cafés, à la recherche d'amateurs d'obscénités.

En même temps que ces statuettes et groupes licencieux, on a vu souvent aussi mis en vente des pots à tabac ou des porte-allumettes en pâte ou en porcelaine, représentant des personnages politiques plus ou moins caricaturés, tels que Napoléon III, le maréchal Bazaine, M. Thiers, etc. Enfin, un des objets qu'on rencontre le plus souvent, c'est la République coiffée d'un bonnet phrygien peint en rouge, qui sert de couvercle.

Les condamnations spécialement motivées par la mise en vente de ces sortes d'objets ont été fort rares. Nous avons pu cependant relever les suivantes :

1º Du 11 décembre 1823, arrêt de la Cour royale de Paris, confirmatif d'un jugement du Tribunal correctionnel de la Seine, du 10 novembre précédent, déclarant valable la saisie de bustes du duc de *Reichstadt,* avec des attributs propres à en faire un symbole destiné à troubler la paix publique ;

2º Du 24 avril 1853. — Jugement du Tribunal correctionnel de la Seine, condamnant Auguste *Cinquini* à 15 jours de prison, pour outrages aux bonnes mœurs, par la mise en vente de statuettes en plâtre, représentant l'Italie et d'autres femmes nues dans des poses indécentes (*Journal officiel* du 7 mai 1874); .

3^c Du 17 mai 1865. — Jugement du Tribunal correctionnel de Nantes, ordonnant la destruction de statuettes obscènes (*Moniteur* du 3 juin 1865);

4° Du 8 juillet 1873. — Jugement du Tribunal correctionnel de la Seine (10e ch.), condamnant Antoine *Charubino* à un mois de prison et 100 fr. d'amende, et François *Michel* à six jours de prison pour vente et mise en vente de statuettes représentant la République coiffée du bonnet phrygien;

5° Du 20 janvier 1875. — Jugement du Tribunal correctionnel de la Seine, condamnant les sieurs *Courtiser* et *Bloch*, chacun à 200 fr. d'amende, *Beaugé* et *Mauger*, chacun à 100 fr. de la même peine, pour mise en vente de statuettes ordurières (bien que par la faute de leur commis seulement). *Gazette des Tribunaux* du 21 janvier 1875.

Il n'est pas besoin d'ajouter que, soit en vertu des jugements précités, soit par simple mesure administrative, les objets saisis ont toujours été voués à la destruction.

Avant de mettre fin à cette longue préface, disons quelques mots de la façon dont s'opèrent aujourd'hui les destructions ordonnées par l'autorité judiciaire ou administrative.

Jadis, au temps du Parlement, les livres condamnés étaient, comme le portaient d'ailleurs les arrêts, brûlés, en présence d'un greffier, par la main du bourreau, au pied de l'escalier du Palais. Ce mode d'exécution, assez peu expéditif et certainement peu propre, fut remplacé au commencement de ce siècle par un procédé qui, pour n'être pas plus rapide, était au moins plus profitable : le pilon, — c'est-à-dire que les écrits condamnés à la destruction étaient, après avoir été lacérés ou coupés en bandes très-étroites, jetés sous des marteaux qui les réduisaient peu à peu en pâte.

De nos jours, où tout se perfectionne, l'opération destructive est singulièrement simplifiée, à Paris du moins. Tous les deux ou trois mois, le Greffe et la Préfecture de police envoient, à ce qu'on appelle toujours par tradition le pilon, des monceaux de papiers hors d'usage et inutiles à conserver dans les archives. On les transporte chez un fabricant de carton, à Saint-Denis, croyons-nous, qui paye une somme convenue par centaine de kilogrammes de papiers. Les écrits à détruire sont placés dans des sacs exactement scellés et transportés à l'usine sous la garde d'un fonctionnaire et d'inspecteurs de police. Pesés au départ et repesés à l'arrivée, pour constater si aucune perte ou soustraction n'a été faite en route, les livres et les papiers sont précipités dans une cuve immense remplie d'eau et d'agents chimiques dissolvants, munie d'un couvercle qui la ferme hermétiquement et, à l'intérieur, d'une espèce de tourniquet que l'on fait mouvoir à l'aide d'une manivelle. Dès que les sacs ont été vidés dans la cuve, on abaisse le couvercle, qu'on assujettit à l'aide de cadenas sur lesquels on appose des scellés. Au bout d'un certain nombre d'heures, la décomposition du papier étant complète, on fait mouvoir le tourniquet pour tout mélanger, et quand, en présence des agents de l'autorité, on procède à l'ouverture de la cuve, il n'y reste plus qu'une pâte bien homogène, destinée à être transformée en carton.

Nous avons terminé maintenant tout ce que nous avions à dire. Nous n'avons plus qu'à solliciter l'indulgence du lecteur pour les fatigantes mais inévitables répétitions qui se rencontrent dans ce livre et pour les erreurs ou omissions, qu'au milieu de tant de recherches, nous avons pu et dû commettre, et que nous nous efforcerons de réparer dans notre prochain supplément.

Certes, si nous éprouvons un regret en terminant ce livre, c'est qu'il n'ait point été entrepris par un de ces maîtres érudits et d'une critique si sûre qui sont l'honneur de la bibliographie française. Mais la tâche, il faut l'avouer, était bien ingrate, et leur temps si précieux doit être consacré à de plus dignes travaux. Pour nous qui, grâce au concours de notre aimable et intelligent éditeur, avons pu mener à bonne fin ce travail si long et si minutieux, nous nous considérons comme amplement dédommagé de nos peines par l'espérance qu'il pourra rendre quelques services.

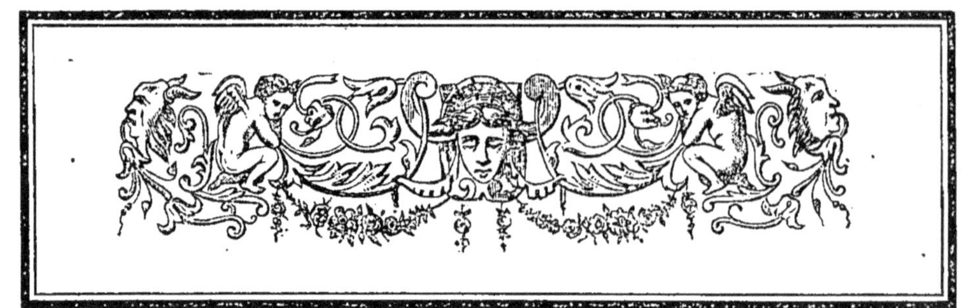

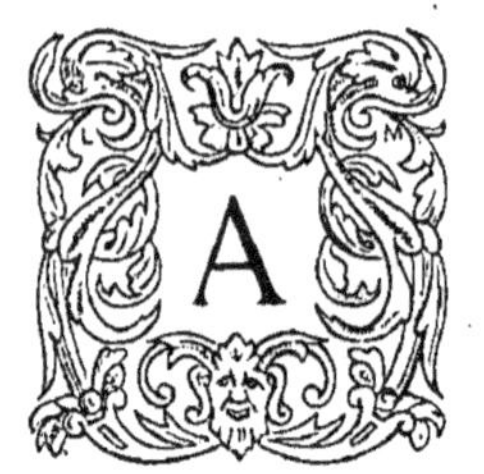

A B C démocratique, par le citoyen Alix Sauzeau, ex-sous-commissaire du Gouvernement pro-
visoire. — 1851, Saint-Maixent, chez l'auteur, in-12,
25 cent.

Cet écrit, dont ne parlent spécialement, ni le *Moniteur*,
ni la *Gazette des Tribunaux*, a cependant été poursuivi et
déféré au jury des Deux-Sèvres. En effet, par arrêt de la
Cour d'assises de ce département, en date du 18 septembre 1851, les sieurs
Ginestel, médecin et homme de lettres, et Aimé Amy, gérant du journal
l'OEil du Peuple, publié à Niort, ont été condamnés : le premier, à six mois
de prison et 2,000 fr. d'amende; le second, à 100 fr. d'amende seulement, pour
insertion, dans le n° 73 dudit journal, portant la date du 11 septembre 1851, d'un
compterendu infidèle, de mauvaise foi et injurieux dans un article intitulé :
Délit de presse. — *Poursuites contre l'A B C démocratique, par le citoyen* Alix
Sauzeau, *devant la Cour d'assises des Deux-Sèvres* (*Moniteur* du 4 décembre 1851).

A bas les Calicots! par Ch. Dumay. — Paris, 1861. Blot, in-18,
60 cent.

— **M. Jules Baisef de Plumepatte,** par le même. — Paris, 1862.

Vingt-deux commis en nouveautés, appartenant à d'importantes maisons de
Paris, ayant relevé, dans les deux brochures ci-dessus, « des passages injurieux
« pour la corporation des jeunes gens qui embrassent les différentes branches de
« commerce, dites Nouveautés, Bonneterie, etc, » demandèrent, en 1862, au
tribunal de la Seine, de vouloir bien ordonner la suppression desdits écrits.

Par jugement du 9 août 1862, le tribunal les déclara non recevables en leur
demande, les en débouta et les condamna aux dépens, « ...attendu qu'ils n'agis-
« saient point au nom d'une corporation reconnue, et qu'ils n'étaient pas per-
« sonnellement désignés dans les brochures de M. Dumay. » (*Gazette des Tribunaux* du 10 août 1862.)

1

A bon entendeur, salut.

Voir : *Description topographique.*

A François-Charles-Joseph Napoléon, né au château des Tuileries, le 20 mars 1811, par Ferdinand FLOCON. — Paris, 1821, in-8.

M. FLOCON, publiciste et romancier, traduit devant les assises de la Seine, à raison de cette publication, fut acquitté le 9 octobre 1821.

Onze ans plus tard, il fut impliqué dans l'affaire de M. BERGERON, accusé d'avoir tiré sur le roi Louis-Philippe, au Pont-Royal. Il publia, à cette occasion, la brochure suivante : *Révélations sur le coup de pistolet du 19 novembre* 1832.—Paris, Levavasseur, 1832, in-8 (1 fr. 50).

A l'armée!

Voir : *Écrits révolutionnaires, II.*

A la France de Juillet (3 écrits clandestins).

Voir : *Lettre de Jean Bonhomme.*

A la Réaction !

Voir : *Écrits révolutionnaires, II.*

A l'Immortalité. — Brochure in-8, commençant par ces mots : « Français, encore un effort... »,publiée par François ROUANET, libraire à Paris, imprimée chez BLONDEAU.

Ouvrage poursuivi pour outrages à la morale publique et aux religions légalement reconnues en France. Destruction ordonnée, par arrêt de la Cour d'assises de la Seine, en date du 20 novembre 1848, acquittant l'imprimeur et condamnant l'éditeur à six mois de prison et 2,000 francs d'amende (*Moniteur* du 26 mars 1849).

A mitraille sur les agioteurs! par un paysan (VERMASSE). Écrit de deux feuilles et demie, in-12. — Paris, ALBERT frères, 1847.

Aimé-Casimir VERMASSE, dit *Mitraille*, a été condamné à un an de prison et 3,000 fr. d'amende, pour vente, distribution et exposition publique du susdit écrit contenant des outrages envers une religion légalement reconnue en France et pour excitation à la haine et au mépris des citoyens contre une classe de personnes, par arrêt de la Cour d'assises de la Seine, en date du 13 avril 1847, ordonnant en outre la destruction dudit ouvrage (*Moniteur* du 9 novembre 1847). Par le même arrêt, les éditeurs Théodore et Edmond ALBERT ont été condamnés chacun en trois mois d'emprisonnement et 1,000 fr. d'amende.

A Monsieur de La Mennais, par l'abbé Jean WENDEL-WURTZ. — Lyon, imp. de BOURSY, 1828, in-8, 28 pp.

L'histoire des poursuites dirigées contre cet écrit est curieuse à plus d'un titre. Me Dupin aîné, plaidant devant la Cour royale de Paris, assemblée pour juger le procès de tendance au mépris de la religion de l'Etat, intenté au journal *le Constitutionnel*, en 1825, s'oublia au point de signaler la brochure ci-dessus comme contenant une attaque formelle aux libertés de l'Eglise gallicane reconnues par la Déclaration de 1682. Cette dénonciation ne fut pas perdue pour le parquet. Des poursuites furent dirigées contre W. WURTZ et un jugement par défaut, devenu définitif, fut rendu par le Tribunal correctionnel de Lyon, le 18 janvier 1826, contre le pauvre abbé et contre sa brochure. L'illustre orateur qui, deux ans plus tard, publiait son remarquable ouvrage sur la *Profession d'avocat* dut singulièrement se repentir d'avoir eu, ce jour-là, la langue si longue.

L'abbé WURTZ, du reste, ne dut qu'à cette imprudence le court moment de célébrité que lui valut son procès. C'était un homme d'une imagination fort exaltée, pour ne pas dire maladive, ainsi que le prouvent ses autres écrits. Nous devons citer ici le suivant, qui motiva les premières plaintes de l'autorité civile et qui fit suspendre l'auteur de ses pouvoirs ecclésiastiques par l'autorité diocésaine :

L'Appollyon de l'Apocalypse, ou *la Révolution française prédite par saint Jean l'Evangéliste*. — Lyon, Rusand, 1816, in-8. Trois fois réimprimé sous ce titre. La cinquième édition porte le titre de :

Les Précurseurs de l'Antechrist, histoire prophétique des plus fameux impies qui ont paru depuis l'établissement de l'Eglise jusqu'en 1816, ou La Révolution française prédite par saint Jean l'Evangéliste, suivis d'une *Dissertation sur l'arrivée et le règne futur de l'Antechrist*. — Lyon, Rusand, in-8, 328 pages et la Table.

Le parti ultramontain gagnant de plus en plus du terrain dans l'Eglise et dans l'Etat, l'abbé WURTZ finit par être, en 1824, rétabli dans ses fonctions et *Les Précurseurs* eurent sept éditions.

A Philippe (par le marquis DE LA GERVAISAIS). — Paris, PIHAN-DELAFOREST 1835, in-8, 19 pages.

La distribution de cet écrit aux membres de la Chambre des Députés ayant été empêchée, l'auteur publia, à ce sujet, une nouvelle brochure intitulée : *Mise à l'index*. — Paris, PIHAN-DELAFOREST, 1835, in-8.

M. le marquis de la GERVAISAIS fut un des publicistes les plus féconds de son époque. Il a composé notamment 175 opuscules politiques et économiques, réunis en 18 volumes, par PIHAN-DELAFOREST. Paris, 1833. — En outre, on a de lui un nombre presque aussi considérable de pièces diverses qui sont citées, en grande partie, au tome IV de *La Littérature française contemporaine* de BOURQUELOT, pages 541, 542.

Abdication (L') et le Duel, par J.-F. DESTIGNY. — Paris, 1843.

La destruction de cet écrit, contenant des offenses envers la personne du

roi, des attaques contre la dignité royale et des provocations non suivies d'effet
au renversement du gouvernement, a été ordonnée par arrêt de la Cour d'assises
de la Seine, en date du 5 octobre 1843, condamnant l'auteur à un an de prison et
2,000 francs d'amende (*Moniteur* du 25 avril 1844).

Abeille (L'), almanach pour 1872. — Paris, in-18, impr. chez Victor
Goupy.

Par jugement du Tribunal correctionnel de la Seine (8ᵉ chambre), en date du
2 janvier 1872, l'imprimeur de cet écrit a été condamné à 100 fr. d'amende
pour défaut de dépôt (*Gazette des Tribunaux* du 3 janvier 1872).

Abrégé de l'Histoire..... (?)

Ouvrage mis en vente par Régnier Becker, et dont la destruction a été ordonnée, pour outrages à la morale publique et religieuse ainsi qu'aux bonnes
mœurs, par arrêt de la Cour d'assises de la Seine en date du 9 août 1842 (*Moniteur* du 15 décembre 1843).

Abrégé de l'origine de tous les cultes, par Ch.-Fr. Dupuis. Nouvelle édition. — Paris, Chasseriau, 1823, 3 fr. 50.

Cet ouvrage a eu de nombreuses éditions; mais c'est bien celle-ci qui a été
visée par la justice. En effet, on trouve, au *Moniteur* du 26 mars 1825, la mention
suivante: « Adolphe Chasseriau, libraire-éditeur à Paris, ayant été renvoyé,
par jugement du Tribunal correctionnel de la Seine, en date du 11 mars 1823,
de la prévention de s'être rendu éditeur d'un ouvrage intitulé : *Abrégé de l'origine
de tous les cultes,* par Dupuis, lequel ouvrage contenait des *outrages continuels à
la religion de l'État, ainsi qu'à la morale universelle,* la Cour royale de Paris, sur
l'appel interjeté par M. le Procureur du Roi et par arrêt rendu, le 26 juin 1823,
en audience des 1ʳᵉ Chambre civile et Chambre correctionnelle réunies, aux
termes de l'art. 17 de la loi du 25 mars 1822, a confirmé le jugement ci-dessus
daté et énoncé, et a ordonné, néanmoins, qu'à la diligence du Procureur général, *tous les exemplaires de l'ouvrage dont il s'agit, de quelque format qu'ils fussent,
seraient saisis et détruits.* »

Depuis cette époque, par jugement du Tribunal de police correctionnel de la
Seine, du 31 mai 1826, Furcy-Devaux, colporteur et étalagiste, a été condamné
à un mois de prison et 16 fr. d'amende pour mise en vente de *l'abrégé de l'origine
de tous les cultes* et d'autres ouvrages immoraux ou anti-religieux dont la destruction a été ordonnée par le même jugement.

Voir aussi : *Parapilla.*

. Enfin cet écrit est l'un de ceux qui figurent sur la note des ouvrages à supprimer, publiée par ordre de la Police le 15 octobre 1825.

Voir : *Note des ouvrages à supprimer.*

Malgré ces décisions judiciaires et administratives, après la chute du gouvernement de la Restauration, on ne s'est pas fait faute de reproduire cet ouvrage;

sous le règne de Louis-Philippe, on n'en a pas fait moins de sept éditions. Depuis 1848, il a été maintes fois réimprimé et on le trouve aujourd'hui communément dans le commerce.

Absents pour le service du roi. — Article.

Voir : *La Mode*, journal.

Absurdité des religions.

Titre erroné. — Voir : *Caducité des Religions.*

Abus (Les) dans les cérémonies et dans les mœurs, développés par M. L*** (l'abbé Henri-Joseph DULAURENS, ex-mathurin). — Genève, PELLET (Hollande), 1767, in-12. Ouvrage souvent réimprimé, notamment en 1786, sous la rubrique de Pékin, et sous le titre de : « La Vérité. — Vertu et Vérité. — Le cri de Jean-Jacques et le mien. » In-12.

« Les sieurs Maximilien-Désiré-Vital PUISSANT, gérant d'une librairie à Bruxelles, Jean-Paul-Anatole DEROUILLA, commis-voyageur, et Jules GAY (absent), ayant été traduits, devant la 6e Chambre du Tribunal correctionnel de la Seine, sous la double prévention d'introduction en France d'un journal étranger (*la Lanterne*) et d'outrages à la morale publique et religieuse ainsi qu'aux bonnes mœurs, par la vente et la distribution de livres déjà condamnés (notamment *les Abus* etc, ainsi que plusieurs autres ouvrages dont il sera parlé en leur lieu et place), ont été renvoyés purement et simplement des fins de la prévention, sans dépens, par jugement en date du 21 juin 1869 ; toutefois, attendu que les brochures et écrits politiques saisis à Pantin, au mois de novembre précédent, avaient été introduits en France sans autorisation du Gouvernement ; que le surplus des écrits saisis se composaient, ou d'écrits déjà condamnés en France, ou d'écrits, emblèmes, dessins, contraires à la morale publique et religieuse ainsi qu'aux bonnes mœurs, le même jugement a prononcé la confiscation de tous les ouvrages saisis et en a ordonné la suppression ou la destruction, conformément aux art. 2 et 22 du décret du 17 février 1852, 1 et 8 de la loi du 17 mai 1819, 26 et 27 de la loi du 26 mai 1819, 1er de la loi du 25 mars 1822 et 4 du décret du 4 août 1848. (Voir : *Journal Officiel* du 7 mai 1874 et *la Gazette des Tribunaux* du 27 juin 1869.)

Les œuvres de l'abbé DULAURENS sont malheureusement trop connues : nous aurons occasion de reparler de cet écrivain soi-disant philosophe, mais surtout érotique, qui s'est fait une célébrité si peu désirable.

Académie des Dames, ou les *Sept entretiens galans d'Aloïsia.* — Venise (Hollande), chez P. ARÉTIN. Sans date (vers 1680). — Petit in-8 de 420 pages, avec frontispice et 36 gravures obscènes, quelquefois coloriées ;

Ou :

Académie des Dames, ou les *Entretiens galans d'Aloysia.* (Traduit du latin de l'ouvrage de Nicolas CHORIER, intitulé : *Joannis Meursii Elegantiœ latini sermonis,* par l'avocat Nicolas, fils du libraire de Grenoble qui publia la première édition de cet ouvrage.) 1680, 1730, 1776. 2 vol. petit in-12 ;

Ou encore :

Les Mœurs françaises, ou l'*Académie des Dames,* avec figures. Probablement une édition moderne ;

Ou bien :

Les sept entretiens satyriques d'Aloysia. — Cologne (Hollande), Ignace LE BAS, 1681. Petit in-12 contenant un titre, 294 et 122 pages, plus un feuillet d'errata ;

Ou bien encore :

Aloysia, ou *Entretiens académiques des Dames.* — Venise, Pierre ARÉTIN (Hollande), sans date (vers 1680), in-12, 372 pages. — Cologne, 1688, 1693, 1700, 1730 et s. d. 2 parties in-12 ;

Enfin :

Le Meursius françois, ou *Entretiens galans d'Aloysia.* — Cythère (Paris, caractères de DIDOT jeune, CAZIN) ; 1782. 2 vol. in-18, 277 et 210 pages, souvent reliés en un ; frontispice et 12 figures libres par BOREL, gravées par Eluin (non signées) ;

Et :

Nouvelle traduction du Meursius connu sous le nom d'Aloysia, ou de *l'Académie des Dames, à Cythère.* — (Paris, BARBOU), 1749. 2 parties, petit in-8, 46 figures médiocres.

Toutes ces éditions, sous divers titres, ne sont que des traductions plus ou moins complètes du même ouvrage latin. Pour se rendre compte du contenu de ce livre et de ses nombreuses éditions, il convient de lire les excellents articles insérés, 1º au *Dictionnaire des Ouvrages anonymes* de BARBIER, t. I, p. 49-51, et 2º dans la *Bibliographie Gay,* t. VI, p. 38 à 46.

En 1876, une librairie de Bruxelles qui s'est fait une spécialité de la publication des livres érotiques, annonçait le même ouvrage dans le catalogue de sa *Bibliothèque satyrique* sous le titre de : *Le Meursius français,* ou *l'Académie des Dames.* Amsterdam, 1870, 2 vol. in-12, papier vergé, 13 figures libres, 36 fr.

L'ouvrage qui fait l'objet de cet article a été condamné à la destruction :

1º Sous le titre de l'*Académie des Dames*, par arrêt de la Cour royale de Paris, en date du 16 novembre 1832. (Aff. contre ROUSSEAU. Voir pour les détails : *Description topographique*);

2º Sous le même titre, par jugement du Tribunal de Marennes, en date du 20 décembre 1865, condamnant Marie-Jean-Achille RÉGNAULT à 100 fr. d'amende, pour colportage illicite de mauvais livres (*Journal officiel* du 7 mai 1874);

3º Sous le titre de *Le Meursius français* (probablement de petites éditions modernes en 3 vol. in-18, avec 11 figures), par arrêt de la Cour d'assises de la Seine du 29 décembre 1821 (pas d'insertion au *Moniteur*), et par arrêt de la même Cour du 10 février 1852 (aff. c. Chapelle);

4º Sous le même titre, par jugement du Tribunal correctionnel de la Seine du 6 juin 1822, condamnant Jean-François LEROUX, libraire à Paris, à 2 mois de prison et 500 fr. d'amende (*Moniteur* du 7 novembre 1826);

5º Par arrêt de la Cour royale de Paris du 9 août 1822 (pas d'insertion au *Moniteur*);

6º Par jugement du Tribunal correctionnel de la Seine, du 25 février 1825, condamnant Jean-Hemerie BOURRUT, fabricant, à un an d'emprisonnement et 3,500 fr. d'amende, et André BESSON, marchand colporteur, Jean-Pierre COTTENET, imprimeur en taille-douce, Jean-Jacques MERLOT, peintre, chacun en trois mois de la même peine et 200 fr. d'amende, plus l'affichage du jugement à 25 exemplaires aux frais des condamnés (*Moniteur*, 7 novembre 1826) ;

7º Par arrêt de la Cour d'assises de la Seine en date du 9 août 1842, condamnant RÉGNIER-BECKER à 6 mois de prison et 200 fr. d'amende (*Moniteur*, 15 décembre 1843);

8º Par jugement du 10 février 1852, rendu par le Tribunal correctionnel de la Seine.....

Acajou et Zirphile. — Conte.

Voir : *Angola*.

Accents (Les) de la Liberté au tombeau de Napoléon, par un étudiant en droit (Albin THOUREL). — Paris, 1821, in-8, 8 pages.

Cet écrit, déféré à la Cour d'assises de la Seine, a été déclaré *séditieux* et condamné à la destruction, par arrêt du 10 novembre 1821 (pas d'insertion au *Moniteur*).

Accouchement (L') d'une sœur.

Voir : *Gravures obscènes*. — Aff. CHAPELLE, II.

Accusés (Les) de Niort. — Article.

Voir : *La Quotidienne*, journal.

Actes (Les) des Apôtres, annotés par Proudhon.

Voir : *La Bible annotée, II.*

Actes des Évêques de France.

A plusieurs reprises, des *mandements* ou *lettres pastorales* ont dû être déférés au Conseil d'Etat, soit pour cause d'abus, soit pour offenses envers le chef de l'Etat. Les décisions intervenues ont été rarement publiées. Nous pouvons cependant citer les cinq espèces suivantes qui firent grand bruit, en leur temps, dans le monde politique et religieux.

1° Mandement de Mgr l'évèque de Poitiers (Louis-François-Désiré-Edouard Pie), publié dans le journal *Le Monde* en 1861. Déféré au Conseil d'Etat comme abusif et contenant des allusions offensantes à l'égard du gouvernement de l'Empereur et comme pouvant troubler arbitrairement la conscience des citoyens (*Moniteur* du 28 février 1861) ;

2° Déclaration publiée par sept évèques, intitulée : *Réponse aux consultations adressées relativement aux élections prochaines ;*

3° Lettre adressée, le 4 juin 1863, par Mgr l'archevèque de Tours à S. Exc. le ministre des cultes ;

Ces deux écrits ont été reconnus abusifs et déférés au Conseil d'Etat (*Moniteur* du 12 juin 1863) ;

4° Par décrets du 8 février 1865, sur l'avis émis par le Conseil d'Etat, ont été déclarés abusifs les actes de NN. SS. les archevèque de Besançon (Cardinal Mathieu) et évèque de Moulins, ordonnant la lecture en chaire, dans toutes les églises de leur diocèse, de la partie de *La lettre encyclique de S. S. PIE IX*, dont la réception, la publication et la mise à exécution n'ont pas été autorisées en France (*Moniteur* du 9 février 1865) ;

5° En 1864, un décret semblable a déclaré abusif un mandement de Mgr l'archevèque de Lyon, ordonnant la lecture en chaire et la publication dans son diocèse, sans l'autorisation du gouvernement, d'une lettre papale, relative à l'introduction du rituel romain dans le diocèse de Lyon.

Actualités. — Dessin.

Voir : *Le Charivari, journal.*

Adelphine de Rostange, ou *la Mère qui ne fut point épouse.* Histoire véritable, par P.-J.-B. Choudard-Desforges. — Paris, 1799. Chaigneau aîné, 2 vol. in-12, 3 fr. 50.

Cet ouvrage, fort peu moral, d'un auteur très-fécond, réimprimé depuis, est cité au catalogue Wittersheim, p. 2.

Voir : *Les Amours de Louis le Grand.*

Adieux à l'année 1832. — Article.

Voir : *L'Ami de la vérité*, journal.

Adieux à Rome.

Voir : *Le Pape et l'Évangile.*

Adieux au monde. Mémoires de Céleste Mogador (Mlle Céleste
Vénard, plus tard Mme Morton de Chabrillan). — Paris, Librairie Nouvelle. 1853, 1854. 5 vol. à 5 fr. chacun.

Cet ouvrage devait avoir 8 volumes, mais au 5e volume l'autorité fit opérer la
saisie de cette édition qui ne fut pas terminée. L'ouvrage fut réimprimé au
complet cependant sous ce titre : *Mémoires de Céleste Mogador*. — Paris, Bour-
dillat, 1859. 4 vol. in-12, 10 fr.

L'extrait suivant du tome II, page 100 de la 1re édition, peut donner une
idée de la moralité de ce livre : « Je ne sais, dit l'auteur, quelle publicité est
« réservée à ces pages; mais n'eussent-elles qu'un seul lecteur, je ne veux pas
« qu'il puisse m'accuser d'avoir dissimulé une seule des hontes de ma vie......
« Je n'ai jamais eu de goût pour les livres obscènes; j'ai fait le mal en admi-
« rant le bien; j'ai vécu dans le vice en adorant la vertu, et je vais essayer de
« raconter, le plus chastement possible, la vie la moins chaste du monde. »
(Sic. *Bibl. Gay*, t. I, p. 29.)

Adresse aux Français. — Écrit clandestin.

Voir : *Mémoires du Duc de Normandie.*

Affranchissement des Co..., ou *La Religion Saint-Simonienne.*

Nous n'avons rien trouvé qui fît mention de cet ouvrage, même dans la
Bibliographie Gay. Le titre suffit d'ailleurs pour indiquer les motifs de la destruction, ordonnée par jugement du Tribunal correctionnel de la Seine, en date
du 13 mars 1852. (Aff. contre Langlois. *Gazette des Tribunaux* du 14 mars 1852).

Agathe, ou le *Petit Vieillard de Calais,* par Victor Ducange. —
Paris, Barba, 1819. 2 vol. in-12, 5 fr.

Roman fort libre mis à l'index, par mesure de police, en 1825.

Voir : *Note des ouvrages à supprimer.*

**Ah! Ah! mes belles dames, vous voulez me dépouiller....
Eh bien! me voilà!** Lithographie, in-4°, dessinée par Tassaert, lithographiée par Delaunois, éditée par Osterwald et Nuchans, et représentant un jeune homme au bain froid, se montrant dans l'état de nature

à deux jeunes personnes qui veulent lui enlever furtivement ses vêtements.

Les quatre prévenus ci-dessus, inculpés d'outrages à la morale publique et aux
bonnes mœurs, ont été acquittés par arrêt de la Cour d'assises de la Seine du
12 juin 1833. (*Gazette des Tribunaux* du 13 juin 1833.)

Ah! Monsieur, que faites-vous?

Voir : *Gravures obscènes.* — Aff. Chapelle, II.

Aigle (L') captif. Ecrit séditieux.

Destruction ordonnée par arrêt de la Cour royale de Paris, en date du
23 avril 1819. (Point d'insertion au *Moniteur.*)

Airs (Les) du berger amoureux.

Voir : *Parnasse des Muses.*

Albert, ou les Amants missionnaires, par Victor Ducange. — Paris,

Barba, 1820. 2 vol. in-12, 5 fr. (Réimprimé en 1829 et en 1838.)

Roman immoral mis à l'index, par mesure de police, en 1825.

Voir : *Note des ouvrages à supprimer.*

Album (L'). Journal des arts, de la littérature, des mœurs et des

Théâtres, par Grille et Magalon. — In-8, Paris, commencé le 19 juillet 1821 ; interrompu le 25 mars 1823, au 136e numéro ; repris le 25 novembre 1828, sous le titre d'*Ancien Album* ; fini le 5 mars 1829. Pour les
procès subis par cette petite feuille, aussi spirituelle qu'agressive, on
peut consulter la *Bibliographie de la Presse*, de M. Hatin, tome VIII,
p. 372.

Voici d'ailleurs la liste des articles condamnés :

1er Procès. M. Joseph-Dominique Magalon, homme de lettres, reconnu coupable d'avoir publié, sans justification préalable du dépôt de cautionnement, le
journal *L'Album*, dont il s'est reconnu l'auteur et l'éditeur, et d'avoir, en outre,
dans les articles intitulés : *Scènes de Bourse* ; *Extrait de l'almanach royal pour
1830* ; *Tribulations de l'homme de Dieu* ; et dans l'article commençant par ces mots :
On annonce la recomposition de l'Ecole de médecine, outragé des ministres de la
religion à raison de leur qualité, ainsi que plusieurs officiers généraux et d'avoir
eu pour but d'exciter à la haine et au mépris du gouvernement du Roi, a été
condamné, par jugement du Tribunal correctionnel de la Seine, en date du
22 février 1823, confirmé par arrêt de la Cour royale de Paris, du 15 mars suivant, à treize mois d'emprisonnement, 2,000 fr. d'amende et aux frais. La destruction des numéros saisis a, en outre, été ordonnée (*Moniteur* du 2 avril 1823);

2e Procès. Le no du 20 juin 1829, contenant un article intitulé : *Le mouton enragé*, outrageant pour la personne du Roi et pour la dignité royale, a été condamné à la destruction, par arrêt de la Cour royale de Paris, en date du 4 mars 1830, condamnant en outre MAGALON et Louis-Marie FONTAN, homme de lettres, chacun à 5 ans de prison et 10,000 francs d'amende (point d'insertion au *Moniteur*) ;

3e Procès. Le no du 25 juin 1829, contenant les articles intitulés : *L'Ane béni et pendu; Calotti et M. Portalis;* articles offensants pour la religion et pour un ministre du roi, a été condamné à la destruction par arrêt de la Cour royale de Paris, en date du 18 août 1829, prononçant, en outre, contre MAGALON et FONTAN, les peines de 15 jours d'emprisonnement et 200 fr. d'amende (point d'insertion au *Moniteur*).

Album hérétique. — Recueil de lithographies obscènes.

Destruction ordonnée pour outrages à la morale publique et religieuse ainsi qu'aux bonnes mœurs, par arrêt de la Cour d'assises de la Seine, du 9 août 1842 (Aff. contre REGNIER-BECKER. — *Moniteur* du 15 décembre 1843.)

Album historique et anecdotique. — Journal. — Paris, 1827, à.... in-8.

Le numéro seize de cette feuille, contenant des attaques contre les droits constitutionnels du roi, a été condamné à la destruction, par arrêt de la Cour d'assises de la Seine, en date du 23 avril 1833, condamnant, en outre, l'éditeur FONROUGE, imprimeur-lithographe à Paris, à trois mois de prison et 1,000 fr. d'amende (*Moniteur* du 29 juin 1833).

ALCIBIADE :

I. — **Alcibiade (L') fanciullo a scola** : d. P. A. — Oranges, 1652, pet. in-8, de 52 ff. (d. P. A. signifient : di PIETRO ARETINO; mais malgré cette indication, l'ouvrage est attribué généralement aujourd'hui à FERRANTE PALLAVICINO). — Réimprimé à Paris (imp. S. RAÇON pour J. GAY), août 1862, pet. in-12 de IV-40 pages, 115 exemplaires, 4 fr.

L'*Alcibiade* est un dialogue obscène roulant sur un vice monstrueux. La destruction de la réimpression ci-dessus du texte italien a été ordonnée, par jugement du Tribunal correctionnel de la Seine, inséré au *Moniteur* du 8 novembre 1865 (aff. c. Gay et consorts.)

Voir : *Amours folastres.*

II. — **Alcibiade enfant à l'Ecole,** traduit de l'italien de FERRANTE PALLAVICINO, avec un avant-propos. — Amsterdam (Bruxelles), 1866, pet. in-8 de XV-128 pp. 550 ex., 10 fr.

Cette traduction, commençant par ces mots : « L'Alcibiade fanciullo... », et finissant par ceux-ci « ...à lire ce livre », a été condamnée à la destruction, comme contenant des outrages à la morale publique et religieuse ainsi qu'aux bonnes mœurs, par jugement du Tribunal correctionnel de Lille, du 6 mai 1868, inséré au *Moniteur* du 19 septembre suivant (aff. contre Duquesne).

Voir : *Actes des Apôtres.*

III. — Dissertation sur l'Alcibiade fanciullo a scola, traduite de l'italien de GIAMB. BASEGGIO, et accompagnée de notes, etc., par un Bibliophile français (M. G. B. de Bordeaux), pet. in-8 de 78 pp., 3 fr., 254 exempl. — Paris, J. GAY, septembre 1861.

Ouvrage dont la destruction a été ordonnée, comme contenant des outrages à la morale publique et aux bonnes mœurs, par jugement du Tribunal correctionnel de la Seine, en date du 22 mai 1863, inséré au *Moniteur* du 8 novembre 1865 (aff. contre GAY et consorts).

Voir : *Amours folastres.*

IV. — Un point curieux des mœurs privées de la Grèce, par M. Oct. DELEPIERRE. — Paris, J. GAY, juillet 1861, pet. in-8 de 29 pp., tiré à 245 ex., prix : 2 fr. 50.

La *Bibliographie Gay* (t. VI, p. 370) contient un curieux article sur cette dissertation qui fut réimprimée à Bruxelles en 1870, in-8 à 150 ex. et dans la même ville, sous la rubrique d'*Athènes*, 1871, in-18, V. PUISSANT, 3 fr.

Quoique traité en termes honnêtes, le sujet, comme on s'en doute, est d'une telle immoralité que la destruction de la première édition a été ordonnée, pour les mêmes motifs et par le même jugement que ceux cités au numéro III de cet article.

Alcôve et boudoir; *Scènes de la comédie humaine* (poésies), par Paul AVENEL; in-12, 1855. — Paris, DENTU, 3 fr.

Ouvrage saisi et interdit par les Tribunaux (pas d'insertion au *Moniteur*).

Alfred, Alfred, arrête-le, il va trop vite; — Mamzelle, il y en a jusqu'où vous voyez; — Je te donnerai deux baisers pour la peine; — Dieux! que j'aurais voulu être homme ! — Est-il gentil comme ça !

Sujets de genre lithographiés, dessinés par MAURIN, imprimés par LEMERCIER, mis en vente par BULLA, tous trois prévenus du délit d'offense à la morale publique.

Le ministère public établit que ces dessins étaient coupables et dangereux, moins par ce qu'ils représentaient, que par le sens caché sous des traits qui ne sont que lestes. La défense soutint qu'ils ne devaient pas être commentés et interprétés et qu'on ne devait y voir que ce que l'artiste y avait mis. Ce système fut admis par le jury et, par arrêt de la Cour d'assises de la Seine, en date du 13 décembre 1831, les trois.prévenus furent acquittés (*Gazette des Tribunaux* du 14 décembre 1831).

Alger et les élections, article publié dans le journal *L'Aviso de la Méditerranée*, feuille rédigée par MARQUÉSY, avocat à Toulon.

La destruction du numéro de ce journal, contenant l'article ci-dessus jugé diffamatoire à l'égard du général BOURMONT, a été ordonnée, par jugement du Tribunal correctionnel de Toulon, en date du 3 juin 1830 (point d'insertion au *Moniteur*).

Par arrêt de la Cour royale d'Aix, en date du ..., confirmatif d'un jugement du Tribunal de Toulon, du 3 décembre 1829, a été ordonnée la destruction d'un numéro du même journal, reproduisant un article du *Courrier français* contenant des passages dérisoires envers la religion de l'Etat (point d'insertion au *Moniteur*).

Aline et Valcour, ou le *Roman philosophique*, écrit à la Bastille, un an avant la révolution de France (par le marquis de SADE). — Paris, 1793, et, avec un frontispice renouvelé, 1795; 8 vol., pet. in-12, figures libres pour la plupart.

Ce roman épistolaire, dans lequel, dit la *Bibliographie Gay*, on retrouve, parmi quelques scènes libres, les personnages à goûts cruels et dépravés qui figurent dans *Justine*, n'a que bien peu de valeur. La destruction en a été ordonnée, pour outrages à la morale publique et aux bonnes mœurs, par arrêt de la Cour royale de Paris, en date du 19 mai 1815 (pas d'insertion au *Moniteur*).

Cet ouvrage a aussi été mis à l'index, par mesure de police, en 1825.

Voir : *Note des ouvrages à supprimer*.

Almanach-catéchisme, manuel du Peuple, article publié, par l'abbé JEAN TERSON, dans les *Droits du Peuple*, revue sociale (N° 4, pp. 237 et 238). — Paris, 1845.

Cet article, commençant par ces mots : « Un vif regret... », finissant par ceux-ci : « honte à ses lâches persécuteurs, » fut condamné à la destruction, pour excitation à la haine et au mépris du gouvernement du roi et provocation à la haine entre les diverses classes de la société, par arrêt de la Cour d'assises de la Seine, en date du 26 novembre 1845, condamnant l'abbé Jean TERSON, prêtre catholique et journaliste, à quatre mois de prison et 200 fr. d'amende (*Moniteur* du 9 juin 1846).

Voir d'ailleurs l'article : *Droits du Peuple*.

Almanach-catéchisme, manuel du Peuple, *par des infiniment petits* (J.-B.-Emile-Joseph BRÉE). — Paris, 1845, impr. par Adrien DELCAMBRE, imprimeur à Montmartre.

Cet almanach se compose de deux brochures portant : l'une la lettre C, et l'autre la lettre D, et contenant les neufs articles suivants : *Aménités catholiques.* — *Le Conservateur.* — *Est-ce qu'on meurt de faim ?* — *Législature.* — *Martyrologe démocratique.* — *Propagande populaire.* — *Qu'est-ce que le peuple ?* — *Les Rigueurs salutaires.* — *La Traite des Blancs* ; articles poursuivis pour : « provocation à la haine entre les différentes classes de la société, excitation au mépris du gouvernement, outrages envers la religion catholique, apologie de faits qualifiés crimes et délits par la loi. »

La destruction du susdit écrit a été ordonnée par arrêt de la Cour d'assises de la Seine, en date du 31 décembre 1845, condamnant BRÉE à 18 mois de prison et 300 fr. d'amende et DELCAMBRE à trois mois de prison et 300 fr. d'amende (*Moniteur* du 9 juin 1846).

Almanach chantant pour 1842.

Voir : *Gaudrioles de M. Gaillard.*

Almanach charivarique de l'Antechrist.

Voir : *Le Pandœmonium français.*

Almanach de la Démocratie pour 1874. — Avignon, édité par GROS, imprimeur du journal *La Démocratie du Midi*, paraissant à Avignon, pet. in-18.

Cette brochure a été poursuivie comme contenant des outrages à la morale publique et aux bonnes mœurs, ainsi qu'à la religion catholique, dans deux pièces de vers intitulées : *Le Scorpion* et *le Pèlerinage.*

Par arrêt de la Cour d'assises de Vaucluse, en date du 3 février 1874, le sieur GROS a été condamné à 15 jours d'emprisonnement et 200 fr. d'amende. Le même arrêt a ordonné la suppression des exemplaires saisis (*Gazette des Tribunaux* du 12 février 1874).

Almanach de la France démocratique pour 1847, publié par Victor BOUTON. — Paris, in-18 carré.

Cet ouvrage, contenant les délits d'attaque contre la propriété et de provocation à la haine des citoyens entre eux et au mépris des lois et du gouvernement, a été condamné à la destruction par arrêt de la Cour d'assises de la Seine du 7 décembre 1846 ; par le même arrêt, l'éditeur BOUTON a été condamné à un an de prison et 500 francs d'amende (voir *Moniteur* du 1er août 1847).

Almanach de la Vérité, pour 1852, par MAGIN. — Paris, in-18. BAULÉ, imprimeur ; MARTINON, éditeur.

La destruction de cet écrit, contenant des outrages à la religion et aux ministres d'un culte légalement reconnu en France, a été ordonnée, par jugement du Tribunal correctionnel de la Seine (8e chambre), en date du 17 mars 1852, condamnant l'imprimeur à six mois de prison, l'éditeur à trois mois de la même peine, et chacun à 300 fr. d'amende. L'auteur, alors à Brest, a été jugé séparément, mais nous n'avons pu retrouver la décision judiciaire intervenue à son égard.

Almanach de la Vraie Science sociale. — Paris (1850), imprimé chez POMMERET.

Cet écrit, traitant de matières politiques et d'économie sociale, ayant été publié et mis en vente sans qu'il en eût été déposé, au moins vingt-quatre heures à l'avance, un exemplaire au Parquet du Procureur de la République, le Tribunal correctionnel de la Seine (7e chambre), par jugement du 12 décembre 1849, a condamné l'imprimeur à 30 fr. d'amende, par application de l'art. 7 de la loi du 27 juillet 1849 (*Gazette des Tribunaux* du lendemain).

Almanach de l'Organisation Sociale, par A.-Th. DEZAMY, homme de lettres. — Paris, 1844.

Cet almanach fut poursuivi comme contenant des outrages à la morale publique et religieuse ; attaques contre la propriété et le respect dû aux lois ; provocation à la haine entre les diverses classes de la société ; délits formulés dans les articles intitulés : 1o *Appel aux Travailleurs ;* 2o *La définition des mots prolétaire et bourgeois ;* 3o *La situation égalitaire ;* 4o *Lois fondamentales ;* 5o *Lois de l'Union des sexes ;* 6o *Quelques vérités primordiales et* 7o *Question du mariage.*

La destruction de cet écrit a été ordonnée, par arrêt de la Cour d'assises de la Seine, en date du 22 mars 1844, condamnant l'auteur à quatre mois de prison et 200 fr. d'amende *(Moniteur* du 23 juin 1845).

Almanach démocratique et social, pour 1849.

Des exemplaires de cet écrit, contenant des principes contraires à la morale, à la propriété et à la famille, ayant été colportés et distribués indûment par DAGORET, tailleur, LAUNAY, marchand, et PELLÉ, cordonnier, tous trois furent renvoyés devant la Cour d'assises d'Ille-et-Vilaine, et condamnés : DAGORET à 3,000 fr. d'amende et six mois de prison, LAUNAY à un mois de prison et 100 fr. d'amende, PELLÉ à 1,500 fr. d'amende (*Défaut*), arrêt du 4 mai 1849.

Jugés de nouveau, sur opposition, un arrêt de la même Cour, du 5 août suivant, confirma la peine de DAGORET, réduisit à 8 jours de prison celle de LAUNAY et acquitta PELLÉ (*Gazette des Tribunaux* du 11 août 1849).

Almanach démocratique pour 1841. — Paris, PAGNERRE, in-18 carré.

La *Gazette des Tribunaux* du 22 octobre 1840 annonce que cet écrit a été saisi chez l'éditeur.

Almanach des corporations ouvrières pour 1852.

Le Parquet de la Seine a fait saisir cet écrit comme contenant des attaque

contre le principe de la propriété, des excitations à la haine et au mépris des
citoyens les uns contre les autres et l'apologie de faits qualifiés crimes par la loi
pénale (*Moniteur* du 6 novembre 1851).

Almanach des honnêtes femmes pour l'année 1790 (attribué à Sylvain MARÉCHAL), s. l. n. d. de l'imprimerie de la Société
Joyeuse, in-8, 32 pages.

Réimprimé à Bruxelles par SACRÉ-DUQUESNE, éditeur, en 1863, dans le format
grand in-8, avec une gravure libre, qui n'a pas, d'ailleurs, de rapport au sujet.

C'est sans doute cette réimpression qui a été condamnée à la destruction, pour
outrages à la morale publique et aux bonnes mœurs, par le Tribunal correctionnel de Lille, le 6 mai 1868. (*Moniteur* du 19 septembre suivant. Aff. contre
DUQUESNE. Voir : *Actes des Apôtres*.)

Cet écrit, qu'on a attribué à Sylvain MARÉCHAL, en raison de son analogie
avec l'*Almanach des honnêtes gens*, du même auteur, est un libelle où cent femmes
sont nommées et diffamées avec une rare impudence. L'intéressant article de la
Bibliographie Gay (t. I, p. 69) donne une idée très-suffisante de cette détestable production.

Voir aussi : *Parapilla*.

Almanach des opprimés pour 1850, par Hippolyte MAGEN,
in-18. — Paris. DONDEY-DUPRÉ, imprimeur; DUMINÉRAY et BALLARD,
éditeurs. 50 cent.

La *Gazette des Tribunaux*, du 12 décembre 1849, annonce que des poursuites ont
été dirigées contre les auteur, imprimeur et éditeurs de cet écrit, sous la prévention d'excitation à la haine et au mépris des citoyens les uns contre les
autres. Nous n'avons pas retrouvé la décision judiciaire intervenue, mais il est
probable que les poursuites aboutirent à une ordonnance de non lieu; car
l'*Almanach des opprimés* fut encore publié à Paris en 1851 et en 1852. Ce ne fut
qu'après s'être réfugié en Belgique que l'auteur fit paraître les années 1853 et
1854 à Bruxelles.

Le contenu de l'almanach de 1850 fut réimprimé dans cette ville par ROZEZ,
sous le titre de *Histoire des Jésuites*; in-18, 1852, 1 fr.

Almanach des Postes pour 1876. Calendrier collé sur carton,
auquel sont fixées des feuilles contenant des renseignements utiles au
public, décoré d'une vignette. — Paris, GOUPY, imprimeur; JOURDAIN
frères, éditeurs.

Ce calendrier n'ayant pas été déposé, et le dessin n'ayant pas été soumis à l'autorisation préalable (bien que l'imprimeur prétendit que c'était un vieux cliché
remontant au temps de Louis-Philippe), le Tribunal correctionnel de la Seine
(9e ch.), dans son audience du 22 avril 1876, a condamné, pour ces diverses contraventions, GOUPY, à deux amendes de 50 fr. et JOURDAIN à 100 fr. d'amende
(*Gazette des Tribunaux* du 26 avril 1876).

Almanach du Cultivateur pour 1850.

Voir : *Catéchisme des Socialistes.*

Almanach du Peuple pour l'an 1822 (1ʳᵉ année. Par M. Turc). — Nancy, Vincenot, 1821, in-8.

En 1822, des poursuites ont été dirigées contre l'auteur et l'imprimeur de cet écrit dont la deuxième partie parut seulement en 1830. Tous deux furent acquittés.

Almanach du Peuple pour 1850, édité par Michel, éditeur à Paris, imprimé chez Gratiot, rue de la Monnaie, 11.

Ce recueil fut saisi et poursuivi pour attaques contre la propriété, excitation à la haine et au mépris des citoyens les uns contre les autres et pour autres délits contre la paix publique et la constitution, résultant d'articles évidemment apocryphes, signés de noms également apocryphes et notamment de celui du général Bem, qui devait avoir en effet bien autre chose à faire que des almanachs pour le peuple.

Déclarés non coupables par le jury, MM. Michel et Gratiot, que défendait M. Jules Favre, furent acquittés, par arrêt de la Cour d'assises de la Seine, en date du 8 décembre 1849. (Voir *Gazette des Tribunaux* du lendemain.)

Almanach populaire de la France (pour 1837), par Baron. — Paris, in-12 carré; 2ᵉ et 3ᵉ éditions, 156 pages.

Cet ouvrage, poursuivi comme contenant des excitations à la haine et au mépris du gouvernement du roi, apologie du régicide, attaques contre le respect dû aux lois, provocation à la haine entre les diverses classes de la société, etc. etc., a été condamné à la destruction, par arrêt de la Cour d'assises du Pas-de-Calais, en date du 14 décembre 1836. (Voir le *Moniteur* du 11 février 1837.)

Destruction encore ordonnée, par arrêt de la Cour d'assises du Rhône, du 12 mars 1837. Par le même arrêt, l'auteur de cet écrit, Auguste Baron, a été renvoyé de la prévention ci-dessus (*Moniteur* du 14 mars 1837).

Enfin par un troisième arrêt rendu, par la Cour d'assises de la Seine, le 25 mars 1839, l'*Almanach populaire*, réimprimé à Paris en 1838, par les soins de Roquemaure et Desgeorges, libraires, a été, une troisième fois, condamné à la destruction (point d'insertion au *Moniteur*. Voir la *Gazette des Tribunaux* du 26 mars 1839).

Il convient d'ajouter que le sieur Xavier-Henri-Joseph Gombert, gérant du journal le *Progrès*, déclaré coupable, par l'arrêt susrelaté de la Cour d'assises du Pas-de-Calais, d'avoir, dans le mois de novembre 1836, vendu, distribué et mis en vente ou exposé dans des lieux publics des exemplaires de la première édition du susdit almanach, se pourvut en cassation. Ce pourvoi fut rejeté par arrêt du 2 février 1837, inséré au *Moniteur* du 11 du même mois.

Almanach populaire du Pas-de-Calais pour 1836, auteur : Frédéric DEGEORGE, imprimeur : Jean DEGEORGE, éditeur : M. GOMBERT.

Cet almanach fut poursuivi à raison de certains articles séditieux dont l'auteur était M. F. DEGEORGE, rédacteur en chef du *Propagateur*. Il se produisit à ce sujet cette particularité : La Chambre du conseil du Tribunal d'Arras avait décidé à l'unanimité qu'il n'y avait lieu à suivre ; mais, sur le pourvoi *ad hoc* du Procureur du roi, la Chambre des mises en accusation de la Cour de Douai renvoya l'imprimeur, l'éditeur et l'auteur dudit écrit, devant le jury du Pas-de-Calais, en comprenant dans les poursuites M. LELEUX, rédacteur en chef du journal l'*Echo du Nord*, pour avoir reproduit, dans cette feuille, certains articles incriminés du susdit almanach.

Tous les prévenus furent acquittés, par arrêt de la Cour d'assises du Pas-de-Calais, séant à Saint-Omer, le ... janvier 1836 (*Gazette des Tribunaux* des 27 décembre 1835 et 28 janvier 1836).

Alosie, ou *les Amours de M. T. P.*

Voir : *Lupanie.*

Aloysia, ou *Entretiens.*

Voir : *Académie des Dames.*

Amant (L') craintif et jaloux.

Voir : *Gravures obscènes.* Aff. Chapelle, II.

Amant dessus, amant dessous, illustration d'un conte de Piron.

Voir : *Gravures obscènes.* Aff. Chapelle, III.

Amant (L') heureux, gravure obscène.

Destruction ordonnée, par arrêt de la Cour d'assises de la Seine, en date du 14 janvier 1822 (point d'insertion au *Moniteur*).

Amant (L') pressant, gravure obscène.

Destruction ordonnée, par arrêt de la Cour d'assises de la Seine, en date du 14 janvier 1822 (point d'insertion au *Moniteur*).

Amants (Les) de cœur.

Voir : *Les Souteneurs,* etc.

Amants (Les) missionnaires.

Voir : *Albert*.

Amants (Les) surpris, gravure obscène.

Destruction ordonnée, par arrêt de la Cour d'assises de la Seine, en date du 14 janvier 1822 (point d'insertion au *Moniteur*).

Amélie de Saint-Far, ou *la Fatale erreur*, par Mme de C***, au-

teur de *Julie, ou J'ai sauvé ma rose* (Mme GUYOT). — Hambourg et Paris. Colin, 1802. 2 vol. in-12, 248 et 232 pages.

Roman licencieux, cynique et peu commun, longtemps attribué à Mme de CHOI-SEUL-MEUSE, mais qu'on sait pertinemment aujourd'hui être, ainsi que celui de *Julie*, l'œuvre de Mme GUYOT. On en trouve l'analyse dans la *Revue des Romans*, tome I, page 321. On prétend aussi que ROUGEMONT y a pris part.

Il a été mis à l'index, par mesure de police, en 1825.

Voir : *Note des ouvrages à supprimer*.

Amélie, ou *les Écarts de ma jeunesse*, avec cette épigraphe tirée

des *Proverbes* de Salomon : « Une belle femme sans pudeur est comme une bague d'or au museau d'une truie. » Paris, DENTU. An VI, 1798. 2 vol. in-12, de 196 et 206 pp. 2 fig. non libres.

Roman érotique extrêmement licencieux, mis à l'index, par mesure de police, le 15 octobre 1825.

Voir : *Note des ouvrages à supprimer*.

Aménités catholiques. — Article.

Voir : *Almanach-Catéchisme*, par BRÉE.

Ami (L') de la vérité. — Journal publié à Caen. Gérant, GODE-

FROY.

Huit numéros de ce journal ont été condamnés à la destruction dans les circonstances suivantes :

N° 22. Article intitulé : *Le drapeau blanc est le seul drapeau français*, contenant des excitations à la haine et au mépris du Gouvernement. Arrêt de la Cour d'assises du Calvados, du 7 décembre 1832, condamnant Ch.-A. GODEFROY à six mois de prison et 1,000 fr. d'amende (*Moniteur* du 7 avril 1833) ;

N° 37. Article intitulé : *Encore une douceur du Juste Milieu*. Même délit et excitation à la haine des citoyens envers la garde nationale. Arrêt de la même Cour, rendu le même jour, condamnant GODEFROY à 3 mois de prison et 3,000 fr. d'amende (*Moniteur*, même date) ;

*N*o *62*, article intitulé : *Les journées, ou la journée de juillet et Libéralométriques,
faites à Caen, le 29 juillet 1832*. Mêmes délits. Autre arrêt du même jour, rendu
par la même cour, condamnant GODEFROY à six mois de prison et 2,000 fr.
d'amende (*Moniteur*, même date) ;

*N*o *105*. Article intitulé : *Adieux à l'année 1832*, contenant des excitations à la
haine et au mépris du gouvernement. Arrêt de la Cour d'assises du Calvados, du
27 février 1833, condamnant GODEFROY à six mois de prison et 2,000 fr. d'amende
(*Moniteur* du 29 juin 1833) ;

*N*os *des 30 août et 20 octobre 1833* Même délit. Arrêt de la même Cour, du
20 février 1834, condamnant GODEFROY à six mois de prison et 3,000 fr. d'amende
(*Moniteur* du 7 août 1835) ;

*N*o *50*. Trois articles contenant le même délit. Arrêt de la même cour, du 8 août
1835, condamnant GODEFROY, à un mois de prison et 1,000 fr. d'amende (*Moniteur*
même date) ;

*N*o *du 27 avril 1834*. Même délit. Arrêt de la cour d'assises du Calvados, du
21 novembre 1834, condamnant GODEFROY à un mois de prison et 3,000 fr. d'a-
mende (*Moniteur* du 7 août 1835).

Ami des lois (L'). — Journal publié à Limoges.

Un numéro de cette feuille a été condamné à la destruction, pour attaque à la
dignite royale et diffamation envers la garde nationale, par arrêt de la Cour d'assises de la Haute-Vienne, en date du 18 août 1831 (point d'insertion au *Moniteur*)

. **Amies (Les)**, (sonnets en rimes féminines), par le licencié PABLO DE
HERLAGNEZ. — Ségovie (Bruxelles), 1868 in-8, 20 pages. Tiré à 50 exemplaires (44 petit papier de Hollande, 4 grand papier, 2 chine. 4, 6 et 8 fr.).

Paul VERLAINE est le véritable nom de l'auteur de cet ouvrage qui commence
par ces mots : « Sur le balcon, » et finit par ceux-ci: « qui venge les amis. » Ce
recueil ne contient que six sonnets dont le dernier intitulé *Sappho* est cité par la
Bibliographie Gay, tome I, page 115. La destruction de cette production licencieuse a été ordonnée, par jugement du Tribunal de Lille, en date du 6 mai 1868
(Aff. Sacré-Duquesne et consorts.)

Voir pour les détails : *Actes des Apôtres*.

Amnistie accordée, par l'ordonnance du 13 novembre 1816, aux militaires qui ont suivi le roi à Gand.

Ecrit imprimé chez PATRIS, déclaré *séditieux* par jugement du Tribunal correctionnel de la Seine, en date du 13 mars 1817, qui en a ordonné la destruction
(pas d'insertion au *Moniteur*).

Amnistie, par X. RASPAIL.

Voir : *Nécessité de l'Amnistie*.

Amour (De l') à la minute.

Voir : *La vie de garçon dans les hôtels garnis.*

Amour (L') au grand trot, ou *La gaudriole en diligence*, manuel

portatif offrant une série de voyages galants en France et à l'étranger,
par M. Vélocifère, grand amateur de messageries. (J.-P.-R. Cuisin). —
Paris, 1820, in-18, V. Lepetit (1 fr. 50).

Le sous-titre de cet ouvrage annonce « une foule de révélations piquantes
de tous les larcins d'amour, bonnes fortunes, espiègleries, aventures extraordinaires dont les voitures publiques sont si souvent le théâtre. »

L'immoralité de cet ouvrage l'a fait mettre à l'index, par mesure de police, en
1825.

Voir : *Note des ouvrages à supprimer.*

Amour (L') en vingt leçons. — Chanson, s. l. n. d.

Cette production obscène, dont plusieurs exemplaires avaient été saisis, a été
condamnée à la destruction par jugement du Tribunal correctionnel de la Seine
du 27 mars 1852, inséré dans la *Gazette des Tribunaux* du lendemain (aff. C. Terry).

Voir : *La Gaudriole.*

Amour (L') et la guerre.

Voir : *Thélène.*

Amour et plaisir.

Voir : *Eglay.*

Amoureux (L') des onze mille vierges, roman véritable, sérieux,

comique et moral, par l'auteur de l'*Enfant de trente-six pères* (Ant.-Jos.-
Nic. de Rosny). — Paris, an ix (1802), 2 vol. in-12.

On ne trouve pas traces de condamnation pour cet ouvrage, que le catalogue
Wittersheim cite simplement sous ce titre : *L'amoureux des onze mille vie ges.*
Ne s'agirait-il pas, non du roman de Rosny, mais de celui dont le titre suit :
L'amoureux des onze mille vierges, recueil de romances, chansons, etc. Paris-
Tiger (1821), in-18, 96 pages.
Ce recueil, imprimé aussi avec le titre de la *Lyre Gaillarde*, contient des chan-
sons fort libres.

Amours (Les) de Charlot et de Toinette. Pièce dérobée à

V......... (Versailles). — Paris, Londres, 1779 et s. l. 1789 ; in-8, 8 pp.

Pièce obscène dirigée contre MARIE-ANTOINETTE et le COMTE D'ARTOIS. Des gravures qui devaient être jointes à ce libelle n'ont jamais paru. Toute l'édition a été achetée, à Londres, au libraire BOISSIÈRE, par ordre de la Cour et par les soins de GOETZMANN, moyennant 17,000 fr. et pilonée à la Bastille. — Quelques exemplaires cependant ont échappé à la destruction, qui en a été ordonnée de nouveau en 1865 par le Tribunal correctionnel de la Seine (voir : *Parapilla)* ; cette pièce a d'ailleurs été réimprimée dans le *Momus redivivus* de MERCIER DE COMPIÈGNE, t. II, p. 105).

Amours (Les) de Louis le Grand et de Mlle Du Tron (par BONTEMPS), s. d. (vers 1697). — Rotterdam, à la Sphère, 2 part. in-12, 192 pp.

Pamphlet satirique fort rare, dirigé contre Louis XIV et Mme de Maintenon, ainsi que contre le père La Chaise à qui l'on fait jouer un rôle peu honorable.

Bien que l'on ne trouve point au *Moniteur* de texte de jugement ou d'arrêt ordonnant spécialement la destruction de cet ouvrage, il est cité, comme ayant été condamné ou supprimé, dans la première partie du *Catalogue des ouvrages condamnés comme contraires à la morale publique et aux bonnes mœurs, publié, en 1874, à la librairie des publications législatives de M. A.* WITTERSHEIM. Ce catalogue fait, en outre, mention de 38 autres écrits dont il sera parlé en leur lieu et place, qui ont mérité d'être compris dans les listes d'ouvrages condamnés à la destruction, ou d'être mis à l'index, par mesure administrative, sous le gouvernement de la Restauration.

Amours (Les) de Mars et de Vénus, poëme en dix chants très-courts. — Cocuxopolis, 1796-1796 ; in-64 de 76 pp. (par Vincent LOMBARD, de LANGRES), réimprimé en 1828, in-32. — Paris, DELONCHAMPS, 2 francs.

Petit poëme burlesque assez gaillard, dont la destruction a été ordonnée, par jugement du Tribunal correctionnel de la Seine (7e ch.), en date du 24 avril 1852, condamnant ALVARÈS à un an de prison et 6,500 fr. d'amende pour outrages à la morale publique et aux bonnes mœurs, par la mise en vente, tant de l'écrit ci-dessus que d'autres ouvrages ou gravures obscènes non déposés ou déjà condamnés.

Amours (Les) de Napoléon III, ou le *Lupanar élyséen dévoilé ;* les orgies de Badinguet et de ses complices avec leurs maîtresses et courtisanes, par SCHŒLCHER, représentant du peuple, 1852. — Londres et Genève, JEFFS, libraire-éditeur, Burlington-Arcade, 1871. Avec frontispice représentant la tête de l'ex-empereur des Français, formée de femmes nues dans des attitudes obscènes.

Telle est la description de cet ignoble écrit qu'un éditeur étranger ne craignit pas de réimprimer, en le mettant en outre sous le nom d'un personnage honorable, espèce nouvelle de calomnie contre laquelle M. Schœlcher protesta comme il convenait, en poursuivant l'auteur et le complice de cette spéculation ; le premier ne pouvait ignorer, en effet, que l'ouvrage en question est attribué, et avec beaucoup de vraisemblance, au nommé Pierre Vésinier, qui se réfugia à Londres, après la chute de la soi-disant commune de Paris, et qui est l'auteur d'une autre production du même genre : *La femme de César*. Enfin, *les amours dé Napoléon III* n'étaient pas un livre nouveau ; la première édition date de 1863, ainsi que le constate l'article consacré à cet ouvrage par la *Bibliographie Gay* (t. I, p. 147).

Ce fut donc sur la dénonciation de l'avocat de M. Schœlcher que des poursuites furent dirigées, par le parquet de Lille, contre M. Renaudin, libraire en cette ville, et contre Vital-Puissant, libraire-éditeur à Bruxelles.

Il faut lire dans la *Gazette des Tribunaux* des 28 décembre 1871 et 4 janvier 1872 les débats de cet intéressant procès.

Par jugement du Tribunal correctionnel de Lille, en date du 2 janvier 1872, M. Renaudin fut condamné à 10 jours de prison et 500 fr. d'amende, Vital-Puissant à un an d'emprisonnement et 500 fr. d'amende (défaut) et tous deux à 100 fr. de dommages-intérêts au profit de M. Schœlcher. En appel, le 19 février suivant, la prison a été supprimée pour Renaudin et la condamnation maintenue pour le reste (*Journal officiel* du 7 mai 1874).

Amours (Les) de Notre Saint-Père le Pape. — In-18, avec figures obscènes.

Ouvrage compris dans la liste des productions condamnées à la destruction par arrêt de la Cour royale de Paris en date du 16 novembre 1822 (*Moniteur* du 26 mars 1825. Aff. Rousseau).

Voir pour les détails : *Description topographique*.

Amours (Les) des actrices.

Voir : Les *Femmes de théâtre*, et *Parapilla*.

Amours des dieux payens.

Voir : *Arétin, I*.

Amours (Les) des rois de France. — Recueil de douze gravures

obscènes, dont la première est intitulée : *Louis IX dans le désert*, et la dernière : *Louis XVIII et Madame du Cayla*.

La destruction de ce cahier d'obscénités et celle des sept dessins obscènes suivants : *La servante du curé* ; *Damon l'Ursuline* ; *l'Ecrevisse* ; *Le moignon de l'invalide* ; *La simplicité rustique* ; *Les deux n'en font qu'un* et *La chasse aux papillons*, ont été ordonnées, par jugement du Tribunal correctionnel de la Seine (6e Ch.), en date du 12 mai 1865, condamnant, à des peines diverses, Poulet-Malassis et consorts, pour outrages à la morale publique et religieuse ainsi qu'aux bonnes mœurs, par la vente, distribution et mise en vente, tant des dessins obscènes ci-dessus que de nombreux ouvrages licencieux, déjà condamnés, dont il est parlé en leur lieu et place (*Gazette des Tribunaux* des 13, 20 mai et 3 juin 1865).

Voir aussi : *Parapilla.*

Amours (Les) d'un prêtre.

Voir : Le *Roman d'un prêtre.*

Amours (Les) d'une ingénue, par Claude Fougerot (Louis-André Surret). — Paris, 1862, Dentu, in-12, imp. Vallée, 1 fr.

La destruction de cet écrit, contenant des outrages à la morale publique et aux bonnes mœurs, a été ordonnée, par jugement du Tribunal correctionnel de la Seine (6e Ch.), du 12 décembre 1862, condamnant, en outre, l'auteur à 100 fr. et l'imprimeur à 50 fr. d'amende (*Gazette des Tribunaux* du 13 décembre 1862. — *Journal Officiel* du 7 mai 1874).

Amours et galanteries du chevalier de Faublas, par J.-B. Louvet de Couvray. La première édition est intitulée : *Une année de la vie du chevalier de Faublas ;* la seconde : *Six semaines de la vie du...,* etc. ; la troisième : *Fin des amours du...,* etc. La première édition complète est celle parue à Londres (Paris) en 1789-1790. 13 parties avec 17 figures. On peut utilement consulter la *Bibliographie Gay* (t. I, p. 206) sur les éditions et illustrations de ce triste livre.

Ce roman est un tableau, fort chargé du reste, des mœurs débauchées, de la sensualité recherchée et de la sensibilité pleine d'afféterie qui régnaient à Paris avant la Révolution. Quoique lestement raconté, ce roman lasse bien vite le lecteur ; il est justement réprouvé par les sages esprits.

La destruction de ce pernicieux écrit, rempli d'outrages à la morale publique et aux bonnes mœurs, a été plusieurs fois ordonnée, notamment par :

1o Jugement du Tribunal correctionnel de Vannes, en date du 29 avril 1822, condamnant Redonnet, Jean, dit *Garravé*, colporteur à Boulx, à un mois de prison et 16 fr. d'amende (*Moniteur* des 24, 25 mai 1822) ;

2o Jugement du Tribunal correctionnel de la Seine, du 16 décembre 1825, condamnant, aux dépens seulement, André-Ambroise Tardieu, libraire à Paris (*Moniteur* du 9 février 1826) ;

3o Arrêt de la Cour d'assises de la Vienne, en date du 12 décembre 1838, condamnant Clouzot et les frères Porterié chacun à 10 fr. d'amende (*Moniteur* du 9 juin 1839) ;

4o Enfin, par arrêt de la Cour royale de Paris, en date du 18 mars 1840, acquittant Lavigne, Mallet, Tilliard et Béthune, accusés d'avoir colporté et mis en vente des exemplaires d'une réimpression de l'ouvrage dont il s'agit.

Voir aussi : *Parapilla.*

En outre, ce mauvais livre a été mis à l'index, par mesure de police, en 1825.

Voir : *Note des ouvrages à supprimer.*

Amours (Les) folastres et récréatives du Filou et de Robinette, dédiées aux amoureux de ce temps. — Boùrg-en-Bresse, 1629, petit in-12, 84 pages (vendu 62 fr. à la vente Nodier). — Par les soins de M. Jules GAY une réimpression textuelle, augmentée d'un avant-propos et de notes par M. P. L. (Paul LACROIX), a été faite à Paris, en 1862; petit in-12 de XXIV-72 pages, tiré à 115 exemplaires : 8 fr.

Le *Filou*, au commencement du XVIIe siècle, était un cavalier fanfaron, assez mal vu d'ailleurs, qui a eu de nos jours son équivalent parmi les *beaux*, les *lions*, les... etc., etc.; depuis, l'expression a singulièrement changé de valeur. Quant à Robinette, c'est une jeune *galante*, qui se joue d'un de ces filous d'une manière un peu vive; le tout est raconté en termes assez lestes, notamment aux pages 25, 30, 34, 61 et 63, pour avoir nécessité l'intervention du Parquet.

Par jugement du Tribunal de la Seine (6e Ch.) en date du 22 mai 1863, les sieurs Jules GAY, imprimeur-éditeur à Paris, quai des Grands-Augustins, 41, Clair-Simon RAÇON, imprimeur, et Jacques-Charles JOUAUST, imprimeur, reconnus coupables d'outrages à la morale publique et aux bonnes mœurs, pour avoir, le premier, vendu et mis en vente les deux autres, imprimé *Les amours folastres du Filou et de Robinette* (et dix-sept autres ouvrages dont il sera parlé en leur lieu et place et qui renverront à cet article), ont été condamnés, savoir: GAY, à 100 fr. d'amende; RAÇON et JOUAUST, chacun à 25 fr., par application des art. 1 et 8 de la loi du 17 mai 1819. Le même jugement a en outre ordonné la destruction des exemplaires qui ont été saisis et de tous ceux qui pourraient l'être ultérieurement (*Moniteur* du 8 novembre 1865).

Il faut lire, au sujet des deux procès faits à M. Jules GAY, un intéressant petit volume qu'il a publié à l'étranger et dont voici le titre : *Procès des raretés Bibliographiques faits à Paris, en 1863 et en 1865, publiés par la Société des Bibliophiles cosmopolites.* — Bordighère, imprimerie Henri RANCHER et Cie, 1875; in-12 de VIII-250 pages écu, tiré à 100 ex. tous numérotés et sur papier vélin à la main, 20 fr.

Ce livre n'est point une récrimination de l'éditeur contre les décisions judiciaires qui l'ont d'ailleurs justement frappé; c'est surtout l'œuvre d'un bibliophile jaloux de se réhabiliter aux yeux du public et de montrer que dans les réimpressions critiquables qu'il eut l'imprudence de faire, d'ailleurs à très-petit nombre, il poursuivait moins une idée de lucre que la satisfaction de mener à bonne fin la publication d'une collection rare et curieuse. Comme le *Procès des raretés bibliographiques* contient les passages incriminés des publications condamnées en 1863 et 1865, l'introduction et la circulation en France de cet ouvrage sont naturellement interdites.

Amours libertines d'un grand seigneur.

Voir : *Milord Arsouille.*

Amours ou aventures de M. Mayeux. — Recueil de douze lithographies obscènes.

Voir : *Gravures obscènes*. Aff. Chapelle, V.

Amours (Les) secrètes de M. Mayeux, écrites par lui-même. — Bruxelles, 1832; in-18, 36 pages, avec 12 figures (les plus mauvaises que l'on puisse rencontrer et curieuses même sous ce rapport). Réimprimé in-32, 63 pages. SCHEIBLE.

Cette histoire licencieuse, racontée dans un style faubourien, a été condamnée à la destruction, par arrêt de la Cour d'assises de la Seine-Inférieure, en date du 8 septembre 1844, prononçant en outre contre Pierre Bon, colporteur, déclaré coupable d'outrages à la morale publique et religieuse et aux bonnes mœurs, pour mise en vente dudit ouvrage, la peine de cinq ans de prison et 6,000 fr. d'amende (*Moniteur* du 3 décembre 1844).

Par. jugement du Tribunal correctionnel de la Seine, en date du 2 juin 1865, Jules GAY (voir pour les détails : *Aphrodites*) a été condamné à 4 mois d'emprisonnement et 500 fr. d'amende (*Moniteur* du 8 novembre 1865).

Voir aussi : *Parapilla*.

Amours (Les) secrètes de Mlle Julie B*,** devenue comtesse de l'empire, racontées par elle-même. — Paris, s. d., in-18, br., 4 fig. col. — Ce libelle obscène, qu'on prétend avoir été dirigé contre une princesse de la famille de Napoléon Ier, a été réimprimé à Bruxelles, vers 1872; 5 fr.

Destruction ordonnée, par jugement du Tribunal correctionnel de la Seine, en date du 25 juin 1869 (aff. contre PUISSANT et consorts).

Voir : *Abus dans les cérémonies.*

Amours secrètes de Napoléon Bonaparte, par M. le baron DE B***, auteur des *Amours du vicomte de Barras*, etc. (par Charles DORIS, de Bourges). — Paris, Germain MATHIOT, 1815. 4 vol. in-12, fig., 12 fr. Les deux premiers volumes ont eu quatre éditions la même année. Une septième édition a été faite en 1836.

Un profond mystère a longtemps couvert le nom de l'écrivain qui s'est acharné avec tant de constance contre Napoléon et sa famille, plutôt par spéculation sur les passions exaltées de 1814 à 1818, que par conviction. On trouve dans QUÉRARD, tome II, page 580, la liste des onze pamphlets publiés par Ch. DORIS contre la famille impériale, sous le nom du Baron de B***, que bien des gens crurent alors être le masque de M. de BOURRIENNE.

Par jugement du Tribunal de la Seine, en date du 3 avril 1823, la destruction de cet ouvrage a été ordonnée, du consentement du prévenu, acquitté faute de preuves de la publication dans le sens de la loi (pas d'insertion au *Moniteur*).

Amusement (L') des Grâces.

Voir : *Bijou de société.*

Anciens (Les) partis, par Prévost-Paradol. — Paris, Dumineray, 1860 ; in-12, 50 cent.

Cette brochure, examinée au Parquet de Paris, au moment où le dépôt y fut effectué, fut trouvée séditieuse et la saisie en fut ordonnée, non-seulement chez l'éditeur, à Paris, mais aussi chez l'imprimeur Louis Beau à St-Germain-en-Laye. Notons incidemment que le commissaire de police de cette ville, chargé d'exécuter cette mesure, outrepassa son mandat, et fit briser en sa présence les planches d'impression de l'écrit poursuivi. Le ministre de l'Intérieur, informé de cet abus, révoqua immédiatement le fonctionnaire trop zélé.

La confiscation de la brochure a d'ailleurs été maintenue, par jugement du Tribunal correctionnel de la Seine (6e Ch.), en date du 22 juin 1860, condamnant Prévost-Paradol à un mois de prison et 3,000 fr. d'amende, Dumineray à 3,000 et Beau à 500 fr. d'amende *(Gazette des Tribunaux* du 23 juin 1860).

Ane (L') béni et pendu. — Article de journal.

Voir : L'*Album.*

Ange (L') gardien. — Chanson de Béranger.

Voir : *Chansons de Béranger.*

Angola. — Histoire indienne, ouvrage sans vraisemblance (par le chevalier De La Morlière). — Agra (Paris), 1746, deux vol. petit in-12, avec jolies vignettes et culs-de-lampe de C. Eisen. Nombreuses réimpressions dont plusieurs sont suivies de : *Acajou et Zirphile,* conte (par Duclos), imprimé aussi plusieurs fois séparément ou en collection.

Ces deux écrits galants, et souvent plus que badins, sont cités au catalogue Wittersheim, p. 4.

Voir : Les *Amours de Louis le Grand.*

Anguille (L'). — Chanson de Pradel.

Voir : *Les Etincelles.*

Annales du commerce.

Voir : *Guignolet.*

Anneau (L') d'Hans Carvel. — Gravure obscène.

Voir : *Contes de La Fontaine.*

Anniversaire des journées de Juillet.

Voir : *Deuxième anniversaire des ...*

Anniversaire (**L'**) ou le *Barde Hradschin aux fêtes de Juillet*, par CHARPENTIER DE DAMERY. — Paris, 1834.

La destruction de cet écrit satirique contenant des offenses envers la personne du roi, des excitations à la haine et au mépris de son gouvernement et des attaques contre ses droits constitutionnels, a été ordonnée, par arrêt de la Cour d'assises de la Seine en date du 27 octobre 1834, condamnant l'auteur à six mois de prison et 500 fr. d'amende (*Moniteur* du 30 décembre 1834).

Annotateur (**L'**) Boulonnais. — Journal.

Voir : *Association du Pas-de-Calais.*

Anthologie érotique. — Paris, in-8.

Ouvrage outrageant les bonnes mœurs et condamné à la destruction, par jugement du Tribunal correctionnel de la Seine, en date du 7 mars 1832 (pas d'insertion au *Moniteur*).

C'est sans doute le même qui a été réimprimé sous ce titre : *Anthologie érotique, ou Recueil complet des chansons libres et polissonnes, anciennes, nouvelles et inédites*, recueillies par E*** D***. Londres 1832, fort vol. in-32, 16 gravures libres (contenant 102 pièces licencieuses).

Anti-Justine (**L'**) ou les *Délices de l'amour*, par M. LINGUET, avocat au et en parlement (RESTIF DE LA BRETONNE), avec 60 figures (elles n'ont jamais été faites). — Au Palais-Royal, chez feu la veuve GIROUARD, 1798, in-18.

Ce volume contient deux parties. La première va jusqu'à la page 204. La seconde commence à la page 207 et finit, au milieu d'une phrase, à la page 252 : l'ouvrage n'a pas été terminé. D'après l'auteur, cet ouvrage, non moins licencieux et dépravé que la JUSTINE, était destiné à empêcher les hommes d'avoir recours à la *barbarie* (*sic*) dans leurs rapports avec les femmes.

Ce livre, devenu si rare en édition originale qu'on n'en connaît que trois exemplaires, a été réimprimé à Bruxelles, en 1863, en 2 vol. in-16 de 127 et 150 pages avec douze mauvaises lithographies chez SACRÉ-DUQUESNE. Certaines parties du texte ont été supprimées ou travesties.

C'est cette édition de l'*Anti-Justine* qui a été condamnée à la destruction, pour outrages aux bonnes mœurs et à la morale publique et religieuse, par jugement du Tribunal de Lille du 6 mai 1868, inséré au *Moniteur* du 19 septembre suivant.

Voir pour les détails : *Actes des Apôtres.* Aff.-contre SACRÉ-DUQUESNE et consorts.

Voir aussi : *Parapilla.*

Antiquité (L') dévoilée par ses usages. — Ouvrage posthume (refait sur le manuscrit original par le baron d'HOLBACH). — Amsterdam, 1766, in-4º, et 3 vol. in-12.

Ouvrage mis à l'index, par mesure de police, en 1825, ainsi que toutes les œuvres philosophiques de l'auteur Nic.-Ant. BOULANGER.

Voir : *Note des ouvrages à supprimer.*

Aperçus historiques. — Paris, 19 avril 1820. (C'est le deuxième des cinq opuscules séparés qui complètent la deuxième livraison du quatorzième volume de la *Bibliothèque historique*. Voir ce titre.)

Par arrêt de la Cour d'assises de la Seine du 28 juin 1820, Nicolas BILLOTEY, homme de lettres, demeurant à Paris, rue des Marmousets, nº 24, a été déclaré coupable de provocation à la désobéissance aux lois, à raison de la publication de cet écrit, et condamné à trois mois de prison et 1,000 fr. d'amende. Le même arrêt a ordonné la destruction des exemplaires saisis et de tous ceux qui pourraient l'être ultérieurement (*Moniteur* du 15 août 1820).

Aphrodites (Les) ou *Fragments thali-priapiques pour servir à l'histoire du plaisir* (par ANDRÉA DE NERCIAT). — Lampsaque, 1793, 8 part. in-8 de 80 pp. et une planche chacune, le tout pouvant se relier en un ou deux volumes, figures obscènes finement gravées. Deux réimpressions en 1864. La plus belle et la plus correcte est celle de Bâle (Bruxelles, MERTENS), 2 vol. de 318-324 pp., 32 ex. petit in-8, et 158 ex. petit in-12. 54 et 36 fr.

Il faut lire sur les *Aphrodites*, association qui a réellement existé de personnes des deux sexes n'ayant d'autre but que le plaisir, la notice donnée par la *Bibliographie Gay* (t. I, p. 277).

Par jugement du Tribunal de police correctionnel de la Seine (6ᵉ chambre), en date du 2 juin 1865, et devenu définitif, le sieur Jules GAY, libraire-éditeur, quai des Grands-Augustins, nº 41, à Paris, déclaré coupable : 1º d'ouvrages à la morale publique et religieuse ainsi qu'aux bonnes mœurs ; 2º de vente d'ouvrages précédemment condamnés ; 3º de vente d'ouvrages sans nom d'imprimeur ; 4º de vente de dessins et gravures non autorisés par l'administration ; pour avoir, en 1864 et 1865, à Paris, publié, vendu ou mis en vente, *Les Aphrodites* et les gravures qui les accompagnent (ainsi que dix-sept autres ouvrages également ment immoraux dont il sera parlé en leur lieu et place), a été condamné à quatre mois d'emprisonnement et 500 fr. d'amende, par application des art. 1 et 8 de la loi du 17 mai 1819, 27 de la loi du 26 mai 1819, 19 de la loi du 21 octobre 1814 et 22 du décret du 17 février 1852.

Le même jugement a ordonné la destruction des exemplaires qui ont été saisis, ainsi que celle de tous ceux qui le seraient ultérieurement (*Moniteur* du 8 novembre 1865).

Voir encore : *Parapilla*.

Voir aussi au sujet de ce livre et des dix-sept autres ouvrages condamnés par le jugement ci-dessus, l'ouvrage intitulé : *Procès des raretés bibliographiques*, dont nous avons parlé à l'article : *Amours folastres*.

Enfin, ce livre a encore été visé par une condamnation prononcée, le 25 février 1876, par le Tribunal correctionnel de la Seine (aff. contre Lequieu).

Voir : *La P..... errante*.

Apollyon (L') de l'Apocalypse.

Voir : *A Monsieur de La Mennais*.

Apologie de la conduite des prêtres français confesseurs de la foi, depuis vingt-cinq ans, par l'abbé Pierre-Jacques Fleury, s'intitulant curé non assermenté de la paroisse de Vieuvy (diocèse du Mans).

La destruction de cet écrit, « contenant une provocation tendant à répandre des alarmes sur l'inviolabilité des propriétés dites *Nationales*, » a été ordonnée, par jugement du Tribunal correctionnel de la Seine, du 16 novembre 1816 (Pas d'insertion au *Moniteur*).

Apologie de la fine galanterie de Mademoiselle Françoise de la Montagne.

Voir : *La Fille de joie*.

Apostolique (L').—Journal religieux faisant suite à la *Chronique édifiante* et qui parut, à Paris, du 17 juillet 1829 au 23 juillet 1830 ; in-folio.

Dans son numéro du 14 août 1829, ce journal célébra l'avénement du ministère Polignac, en des termes et avec un zèle si inconsidérés, que le gérant, M. Mercier, fut condamné à un mois de prison et 100 fr. d'amende par jugement du Tribunal correctionnel de la Seine, en date du 28 août 1829, ordonnant en outre la destruction du numéro incriminé (point d'insertion au *Moniteur*).

Apothéose de Bonaparte. — Gravure séditieuse.

Destruction ordonnée, par arrêt de la Cour royale de Paris, en date du 26 août 1823 (point d'insertion au *Moniteur*).

Apothéose des quatre condamnés de la Rochelle. — Gravure séditieuse avec cette inscription : *Pro Patriâ*.

Destruction ordonnée par arrêt de la Cour royale de Paris, en date du 26 août 1823 (point d'insertion au *Moniteur*).

Apparences (Les) sauvées.

Voir : *Triomphe de la F....rie.*

Appel au peuple! — Aux électeurs républicains du 10 mars, par Théodore STAINES. — (Paris, 1850.)

Le sieur STAINES fut arrêté à Montmartre au moment où, sortant d'une réunion de l'association des cuisiniers, le 31 mars 1850, il colportait et distribuait ce petit écrit sur la voie publique. Il en avait environ 900 exemplaires sur lui, et 28 autres, en placards, sur papier rose.

Traduit, le 5 avril suivant, devant le Tribunal de police correctionnel de la Seine, pour colportage sans autorisation d'un écrit non déposé, il fut condamné à deux mois de prison, bien qu'il prétendît n'être pas un colporteur ordinaire, mais bien un auteur vendant lui-même son ouvrage. La saisie des exemplaires a été maintenue et la confiscation ordonnée (*Gazette des Tribunaux*).

Appel au tribunal de l'opinion publique.

Voir : *Le Concordat expliqué au roi.*

Appel aux représentants de la France et à nos concitoyens. Lettres de Louis Le Dieu sur les affaires étrangères, depuis le mois de juillet 1830 (extraites de *la Tribune*). — Paris, 1832, in-8, 40 pp. et, même année, 48 pp.

Suivant toute apparence, c'est bien cette brochure qui motiva des poursuites contre l'auteur, L.-F. Joseph LE DIEU, pour excitation à la haine et au mépris du gouvernement et diffamation envers un ministre (le maréchal SOULT), à l'occasion de ses fonctions.

Acquitté sur le premier chef, le sieur LE DIEU fut reconnu coupable sur le second. Il fut condamné à six mois de prison et 500 fr. d'amende par arrêt de la Cour d'assises de la Seine en date du 30 novembre 1832 *(Gazette des Tribunaux* du 1er décembre 1832).

Apprêts (Les) du bal. — Recueil de gravures obscènes (lithographies).

La destruction de ce recueil a été ordonnée, pour outrages à la morale publique et aux bonnes mœurs :

1o Par arrêt de la Cour d'assises de la Seine, du 9 août 1842 (aff. contre REGNIER-BECKER. *Moniteur* du 15 décembre 1843) ;

2o Par jugement du Tribunal correctionnel de la Seine, en date du 13 mars 1852 (aff. contre LANGLOIS. *Gazette des Tribunaux* du 14 mars).

Appui (L') des braves.

Voir : *Mort du dernier soldat.*

Après la victoire. — Gravure obscène.

La destruction de cette gravure a été ordonnée, par arrêt de la Cour d'assises de la Seine, en date du 28 novembre 1845, condamnant, pour outrages publics à la morale et aux bonnes mœurs, Victor DESHAYES, marchand d'estampes
à Paris, à huit mois de prison et 500 fr. d'amende, et Marie-Gabrielle DESPRÉAUX,
femme GOIN, marchande d'estampes à Paris, à quatre mois de prison et 500 fr.
d'amende (*Moniteur* du 9 juin 1846).

Après-soupers (Les) d'un petit commis.

Voir : *Mon serre-tête.*

Arabes (Les) et les Bureaux arabes. — In-8. Paris, 1864.
TANERA, 1 fr. Anonyme.

Cette brochure a été saisie et condamnée par la justice (Note du « Catalogue
d'OTTO-LORENZ », t. I, p. 60).

Ardent (L') f.....r. — Lithographie obscène.

Destruction ordonnée, par jugement du Tribunal correctionnel de la Seine, du
13 mars 1852. (Aff. contre LANGLOIS. — *Gazette des Tribunaux* du 14 mars.)

ARÉTIN :

I. — **L'Arétin d'Auguste Carrache,** ou *Recueil de postures éro-
tiques, d'après les gravures à l'eau-forte de ce célèbre artiste, avec un
texte explicatif des sujets* (attribué à CROZE-MAGNAN). — A la nouvelle
Cythère (Paris, P. DIDOT), 1798; grand in-4, avec 30 planches gravées par
COINY.
Réimprimé sous le titre suivant :

Les amours des dieux payens. — Lampsaque (Paris), 1802-1803,
2 vol. petit in-12 de 106 et 107 pages, plus 20 planches assez mal gravées
d'ailleurs.

Il y a tout lieu de penser que c'est cette petite édition qui a été condamnée à
la destruction par l'arrêt de la Cour d'assises de la Seine, du 9 août 1842, condamnant en outre, à six mois de prison et 200 fr. d'amende, REGNIER-BECKER, commissionnaire en marchandises à Paris, déclaré coupable d'outrages à la morale

publique et religieuse, ainsi qu'aux bonnes mœurs, pour avoir mis en vente et vendu en 1839, 1840, 1841 et 1842, l'ouvrage ci-dessus, ainsi que 43 autres écrits et gravures obscènes, etc. (*Moniteur* du 15 décembre 1843.)

II. — L'Arétin français par un membre de l'académie des dames (par F. Nogaret), suivi de : *Les Épices de Vénus,* ou *Pièces diverses du même académicien.* — Londres, 1787-1788, 2 part. in-18 avec 19 jolies figures par Elluin, d'après Borel, non signées.

Voir au sujet de ce livre obscène la notice donnée par la *Bibliographie Gay* (t. I, p. 295). Il n'a rien de commun avec le précédent.

La destruction de cet ouvrage, contenant des outrages à la morale publique et religieuse, ainsi qu'aux bonnes mœurs, a été ordonnée par :

— 1o Arrêt de la Cour royale de Paris, du 19 mai 1815 (pas d'insertion au *Moniteur*) ;

— 2o Jugement du Tribunal correctionnel de la Seine (6e ch.), du 25 février 1825, condamnant Bourrut à un an de prison et 3,500 fr. d'amende, et Merlot, Besson et Cottenet, chacun à 3 mois de prison et 200 fr. d'amende (*Moniteur* du 7 novembre 1826) ;

— 3o Arrêt de la Cour d'assises de la Seine, du 2 mars 1832, condamnant Guyonnet à..... *(Moniteur* du 29 juin 1833) ;

— 4o Arrêt de la même Cour, du 9 février 1842, condamnant Jean-François Salagnat, colporteur, à 18 mois de prison et 100 fr. d'amende (*Moniteur* du 12 novembre 1842) ;

— 5o Jugement du Tribunal de la Seine, du 30 mars 1852, condamnant Lefebvre à.... *(Moniteur* du 7 mai 1874) ;

— 6o Jugement du Tribunal correctionnel de la Seine (6e ch.), en date du 12 mai 1865.

Voir : *Parapilla.*

III. — La Bibliothèque d'Arétin, contenant les pièces marquées à la table. — Cologne, P. Marteau (Hollande, Elzevier), s. d. (vers 1680), petit in-12 de 404 pp. fort rare.

Réimprimé récemment en Allemagne, mais fort incorrectement, sous la rubrique : Cologne, s. d., petit in-12 de 500 pp.

Réimprimé aussi sous le titre de : *Cabinet d'Amour et de Vénus.* — Cologne, avec fig., etc.

La *Bibliothèque d'Arétin* contient :

« L'*École des filles* ; la *P.....* errante, par P. Arétin. *Marthe Le Hayer,* par Blessebois. *Comédie galante de* Mme *d'Olonne,* par Bussy. *Nouvelles leçons du commerce amoureux,* par la savante T***. *Filou réduit à mettre cinq contre un,* etc.

Cet ouvrage, contenant de nombreux outrages à la morale publique et aux bonnes mœurs, a été condamné à la destruction, par jugement du Tribunal correctionnel de la Seine, en date du 2 juin 1865, inséré au *Moniteur* du 8 novembre suivant. (Aff. contre GAY.)

Voir : *Aphrodites.*

IV. — Les sept petites nouvelles de Pierre Arétin concernant le jeu et les joueurs, traduites en français et précédées d'une étude sur l'auteur et sur divers conteurs italiens, par Philomneste JUNIOR (Gustave BRUNET). — Paris, Jules GAY, 1861, petit in-12 de 95 pp. et portrait, 4 fr.

Ouvrage contenant des outrages à la morale publique et aux bonnes mœurs, dont la destruction a été ordonnée : 1º par jugement du Tribunal correctionnel de la Seine, en date du 22 mai 1863 (aff. contre GAY et consorts. Voir : *Amours folastres*); 2º par jugement du même Tribunal du 2 juin 1865 (aff. contre GAY. Voir : *Aphrodites*).

Les deux jugements sont insérés au *Moniteur* du 8 novembre 1865.

Arétin (L') français.

Voir : *Arétin, II.*

Aristarque (L'). — Journal publié à Paris, en 1820.

Voir : *Questions à l'ordre du jour, — Réflexions d'un patriote,* et le *Censeur européen.*

Aristhénète françois, par NOGARET, recueil de folies amoureuses. — 1797, 2 vol. in-18.

Imitation paraphrasée et fort libre des *Lettres d'Aristhénète,* insérée d'ailleurs dans le *Manuel des Boudoirs,* dont la destruction a été ordonnée en 1865. (Aff. contre P. MALASSIS.)

Voir : *Parapilla.*

Cet ouvrage est aussi cité par le Catalogue Wittersheim et figure à l'index publié au *Moniteur* du 25 octobre 1850.

Arlequin démocratique. — Œuvre collective d'une société de littérateurs sous la direction de Louis BAUDIER. — Paris, librairie de Madame veuve MILLIÈRE, 67, rue de Turbigo, 1873 (typ. BLANPAIN), in-18, 240 pages. Il a été fait un tirage d'amateurs (70 exemplaires) à 2 fr. 50. La couverture est ornée d'une assez jolie vignette de A. Sartini.

Ce recueil, en prose et en vers, ayant été renvoyé devant les Assises de la Seine, sous inculpation d'excitation à la haine des citoyens les uns contre les autres, par arrêt du 16 décembre 1873, l'auteur, Louis Baudier, a été condamné à six mois d'emprisonnement et l'éditeur, veuve Millière, à quatre mois de la même peine. Les exemplaires saisis ont été détruits.

Arrestation de la mère des charpentiers. — Article.

Voir : *Les Droits du peuple*, revue.

Arrivée (L') du pèlerin. — Chanson avec vignette lithographiée.

Voir : *Le départ du Pèlerin.*

Art (L') de réussir en amour.

Voir : *Le Nouveau jardin d'amour.*

Art (L') de s'égayer en s'amusant. — Poésies gaillardes et facétieuses. — A Joyeuse, chez J. Lajoie, rue de la Cave, A la Bonne Femme, 1762, in-12.

Ce recueil, d'ailleurs extrêmement rare, est tellement facétieux qu'il a été mis à l'index et saisi par ordre de l'autorité à la vente Auvillain, en 1865 : il portait le nº 808 du catalogue.

Art de s'engueuler dévoilé.

Voir : *Nouveau catéchisme poissard.*

Art (L') de se faire aimer.

Voir : *Le Nouveau jardin d'amour.*

Art (L') de se préserver des maladies.

Voir : *Égide contre le mal de Vénus.*

Art (L') de varier les plaisirs.

Voir : *Hic et Hæc.*

Art (L') priapique. — Parodie des deux premiers chants de l'*Art poétique*, par un octogénaire. — Namur, à l'enseigne de Boileau dindonné (Bruxelles, 1864, Poulet-Malassis), in-12 de xi-37 pp. 150 exemp., 6 fr., avec un frontispice de Rops, représentant la mésaventure attribuée généralement à l'enfance de Boileau.

La destruction de cet ouvrage licencieux a été ordonnée le 12 mai 1865.

Voir : *Parapilla.*

Article inédit du journal de Senlis, par Beaufils de Saint-Vincent, avoué près le tribunal de Senlis, écrit imprimé, publié et distribué à Senlis et dans les environs, dans un factum tout à fait distinct du *Journal de Senlis*.

La destruction de ce libelle, rempli d'injures envers M. Bernier, juge de Paix du canton de Senlis, a été ordonnée, par arrêt de la Cour d'assises de l'Oise, en date du 6 juin 1842, condamnant J.-B. Beaufils de Saint-Vincent à trois mois de prison et 300 fr. d'amende (*Moniteur* du 12 novembre 1842).

Artillerie. — 1840. — Lithographie obscène.

Voir : *La vie du soldat.*

Asmodée aux cléricaux. — 1861, 1862, 1863. — Politique, morale, philosophie, suivi de : *La chasse aux vainqueurs,* satire, par Lionel de Boyergy (F. Dubourg-Neuville). Gr. in-8. — Bruxelles, P. A. Pays : 3 fr.

L'impression et la publication en France de cet écrit ayant été interdites par l'autorité, l'auteur se décida à faire paraître son ouvrage en Belgique. (Voir Catalogue Otto Lorenz, t. II, p. 158.)

Assassinat de l'ex-maréchal Bazaine par Rochefort. — Auteur : Hip. Chatelin; éditeur : Tralin; imp. chez J. Ghémar, rue de Montmorency. Une feuille volante dite canard, prix : 5 centimes.

Cet écrit, d'ailleurs assez inepte, fut publié au mois d'août 1874, à la suite de l'évasion de l'ex-maréchal Bazaine de l'île Ste-Marguerite. Comme il n'avait pas été déposé, conformément à la loi, l'autorité administrative le fit saisir et détruire.

A la même époque, le même éditeur publia un écrit relatif au même sujet, intitulé :

Dépêches télégraphiques, 8 heures 10 m. du soir, arrestation de Bazaine à Genève (Suisse), etc. Même format que le précédent.

Cet écrit ayant été colporté et mis en vente sans l'accomplissement des formalités légales, un grand nombre d'exemplaires furent saisis, en exécution de l'art. 7 de la loi du 27 juillet 1849 et voués à la destruction.

Assassinat des prévenus dans leur prison. — Article.

Voir : *Le Réformateur,* journal.

Assemblée (L') nationale. — Journal publié à Paris en 1848.

N° du 14 février 1849. — Diffamation envers M. Marrast, à raison de sa qualité de Maire de Paris, dans une lettre signée Saint-Genez. — Destruction ordonnée par arrêt de la Cour d'assises de la Seine, du 14 mai 1849, condamnant

Théodore Saint-Genez, pharmacien, à 500 fr. d'amende et acquittant le gérant Pommier *(Moniteur* du 13 juin 1849).

Association bretonne. — Ecrit publié par les journaux *le Commerce.* et *le Courrier Français,* dans leurs numéros des 4 et 12 septembre 1829.

Les susdits numéros, contenant des excitations à la haine et au mépris du gouvernement du roi, ont été condamnés à la destruction, par arrêts de la Cour royale de Paris, en date des 11 mars et 1er avril 1830, confirmatifs d'un jugement du Tribunal correctionnel de la Seine du 29 novembre 1829, condamnant Pierre-Nicolas Bert, gérant du *Commerce,* à un mois de prison et 500 fr. d'amende, et Delapelouze, gérant du *Courrier français,* à un mois de prison et 500 fr. d'amende (point d'insertion au *Moniteur*).

Association du Pas-de-Calais. — Article publié dans l'*Annotateur Boulonnais,* journal publié à Boulogne, en 1830.

La destruction du numéro du susdit journal, dans lequel était inséré l'article en question, contenant des excitations à la haine et au mépris du gouvernement du roi, a été ordonnée par arrêt de la Cour royale de Douai en date du 11 mai 1830 (point d'insertion au *Moniteur*).

Atrocité, sottise et fourberie, sous le scalpel de raison et de vérité, ou *Autopsic du monstre Pankalaphagon et de toute sa famille.* — Paris, 1833, Dentu, imprimeur et éditeur.

Cette brochure attaquant la dignité royale et la personne du roi (sous le nom de *Pankalaphagon,* qui dévore tout), a été condamnée à la destruction, par arrêt de la Cour d'assises de la Seine, en date du 6 mai 1833, prononçant, en outre, contre Dentu, la peine de trois mois de prison et 500 fr. d'amende. *(Moniteur* du 30 octobre 1833.)

Attente (L') voluptueuse. — Gravure obscène.

Destruction ordonnée 1º par jugement du Tribunal correctionnel de la Seine, en date du 7 mars 1823 (point d'insertion au *Moniteur*) ;
2º Par arrêt de la Cour d'assises de la Seine, du 9 août 1842. (Aff. contre Régnier-Becker.)

Attention ! par Jacques-Lucien Bousquet-Deschamps. — Paris, Corréard, 1820 (17 mai), in-8, 16 pages.

Par arrêt de la Cour d'assises de la Seine, en date du 23 juin 1820, Alexandre *Corréard,* libraire, demeurant à Paris, au Palais-Royal, galerie de bois, nº 258, a été déclaré coupable de *provocation à un attentat contre la personne du roi,* par la vente et la distribution d'un écrit imprimé ayant pour titre : *Attention !* et condamné à quatre mois de prison, 1,200 fr. d'amende et aux frais (*Moniteur* du 15 août 1820).

Par le même arrêt, Jacques-Lucien BOUSQUET-DESCHAMPS, homme de lettres, demeurant à Paris, rue de Sèvres (absent), déclaré coupable du même délit, par la composition et la publication de l'écrit ci-dessus, a été condamné à 5 ans de prison et 6,000 fr. d'amende (*Moniteur* du 20 août 1820).

Aujourd'hui et demain, ou ce qui adviendra, par Sosthènes de LA ROCHEFOUCAULD. — Paris, DENTU, 1832.

La destruction de cette brochure, contenant des attaques contre les droits constitutionnels du roi, des provocations non suivies d'effet au crime d'attentat contre le gouvernement et des excitations à la haine et au mépris du gouvernement, a été ordonnée, par arrêt de la Cour d'assises de la Seine, en date du 7 janvier 1833, condamnant l'auteur à 3 mois de prison et 1,000 fr. d'amende. (*Moniteur* du 14 mars 1833).

Un compte rendu de cette affaire a paru sous le titre de : *Procès de M. le Vicomte de La Rochefoucauld,* devant la Cour d'assises de Paris, le 6 janvier 1833. Sa défense. Plaidoyer de M. BERRYER. Articles incriminés de la brochure intitulée : *Aujourd'hui et demain.* — Paris, Dentu. 1833. In-8 de 52 pp.

Au Peuple!

Voir : *Écrits révolutionnaires, II.*

Au Peuple! A l'Armée!

Voir : *Écrits révolutionnaires, II.*

Au Peuple! — Appel de VIDAL, apôtre et compagnon de la femme. — Castelnaudary, imp. de GROC, 1833, in-8 de 8 pp.

Au peuple de Montpellier, par le même, ibid., 1833, in-8, 4 pp.

L'un de ces deux écrits saint-simoniens, ou peut-être tous les deux, ont été déférés au jury de la Haute-Garonne, le 28 novembre 1833, pour provocation au renversement du gouvernement établi, et excitation à la haine et au mépris de plusieurs classes de citoyens. — L'accusé se présenta dans le costume d'apôtre saint-simonien devant ses juges et répondit avec autant de clarté que de douceur aux questions qui lui furent posées. — Par arrêt de la Cour d'assises de Toulouse, en date dudit jour, Vidal, déclaré non coupable, a été acquitté (*Gazette des Tribunaux* du 6 décembre 1833).

Ayant subi cinq mois de détention préventive dans onze prisons différentes, il publia après son acquittement un écrit intitulé comme suit :

Vidal, apôtre compagnon de la femme en prison. — Béziers, impr. Vᵉ BORY. 1833. In-8, 12 pp.

Au Peuple! — Brochure publiée par *la Société des amis du Peuple*. — Paris, 1831, RICARD-FARRAT, éditeur.

Destruction ordonnée, pour excitation à la haine et au mépris du gouvernement du roi et provocation non suivie d'effet au renversement du gouvernement, par arrêt de la Cour d'assises de la Seine, en date du 14 décembre 1831, condamnant l'éditeur à 5 mois de prison, 1,000 fr. d'amende et à l'affichage de la sentence à 100 exemplaires (*Gazette des Tribunaux* du 15 décembre 1831).

Au Roi. — Deuxième satire, par L.-B.-E. BASTIDE. — Paris, l'auteur : PAGNERRE, 1834, in-8, 32 pp. (La première satire : *Aux Ministres,* date de 1833. — Voir aussi l'article : *Tisiphone.*)

La destruction de cet écrit, contenant des offenses envers la personne du roi et des attaques contre l'inviolabilité de sa personne, a-été ordonnée, par arrêt de la Cour d'assises de la Seine, en date du 9 avril 1834, condamnant l'auteur à 6 mois de prison et 500 fr. d'amende (*Moniteur* du 30 décembre 1834).

Au voleur! au voleur! au voleur! — Paris, 1827, une demi-feuille in-8, tiré à 2,000 ex.

Cet écrit a été dirigé contre les avoués MMes PINTÉ et MASSÉ, par la dame TANCHON, qui, paraît-il, ne pensait pas avoir à se louer de ces messieurs.

Néanmoins, le Tribunal de la Seine (7e ch.), après examen, a condamné à un mois de prison et 200 fr. d'amende la dame TANCHON, reconnue coupable d'avoir fait imprimer et distribuer cet écrit injurieux et diffamatoire. Ce jugement, rendu le janvier 1828, ordonnait en outre la suppression des exemplaires saisis (*Gazette des Tribunaux* du 6 janvier 1828).

Aurore (L') d'un beau jour, épisode des 5 et 6 juin 1832, par Noël PARFAIT. — Paris, 1833. CHAUMEROT, BOUSQUET et DENTU, éditeurs.

La destruction de ce poëme satirique, contenant des offenses envers la personne du roi et des excitations au mépris et à la haine du gouvernement, a été ordonnée, par arrêt de la Cour d'assises de la Seine, en date du 13 septembre 1833, condamnant l'auteur à deux années d'emprisonnement et 500 fr. d'amende (*Moniteur* du 30 octobre 1833).

Autopsie. — Article.

Voir : *La Caricature,* journal.

Autopsie du monstre Pankalaphagon.

Voir : *Atrocité, sottise, fourberie.*

Autres temps, autres mœurs. — Article.

Voir : *La Mode,* journal.

Autrichienne (L') en goguette.

Voir : *Banquier Peixotte.*

Aux Chambres : Révélations sur l'assassinat du duc de Berri, suivies de pièces justificatives, par le baron Charles-Ferdinand SAINT-CLAIR (Écossais, colonel de cavalerie). — Paris, 1830. Les marchands de nouveautés, in-8, 132 pp.

La destruction de cet écrit, contenant des imputations diffamatoires à l'égard des ducs Decazes et de Maillé, des comtes d'Escars et Lion et du vicomte Paultre de la Mothe, a été ordonnée, par jugement du Tribunal correctionnel de la Seine, du 14 avril 1830, condamnant en outre l'auteur, qui se nommerait en réalité MAC-LEANE, à un an de prison et 500 fr. d'amende (point d'insertion au *Moniteur*).

Aux Départements.

Voir : *Écrits révolutionnaires, I.*

Aux électeurs de l'armée, par J.-B. BOICHOT. — Paris, 1850, imp. DURANT, in-16, 50 cent.

Brochure séditieuse dont la destruction a été ordonnée par jugement du Tribunal correctionnel de la Seine, condamnant l'imprimeur à deux ans de prison.
(L'auteur n'aurait échappé à une condamnation qu'en raison d'une irrégularité commise dans la procédure.)

Aux électeurs de Loches et de Chinon : Qui nommerons-nous ? par Pierre DROUIN DES VARENNES, propriétaire à Parçay (canton de l'ile Bouchard), 1822.

La destruction de cet écrit, contenant des excitations à la haine contre une classe de personnes (les nobles), a été ordonnée, par arrêt de la Cour royale d'Orléans, du 7 août 1822, condamnant l'auteur à 15 jours de prison et 200 fr. d'amende (*Moniteur* du 28 septembre 1822.)

Aux Incrédules, brochure contenant des outrages envers la religion catholique.

Destruction ordonnée par arrêt de la Cour d'assises du Var, en date du 25 février 1851. (Aff. contre RÉGAMEZ. — *Moniteur* du 27 mars 1851).

Aux Ministres. — Satire.

Voir : *Troisième Philippique*.

Aux Paysans. — (Placard.)

Voir : *Propagande électorale*.

Aux républicains des départements.

Voir : *Écrits révolutionnaires, I*.

Aux Travailleurs. — Article.

Voir : *Les Droits du Peuple*, revue.

Ave (L') Maria. — Illustration d'un conte de Piron.

Voir : *Gravures obscènes,* aff. Chapelle, III.

Avenir (L') national, journal.

Voir : *Ville de Paris*, journal.

Aventures (Les) de Chérubin.

Voir : *L'Enfant du B......*

Aventures de l'abbé de Choisy habillé en femme. — Quatre fragments inédits, à l'exception du dernier qui a été publié sous ce titre : *Histoire de la comtesse de Barres*, précédés d'un avant-propos par M. P. L. (Paul Lacroix).—Paris, Jules Gay, 1862, petit in-12, 115 exempl. de xxii-120 pages.

Réimprimé à Bruxelles en 1870, chez Briard, in-18 de xix-177 pages (3 fr. et 6 fr. sur papier de Hollande).

Ces étranges aventures, dans lesquelles l'auteur prête au futur abbé un rôle exactement semblable à celui que Louvet de Coúvray fait jouer à son héros Faublas, sont extraites d'un recueil manuscrit d'*OEuvres* de M. l'abbé De Choisy, en trois volumes in-4, faisant partie de la Bibliothèque de l'Arsenal.

La première édition a été condamnée à la destruction par jugement du Tribunal correctionnel de la Seine, 6e chambre, en date du 22 mai 1863, inséré au *Moniteur* du 8 novembre 1865. (Aff. contre Gay et consorts.)

Voir : *Amours folastres*.

Aventures de Mlle Fanny Hill.

Voir : *La Fille de joie*.

Aventures (Les) de Pomponius, chevalier romain, ou *l'Histoire de notre temps* (*La régence du duc d'Orléans*, par Labadie, publiée par l'abbé Prévost). — Rome (Hollande, à la Sphère), 1724, 1725, 1728, in-12.

Libelle licencieux dirigé contre le Régent. Poursuivi autrefois par le Parlement, mis à l'index de nos jours et saisi à la vente Bergeret, en 1859.

Aventures divertissantes du duc de Roquelaure.

Voir : *Le Momus français* et *Parapilla*.

Aventures d'une paysanne pervertie.

Voir : *La Belle Cauchoise*.

Aventures d'une villageoise.

Voir : *Lucette*.

Aventures (Les) du prince Chérubin.

Voir : *Le Cadran des Plaisirs*.

Aventures galantes de Jérôme.

Voir : *La Capucinade*.

Aventures (Les) galantes de Mlle **A***.

Voir : *La Belle Libertine*.

Aventures galantes d'un officier.

Voir : *Ma vie de garçon*.

Aventures (Les) galantes d'une prostituée de la haute société, par Lebrun. — Bruxelles, Joostens, 1862, in-18, 94 pages, 60 cent.

C'est une de ces productions licencieuses à douze sous, destinées au colportage par les libraires belges qui se livrent à cette blâmable spéculation ; productions dont les titres, plus égrillards souvent que le texte même, s'étalent à Bruxelles, rue Neuve, rue Montagne de la Cour, aux galeries Saint-Hubert, et ont pour but d'allécher, par un sentiment de curiosité malsaine, les jeunes gens et les étrangers.

La destruction de cet écrit a été ordonnée à Paris, le 12 mai 1865.

Voir : *Parapilla*.

Avertissement aux catholiques sur les dangers qui me-

nacent leurs enfants, par l'abbé J.-B.-Mathurin Souchet, chanoine de la cathédrale de Saint-Brieuc.

Cette brochure, contenant des passages de nature à troubler la paix publique en excitant la haine et le mépris contre une classe de personnes, a été condamnée à la destruction, par arrêt de la Cour d'assises du Calvados, en date du 15 février 1845, prononçant contre l'auteur les peines de 15 jours d'emprisonnement et de 100 francs d'amende (*Moniteur* du 30 mars 1845).

Le compte rendu de ce procès a été publié, la même année, par l'abbé Souchet lui-même, en une brochure in-8.

Aveux (Les) de miss Féli Wilson.

Voir : *La Confidence.*

Aveux (Les) d'une femme galante, ou *Lettres de Mme la marquise de *** à Milady Fanny Stapleton.* — Londres et Paris, 1783, in-8, 142 pp., plusieurs fois réimprimé.

Ce roman, rempli de scènes trop intimes et d'épisodes fort scabreux, a été mis à l'index et saisi par l'Administration, à la vente Bergeret, en 1859.

Avis au peuple et aux membres de la Chambre des députés, par Delpech. — Paris, 1831, impr. par Mie, vendu et distribué par Granger.

Dans cet écrit, l'auteur établissait par des chiffres que la liste civile de Louis-Philippe allait être portée à 45 millions et comparait cette somme énorme à celle que devrait coûter un gouvernement à bon marché. Le caractère séditieux de cette brochure ayant été écarté par la Chambre des mises en accusation, le Tribunal correctionnel de la Seine n'eut plus qu'à juger la contravention de publication d'un écrit sans nom d'imprimeur. Par jugement de la 6e chambre, en date du 3 janvier 1832, Delpech, Mie et Granger furent purement et simplement renvoyés des fins de la poursuite (*Gazette des Tribunaux* du 4 janvier 1832).

Avis aux citoyens sur les événements du 5 juin, par Bousquet-Deschamps. — Paris, 1820.

La destruction de cette petite brochure, contenant des attaques contre le gouvernement du roi, a été ordonnée, par arrêt de la Cour d'assises de la Seine en date du 14 juillet 1820, condamnant l'auteur à ...... (Point d'insertion au *Moniteur.*)

Avis aux jeunes gens, chanson ordurière et des plus licencieuses, condamnée en même temps que *le Chansonnier du B....l.* (Voir ce titre.)

Aviso (L') de la Méditerranée. — Journal.
Voir : *Alger et les élections.*

Avventure (Le) di Fanny Hill, ossia la meretrice inglese.
Voir : *La Fille de joie.*

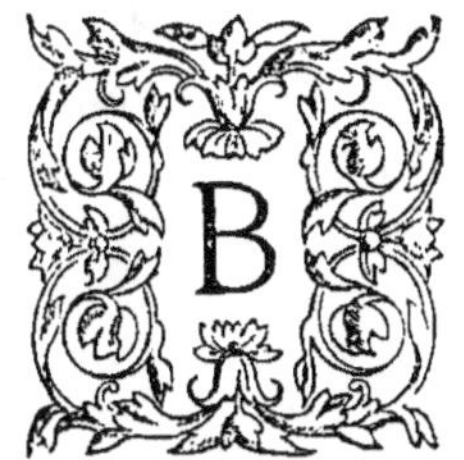

Badinguettes. — Sur la copie de Paris, 1853, chez Henri PLON; 1870. —Bruxelles, in-18, de 34 pp. tiré à 66 ex., 3 fr.

« *La Badinguette d'Henri Rochefort* a donné son titre à ce recueil en tête duquel elle figure. Ce sont des chansons et des épigrammes sur le mariage de Napoléon III et de mademoiselle de Montijo. *La Badinguette* se compose de sept couplets et d'un refrain sur l'air des *Amours du Diable*, que tout le monde connaît. La seconde chanson du recueil est une complainte sur l'air de Fualdès, intitulée : *Le Mariage espagnol*, 18 couplets. La troisième chanson, *La nouvelle Mariée*, a 7 couplets. Le recueil se termine par treize épigrammes fort satiriques. » (GAY, t. I, p. 364.)

A la suite du 4 septembre 1870, Paris fut inondé de *Badinguettes*, imprimées dans tous les formats et avec diverses illustrations. Après la chute du soi-disant gouvernement de la Commune, l'autorité administrative proscrivit toutes les publications ordurières que la plume et le crayon avaient produites, en quantité si prodigieuse, pendant les deux siéges et toutes disparurent bientôt des étalages. Quelques libraires cependant ont eu l'imprudence d'en conserver et d'en vendre.

C'est ainsi que Mme TRALIN, libraire à Paris, a été condamnée, par le Tribunal correctionnel de la Seine (9e chambre), le 8 avril 1876, à un mois de prison et 16 fr. d'amende, pour outrages à la morale publique et aux bonnes mœurs, en mettant en vente et en vendant une chanson politique obscène intitulée : *La Badinguette.*

La dame TRALIN avait fait tirer *la Badinguette* à 2,000 exemplaires en septembre 1870, et en avait fait une couverture pour des recueils de chansons de rebut qu'elle avait fort bien débités grâce à cet artifice. A peine lui en restait-il quelques exemplaires quand on fit une perquisition dans son magasin.

Bagatelle, ou *Le plus joli conte.*
Voir : *Le roi Guiot.*

Bal (Le) et la guillotine, par LEROY. —Paris, 1849. imp. BEAULÉ et MAIGNAND.

La destruction de cet écrit, ou plutôt de cette chanson, a été ordonnée, comme contenant des excitations à la haine et au mépris du gouvernement de la République, par arrêt de la Cour d'assises de la Seine, en date du 11 août 1849, condamnant en outre l'auteur, Gustave-Jean-Ernest LEROY, à six mois de prison et 500 francs d'amende. Les imprimeurs ont été acquittés (*Moniteur* du 7 décembre 1849).

De 1850 à 1852, cette chanson a encore été visée par quatre autres arrêts des Cours d'assises du Pas-de-Calais, de Seine-et-Marne, de la Marne et du Jura, prononçant des condamnations pour divers délits commis par la parole ou par la voie de la presse.

Balai (**Le**). — Poëme héroï-comique en 18 chants (par l'abbé Henri-Joseph DULAURENS). — Constantinople (Amsterdam), 1761, in-8. Plusieurs fois réimprimé.

Poëme licencieux mis à l'index, par mesure de police, en 1825.

Voir : *Note des ouvrages à supprimer*.

Bamboches d'un gentilhomme.

Voir : *Milord Arsouille*.

Banque (**La**) **noire,** feuilleton publié par le journal le *Monde,* nᵒ 297, portant la date du mardi 29 octobre 1861.

Ce feuilleton, signé : L'abbé OBRIST, vicaire à G....., (Alsace), fut poursuivi pour excitation à la haine et au mépris des citoyens les uns contre les autres. La saisie, opérée le 12 décembre suivant, chez l'imprimeur et au bureau du journal, n'amena la découverte que de deux numéros, dont la destruction fut ordonnée par jugement du Tribunal correctionnel de la Seine, condamnant en outre l'auteur de l'article et le gérant du journal chacun à 500 fr. d'amende. (6ᵉ ch., audience du 29 mars 1862. Voir le *Droit* du lendemain.)

Banquet (**Le**) **des égaux. Londres, 24 février 1851.**—Brochure publiée à Paris par Ch.-Ed. JOUBERT, imprimée par Ad.-Auguste BLONDEAU.

La destruction de cet écrit séditieux, contenant des provocations non suivies d'effet à un attentat ayant pour but d'allumer la guerre civile et des excitations à la haine et au mépris des citoyens les uns contre les autres, a été ordonnée par deux arrêts de la Cour d'assises de la Seine, en date du 7 avril 1851, condamnant JOUBERT à six mois d'emprisonnement et BLONDEAU à trois mois de la même peine (*Moniteur* du 1ᵉʳ mai 1851).

Banquet (**Le**) **des Muses.**

Voir : *Dessert des Muses*.

Banquier (Le) Peixotte et la Dervieux, histoire peu morale, extraite du *Parc aux Cerfs*, avec gravure fac-similé sur celle de 1790, suivi de l'*Autrichienne en goguette* ou l'*Orgie royale*, opéra-proverbe. — 1790 (Bruxelles, 1867), in-8 de 24 pp.

Cette réimpression, dit la *Bibliographie Gay* (t. I, page 382), est une spéculation basée sur la reproduction de la figure dite de Peixotte, qui manque souvent au livre : *Le Parc aux cerfs* ou *l'Origine de l'affreux déficit*. Prix : 5 fr. ou la gravure seule : 3 fr.

La destruction du livre ci-dessus a été ordonnée par jugement du Tribunal de Lille en date du 6 mai 1868, inséré au *Moniteur* du 19 septembre suivant. L'ouvrage commence par ces mots : « Il y avait à Paros, » et finit par ceux-ci : « une reine catin. » (Aff. contre Sacré-Duquesne et consorts.)

Voir pour les détails : *Actes des Apôtres.*

Baptêmé.

Voir : *Un Baptême.*

Barde (Le) Hradschin aux fêtes de juillet.

Voir : l'*Anniversaire.*

Baromètre (Le) politique. — Ecrit clandestin.

Voir : *Mémoires du duc de Normandie.*

Bas-fonds (Les) de la Société, par Henri Monnier. — Paris, imp. Claye, 1859, gr. in-8 de 278 pp., y compris l'avertissement et la table. Tiré à 100 ex., réimprimé deux fois à Bruxelles sous la rubrique d'Amsterdam en 1864 et 1866, 25 et 15 fr. front.

Tout le monde connaît, du moins de nom, le titre de ce livre qui contient huit dialogues, scènes d'un réalisme populaire effrayant de vérité et dont voici les titres : *Un Agonisant; la Consultation; l'Exécution; l'Eglise française; la Femme du condamné; A la belle étoile ; une Nuit dans un bouge; Petites misères cachées.*

La destruction de cet écrit a été ordonnée, par jugement du Tribunal correctionnel de la Seine, le 12 mai 1865, pour outrages à la morale publique. (Aff. contre Poulet-Malassis et consorts.)

Voir : *Parapilla.*

Bastringues et Caboulots.

Voir : *Bouis-bouis.*

Bât (Le). — Gravure obscène.

Voir : *Contes de La Fontaine.*

Bataille de Friedland. — Lithographie.

Voir : *La Clémence de Napoléon.*

Bataille de Novi (La). — Chanson (7ᵉ couplet).

Voir : *Gaudrioles de M. Gaillard.*

Béatomanie (La).

Voir : *Guignolet.*

Beau (Le) Tireur qui ne va plus. — Chanson par Maurice BADUEL, musique de L. PEUCHOT.

Destruction ordonnée par jugement du Tribunal correctionnel de la Seine, en date du 12 décembre 1862, condamnant l'auteur à 30 fr. d'amende.

Voir pour les détails une autre chanson du même auteur : *Le flageolet qui ne va plus.*

Belle (La) Allemande, ou *les Galanteries de Thérèse* (par Claude VILLARET). — Amsterdam, 1745, in-12 ; Paris, 1758, in-12 (souvent avec figures libres), plusieurs fois réimprimé à Bâle, Strasbourg, etc.

La première édition de ce livre, qu'on a aussi attribué à Ant. BRET, a paru sous le seul titre de : *Galanteries de Thérèse* ; il est peu commun.

Ouvrage cité par le catalogue Wittersheim et le *Moniteur* du 25 octobre 1850.

Belle (La) Cauchoise, ou *les Aventures d'une paysanne pervertie.* — Paris, les marchands de nouveautés, 1847, in-18. La couverture imprimée porte en outre, par R. de L. B. (Nic.-Edme RESTIF DE LA BRETONNE), ouvrage revu et corrigé.

La 1ʳᵉ édition de cet ouvrage est intitulée : *La Cauchoise* ou *Mémoires d'une Courtisane célèbre.* Roman pour servir de suite à tous les bons ouvrages de la philosophie de la nature, par un auteur critico-satirico-dramaturgique, à Libidinibus, chez Sensualité, à la Délicatesse, rue du Tempérament, 103.08070, in-18 de 192 pages, avec 5 figures libres.

La 2ᵉ édition porte le titre de *La belle Cauchoise,* ou *Mémoires d'une jolie Normande, devenue courtisane célèbre.* Le reste comme ci-dessus.

La destruction de cette édition a été ordonnée par arrêt de la Cour d'assises de la Seine, en date du 10 février 1852 (aff. contre CHAPELLE).

La 3ᵉ édition de cet ouvrage, commençant par ces mots : « Il est assez ordinaire, » et finissant par ceux-ci : « me força de me faire maq.....le, » a été condamnée également à la destruction par jugement du Tribunal correctionnel de Lille, en date du 6 mai 1868, inséré au *Moniteur* du 19 septembre 1868. (Aff. contre SACRÉ-DUQUESNE et consorts.)

Voir : *Actes des Apôtres.*

Voir aussi : *Parapilla* et *Gravures obscènes.*

Belle (La) Libertine, ou *les Aventures galantes de Mlle A***.* — Londres, 1793-1797, in-18, fig.

Cet ouvrage n'est qu'une reproduction, avec quelques additions, du premier volume de *La Vénus en rut* ; il a été réimprimé, sous le même titre, à Conif....., 1798 (Bruxelles-1838), in-18, 142 pages, avec six lithographies, dont les titres indiquent assez ce qu'est l'ouvrage ; ce sont : *Atelier du mari ; Atelier de la femme ; Le mécanisme du grand œuvre ; La ressource d'une chaise ; Le Sacrifice de la Toison ; Délicieux préliminaire; La bonne maitresse.*

La destruction de cet immonde ouvrage a été ordonnée le 12 mai 1865 (aff. contre POULET-MALASSIS et consorts).

Voir : *Parapilla.*

Belle (La) main. — Chanson de DEBRAUX.

Voir : *Le nouvel enfant de la goguette.*

Belle (La) sans chemise.

Voir : *Ève ressuscitée.*

Belles (Les) jambes. — Illustration d'un conte de PIRON.

Voir : *Gravures obscènes.* Aff. CHAPELLE, III.

Bergami et la reine d'Angleterre.

Voir : *Gravures obscènes.* Aff. CHAPELLE, IV.

Berlue (La) par Louis POINSINET DE SIVRY. — Londres, à l'enseigne du Lynx, 1773, in-12, 160 pp.
Réimprimé à Paris en 1826, in-32.

Cet ouvrage, qui a été presque entièrement reproduit dans *La Lorgnette Philoso-phique,* de GRIMOD DE LA REYNIÈRE, a été poursuivi, du moins à ce qu'affirme le *Catalogue Wittersheim.* — On n'a pas trouvé trace de la condamnation, qui a dû, sans doute, viser l'édition de 1826.

Bible (La) annotée, par P.-J. PROUDHON.

I° Les Evangiles. — 1865, in-12, 3 fr.

Destruction ordonnée, pour outrages à la morale publique et religieuse, ainsi qu'à la religion, par jugement du Tribunal correctionnel de la Seine, en date du 26 janvier 1863, inséré au *Moniteur* du 5 avril suivant, et condamnant Lacroix, éditeur, à un an d'emprisonnement et 1,500 fr. d'amende, et Poupart-Davyl, imprimeur, à 3 mois de prison et 300 fr. d'amende.

II° Les Actes des Apôtres. — In-12.

Destruction ordonnée, pour outrages à la religion catholique, spécialement dans les notes ci-après : p. 17, note A, versets 2 à 11; p. 124, note 6, verset *in fine*, p. 203, note D; p. 296, note C, versets 1 et 2; p. 298, note A; p. 319, note A, par jugement du Tribunal correctionnel de Lille, en date du 6 mai 1868, inséré au *Moniteur* du 19 septembre suivant, condamnant : 1° Sacré-Duquesne, Charles, libraire-éditeur à Bruxelles (Belgique), à un an d'emprisonnement et 2,000 fr. d'amende ; 2° Jeannette-Catherine Duquesne, femme dudit sieur Sacré, à quatre mois de prison et 500 fr. d'amende ; 3° Alphonse Lécrivain, ancien libraire à Bruxelles, à.........; 4° Jean-Pierre Blanche, libraire à Bruxelles, à six mois d'emprisonnement et 500 fr. d'amende ; et 5° Auguste Poulet-Malassis, demeurant à Ixelles (Belgique), à un an d'emprisonnement et 500 fr. d'amende, pour outrages à la morale publique et religieuse ainsi qu'aux bonnes mœurs, offenses envers le gouvernement de l'Empereur et envers sa personne, attaques contre les droits de la famille et contre le principe de la propriété, etc., etc., par la vente, distribution, mise en vente, en France, en 1867, tant de l'ouvrage ci-dessus indiqué que de soixante-trois autres écrits dont il sera parlé en leur lieu et place et dont un certain nombre avaient été déjà précédemment condamnés en France.

Bible (La) de la Liberté, par Louis-Alphonse Constant, prêtre, éditée par P. Legallois. — Paris, 1841.

Cet écrit, contenant des attaques contre la propriété et des outrages à la morale publique et religieuse, valut à son auteur huit mois de prison et 300 fr. d'amende, et à l'éditeur, trois mois d'emprisonnement et 300 fr. d'amende. La destruction de l'ouvrage a été en outre ordonnée par arrêt de la Cour d'assises de la Seine, en date du 11 mai 1841 (*Moniteur* du 22 mars 1842).

Bible (La) des Pompiers, par le capitaine Lancelot (Amable-Louis Boué de Villiers, journaliste). Caen, Cournol. In-12, avec gravures, 2 fr.

Une pièce de vers intitulée : « Les commandements du pompier », considérée comme portant atteinte à la morale publique et religieuse, a fait poursuivre cet écrit, dont la destruction a été ordonnée par jugement du Tribunal correctionnel de Caen, en date du 19 décembre 1867, inséré au *Moniteur* du .. février 1868 et rappelé au *Journal officiel* du 7 mai 1874.

Ce petit ouvrage a été réimprimé, moins les passages incriminés, sous le titre de : « *Les pompiers peints par eux-mêmes* ». Caen, COURNOL, 1868, in-12, 2 fr.

Bible (La) enfin expliquée.

Voir : *Œuvres de Voltaire.*

Biblia Jovialis.

Voir : *Momus Redivivus.*

Bibliothèque (La) d'Arétin.

Voir : *Arétin, III.*

Bibliothèque des Enfants du Peuple, Politique, philosophique, littéraire, artistique. — Paris, 1849, 5 numéros, in-4.

Cette publication fut poursuivie, à raison de l'insertion, dans un des numéros d'un article intitulé : *Le régime du sabre*, dont Auguste CANNES, ancien condamné politique, était l'auteur et qui fut incriminé comme contenant des excitations à des militaires pour les provoquer à la désobéissance aux lois.

L'auteur et le sieur BRAUX, éditeur, furent condamnés, par défaut, à quinze mois d'emprisonnement et 2,000 fr. d'amende chacun, par arrêt de la Cour d'assises de la Seine, en date du 25 août 1849. — Jugés, sur opposition, et déclarés non coupables par le jury, ils furent renvoyés purement et simplement, par arrêt de la même Cour, du 30 août 1849. (Voir *Gazette des Tribunaux* des 30 et 31 août 1849.)

Bibliothèque des Paillards. — S. l. n. d., in-18, 6 gravures libres.

Ce volume contenant la f.....manie, la comtesse d'Olonne, l'ode à Priape, le Chapitre des Cordeliers, etc., a été poursuivi ; mais la condamnation, si elle a eu lieu, n'a pas été publiée. *(Bibliographie Gay, t. II. p. 7.)*

Nous ajouterons que la destruction de cet ouvrage a été formellement prononcée par jugement du Tribunal correctionnel de la Seine, en date du 12 mai 1865 (Aff. contre P. MALASSIS et consorts.)

Voir : *Parapilla.*

Bibliothèque (La) des romans, ou *Une veillée de jeunes filles,* recueil de six lithographies, souvent coloriées, ayant pour titre : *La Grisette ; Le Cocu; Sœur Anne; Mon voisin Raymond; La Pucelle de Belleville ; Léonide ou la Vieille de Suresnes* (format in-8).

La destruction de ces dessins, offensant la morale publique et les bonnes mœurs, a été ordonnée :

1º Par arrêt de la Cour d'assises de la Seine, en date du 11 avril 1843, condamnant Mayer à un an de prison et 500 fr. d'amende, pour vente, tant de ce recueil que d'autres obscénités dont il sera parlé en letir lieu et place *(Moniteur* du 15 décembre 1843) ;

2º Par arrêt de la même Cour, en date du 15 janvier 1851, condamnant Detouche, peintre en bâtiments, pour vente et distribution desdites lithographies et d'autres obscénités, dont il est également parlé en temps utile, à six mois d'emprisonnement et 500 fr. d'amende (*Moniteur* du 16 février 1851).

Le même recueil, *format petit in-12*, a été condamné à la destruction : 1º par arrêt de la Cour d'assises de la Seine, en date du 9 août 1842 (aff. Régnier-Becker. — *Moniteur* du 15 décembre 1843) ; 2º par arrêt de la même Cour, en date du 29 avril 1845. (aff. contre Vallade et consorts. — *Moniteur* du 9 juin 1846) ;

Enfin, une cinquième condamnation, prononcée le 13 mars 1852, par le Tribunal correctionnel de la Seine (7º ch.), a visé un exemplaire *format gr. in-4* de cet ouvrage. (Aff. contre Langlois ; voir : *Gazette des Tribunaux* du lendemain.)

Bibliothèque historique, ou *Recueil de matériaux pour servir à l'histoire du temps*, par Chevalier, Raynaud et Cauchois-Lemaire, — Paris, mars 1818-avril 1820, 14 vol. in-8.

Cette publication d'une nature toute spéciale, dit la *Bibliographie Hatin* (p. 337) et d'un vif intérêt, qui s'était donné pour mission de recueillir, sur tous les points de la France, et de publier les faits et gestes de la réaction royaliste, mission qu'elle remplit avec beaucoup de courage. Tuée par la censure, elle essaya de se continuer par une suite de brochures paraissant, sous des titres divers, à des intervalles inégaux ; mais l'administration vit dans ce mode de publication un moyen d'éluder la loi, et ces écrits, à mesure qu'ils paraissaient, furent saisis et déférés aux Tribunaux. Nous connaissons cinq de ces opuscules qui complètent le 14º volume, qui finit à la 2º livraison : *Documents historiques*, 8 avril 1820 ; *Aperçus historiques,* 19 avril ; *Portefeuille politique ; Variétés historiques*, 4 mai ; *Fragments de l'histoire contemporaine*, 27 mai.

Les *Aperçus historiques* et les *Variétés historiques* ont fait l'objet de condamnations spéciales (voir ces titres) :

1º Par arrêt de la Cour royale de Paris, en date du 14 décembre 1818, a été ordonnée la destruction des 2º, 4º et 5º cahiers du 1er Tome, et des 1er, 3º et 6º cahiers du 2º vol. de la *Bibliothèque historique.* (Point d'insertion au *Moniteur.)*

2º Par jugement du Tribunal correctionnel de la Seine, en date du 7 janvier 1819, le *Supplément* du même recueil, publié par Chevalier, a été condamné à la destruction. (Pas d'insertion au *Moniteur.)*

L'arrêt et le jugement ci-dessus visaient tous deux le délit d'attaques contre le gouvernement du roi.

Bigarrures (Les) de l'esprit humain.

Voir : *Le Compère Mathieu.*

Bijou (Le) de société. — Gravure obscène.

Destruction ordonnée par arrêt de la Cour royale de Paris, en date du 19 mai 1815 (point d'insertion au *Moniteur*).

Bijou (Le) de société, ou l'*Amusement des Grâces*, à Paphos, l'an des plaisirs, 2 vol. in-32, contenant un titre, une préface, 101 ff. de texte et 101 fig., le tout gravé.

« Chaque feuillet, dit la *Bibliographie Gay* (t. II, p. 17), contient une épigramme ou un petit conte; en tout 101 pièces de ROUSSEAU, FERRAND, GRÉCOURT, PIRON, etc. Quelques-unes sont inédites. Les gravures ne sont pas libres, mais elles sont assez originales. C'est une réimpression de la *Légende joyeuse*, avec des planches usées ; on croit qu'il n'y a eu qu'une édition qui doit être du milieu du xviiie siècle. »

La destruction de cet ouvrage a été ordonnée par arrêt de la Cour royale de Paris en date du 19 mai 1815 (pas d'insertion au *Moniteur*).

A été condamné de nouveau à la destruction, par jugement du Tribunal correctionnel de la Seine, sous le titre de *Légende joyeuse*. (Aff. contre P. MALASSIS et consorts.)

Voir : *Parapilla*.

Bijou (Le) des dames. — Chanson.

Voir: *Les gais Canotiers*.

Bijou (Le) enlevé à la course.

Voir : *La Capucinière*.

Bijoux (Les) indiscrets. — Roman érotique et satirique (par DIDEROT). — Pékin (Paris), 1748, 3 vol. in-12. Maintes fois réimprimé, notamment à Paris, en 1833, pet. in-8, fig. avec trois chapitres (14, 18 et 19), qui ne se trouvent pas dans la plupart des éditions.

La destruction de ce roman libertin a été ordonnée par arrêt de la Cour d'assises du Nord, en date du 2 février 1835, condamnant le colporteur J.-B. ARTIGUES à un an prison et 500 fr. d'amende pour outrages à la morale publique et aux bonnes mœurs, par la vente dudit ouvrage et de plusieurs autres dont il est parlé en leur lieu et place (*Moniteur* du 7 août 1825).

Les Bijoux indiscrets avaient déjà été mis à l'index, par mesure de police, en 1825.

Voir : *Note des ouvrages à supprimer*.

Enfin ce roman a été encore condamné par jugement du Tribunal correctionnel de la Seine en date du 3 avril 1852, confirmé par arrêt du 8 mai suivant. (Aff. contre LEBRUN. *Journal officiel* du 7 mai 1874.)

Billets au porteur. — Article.

Voir : *Rabelais,* journal.

Biographie des commissaires de police et officiers de paix de la ville de·Paris, suivie de l'*Essai sur l'art de conspirer* et d'une notice sur la police centrale, la police militaire, la police du château' des Tuileries, la police de la Garde royale, la police de la Place, la police des Alliés (*sic*), les inspecteurs de police, etc., par GUYON. — Paris, Mme GOULLET, 1826, in-8.

La destruction de ce médiocre ouvrage a été ordonnée par arrêt de la Cour royale de Paris, en date du 12 décembre 1826 (point d'insertion au *Moniteur*).

On en trouve cependant encore assez souvent des exemplaires, dans les ventes et même sur les quais.

Biographie des contemporains. — Paris, 20 vol. in-8 avec portraits, par ARNAULT, JAY, JOUY, NORVINS, etc. Cet ouvrage n'est plus commun aujourd'hui.

I. — 1er volume. Articles d'ARGENSON et BADEN. La destruction de ces deux articles a été ordonnée, comme contenant des excitations à la haine et au mépris du gouvernement du roi, par jugement du Tribunal correctionnel de la Seine en date du 22 avril 1823 (point d'insertion au *Moniteur*).

II. — Même ouvrage. Articles *Boyer-Fonfrède*, par JAY et *Frères Faucher*, par JOUY. Ces deux articles ont été également condamnés à la destruction par arrêt définitif de la Cour de Paris, en date du 10 avril 1823, prononçant en outre les peines de : 1° un mois d'emprisonnement et 16 fr. d'amende contre A. JAY, reconnu coupable d'outrages à la morale publique et 2° un mois de prison et 150 francs d'amende contre J.-E. JOUY, déclaré coupable d'excitation à la haine et au mépris du gouvernement du roi. (*Moniteur* des 2 mai 1823 et 26 mars 1825.)

Biographie des dames de la Cour et du faubourg Saint-Germain, par un valet de chambre congédié (Fr.-Eug. GARAY DE MONGLAVE et E. Constant PITON). — Paris, imp. de BELIN, 1826, in-32.
Réimprimé en 1834.

La destruction de ce mordant opuscule a été ordonnée par arrêt de la Cour royale de Paris, en date du 21 novembre 1826 (point d'insertion au *Moniteur*). Il a été très-exactement supprimé, aussi les exemplaires en sont-ils fort rares. Par contre, ceux de la réimpression se trouvent assez fréquemment.

Biographie des députés de la Chambre septennale de 1824 à 1830, par Pierre-Fr.-Marie MASSEY DE TYRONNE et DENTU. — Paris,

J.-G. Dentu, 1826, in-8. 2ᵉ édition, même année, Bruxelles, Lacrosse, in-8.

Destruction ordonnée par la Cour royale de Paris, en date du 26 février 1827.
(pas d'insertion au *Moniteur*).

Biographie des imprimeurs et des libraires, précédée d'un coup
d'œil sur la librairie, par M. A. I***. — Paris, l'auteur, 1826, in-32 de 128 pp.

Cette biographie est de J.-B.-Auguste Imbert, ancien libraire à Paris, qui publia,
en 1829, avec Breton la *Biographie des condamnés politiques depuis 1814 jusqu'en
1828*, ouvrage dont il ne put faire paraître que deux livraisons sur cinq qu'il
devait avoir.

La *Biographie des Imprimeurs* ayant été dénoncée par le libraire Touquet, à cause
d'un fait qui lui était personnel, elle ne tarda pas à être saisie et, peu de temps
après, la destruction en fut ordonnée par arrêt de la Cour royale de Paris, en date
du 28 avril 1827 (pas d'insertion au *Moniteur*).

**Biographie des médecins français vivants et des professeurs
des Écoles**, par un de leurs confrères, docteur en médecine (Morel de
Rubempré). — Paris, les marchands de nouveautés; 1826, in-32.

Comme pour toutes ces petites biographies, ce sont les personnalités contenues
dans cet ouvrage qui l'ont fait poursuivre. La destruction en a été ordonnée par
jugement du Tribunal correctionnel de la Seine en date du 17 octobre 1826 (pas
d'insertion au *Moniteur*).

Biographie des préfets depuis l'organisation des préfectures
(3 mars 1800) **jusqu'à ce jour**, par le baron E. L. de Lamothe-Langon.
— Paris, Dupont, 1826, in-8, 7 fr.

La destruction de cet ouvrage a été ordonnée, du consentement de l'auteur, par
arrêt de la Cour royale de Paris en date du 21 avril 1827 (point d'insertion au *Moniteur*). On en trouve cependant assez souvent des exemplaires : ce sont, sans doute,
ceux qui ont été pourvus de cartons de la page 29 à la page 32.

La même année (1826), on a publié une *Biographie des préfets des 87 départements
de la France*, in-32, qui n'est pas du même auteur et qui n'a de commun que le titre
avec l'ouvrage ci-dessus.

Biographie moderne ou *Galerie historique, civile, militaire, politique et judiciaire,* contenant les portraits politiques des Français de l'un et
l'autre sexe, morts ou vivants, qui se sont rendus plus ou moins célèbres
depuis le commencement de la Révolution jusqu'à nos jours, par leurs
talents, leurs emplois, leurs malheurs, leur courage, leurs vertus ou leurs
crimes. — Paris, Al. Eymery, 1815; 2 vol. in-8, impr. Vᵉ Jeunehomme.

Étienne Pseaume, bibliographe bien connu, mort assassiné dans un bois en 1828, a été le principal rédacteur de cet ouvrage, dont la destruction a été ordonnée, à raison des faits contenus dans l'article : *Déloyauté*, par jugement du Tribunal correctionnel de la Seine en date du 20 août 1817 (point d'insertion au *Moniteur*).

Biographie (Nouvelle) pittoresque des députés de la Chambre septennale, par Alexis Lagarde. — Paris, chez les marchands de nouveautés ; 1826, in-32, 75 c.

Destruction ordonnée par arrêt de la Cour royale de Paris en date du 28 novembre 1826 (pas d'insertion au *Moniteur*).

Biographie ou *Galerie historique des Contemporains*, par Pierre Barthélemy.

Par jugement du Tribunal correctionnel de la Seine, en date du 22 mars 1823, Pierre Barthélemy s'étant reconnu l'auteur, dans le 1er volume de l'ouvrage ci-dessus, d'un « article portant atteinte à l'honneur et à la considération du sieur « Agar, comte de Mosbourg, et contenant des faits dont la fausseté a été démontrée « par des pièces authentiques, » a été condamné à trois mois de prison et 500 fr. d'amende. Cette sentence a été confirmée en appel, par arrêt de la Cour royale de Paris, en date du 17 avril suivant, ordonnant en outre la destruction de l'article poursuivi (*Moniteur* du 26 mars 1825).

Biographie (Petite) des députés, par Raban. — Paris, les marchands de nouveautés ; 1826, in-32, 50 centimes.

Réimprimé dans la même année.

Destruction ordonnée par arrêt de la Cour royale de Paris, du 6 mars 1827 (pas d'insertion au *Moniteur*).

Biographie (Petite) des gens de lettres vivants. — Paris, Paul Ledoux ; 1826, in-32.

Cet ouvrage, dû à la plume de divers écrivains, fut poursuivi à raison des articles intitulés : 1° *Fiévé* et *Virginie de Sénancourt*, rédigés par Hippolyte Bonnelier et contenant des outrages à la morale publique et aux bonnes mœurs ; 2° *Armand Gouffé*, composé par E.-C. Taillard et contenant, pour ce personnage, des imputations diffamatoires.

Par jugement du Tribunal correctionnel de la Seine en date du 22 août 1826, l'éditeur Paul-Ch.-Marie Ledoux a été condamné à un mois de prison et 25 fr. d'amende ; Bonnelier à 50 fr. et Taillard à 25 fr. d'amende. Le même jugement a ordonné la destruction de l'ouvrage en question (*Moniteur* du 7 novembre 1826).

Biographie (Petite) des Pairs, par Raban. — Paris, marchands de nouveautés ; 1826, in-32, 25 cent.

Réimprimé dans la même année.

Destruction ordonnée par arrêt de la Cour royale de Paris en date du 12 décembre 1826 (pas d'insertion au *Moniteur*).

Biographie pittoresque des Pairs de France, suivie du recensement des votes pour et contre le droit d'aînesse, par Fr.-Eug. GARAY DE MONGLAVE. — Paris, A. BÉRAUD ; 1826, in-32.

Réimprimé la même année.

Par un arrêt du 28 novembre 1826, la Cour royale de Paris a ordonné la destruction des exemplaires saisis de cet ouvrage et de tous ceux qui pourraient l'être. *La France littéraire*, tome VI, p. 207, affirme que l'auteur, l'imprimeur et le libraire furent cités en police correctionnelle à la suite de cette publication et condamnés à l'amende et à la prison ; mais il n'a été fait, au sujet de cet ouvrage, aucune insertion au *Moniteur*.

Blanc, noir et couleur de rose.

Voir : *Farville*.

Boichot aux femmes du Peuple. — Boichot ou les deux Sergents.

Voir : *Le Peuple et l'Armée*.

Bois (Le) de Montmorency, recueil de lithographies obscènes.

Destruction ordonnée par jugement du Tribunal correctionnel de la Seine, en date du 13 mars 1852. (Affaire contre LANGLOIS. *Gazette des Tribunaux* du 14 mars.)

Bon Dieu (Le), chanson de Béranger.

Voir : *Chansons de Béranger*.

Bon (Le) Français, Almanach universel pour 1837, publié par DUCOLLET, libraire à Nantes, et imprimé par BAILLY.

Par arrêt de la Cour d'assises de Maine-et-Loire, en date du 14 février 1837, le sieur Georges PIGNÉ-CHATEAU, imprimeur à Angers, a été condamné à trois mois de prison et 300 fr. d'amende pour mise en vente dans son magasin de plusieurs exemplaires de cet écrit, contenant des attaques aux droits que le roi tient du vœu de la nation et des excitations à la haine et au mépris du gouvernement. Le même arrêt a ordonné la destruction du susdit almanach (*Moniteur* du 15 mars 1837).

Bon (Le) sens, journal publié à Paris de 1832 à 1839 ; 8 vol. in-folio.

Le numéro du 17 juillet 1836, contenant, dans un article intitulé : *Encore une tête* (par Auguste LUCHET ?), des outrages à la morale publique et l'apologie de l'attentat commis, par ALIBAUD, le 25 juin 1836, contre la vie du roi, a été condamné à la destruction, par arrêt de la Cour d'assises de la Seine, en date du 8 août 1836. Le même arrêt a condamné VIGOUROUX, gérant, à trois mois de prison et 300 fr. d'amende (*Moniteur* du 18 janvier 1837).

Bon sens (Le), ou *Idées naturelles opposées aux idées surnaturelles*, par Paul THIRY, baron d'HOLBACH. Londres (Amsterdam, M M. REY); 1772, in-12.

Autre édition, sous le nom de feu M. MESLIER, curé d'ÉTREPIGNY (Rome; Paris); 1791, in-8.

Nouvelle édition, suivie du *Testament du curé Meslier* (ou plutôt du précis fait par Voltaire de la première partie de ce fameux testament). — Paris. BOUQUETON. L'an Ier de la République (1792); 2 vol. pet. in-12.

Plusieurs fois réimprimé, ensemble ou séparément, depuis cette époque et notamment sous la Restauration.

Ce fameux ouvrage a été condamné à la destruction, pour outrages à la morale publique et religieuse :

1º Par jugement du Tribunal de la Seine en date du 20 août 1824 (pas d'insertion au *Moniteur*) ;

2º Par arrêt de la Cour d'assises du Nord, en date du 22 février 1835, condamnant Jean ARTIGUES, colporteur, à un an d'emprisonnement et 500 fr. d'amende pour mise en vente dudit ouvrage (voir *Moniteur* du 7 août 1835) ;

3º Par arrêt de la Cour royale de Douai, du 1er septembre 1837, condamnant SPONY, dit *Eslon*, colporteur, à la même peine que ci-dessus (*Moniteur* du 18 mai 1838) ;

4º Par arrêt de la Cour d'assises de la Vienne, du 12 décembre 1838, condamnant Henri CLOUZOT, marchand-libraire à Niort, et Antoine-Jean PORTERIÉ et Jean-Bertrand PORTERIÉ, marchands-colporteurs, chacun à 10 fr. d'amende pour mise en vente dudit ouvrage et d'autres mauvais livres (voir *Moniteur* du 9 juin 1839).

Suppression aussi ordonnée par ordre de la police, le 15 octobre 1825.

Voir : *Note des ouvrages à supprimer*.

Bon (Le) vieux temps.

Voir : *Souvenirs populaires du...*

Bons conseils aux gens de la campagne, par L. BLONDEAU, cultivateur. — Paris, 1872. A. SAGNIER, éditeur; J.-F. RODIÈRE, imprimeur.

En vertu d'une ordonnance d'un des juges d'instruction du Tribunal correctionnel de la Seine, 2,600 exemplaires de cet écrit ont été saisis chez l'éditeur, le 31 décembre 1872. Une ordonnance de non-lieu est intervenue à l'égard de MM. BLONDEAU et SAGNIER. Seul, M. RODIÈRE, imprimeur, a été condamné à deux amendes de 1,000 et de 25 francs pour excitation à la haine et au mépris du gouvernement, par jugement du Tribunal correctionnel de la Seine (10e ch.) en date du 15 avril 1873, ordonnant en outre la confiscation des exemplaires saisis.

Sentence confirmée par arrêt de la Cour de Paris (ch. des appels correctionnels), le 21 mai suivant.

Bonaparte et Murat.

Voir : *Buonaparte et Murat.*

Bonaparte, ou l'homme du destin. — Tablettes historiques et chronologiques, etc., etc. (Par P. CUISIN.) Paris, LEROY, 1821 ; in-18, 2 fr.

Cet écrit séditieux, dont l'auteur jugea à propos alors de garder l'anonyme, valut un mois de prison à l'éditeur. (Pas d'insertion au *Moniteur.*)

Bonapartiana de 1815.

Voir : *Séjour de Napoléon.*

Bonheur (Le), gravure obscène.

Voir : *Chansonnier des filles d'amour.* (Gravures.)

Bonne (La) aubaine, chanson ordurière, condamnée. (Voir le *Chansonnier du B......*)

Bonne (La) manière.

Cet ouvrage, cité, sans autre mention, au *Moniteur* du 25 octobre 1850, et sur lequel nous n'avons trouvé aucune indication bibliographique ou judiciaire, est rangé, dans les précédents catalogues, parmi les écrits condamnés. Nous pensons plutôt que c'est une gravure obscène qui aura été comprise en bloc dans quelque arrêt ne donnant pas, comme cela arrive parfois, l'énumération complète des imprimés condamnés, qui ne figurent le plus souvent avec une désignation spéciale que dans les procés-verbaux de saisie.

B....l (Le) dans le cloître.

Voir : *Le Monialisme.*

B....l (Le) Royal. — S. l. n. d. pet. in-8 de 16 pp.

Cette infâme brochure paraît avoir été écrite à l'occasion de l'affaire du collier. Le b....l est à Versailles, dans l'appartement de la reine; ce libelle révoltant se termine par un entretien secret entre la reine et le cardinal de Rohan. Malgré les recherches très-exactes qui furent faites de cet écrit, quelques exemplaires ont pu échapper à la suppression. Il en est passé quelques-uns dans nos ventes modernes et la destruction en a été de nouveau ordonnée, le 12 mai 1865, par le Tribunal correctionnel de la Seine. (Aff. contre POULET-MALASSIS et consorts.)

Voir : *Parapilla.*

B....ls (Les) de Thalie, ou *les Forces d'Hercule*. — Pétersbourg (Avignon). 1793 ; 2 vol. in-18, fig.

Ce n'est autre chose que la réimpression des *Pantins des boulevards*, confessions paillardes des tribades et catins des tréteaux du boulevard, recueillies par le compère MATHIEU, etc. etc. 1791 ; in-12, avec cinq gravures.

Réimprimé à Bruxelles, en 1869, sous le premier titre et sous la première date, en 2 vol. in-12 de III — 104 et 112 pages. 20 fr. avec des figures qui sont en partie celles des *Costumes théâtrales*.

C'est cette dernière réimpression d'un ouvrage des plus obscènes qui a été condamnée à la destruction par jugement du Tribunal correctionnel de la Seine du 12 mai 1865. (Aff. contre POULET-MALASSIS et consorts.)

Voir : *Parapilla*.

Bougie (La) de Noël, ou *la Messe à minuit*, comédie-vaudeville en 2 actes. — Cythère-Paris, par MERCIER DE COMPIÈGNE, 1793 ; in-18 de 35 ff. avec quatre figures libres.

Imitation très-licencieuse de la Chandelle d'Arras, suivie de pièces diverses et réimprimée dans le *Nouveau théâtre Gaillard*, à Concarneau (Bruxelles) ; 1866, tome I. Tiré à part à 100 ex., petit in-12.

Cet ouvrage commençant par ces mots : « Par quel hasard une femme, » et finissant par ceux-ci : « s'en va d'un air bien penaud, » contenant des outrages à la morale publique et religieuse ainsi qu'aux bonnes mœurs, a été condamné à la destruction par jugement du Tibunal de Lille en date du 6 mai 1868, inséré au *Moniteur* du 19 septembre suivant. (Aff. contre SACRÉ-DUQUESNE et consorts.)

Voir pour les détails : *Actes des Apôtres*.

Bouis-bouis, bastringues et caboulots de Paris, par EGO (Alfred DESCUDIER, dit D'AUNAY). — Paris, TRALIN ; in-18, 1860, 1 fr., impr. NOBLET.

La destruction de cette brochure fut ordonnée par jugement du Tribunal correctionnel de la Seine, en date du 2 janvier 1861, condamnant l'auteur à un mois de prison et 16 fr. d'amende, l'éditeur à 3 mois de la même peine et 300 fr. d'amende, et l'imprimeur à 16 fr. d'amende seulement, pour avoir outragé la morale publique et les bonnes mœurs par des détails trop réalistes et d'une crudité révoltante dans certains chapitres.

On trouve, au sujet de cet écrit, la note suivante, dans un bulletin de livres d'occasion de la librairie LEMONNYER, de Bruxelles, en date du mois de juillet 1875:

« Voilà un livre qui, lors de son apparition, souleva de grandes colères dans le monde des vertus faciles de la rampe et du comptoir. L'auteur, qui n'est autre que M. Alfred d'AUNAY, du *Figaro*, déchirait tous les voiles et ajoutait les noms propres aux scandaleuses révélations dont son livre abonde. Actrices, acteurs, hommes de lettres, cabotins et cabotines, tout le monde y passe et s'y coudoie. »

Bouquet (Un) de fleurs. — Lithographie obscène.

Voir : *Chansonnier des filles d'amour*. (Gravures.)

Bourreau (Le). — Article.

Voir : *Le Citoyen*, journal.

Bout (Le) ou *les Caprices d'un abbé.*

Ouvrage obscène cité au catalogue Wittersheim, p. 12.

Voir : *Les amours de Louis le Grand.*

Boutade d'un riche à sentiments populaires, par Ch.-Marc-René Voyer d'Argenson. — Paris, édité par Reverchon. 1834.

La destruction de ce petit écrit, contenant des excitations à la haine et au mépris d'une classe de personnes et des attaques au droit de propriété, a été ordonnée par arrêt de la Cour d'assises du Rhône, en date du 22 mars 1834. (point d'insertion au *Moniteur*).

Brid'Oison, journal des gobe-mouches, par de Lisle, 17 janvier-19 décembre 1832 ; 336 n°s in-4.

Quatre numéros de ce journal satirique, très-hostile au gouvernement, ont été condamnés à la destruction par la Cour d'assises de la Seine. Ce sont :

N° du 5 juin 1832. — Offenses envers la personne du roi par la publication de l'article intitulé : *Les ingrats, les impies et les brigands.* Arrêt du 11 août 1832 (point d'insertion au *Moniteur.*)

N° du 2 juillet 1834. — Même délit, arrêt du 22 octobre 1834, condamnant Descrivieux, gérant, à 6 mois de prison et 1,500 fr. d'amende (*Moniteur* du 7 août 1835) ;

N° du 2 octobre 1834. — Même délit, — arrêt du 10 janvier 1835, condamnant le même gérant à six mois de prison et 3,000 fr. d'amende. (*Moniteur*, même date) ;

N° du 26 octobre 1834. — Même délit, — arrêt du 14 mars 1835 , condamnant Descrivieux aux mêmes peines que ci-dessus (*Moniteur*, même date).

Bruxelles la nuit. — Physiologie des établissements nocturnes de Bruxelles, par Mario Aris. — Bruxelles. Chez tous les libraires, impr. de Mario Aris. 1868, in-18, contenant deux séries de 156 et 79 pp.

« Malgré son style cavalier, a dit M. Poulet-Malassis dans son *Bulletin trimestriel*, cette publication laisse une impression bien sinistre. Il ne nous souvient pas d'avoir lu, sur la prostitution d'une grande ville, rien d'aussi répugnant et navrant. » La *Bibliographie Gay* (t. II, p. 72) donne une liste de sept petits écrits qui servent à compléter cette publication.

Bien que *Bruxelles la nuit* se soit librement crié et vendu pendant plus de trois mois dans les rues de Bruxelles, cet ouvrage, dont plusieurs exemplaires avaient été clandestinement introduits en France, a été déféré au Tribunal correctionnel de la Seine, comme contenant des outrages à la morale publique et aux bonnes mœurs. Par jugement de la 6e ch. correctionnelle, en date du 27 janvier 1869, inséré dans la *Gazette des Tribunaux* du lendemain, la destruction de cet écrit a été ordonnée. (Aff. c. GOSSELIN et consorts.)

Voir : *La Lanterne.*

Budgétivores (Les), par U. LANDEAU. — Poissy, 1865, in-8, impr. BOURET, 3 fr.

Pamphlet violent contre l'Intendance militaire, dû à la plume de M. Philippe-Victorin-Ulysse LANDEAU, ex-officier d'administration du service des subsistances à Tours, auteur de six autres écrits dirigés également contre l'Intendance et dont on trouve la liste dans le catalogue O. LORENZ (t. III, p. 144).

La destruction de cette brochure a été ordonnée par jugement du Tribunal correctionnel de la Seine, du 24 février 1866, confirmé sur appel et inséré au *Moniteur* du 9 mai de la même année, condamnant LANDEAU à 2 mois de prison et 150 fr. d'amende, et *Auguste* BOURET à 150 fr. d'amende pour diffamation et injures envers l'administration supérieure de la guerre et spécialement envers le service de l'Intendance militaire.

Bulletin politique, article par COSTE.

Voir : *Tablettes universelles.*

Buonaparte et Murat, ravisseurs d'une jeune femme, et quelques-uns de leurs agents complices de ce rapt, devant le Tribunal de première instance du département de la Seine ; mémoire historique écrit par le mari outragé, J.-H. REVEL. — Paris, de l'imprimerie de L.-G. MICHAUD. 1815, in-12, 2 fr. 50.

M. REVEL écrivit ce mémoire injurieux et diffamatoire contre son épouse née Louise-Catherine-Éléonore DENUELLE, *comtesse de Luxbourg* ; il publia, en outre, dans la même affaire, sept autres écrits, très-complètement énumérés dans *La France Littéraire*, t. VII, p. 552, col. I, mais dont aucun ne fut poursuivi.

Le seul de ces factums qui fut incriminé est le livre ci-dessus, dont la destruction fut ordonnée par jugement du Tribunal de police correctionnelle de la Seine, en date du 12 janvier 1816, confirmé par arrêt de la Cour royale de Paris, du 19 juin 1819. (Pas d'insertion au *Moniteur*.)

Bureaux (Les) arabes. — Paris, in-8, 1864, 1 fr. — TANERA, éditeur ; BONAVENTURE, imprimeur.

Cette brochure, dont nous avons parlé déjà page 32, a été condamnée à la destruction pour diffamation contre l'Administration militaire de l'Algérie, par jugement du Tribunal correctionnel de la Seine, en date du 6 février 1865, condamnant l'éditeur à un mois de prison et 500 fr. d'amende, et l'imprimeur à 100 fr. d'amende. (Pas d'insertion au *Moniteur*.)

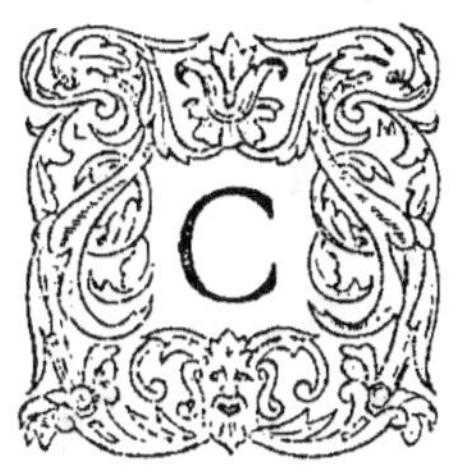

Ça ira, ou *le Pince c.l.*

Ouvrage obscène cité au catalogue Wittersheim, p. 13.

Voir : *Les amours de Louis le Grand.*

Ça n'rate jamais, chansonnette ; paroles de Léon Laroche, musique d'Emile Duhem. — Paris, 1877 ; Bathlot, éditeur ; Trinocq, imprimeur. In-8, 2 p. avec une lithographie.

Cette chanson, remplie d'allusions licencieuses ou obscènes, a été saisie, le 4 juillet 1877, en vertu d'une commission rogatoire d'un des juges d'instruction de la Seine, poursuivant l'auteur et l'éditeur sous inculpation d'outrages à la morale publique et aux bonnes mœurs. Par jugement du Tribunal correctionnel de la Seine, en date du 27 juillet 1877, l'auteur et l'éditeur de cette chansonnette ont été condamnés chacun à 200 fr. d'amende.

Cabinet d'amour et de Vénus.

Voir : *Arétin III.*

Cabinet (Le) de Lampsaque.

Voir : *La Légende joyeuse.*

Cabinet des muses gaillardes.

Voir : *Nouveau cabinet des...*

Cabinet (Le) satyrique.

Voir : *Parnasses* et *Cabinets satyriques* et *Parapilla.*

Cabinets (Les) de la Maison Dorée.

Recueil de six lithographies obscènes représentant les cabinets nos 1, 2, 3, 4 5 et 6, dessinées pour le compte du sieur Robert, en 1850, et imprimées par Domnec, qui les céda au sieur Langlois. — Ce dernier fit briser les pierres, à la fin du mois de novembre 1851 ; mais des exemplaires de ces lithographies ayant été saisis chez lui, le firent néanmoins condamner, le 13 mars 1852, par le Tribunal correctionnel de la Seine (7e ch.), pour outrages aux bonnes mœurs. (*Gazette des Tribunaux* du 14 mars 1852.)

Caboulotières (Les). Chanson-rondeau, imprimée et colportée clan-

destinement au quartier latin, à la suite de l'ordonnance de police du

19 septembre 1861, relative aux débits de boissons servis par des femmes et connus sous le nom de *Caboulots*.

Cette chanson, assez bien tournée et plus leste que licencieuse, fut saisie par mesure administrative, mais non déférée à la justice.

Cacomonade (La), histoire politique et morale du mal de Naples, traduite de l'allemand par le docteur PANGLOSS (composée par LINGUET). — Cologne (Paris), 1766-1767, pet. in-12, de XII-107 pp.

Réimprimé par MERCIER DE COMPIÈGNE en 1797; in-18, fig., puis à Bruxelles, en 1866, sous la rubrique de « Cologne, 1756 » ; petit in-12 tiré à petit nombre. Les douze dernières pages de cette édition sont consacrées à une notice curieuse des écrits anciens et modernes concernant la syphilis.

La Cacomonade, contenant des outrages aux bonnes mœurs, a été condamnée à la destruction, par arrêt de la Cour royale de Paris, en date du 16 novembre 1822, inséré au *Moniteur* du 26 mars 1825. (Aff. c. Rousseau.)

Voir : *Description topographique.*

Voir aussi : *Parapilla.*

Cadran (Le) de la volupté.

Voir : *Le Cadran des plaisirs.*

Cadran (Le) des plaisirs de la Cour, ou les *Aventures du petit page Chérubin*, pour servir de suite à la vie de Marie-Antoinette. — Paris, s. d. (1792) et an III, in-18, 108 pp., avec trois figures obscènes.

Réimprimé en 1796, à Amsterdam (?), sous le titre de : *Le Cadran de la volupté, ou les Aventures du Prince Chérubin*, et en 1830, sous le titre de : *Chérubin, ou l'heureux libertin*, etc. Enfin, une édition moderne a été donnée, il y a quelques années, à Bruxelles, par l'éditeur de la Bibliothèque satirique, composée, comme on sait, presque exclusivement d'infâmes productions.

La destruction de ce détestable libelle, dirigé contre MARIE-ANTOINETTE et contre la PRINCESSE DE POLIGNAC, et composé, prétend-on, à l'instigation de PHILIPPE-ÉGALITÉ, a été ordonnée, pour attentat à la morale publique et aux bonnes mœurs : 1° par arrêt de la Cour d'assises de la Seine, en date du 9 août 1842, condamnant RÉGNIER-BECKER, commissionnaire en marchandises, à 6 mois de prison et 200 fr. d'amende. (*Moniteur* du 15 décembre 1843); 2° par arrêt de la Cour d'assises de la Seine, en date du 10 février 1852. (Aff. c. Chapelle.)

Voir : *Gravures obscènes* et *Moniteur* du 8 mai 1852.

Caducité des religions. Examen critique du culte juif et des sectes chrétiennes, où l'on prouve que la philosophie ou religion naturelle est la véritable base de la morale, par Joseph-

Toussaint MICHEL. Edition populaire. Meulan, impr. de HIARD, 1844, in-18 de 132 pages.

Par arrêt de la Cour d'assises de la Seine, en date du 15 mars 1845, Toussaint MICHEL, correcteur typographe à Paris, a été condamné à six mois de prison et 2,000 fr. d'amende, pour outrage à la morale publique et à la religion, par la publication et la mise en vente de l'écrit ci-dessus dont la destruction a été ordonnée (*Moniteur* du 23 juin 1845).

Calicots.

Voir : *A bas les Calicots!*

Campagnes (Les) de l'abbé de T***.

Voir : *Les Lauriers ecclésiastiques.*

Canapé (Le) couleur de feu, par FOUGERET DE MONTBRON. — Amsterdam, 1714. Maintes fois réimprimé, notamment à Bruxelles en 1867. 10 fr. avec 2 fig.

Petit conte de fée en onze chapitres, fort libre, cité au catalogue Wittersheim, p. 13.

Voir : *Les amours de Louis le Grand.*

Cancans (Les) ou *le Passe-Temps du jour*, par BÉRARD. 1831, 1834, in-8. — On connait 68 numéros de ces cancans qui portent tous des sous-titres différents. Dix-huit d'entre eux ont été poursuivis et détruits et ont valu à leurs auteurs et éditeurs de sévères condamnations. Voici, par ordre alphabétique, la liste de ceux de ces pamphlets qui ont été incriminés : ·

Cancans anti-comédiens, par CAPRY. Destruction ordonnée pour excitation à la guerre civile, offenses envers la personne du roi, etc., par arrêt de la Cour d'assises des Bouches-du-Rhône, en date du 19 juin 1833, condamnant CAPRY à 500 fr. d'amende (*Moniteur* du 30 octobre 1833);

Cancans correctionnels, par BÉRARD. Destruction ordonnée, pour offense envers la personne du roi, par arrêt de la Cour d'assises de la Seine, en date du 10 mai 1832. (point d'insertion au *Moniteur*);

Cancans décisifs, imprimés et mis en vente par Gabriel-André DENTU, à Paris. Destruction ordonnée pour offense envers la personne du roi, excitation à la haine et au mépris du gouvernement, attaque contre les droits constitutionnels du roi, par arrêt de la Cour d'assises de la Seine, en date du 5 février 1833, condamnant DENTU à six mois de prison et 500 fr. d'amende (*Moniteur* du 29 juin 1833);

Cancans en Cour d'assises, par P. C. BÉRARD. Destruction ordonnée pour offense envers la personne du roi, par arrêt de la Cour d'assises de la Seine, en date du 10 mai 1832, condamnant BÉRARD à... (point d'insertion au *Moniteur*);

Cancans en liberté sous caution, par CAPRY. Destruction ordonnée pour excitation à la haine et au mépris du gouvernement, par arrêt de la Cour d'assises des Bouches-du-Rhône, en date du 13 mai 1833, condamnant CAPRY, à un an de prison et 1,200 fr. d'amende (*Moniteur* du 30 octobre 1833) ;

Cancans flétrissants, imprimés et mis en vente par DENTU. Destruction ordonnée pour offense envers la personne du roi, excitation à la haine et au mépris du gouvernement, attaque contre les droits constitutionnels du roi, par arrêt de la Cour d'assises de la Seine, en date du 5 février 1833, condamnant DENTU à six mois de prison et 500 fr. d'amende (*Moniteur* du 29 juin 1833) ;

Cancans fidèles, par BÉRARD, édités par Frédéric-Guillaume GÉRARD. Destruction ordonnée, pour offense envers la personne du roi et attaque contre ses droits constitutionnels, par arrêt de la Cour d'assises de la Seine, en date du 26 mai 1834, condamnant BÉRARD à 2 ans de prison et 2,000 fr. d'amende et GÉRARD à 18 mois de prison et 2,000 fr. d'amende (*Moniteur* du 30 décembre 1834) ;

Cancans historiques, par CAPRY. Destruction ordonnée, pour excitation à la haine et au mépris du gouvernement du roi, par arrêt de la Cour d'assises des Bouches-du-Rhône, en date du 23 janvier 1833, condamnant CAPRY à un mois de prison et 600 fr. d'amende (*Moniteur* du 29 juin 1833) ;

Cancans indignés, par BÉRARD. Destruction ordonnée, pour offense envers la personne du roi, excitation à la haine et au mépris du gouvernement, attaque contre les droits constitutionnels du roi, par arrêt de la Cour d'assises de la Seine, en date du 5 février 1833, condamnant BÉRARD à un an de prison et 500 fr. d'amende (*Moniteur* du 7 avril 1833) ;

Cancans indomptables, par BÉRARD. Destruction ordonnée, pour outrage au jury, par arrêt de la Cour d'assises de la Seine, en date du 10 mai 1832 (point d'insertion au *Moniteur*) ;

Cancans infatigables, par CAPRY. Destruction ordonnée pour excitation à la haine et au mépris du gouvernement du roi et offense envers la personne du roi, par arrêt de la Cour d'assises des Bouches-du-Rhône, en date du 24 janvier 1833, condamnant CAPRY à trois mois de prison et 1,000 fr. d'amende (*Moniteur* du 29 juin 1833) ;

Cancans inflexibles, imprimés et mis en vente par DENTU. Destruction ordonnée, pour offense envers la personne du roi, excitation à la haine et au mépris du gouvernement et attaque contre les droits constitutionnels du roi, par arrêt de la Cour d'assises de la Seine, en date du 5 février 1833, condamnant DENTU à six mois de prison et 500 fr. d'amende (*Moniteur* du 29 juin 1833) ;

Cancans militaires, par BÉRARD. Destruction ordonnée, pour excitation à la haine et au mépris du gouvernement du roi, par arrêt de la Cour d'assises de la Seine, en date du 10 mai 1832 (point d'insertion au *Moniteur*) ;

Cancans persévérants, par CAPRY. Destruction ordonnée, pour attaques contre les droits que le roi tient du vœu de la nation, par arrêt de la Cour d'assises des Bouches-du-Rhône, en date du 20 mars 1833, condamnant CAPRY à trois mois de prison et 1,000 fr. d'amende (*Moniteur* du 29 juin 1833) ;

Cancans persévérants, par BÉRARD. Destruction ordonnée, pour offense envers la personne du roi, par arrêt de la Cour d'assises de la Seine, en date du 26 mars

1833, condamnant BÉRARD à six ans de prison et 1,000 fr. d'amende (*Moniteur* du 29 juin 1833) ;

Cancans révoltés, par BÉRARD. Destruction ordonnée, pour offenses envers la personne du roi, excitation à la haine et au mépris du gouvernement, par arrêt de la Cour d'assises de la Seine, en date du 22 avril 1834, condamnant BÉRARD à 2 ans de prison et 2,000 fr. d'amende (*Moniteur* du 30 décembre 1834) ; .

Cancans révoltés, publiés par GÉRARD. Destruction ordonnée, pour offense envers la personne du roi, excitation à la haine et au mépris du gouvernement, par arrêt de la Cour d'assises de la Seine, en date du 11 juillet 1834, condamnant GÉRARD à 18 mois de prison et 2,000 fr. d'amende (*Moniteur* du 30 décembre 1834) ;

Cancans véridiques, par BÉRARD. Destruction ordonnée, pour offense envers la personne du roi et attaque contre ses droits constitutionnels, par arrêt de la Cour d'assises de la Seine, en date du 5 février 1833, condamnant BÉRARD à un an de prison et 500 fr. d'amende (*Moniteur* du 7 avril 1833).

Candide (Le). — Journal in-folio à 5 centimes. Publié à Paris en 1865.

Le procès de ce journal, dont les tendances anti-religieuses et les doctrines subversives avaient attiré l'attention du public, eut un grand retentissement.

Voici la liste des articles incriminés :

« Notre morale » (Nº 1 du journal) ;

« La Destinée humaine » (id.) ;

« Les martyrs de l'humanité », par TRIDON (Nº 3) ;

« Le monothéisme » (Nº 5) ;

« Les divinités du jour » ;

« Anacharsis Clootz » ;

« Ne les séparons pas » par de PONNAT ;

« Invention de la vraie croix » (id.) (Nº 1) ;

« Les chiens merveilleux » (id.) (Nº 2) ;

« Une communication spirite » (id.) (Nº 4) ;

« Un père de l'Église au IVe siècle » (id.) ;

« Le père Gratry » (id.) (Nos 2, 3, 7, 8.) ;

« De la Barre » (Nº 3) ; notamment dans le passage commençant par ces mots : « Si je vous parle de ce martyr »..., et finissant par ceux-ci : « Il le ferait encore » ;

« Harangues et commentaires de M. Bancel (Nº 4) ;

« Faits-Divers » (Nº 6), commençant par ces mots : « Qu'est-ce que le baptême ? »

« Servet et Giordano Bruno », par TRIDON (Nº 5) ;

Ces divers articles furent poursuivis pour : « Outrages à la morale publique et « religieuse ; outrages à des cultes légalement reconnus par l'Etat ; publication « sans cautionnement ni autorisation d'un journal traitant de matières d'économie « politique et sociale ; nondéclaration de la mutation survenue dans l'impression « du journal. »

Par jugement du 18 août 1865, le Tribunal de police correctionnelle de la Seine, a condamné : VAISSIER, gérant dudit journal, à 3 mois de prison et 100 fr. d'amende ; de PONNAT, homme de lettres, aux mêmes peines ; TRIDON, homme de lettres, à 6 mois d'emprisonnement et 100 fr. d'amende, et TURFIN, imprimeur, à un mois de prison et 100 fr. d'amende. Le même jugement a en outre ordonné que le journal *Le Candide* cesserait de paraître, et prescrit la destruction de tous les numéros saisis ou à saisir ultérieurement (*Gazette des Tribunaux* du 19 août 1865).

Cantate en douze chants.

Voir : *Mort du dernier soldat.*

Cantinière (La), gravure obscène.

Voir : *Histoire d'un c...*

Cantique (Le) de St-Roch.

Voir : *Les Goguettes du bon vieux temps.*

Caporal (Le) instructeur. — Lithographie obscène.

Voir : *Galerie des Gardes-Françaises.*

Capot sur table. — Gravure obscène.

Voir : *Gravures obscènes.* — Saisies administratives.

Caprice d'une dame de la Cour. — Lithographie obscène.

Voir : *Galerie des Gardes-Françaises.*

Caprices (Les) d'un abbé.

Voir : *Le Bout.*

Capucin (Le) démasqué.

Voir : *Les Entretiens de la Grille.*

Capucinade (La), histoire sans vraisemblance, par Fr. DISCRET (P. J. B. NOUGARET). — Partout, 1765. Maintes fois réimprimé. Petit roman fort libre qui fut réimprimé avec des corrections, sous le titre suivant : *Aventures galantes de Jérôme, frère capucin.* — Paris, an V, in-18.

Ecrit cité au Catalogue Wittersheim, p. 13.

Voir : *Amours de Louis le Grand.*

Capucinière (La), ou *le Bijou enlevé à la course*, par Pierre-François Tissot. — Petit poëme paru vers 1780, réimprimé à Paris, 1809 et 1820, gr. in-8 de xii-68 pp. avec six planches.

Ce conte spirituel et fort badin, qui valut à son auteur un logement à la Bastille, a souvent été confondu à tort avec *La Capucinade*.

Il est cité au Catalogue Wittersheim, p. 13.

Voir : *Amours de Louis le Grand.*

Capucins (Les), chanson de Béranger.

Voir : *Chansons de Béranger.*

Capucins (Les), ou *le Secret du cabinet noir*, histoire très-véritable, par l'auteur des *Forges mystérieuses* et des *Trois moines*. — Paris, Marchand, 1801, 2 vol. in-12, 4 fr., ou 1808, 2 vol. in-18, 2 fr., ou enfin 1815, Paris, Th. Dabo, 2 vol. in-12, 4 fr. ou 2 vol. in-18, 2 fr.

Plusieurs bibliographies attribuent ce livre à Faverolles, qui n'est autre chose qu'un des pseudonymes de Mme Guénard, baronne de Méré, « romancière « aussi médiocre que féconde », dit Quérard (tome III, p. 499), « et qui, écrivant « aussi bien pour l'instruction de l'enfance que pour l'amusement des casernes, « a été obligée souvent de publier ses productions sous le voile de l'anonyme ou « de masques qui n'ont pu être tous connus. »

Les Capucins, ouvrage contenant des outrages aux bonnes mœurs, ont été condamnés à la destruction par arrêt de la Cour Royale de Paris, en date du 21 décembre 1822. (Point d'insertion au *Moniteur*.)

Voir aussi : *Parapilla.*

Enfin, ce mauvais ouvrage a été mis à l'index, par mesure de police, en 1825.

Voir : *Note des ouvrages à supprimer.*

Carabinier. 1840. — Lithographie obscène.

Voir : *La vie du soldat.*

Caravanes (Les) galantes du chevalier d'Abbeville.

Voir : *Le Faux ravisseur.*

Cardinal (Le) et le Capucin, série d'articles publiés dans les nos 5, 7, 10, 11, 12 et 13 du journal *le Nain*, journal des théâtres, de la littérature, des mœurs, des arts et des modes, 25 janvier-25 août 1825, 42 nos in-8.

Soulé, gérant. Plusieurs des articles incriminés sont intitulés : *Croyances diverses.*

La destruction des numéros susdésignés a été ordonnée, pour outrages à la morale publique et religieuse, par arrêt de la Cour Royale de Paris, en date du 23 juin 1825, confirmatif d'un jugement du Tribunal de police correctionnelle de la Seine, du 29 avril précédent, condamnant Pierre Soulé, homme de lettres, à 4 mois de prison et 300 fr. d'amende. (*Moniteur* du 30 novembre 1825.)

Caribarye (La) des Artisans, ou *Recueil nouveau des plus agréables chansons vieilles et nouvelles.* — Paris, s. d. (vers 1650). Nicolas Boisset, in-12 de 204 pp.

Réimprimé en 1862, par les soins de M. Percheron. Paris, J. Gay, in-18, 201 pages, dont les 20 dernières sont consacrées aux notes. Tiré à 115 ex. p. 15 fr. C'est un recueil de chansons fort lestes, dont plusieurs couplets contiennent des équivoques obscènes.

Aussi cette réimpression a-t-elle été condamnée à la destruction par jugement du Tribunal de la Seine, du 22 mai 1863, inséré au *Moniteur* du 8 novembre 1865, comme contenant des outrages à la morale publique et aux bonnes mœurs. (Aff. contre Gay et consorts.)

Voir : *Amours folastres.*

Caricature (La) politique, morale, littéraire et scénique. — Paris, du 4 novembre 1830 au 27 août 1835, in-folio, 251 numéros contenant 524 caricatures noires et coloriées, journal fort curieux, extrêmement rare complet et en bon état.

La destruction du *no 84,* contenant des allusions offensantes envers le gouvernement, par la publication d'un article intitulé : *Autopsie,* et d'une lithographie ayant pour titre : *Projet d'un monument,* a été ordonnée par arrêt de la Cour d'assises de la Seine, en date du 28 janvier 1833 ; l'éditeur, Gabriel Aubert, et le dessinateur, Ch. Philippon, ont été acquittés par le jury. (Point d'insertion au *Moniteur.*)

Caricatures (Les). — Article.

Voir : *Le Grondeur,* journal.

Carline et Belval, ou *les Leçons de la volupté.* — Avignon, an V et Paris, an VI. 2 vol. in-18.

Roman extrêmement libre, cité au Catalogue Wittersheim, p. 13.

Voir : *Les amours de Louis XIV.*

Carnot, par N. Rioust, avec cette épigraphe : *Fruitur famâ sui.* — Bruxelles, 1817, in-8, 6 fr.

La veuve Perronneau, libraire, et Rioust, auteur reconnu de ce livre, furent poursuivis à raison de la publication dudit écrit, « contenant, notamment aux pages 34, 38, 39, 64, 207, 221, 229, 280, 291 et 304, des principes anarchiques et contraires aux maximes fondamentales de la monarchie et tendant à affaiblir, par des calomnies et des injures, le respect dû à la personne et à l'autorité du roi. »

Par jugement du Tribunal correctionnel de la Seine, en date du 1er avril 1817, la veuve Perronneau a été mise hors de cause et Rioust a été condamné à 2 ans de prison, 10,000 fr. d'amende, 5 années de surveillance de la haute police, avec caution de 10,000 fr. et à la privation pendant 10 ans de ses droits de citoyen. Le même jugement ordonna que les exemplaires saisis seraient lacérés et détruits par le greffier. Cette sentence a été pleinement confirmée sur appel, par arrêt de la Cour Royale de Paris, en date du 30 du même mois. (*Moniteur* du ... mai 1817.)

Caroline et Saint-Hilaire, ou *les P...... du Palais-Royal.* — Londres, 1784 (Paris, vers 1831). 2 vol. in-18 de 129 et 114 pp., avec dix lithog. libres. Plusieurs fois réimprimé, notamment à Bruxelles, vers 1862, sous la rubrique de : *Paris-1815*, également avec 12 mauvaises lithographies.

Ce roman obscène et sans valeur aucune, contenant des outrages aux mœurs et à la morale publique, a fait l'objet d'un jugement du Tribunal correctionnel de la Seine, en date du 13 mars 1852, qui en ordonne la destruction. Le même jugement a prononcé la peine d'un an d'emprisonnement et 500 fr. d'amende, contre Langlois, marchand de tableaux, rue St-Lazare, 31, inculpé de colportage de gravures et cartes obscènes et du roman précité, ainsi que d'autres écrits immoraux dont il sera parlé en leur lieu et place. (*Gazette des Tribunaux* du 14 mars 1852.)

La même mesure a été ordonnée par arrêt de la Cour d'assises de la Seine, en date du 10 février 1852. (Aff. contre Chapelle.)

Voir : *Gravures obscènes* et *Moniteur* du 8 mai 1852;

Voir aussi : *Parapilla*.

Cartes à jouer à transparents obscènes.

Il est peu de personnes qui n'aient eu occasion de voir des jeux de cartes de la nature de ceux que concerne cet article. Presque chaque jour, sur les principaux boulevards, dans les cafés ou dans les brasseries du quartier latin, s'introduisent des individus qui, tout en vendant ostensiblement des cannes, des boutons de manchettes, des chaînes, etc., ne perdent pas l'occasion de faire entendre à leurs clients d'un instant « qu'ils ont aussi de jolis assortiments de gravures, des photographies bien curieuses, à sujets gracieux (*sic*) et des jeux de cartes à surprise. »

C'est de préférence aux jeunes gens et aux vieillards que s'adressent ces misérables colporteurs que la police traque avec un soin et une vigilance qui rendent de jour en jour plus difficile et plus périlleux leur honteux commerce.

Les jeux de cartes obscènes ainsi colportés sont généralement de provenance étrangère et surtout allemande. Ce sont des jeux de 32 et de 52 cartes à figures ordinaires ; il y a aussi des jeux égyptiens et des tarots à 72 cartes. Ces cartes, comme on sait, sont toutes à dos blanc très-glacé et en les exposant à la lumière d'une lampe, on aperçoit par transparence des figures obscènes qui toutes sont d'une exécution détestable au point de vue artistique ; quelques-uns de ces dessins même sont si confus, qu'il est impossible de se rendre compte de ce qu'on a voulu représenter. On juge de la déconvenue des acheteurs qui ont payé fort cher d'aussi misérables productions et qui naturellement ne peuvent réclamer contre la duperie dont ils ont été victimes. C'est d'ailleurs fort bien fait pour eux, et nous ne sommes pas plus disposés à les plaindre que nous n'avons envie d'excuser les colporteurs de ces ordures.

Nous ne citons que très-brièvement les jugements et arrêts qui ont ordonné la destruction de cartes obscènes. On pourrait assurément trouver beaucoup plus de sentences rendues à ce sujet ; mais la liste déjà longue de condamnations que nous allons reproduire, montre assez avec quel soin la justice française a toujours réprimé et châtié les auteurs de ces outrages à la morale publique et aux bonnes mœurs :

1º Arrêt de la Cour d'assises de la Seine, du 9 août 1842 (aff. contre RÉGNIER-BECKER, *Moniteur* du 15 décembre 1843) ;

2º Arrêt de la même Cour du 11 avril 1843 (aff. contre MAYER. — *Moniteur* du 15 octobre 1843) ;

3º Arrêt de la même Cour du 29 avril 1845 (aff. contre VALLADE et autres. — *Moniteur* du 9 juin 1846) ;

4º Arrêt de la même Cour du 28 novembre 1845 (aff. contre DESHAYES et DESPRÉAUX, fe GOIN. — *Moniteur* du 9 juin 1846) ;

5º Arrêt de la même Cour du 23 juin 1846 (aff. contre MARÉCHAL et MADIGNÉ. — *Moniteur* du 7 mars 1847) ;

6º Arrêt de la même Cour du 11 décembre 1850 (aff. contre RONDET. — *Moniteur* du 16 février 1851) ;

7º Jugement du Tribunal correctionnel de la Seine, du 27 décembre 1850, condamnant ROBERT, imprimeur-lithographe, à 4 mois de prison ;

8º Arrêt de la Cour d'assises de la Marne, du 12 août 1851 (aff. contre VASSAL. — *Moniteur* du 14 septembre 1851) ;

9º Arrêt de la Cour d'assises de la Seine, du 10 février 1852 (aff. contre CHAPELLE — *Moniteur* du 8 mai 1852) ; plusieurs des jeux de cartes saisis dans cette affaire portaient, outre les dessins obscènes, des épigraphes ordurières tant en français qu'en italien ;

10º Jugement du Tribunal correctionnel de la Seine (7e ch.), du 13 mars 1852 (aff. contre LANGLOIS. — *Gazette des Tribunaux* du lendemain et *Journal officiel* du 7 mai 1874) ;

11º Jugement du Tribunal correctionnel d'Avesnes, du 26 octobre 1852 (aff. contre REUMONT. — *Journal officiel* du 7 mai 1874) ;

12° Jugement du Tribunal correctionnel de la Seine, du 3 février 1858 (aff. contre Maurice WOLFSHEIMER. — *Moniteur* du 19 avril suivant) ;

13° Jugement du même Tribunal du 19 février 1858 (aff. contre GUY, Firmin MAILLET, BEYOU et J.-B. BROCARD. — *Moniteur* du 19 avril suivant) ;

14° Jugement du Tribunal correctionnel de Dijon, du 28 novembre 1873 (*Journal officiel* du 7 mai 1874).

Enfin il convient d'ajouter que très-fréquemment des saisies administratives opérées soit dans des perquisitions domiciliaires, soit aux commissariats de police de la frontière et des ports amènent la destruction d'un grand nombre de jeux de cartes transparents et d'obscénités de même nature.

Cartonnages à sujets obscènes.

Ces objets, qui rentrent dans la catégorie des cartes, sujets mécaniques et obscénités diverses, dont il est parlé en leur lieu et place, ont été parfois visés spécialement par la justice. Ce sont tantôt de petits cartons sur lesquels sont des hommes et des femmes dont les habits s'enlèvent à volonté pour laisser voir les corps à nu. Tantôt des cadres ou boîtes, tant en bois léger qu'en carton, renfermant des sujets obscènes qu'on fait mouvoir au moyen d'un petit mécanisme intérieur.

La destruction d'obscénités de ce genre a été spécialement ordonnée : 1° Par arrêt de la Cour d'assises de la Seine, du 30 avril 1837 (aff. contre DAUTY. — *Moniteur* du 7 novembre suivant) ;

2° Par arrêts de la même Cour, en date du 29 avril 1845 (aff. contre VALLADE et autres, et contre GUERRIER. — *Moniteur* des 9 et 23 juin suivant) ;

3° Par jugement du Tribunal correctionnel de la Seine (7e ch.), en date du 13 mars 1852 (aff. contre LANGLOIS. — *Gazette des Tribunaux* du lendemain).

Cas (Le) de conscience.

Voir : *Chansons de Béranger.*

Casquette (La) du Père Duchêne, par Alfred MONTBRIAL DE BASSIGNAC. — Paris, 1848.

Cet écrit socialiste a été déféré aux assises de la Seine comme contenant des excitations à la haine des citoyens les uns contre les autres, dans un article intitulé : *Une histoire d'outre-temps.*

Par arrêt du 27 novembre 1848, l'auteur, ayant fait défaut, a été condamné à 6 mois de prison et 2,000 fr. d'amende. En outre la destruction de l'écrit condamné a été ordonnée. (*Gazette des Tribunaux* du 28 novembre 1848 et *Moniteur* du 26 mars 1849.)

Catacombes monarchiques. — Article.

Voir : *Le Charivari*, journal.

Catéchisme à l'usage de tout le monde, avec cette épigraphe :
« *Celui-là ne mangera pas qui ne travaillera pas,* » par Léopold-Lupicin
PAGET, brochure imprimée à Salins, publiée et vendue tant dans cette
ville qu'à Besançon en 1851.

La destruction de cet écrit, commençant par ces mots : « Au vingt-quatre
février..... », finissant par ceux-ci : «.... Munissez-vous de cartouches et tenez-
vous prêts ! » et contenant des excitations au mépris et à la haine des citoyens
les uns contre les autres, a été ordonnée, par arrêt de la Cour d'assises du Jura,
en date du 7 décembre 1850, condamnant l'auteur à un an d'emprisonnement et
2,000 fr. d'amende. (*Moniteur* du 4 mars 1851.)

Catéchisme des libres penseurs, par Pierre LAGARGUILLE (Antoine
CHANOZ). — Lyon, 1873.

La destruction de cet écrit, contenant des outrages à la morale publique et religieuse ainsi qu'aux religions légalement reconnues en France, commençant
par ces mots : Je serais bien fâché....., », et finissant par ceux-ci : «... Donné par
l'erreur et le mensonge », a été ordonnée par arrêt de la Cour d'assises du Rhône,
en date du 26 mars 1873, condamnant l'auteur, Antoine CHANOZ, teneur de livres,
à 1,000 fr. d'amende. (*Journal officiel* du 7 mai 1874.)

Catéchisme des Normands.

Par jugement du Tribunal correctionnel de Châlon-sur-Saône, en date du
18 janvier 1856, le sieur Jean-François CHABAUD a été condamné à un mois de
prison et 25 fr. d'amende pour colportage, sans autorisation, de l'écrit ci-dessus.
(*Journal officiel* du 7 mai 1874.)

Catéchisme des Socialistes. — *Almanach du Cultivateur pour* 1850.

Par jugement du Tribunal correctionnel de Dijon, en date du 28 février 1850,
les sieurs SAULGEOT et BACHELIER ont été condamnés chacun à 3 mois de prison
et 50 fr. d'amende, pour colportage, sans autorisation, des deux écrits ci-dessus.
(*Journal officiel* du 7 mai 1850.)

Catéchisme du Prolétaire.

Voir : *Réforme sociale.*

Catéchisme libertin, à l'usage des filles de joie et des jeunes demoiselles qui se décident à embrasser cette profession. — Luxuriopolis, s. d.,
6 fig. libres coloriées, réimprimé en 1791, 1792 et 1798.

Ouvrage de la dernière licence, cité au Catalogue Wittersheim, p. 14.

Voir : *Les amours de Louis le Grand.*

Catéchisme poissard.

Voir : *Nouveau Catéchisme poissard.*

Catéchisme (le) véritable des croyants, publié par permission
de N. S. P. le Pape et de tous les archevêques et évêques du monde
chrétien, par Pierre DUBOIS. — Paris, FOURNIER, 1835, in-18.

La destruction de cet écrit, contenant des outrages à la morale publique et religieuse, outrage et dérision envers la religion catholique, apostolique et romaine,
a été ordonnée par arrêt de la Cour d'assises de la Seine, du 19 septembre 1835,
condamnant l'auteur à 6 mois de prison et 1,000 fr. d'amende. (Point d'insertion
au *Moniteur*.)

Catherine des Bas-Souhaiz.

Voir : *Vie et actes triumphans.*

Cauchoise.

Voir : *La belle Cauchoise.*

Causes et effets de la superstition.

Voir : *Merveilles du pouvoir absolu.*

C'est du nanan ! — Chanson de Debraux.

Voir : *Le nouvel Enfant de la Goguette.*

C'est le roi, le roi. — Chanson de Béranger.

Voir : *Chansons de Béranger.*

C'est toujours comme ça.

Et :

Ce qu'on désire. — Gravures obscènes.

Voir : *Gravures obscènes.* Saisies administratives.

Ce que j'aime et ce que je n'aime pas. — Pièce de vers par Hippolyte ROUBAUD, insérée dans le n° 2 du journal *le Sylphe*.

Par jugement du Tribunal correctionnel de Draguignan, en date du 6 août 1825,
a été ordonnée la destruction de cette pièce contenant des outrages à la morale
publique et religieuse et aux bonnes mœurs ; l'auteur a été en outre condamné

à un mois d'emprisonnement et 16 fr. d'amende. Cette sentence a été, en appel, purement et simplement confirmée par arrêt de la Cour d'Aix, du 13 décembre suivant. (*Moniteur* du 2 février 1826.)

Ce qu'il faut faire, ou *Ce qui nous menace*, ou *Des élections*. 1821 (?)

« Cette brochure, dit le *Dictionnaire des anonymes*, tome I, col. 543, fit condamner l'auteur, Frédéric DEGEORGE, à 2,000 fr. d'amende et 2 mois d'emprisonnement, par arrêt de la Cour d'assises de la Seine, en date du 10 novembre 1821, ordonnant en outre la destruction de l'écrit ci-dessus (pas d'insertion au *Moniteur*). Cette brochure, comme beaucoup d'autres productions analogues, n'a pas été annoncée dans la *Bibliographie de la France*, et suivant GUYOT DE FÈRE (*Statistique des lettres*, départements, 1834, p. 335), l'auteur aurait été condamné sous le nom de FRÉDÉRIC seulement.

On sait que Frédéric Degeorge, l'un des membres les plus actifs du parti démocratique, prit une très-grande part aux luttes de la Restauration. Il fut condamné à mort par contumace, en 1824, dans l'affaire des réfugiés d'Espagne. Après 1830, il fut plusieurs fois poursuivi pour délits de presse.

Ce qui plaît aux Dames. — Illustration d'un conte de Piron.

Voir : *Gravures obscènes*. Aff. Chapelle, III.

Cécile, ou *la nouvelle Félicia*. — Paris, PILLET ainé, 1806, 2 vol. in-12 de 216 et 204 pp.

Ouvrage contenant des outrages aux bonnes mœurs et condamné à la destruction par arrêt de la Cour royale de Paris, en date du 5 août 1828 (non inséré au *Moniteur*), probablement, dit la *Bibliographie Gay*, par suite d'une réimpression devenue aussi rare que l'édition originale.

Ce mauvais livre a été en outre mis à l'index par mesure de police, en 1825.

Voir : *Note des ouvrages à supprimer*.

Célébrités contemporaines, recueil de douze lithographies obscènes contenant notamment les sujets suivants :

Wellington et miss Wilson. L'abbé Contrafatto. Le curé Mingrat. Louis XVIII et Mme du Cayla. Mlle Julia et le vicomte de Sosthènes. Cambacérès et Mlle Cuisot. Mlle Georges et Mlle Raucourt.

La destruction de ce recueil a été ordonnée, pour outrages à la morale publique et religieuse ainsi qu'aux bonnes mœurs, par arrêt de la Cour d'assises de la Seine, en date du 30 août 1837. (Aff. contre DANTY. — *Moniteur* du 7 novembre suivant.) — Les pierres ont été aussi saisies et détruites.

Celle-ci et Celle-là, ou *la Jeune France passionnée*, par Théophile

Gautier. — Paris, Eug. Didier, 1853, in-32 de 96 pp. — Lucerne (Bruxelles), 1864, pet. in-12, 1 fr.

Petit roman tiré des *Jeunes Frances*, dont la première édition remonte à 1833.

Quelques passages, contenant des outrages à la morale publique, ont motivé la destruction de ces réimpressions, ordonnée par le Tribunal correctionnel de la Seine, le 12 mai 1865. (Aff. contre P. Malassis et consorts.)

Voir : *Parapilla.*

Censeur (Le) ou examen des actes et des ouvrages qui tendent à détruire ou à consolider la Constitution de l'Etat, par Comte et Dunoyer, juin 1814-6 septembre 1815. 7 vol. in-8.

Seul journal de l'époque véritablement indépendant ; paru d'abord en livraisons de 2 ou 3 feuilles, puis, après la loi du 20 octobre, pour échapper à la censure, par livraisons de 20 feuilles in-8 publiées à des époques indéterminées. Le septième volume, longtemps retenu sous les scellés, se trouve difficilement. Repris en 1817, sous ce titre :

Le Censeur européen, ou examen de diverses questions de droit public et de divers ouvrages littéraires et scientifiques, considérés dans leurs rapports avec les progrès de la civilisation. Février 1817 — 17 avril 1819 ; 12 vol. in-8.

Repris, pour la troisième fois, deux mois après, il devint quotidien sous le titre simplifié de :

Le Censeur Européen, 15 juin 1819 — 22 juin 1820. En tout, 372 nos en deux séries de 200 et 172 nos in-folio.

Il cessa de paraître, au rétablissement de la censure en 1820 et fut réuni au *Courrier Français*. Il faut lire l'excellent article consacré par M. Hatin, dans sa bibliographie de la presse périodique à ce journal, qui, avant de succomber sous la censure, avait publié des *Rognures de la Censure*, dont le titre dit assez l'objet ; le numéro qui les contenait fut condamné à la destruction par jugement du Tribunal correctionnel de la Seine, en date du 6 mai 1820.

L'écrit intitulé : *Manuscrit de Sainte-Hélène*, inséré dans le 3e volume de la 2e série du *Censeur Européen*, motiva l'arrêt de la Cour royale de Paris, en date du 7 octobre 1817, confirmant un jugement du Tribunal correctionnel de la Seine, du 19 août 1817, qui ordonna la destruction de ce volume comme contenant des offenses envers la personne du Roi (point d'insertion au *Moniteur*). Un pourvoi en cassation formé contre cette sentence, fut rejeté par arrêt de la Cour suprême en date du 20 novembre 1817.

Enfin, l'article ayant pour titre : *Souscription nationale*, inséré dans le *Censeur Européen* et dans le *Constitutionnel*, le *Courrier français*, l'*Indépendant*, la *Bibliothèque historique*, l'*Aristarque* et les *Lettres normandes*, article contenant une provocation à la désobéissance à la loi sur la liberté individuelle en proposant une souscription en faveur des individus qui seraient arrêtés, motiva la destruction de tous les numéros de journaux où il avait été publié, destruction ordonnée par arrêt de la Cour d'assises de la Seine, en date du 1er juillet 1820. (Point d'insertion au *Moniteur*.)

Censures, documents historiques.

Voir : *Le Censeur européen.*

Cent et une leçons de Lampsaque.

Voir : *La Légende joyeuse.*

Cent-jours.

Voir : *Histoire des Cent-jours.*

Et :

Protestation de la Chambre des députés.

Cerbère (le), *ou la vie d'une femme,* recueil de douze lithographies obscènes contenues dans une. couverture rose aussi à sujet obscène. — Les légendes, qui ne se peuvent citer, sont écrites en français, avec traductions allemande, anglaise et espagnole.

Destruction ordonnée, pour outrages à la morale publique et aux bonnes mœurs :

1º Par arrêt de la Cour d'assises de la Seine, en date du 9 août 1842] (aff. contre RÉGNIER-BECKER. — *Moniteur* du 15 décembre 1843) ;

2º Arrêt de la même Cour en date du 29 avril 1845 (aff. contre VALLADE et autres. — *Moniteur* du 9 juin 1846).

Ces dames! — Physionomies parisiennes ornées de portraits photographiés (par Auguste VERMOREL). — Paris, COURNOL, 1860, in-32. — 1 fr. 50, imp. NOBLET.

Cette brochure, dont l'auteur périt, en 1871, après la chute du soi-disant gouvernement de la Commune de Paris, dont il faisait partie, fut saisie, en vertu d'une ordonnance de juge d'instruction, le 9 septembre 1860, comme contenant des outrages à la morale publique et aux bonnes mœurs. — L'affaire n'eût pas de suite, mais les exemplaires saisis ont été détruits.

Chacun prend son plaisir où il le trouve. — Lithographie obscène.

Voir : *Le tohu-bohu plaisant.*

Chacun son tour. — Lithographie obscène.

Voir : *Les Soirées lubriques.*

Chambre des Députés. — Gravure représentant la séance du 4 mars 1823.

La destruction de cette estampe, jugée séditieuse, a été ordonnée par arrêt de la Cour d'assises de la Seine, en date du 26 août 1823. (Point d'insertion au *Moniteur*.)

Chambre des Députés, lithographie obscène.

Voir : *Chansonnier des filles d'amour*. (Gravures.)

Chandelle (La) — Gravure obscène.

Voir : *Histoire d'un C...*

Chandelle (La) d'Arras. — Poëme héroï-comique, en XVIII chants, par l'abbé H.-J. DULAURENS. — Berne, 1765, in-8.

Nouvelle édition, précédée d'une notice sur la vie et les ouvrages de l'auteur. — Paris, EGASSE frères. 1807, in-12, fig. Plusieurs fois réimprimé, soit isolément, soit dans les œuvres complètes de l'auteur, quelquefois avec le sous-titre de : *Etrennes aux gens d'Eglise.*

La destruction de cet ouvrage trop connu a été ordonnée, pour outrages à la morale publique et religieuse, par

1º Jugement du Tribunal correctionnel de la Seine, du 18 octobre 1822, infirmé par arrêt du 21 décembre suivant, déchargeant Pierre LAGIER, libraire, de la peine d'un mois de prison et 100 fr. d'amende prononcée contre lui, mais maintenant la destruction des exemplaires saisis ou à saisir (*Moniteur* du 26 mars 1825) ;

2º Arrêt de la Cour d'assises de la Seine, en date du 17 septembre 1835, renvoyant toutefois de l'accusation François-Hippolyte LEBIGRE, libraire à Paris, et Germain-Félix LOCQUIN, imprimeur, (*Moniteur* du 26 juin 1836.)

Enfin, cet ouvrage a été mis à l'index par mesure de police, en 1825.

Voir : *Note des ouvrages à supprimer*;

Voir aussi : *Parapilla*.

Chanson commençant par ces mots : « Le Paradis.... » et finissant par ceux-ci : « ... A la façon de Barbari, mon ami. »

Destruction ordonnée, pour outrages à la morale publique et religieuse, ainsi qu'aux bonnes mœurs, par arrêt de la Cour d'assises de la Marne, en date du 25 novembre 1851. (Aff. contre BÉRAT et COMMUN. — *Moniteur* du 20 décembre suivant.)

Une autre *chanson* dont le titre n'a pas été relaté à l'arrêt, vendue et distribuée par FINOT, vigneron, a été condamnée à la destruction, par arrêt de la Cour d'assises de l'Aube, en date du 11 août 1843, prononçant en outre contre ledit FINOT, les peines de un mois de prison et 25 fr. d'amende (*Moniteur* du 15 décembre 1843.)

Chanson (La) au XIXᵉ siècle. — Recueil paraissant par livraisons. — Paris, 1846, in-18.

Par arrêt de la Cour d'assises de la Seine, en date du 10 février 1847, Louis-Charles DURAND, fondeur, reconnu coupable d'outrages à la morale publique et religieuse ainsi qu'aux bonnes mœurs, par la vente et la distribution de la *onzième livraison* du recueil ci-dessus, contenant notamment les chansons immorales intitulées : *La femme d'un homme public, Le mauvais sujet, Zon, ma Lisette !* a été condamné à un mois d'emprisonnement et 100 fr. d'amende. Le même arrêt a ordonné la destruction des cahiers saisis et celle de tous ceux qui pourraient l'être. (*Moniteur* du 1ᵉʳ août 1847).

Chanson (La) des Gueux : *Gueux des Champs. — Gueux de Paris. — Nous autres Gueux*, par Jean RICHEPIN. — Paris (mai 1876). A la librairie illustrée (G. DECAUX), imprimé chez DEBONS, in-12, 248 pages. 3 francs.

Ce volume de poésies a été saisi, le 24 juin 1876, chez différents libraires. comme contenant des outrages à la morale publique et aux bonnes mœurs. Bien qu'il eût été mis en vente depuis un mois à peine, il était déjà presque épuisé ; on n'en trouva que 118 exemplaires. Une seconde édition, ou plutôt un second tirage à 1,000 exemplaires, a été saisi tout entier, en feuilles, chez le brocheur.

Les vers de M. Richepin, qui a eu le tort de traiter, en termes trop souvent bien libres, des sujets scabreux, annoncent un véritable talent poétique que le lecteur regrette de ne pas voir mieux employé. Les passages incriminés se trouvent dans les pièces suivantes : *Idylle de pauvres* (p. 52 à 54) ; *Fils de fille* (p. 123-129) ; *Voyou* (p. 132) ; *Ivres-morts* (p. 155-157) ; *Frère, il faut vivre* (p. 160) ; *Sonnet bigorne* (p. 162) ; *Ballade de joyeuse vie* (p. 171) ; *Fleurs de boisson* (p. 173).

Dans son audience du 15 juillet 1876, le Tribunal de police correctionnelle de la Seine (9ᵉ ch.), condamna les trois prévenus défaillants, savoir : RICHEPIN à un mois d'emprisonnement et 500 fr. d'amende ; DEBONS et DECAUX, chacun à 500 fr. d'amende et tous trois solidairement aux frais.

Tous trois ayant formé opposition, l'affaire revint, le 27 août suivant, devant le Tribunal qui maintint le premier jugement, malgré les déclarations de M. Richepin, qui affirma que « s'il s'était parfois laissé entraîner à la suite de notre vieux poète Villon, il n'avait eu cependant aucune intention outrageante à l'endroit de la morale et des mœurs. »

Enfin, M. le Procureur de la République ayant interjeté appel à minima, la Cour de Paris (ch. des appels correctionnels), par arrêt du 10 novembre 1876, a confirmé la sentence des premiers juges en y ajoutant la suppression et la destruction du livre incriminé.

Il va sans dire que les exemplaires de la chanson des Gueux, que l'on trouve dans le commerce avec les mots : Deuxième ou troisième édition, sont des exemplaires expurgés des pièces qui ont motivé la condamnation.

Chanson patriotique, par Ch.-Alex. POULET, fils. — Paris, 1820.

« Par arrêt de la Cour d'assises de la Seine, du 12 juin 1820, Charles-Alex. POULET, fils, demeurant chez son père, quai des Augustins, n° 9, a été déclaré coupable de provocation à la désobéissance aux lois et à la guerre civile, par la publication d'une chanson imprimée et mise en vente, et condamné à 6 mois de prison et 3,000 fr. d'amende. Le même arrêt a ordonné que les exemplaires de cet écrit, qui ont été saisis, et ceux qui pourraient l'être ultérieurement, seraient supprimés et détruits. » *(Moniteur* du 1er août 1820).

Chanson sur la Girafe *(manuscrite).*

Cette chanson, en onze couplets, dont les trois derniers contiennent des outrages infâmes envers la personne du roi, fut saisie dans les circonstances suivantes : Un sieur CHOUIPPE, brocanteur-colporteur, à Versailles, ayant chanté cette honteuse production dans un cabaret, ses auditeurs en voulurent avoir une copie ; mais comme personne ne savait écrire assez couramment, CHOUIPPE s'adressa pour faire transcrire sa chanson à un écrivain public, CHÉRADDE DE MONTBRON, congédié des Gardes du corps, qui, *pour six sous,* fit la copie demandée. Effrayé, toutefois de ce qu'on lui avait fait transcrire, il dénonça CHOUIPPE, chez lequel on saisit la chanson séditieuse et qui, pour ce motif, fut condamné, par le Tribunal de Versailles, à six mois d'emprisonnement. Ce jugement fut confirmé par arrêt de la Chambre des appels correctionnels de la Cour de Paris en date du 22 avril 1828 (Pas d'insertion au *Moniteur.* — Voir *Gazette des Tribunaux* du 23 avril 1828).

Chansonnier (Le) des filles d'amour. — Bruxelles, 1832, in-18 de 90 pp. avec dix figures libres.

Ce recueil obscène, précédé de l'*Ode à Priape,* contient 45 chansons galantes tirées principalement des œuvres de BÉRANGER et de l'anthologie érotique. On trouve l'énumération des pièces et des gravures dans la *Bibliographie Gay* (t. II, p. 183).

La destruction de ce livre, contenant force outrages aux bonnes mœurs et à la morale publique, a été ordonnée :

1° Par arrêt de la Cour d'assises de la Seine en date du 9 août 1842, condamnant RÉGNIER-BECKER, commissionnaire en marchandises, à six mois de prison et 200 fr. d'amende (*Moniteur* du 15 décembre 1843);

2° Par arrêt de la Cour d'assises de la Seine-Inférieure, en date du 8 septembre 1844, condamnant PIERRE BON, colporteur, à 5 ans d'emprisonnement et 6,000 francs d'amende (*Moniteur* du 3 décembre 1844).

Chansonnier (Le) des filles d'amour, recueil de dix gravures obscènes, avec un frontispice également licencieux.

Ce sont les gravures qui accompagnent d'ordinaire l'ouvrage précédent, et qui, vendues séparément, ont motivé une condamnation spéciale.

La destruction de ce recueil a été ordonnée, ainsi que celle d'autres cahiers renfermant aussi des obscénites, dont quelques-unes notamment sont intitulees : *Un bouquet de fleurs*; *Chambre des députés* ; *La Proposition* ; *Le Bonheur* ; *es chères amours*, et *Le vieux rentier*, par arrêt de la Cour d'assises de la Seine, en date du 11 décembre 1850, condamnant RONDET, imprimeur en taille douce, et les femmes RONDET et REQUIER, à un an d'emprisonnement et 100 fr. d'amende chacun, pour outrages à la morale publique et aux bonnes mœurs, par la vente, distribution et mise en vente, tant des dessins ci-dessus que d'autres gravures licencieuses et d'objets obscènes dont il sera parlé d'autre part (*Moniteur* du 16 février 1851).

Chansonnier (Le) du B....., suivi du *Père Brisemotte et du Père l'Enfonceur et de l'Éloge du c.. et du c...* — Paphos, chez les marchands dé nouveautés, s. d. (vers 1830), pet. in-12 de 71 pp. avec un frontispice érotique. '

Parmi les pièces obscènes ou licencieuses contenues dans ce recueil et visées, tant dans les arrêts suivants que dans d'autres jugements spéciaux, on peut citer : *Le Banquet de fête. L'Hymne au c.. La Proposition. L'Éloge du c.l. Le Dépit. Justine. Le Reproche. La Chemise. Avis aux garces. Avis aux jeunes-gens. La Confession. La ville de Cologne. Le Joujou de Javotte.* Plusieurs de ces pièces sont illustrées de gravures imitées, pour la plupart, de l'*Arétin français*.

Réimprimé sous ce titre : *Chansonnier du B....., ou les Veillées d'un f......*, Paris, 1833, in-18, fig., 90 pp. avec 14 chansons nouvelles, 12 mauvaises figures libres et un front. représentant *La Corona di Cazzi.*

Ce détestable recueil a été condamné à la destruction, comme contenant des outrages à la morale publique et religieuse ainsi qu'aux bonnes mœurs, par :

1º Arrêt de la Cour d'assises de la Seine du 9 août 1842, prononçant contre RÉGNIER-BECKER, la peine de six mois d'emprisonnement et 200 francs d'amende (*Moniteur* du 15 décembre 1843);

Et 2º Arrêt de la même Cour, en date du 23 novembre 1845, condamnant Marie-Gabrielle DESPRÉAUX, femme GOIN, à quatre mois de prison et 500 fr. d'amende pour vente dudit recueil et de jeux de cartes obscènes (*Moniteur* du 9 juin 1846).

Chansonnier (Le) érotique de l'amour. — Paris, chez les marchands de nouveautés: 1843, in-12, 144 pages, 8 gravures obscènes.

Ce recueil, qui contient des chansons érotiques de BÉRANGER, déjà condamnées, commence par une chanson intitulée : « *Le Pèlerinage de Lisette,* » et finit par une autre pièce ayant pour titre : « *La grande rieuse ou la fille inviolable.* »

Destruction ordonnée pour outrages à la morale publique et aux bonnes mœurs, par arrêt de la Cour d'assises de la Seine, en date du 29 avril 1845. (Aff. contre VALLADE et autres. — *Moniteur* du 9 juin 1846).

Chansonnier (Le nouveau de la table et du lit).

Voir : *Les petites gaudrioles.*

Chansons de Béranger.

La première publication du célèbre chansonnier qui ait encouru des poursuites judiciaires est intitulée : *Chansons morales et autres*, par *P.-J. de Béranger*. Paris, 1815. Réimprimé en 1821. 2 vol. in-18 ; on y joint un troisième volume intitulé : *Procès fait aux chansons de P.-J. de Béranger*. Paris, 1822, in-18.

Pour les autres procés de Béranger et de ses éditeurs, il convient de consulter un petit livre intitulé : *Chansons inédites de Béranger, suivies des Procès*. Paris, Baudouin, freres, éditeurs, 1828, pet. in-18, 345 pages.

Voici les principales sentences rendues contre Béranger et contre ses œuvres :

1o Arret de la Cour d'assises de la Seine, en date du 8 décembre 1821, condamnant Pierre-Jean de Béranger, chansonnier et poëte, à trois mois de prison et 50 fr. d'amende, pour outrages à la morale publique et religieuse, par la composition des chansons intitulees : *Les capucins ; Les chantres de paroisse ; Mon curé ; Le bon Dieu ; Deo gratias ; Descente aux Enfers ; Les missionnaires ; Le roi Christophe*, et ordonnant la destruction des exemplaires saisis et de tous ceux qui pourraient l'être (*Moniteur* du 17 mars 1822);

2o Arrêt de la Cour royale de Paris, du 16 novembre 1822, inséré au *Moniteur* du 26 mars 1825, ordonnant la destruction d'exemplaires des chansons de Béranger, saisis chez Rousseau, avec d'autres livres immoraux (voir pour les détails : *Description topographique*);

3o Jugement du Tribunal correctionnel de la Seine, en date du 10 décembre 1828, condamnant Béranger à 9 mois de prison et 10,000 fr. d'amende, pour outrages à la religion de l'Etat et offenses envers la personne du roi, par la composition et la publication des chansons intitulees : *L'Ange gardien ; Les infiniment petits, ou la Gérontocratie ; Le sacre de Charles le Simple*. (Destruction ordonnée. — Pas d'insertion au *Moniteur*) ;

4o Un arret de la Cour d'assises de la Seine, en date du 31 mars 1822, a ordonné la destruction des chansons intitulees : *Le cri de la France*, commençant et finissant par ces mots : « Plus de B...... ; et : *C'est le roi, le roi*, commençant par ces mots : « Peuple français », et finissant par ceux-ci : « Ne tremblons pas devant des émigrés. » (*Moniteur* du 11 avril 1822.)

D'autres jugements ont été rendus notamment par le Tribunal de la Seine, le 31 mai 1826 (*Moniteur* du 6 août suivant), soit pour valider des saisies, soit pour ordonner la destruction d'exemplaires des chansons de Béranger, saisis en même temps que d'autres ouvrages déjà condamnés.

En 1834, l'éditeur Perrotin donna à Paris une édition complète des œuvres de Béranger, en 4 vol. in-8, avec 104 figures, non obscènes, sur chine. A ces quatre volumes, sortant de l'imprimerie Didot, on joignait un cinquième volume, qui ne se vendait guère que secrètement et qui contenait toutes les chansons érotiques de notre auteur, notamment *La souris, Les culottes, les Deux Sœurs ou le cas de conscience, Les consolations*, et quelques autres couplets seditieux ou anti-religieux, tels que : *Plus de Bourbons ! Nouvel ordre du jour, L'ivresse du Pape*, etc., etc.

La destruction de ce cinquième volume a été ordonnée, pour outrages à la morale publique et religieuse, ainsi qu'aux bonnes mœurs :

1o Par arret de la Cour d'assises de la Seine, en date du 24 octobre 1834 (affaire jugée à huis clos), condamnant J.-B.-Constant CHANTPIE, père, imprimeur à Paris, et CHANTPIE, fils, également imprimeur, chacun à un mois de prison et 500 fr. d'amende, pour distribution et mise en vente dudit supplément (*Moniteur* du 30 décembre 1834) ;

2º Par arrêt de la même Cour, en date du 9 août 1842 (aff. contre RÉGNIER-BECKER. — *Moniteur* du 15 décembre 1843).

Les principales pièces obscènes et impies de BÉRANGER (et il y en a de bien fortes), ont été réunies au nombre de 80, dans un petit volume intitulé : *Les Gaietés de Béranger*, recueil des meilleures chansons érotiques et satiriques de ce poète, non recueillies en parties, dans ses œuvres prétendues complètes. — Villafranca (GAY), 1875, in-18, 300 exemplaires, frontispice obscène. L'entrée et la circulation en France de ce recueil ont été interdites par décision ministérielle.

Chansons de Collé.

Voir : *Chansons joyeuses mises au jour* et *Parapilla*.

Chansons de Debraux.

Voir : *Le nouvel Enfant de la Goguette*.

Chansons de Piron, Collé et Gallet.

Il s'agit sans doute du recueil intitulé : *Chansons choisies des anciens auteurs : Piron, etc., etc.*, ou peut-être de celui qui a pour titre : *Chansons joyeuses mises au jour*, etc., dont il est question plus loin. — Paris, NOBLET, in-32, 255 pages, 2 fr. — Recueil maintes fois réimprimé ou mis en vente avec de nouvelles couvertures. — Il est donc impossible d'indiquer l'édition visée par l'arrêt de la Cour royale de Paris, en date du 22 décembre 1822, qui a ordonné la destruction des *Chansons de Piron, Collé et Gallet*. (Pas d'insertion au *Moniteur*.)

Chansons de Pradel.

Voir : *Les Étincelles*.

Chansons du capitaine Savoyard.

Voir : *Recueil général des Chansons*.

Chansons érotiques.

Nous n'avons pu savoir de quel recueil portant ce titre la destruction a été ordonnée par jugement du Tribunal correctionnel de la Seine, en date du 25 juin 1869. (Aff. contre PUISSANT et consorts. — Voir : *Abus dans les cérémonies. Journal officiel* du 7 mai 1874.

Chansons folastres et prologues tant superlifiques que drôlatiques des comédiens français, revus et augmentés de

nouveau, par le SIEUR DE BELLONE. — Rouen. J. PETIT, 1612, pet. in-12.

Le second livre des chansons folastres et prologues, etc., par Est. BELLONNE, Tourangeau, Rouen, J. PETIT, 1612, in-12.

Plusieurs fois réimprimé et en dernier lieu à Bruxelles, en 1864 (MERTENS pour J. GAY), avec notices par M. LACROIX, 2 vol. in-12 de 123 pages chacun, tirés à 106 ex., pr. 16 fr.

L'entrée en France de cette réimpression d'un recueil qui contient des pièces fort libres, avait été tolérée par l'autorité administrative. — Néanmoins, la destruction en a été ordonnée, comme contenant des outrages à la morale publique et aux bonnes mœurs, par jugement du Tribunal correctionnel de la Seine, en date du 2 juin 1876, inséré au *Moniteur* du 8 novembre suivant (aff. contre GAY).

Voir : *Aphrodites.*

Chansons grivoises, ou *Vaudevilles de Cythère,* dédiés à PRIAPE et ornées de 23 gravures. — Bruxelles, 1825, 32 pages, in-32, entièrement gravées.

Voici les titres des pièces ornées de gravures contenues dans ce recueil. *Hymne à Priape. Le G.......... La contemplation. La précaution. La bonne excuse. Le piquant plaisir. Le nœud de la fidélité. Mon goût. L'altéré. La levrette. L'aimable maîtresse. L'extra-potion. Sacrifice au dieu C.. Préparation au plaisir. Calicot et sa modiste. La Lucrèce. Le traître. Le fileur. La fidélité de Lise. Triomphe d'un beau c.l. Le gourmet. La bonne façon. La grande dame.*

La totalité ou du moins une partie des planches de ce livre obscène ont été détruites en exécution d'un jugement rendu, le 6 mars 1852, par le Tribunal correctionnel de la Seine. (Aff. contre GARNIER. — *Journal officiel* du 7 mai 1874).

Chansons joyeuses du XIXe siècle.

Voir : *Les Gaudrioles.*

Chansons joyeuses mises au jour par un ane onyme, onyssime (Ch. COLLÉ), nouvelle édition considérablement augmentée, avec de grands changements qu'il faudrait encore changer. — A Paris, à Londres et à Ispahan seulement, de l'imprimerie de l'Académie de Troyes, VXL, CCD,M (1765), in-8 (ce volume a été réimprimé dans l'anthologie française de MONNET, et en forme le 4e volume) ;

Chansons qui n'ont pu être imprimées et que mon censeur n'a point dû me passer (par Ch. COLLÉ). 1784, in-12 de 212 pp., double front. S. 1. — Quelques exemplaires portent : *Recueil de Chansons qui....*

C'est dans ces deux volumes que se trouvent les pièces incriminées; — ils ont servi à faire la réimpression de J. GAY, intitulée : *Recueil complet des chansons de Collé.* — Hambourg et Paris (Bruxelles). — Petit in-12 de VIII-266 pages, tiré à 146 ex., pr. 14 fr.

La destruction de ces livres a été ordonnée, comme contenant des outrages à la morale publique et aux bonnes mœurs :

1o Par jugement du Tribunal correctionnel de Vannes, du 29 avril 1822, condamnant à un mois de prison et 16 fr. d'amende, Jean REDONNET, dit GARRAVÉ, marchand colporteur à Boulx, pour vente et distribution des *Chansons joyeuses* et autres ouvrages immoraux (*Moniteur* des 24-25 mai 1822).;

2o Par jugement du Tribunal correctionnel de la Seine, en date du 2 juin 1865, inséré au *Moniteur* du 8 novembre suivant (aff. contre GAY. — Voir : *Aphrodites*).

Voir aussi : *Parapilla*.

Chansons manuscrites, cahiers comprenant : *La Préfecture de police. — Tous les misères d'un peuple mal gouvernée (sic). — Les rois mécanisiens (sic).*

C'est pour cette dernière chanson qu'Edmond ROUGET, colporteur, a été renvoyé devant la Cour d'assises de la Seine, sous inculpation d'offenses à la personne du roi.

Par arrêt du 10 août 1847, ROUGET a' été condamné à un an de prison et 500 fr. d'amende, pour avoir vendu et chanté dans un lieu public la chanson en question. (*Moniteur* du 9 novembre 1847).

Il faut voir, dans la *Gazette des Tribunaux*, du 11 août 1847, l'amusant compte rendu qui a été fait de cette affaire. — On y cite, avec leur orthographe trop primitive, deux couplets des *rois mécanisiens*, fort insultants d'ailleurs pour Charles X et Louis-Philippe.

Les cahiers qui contenaient ces étonnantes productions ont été condamnés à la destruction.

Chansons qui n'ont pu être imprimées.

Voir : *Chansons joyeuses mises au jour*.

Chant (Le) de Joye des Enfants de Bacchus.

Voir : *Parnasse des Muses*.

Chant (Le) des Jacques, par Raoul BRAVARD, homme de lettres. — Paris, 1850.

La destruction de cette chanson séditieuse, commençant par ces mots : « Nargue aux rois... » et finissant par ceux-ci : « Le sang fait mûrir le progrès », a été ordonnée, pour provocation à la guerre civile et au pillage, excitation à la haine des citoyens les uns contre les autres, etc., par arrêt de la Cour d'assises de la Seine, en date du 25 juin 1850, condamnant l'auteur à cinq ans de prison et 6,000 fr. d'amende. (*Moniteur* du 20 novembre 1850.)

Chant des Montagnards.

Voir : *Le Peuple et l'Armée.*

Chant des Soldats. — Couplets séditieux, dont la destruction a été ordonnée, pour offenses envers le Président de la République, par :

1º Arrêt de la Cour d'assises du Pas-de-Calais, en date du 19 août 1850 (aff. contre MOITEL. — *Moniteur* du 1ᵉʳ septembre suivant);

2º Arrêt de la Cour d'assises de l'Aisne, du 13 août 1850 (aff. contre BOCHARD. — *Moniteur* du 10 septembre suivant);

3º Arrêt de la même Cour, du 30 août 1850 (aff. contre CARIAT. — *Moniteur* du 28 septembre 1851);

4º Arrêt de la même Cour, du 31 août 1850 (aff. contre COLLAIRE. — *Moniteur* du 28 septembre 1851).

Chant des Vignerons. — Quatre couplets séditieux, dont la destruction a été ordonnée pour attaques contre le principe de la propriété, par :

1º Arrêt de la Cour d'assises de la Vienne, du 9 juin 1850 (aff. PACAUD. HERVÉ et autres. — *Moniteur* du 27 juin 1850);

2º Arrêt de la Cour d'assises de la Seine-Inférieure, du 14 juin 1850 (aff. contre Alizon. — *Moniteur* du 30 juin 1850).

Chant (Le) du Départ. — Lithographie obscène.

Voir : *Esméralda.*

Chant patriotique, par POULET, fils.

Voir : *Chanson patriotique.*

Chant philosophique.

Voir : *Invocation à l'amour.*

Chantres (Les) de paroisse, chanson de BÉRANGER.

Voir : *Chansons de Béranger.*

Chants et chansons populaires, par J.-B. Alfred DURIN, homme de lettres. — Paris, 1851. Ch.-Edouard JOUBERT, éditeur.

Ce recueil, commençant par ces mots : « La pensée du pauvre... », » et finissant par ceux-ci : « Tu chasseras les tyrans », fut poursuivi et renvoyé devant les Assises de la Seine, comme contenant les cinq délits suivants : « Excitation à la haine et au mépris des citoyens les uns contre les autres ; excitation à la haine et au mépris du gouvernement de la République ; attaques contre le respect dû aux lois ; apologie de faits qualifiés, crimes et délits par la loi pénale ; et provocation à la désobéissance aux lois. »

Par arrêt du 22 novembre 1851, l'auteur, DURIN, fut condamné à 3 ans de prison et l'éditeur, JOUBERT, à 18 mois de la même peine ; tous deux à 2,000 fr. d'amende chacun. Enfin, le même arrêt ordonna la destruction des deux exemplaires saisis, ainsi que celle de tous ceux qui pourraient l'être ultérieurement (*Moniteur* du 7 mai 1852).

Chants prolétaires, par A.-C. GOULIER. — Paris, 1837.

Cet écrit, saisi au moment où l'impression venait d'être terminée, contenait des offenses envers le roi. — Toutefois, le fait de distribution dudit ouvrage n'ayant pu être rétabli, le jury rendit un verdict négatif et l'auteur fut acquitté par arrêt de la Cour d'assises de la Seine, en date du 8 février 1837. (*Moniteur* du 23 avril 1837.)

Chapitre (Un) de l'histoire de France. — Article.

Voir : *Les Droits du Peuple.* — Revue.

Chapitre (Le) général des Cordeliers, recueil factice de lithographies obscènes contenant : *Joconde ; les Rémois ; le Faiseur d'oreilles ou le Raccommodeur de moules ; les Cordeliers de Catalogne ; la Servante justifiée ; le Remède ; la Couturière ; la Clochette ; le Gascon puni ; Comment l'esprit vient aux filles ; l'Anneau d'Hans Carvel ; l'Oraison de St-Julien ; les Lunettes ; le Tableau ; le Calendrier des vieillards ; la Courtisane amoureuse ; la Chose impossible ; Richard Minutolo ; le Rossignol ; le Cas de conscience ; le Fleuve Scamandre ; la Jument du compère Pierre ; la Fiancée du roi de Garbes ; le Petit chien ; le Savetier ; l'Ermite ; le Diable de Papefiguières ; la Puce ; Mazet de Lamporecchio.*

Ce recueil est, comme on le voit, une collection de lithographies, assez médiocres d'exécution, illustrant presque en totalité des contes de LAFONTAINE.

La destruction a été ordonnée pour outrages à la morale publique et aux bonnes mœurs :

1º Par arrêt de la Cour d'assises de la Seine en date du 9 août 1842 (aff. contre RÉGNIER-BECKER. — *Moniteur* du 15 décembre 1843) ;

2º Arrêt de la même Cour en date du 29 avril 1845 (aff. contre VALLADE et autres. — *Moniteur* du 9 juin 1846).

Voir aussi : *les Gaudrioles.*

Charge (La) en douze temps. — Chanson.

Il y a aussi, sous ce titre, un recueil de douze lithographies obscènes, dont la destruction a été ordonnée par trois arrêts de la Cour d'assises de la Seine, en date des 30 août 1837 (aff. contre Dauty); 30 mars 1843 (aff. contre Rameau), et 29 avril 1845 (aff. contre Vallade).

Voir : *Gaudrioles de M. Gaillard.*

Charges et décharges diaboliques, recueil de douze lithographies obscènes dessinées, en 1830, par Le Poitevin, pour Guerrier.

Chaque planche contient plusieurs sujets; en voici les titres :

1º *Un vol manie-fesses; le Choix dans la boutique; la rosée diabolique. — 2º Tiens ferme; le Joli papillon; Ecole de natation; Quel plaisir! — 3º Un pucelage; V'là q'ça mord; la Fontaine endiablée. — 4º Nouveau bilboquet avec la manière de s'en servir; Une expérience; le v. t. comte de la C...llardière. — 5º Oh! c'te tête; Une grande affaire; l'Arbre de vie. — 6º Dieu! comme j'avance; Grande chasse; la Jarretière de la mariée; la Tentation. — 7º le Bien et le mal; Tout le monde en aura. — 8º Phénomène vivant; Oh! qu'ils sont gentils; Confiteor; Ma commère quand je danse. — 9º le Jet d'eau; Première entrevue; Une trouvaille; Chiennes de P... — 10º Adoremus; le Premier navigateur; le Gentil troubadour; l'heureux Priape. — 11º le Préopinant; la Pièce curieuse; la Réjouissance. — 12º Jouissance diabolique; le Tir agréable; la Perte d'un membre.*

Destruction ordonnée, pour outrage à la morale publique et aux bonnes mœurs, par arrêt de la Cour d'assises de la Seine, en date du 29 avril 1845 (Aff. contre Vallade et autres. — *Moniteur* du 9 juin 1846).

Cet album qui n'est sans doute autre chose que celui connu sous les titres de : *Diabolico f.....manie* et de l'*Enfer en goguette*, doit avoir eu une suite, du même auteur probablement. En effet, un album de *diableries* analogue au précédent a été condamné à la destruction par arrêt de la Cour d'assises de la Seine en date du 30 août 1837 (aff. contre Dauty. — *Moniteur* du 7 novembre 1837). On y trouve, outre un certain nombre de dessins figurant dans le recueil ci-dessus, une série de sujets intitulés comme suit.

Partant pour la Syrie. Ah! qu'ils sont gentils! Le Nid surpris. Dieux, quelle histoire! Dieu, comme je retarde! Petits, petits, petits. Si vous ne rentrez pas, donnez-moi votre contremarque, bourgeois. Le Diable au corps. Le premier Navigateur. Introduction. La femme, le mari et l'amant. Concours au grand prix. Mauvaise conduite. La prière du soir. La Trouvaille. La permission de dix heures. Le Naufrage de la vertu. Sources du bien et du mal. Une idée de petite fille. Un pèlerinage. Concupiscence. Une prise de corps. Péché caché est à moitié pardonné. La femme aime ce genre de vie. Permission de dix heures. Retour complet! Océan Sp....tique. Poissons érotiques. La pêche miraculeuse. Les baigneuses surprises. Le colimaçon borgne. Solo de flûte. Exercice sur la corde raide. Effet de lune. Ce que j'éprouve en vous voyant. Maman, y a de l'eau de v t. dans la fontaine.... Les extrêmes se touchent. Va toujours, il ne vient personne. Une femme f..... Contemplation. Oh! sexe enchanteur. Une entrée de faveur. Surprise. Traîtrise. Je meurs d'amour pour vous.

On devine assez quelles turpitudes sont figurées au-dessus de ces légendes dont nous avons cependant omis les plus crues et modifié l'orthographe souvent ordurière.

Chariot (Le). — Chanson séditieuse.

Destruction ordonnée par arrêt de la Cour d'assises de l'Aisne, en date du 13 août 1850, pour excitation à la haine et au mépris des citoyens les uns contre les autres. (Aff. contre GEBERT. — *Moniteur* du 10 septembre 1850).

Charivari (Le), journal satirique publiant chaque jour un nouveau dessin, fondé par Charles PHILIPPON, le 1er décembre 1832, et continué jusqu'à ce jour sans interruption. — Paris, in-4.

Sept numéros du spirituel et malin journal ont été condamnés à la destruction par la Cour d'assises de la Seine, ce sont :

No du 14 juin 1834. — Infidélité et mauvaise foi dans le compte rendu des séances de la Chambre. Arrêt du 30 juin 1834, condamnant Claude SIMON, gérant, à 2 mois de prison et 2,000 fr. d'amende *(Moniteur* du 30 décembre 1834) ;

No 81. — Attaques contre la dignité royale, arrêt du 11 juillet 1834, condamnant le gérant, Isidore-Mathias CRUCHET à 3 mois de prison et 300 fr. d'amende (*Moniteur* du 30 décembre 1834) ;

No du 11 février 1835. — Offenses envers la personne du roi. Arrêt du 15 avril 1835, condamnant SIMON à 6 mois de prison et 2,000 fr. d'amende (*Moniteur* du 7 août 1835) ;

No du 17 juillet 1835. — Article intitulé : *Catacombes monarchiques* ; provocation à la haine et au mépris du gouvernement du roi, arrêt du 28 octobre 1835. condamnant SIMON à deux mois de prison et 5,000 fr. d'amende (*Moniteur* du 26 juin 1836) ;

No du 1er décembre 1837. — Offense envers la personne du roi. Arrêt du 10 janvier 1838, condamnant Jean-Chrys. BEARGER, gérant, à huit mois de prison et 6,000 fr. d'amende (*Moniteur* du 9 juin 1839) ;

No du 8 janvier 1842. — Diffamation et injures publiques envers un fonctionnaire dépositaire de l'autorité publique. Arret du 15 janvier 1842, condamnant Auguste-Desiré MASSY, gérant, à deux ans de prison et 4,000 fr. d'amende, et LAUGE-LÉVY, imprimeur, à six mois de prison et 2,000 fr. d'amende (*Moniteur* du 12 novembre 1842) ;

No du 17 avril 1851. — Offenses envers le Président de la République, par la publication d'une gravure intitulée : *Actualités*, avec cette légende : « Le prix de l'adresse aux Champs-Elysées. Celui qui la renversera tout à fait sera son ministre. » — Destruction ordonnée par arrêt de la Cour d'assises de la Seine, en date du 27 mai 1851, condamnant Léopold PANNIER, gérant, à six mois de prison et 2,000 fr. d'amende, et Ch.-L. VERNIER, dessinateur, à deux mois et 100 fr. (*Moniteur* du 25 juin 1851.)

Charlatanisme (Le) littéraire dévoilé, par Léon BERTIN (abbé Paul-Hubert PERNY), avec cette épigraphe : « Audaces fortuna juvat. »

Traduction libre : « C'est une honte pour le Collége de France. » — Versailles, imprimé chez BEAUGRAND et DAX, 1874 ; in-8 imprimé à 300 exemplaires.

M. le marquis d'HERVEY DE SAINT-DENIS déféra au Parquet de Versailles, comme diffamatoire, ce libelle dirigé contre lui, par M. l'abbé Perny, qui avait sollicité en vain la chaire de chinois au Collége de France, récemment accordée à M. d'HERVEY DE ST-DENIS. Dans la brochure incriminée, l'auteur accusait son adversaire : 1º de n'avoir pas le droit de prendre le titre de marquis ; 2º de ne pas savoir le chinois, le tout en des termes qui depassaient singulièrement les bofnes permises dans une polémique litteraire. Le Tribunal de Versailles, faisant droit aux conclusions du plaignant, condamna, par jugement du 30 septembre 1874, l'abbé PERNY, dit Léon BERTIN, à six mois de prison et 500 fr. d'amende, BEAUGRAND et DAX, chacun en 200 fr. d'amende, et ordonna la destruction de 91 exemplaires saisis ainsi que l'insertion dans six journaux de Paris, au choix de la partie civile.

Par arrêt contradictoire et définitif, la Cour de Paris réduisit à deux mois de prison la peine prononcée contre PERNY, et maintint les autres dispositions du jugement du Tribunal de Versailles.

Pour bien se rendre compte de cette curieuse affaire qui fournirait un chapitre intéressant à l'histoire des démêlés littéraires, il faut lire la brochure publiée, en 1875, par M. le marquis d'HERVEY DE SAINT-DENIS, sous le titre de : « Examen des faits mensongers contenus dans un libelle publié sous le faux nom de Léon BERTIN. Saint-Germain, HEUTTE et Cie, in-8, 48 pages. »

Charles X. — Écrit clandestin.

Voir : *Mémoires du duc de Normandie.*

Charles X et la princesse Noire.

Voir : *Gravures obscènes.* — Aff. CHAPELLE, IV.

Charlotte la républicaine. — Chanson.

La destruction de cette chanson, dont un couplet notamment commençant par ces mots : « Pendant ces trois grands jours, » contient une apologie de faits qualifiés crimes et des excitations à la haine et au mépris des citoyens les uns contre les autres, a été ordonnée par arrêt de la Cour d'assises de la Vienne en date du 20 août 1851 (Aff. contre MÉTIVIER).

Chartreux (Le), par DIDEROT.

Cité par le Catalogue Wittersheim, p. 16.

Voir : *Les amours de Louis le Grand.*

Chasse (La) aux papillons, recueil de douze lithographies obscènes format oblong, et dont voici les titres :

La Chasse aux papillons ; le Bachelier ès lettres ; la Moderne Jeanne d'Arc ; un Aveu de M. Mayeux ; l'Age d'or ; Mon goût et le sien ; l'Infirmité ; le Neveu susceptible ; les Moyens extrêmes ; une Velléité ; le Fouet ; le Monstre marin.

La destruction de ce recueil ainsi que celle de douze feuilles de texte destinées à être intercalées entre chacune de ces lithographies, a été ordonnée :

1º Par jugement du Tribunal correctionnel de la Seine, en date du 13 mars 1852 (Aff. contre Langlois).

2º Par jugement du même Tribunal (6ᵉ ch.), du 12 mai 1865.

Voir : *Amours des rois de France.*

Chasseur. — 1840. — Lithographie obscène.

Voir : *La vie du soldat.*

Chasseurs d'Afrique. — Lithographie obscène.

Voir : *Les Français en Afrique.*

Chasseurs (Les) en goguette.

Voir : *Gravures obscènes.* — Aff. Chapelle. VI.

Chat (Le) chéri, gravure obscène.

Destruction ordonnée par arrêt de la Cour d'assises de la Seine, en date du 14 janvier 1822. (Point d'insertion au *Moniteur.*)

Châtiments (Les), poésies, par Victor Hugo. — Bruxelles, 1852 ; in-32. Deuxième édition, 1875. — Paris, Lévy frères ; in-8, 6 fr.

Ce recueil, aujourd'hui bien connu, de poésies on ne peut plus hostiles à Napoléon III, fut sévèrement interdit en France pendant toute la durée de l'empire. Les libraires de Belgique et de Hollande en firent cependant maintes éditions-diamant, in-32, destinées à être clandestinement envoyées à Paris et en France. Il en dut passer ainsi une assez grande quantité, malgré la vigilance des parquets et des autorités administratives. Après le 4 Septembre, la maison Hetzel fit paraître une édition plus complète que toutes les autres des *Châtiments*, et qui, en très-peu de temps, fut réimprimée plus de quarante fois. Actuellement, le public paraît fort calmé au sujet d'un ouvrage où se trouvent sans doute de très-belles pièces, mais qui ne dut certainement la plus grande part de son succès qu'à sa prohibition.

1º La destruction des *Châtiments* a été ordonnée, pour excitation à la haine et au mépris des citoyens les uns contre les autres, offenses envers la personne de l'empereur et envers les membres de la famille impériale, par jugement du Tribunal correctionnel de Lille, du 6 mai 1868, inséré au *Moniteur* du 19 septembre suivant (aff. contre S. DUQUESNE et consorts);

2º La même mesure a été prescrite par jugement du Tribunal correctionnel de la Seine, du 29 janvier 1869. (Aff. contre GOSSELIN.)

Voir : « *La Lanterne.* »

Chemise (La) de la Courtisane,

Et :

Chemise (La) de la Grisette. — Lithographies par DREUILLE; éditées par LIGNY et DUPAIX.

La destruction de ces lithographies a été ordonnée, pour outrage aux bonnes mœurs, par arret de la Cour d'assises de la Seine, en date du 27 novembre.1832. (Point d'insertion au *Moniteur*.)

Une chanson figure sous le titre de : **La chemise** dans *le chansonnier du B......* (Voir cet article).

Chères (Les) amours, gravure obscène.

Voir : *Chansonnier des filles d'amour.* (Gravure.)

Chérubin, ou l'heureux Libertin.

Voir : *Le Cadran des Plaisirs.*

Chiffon (Le). — Chanson de Pradel.

Voir : *Les Étincelles.*

Chiffonnier (Un) urinant. — Gravure obscène.

Destruction ordonnée par jugement du Tribunal correctionnel de la Seine, en date du 31 janvier 1862.

Choix d'anecdotes sur la vie du duc de Bordeaux.

Voir : *Henri.*

Choix de pièces désopilantes.

Voir : *Pièces désopilantes recueillies.*

Choix de propos joyeux.

Voir : *Galantériana.*

Christ (Le) au Vatican, suivi de : La voix de Guernesey, par Victor Hugo ; in-32, 1868. — Bruxelles, Ch. Sacré-Duquesne. 75 cent. Plusieurs fois réimprimé à l'étranger.

Mémoires de Badinguet, par E. Ramier ; in-32. — Liége, 1865, 1 fr.

Des exemplaires de ces trois écrits, publiés à l'étranger et importés en France, ont été mis en vente en 1874 par les sieurs Cretté et Ghio, libraires à Paris, bien que lesdits ouvrages n'eussent été soumis à aucune des obligations imposées aux publications de provenance française. (Dépôt, indication de nom d'imprimeur, etc.)

Par jugement du Tribunal correctionnel de la Seine, en date du 3 mars 1874, chacun des deux libraires contrevenants a été condamné à 100 fr. d'amende et la confiscation des exemplaires saisis a été prononcée. (*Gazette des Tribunaux* du 8 mars 1874.)

Christ (Le) et César ou le Christ roi. L'Eglise primitive et le césarisme, par l'abbé Charles Bénard, in-12, 1864 (Nancy, Vagner). Lethielleux, 2 fr. 50.

Cet ouvrage a été saisi et a valu à son auteur une condamnation à 1,000 francs d'amende (Otto Lorenz, t. I, p. 216).

Chronique (La) de Paris. — Journal.

La destruction du *numéro du 16 juin 1852*, contenant des attaques contre le respect dû aux lois, etc., etc., a été ordonnée par jugement du tribunal correctionnel de la Seine (6e ch.) en date du 27 juillet suivant, condamnant le gérant, de Villemessant, aux dépens, et à l'insertion par extrait dans diverses feuilles. (*Moniteur* du 28 juillet 1852.)

Chronique (La) édifiante. — Journal.

Voir : *L'Apostolique.* Journal.

Chroniqueur (Le) désœuvré, ou l'Espion du boulevard du Temple (attribué à Thevenot de Morande et quelquefois à Mayeur de Saint-Paul). — Londres (Paris), 1782-1783 ; 2 part. de 176 et 183 pp. C'est la deuxième édition, bien plus complète que la première, intitulée : « *Le Désœuvré* », etc. — Londres, 1781.

Cet ouvrage, assez rare, est un recueil d'anecdotes scandaleuses et véridiques sur les directeurs, acteurs, actrices et saltimbanques du boulevard. C'est peu édifiant, comme on peut croire.

La destruction de ce livre a été ordonnée, le 12 mai 1865, par le tribunal correctionnel de la Seine. (Aff. contre P. MALASSIS et consorts.)

Voir : *Parapilla.*

Cimetière (Le) de Sainte-Hélène, par REGNAULT-WARIN, 1829.

Cet ouvrage n'a jamais paru. REGNAULT-WARIN le composa à la suite du grand succès qu'avait eu son livre : « *Le cimetière de la Madeleine* » et en confia le manuscrit à l'éditeur MATHIAU. Ce dernier, après avoir parcouru l'ouvrage, refusa, malgré les engagements qu'il avait pris avec l'auteur, de le publier, craignant sans doute, en raison des allusions politiques qui y étaient contenues, de motiver des poursuites judiciaires.

En conséquence, REGNAULT-WARIN assigna MATHIAU devant le tribunal de commerce de la Seine, qui, le 10 janvier 1829, rendit un jugement analogue à celui qu'il prononça, un mois plus tard, dans l'affaire de SATGÉ. (*Gazette des Tribunaux,* 12 janvier 1829.)

Voir : *Merveilles du Pouvoir absolu.*

Cinq sens (Les), recueil de cinq lithographies obscènes :

L'Ouïe ; l'Odorat ; la Vue ; le Goût ; le Toucher.

Destruction ordonnée pour outrages à la morale publique et aux bonnes mœurs, par arrêt de la Cour d'assises de la Seine, en date du 29 avril 1845 (aff. contre VALLADE et autres. — *Moniteur* du 9 juin 1846).

Cinquante-cinq ans, *servante de b.....;* lithographie obscène tirée de la série *la Vie d'une femme.*

Destruction ordonnée, pour outrage à la morale publique et aux bonnes mœurs :

1º Par arrêt de la Cour d'assises de la Seine du 9 août 1842 (aff. contre RÉGNIER-BECKER) ;

2º Par jugement du Tribunal correctionnel de la Seine du 13 mars 1852 (affaire contre LANGLOIS).

Citateur (Le), par P. T. L. B. (Guillaume-Ch.-Antoine PIGAULT-LE-BRUN. — Hambourg (Paris), BARBA, 1803 ; 2 vol. in-12, 3 fr. 60.

Cet ouvrage a eu plusieurs réimpressions avec le nom de l'auteur et notamment une traduction en portugais intitulée : « *O citador* », puis une autre traduction en langue espagnole dont la destruction a été ordonnée, du consentement des prévenus qui ont été acquittés, par arrêt de la Cour royale de Paris, en date du 26 février 1827. (Pas d'insertion au *Moniteur.*)

Tout le monde connaît aujourd'hui ce livre, prohibé avec soin sous la Restauration, et qui attaque, d'une manière goguenarde, railleuse et licencieuse, les légendes de la Bible et les dogmes chrétiens. — M. de Reiffemberg raconte, dans le *Bulletin du Bibliophile belge*, (t. VII, p. 26), que Napoléon Ier, rendu furieux par un bref agressif du Pape, voulut, en 1811, faire jeter 10,000 exemplaires du « *Citateur* » dans le public. Ce projet n'eut pas de suite et l'ouvrage de PIGAULT-LEBRUN, un moment en faveur, n'a pas cessé depuis d'être banni sévèrement comme il le mérite. Il fut notamment mis à l'index, par mesure de police, en 1825.

Voir : *Note des ouvrages à supprimer*.

Citoyen (Le), journal publié à Dijon.

No 34. — Excitation à la haine et au mépris des citoyens les uns contre les autres dans un article intitulé : *Le Bourreau*. Destruction ordonnée par arrêt de la Cour d'assises de la Côte-d'Or, du 24 mai 1849, condamnant le gérant BERTRAND, à trois mois de prison et 2,000 fr. d'amende. (*Moniteur* du 2 octobre 1849.)

Citrons (Les) de Javotte, histoire de carnaval (en vers). — Amsterdam (Paris), 1756, in-12.

Réimprimé à Genève, en 1868. GAY, père et fils, in-18, de IV, 24 pp. avec une notice de M. P. LACROIX, qui attribue ce petit poëme à FLEURY, dit L'ECLUSE, dentiste, ami et imitateur de Vadé. (Tiré à 100 ex.) Cet ouvrage est une *poissarderie* amusante fort spirituelle, mais assez leste, et dont l'entrée en France était interdite.

La destruction en a été ordonnée, pour outrages aux bonnes mœurs, par jugement du Tribunal correctionnel de la Seine (6e chambre), en date du 25 juin 1869. (Aff. contre PUISSANT et consorts.)

Civilisation (De la)... Paris, 1832. (Tirage à 3,000 exemplaires.)

Les sieurs DESJARDINS et AVRIL, membres de la *Société des amis du Peuple*, ainsi que le sieur CARPENTIER-NÉRICOURT furent renvoyés devant les assises de la Seine, au mois de février 1833, pour s'être rendus coupables de plusieurs délits de presse, notamment par la distribution de cette brochure dont plusieurs passages étaient d'ailleurs incriminés par le ministère public.

Les défenseurs des accusés s'attachèrent principalement à soutenir que le fait de distribution, nécessaire pour motiver une condamnation n'était point établi. Ce système fut accueilli par le jury. En conséquence, par arrêt du 22 février, la Cour prononça l'acquittement des trois prévenus et ordonna la restitution des 500 exemplaires qui avaient été saisis (*Gazette des Tribunaux* du 23 février 1833).

Clémence (La) de Napoléon.
Bataille de Friedland.
Portrait de Bonaparte.
Portrait de Kléber.

Lithographies saisies en nombre à l'étalage de la dame CUISSET, marchande d'estampes, rue Saint-Martin. — Le caractère séditieux de ces lithographies ayant été écarté, la dame Cuisset a été poursuivie simplement pour contravention à la loi de 1822, et condamnée à trois jours de prison et 10 francs d'amende, par jugement du Tribunal correctionnel de la Seine, en date du 26 décembre 1829, ordonnant en outre la confiscation des dessins saisis. (*Gazette des Tribunaux*, du 27 décembre 1829.)

Clémentine orpheline et Androgyne ou les Caprices de la nature et de la fortune, par Cuisin. — Paris, 1819 ; 2 vol. in-12, fig.

Roman licencieux mis à l'index, par mesure de police, en 1825.

Voir : *Note des ouvrages à supprimer.*

Clergé (Le). — Dessin représentant des prêtres à table, le verre à la main, publié, sans autorisation préalable, dans le journal illustré *La Comédie.*

A raison de cette infraction à l'art. 22 du décret du 17 février 1852, M. Sault, Léon, éditeur, gérant et imprimeur dudit journal, a été condamné à 200 francs d'amende, par jugement du Tribunal correctionnel de la Seine, en date du 14 octobre 1876. (*Gazette des Tribunaux* du 15 octobre.)

Clergé (Le) au Pilori, brochure (en vers) de 55 pp. — Paris, 1865, Valette, libraire-éditeur (imprimé en Belgique).

La destruction de ce poëme, dont l'auteur est demeuré inconnu, a été ordonnée, pour outrages à un culte et aux ministres d'un culte reconnu par l'Etat, par jugement du Tribunal correctionnel de la Seine (6e ch.), en date du 14 juillet 1865, condamnant François Valette à trois mois de prison et 300 fr. d'amende.

Cloître (Le) Saint-Merry, par A. F. M. Rey-Dusseuil. — Paris, Amb. Dupont, 1832, in-8; 7 fr. 50. Reproduit dans la même année avec l'indication de seconde édition.

Ecrit contenant des provocations, non suivies d'effet, aux crimes de rébellion et de meurtre, et dont la destruction a été ordonnée par arrêt de la Cour d'assises de la Seine en date du 28 février 1833, acquittant d'ailleurs l'auteur et l'imprimeur de la prévention qui pesait sur eux. (*Moniteur* du 7 avril 1833.)

Cocotte (La), journal des grues. 1er no. — Paris, 17 juin 1877, Alfred Leroux, directeur-gérant; imp. Debons et Cie.

Le premier numéro de ce journal a été saisi en totalité, comme contenant des dessins non soumis à l'autorisation préalable. Les sieurs Leroux et Debons ont été condamnés à 50 francs d'amende chacun, par jugement du Tribunal correctionnel de la Seine (8e ch.) en date du 24 juin 1877, ordonnant la confiscation des numéros saisis.

Cocu (Le). — Lithographie obscène.

Voir : *Bibliothèque des Romans.*

Code (Le) de Cythère, ou *Lit de justice de l'amour,* avec le bordereau des dépenses et recettes. (Par Jean-Pierre MOET.) — Erotopolis, l'an du monde 7,746 (1746), in-12.

Petit écrit fort licencieux cité au catalogue Wittersheim, p. 17.

Cœur (Le) humain dévoilé.

Voir : *Monsieur Nicolas.*

Collection complète des Pamphlets politiques et opuscules littéraires de P.-L. Courier, ancien canonnier à cheval (précédé d'une note sur l'auteur). — Bruxelles, 1826, in-8 avec portrait et 2 vol. in-18. — Bruxelles, L. TEURÉ, 1826. 10 fr.

La destruction de ce recueil célèbre de libelles contenant des attaques contre le gouvernement du Roi et contre son autorité, a été ordonnée par arrêt de la Cour royale de Paris, en date du 9 décembre 1826. (Point d'insertion au *Moniteur.*)

Colonie (La) Icarienne.

Par jugement du Tribunal correctionnel de Dijon, en date du 8 août 1855, le sieur Pierre GIRARD a été condamné à trois mois de prison et 100 fr. d'amende pour colportage sans autorisation d'une brochure relative à l'histoire de *La Colonie Icarienne.* (*Journal officiel* du 7 mai 1874.)

Comédie (La), journal.

Voir : *Le Clergé,* dessin.

Comme ça part ! — Lithographie obscène.

Voir : *Les Soirées lubriques.*

Comme quoi Jud n'a jamais existé, par Henri Moss (H. M. Alexandre HAVARD). Paris, GOSSELIN, in-18, 1 fr. Imp. BRY.

Cette brochure a été poursuivie comme contenant des imputations diffamatoires envers des magistrats de l'ordre administratif et judiciaire. On se rappelle encore aujourd'hui combien l'opinion publique s'émut de l'assassinat du président POINSOT, et si le meurtrier ne fut pas découvert, ce ne fut certes pas la faute des autorités compétentes.

Le 3 octobre 1861, en vertu d'une commission rogatoire décernée par un juge d'instruction de Paris, 2.349 exemplaires de l'écrit incriminé furent saisis et voués à la destruction ; les autres avaient été vendus ; aussi, maintenant encore, peut-on en rencontrer dans les catalogues de librairie.

Comment l'esprit vient aux filles. — Gravure obscène.

Voir : *Contes de La Fontaine.*

Commentaire en raccourci sur le mandement de l'évêque de Moulins pour le Carême de 1830. — Brochure autographiée, sans nom d'auteur ni d'imprimeur, distribuée par LEMOINE, commissaire priseur à Moulins.

La destruction de cet écrit, contenant des diffamations et des outrages envers l'évêque de Moulins a été ordonnée par jugement du Tribunal correctionnel de cette ville, condamnant en outre le distributeur à quinze jours d'emprisonnement et 100 fr. d'amende. (Point d'insertion au *Moniteur.*)

Commerce (Le). — Journal.

Voir : *Association bretonne.*

Communication d'Alsace aux électeurs de la 1ʳᵉ Circonscription de St-Denis, par ZEHLER, notaire à Montbéliard (Doubs). — Paris, DEBONS, 1876.

Cet écrit, distribué à plusieurs électeurs de ladite circonscription, dans le but de combattre la candidature de M. Camille SÉE, élu député le 23 avril de la même année, a été poursuivi par le parquet de la Seine, pour défaut de dépôt. Par jugement du 12 mai suivant, le Tribunal correctionnel (8ᵉ chambre) a condamné l'imprimeur, M. Sylvain DEBONS, à 100 fr. d'amende.

Compère (Le) Mathieu, ou *Les Bigarrures de l'esprit humain* (par l'abbé H.-J. DULAURENS). — Londres, 1766-1773, 3 vol. in-8. Souvent réimprimé en 4 vol. in-12. Traduit en espagnol en 1821. Il y a des suites de gravures obscènes qui se joignent à certaines éditions. (Voir, au sujet de cet ouvrage. la Bibliographie GAY, t. II, p. 289.)

En 1851, un libraire de Paris voulut donner une nouvelle édition de ce roman aussi immoral qu'anti-religieux. Elle devait former 2 vol. in-8 en 25 livraisons. La première contient une notice sur l'auteur signée A. T...; mais cette publication ne put être achevée, la destruction des deux premières livraisons parues ayant été ordonnée pour outrages à la morale publique et religieuse, par arrêt de la Cour d'assises de la Seine, en date du 5 septembre 1851 (aff. contre BELFORT, DANJOU et PILLOY. — *Moniteur* du 12 octobre suivant.)

La destruction de ce dangereux écrit a encore été ordonnée pour les mêmes motifs :

1º Par jugement du Tribunal correctionnel de la Seine (7ᵉ ch.), du 3 avril 1852, confirmé par arrêt du 8 mai suivant (aff. contre LEBRUN) ;

2º Par jugement du même Tribunal (6ᵉ ch.), du 7 février 1862 (aff. contre FRU-CHARD, libraire au Palais-Royal);

3º Par jugement du même Tribunal, même chambre, en date du 12 mai 1865.

Voir aussi : *Parapilla.*

De plus, cet ouvrage a été mis à l'index, par mesure de police, en 1825.

Voir : *Note des ouvrages à supprimer.*

Complainte sur la mort de l'empereur Nicolas, 1855. Paris.

Cet écrit, injurieux pour la mémoire d'un souverain, fut saisi sur la voie publique où le colportaient des individus qui y ajoutaient des commentaires inconvenants. Il n'est pas certain que ce *canard* ne fût pas composé de vieux couplets rajeunis pour la circonstance, comme cela se pratiquait d'ailleurs à cette époque, où le moindre événement faisait surgir aussitôt deux ou trois complaintes. Par ordre du préfet de police, les colporteurs durent être déférés aux tribunaux (*Gazette des Tribunaux*, 7 mars 1855).

Comte (Le) Ory. — Série de lithographies obscènes.

Destruction ordonnée, pour outrages à la morale publique, 1º par arrêt de la Cour d'assises de la Seine, en date du 15 janvier 1851 (aff. contre DETOUCHE. — *Moniteur* du 16 février suivant); 2º par jugement du Tribunal correctionnel de la Seine, en date du 13 mars 1852 (aff. contre LANGLOIS — *Gazette des Tribunaux* du 14 mars).

Voir aussi : *Esméralda.*

Concert (Le) des enfants de Bcchus.

Voir : *Parnasse des Muses.*

Concordat (Le) expliqué au Roi, suivant la doctrine de l'Eglise et les réclamations canoniques des évêques légitimes de France; suivi du Précis historique de l'enlèvement de N. T. S. P. le Pape Pie VII, de ses souffrances, de son courage et des principaux événements de sa captivité. Par l'abbé Pierre VINSON. — Paris, avril, 1816; in-8 de 211 pp.

Cet écrit fit traduire son auteur « pour atteinte à l'article de la Charte qui garantit l'inviolabilité des biens nationaux », d'abord devant la police correctionnelle, puis devant la Cour royale de Paris, qui, par arrêt du 28 novembre 1816 (non inséré au *Moniteur*) ordonna la suppression dudit ouvrage et condamna l'auteur à trois mois d'emprisonnement, 50 fr. d'amende, deux ans de surveillance de la haute police et 800 fr. de caution. L'abbé VINSON se sauva à Londres pour se soustraire à l'exécution de cet arrêt.

Pendant l'instruction de son procès, il publia un *Mémoire justificatif*, Paris, 1816, in-8, relatif à son livre du *Concordat expliqué*, et que la police fit aussi saisir et supprimer.

On peut consulter sur cette affaire l'ouvrage que le bon abbé, aussi fécond écrivain que mauvais poëte, publia encore après sa condamnation et qui a pour titre : *Appel au Tribunal de l'opinion publique*, ou recueil des jugements, arrêts et autres pièces relatives au procès entre M. Jacquinot de Pampelune, procureur du Roi, et l'abbé VINSON, à l'occasion d'un ouvrage intitulé : *Le Concordat expliqué au Roi*. Paris. MICHAUD, 1816, in-8, 2 fr. 50.

Conduite de la guerre d'Orient. — Expédition en Crimée. Mémoire adressé au gouvernement de S. M. l'empereur Napoléon III, par un officier général (TAVERNIER, ancien rédacteur en chef de la *Constitution du Loiret*). — Bruxelles, BLUFF, 1855, in-8, 72 pages.

Cet écrit, qui n'est autre chose qu'une critique très-acerbe des opération des armées alliées en Crimée, conçue dans un esprit très-russophile, fut interdit en France, et fit, sur la proposition du prince Jérôme Napoléon, l'objet d'une demande de poursuites contre l'éditeur, adressée par le gouvernement français au gouvernement belge.

Le gouvernement belge, tout en désavouant formellement les tendances de l'écrit incriminé, répondit que, sur l'avis du procureur général de Bruxelles, des poursuites n'étaient pas possibles, aux termes de la Législation de la Belgique en matière de presse, la brochure ayant été, dans la forme, rédigée avec assez de prudence et d'habileté pour rester à l'abri de toute critique judiciaire (voir *Moniteur* de 1855, p. 373).

Peu de temps après, l'auteur publia, toujours sous le voile de l'anonyme, une nouvelle brochure intitulée : « *Deuxième mémoire, adressé au gouvernement de S. M. l'empereur Napoléon III, sur l'expédition de Crimée et la conduite de la guerre d'Orient, par un officier général.* » Genève, Lauffer, mai 1855, et Londres, imprimerie de la Société démocratique polonaise ; in-8, 71 pages.

Conférence politique et théologique.

Voir : *Pie VI et Louis XVIII.*

Confession (La). — Chanson obscène.

Voir : *Le chansonnier du B......*

Confession d'un Communiste Icarien. — Paris, 1849, impr. POUSSIELGUE.

Cet écrit, traitant de matières politiques et d'économie sociale, ayant été publié et mis en vente sans qu'il en eût été déposé, au moins 24 heures à l'avance, un exemplaire au parquet du procureur de la République, le Tribunal correctionnel de la Seine (7e ch.), par jugement du 12 décembre 1849, a condamné l'imprimeur à 30 fr. d'amende, par application de l'article 7 de la loi du 27 juillet 1849 (*Gazette des Tribunaux* du 13 décembre 1849).

Confession galante d'une femme du monde.

Au temple de Volupté. (Bruxelles). — L'an des Plaisirs (réimpression faite en 1873) ; in-12, illustré de 60 gravures sur pierre, 20 et 40 fr.

L'exemplaire que nous avons tenu n'était point accompagné de la suite des figures. S'il faut juger de ces dernières par le texte, elles doivent être licencieuses . sinon très-obscènes.

Par jugement du Tribunal correctionnel d'Avesnes, en date du 9 avril 1873, le sieur OFFERMANN a été condamné à un mois de prison et 500 fr. d'amende, pour colportage sans autorisation de l'ouvrage illustré dont il s'agit (*Journal officiel* du 7 mai 1874).

Confession générale du chevalier de Wilfort.

— Londres, 1758 ; in-12.

Réimprimé aussi sous le titre de : *Les leçons de la Volupté* ou la *Jeunesse du chevalier de Moronville*. — Cythère, 1776 ; pet. in-8 avec 8 fig., dont 6 libres et une « Epître au baiser » qui occupe les pages 5 à 9 de cette édition.

Indépendamment des éditions précitées, « La confession du chevalier de Wilfort » a eu plusieurs autres réimpressions, comme cela s'est fait du reste pour la plupart des éditions romanesques érotiques de cette galante époque.

La *Bibliographie Gay* contient (tome II, p. 303) une notice analytique très-bien faite de ce livre licencieux, dont la destruction a été ordonnée par jugement du Tribunal correctionnel de la Seine, en date du 12 juillet 1827, confirmé par arrêt de la Cour d'appel, le 5 août 1828. (Pas d'insertion au *Moniteur*.)

De plus, ce mauvais livre a été mis à l'index, par mesure de police, en 1825.

Voir : *Note des ouvrages à supprimer*.

Confessions (Les) de Clémentine,

suivies d'*Osmin et Azéma*. — Paris, 1817, 2 vol. in-12.

Ouvrage condamné à la destruction, comme outrageant les bonnes mœurs, par arrêt de la Cour royale de Paris, en date du 16 novembre 1822, inséré au *Moniteur* du 26 mars 1825. (Aff. contre ROUSSEAU.)

Voir : *Description topographique*.

Confessions (Les) de J.-J. Rousseau.

Voir : *Œuvres de J.-J. Rousseau*.

Confidence (La) enlevée, ou les *Aveux de Miss Féli Wilson*. — Londres, 1780 ; in-12, front. gravé. 5 fig. obscènes.

Il suffira de dire, pour faire apprécier ce roman, qu'il n'est autre chose qu'une imitation du *Rideau levé ou Education de Laure*. Il est cité au catalogue Wittersheim, p. 18.

Voir : *Les amours de Louis le Grand*.

Confidences d'un prisonnier.

Voir : *Le libertin de qualité*.

Confidences (Les) réciproques.

Voir : *Ma vie de garçon*.

Conseils à un ami. — Chanson.

Voir : *Gaudrioles de M. Gaillard*.

Conservateur (Le). — Article.

Voir : *Almanach-Catéchisme*, par Brée.

Considérations politiques sur les circonstances actuelles, par le comte Ch. DE NUGENT. — Paris, DENTU, 1830, in-8.

Par arrêt de la Chambre des mises en accusation, en date du 9 novembre 1830, cette brochure a été renvoyée, ainsi que son auteur, devant la Cour d'assises de la Seine, comme contenant des attaques contre le gouvernement. (Pas d'insertion au *Moniteur*.)

M. de NUGENT, qui fut pendant quelque temps gérant responsable du journal légitimiste *Le Revenant*, fut de nouveau traduit devant la Cour d'assises, celle de Seine-et-Oise, cette fois, à raison de la publication de deux chansons séditieuses dont il était l'auteur, savoir : *Le roi de leur choix !* et *Le Philippoire Dagobert*, écrits fort malicieux contenant des offenses envers la personne du roi et envers un membre de sa famille, des outrages aux bonnes mœurs, etc., etc. (*Gazette des Tribunaux* du 13 février 1836.) Nous ignorons la teneur des arrêts intervenus.

Voir : *Gazette des Tribunaux* du 10 novembre 1830.

Consolations (Les). — Chanson.

Voir : *Chansons de Béranger*.

Conspiration de la Poire. — Article.

Voir : *Le Peuple souverain*.

Contemporains (Les), brochures biographiques, par Eugène JACQUOT dit de MIRECOURT. Paris, chez l'auteur. 100 livraisons in-32 à 50 centimes, 1853-1858.

Les livraisons parues les 29 avril, 7, 14 et 21 juillet 1857 et consacrées à MM. Mirès, Bocage, Boniface et Prévost-Paradol, ont été poursuivies sur les instances de ces messieurs qui s'y trouvèrent attaqués et offensés.

Contes en vers érotico-philosophiques, par Alph.-Aimé de BEAUFORT-DAUBERVAL. — Bruxelles, 1818 ; 2 vol. in-8 de 183 et 163 pp. Réimprimé à Bruxelles, 1868 ; 2 vol. avec front. gravé.

On trouve dans la Bibliographie Gay (T. II. p. 327) l'énumération des 63 contes, souvent fort libres, que renferment les deux volumes de cet ouvrage.

Un jugement du Tribunal de Lille, du 6 mai 1868, inséré au *Moniteur* du 19 septembre suivant, ordonne la suppression de ces *Co: tes*, commençant par ces mots : « L'amour pour enseigner.... », finissant par ceux-ci : « Que tout le monde en file », et contenant des outrages à la morale publique et religieuse, ainsi qu'aux bonnes mœurs. (Aff. contre DUQUESNE.)

Voir : *Actes des Apôtres.*

Contes érotiques et poésies libres de Grécourt. — 1792. In-32.

Ouvrage contenant des outrages aux bonnes mœurs et dont la destruction a été ordonnée par arrêt de la Cour royale de Paris, inséré au *Moniteur* du 26 mars 1825. (Aff. contre ROUSSEAU.)

Voir : *Description topographique.*

La même mesure a été ordonnée par jugement du Tribunal Correctionnel de la Seine (7e ch.), en date du 24 avril 1852 (aff. contre ALVARÈS.)

Contes et historiettes érotiques, philosophiques, berniesques et moraux en vers, par Adrien LE ROUX. — Paris, an IX (1801) ; in-18 de VIII-223 pp., fig. Réimprimé en 1805.

Ce recueil de contes *moraux* a été mis à l'index et saisi, par mesure administrative à la vente de la Bibliothèque BERGERET, en 1859. *La Bibliographie Gay* (T. II, p. 329) contient d'intéressants détails sur ces contes et sur leur auteur.

Contes et nouvelles de Boccace ou *Décaméron.*

Ces contes licencieux et parfois obscènes qui ont été si souvent traduits et imprimés en français ont été mis à l'index, par mesure de police, en 1825.

Voir : *Note des ouvrages à supprimer.*

Contes et nouvelles de la reine Marguerite.

Voir : *L'heptaméron français.*

Contes et nouvelles en vers de Jean de La Fontaine. — Edition des fermiers généraux ; 2 vol. in-8, avec 85 figures. — 1874-1875. — Paris, BARRAUD, éditeur, DELATE, impr. des gravures, 80 fr.

Le procès fait à ce livre est fort curieux. Cette édition reproduisait, mais diminuées et avec bien moins de finesse d'exécution, les gravures de l'édition dite des fermiers généraux qui ne sont, comme on sait, rien moins que chastes. Le ministère de l'Intérieur (bureau de la librairie), consulté par les éditeurs au sujet des planches, en exécution de l'art. 22 du décret du 17 février 1852, autorisa cette publication (non sans quelques modifications qui furent effectuées), en « se fondant « sur l'intérêt historique et artistique de l'œuvre, le prix élevé du livre (80 fr.) et « sur ce qu'aucune des gravures ne devait être vendue séparément de l'ouvrage. »

Nonobstant cette autorisation, peu de temps après la publication du livre, le Parquet de la Seine, s'appuyant sur le principe absolu de la séparation des pouvoirs, soutint qu'en droit, l'autorisation ministérielle ne pouvait aucunement lier l'action de la justice et ordonna des poursuites pour outrages à la morale publique et religieuse, ainsi qu'aux bonnes mœurs, contre l'éditeur BARRAUD et l'imprimeur DELATE, qui d'ailleurs avaient contrevenu à la décision ministérielle 1o en vendant des collections de gravures séparées, 2o en ajoutant trois gravures fort licencieuses à celles de l'édition de 1762.

Ce procès donna lieu, dans la presse, à des polémiques fort piquantes et, au Palais, à un réquisitoire et à une plaidoirie des plus intéressants.

Par jugement du 9 avril 1875, le Tribunal correctionnel de la Seine condamna BARRAUD à 500 fr. d'amende et DELATE à 100 fr. de la même peine et ordonna la destruction comme trop licencieuses, des gravures portant les numéros 3 et 14 du Tome Ier, 8, 9, 16, 20, 25, 27, 30; 31, 32 et 44 du Tome II, et qui se rapportent aux contes ayant pour titres : *Joconde* (2 gravures), *Le second tour de la gageure des trois commères, Le villageois qui cherche son veau, L'anneau d'Hans Carvel, Comment l'esprit vient aux filles, Le diable de Papefiguières, Le diable en enfer, La jument du compère Pierre, Les lunettes, Le Tableau* (2 gravures), *Le bât et le rossignol.*

Ce jugement a été confirmé pleinement par arrêt de la Cour d'appel de Paris (Ch. des appels correctionnels), en date du 15 mai 1875. (*Gazette des Tribunaux* du 16 mai 1875.)

Ajoutons que les *Contes de La Fontaine*, sans désignation d'édition, sont encore cités au catalogue Vittersheim, p. 18.

Voir : *Les amours de Louis le Grand.*

Enfin des cahiers de gravures ou de lithographies, illustrant des contes de LA FONTAINE, ont été aussi condamnés à la destruction par divers arrêts et jugements dont il est parlé en leur lieu et place au cours de cet ouvrage.

Contes et Romans de Voltaire.

Voir : *Œuvres de Voltaire.*

Contes franks, par Emile NÉGRIN. — Paris, DESLOGES. Nice, impr. CANIS, 1861 ; in-16 de VIII-150 pp.

Ce recueil de contes en vers (et quels vers !) est détestablement typographié, surtout au point de vue de l'orthographe. Les contes sont généralement longs et peu divertissants : mais plusieurs pièces contiennent des outrages aux mœurs, notamment *Marquises et comtesses, Victor ou l'enfant de la Cannebière. Le petit instrument. Un homme à la mer. Le baron de ***. A modèle, m dèle et demi.*

La destruction des *Contes franks* a été ordonnée, par jugement du Tribunal correctionnel de Nice en date du 6 novembre 1861, inséré au *Moniteur* du 27 janvier 1862.

Contes nouveaux (en vers) (par le chevalier ANDRÉA DE NERCIAT). — Liége, 1777, petit in-8 contenant : « *Epître dédicatoire au prince de* « *Ligne. — La veillée des Procureurs. — Le jeu d'hymen. — La Rancune* « *posthume. — Les amours modernes. — Le superflu du régime. — La* « *Duchesse. — Les Princes sans réplique. — L'âme en peine. — L'incer-* « *titude et la Barbe. — L'oracle imaginaire. — Le manchot. — Les Bas.* « *— Céphise. — Le souhait. — La femme accomplie.* » Tous contes qui ne manquent pas d'esprit, mais qui ont le défaut d'être un peu longs.

Ce recueil a été réimprimé à Liége (Bruxelles) en 1867, in-18, VIII - 118 pp. par POULET-MALASSIS, avec notice bio-bibliographique et un portrait de Nerciat, gravé à l'eau-forte d'après la sanguine du cabinet de M. B... à Paris. Tirage à petit nombre. Prix : 12 fr.

Par jugement du Tribunal de Lille du 6 mai 1868, inséré au *Moniteur* du 19 septembre suivant, a été ordonnée la destruction des *Contes nouveaux*, ouvrage commençant par ces mots : « Nerciat, Andréa Robert, » finissant par ceux-ci : « L'Athénien cynique », et contenant des outrages à la morale publique et religieuse, ainsi qu'aux bonnes mœurs. (Aff. contre Duquesne.)

Voir : *Actes des Apôtres.*

Contes nouveaux et Nouvelles nouvelles (par Henri PAJON). — Anvers, 1753, in-12. Plusieurs fois réimprimé et en dernier lieu sous la rubrique d'Anvers, 1753 (Bruxelles, 1866, J. GAY). Une réimpression porte le titre de : « *Œuvres posthumes et facéties de Mirabeau le jeune.* » — Paris, 1798, in-18 et an VIII, in-18, 120 pp., 1 grav. ; mais c'est une attribution toute gratuite faite à *Mirabeau-Tonneau,* qui n'a jamais écrit que quelques facéties et épigrammes contre la Révolution. D'ailleurs cette réimpression est copiée textuellement sur la première édition de 1753, publiée juste une année avant la naissance de Mirabeau jeune.

C'est cepen'ant sous le second titre qu'a été ordonnée la destruction de ces contes fort libres et souvent obscènes, par jugement du Tribunal correctionnel de la Seine, du 12 mai 1864. — (Aff. contre P. MALASSIS et consorts.)

Voir : *Parapilla*.

Contrafatto (L'abbé). — Lithographie obscène.
Voir : *Célébrités contemporaines*.

Contrat de mariage, suivi du *Sermon en proverbes* et de l'*Ordonnance de M. Carême*. — Au Mans, LE COUP, s. d., in-12.

C'est une de ces facéties, souvent réimprimées, notamment dans la bibliothèque bleue, et qui sont destinées au colportage.

Toutefois, par jugement du Tribunal correctionnel de Châlons le sieur ARMÉ a été condamné à 6 jours de prison, pour colportage, sans autorisation, de deux exemplaires dudit écrit (*Journal officiel* du 7 mai 1874).

Conversion (Ma).
Voir : *Le Libertin de qualité*.

Coquillage (Le), ou le *Trésor d'une jeune fille*, chanson par Jules RUEL, musique de LUIGI-DINISTI, impr. chez BENOIST, éditeur.

Cette chanson, contenant des outrages à la morale publique et aux bonnes mœurs, a été saisie, le 22 juin 1821, en vertu d'une ordonnance de l'un des juges d'instruction du Tribunal correctionnel de la Seine, 83 ex. seulement ont été trouvés.

Cordeliers (Les). — Illustration d'un conte de PIRON.
Voir : *Gravures obscènes*. — Aff. CHAPELLE. III.

Correspondance de deux jeunes parisiennes.
Voir : *Un été à la campagne*.

Correspondance intime du feu Roi.
Voir : *Lettres d'Hartwel*.

Correspondance politique et administrative, commencée au mois de mai 1814. — Paris, LE NORMAND, 1814, 15 part. in-8, formant 3 volumes.

Chacune des parties de cette correspondance, dont l'auteur est le publiciste J. FIÉVÉE, a été réimprimée ; plusieurs mêmes l'ont été jusqu'à quatre fois. — La *Bibliographie de la Presse* de HATIN, contient (page 318), un intéressant article sur ctte publication, dont la 2ᵉ *partie* a été condamnée à la destruction par arrêt de la Cour royale de Paris, en date du 29 juin 1818. Nous ignorons les motifs de cette suppression. (Pas d'insertion au *Moniteur*.)

Correspondance sur la politique, etc.

· Voir : *Lettres françaises*,

Correspondant (Le). — Revue publiée à Paris.

Nᵒ du 25 octobre 1858. — Article intitulé : *Un débat sur l'Inde au Parlement anglais*. — Excitation à la haine et au mépris du gouvernement, attaques contre les droits que l'empereur tient de la constitution et contre le principe du suffrage universel, contre le respect dû aux lois, etc.

Par jugement du Tribunal correctionnel de la Seine, en date du 24 novembre 1858, M. le comte de MONTALEMBERT, auteur de l'article incriminé, a été condamné à 6 mois d'emprisonnement et 3.000 fr. d'amende, et M. DOUNIOL, gérant de la *Revue*, a été condamné à 1 mois de prison et 1.000 fr. d'amende. (*Moniteur* du 26 novembre 1858.)

Corruption (La). — Article.

Voir : *Le Haro,* journal.

Corsaire (Le). — Journal.

Voir : *Sottise des deux parts* et : *Petit Dialogue sur...*

Corsaire (Le), journal publié à Paris en 1851.

Article intitulé : *L'Ère des Césars*, inséré dans le *Nᵒ du 28 septembre 1850*, contenant des offenses envers le président de la République. — Destruction ordonnée par arrêt de la Cour d'assises de la Seine, en date du 22 novembre 1850, condamnant COURTOIS, auteur de l'article, à 6 mois de prison et 2,000 fr. d'amende ; LAURENT, gérant du *Corsaire*, à six mois de prison et 2,000 fr. d'amende, et LEBRUN, qui avait reproduit ledit article dans le Nᵒ du 29 septembre 1850, du journal *L'Opinion publique*, dont il était le gérant, à 3 mois de prison et 1,000 fr. d'amende. (*Moniteur* du 16 février 1851.)

Cosaques du Don. — 1815. — Lithographie obscène.

Voir : *La vie du soldat.*

Costumes (Les) théâtrales, ou *scènes secrètes de foyers*. — Petit recueil de contes un peu plus que gaillards, ornés de couplets analogues, dédiés aux jeunes gens des deux sexes qui se destinent au théâtre. Héliofou-

tropolis de l'imprimerie de Crispinaille, 1793, in-18 de VI-108 pp. avec 10 figures libres de CARREY. ·

Recueil réimprimé à Bruxelles, en 1837, sous le titre de : *Coutumes théâtrales*, ou *Scènes secrètes de foyers*, in-18, avec 10 photographies des anciennes gravures, 18 fr.

Recueil de contes, en prose et en vers, fort médiocres de style et d'esprit, dont le détail se trouve dans la *Bibliographie Gay* (t. 2. p. 363).

Un jugement du Tribunal de Lille, du 6 mai 1868, inséré au *Moniteur* du 19 septembre suivant, a ordonné la destruction des *Coutumes théâtrales datées de 1793*, ouvrage commençant par ces mots : « Tout autre à ma place... », finissant par ceux-ci : « et vois mon égarement », et contenant des outrages à la morale publique et aux bonnes mœurs. (Aff. contre DUQUESNE.)

Réimprimé, l'année suivante à la suite d'une édition de l'*Epître à Voltaire*, par CHÉNIER.

Voir aussi : *Parapilla*.

Coteries (Les).— Satire, par A. LAGARDE.— Paris, imp. de PLASSAN, in-18, 16 pp.

Un arrêt de la Cour royale de Paris, en date du 21 novembre 1826 (non inséré au *Moniteur*), a ordonné la destruction de cette pièce de vers d'Alexis LAGARDE, précédemment condamné déjà pour l'*Epître à mon curé*.

Voir ce titre.

Coup (Le) de sabre, ou *le Règne de Satan,* par L.-R. BARBET. —Brochure.

Des poursuites furent dirigées, à l'occasion de cette petite publication politique, contre M. BARBET, auteur de divers écrits du même genre. Renvoyé devant le jury de la Seine, il fut acquitté par arrêt de la Cour d'assises, le 14 décembre 1818. (Pas d'insertion au *Moniteur*.)

Coup (Le) de vent. — Gravure obscène.

Destruction ordonnée par arrêt de la Cour d'assises de la Seine, en date du 9 août 1842. (Aff. contre RÉGNIER-BECKER. *Moniteur* du 15 décembre 1843.)

Courrier (Le) de la Sarthe, journal publié au Mans.

La destruction du *N° du 21 décembre 1834*, a été ordonnée, pour excitation à la haine et au mépris du gouvernement du roi, par arrêt de la Cour d'assises de la Sarthe, en date du 16 mars 1835, condamnant Hippolyte-Armand LECORNUÉ, gérant, à trois mois de prison et 2.000 fr. d'amende. (*Moniteur* du 7 août 1835)

Courrier de la ville et de la Campagne.
Voir : *Le Grand Messager boiteux.*

Courrier (Le) des Chambres. — Session de 1817; publié à Paris du 5 novembre au 13 décembre de la dite année. — 6 numéros in-18.

Le quatrième cahier de ce journal fut poursuivi, pour excitation au mépris de l'autorité et de la personne du Roi, et pour calomnies envers un ministre. Bien que cet écrit eût été publié sous le nom de M. de SAINT-AULAIRE (ou SAINTE-AULÈRE, dit la Bibliographie Hatin), le libraire compris dans les poursuites, déclara que c'était un faux nom et que le véritable auteur était un M. LE GADOIS, qu'on n'a jamais pu représenter.

La destruction du cahier incriminé a été ordonnée, par arrêt de la Cour royale de Paris, en date du 3 avril 1818. (Point d'insertion au *Moniteur.*)

Courrier du Dimanche. — Journal.

Voir : *La liberté en Autriche.*

Courrier français (Le). — Journal.

Voir : *Association Bretonne. — Philanthropie de M. Mangin. — Le Public sera bien surpris.*

Cours public d'histoire de France depuis 1789 jusqu'à 1830, par Albert LAPOMMERAYE. — Paris, DAVID et GROSSETÈTE, imprimeurs, 1831-34 ; in-8, 34 livraisons.

M. LAPOMMERAYE, publiciste, très-dévoué aux idées démocratiques, rédacteur en chef de *La Voix du Peuple,* de Marseille, ouvrit ce cours, en faveur des ouvriers, rue Thévenot, 12, le dimanche 6 novembre 1831. Il fit imprimer ses leçons au fur et à mesure du développement de son cours et les quatre premières furent saisies sous la prévention de dix à douze délits contre l'ordre public, etc.

Par un premier arrêt de la Cour d'assises de la Seine, en date du 10 mars 1832, il fut condamné, par défaut, à 2 années de prison et 3,000 fr. d'amende, et à l'affichage à 500 exemplaires.

M. LAPOMMERAYE fit opposition et comparut devant la Cour d'assises, le 21 avril suivant, pour être jugé définitivement. Dans l'intervalle, 2 autres livraisons avaient été saisies ; un arrêt de jonction intervint pour faire juger simultanément les six écrits. Déclarés coupables par le jury, MM. LAPOMMERAYE et GROSSETÈTE furent condamnés, le premier à 2 ans de prison et 1,000 fr. d'amende, le second, à 2 mois et 500 fr. (*Gazette des tribunaux* des 11 mars et 22 avril 1832.)

Courtisane (La) Bourdeloise.

Voir : *Vie et actes triumphans.*

Courtisanes (Les).

Écrit cité à la page 18 du catalogue Wittersheim, comme poursuivi et mis à l'index sous la Restauration.

Voir : *Les amours de Louis le Grand.*

Le nombre des ouvrages portant ce titre est tel que, faute de la moindre indication bibliographique, on ne saurait préciser de quel livre il s'agit plus spécialement).

Cousin (Le) de Mahomet, histoire plus que galante (par Nic. FROMAGET). — Leide, 1742 ; 2 part. in-12. Souvent réimprimé.

Ce roman, véritablement plus que galant, a été mis à l'index, par mesure de police, en 1822.

Voir : *Note des ouvrages à supprimer.*

Cousin Jacques (Mon).

Voir : *Le nouvel enfant de la Goguette.*

Cousin Mathieu.

Voir : *Mon cousin Mathieu.*

Coutumes théâtrales.

Voir : *Costumes théâtrales.*

Crapaudine (La). — Gravure obscène.
Voir : *Journal des connaissances utiles.*

Crasse-au-cul, roi d'Etronie. —Tragédie biblique en un acte et en vers, par M....R. — Paris, 1855 (Bruxelles, 1867) ; in-12 de 34 pp. Tiré à part à 100 ex. 2 fr. 50.

Cette pièce, dont la scène se passe à Sodome, quelques jours avant l'incendie, a été imprimée pour la première fois dans le *Nouveau Théâtre Gaillard* ; on peut affirmer, dit la *Bibliographie Gay*, que, de toutes les facéties scatologiques, c'est la plus obscène que l'on connaisse.

La destruction de cet ouvrage qui commence par ces mots : « A une époque littéraire », et qui finit par ceux-ci : « Mourir dans les douleurs », a été ordonnée par jugement du Tribunal de Lille, en date du 6 mai 1868, inséré au *Moniteur* du 19 septembre suivant, comme contenant des outrages continuels à la morale publique et religieuse ainsi qu'aux bonnes mœurs. (Aff. contre DUQUESNE.)

Voir : *Actes des Apôtres.*

Cri (Le) de la France, chanson de Béranger.

Voir : *Chansons de Béranger.*

Cri (Le) de la France, par P. GRAND. — Paris, imp. de BRASSEUR ainé, 1821 ; in-8 de 8 pp. 1 fr.

La destruction de cet écrit a été ordonnée par arrêt de la Cour d'assises de la Seine, en date du 11 octobre 1821. (Point d'insertion au *Moniteur*).

Cri (Le) de la Nation sur la politique et l'administration, etc., par Alex. CREVEL. Paris, LHUILLIER, 1818, in-8. 2 fr. 50.

La destruction de cet ouvrage de CREVEL, fécond écrivain de la Restauration, a été ordonnée par arrêt de la Cour royale de Paris, en date du 2 mai 1818. (Pas d'insertion au *Moniteur*.)

Cri (Le) des Patriotes français sur la loi des élections ou *Un mot d'avis à la Chambre des Pairs, sur la proposition de M. le marquis de Barthélemy,* par Benjamin LAROCHE. — Paris, L'HUILLIER, 1819, in-8, 68 pp. 1 fr. 25 cent.

Le *Moniteur* du 2 avril 1819 annonce la saisie, par ordre du parquet, de cette brochure considérée comme séditieuse. Nous n'avons pu retrouver la suite donnée à cette poursuite, close sans doute par une ordonnance de non-lieu.

Cri (Le) des Peuples, par Alex. CREVEL. — Paris, 1817, DELAUNAY, in-8. Une troisième édition a été publiée en 1818.

Écrit supprimé en vertu d'un arrêt de la Cour royale de Paris, du 22 mai 1818. (Pas d'insertion au *Moniteur*).

Crimes (Les) de l'amour ou le *Délire des Passions,* nouvelles héroïques et tragiques ; précédés d'une idée sur les romans et ornés de gravures (par le marquis DE SADE). — Paris, MASSÉ, an VIII (1800), 4 vol. in-12, 4 grav. 6 fr.

Ouvrage licencieux et immoral, que la police a mis à l'index en 1825.

Voir : *Note des livres à supprimer.*

Crimes (Les) de l'intolérance...

Voir : *Le Dominicain.*

Crimes, délits et scandales au sein du Clergé pendant ces derniers jours, par VILLENEUVE et CASENADE. — Paris, 1861, NOBLET, imprimeur.

Le Tribunal correctionnel de la Seine, dans son jugement rendu le 19 juillet 1861, considérant que, « dans cette brochure, les auteurs réunissent et groupent, dans « l'intention évidente d'en augmenter l'importance par leur rapprochement, tous « les faits condamnables à divers degrés commis, depuis un certain temps, par « des personnes appartenant au clergé ou à des corporations religieuses ; que

« cette publication, qui tend à généraliser des faits isolés et à faire considérer,
« comme violant habituellement les lois divines et humaines, des personnes ou
« des corporations qui doivent servir d'exemple et d'enseignement aux popula-
« tions, et, par suite, à faire croire à une démoralisation qui atteindrait ceux-
« mêmes qui sont chargés d'apprendre la morale aux autres, ce qui constitue,
« par cela même, un outrage à la morale publique et religieuse..... faisant d'ail-
« leurs application de l'art. 463, C. P., à raison des circonstances atténuantes....
« a condamné VILLENEUVE et CASENAVE, chacun à 100 fr. d'amende, et NOBLET,
« à 50 fr. » (*Gazette des Tribunaux* du 20 juillet 1861. — *Journal officiel* du
7 mai 1874.)

Crimes des Papes, depuis Saint Pierre jusqu'à Pie VI,
par Louis LA VICOMTERIE DE SAINT-SAMSON. — Paris, 1792, in-8. Plusieurs
fois réimprimé, notamment en 1830, et à Bruxelles en 1856, in-8, avec
8 planches)

**Crimes des Reines de France depuis le commencement de
la monarchie jusqu'à la mort de Marie-Antoinette,** avec les
pièces justificatives de son procès. — Paris, 1791. Plusieurs fois réimprimé ; in-12 et in-8 (attribué à Louis PRUDHOMME, mais avec peu de certitude ; il ne serait en effet que l'imprimeur de cet ouvrage, dont le véritable auteur serait Louise-Félicité GUINEMENT DE KÉRALIS, fe ROBERT).

Crimes des rois de France, depuis Clovis, jusqu'à Louis XVI,
par LA VICOMTERIE. — Paris, PRUDHOMME, 1791 ou 1792; in-8. (Plusieurs
fois réimprimé, notamment en 183.., avec quelques variantes, par les
soins de T. LAFOSSE.)

Ces trois ouvrages ont été poursuivis sous la Restauration, mais on ne trouve
point, au *Moniteur*, de décision judiciaire qui leur soit applicable. — Ils sont d'ailleurs fort rares, surtout le premier, soit par suite de leur destruction par ordre
supérieur, soit par leur suppression faite par les soins de personnes bien pen-
santes et zélées qui en ont acheté de nombreux exemplaires dans cette louable
intention.

**Critique des jolies femmes des principaux b....ls et maisons
auxiliaires de Paris** ou *Lettres d'un Provençal à son épouse,* par
M. H.....Y. — Paris, 1805, in-18, 6 fig. au trait, sans rapport avec l'ouvrage.
Réimprimé sous ce titre :

Lettres d'un Provençal à son épouse ou *Critique des jolies femmes,* etc.
— Bruxelles, 1867 ; in-18, 8 fr.

Par jugement du 6 mai 1868, inséré au *Moniteur* du 19 septembre suivant, le
Tribunal correctionnel de Lille a ordonné la destruction des *Lettres d'un Provençal*

ouvrage commençant par ces mots : « Ami lecteur, ne t'effarouche pas.... », finissant par ceux-ci : « Pour toi, avec un plaisir nouveau », et contenant des outrages à la morale publique et aux bonnes mœurs. (Aff. contre DUQUESNE.)

Voir : *Actes des Apôtres.*

Crocodile (Le), journal belge.

Voir : *Journaux étrangers.*

Croisade (La) et le bon vieux temps.

Voir : *Le Moine et le Philosophe.*

Croyances diverses, articles insérés dans le journal *Le Nain.*

Voir : *Le Cardinal et le Capucin.*

Cujas, Esculape et l'amour.

Voir : *a vie de garçon dans les hôtels garnis.*

Culottes (Les). — Chanson.

Voir : *Chansons de Béranger.*

Culte du Phallus.

Voir : *Des Divinités génératrices.*

Culte secret des Dames romaines.

Voir : *Monuments du Culte secret.*

Curé (Le) capitaine, ou les *Folies françaises,* par L.-F. RABAN. — Paris, LOCARD et DAVY. 1819. 2 vol. in-12, 5 fr. — 2e édition. Paris. SAUSON, 1824. 2 vol. in-12, avec 2 grav., 5 fr.

C'est cette deuxième édition qui a été visée par le jugement du Tribunal correctionnel de la Seine, du 19 octobre 1824, condamnant l'auteur à deux mois de prison et 16 francs d'amende pour outrages à la morale publique et aux bonnes mœurs, et ordonnant la suppression des exemplaires saisis. (*Moniteur* du 9 octobre 1825.)

L'ouvrage a d'ailleurs été mis à l'index, par mesure de police, en 825.

Voir : *Note des ouvrages à supprimer.*

Curé Meslier.

Voir : *Le bon sens du curé Meslier.*

Curé Mingrat (Le). — Lithographie obscène.

Voir : *Célébrités contemporaines.*

Curés (Les) en goguette, avec six dessins de G. COURBET. — Bruxelles, LACROIX, 1868 ; in-8, 32 pp., 1 fr.

Cette brochure, qui ne sert qu'à expliquer les dessins d'un peintre devenu fameux à des titres fort divers, n'a point été poursuivie en France. On n'en parle ici que parce que deux des planches reproduites par la photographie ont été recherchées par ordre de l'autorité administrative. Ce sont les deux gravures intitulées « *Le Retour de la Conférence* » représentant des ecclésiastiques dans des situations blâmables et ridicules. Des exemplaires de ces deux photographies ont été saisis, en dernier lieu, le 29 février 1876, dans la boutique et à l'étalage du sieur P.... libraire établi dans le quartier de la Folie-Méricourt, à Paris,

Dames (Les) de maison et les filles d'amour, avec des notices sur les différents b...... de Paris et les maisons de passe. — Cour de la Sainte-Chapelle, chez le concierge (vers 1830) ; in-18 de 108 pp. avec 6 mauvaises lithographies libres.

Ouvrage licencieux dont la destruction a été ordonnée pour outrages aux bonnes mœurs et à la morale publique, par arrêt de la Cour d'assises de la Seine en date du 9 août 1842. (Aff. contre RÉGNIER-BECKER, *Moniteur* du 15 décembre 1843.)

Damon l'Ursuline. — Gravure obscène.

Voir : *Amours des rois de France.* (Gravures.)

Dangers (Les) de la séduction.

Voir : *Lucette.*

Dangers (Les) de la ville.

Voir : *Le paysan perverti.*

De quoi vous plaignez-vous ? — Chanson.

Voir : *Les Républicains.*

Débats parlementaires. — Article.

Voir : *Les Droits du Peuple,* revue.

Décaméron (Le).

Voir : *Contes et nouvelles de Boccace.*

Déclaration sur le projet de loi relatif à l'emplacement de l'ancien archevêché de Paris. Mémoire, par le comte Hyacinthe-Louis de QUÉLEN, archevêque de Paris. — Paris, in-4.

Dans cette publication, le vertueux prélat, dont le palais avait, comme on sait, été détruit par le peuple, contestait au gouvernement le droit de s'approprier le terrain de l'archevêché de Paris. Ce factum fut déclaré abusif et condamné à la suppression, par ordonnance du Conseil d'Etat, en date du 21 mars 1837. (*Moniteur* du 22 mars 1837.)

Décrets des sens sanctionnés par la volupté. — Ouvrage nouveau. — Rome, 1793 ; in-8, 128 pp., avec des gravures à la manière anglaise.

Ce recueil, d'histoires fort libres en vers et en prose, décrites dans la *Bibliographic Gay* (tome II, p. 442), a été poursuivi sous la Restauration. On ne trouve point, au *Moniteur*, de décision judiciaire qui lui soit applicable. Il est cité par le catalogue Wittersheim, p. 20.

Voir : *Les amours de Louis le Grand.*

Dédié aux producteurs français. — **Réformes démocratiques,** par Fr. PELISSERY, journaliste et ouvrier mécanicien. Impr. chez la f^e DELACOMBE. — Paris, 1851.

Cet écrit séditieux, commençant par ces mots : « Citoyens, le peuple change de gouvernement, mais il ne change pas de position..... », et finissant par ceux-ci : « ..... si les ouvriers étaient en majorité à l'assemblée législative », fut poursuivi pour excitation à la haine des citoyens les uns contre les autres. La destruction en fut ordonnée par arrêt de la Cour d'assises de la Seine en date du 21 mai 1851, condamnant l'auteur à un an de prison, l'imprimeur à 15 jours de la même peine, et tous deux à 500 francs d'amende chacun. (*Moniteur* du 20 juin 1851.)

Défense de Scheffer.

Voir : *Etat de la Liberté en France.*

Défi porté aux marotistes. 1re brochure. — Paris, DENTU, in-8, 1841 ; 168 pp.

Cet écrit, qui fut saisi par ordre de l'autorité administrative aussitôt après sa publication, est dû à la plume du Père ANTONIO DE CASARÈS, moine et prêtre espagnol, qui, de 1839 à 1842, a publié, à Bayonne, à Auxerre et à Paris, une dizaine d'*opuscules* relatifs à l'Espagne, pamphlets très-violents contre les *Christi-nos*, les *Marotistes*, *Espartero*, etc. Il a en outre publié quelques brochures à l'occasion de l'interdiction prononcée contre lui par les archevèques de Paris, de Sens et de Bourges.

Degré (Le) des âges du plaisir, ou les *Jouissances voluptueuses de deux personnes de sexes différents, aux différentes époques de la vie,* recueillies sur des mémoires véridiques, par MIRABEAU, ami des plaisirs ; orné de gravures et de chansons, avec le portrait de chaque âge. — Paphos, de l'imprimerie de la Mère des Amours, 1793; in-18 avec 8 figures.

Autre édition, au Palais-Royal, chez la veuve GIROUARD, 1798, 2 tomes in-18 de 112 et 126 pp., 8 gravures. — Le second volume contient l'*Ecole des Filles* ou *La Philosophie des Dames* avec quelques suppressions. Ouvrage libre dont MIRABEAU n'est nullement l'auteur.

Réimprimé, en 1863, en Belgique ; 2 vol. in-18 avec dix figures.

C'est cette dernière édition, commençant par ces mots : « Epître ou couplet à l'auteur », et finissant par ceux-ci : « de se revoir bientôt », qui a été condamnée à la destruction, comme contenant des outrages à la morale publique et religieuse ainsi qu'aux bonnes mœurs, par jugement du Tribunal de Lille en date du 6 mai 1868, inséré au *Moniteur* du 19 septembre suivant. (Aff. contre DUQUESNE.)

Déisme et péril social, par A. VERLIÈRE. — Paris, 1867.

La destruction de cette brochure, saisie au moment de sa mise en vente, a été ordonnée par jugement du Tribunal correctionnel de la Seine (6e ch.), en date du 9 août 1867, confirmé au mois d'octobre suivant, et condamnant l'auteur à 6 mois de prison et 500 francs d'amende pour outrages à la morale publique et reli-gieuse.

Déjeuner (Le) du gras-double, article inséré, sans nom d'auteur, dans le journal *le Radical* du 1er avril 1877.

On se souvient que le Vendredi-Saint de 1877, les rédacteurs du journal *Le Radical* ayant fait un déjeuner gras dans des conditions de publicité qui causèrent un grand scandale, l'article ci-dessus fut publié le lendemain dans ladite feuille.

Voici la teneur du jugement rendu, le 13 avril suivant, par le Tribunal correc-tionnel de la Seine (11e ch.), au sujet de l'article incriminé :

« Attendu que le journal *Le Radical*, dont Hunsicker est le gérant, a, dans son numéro du 1er avril 1877, distribué et vendu à Paris, publié un article ayant pour titre : *Le Déjeuner du Gras-Double*, commençant par ces mots : « Hier, 10 germinal », et finissant par ceux-ci : « le gras-double » ;

« Attendu que ledit article, rendant compte d'un banquet qui avait été annoncé dans un précédent numéro du journal, le vendredi 20 mars (jour du Vendredi-Saint) et qui a eu lieu en effet ledit jour, reproduit une chanson chantée pendant le banquet ;

« Qu'à la suite du premier refrain, il relate le premier couplet, intitulé couplet

sentimental, dont les premiers mots sont : « Pour honorer, » et les derniers :
« Gras-double » ;

« Que ce couplet place sous les yeux du lecteur le tableau d'actes contre nature
d'une révoltante lubricité, qu'il est conçu dans des termes blessants, grossiers,
qu'ils inspirent le sentiment du dégoût et soulèvent la conscience publique ;

« Que l'immoralité de ce couplet est d'autant plus scandaleuse que des ministres
d'un culte reconnu par la loi y sont représentés comme étant les auteurs d'actes
obscènes ;

« Vu les art. 8 de la loi du 17 mai 1819, et 5 de la loi du 29 décembre 1875 ;

« Condamne Hunsiker à quatre mois d'emprisonnement et 500 fr. d'amende. »

(Voir : *Radical* du 15 avril 1877.)

Délassement des jeunes sœurs.

Voir : *Gravures obscènes.* — Aff. CHAPELLE. II.

Délices de l'amour.

Voir : *Anti-Justine.*

Délices (Les) de la jouissance.

Voir : *Enfant du Plaisir.*

Délices (Les) de la satyre galante.

Voir : *Dessert des Muses.*

Délices (Les) du cloître.

Voir : *Les Lauriers ecclésiastiques.*

Délices (Les) du printemps. — Lithographies obscènes.

Destruction ordonnée par jugement du Tribunal correctionnel de la Seine en
date du 13 mars 1852. (Aff. contre LANGLOIS. — *Gazette des Tribunaux* du 14 mars).

Délire (Le) des passions.

Voir : *Les Crimes de l'amour.*

Demande de la translation des dépouilles mortelles de l'empereur Napoléon. — Paris, 1821, in-8 (par L. BARTHÉLEMY).

L'auteur, poursuivi au sujet de cet écrit, publia le factum suivant :

« Défense de M. P. Barthélemy, traduit à la Cour d'assises de Paris, le 8 novembre 1821, pour un ouvrage ayant pour titre : *Demande de la Translation*, etc. »
Paris, Hardy, 1821, in-8 de 24 pp.

Il est probable que l'auteur de l'écrit en question fut acquitté, car son nom ne
figure dans aucun des index de condamnations rendues contre les écrivains de
son temps. On ne trouve à son sujet que la note ci-dessus, insérée au tome Ier
(p. 202) de la *France littéraire.*

Démission du maréchal Mac-Mahon.— Ecrit publié à Paris à la
fin de 1874, imprimé par MASQUIN. Tiré à 6,000 ex.

Cette publication fut poursuivie pour deux infractions à la loi du 21 octobre 1814.
1º Déclaration inexacte du tirage, lors du dépôt au Parquet (2.000 exemplaires au
lieu de 6,000 ; 2º défaut de dépôt au ministère de l'intérieur.

Pour ces motifs, par jugement du Tribunal correctionnel de la Seine (7e Ch.),
en date du 4 mars 1875, M. MASQUIN a été condamné à 300 fr. d'amende. Trois
individus qui avaient colporté des exemplaires dudit écrit sans autorisation, ont
été condamnés chacun à 100 francs d'amende. *(Droit* du 5 mars 1875.)

Démocratie (La) pacifique, journal publié à Paris.

Nº du 10 mai 1849. — Excitation à la haine et au mépris du gouvernement de
la République. Provocation à la désobéissance aux lois, par la publication d'un
article intitulé : *La veille de la guerre civile.* — Destruction ordonnée par arrêt de
Cour d'assises de la Seine du 22 juin 1849, condamnant le gérant, Casimir TANDON,
à un an de prison et 5.000 francs d'amende. (*Moniteur* du 7 décembre 1849.)

Voir aussi : *La part des femmes.*

Denise, histoire bourgeoise (en vers, daté de Blois, 1856), par Auré-
lien SCHOLL. — Paris, 1857, LEDOYEN, imp. par DONDEY-DUPRÉ, in-32.

La vente de ce petit poëme, qui contient des passages assez lestes, a été
interdite, par mesure administrative, lors de sa publication.

Deo gratias. — Chanson de Béranger.

Voir : *Chansons de Béranger.*

Départ (Le) du pèlerin. — Arrivée (L') du pèlerin.

Romances avec vignettes lithographiées, imprimées chez FONROUGE, imprimeur-
lithographe à Paris, dont la confiscation avait été ordonnée pour défaut de nom
d'imprimeur et de dépôt préalable, par jugement du Tribunal correctionnel de la
Seine, condamnant FONROUGE à 1,000 francs d'amende.

Par arrêt de la Cour royale de Paris, en date du 22 juin 1832, cette sentence a
été mise à néant, par ce motif que rien ne prouvait que le condamné fût l'éditeur
des exemplaires saisis chez lui, ni qu'il les eût vendus, distribués ou livrés au
public. (*Gazette des Tribunaux* du 23 juin 1832).

Dépêches télégraphiques.

Voir : *Assassinat de l'ex-Maréchal.*

Dépit (Le). — Chanson obscène.

Voir : *Le Chansonnier du B......*

Dernier règne de l'empereur Napoléon.

Voir : *Histoire des Cent-Jours.*

Derniers moyens de défense de la Royauté du 7 août. — Article.

Voir : *Le Peuple souverain,* journal.

Dervieux (La), *histoire peu morale.*

Voir : *Banquier Peixotte.*

Descente aux enfers. — Chanson de Béranger.

Voir : *Chansons de Béranger.*

Description apologétique du premier sérail de la capitale.

Voir : *La galantérie sous la sauvegarde des lois.*

Description topographique, historique, critique et nouvelle du pays et des environs de la Forêt-Noire, située dans la province du Merry-land. — Traduction très libre de l'anglais, avec cette épigraphe : *A bon entendeur, salut.* — A Boutentation, chez les veuves SULAMITES, aux petits appartements de Salomon. L'an du monde 100, 700, 700, 000 (probablement 1770). Petit in-8 de 83 pp., avec une figure libre.

Réimprimé à Bruxelles, en 1866, dans le même format, avec le même nombre de pages, 5 fr.

Ouvrage poursuivi pour *outrage aux bonnes mœurs*, et condamné à la destruction par jugement du Tribunal de la Seine, du 12 octobre 1822. Le prévenu, Jean-Baptiste ROUSSEAU, libraire, chez lequel ce livre avait été saisi, le 17 août précédent, ainsi que quinze autres ouvrages non moins licencieux dont il sera parlé en leur lieu et place, fit appel de ce jugement à fin de nullité de la saisie qui ne lui avait pas été notifiée dans les trois jours voulus par l'art. 7 de la loi du 17 mai 1819. La Cour royale de Paris, par arrêt rendu le 16 novembre 1822, déchargea ROUSSEAU de l'action et, néanmoins, sur les conclusions du Procureur général et du consentement du prévenu, ordonna que tous les ouvrages en question seraient retenus au greffe pour être mis sous le pilon.

Voir : *Moniteur* du 26 mars 1825.

La Description topographique du Merryland (Pays joyeux) est une suite d'allusions continuelles sur les sujets les plus scabreux : le lecteur ne tarde pas à se fatiguer de cette plaisanterie obscène beaucoup trop prolongée. — On trouve dans la *Bibliographie Gay* (t. III, p. 13,) une courte analyse et la description des diverses éditions françaises et anglaises de ce mauvais ouvrage.

Voir aussi : *Parapilla*.

Désert (Le) des Muses.

Voir : *Dessert des Muses.*

Désœuvré (Le).

Voir : *Le Chroniqueur désœuvré.*

Despotisme (Le) en état de siége, ou la *Royauté sans prestige*, par DE BEAUFORT. — Paris, les marchands de nouveautés, 1820 ; in-8.

Cet écrit, publié au mois d'août 1820, fut condamné à la destruction comme contenant des offenses envers la personne du roi et des outrages à la morale publique et religieuse, par arrêt de la Cour d'assises de la Seine en date du 7 novembre 1820. (Pas d'insertion au *Moniteur*.)

Dessert (Le) des Muses, ou les *Délices de la Satyre galante*, par P. M. D. D. (Jean AUVRAY). — Paris, P. LAMY, s. d. (Hollande, de 1675 à 1680), petit in-12 de 127 pages.

Ce volume, par suite d'une faute typographique est, dans l'édition de Hollande, imprimé avec le titre de : *Désert des Muses*. Toutes les pièces qui composent ce recueil. ont été réimprimées dans : *Le Banquet des Muses, ou Recueil de toutes les satyres.. amourettes*, etc., par Jean AUVRAY. Rouen, D. FERRAND, 1623, petit in-8. Un grand nombre avaient déjà paru dans « Le Parnasse des plus excellents poëtes de ce temps » (Paris, 1607-1618.)

Ce recueil, qui est en général fort libre, a été réimprimé à Bruxelles, en 1863 (par MERTENS, pour J. Gay), petit in-12 de 126 pp., 100 exemplaires.

C'est cette réimpression qui a été visée par le jugement du Tribunal de Lille, du 6 mai 1868, inséré au *Moniteur* du 19 septembre suivant, ordonnant la destruction du *Désert des Muses*, ouvrage commençant par ces mots : « La mer n'a point tant de baleines ..... » finissant par ceux-ci : « poëmes profanes du sieur Auvray », et contenant des outrages à la morale publique et religieuse ainsi qu'aux bonnes mœurs. (Aff. contre DUQUESNE.)

Voir : *Actes des Apôtres.*

Deux amies intimes. — Lithographie obscène.
Voir : *Les Tribades.*

Deux Cours (Les) et les nuits de St-Cloud. Mœurs, débauches et crimes de la famille Bonaparte. — Londres, JEFFS. — Bruxelles,

BRIARD, 1852; in-8, 123 pages. (Ouvrage faussement attribué à M. Aug. CALLET, et qui est en réalité de M. Hippolyte MAGEN.)

Cet écrit, qui commence par ces mots : « L'histoire s'étudie par plusieurs côtés », et qui finit par ceux-ci : « Cotytto, déesse de la Débauche », a été condamné à la destruction pour outrages à la morale publique et religieuse, aux bonnes mœurs et à la famille impériale, par jugement du Tribunal correctionnel de Lille, en date du 6 mai 1868, inséré au *Moniteur* du 19 septembre suivant. (Aff. contre SACRÉ-DUQUESNE.)

Voir pour les détails : *Actes des Apôtres.*

Deux (Les) frères. — Lithographie obscène.

Voir : *Les Soirées lubriques.*

Deux (Les) gougnottes.

Voir : *Enfer de Joseph Prudhomme.*

Deux (Les) n'en font qu'un. — Gravure obscène.

Voir : *Amours des rois de France.* (Gravures.)

Deux nuits d'excès.

Voir : *Gamiani.*

Deux questions ouvrières, par Auguste BAZIN, ouvrier typographe ; imprimé par Henri-Auguste CARION. — Paris, 1862, in-18, 23 pp.

Par jugement du 26 mars 1862, le Tribunal correctionnel de la Seine, « considé-
« rant que dans la susdite brochure divisée en deux parties, et notamment aux
« pages 16 et 17, BAZIN a cherché à troubler la paix publique en excitant le mépris
« et la haine des citoyens les uns contre les autres….. ; en ce qui touche CARION,
« attendu qu'il est établi que, au moment où ladite brochure a été imprimée
« dans ses ateliers, il était absent de Paris et que, par suite d'une sorte d'abus de
« confiance commis par son prote, qu'il a congédié, qu'en son absence et par con-
« séquent à son insu, BAZIN a fait imprimer cet écrit, dont lui CARION, blâme la
« forme et le fond ; renvoie CARION des fins de la plainte, sans amende ni dépens,
« condamne BAZIN à 100 fr. d'amende, prononce la confiscation des exemplaires
« saisis et en ordonne la destruction. » (*Moniteur* du 25 avril 1852 ; *Journal officiel*
du 7 mai 1874 ; *Gazette des Tribunaux* du 27 mars 1862.)

Deux (Les) sœurs. — Lithographie obscène.

Voir : *Les Soirées lubriques.*

Deux (Les) sœurs, ou le *Cas de Conscience*. — Chanson.
Voir : *Chansons de Béranger*.

Deux (Les) Tartufes.
Voir : *L'Incrédule*.

Deuxième anniversaire des Journées de Juillet. Ecrit en vers
sur le...., par M. CELLIER, notaire à Jolligny. 1832.

Par arrêt de la Cour d'assises de l'Ain, en date du 22 janvier 1833, M. CELLIER,
déclaré coupable d'outrages à la personne du roi, de provocation au meurtre, à la
guerre civile, etc., par la publication de l'écrit ci-dessus, a été condamné à six
mois d'emprisonnement et 500 francs d'amende. (*Gazette des Tribunaux* du 30 janvier 1833.)

**Deuxième lettre aux Travailleurs. — Organisation du tra-
vail,** par Ch. NOIRET, ouvrier à Rouen. 1841, in-18. Brochure faisant suite
à celle que l'auteur avait publiée l'année précédente sous le titre de : *Aux
Travailleurs*.

La destruction de cet écrit, contenant des attaques contre le respect dû à la
propriété et des provocations à la haine contre diverses classes de citoyens, a été
ordonnée par arrêt de la Cour d'assises de la Seine-Inférieure, en date du 31 juillet 1841, condamnant le tisserand Ch. NOIRET à un an de prison et 100 francs
d'amende. Le sieur LEFRANÇOIS, libraire à Rouen, dans la boutique duquel se
vendait l'écrit en question, n'a pas été mis en cause. (*Moniteur* du 12 mars 1842.)

Deuxièmes Pélagiennes, par Louis BASTIDE. — Paris, l'auteur
LAISNÉ JUNIOR, 1837, in-8, 64 pp. Satires faisant suite aux « *Pélagiennes* »
du même auteur. — Paris, 1836, in-8, 52 pp., 1 fr. 50.

Cet écrit du fécond satiriste dont il est parlé aux articles : *Tisiphone* et *Au Roi*,
fut renvoyé devant le jury de la Seine, par arrêt de la Chambre des mises en
accusation en date du 2 septembre 1837, pour « excitation à la haine et au mépris
du gouvernement du roi, offense envers le duc d'Orléans et la personne du roi. »
Tous ces chefs d'accusation furent écartés par arrêt de la Cour d'assises de la
Seine en date du 12 du même mois. (Point d'insertion au *Moniteur*.) Les pièces
incriminées sont celles intitulées : *Aux Ministres* et *le Prince à marier*.

Dévotion. — Lithographie obscène.

Destruction ordonnée par jugement du Tribunal correctionnel de la Seine, en
date du 13 mars 1852. (Aff. contre LANGLOIS.) — *Gazette des Tribunaux* du 14 mars.

Diable (Le) au corps, œuvre posthume du très-recommandable docteur Cazzone, membre extraordinaire de la joyeuse faculté phallo-coïro-pygo-glottomanique (par le chevalier Andréa DE NERCIAT). S. L. 1803 ; 3 vol. in-8 et 6 vol. in-18 ; 20 fig. libres.

Réimprimé à Bruxelles en 1864.

« Ce roman, devenu rare et cher, dit la *Bibliographie Gay*, est entremêlé de dialogues avec des expressions libres ; c'est sans doute l'ouvrage le plus obscène et en même temps le plus renommé de NERCIAT.

La destruction de cette détestable production a été ordonnée par arrêt de la Cour d'assises de la Seine en date du 9 août 1842, (aff. RÉGNIER-BECKER,) inséré au *Moniteur* du 15 décembre 1843.

D'après la *Bibliographie Gay*, d'autres condamnations ont été prononcées au sujet de cet ouvrage, le 5 décembre 1826 et en 1852.

Voir aussi : *Parapilla*.

Diable (Le) de Papefiguières, gravure obscène.

Voir : *Contes de la Fontaine*.

Diable (Le) en enfer, gravure obscène.

Voir : *Contes de La Fontaine*.

Diable (Le) est mort. — Article publié par M. GERMAIN CASSE, dans le journal *La jeune France*. — Paris, 1861, contenant des outrages à la religion catholique.

Par jugement du Tribunal correctionnel de la Seine, du 21 juillet 1861, l'article ci-dessus a été condamné à la destruction ; l'auteur, G. CASSE, a été condamné à 200 fr. d'amende, KUGELMANN, imprimeur, à 100 fr. et le gérant du journal, DESLOGES, à 16 fr. d'amende. Sur l'appel interjeté par ce dernier, la Cour de Paris a purement et simplement confirmé la sentence des premiers juges, par arrêt du 17 octobre 1861. (*Gazette des tribunaux* du 18 octobre 1861. — *Journal officiel* du 7 mai 1874.)

Diable (Le) peint par lui-même, ou *Galerie de Petits romans, anecdotes*, etc., par COLLIN DE PLANCY. — Paris, MONGIE, aîné, 1819-1825, in-8, fig., 6 fr.

Ouvrage cité au Catalogue Wittersheim, p. 21.

Voir : *Les amours de Louis le Grand*.

Diable (Le) rose, ou le *Petit courrier de Lucifer*, par Victor DUCANGE, 19 nos in-8.

Cet écrit ayant traité de matières politiques (bien que son titre ne l'indique guère), sans que le cautionnement exigé par l'art. 1er de la loi du 9 juin 1819 eût été versé, M. V. Ducange, rédacteur et gérant de ce journal, fut condamné par arrêt de la Cour royale de Paris (ch. des appels correctionnels), en date du 23 novembre 1822, à 40 jours d'emprisonnement et 300 fr. d'amende. (*Moniteur* du 17 décembre 1822). Le « Diable rose » ne survécut pas à cette condamnation.

Diabolico-f.....manie, recueil de douze lithographies obscènes, y compris le frontispice.

Ces lithographies, sans aucune légende, représentent des diables et des femmes se livrant à des actes obscènes ; c'est sans doute la même chose que l'ouvrage connu sous le titre d' « Enfer en goguette. »

La destruction de ces diableries, dont quelques-unes sont ingénieuses et spirituelles, a été ordonnée, pour outrages à la morale publique et aux bonnes mœurs, par arrêt de la Cour d'assises de la Seine, en date du 30 août 1837, condamnant Augustin-Emmanuel Dauty, marchand d'estampes à Paris, à un an de prison et 500 fr. d'amende. En exécution du même arrêt, les pierres lithographiques qui avaient été saisies ont été brisées. (*Moniteur* du 7 novembre 1837.)

Diaboliques (Les), par J. Barbey d'Aurevilly. — Paris, Dentu, 1874, in-12, 354 pages (imp. chez G. Jacob, à Orléans). Tiré à 2,200 exemplaires.

En décembre 1874, des poursuites ont été dirigées, par le parquet de la Seine, contre cet ouvrage, écrit avec un talent véritablement remarquable, mais dont le tort est de retracer, avec des expressions d'une grande crudité, des scènes bien fortes et parfois même licencieuses. Dans l'instruction, M. J.-B. d'Aurevilly, entendu, déclara qu'il n'avait nullement cherché à se faire un succès de mauvais aloi ; qu'il avait, dans les six nouvelles de cette première série des Diaboliques, recherché un but éminemment moral et voulu, comme il l'a dit à aucuns, *terroriser le vice*, en peignant des scènes vraies dans toute leur hideur. La bonne foi de l'honorable écrivain ne pouvant être révoquée en doute, cette affaire se termina le 28 janvier 1875, par une ordonnance de non-lieu. Toutefois, du consentement des auteur et éditeur, 480 exemplaires, qui avaient été saisis chez le brocheur, ont été anéantis.

Dialogue aux enfers entre Machiavel et Montesquieu, ou la *Politique de Machiavel au XIXe Siècle, par un contemporain*. — (Maurice Joly.) — Bruxelles, imp. de Mertens, in-18, III-337 pp., 1865.

Réimprimé à Bruxelles, en 1868, chez Biart, avec cette note placée après le titre : « La publication de la 1re édition de cet ouvrage a valu à son auteur une condamnation à quinze mois de prison et 200 fr. d'amende, pour excitation à la haine et au mépris du gouvernement. (Tribunal correctionnel de la Seine, 28 avril 1865.)

La destruction de cet ouvrage a encore été ordonnée, comme écrit déjà condamné, par jugement du Tribunal correctionnel de la Seine (6e ch.), en date du

27 janvier 1869, inséré dans la *Gazette des Tribunaux* du 28 janvier 1869 (aff. contre GOSSELIN et consorts).

Voir : *La Lanterne.*

Dialogue de .Madelaine et de Julie.

Voir : *La P.... errante.*

Dialogues sur l'Eglise.

Voir : *Gros-Jean et son curé.*

Dictionnaire anecdotique des Nymphes du Palais-Royal et *autres quartiers de Paris,* par un homme de bien (LEPAGE). — Paris, chez les marchands de nouveautés, 1826, imp. de SELLIGNE, 94 pp., in-32, 75 centimes.

Sujet honteux, dit le jugement du Tribunal correctionnel de la Seine du 15 décembre 1826, qui, du consentement de l'auteur, a ordonné la destruction de ce petit écrit (point d'insertion au *Moniteur*).

Dictionnaire des Saints.

Voir : *Nouvelle Légende dorée.*

Dictionnaire érotique moderne, par un professeur de langue verte (Alfred DELVAU). — Freetown, imprimerie de la Bibliomaniac Society. (Bruxelles, MERTENS, pour J. GAY), pet. in-12, de X-319 pp. et un front. à l'eau-forte, de Félicien ROPS, tiré à 250 ex. in-12 et 50 ex. pet. in-8. Prix : 20 et 30 fr.

— 2e édition, revue, corrigée, considérablement augmentée par l'auteur et enrichie de nombreuses citations. — Neuchâtel (Suisse), imprimerie de la Société des Bibliophiles cosmopolites (J. GAY), 1874 (décembre), in-12 de XXIII-402 pp., front. gravé. — Tiré à 500 ex., dont 100 sur grand pap. vélin anglais, à 25 fr. 100 sur pap. de Hollande, à 20 fr. et 300 sur pet. pap. anglais à 15 fr.

La *Bibliographie Gay* (t. III, p. 5) n'hésite pas à appeler ce livre « l'œuvre la plus remarquable de notre cher et regretté DELVAU. » Nous nous permettrons, pour cette fois, de ne pas partager l'avis du savant rédacteur de l'article précité. C'est peut-être l'ouvrage le plus froidement immonde qui existe et le besoin ne s'en faisait nullement sentir. Que de mal ne ferait pas, s'il venait à tomber entre les mains de jeunes gens, un pareil livre dont il existe encore tant d'exemplaires ! La première édition du *Dictionnaire érotique moderne* a été condamnée à la destruction par jugement du Tribunal correctionnel de la Seine, du 2 juin 1865, inséré au *Moniteur* du 8 novembre suivant (aff. contre GAY).

Voir : *Aphrodites.*

Voir aussi : *Parapilla.*

Dictionnaire féodal, par J.-A.-S. COLLIN DE PLANCY, seconde édition corrigée et augmentée d'un tableau de l'ancien régime, comparé à l'état actuel de la France, et d'une table générale des matières. — Paris, BRISSOT-THIVARS, 1820, 2 vol. in-8, 10 fr.

Il n'y a pas eu réimpression, c'est tout simplement la première édition à laquelle on a ajouté le tableau et la table énoncés dans le titre.

La destruction de cet ouvrage, qui contient des outrages à la morale publique et aux bonnes mœurs, a été ordonnée du consentement du prévenu, acquitté pour vice de forme, par arrêt de la Cour royale de Paris en date du 16 novembre 1822, inséré au *Moniteur* du 26 mars 1825 (aff. contre ROUSSEAU).

Voir : *Description topographique.*

Dictionnaire français illustré, panthéon littéraire, scientifique, biographique, dictionnaire d'histoire, de botanique, de géographie, encyclopédie des arts et métiers, par Maurice LA CHATRE. — Paris, 1856, Malmenayde et de Riberolles, in-4, 10 fr.

Cet ouvrage a été publié en 100 livraisons à 10 centimes. Aussitôt terminé, il a été saisi et la destruction en a été ordonnée, en raison de certains articles contenant des outrages à la morale publique et religieuse et des excitations à la haine et au mépris des citoyens les uns envers les autres, par jugement du Tribunal correctionnel de la Seine (6e ch.), en date du 14 juillet 1858, condamnant l'auteur à 5 ans de prison et 6,000 fr. d'amende (*Moniteur* du 18 septembre 1858 et *Journal officiel* du 7 mai 1874).

Une seconde condamnation, au sujet du même ouvrage, a été prononcée, par la 7e chambre du même Tribunal, contre LA CHATRE, JOURNOT et WALDER, le 6 avril 1859 (*Journal officiel* du 7 mai 1874).

Dictionnaire ministériel.

Voir : *Le petit Dictionnaire...*

Dictionnaire philosophique.

Voir : *Œuvres de Voltaire.*

Dictionnaire universel, de LA CHATRE.

Voir : *Dictionnaire français illustré.*

Dieu le veut ! par le vicomte Victor d'ARLINCOURT. — Paris, 1848, in-18.

Cette brochure fut poursuivie pour « provocation non suivie d'effet au renver-
« sement du gouvernement et à la guerre civile et pour attaques, tant contre les
« institutions républicaines que contre la souveraineté du Peuple. » Le verdict
du jury ayant été négatif sur toutes les questions, l'auteur fut acquitté par arrêt
de la Cour d'assises de la Seine.en date du 23 novembre 1848 (*Gazette des Tribunaux*
du 24 novembre).

Cet écrit du vicomte d'ARLINCOURT eut, à la suite du procès, un succès prodi-
gieux ; en 1850, on en publia la 64e édition.

Dieux ! que j'aurais voulu être homme ! — Lithographie licencieuse.

Voir : *Alfred, Alfred, arrête-le.*

Dîme (La) du Gondolier. — Lithographie obscène.

Voir : *Histoire universelle érotique.*

Directeur (Le) de théâtre et sa protégée. — Gravure obscène.

Voir : *Gravures obscènes.* — Affaire Chapelle, II.

Discours de Marat au peuple, extrait de l'*Ami du peuple,* du 18 septembre 1789, par Constant HILBEY, ouvrier tailleur. — Paris, 1846, in-8.
8 pp., prix : 25 centimes.

Ce ne fut point cet écrit que la justice visa, mais bien un placard composé et
affiché dans tout Paris, par HILBEY, pour annoncer, tant l'ouvrage ci-dessus que
deux autres brochures de sa composition. La destruction de ce placard analytique,
traitant de matières politiques, fut ordonnée par arrêt de la Cour d'assises de la
Seine, en date du 9 janvier 1847, condamnant HILBEY à quinze jours de prison et
100 fr. d'amende (point d'insertion au *Moniteur*).

Discours prononcé par Sa Majesté, le 15 mars 1815, avec un
préambule, écrit de 4 pages, publié sous une fausse date, (31 juillet 1816),
dans le but de faire croire à la rentrée de l'empereur sur le territoire
français.

La destruction de cet écrit séditieux, dont l'impression avait été faite par les
soins de François CHASSAIGNON, imprimeur à Paris, a été ordonnée par jugement
du Tribunal correctionnel de la Seine, du 19 novembre 1816, confirmé par arrêt
de la Cour royale de Paris, du 30 décembre suivant qui a fait application à CHAS-
SAIGNON de l'article 14 de la loi du 21 octobre 1814 (point d'insertion au *Moniteur*).
Par le même jugement, a été condamné à la destruction un écrit, contenu dans la

même brochure, intitulé : *Le Serment des maréchaux de France*, par GILLON, sur la description et la teneur duquel nous n'avons pu trouver de renseignements.

Disputatio perjucunda quâ anonymus probare nititur mulieres homines non esse (par Valens ACIDALIUS). — Leipsig, 1595, in-4. — La Haye, 1638-1641-1644 et 1693, pet. in-12.

Traité facétieux et satirique à l'égard des théologiens. Traduit en français sous le titre de : *Paradoxe sur les femmes, où l'on s'efforce de prouver qu'elles ne font point partie de l'humanité.* Ce livre, très rare d'ailleurs, est rempli de traits fort risqués. Il a été mis à l'index, comme immoral, par l'autorité et saisi à la vente Fr. NOEL en 1841. On sait d'ailleurs que le catalogue de l'ancien inspecteur général de l'Université était remarquable par un grand nombre d'ouvrages érotiques, qui furent saisis pour la plupart et dont la mise en vente publique fut interdite par l'administration.

Dissertation étymologique, historique et critique sur les diverses origines du mot cocu, avec notes et pièces justificatives, par un membre de l'Académie de Blois (DE PÉTIGNY). — Blois, 1835, in-16, 52 pp., tiré à 71 ex., dont 21 sur papier jaune. — Réimprimé à Bruxelles, en 1866 (MERTENS pour J. GAY), pet. in-12 de 40 pp. — Tiré à 108 ex. dont 25 sur papier jaune.

Facétie spirituelle sur un sujet bien scabreux, dont la destruction a été ordonnée, pour outrages à la morale publique et aux bonnes mœurs, par jugement du Tribunal correctionnel de la Seine (6ᵉ ch.), en date du 25 juin 1869, inséré au *Journal officiel* du 7 mai 1874 (aff. contre PUISSANT et consorts).

Voir : *Abus dans les cérémonies.*

Dissertation foutromanique.

Ecrit obscène sur lequel nous n'avons trouvé aucune indication bibliographique. Cité au catalogue Wittersheim, p. 21.

Voir : *Les amours de Louis le Grand.*

Dissertation sur l'Alcibiade.

Voir : *Alcibiade III.*

Dites-donc, l'abbé, si nous faisions fondre cette machine, combien, croyez-vous, en tirerions-nous de gros sous ? — Lithographie représentant deux personnages arrêtés au pied de la colonne Vendôme ; l'un des deux, ayant un parapluie sous le bras et une cocarde tricolore au chapeau, interpelle l'autre dans les termes précités.

Cette lithographie, saisie au domicile de M. MARTIN, rue de Richelieu, 63, fut poursuivie, non pas pour allusions offensantes envers la personne du roi, mais simplement pour défaut de nom d'auteur et d'imprimeur.

L'éditeur refusa formellement de déclarer ces noms et assuma toute la responsabilité de cette lithographie que, d'ailleurs, il n'avait nullement mise en vente. C'est par ce motif qu'il fut acquitté par jugement du Tribunal correctionnel de la Seine (6e ch.), en date du 17 août 1832.

Voir : *Gazette des Tribunaux* du 18 août.

Divinités (Des) génératrices, ou du *Culte du Phallus*, chez les anciens et les modernes, des cultes du dieu de Lampsaque, de Pan, de Vénus, etc., par J.-A. D****(Jacques-Antoine DULAURE). — Paris, DENTU, an XIV (1806), in-8, 437 pp.

Réimprimé en 1825, avec le nom de l'auteur : on y joint quelquefois une grande planche collée sur toile représentant la *Procession du Phallus.*

C'est cette réimpression qui, bien qu'ayant subi d'importants retranchements, a été condamnée à la destruction par jugement du Tribunal correctionnel de la Seine en date du 27 octobre 1826 (pas d'insertion au *Moniteur*). Le volume supprimé formait la deuxième partie de l'ouvrage du même auteur ayant pour titre : *Histoire abrégée des différents cultes qui ont précédé et amené l'idolâtrie.*

Dix ans de la vie d'un jeune homme.

Voir :

Dix ans de la vie d'une femme ou *Mémoires de M*^{lle} *Anaïs C...* — Paris, 1834-1839-1850-1861, in-18 de 52 pp., auquel on joint quelquefois 12 figures libres.

La destruction de cet ouvrage (attribué à RABAN), accompagné de gravures, a été ordonnée, pour outrages à la morale publique et aux bonnes mœurs, par arrêt de la Cour d'assises de la Seine-Inférieure, en date du 8 septembre 1844, condamnant Pierre BON, colporteur, à 5 ans de prison et 6,000 fr. d'amende (*Moniteur* du 3 décembre 1844).

On prétend que l'ouvrage du même auteur : *Dix ans de la vie d'un jeune homme,* Paris, 1834, in-18, fig., a été visé par le même arrêt.

Documents inédits sur le règne de Louis XV, *Journal des inspecteurs de M. de Sartines.* — Première série, 1761-1764 (publiée par M. Lorédan LARCHEY). — Bruxelles, Ernest PARENT, 1863, in-18, de XII-339 pp.

Bien que sur le titre ce livre porte le nom de M. DENTU, libraire à Paris, à côté de celui de l'éditeur belge, il fut cependant sévèrement proscrit en France, pendant toute la durée du second empire. Ce fut sans doute pour ce motif que les éditeurs s'abstinrent de continuer cette publication, fort monotone d'ailleurs, mais qui, si elle est sincère, présente un certain intérêt pour les amateurs curieux de ces sortes de révélations. Récemment, l'autorité supérieure a permis l'introduction de ce livre en France et les exemplaires se sont vendus librement à Paris.

Doit et avoir du peuple et de la société, article.

Voir : *Les droits du peuple,* revue.

Doléances du Portier des chartreux.

Voir : *Dom B..gre aux Etats généraux.*

Dom B..gre aux Etats généraux, ou.*Doléances du Portier des chartreux,* par l'auteur de la Foutromanie, à Foutropolis, chez Braque-mart, libraire, rue Tire v.., à la c...... d'or, avec permission des supé-rieurs, s. d. (1789), in-8, de 16 pp. en prose.

RÉTIF DE LA BRETONNE fut incarcéré comme étant l'auteur de cet écrit, sur la dénonciation de son gendre Augé. Il ne tarda pas à être relâché, son innocence ayant été reconnue. On trouve une notice très-complete de cet opuscule aussi obscène qu'extravagant au tome III (p. 91) de la Bibliographie GAY.

Il en resulte qu'on ignore encore absolument quel est l'auteur de cette immonde brochure, qui a ete reimprimée à 70 exemplaires, sous la rubrique de Paris (Bruxelles),1868, in-8, IV-35 pp.

C'est cette reimpression qu'a visée le jugement du Tribunal correctionnel de Lille, du 6 mai 1868, insere au *Moniteur* du 19 septembre suivant, ordonnant la destruction de *Dom B..gre aux Etats généraux,* écrit commençant par ces mots : « La publication de la brochure, » finissant par ceux-ci : « il lui faut des hochets, » et contenant des outrages à la morale publique et religieuse ainsi qu'aux bonnes mœurs (aff. contre DUQUESNE).

Voir : *Actes des Apôtres.*

Dominicain (Le), ou les *Crimes de l'intolérance et les effets du célibat religieux,* par T......e (E.-L.-J. TOULOTTE). — Paris, PIGOREAU. 1803, 4 vol. in-12, 7 fr. 50.

Ouvrage licencieux, dit la *Bibliographie Gay* et dont l'auteur a imité, avec de grands adoucissements toutefois, le genre du marquis de SADE. Mème goût pour l'union de la cruaute à la volupté ; divers traits de la vie du célèbre marquis sont reproduits dans cet écrit dépourvu d'ailleurs d'intérèt et d'habileté.

La destruction de cet ouvrage a été ordonnée, pour outrages à la morale pu-blique et religieuse, par jugement du 12 juillet 1827, confirmé par arrèt de la Cour royale de Paris du 5 avril 1828 (point d'insertion au *Moniteur*).

Don (Le) du mouchoir. — Lithographie obscène.

Destruction ordonnée par arrèt de la Cour d'assises de la Seine en date du 9 août 1849. (Aff. contre RÉGNIER-BECKER. — *Moniteur* du 15 decembre 1843.)

Don-Quichotte (Le), journal satirique illustré, paraissant à Paris et à Bordeaux. — Propriétaire-gérant : Gilbert MARTIN.

Le N° 155 de ce journal, portant la date du 8 juin 1877, a été saisi pour publica.
tion sans autorisation d'un dessin de Gilbert MARTIN, ayant pour titre : *La
Tentation.*

(L'affaire a dû être jugée à Bordeaux.)

Dors, mon enfant, tu seras Roi !

Ecrit clandestin.

Voir : *Mémoires du duc de Normandie.*

Double (La) jouissance. — Lithographie obscène.

Voir : *Esméralda.*

Doux (Le) entretien des bonnes compagnies.

Voir : *Parnasse des muses.*

Douze sujets du jour, recueil de lithographies obscènes.

Destruction ordonnée par arrêt de la Cour d'assises de la Seine en date du
9 août 1842. (Aff. contre RÉGNIER-BECKER. — *Moniteur* du 15 décembre 1843.)

Drapeau (Le), journal belge.

Voir : *Journaux étrangers.*

Drapeau Blanc. — Journal.

Voir : *Lettre à M. d'Hermopolis, I.*

Drapeau (Le) blanc est le seul drapeau français. — Article.

Voir : *L'ami de la vérité.* — Journal.

Droit (Le) de réunion. — Article.

Voir : *La voix du proscrit,* journal.

Droit (Le) et la liberté, par CHAUVIN-BEILLARD, avocat. — Paris,

DENTU, 1830, in-8, 32 pp., 1 fr. 50. — Cet écrit porte comme en-tête :
Société pour la publication de brochures.

La destruction de cette brochure, contenant des attaques contre la dignité
royale et l'ordre de successibilité au trône, a été ordonnée par arrêt de la Cour
d'assises de la Seine en date du 29 avril 1831, condamnant l'auteur à 4 mois de
prison et 500 fr. d'amende (point d'insertion au *Moniteur*).

Droits (Les) du peuple, revue sociale et politique. J. TERSON, prê-tre, rédacteur en chef. — Paris, mai-septembre 1845, in-8.

Les quatre numéros de cette revue, publiés en mai, juin, juillet et août 1845, contenant les articles intitulés : 1o *Almanach-catéchisme du peuple*; 2o *Arrestation de la Mère des charpentiers*; 3o *Aux Travailleurs*; 4o *Un chapitre de l'histoire de France*; 5o *Débats parlementaires*; 6o *De l'instruction supérieure des prolétaires*; 7o *Doit et avoir du peuple et de la société*; 8o *Juste-milieu et conservateurs*, ont été poursuivis pour excitation à la haine et au mépris du gouvernement du roi et pour provocation à la haine entre les diverses classes de la société.

La destruction des quatre numéros dont s'agit a été ordonnée par arrêt de la Cour d'assises de la Seine en date du 26 novembre 1845, condamnant l'abbé Jean TERSON à quatre mois de prison et 200 fr. d'amende (*Moniteur* du 9 juin 1846).

Drôleries (Les) des grandes filles.

Voir : *La malice des grandes filles.*

Duc de Bordeaux.

Voir : *Henri.*

Duc de Chartres.

Voir : *Vie privée de très-sérénissime prince.*

Duc d'Orléans. •

Voir : *La vie du duc d'Orléans.*

Duel (Le), ou l'*homme à la longue barbe*, par ELIÇAGARAY.

Brochure injurieuse et diffamatoire envers la famille Larochejacquelein, et dont la destruction a été ordonnée par arrêt de la Cour royale de Paris, du 23 juin 1829, confirmatif du jugement du Tribunal correctionnel de la Seine, en date du 2 avril précédent. L'auteur de l'écrit, Edouard ELIÇAGARAY, homme de lettres, a été condamné à un mois de prison et 100 fr. d'amende (point d'insertion au *Moniteur*).

Duels, suicidés et amours du bois de Boulogne ; événements tragiques, rendez-vous galants, intrigues piquantes, etc., par un rôdeur, caché dans un arbre creux de ce bois (J.-P.-R. CUISIN). — Paris, 1820, 2 vol. in-12, gravures.

Recueil d'histoires fort libres, mis à l'index, par mesure de police, en 1825.

Voir : *Note des ouvrages à supprimer.*

Dynastie (La) des de la Palisse. par Ch. LONGUET, in-18. 1865. — Bruxelles, Rozez, 30 cent.

Cet écrit charivarique, faisant suite aux propos de Labienus, commence par ces mots : « Il y a quelques siècles, un homme fonda une dynastie, sans y songer et sans le savoir, » et finit par ceux-ci : « ... lesquels tous furent pareillement en mer portés et noyés misérablement. »

La destruction de cette brochure séditieuse a été ordonnée par jugement du Tribunal correctionnel de la Seine, du .... 1865, condamnant l'auteur à huit mois d'emprisonnement.

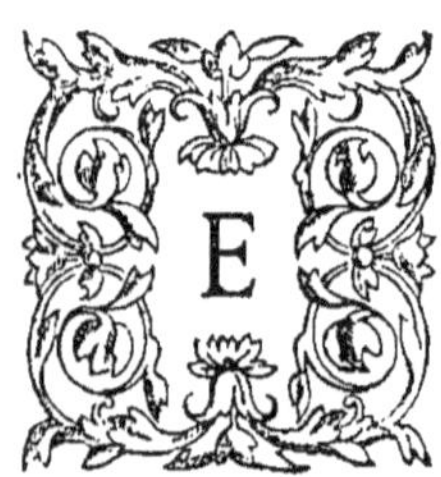

Ecarts (Les) de ma jeunesse.

Voir : *Amélie, ou...*

Echafaud (L') politique relevé par la réaction. — Article.

Voir : *Le National de l'Ouest*, journal.

Echo (L') de la fabrique, journal publié à Lyon.

Le numéro du 17 février 1833, contenant un article diffamatoire envers des particuliers, a été condamné à la destruction par arrêt de la Cour royale de Lyon (ch. des appels correctionnels), en date du 8 mai 1833 (*Moniteur* du 29 juin 1833).

Echo (L') de Paris. — Journal.

Voir : *La suite d'un bal masqué.*

Echo (L') de Sainte-Hélène.

Voir : *Pièces authentiques sur le captif.*

Echo (L') du Nord, journal publié à Lille.

Le numéro 204, contenant l'article *Encore une tête* (apologie de l'attentat d'Alibaud), a été condamné à la destruction, par arrêt de la Cour d'assises du Nord, du 12 novembre 1836, prononçant contre Jacques-Vincent Leleux, propriétaire-gérant, la peine d'un mois de prison et 100 fr. d'amende (*Moniteur* du 23 avril 1837).

Eclair (L'). — Journal illustré. N° 1, daté du 17 juin 1877, contenant un dessin intitulé : *Le chêne et le roseau,* par A. Bourgevin, rédacteur en chef; Donat, gérant, impr. Robert et Bulh, à Paris.

Ce premier numéro, contenant un dessin offensant pour le chef de l'Etat, et dont la publication avait été interdite, a été saisi presqu'en totalité.

Par jugement du Tribunal correctionnel de la Seine (11e ch.), en date du 30 juin 1877, M. Donat a été condamné à 200 fr. d'amende. Confiscation des numéros saisis.

Ecole de l'intérêt.

Voir : *Escole de l'intérest.*

Ecole (L') des Biches, ou *Mœurs des petites dames de ce temps.* —
Paris, 1863 (Bruxelles, 1868), in-8 de 274 pp., tiré à 64 ex. numérotés. — 30 francs.

« Ce volume, dit la Bibliographie Gay, est dû aux loisirs de quelques hommes
« du monde, MM. Baroche, fils de l'ancien ministre de la justice, Hankey, riche
« amateur anglais, bien connu à Paris, Dup.., B..., et autres. Si l'on publiait la
« clef des noms des personnages, il serait très-intéressant ; mais, dans l'ignorance
« de ce détail, c'est simplement un livre original assez amusant. Il se compose de
« seize entretiens, où figurent trois hommes et quatre femmes, dont les portraits
se trouvent en tête du volume.» (Voir dans le reste de l'article t. iii, p. 139 les
portraits du comte Henri de Surville, de Martin Duvernet, de Caroline Deschamps,
deMarie Auber.) « C'est à peu près tout ce qu'il nous serait permis de citer,» ajoute
le rédacteur.

Par ugement du Tribunal de Lille, du 6 mai 1868, inséré au *Moniteur* du 19
septembre suivant, a été ordonnée la destruction de *l'Ecole des Biches*, commençant
par ces mots : « Le comte de Farsalle, 45 ans..., » et finissant par ceux-ci : « du
bonheur pour tous... », ouvrage contenant des outrages à la morale publique et
aux bonnes mœurs (aff. contre Duquesne).

Voir : *Actes des Apôtres.*

Ecole (L') des filles, ou *la philosophie des dames, leur indiquant le*
secret pour se faire aimer des hommes, quand même elles ne seraient
pas belles, et le plus sûr moyen d'avoir du plaisir tout le temps de leur vie,
en deux dialogues, par A.-D.-P. (Millilot,, — Paris, 1655, avec un front.
gr. par Fr. Chauveau.

Edition introuvable de cet ouvrage licencieux, imité des *Ragionamenti*
de l'Arétin et qui valut à son auteur présumé d'être pendu en effigie.

Les éditions de ce livre sont innombrables. Il faut lire à ce sujet l'intéressant
article de la *Bibliographie Gay* (t. III, p. 141).

La dernière réimpression a été faite par Poulet-Malassis, à Bruxelles, en 1864,
in-12 de IV-189 pp. avec table et front. gr. (sans mérite d'ailleurs, imitant celui
des anciennes éditions) aux dépens des dames de la rue des Cailles (c'est la rue
consacrée, à Bruxelles, aux établissements de débauche.

C'est cette réimpression qui a été condamnée à la destruction, pour outrages
à la morale publique et aux bonnes mœurs, par jugement du Tribunal correc-

tionnel de la Seine, du 2 juin 1865, inséré au *Moniteur* du 8 novembre suivant (aff. contre GAY).

Voir : *Aphrodites.*

Ecole (L') des filles.

Voir : *Degré des âges du plaisir.*

Ecole (L') mutuelle et l'Ecole des frères, ou le *Jardin du curé*, *Dialogue sur l'Education chrétienne,* comédie en un acte, par l'abbé Henry ESNARD, curé de Chantonay (Vendée), représentée devant M. l'évêque de Luçon, le 27 août 1837, à la distribution des prix de l'Institut de l'Instruction chrétienne de St-Gabriel, dont le sieur François MENUAU, en religion frère CHRYSOSTOME, était le directeur.

Ce long intitulé explique suffisamment la cause de cette curieuse affaire, qui eut un assez grand retentissement à cette époque de lutte très-vive entre l'enseignement religieux et l'enseignement laïque. L'instituteur communal de Chantonay assez maltraité sans doute dans cette œuvre dramatique, porta plainte contre l'abbé ESNARD et le frère CHRYSOSTOME, qui furent renvoyés devant le jury de la Vendée, sous inculpation de diffamation et excitation au mépris ou à la haine d'une ou plusieurs classes de personnes. Les accusés s'expliquèrent d'ailleurs très-franchement et le curé prit tout sur lui.

Par arrêt de la Cour d'assises de la Vendée du .. janvier 1838, le sieur MENUAU fut acquitté, et l'abbé ESNARD condamné seulement au minimum de la peine, 15 jours de prison et 100 fr. d'amende (*Gazette des Tribunaux* des 19 et 20 février 1838).

Ecrevisse (L'). — Gravure obscène.

Voir : *Amours des rois de France.* — (Gravures.)

Ecrits révolutionnaires (sortant très-probablement d'imprimeries clandestines).

I. Par arrêt de la Cour d'assises de la Seine, du 26 novembre 1851, les nommés P.-L. Ferdinand PRÉAUD, dit MORICAUD, sans profession, demeurant à Batignolles; Ch. Prudent MICHAULT, tailleur d'habits, à Paris; Jérôme Olivier MARLE, ouvrier typographe, à Paris; Pierre LELIÈVRE, ouvrier tailleur, à Paris ; déclarés coupables d'avoir, en 1851, « excité à la haine et au mépris du gouvernement de la Répu- « blique; cherché à troubler la paix publique, en excitant le mépris ou la haine « des citoyens les uns contre les autres; commis une offense envers le président de « la République; provoqué un attentat ayant pour but soit d'exciter à la guerre « civile, soit de porter la dévastation, le massacre et le pillage dans une ou plu- « sieurs communes, sans que ladite provocation ait été suivie d'effet; » délits résultant de plusieurs écrits imprimés et distribués, Le premier commençant par ces mots : « *Aux républicains des départements...* » et finissant par ceux-ci : « .... le comité du centre. » Le deuxième commençant par ces mots : « *Aux départements...* » et finissant par ceux-ci : « ... salut et fraternité. Le Comité de résistance. » Le troisième commençant par ces mots : « *Patriotes français* » et finissant par ceux-ci : « Vive la République démocratique et sociale ! » Le quatrième commençant par ces mots : « *Aux Départements* » et finissant par ceux-ci : « Le Comité de résistance, » ont été condamnés, par suite de l'admission des circonstances atténuantes, savoir : PRÉAUD, à 5 ans d'emprisonnement et 3.000 fr. d'amende ; MICHAULT à 3 ans d'emprisonnement et 2,000 fr d'amende ; MARLE et LELIÈVRE, chacun à 2 ans de prison et 1,000 fr. d'amende. En outre a été ordonnée la suppression des écrits incriminés. (*Moniteur* du 7 mai 1852.)

II. Par arrêt de la Cour d'assises de la Seine, du 14 février 1852, les sieurs Louis Jean Combes, lithographe à Paris ; Gabriel CHARAVEY, commis libraire et Eugène FOMBERTAUX, teneur de livres à Montrouge, déclarés coupables d'avoir, en 1850 et 1851, commis tous les délits relevés ci-dessus et d'avoir en outre attaqué les droits et l'autorité tant du pouvoir exécutif que de l'Assemblée nationale, provoqué les militaires de l'armée de terre à la révolte et à l'insubordination, etc., etc., en publiant et distribuant des écrits imprimés ayant pour titre : 1º *A l'Armée*, commençant par ces mots : « Soldats ! la République est en péril...» finissant par ceux-ci : « ... les peuples de l'Europe à s'affranchir à leur tour. Vive la République ! Le comité central de résistance. » 2º *A l'Armée*, sixième bulletin, commençant par ces mots : « La République est devenue la proie, » et finissant par ceux-ci : « un peuple courageux. » 3º *A l'Armée*, quatrième bulletin, commençant par ces mots : « Soldats ! l'empressement avec lequel vous secondez..., » finissant par ceux-ci : « ... qui pèse sur le soldat. » 4º *A l'Armée*, cinquième bulletin, commençant par ces mots : « Soldats ! on veut vous avilir..., » finissant par ceux-ci : « ... leur téméraire entreprise. » 5º *A la Réaction*, septième bulletin, commençant par ces mots : « Réactionnaires monarchistes de l'Empire... » finissant par ceux-ci : « ... cette fois ne l'aura pas été en vain. » 6º *Au Peuple !* huitième bulletin commençant par ces mots : « Peuple, le temps est venu de relever la tête..., » finissant par ceux-ci : « ... ou de nous ensevelir sous ses augustes ruines. » 7º *Au Peuple!* neuvième bulletin, commençant par ces mots : « Le dernier anniversaire du 24 février...,» finissant par ceux-ci : « ... nous en faisons le serment. » 8º *Au Peuple ! à l'Armée !* dixième bulletin, commençant par ces mots : « Travailleurs qui vivifiez le pays..., » finissant par ceux-ci : « ... et vos balles pour vos ennemis. » 9º *Au Peuple ! à l'Armée !* onzième bulletin, commençant par ces mots : « Nous l'avions prévu..., » finissant par ceux-ci : « ... ses richesses sont mal acquises. » 10º *Au Peuple!* douzième bulletin, commençant par ces mots : « Tu auras encore bien à souffrir... » et finissant par ceux-ci : « ramassons-en les lambeaux pour bourrer nos fusils ! » ont été condamnés chacun à 5 ans d'emprisonnement et 1.000 fr. d'amende. Le même arrêt a ordonné la destruction des susdits *bulletins*, dits du *Comité de résistance*, qui auraient été saisis ainsi que de ceux qui pourraient l'être ultérieurement (*Moniteur* du 8 mai 1852).

III. *Programme de l'union des Communes* (pièce lithographiée). *Au Peuple !* huitième bulletin (pièce typographiée). Ces deux écrits révolutionnaires furent saisis, le

21 janvier 1851, dans une maison de la barrière Pigalle qui servait de lieu de réunion aux chefs de deux sociétés secrètes, *l'Union des Communes* et *les Défenseurs de la République*. La destruction en a été ordonnée comme ci-dessus. La *Gazette des Tribunaux* (numéros du 22 janvier 1851 et suivants), a rendu compte de cette affaire dans laquelle on comptait plus de soixante inculpés.

Ecrivassiers (Les) de Marseille. — Brochure.

Par décision du Tribunal correctionnel de Marseille, en date du 28 décembre 1865, la vente de cet écrit, contenant des imputations diffamatoires a été interdite et l'éditeur a dû retirer de toutes les librairies de la ville les exemplaires qu'il .y avait déposés.

Ecu (L'). — Chanson obscène.

Voir : *L'Epine et l'Ecu.*

Ecumoire (L') ou *Tanzaï et Néardané,* histoire japonaise (par CRÉBILLON, fils). — Pékin (Paris), 1734, chez LOU-CHOU-CHU-LU, seul imprimeur de Sa Majesté chinoise, pour les langues étrangères.

Plusieurs fois réimprimé au XVIIIe siècle.

Ecrit licencieux et satirique, dirigé contre le cardinal de Rohan, la duchesse du Maine et la fameuse constitution *Unigenitus*. Ce livre, qui valut à son auteur une assez longue détention à la Bastille, fut mis à l'index, par mesure de police, en 1825.

Voir : *Note des ouvrages à supprimer.*

Education de Laure.

Voir : *Le Rideau levé.*

Education (L') des Nonnes.

Voir : *Libertinage secret du cloitre.*

Effets (Les) du célibat religieux.

Voir : *Le Dominicain.*

Effets (Les) du Champagne, lithographie obscène.

Voir : *Les soirées lubriques.*

Egarements (Les) de Julie (par DORAT). — Amsterdam (Paris), 1756, 3 part. pet. in-8. Plusieurs fois réimprimé, notamment à Londres, et par CAZIN, avec et sans figures libres.

On a aussi attribué à l'avocat Perrin ce roman licencieux conçu dans le genre de ceux de Crébillon fils. La destruction en a été ordonnée, pour outrages aux bonnes mœurs, par arrêt de la Cour royale de Paris, en date du 5 août 1828, confirmatif d'un jugement du Tribunal correctionnel de la Seine du 12 juillet précédent (point d'insertion au *Moniteur*).

Ce mauvais livre a, de plus, été mis à l'index par mesure de police, en 1825.

Voir : *Note des ouvrages à supprimer.*

Egarements du cœur et de l'esprit, ou *Mémoires de M. de Meilcourt* (par Crebillon, fils). — Amsterdam (Paris), 1736, 3 part. in-12. Plusieurs fois réimprimé au XVIIIᵉ siècle.

Ouvrage non moins licencieux que les autres romans du même auteur. Cité au catalogue Wittersheim, p. 22.

Voir : *Les amours de Louis le Grand.*

Egide contre le mal de Vénus, ou *l'art de se préserver des maladies vénériennes,* par Morel de Rubempré. — Paris, 1826, in-18, 230 pages.

Les matières traitées dans cet écrit, ou du moins la manière dont elles étaient traitées, le firent poursuivre pour outrages aux mœurs ; toutefois, le livre n'ayant pas encore été mis en circulation, le Tribunal de la Seine se contenta d'en ordonner la destruction par jugement du 10 janvier 1827. (Pas d'insertion au *Moniteur*.)

Remanié avec soin par l'auteur, cet ouvrage reparut, en 1829, sous le titre de : *Code préservatif de la Syphilis,* etc.

Eglai, ou *amour et plaisir,* par l'auteur de l'*Infidèle par circonstance.* — Paris, Chaumerot, 1807, 2 vol. in-12, 3 fr.

Réimprimé en 1820, Eglay. — Paris, chez les principaux libraires, 4 vol. in-12, 10 fr.

Louis-Pierre-Prudent Legay, fécond romancier de la Restauration est l'auteur de cet ouvrage. Eglay paraît être l'anagramme de son nom.

Ce mauvais livre a été mis à l'index, par mesure de police, en 1825.

Voir : *Note des ouvrages à supprimer.*

Eglise (L') primitive et le Césarisme.

Voir : *Le Christ et César.*

Electeurs libéraux, par Henry-Augustin Sens. — Lyon, 1822, impr. Mistral.

La destruction de cet écrit, diffamatoire envers l'autorité administrative, a été ordonnée par arrêt de la Cour royale de Lyon, en date du 23 décembre 1822, condamnant Sens à .... (Point d'insertion au *Moniteur*.)

Election dans le grand duché....
Voir : *Une élection dans le....*

Election de M. Laffitte à Rouen. — Article.
Voir : *Le National* de 1834.

Elections, article.
Voir : *Le Pilote*, journal.

Elections (Des).... — Brochure.
Voir : *Ce qu'il faut faire.*

Elégie de l'Etudiant en perspective des vacances ; article inséré dans le journal l'*Etudiant,* n° 27, portant la date du 15 juillet 1838. — Paris.

La destruction de cet article, commençant par ces mots : « Adieu, Paris.... » et finissant par ceux-ci : « ...nous allons entrer en vacances, » a été ordonnée, pour outrages à la morale publique et religieuse, par arrêt de la Cour d'assises de la Seine en date du 25 février 1839, condamnant Lazare Dubois, directeur-gérant du susdit journal, à six mois de prison et 1,000 fr. d'amende (*Moniteur* du 9 juin 1839).

Eléonore ou l'*Heureuse personne.* — Paris, an VI et an VII, in-18, 180 pp., 3 fig. Réimprimé à Bruxelles, en 1868, gr. in-18, de IV-150 pp., avec fac-sim. des 3 planches de l'ancienne édition.

Eléonore a obtenu d'un sylphe la faculté d'être tour à tour homme ou femme. On voit quel parti l'auteur a pu tirer de cette donnée dans ce roman licencieux, cité au catalogue Wittersheim, p. 22.

Voir : *Les amours de Louis le Grand.*

Elève (L') des RR. PP. Jésuites d'Avignon.
Voir : *Hic et Hæc.*

Elisabeth et le comte de Sussex. — Lithographie obscène.
Voir : *Histoire universelle érotique.*

Eloge du c.l. — Chanson obscène.
Voir : *Le chansonnier du B......*

Eloge du Gouvernement, chanson.
Voir : *Le Tyrtée.*

Eloge du sein des femmes, ouvrage où l'on examine s'il doit être découvert, s'il est permis de le toucher, etc. — Paris, 1800-1801-1803, in-18, front. gravé. Réimprimé à Paris, en 1870, par BARRAUD.

Cet écrit licencieux est attribué à MERCIER DE COMPIÈGNE qui, du moins, l'a augmenté en l'insérant dans la 3e partie de l'ouvrage de Nicolas DU COMMUN, *Les Yeux, le Nez et les Tétons.* Cet écrit fort libre est cité au catalogue Wittersheim, p. 23.

Voir : *Les amours de Louis le Grand.*

Emancipation (L'), journal publié à Cambrai. — CORION, gérant.

Le No du 5 mars 1841, contenant des imputations injurieuses et diffamatoires envers le sieur LEFRANCQ, professeur du collége de Cambrai, a été supprimé, par arrêt de la Cour royale de Douai, en date du 26 juin 1842 (*Moniteur* du 12 mars 1842).

Embarras (L') du choix, gravure obscène.

Destruction ordonnée par arrêt de la Cour royale de Paris en date du 14 janvier 1822 (point d'insertion au *Moniteur*).

Emblèmes divers. — Médailles.

Voir : *La Préface,* § II.

Emma et Delphine, par Jules SICARD. — Paris, André SAGNIER, éditeur-impr. GAUTHIER-VILLARS, 1877, in-12 de 344 pp.

Le 17 mai 1877, l'auteur et l'éditeur de ce roman ont comparu devant la 10e ch. du Tribunal correctionnel de la Seine, sous la prévention d'outrages aux bonnes mœurs et à la morale publique. Dans son réquisitoire, le ministère public a relevé et incriminé seize passages de ce livre où l'auteur dépeint les amours d'un avocat ambitieux, devenu directeur d'un établissement de charité, avec deux jeunes religieuses. Le Tribunal ayant apprécié que les scènes incriminées constituaient des outrages aux mœurs caractérisés, a condamné MM. J. SICARD et A. SAGNIER, le premier à 200, le second à 100 fr. d'amende et tous deux solidairement aux dépens et ordonné la confiscation des exemplaires saisis.

Empereur (L') Napoléon et le roi Guillaume, in-8, 1861, POULET-MALASSIS, 1 fr., 18 pp. — Tirage à 500 ex., impr. chez JOUAUST (attribué à M. Armand LÉVY).

Le Tribunal correctionnel de la Seine, dans son audience du 20 décembre 1861 considérant « qu'aux pages 4, 5 et 6, la susdite brochure contient, comme étant « la reproduction d'une lettre écrite par S. M. l'Empereur au roi de Prusse, un « document apocryphe que POULET-MALASSIS prétend, sans en justifier, avoir été « emprunté à un journal allemand, que JOUAUST reconnaît avoir imprimé ladite « brochure sans se renseigner sur l'authenticité de cette pièce qui devait attirer

« son attention ; que POULET-MALASSIS a donc commis le délit de publication de fausse nouvelle.... etc..., » a condamné POULET-MALASSIS à 500 fr., JOUAUST à 200 fr. d'amende et prononcé la confiscation des 29 exemplaires saisis (*Gazette des Tribunaux* du 21 décembre 1861).

En avant! (par Paul BOITEAU), in-12, 1859. — Perrotin, 1 fr., impr. SIMON-RAÇON.

Cette brochure a été saisie par ordre de l'autorité judiciaire, dès le lendemain de sa publication (Otto LORENZ, t. 1, p. 295).

Cet écrit séditieux, qui porte pour épigraphe : *Patrie et liberté,* commence par ces mots : « On n'a pas tout dit sur la guerre qui paraît prochaine.... » et finit par ceux-ci : « ... La paix à tout prix nous a déjà valu tant de guerres civiles ! et nos guerres civiles nous ont coûté si cher ! »

Encore des adieux à Rome.

Voir : *Le Pape et l'Evangile.*

Encore une douceur du juste-milieu. — Article.

Voir : *L'ami de la vérité.* journal.

Encore une tête...., article attribué à Auguste LUCHET, contenant l'apologie de l'attentat commis par ALIBAUD, le 25 juin 1836, contre la vie du roi.

Cet article, reproduit dans les trois journaux suivants, a motivé de sévères condamnations.

Voir : L'*Echo du Nord* ; le *Bon Sens* ; le *Patriote de la Meurthe et des Vosges.*

Enfance (L'). — Gravure obscène.

Voir : *Histoire d'un C...*

Enfant de la Goguette.

Voir : *Le nouvel enfant de la Goguette.*

Enfant (L') de Priape, chanson obscène commençant par ces mots : « Lève les yeux, regarde-moi ma chère.... » et finissant par ceux-ci : « ...Je ne suis pas encore à faire peur. »

Pour la condamnation, voir : *Le chansonnier du b....l.*

Enfant (L') de trente-six pères, roman sérieux, comique et

moral par D* A*** (Antoine-Joseph-Nicolas de Rosny) — Paris, Aug.
Delalain, an IX (1801), 3 vol. in-12, 6 fr. 50.

Ce roman licencieux, qu'on a attribué aussi à Despretz-Valmont, et qu'il ne
faut pas confondre avec un ouvrage du même titre, publié en 1844, à Paris, par
Max Perrin a été mis à l'index, par mesure de police, en 1825.

Voir : *Note des ouvrages à supprimer.*

Enfant (L) du b....., ou les *Aventures de Chérubin* (attribué à Pigault-
Lebrun). — Londres (Paris), 1800-1801, 2 part. en un vol. in-12, avec
6 fig. libres.
Plusieurs fois réimprimé, et en dernier lieu, en 1866, à Bruxelles.

La *Bibliographie Gay* donne (t. III, p. 170) un excellent article sur cet ouvrage
fort libre dont la destruction a été ordonnée : 1º Par arrêt de la Cour d'assises de
la Vienne, en date du 12 décembre 1838, condamnant en outre Clouzot et Antoine
et Bertrand Porterié, colporteurs, chacun à 10 fr d'amende (*Moniteur* du 9 juin 1839);
2º Par jugement du Tribunal correctionnel de la Seine, du 25 février 1876
(aff. contre Lequier).

Voir : *La P..... errante.*

Enfant (L') du Carnaval, histoire remarquable et surtout véritable,
pour servir de supplément aux rapsodies du jour. — Paris, 1792. Plusieurs
fois réimprimé et notamment, pour la quatrième fois, à Paris, en 1824,
Barba, 3 vol. in-12, 10 fr. (Par G. C. A. Pigault-Lebrun).

C'est sans doute cette dernière édition qu'a visée le jugement du Tribunal cor-
rectionnel de la Seine en date du 25 juin 1825, condamnant le libraire Jean-
Nicolas Barba, à huit jours de prison et 16 fr. d'amende pour publication et mise
en vente d'un ouvrage contenant des outrages à la morale publique et religieuse
et ordonnant la destruction dudit ouvrage (*Moniteur* du 6 septembre 1825).
La destruction de l'*Enfant du Carnaval* a encore été ordonnée par arrêt de la
Cour royale de Paris en date du 26 février 1827 (pas d'insertion au *Moniteur*).
La destruction d'une réimpression faite, en 1852, par Gustave Barba, a été
ordonnée, par jugement du Tribunal correctionnel de la Seine, en date du
18 mai 1852.

Voir : *M. de Roberville.*

Ajoutons que, dès 1825, ce mauvais livre avait été mis à l'index, par mesure de
police.

Voir : *Note des ouvrages à supprimer.*

Enfant (L') du Jésuite, par Launier. — Paris, 1822, 2 vol. in-12, 5 fr.
Ignace Niflard, dit la *Bibliographie Gay*, est un mauvais sujet qui, après des

espiègleries d'écolier, des fredaines, des escapades avec Mlle Suzette, etc., devient prêtre, tourne tout à fait à mal et est envoyé aux galères. Ce roman, bien qu'intéressant et plein d'érudition, montre des tableaux trop odieux. Il a été mis à l'index, par mesure de police, en 1825.

Voir : *Note des ouvrages à supprimer.*

Enfant (L') du Mardi-gras, roman rempli de vérités, par un menteur (Denis BAILLOT). — Paris, an X (1802), in-12, fig., LOCARD, éditeur.

La destruction de ce livre, contenant des outrages aux bonnes mœurs et à la morale publique, a été ordonnée par arrêt de la Cour royale de Paris en date du 5 août 1828 (pas d'insertion au *Moniteur*).

Enfant (L') du plaisir, ou les *Délices de la jouissance.* S. l. n. d. — (Paris, vers 1796), in-18 de 160 pp., avec trois figures libres (costumes du Directoire).

Plusieurs fois réimprimé, notamment à Paris, 1838, in-18, 129 pp., 6 mauvaises lithographies. Roman très-licencieux.

La destruction de cet ouvrage immoral a été ordonnée par arrêt de la Cour royale de Paris (ch. des mises en accusation), en date du 28 juin 1825 (pas d'insertion au *Moniteur*).

Enfant (L') du régiment. — Gravure obscène.

Destruction ordonnée par jugement du Tribunal correctionnel de la Seine, en date du 30 juin 1818 (point d'insertion au *Moniteur*).

Enfer (L') de Joseph Prudhomme (par Henry MONNIER) ; c'est à savoir : « La grisette et l'étudiant, et les deux gougnottes, » dialogues agrémentés d'une figure infâme et d'un autographe accablant. — Paris, à la 6ᵉ chambre, in-12, 63 pp., plus 4 ff., un frontispice à l'eau-forte de F. ROPS, et un fac-simile de l'écriture de l'auteur, 15 fr. — D'autres exemplaires de la même édition portent : Amsterdam, 1866, tiré à 276 ex.

Ces deux pièces avaient été déjà publiées séparément. Elles sont on ne peut plus licencieuses.

Par jugement du Tribunal de Lille, en date du 6 mai 1868, inséré au *Moniteur* du 19 septembre suivant, a été condamné à la destruction l'ouvrage intitulé : *l'Enfer de Joseph Prudhomme*, commençant par ces mots : « La grisette et l'étudiant » et finissant par ceux-ci : « nous commencerons. » lequel contient des outrages à la morale publique ainsi qu'aux bonnes mœurs (aff. contre DUQUESNE).

Voir : *Actes des Apôtres.*

Enfer (L') en Goguette. — Lithographies obscènes.

Voir : *Diabolico-f.....manie.*

English Society in Brussels, described by Henry Crondaele Wilson.
— Saint-Omer, 1826.

Cet écrit, composé par un militaire irlandais domicilié à Saint-Omer, contenait maintes imputations diffamatoires envers des sujets anglais et notamment envers Guillaume Hopkins, Northry, Robert Cuningham, Ernest, baron Schmiederen, Thomas Carwick et Newton Dickenson.

Sur la plainte de ces étrangers, et sur les réquisitions conformes du ministère public, la Cour royale de Douai, par arrêt du 22 novembre 1826, a condamné l'auteur de ce libelle à six mois d'emprisonnement, 200 fr. d'amende et 200 fr. de dommages-intérêts envers chacune des parties civiles. L'arrêt a ordonné, en outre, la destruction des exemplaires saisis ou à saisir et l'affichage de la sentence à 500 exemplaires (*Moniteur* du 16 mai 1827).

Ennemi (L'), L'Ennemi !!! par Léopold Paget-Lupicin. — Paris, in-8, 1861, impr. Rochette et Cie. — 1 fr., 32 pp., avec cette épigraphe : « Sentinelle, prenez garde à vous ! »

Par jugement du 9 novembre 1861, le Tribunal correctionnel de la Seine, considérant que, « dans son ensemble, cette brochure contient les attaques les plus « violentes contre la religion, le clergé, le parti catholique...., des excitations à « la haine et au mépris des citoyens les uns contre les autres..., que l'auteur a « déjà subi cinq condamnations pour delits politiques ou de presse..., » a ordonné la confiscation de l'écrit en question et condamné Paget, homme de lettres, rue d'Enfer, 51, à 2 ans d'emprisonnement et 4,000 fr. d'amende et Rochette, imprimeur, rue d'Assas, 22, à un mois de prison et 200 fr. d'amende (*Gazette des Tribunaux* du 10 novembre 1861. — *Journal officiel* du 7 mai 1874).

Enquête sur le deux décembre et les faits qui le suivent. — Bruxelles, 186..

Pamphlet dont la destruction a été ordonnée, par jugement du Tribunal correctionnel de la Seine en date du 27 janvier 1869 (aff. contre Gosselin et consorts).

Voir : *La Lanterne.*

Enseignement des Saintes Ecritures sur la vénération de Marie. — 185. (?), brochure de propagande protestante.

L'histoire des poursuites dirigées contre un particulier à l'occasion de cet écrit est fort intéressante. Il en résulte cette doctrine en matière de colportage, « qu'un fait unique de distribution d'une brochure, sans autorisation préalable, peut constituer la contravention à l'art. 6 de la loi du 27 juin 1849. »

Au printemps de 1858, M. J.-J. Bessner, de Colmar, professant la religion dite réformée, eut avec un de ses amis et voisins, le sieur Corneille, catholique, une discussion sur le dogme moderne de l'Immaculée conception et finit par promettre à son interlocuteur de lui procurer un petit livre (l'écrit ci-dessus), qu'il possédait sur cette matière. Le 17 décembre suivant seulement, il tint sa promesse, et remit à la D^lle CORNEILLE, âgée de 18 ans, qu'il avait rencontrée, la brochure qu'il destinait à son père. La mère de cette jeune fille ayant vu cet écrit, vint faire à BESSNER une scène des plus violentes, et, non contente de cette satisfaction et croyant voir dans cette publication des outrages à la religion catholique, elle déposa l'écrit entre les mains du commissaire de police en dénonçant la conduite de BESSNER. L'affaire fut suivie. Les juges du Tribunal de Colmar, tenant compte des circonstances, mais ne pouvant pas ne pas reconnaître un acte de colportage dans le fait incriminé, condamnèrent BESSNER à 50 fr. d'amende, par jugement du 20 janvier 1859, sans apprécier d'ailleurs aucunement l'esprit de la brochure. Cette sentence fut confirmée purement et simplement par la Cour de Colmar, le 15 février suivant. Enfin, BESSNER s'étant pourvu en cassation, vit rejeter son pourvoi, par les motifs relatés plus haut, par arrêt de la Cour suprême en date du 29 avril 1859 (*Gazette des Tribunaux* des 19 février et 30 avril 1859).

Entre chien et loup, par l'auteur de Julie, ou J'ai sauvé ma Rose (Mme GUYOT et non Mme la comtesse Félicité de CHOISEUL-MEUSE, à qui ces deux ouvrages ont été longtemps attribués à tort). — Paris, L. COLLIN, 1808, 2 vol. in-12, 4 fr.

Ce roman, beaucoup trop guilleret, libre même, a été mis à l'index par mesure de police, le 15 octobre 1825.

Voir : *Note des ouvrages à supprimer.*

Entrée des Français dans Constantine — Lithographie obscène.

Voir : *Les Français en Afrique.*

Entrée triomphale de l'arc-en-ciel. — Caricature séditieuse.

Lithographie dont la destruction a été ordonnée, par arrêt de la Cour royale de Paris, du 22 juin 1832 (Aff. contre SAVARD. — *Gazette des Tribunaux* du 23 juin 1832).

Entretien de Jean Pichu avec son sergent.

Voir : *Quatre hommes et un caporal.*

Entretiens des bonnes compagnies.

Voir : *Parnasse des Muses.*

Entretien politique entre Robert Macaire.... — Chanson.

Voir : *La Réforme électorale.*

Entretiens.... d'Aloysia.

Voir : *Académie des Dames.*

Entretiens de deux amants. — Brochure mise en vente par Pierre
AGASSE, colporteur, et dont l'auteur et l'éditeur sont incconus.

La confiscation de cet écrit a été ordonnée, pour outrages à la morale publique
et religieuse, par jugement du Tribunal correctionnel de Lons-le-Saulnier, en date
du 14 décembre 1826 (Point d'insertion au *Moniteur*).
(Peut-être, dit la *Bibliographie Gay*, t. III, p. 182, s'agit-il de la pièce nº 977 du
catalogue CROZET : *Entretiens amoureux entre un amant et une amante,* format
petit in-12*).*

Entretiens (Les) de la grille ou le *Moine au parloir,* historiettes
familières (par DE CHAVIGNY)*.* — Cologne, à la Sphère, 1682, 1721, in-12
de 91 pp. avec frontispice.

Cet ouvrage intitulé parfois : *Le Capucin démasqué* ou *La Galanterie monacale,* a
été réimprimé à Genève, en 1868 (J. GAY et fils, pet. in-12 de VIII-63 pp.*).* La
Bibliographie Gay donne (tome III, p. 182), un excellent article sur ce recueil de
contes et d'anecdotes plus que grivois souvent, tant en prose qu'en vers, et dont
voici les principaux titres : *les Tétons naissants ; le Bouillon aux deux sœurs (lavement);
le Sifflet; la Livre de beurre ; la Religieuse sans chemise; l'Accouchement ; le Chat; le Beau
miroir ; le Ventre libre: l'Etrillé; l'Emplâtre du bobo; la Malice favorisée ; le Bon office ;
la Fleur sous cloche ; le Faux Juif;* etc., etc.
Des exemplaires d'anciennes éditions ont été condamnés à la destruction, par le
Tribunal correctionnel de la Seine, le 11 mai 1868 (Aff. contre MALASSIS et consorts).

Voir :*Parapilla.*

Entretiens (Les) voluptueux de Juliette et de Natalie.

Voir : *La Légende joyeuse.*

Epaves (Les) de Charles Baudelaire. — Amsterdam, à l'enseigne
du Coq (Bruxelles, POULET-MALASSIS), 1868, in-8, avec frontispice, tiré à
260 exempl. en papier vergé (10 fr. et papier ord. 4 fr.)

« Le frontispice, dit la *Bibliographie Gay,* (t. III, p. 187) est une gravure à l'eau-
forte de Félicien ROPS; c'est l'ignoble rendu burlesque par le grand et spirituel
artiste. Quant au volume lui-même, il a trop de marge et de papier blanc, mais son
contenu est intéressant. On y trouve, en outre des six pièces condamnées en 1857,
dans les *Fleurs du mal,* des pièces inédites et bouffonnes : *le Jet d'eau; les yeux de
Berthe; les Promesses d'un visage; le Monstre; la Voix; A une malabaraise; un Cabaret*

folâtre; le Coucher du soleil romantique ; Lesbos ; les Femmes damnées ; les Bijoux ; A celle qui est trop gaie; lesMétamorphoses du vampire; le Léthé, »

Par jugement du Tribunal correctionnel de Lille, du 6 mai 1868, inséré au *Moniteur* du 19 septembre suivant, *les Epaves* ont été condamnées à la destruction comme contenant des outrages à la morale publique et religieuse et aux bonnes mœurs (Aff. contre DUQUESNE)

Voir : *Actes des Apôtres.*

Epices (Les) de Vénus.

Voir : *Arétin II.*

Epine (L') et l'Ecu,

chanson commençant par ces mots : « Depuis longtemps je me casse la tête..... », et finissant par ceux-ci : « .....et que l'huissier fasse bailler l'écu. » Imprimée dans divers recueils et notamment dans le *Parnasse satyrique moderne.*

Cette chanson à double sens et fort spirituelle est véritablement par trop gaillarde. Aussi a-t-elle été condamnée à la destruction par arrêt de la Cour d'assises de la Seine, en date du 13 juin 1851 (Aff. contre GUITON. — *Moniteur* du 25 du même mois).

Episode des 5 et 6 juin 1832.

Voir : *L'aurore d'un beau jour.*

Epithalame,

chanson par DOMIER. Neuf couplets se terminant par ce refrain : « Vous m'entendez bien ! »

Voir : *Gaudrioles de M. Gaillard.*

Epître à M. N.-L. Lemercier,

de l'Académie française, par P.-J. LESGUILLON. — Paris, DELAUNAY, 1824, in-8, 20 pp.

La destruction de cet écrit, contenant des outrages à la religion de l'Etat et des attaques contre la dignité royale, a été ordonnée par jugement du Tribunal correctionnel de la Seine, en date du 1er juillet 1824, condamnant l'auteur à 3 mois de prison et 300 fr. d'amende (*Moniteur* du 7 novembre 1826).

Epître à Mercure,

petit poëme, par Alexis LAGARDE. — Paris, 1822. impr. LAUSÉ, in-8, 14 pp. avec notes.

La destruction de cet écrit, contenant des outrages aux mœurs et envers les ministres de la religion, a été ordonnée par arrêt de la Cour royale de Paris, du 13 mars 1823 (Point d'insertion au *Moniteur*).

Epître à mon curé, par Alexis LAGARDE. — Paris, imp. LAUSÉ, 1820 ou 1821, in-8, 16 pp.

Par jugement du Tribunal correctionnel de la Seine, en date du 6 mars 1823, a été ordonnée la destruction de cet écrit contenant « des outrages envers les mœurs et contre les ministres de la religion de l'Etat, en général, et des excitations à la haine et au mépris des citoyens contre la classe des Missionnaires et celle des Frères des Ecoles chrétiennes, corporations autorisées par le gouvernement. » L'auteur a été condamné à 3 mois de prison et 100 fr. d'amende, peine réduite à un mois, par arrêt de la Cour d'appel, confirmatif, quant au reste, rendu à la date du 13 mai suivant (*Moniteur* du 26 mars 1825).

Epître à Voltaire, par M. J. CHÉNIER.

Destruction ordonnée par arrêt de la Cour royale de Paris en date du 21 novembre 1826.

Epître aux amis des Missionnaires. par Joseph CAHAIGNE. — Paris, 1826.

La destruction de ce petit écrit outrageant la religion et les bonnes mœurs, a été ordonnée par arrêt de la Cour royale de Paris en date du 5 décembre 1826 (Point d'insertion au *Moniteur*).

Epître sur la maison de refuge.
Voir : *Etrennes d'un mendiant.*

Epopée (L') Garibaldienne. — Histoire publiée par Alexandre DUMAS, père, dans le journal le *Monte-Christo.*

Cette publication, qui n'est autre chose que l'histoire de la campagne de 1861, a été arrêtée, par ordre de l'autorité supérieure, le 28 août 1862. Il en a été fait, à Bruxelles, une édition complète dont l'introduction et la circulation en France ont été interdites par décision ministérielle.

Ere (L') des Césars. — Article.
Voir : *Le Corsaire*, journal.

Erotika.
Voir : *Errotika.*

Erotique. — Lithographie obscène.
Voir : *Les soirées lubriques.*

Erreurs (Les) de la société, par ROLLET, papetier, rue Longue, à Lyon. — 1875, imp. V⁰ LÉPAGNEZ.

Cette brochure a été renvoyée devant les assises du Rhône sous inculpation « d'outrages à la religion, à la morale publique et religieuse, excitation à la haine et au mépris des citoyens les uns contre les autres. »

Le jury ayant rendu un verdict affirmatif snr la question d'outrages à la morale publique et religieuse, la Cour, par arrêt du 1ᵉʳ juin 1875, a condamné le sieur ROLLET à vingt jours de prison et 16 fr. d'amende (*Gazette des Tribunaux* du 4 juin 1875).

Errotika (sic) **Biblion** (par le comte DE MIRABEAU). — Rome (Neufchâtel), 1782-1785. — Paris, LE JAY, 1792-1793, in-8. — Paris, VATAR, 1801, petit in-12 de IV-248 pp., avec portrait par MARIAGE.

Telles sont les premières éditions de ce livre qui fut poursuivi par la Cour royale de Paris (Ch. des mises en accusation) le 19 septembre 1826. La Cour, en renvoyant l'inculpé des poursuites, ordonna néanmoins la destruction de l'ouvrage (Pas d'insertion au *Moniteur*).

Cette sentence n'empêcha pas que le livre fût réimprimé quelques années plus tard sous le titre suivant : *Erotika biblion*, par MIRABEAU. Nouvelle édition, revue et corrigée sur un exemplaire de l'an IX et augmentée d'une préface et de notes pour l'intelligence du texte. Paris, chez les frères GIRODET, 1833, pet. in-8 de XII-271 pp. avec une vignette polytypée sur le titre. Cette édition est aujourd'hui introuvable. On avait attribué sa disparition à l'incendie de la rue du Pot-de-fer (qui n'eut lieu qu'en décembre 1835), mais il est beaucoup plus probable que l'auteur des notes aura cédé ou détruit tous les exemplaires avant leur mise en vente.

Cependant M. POULET-MALASSIS, ayant retrouvé un des exemplaires qui avaient échappé à cette destruction, en a fait une réimpression textuelle en 1867. L'année suivante, un second tirage de cette édition fut fait ; en voici le titre exact :

Erotika biblion, par MIRABEAU. Edition revue et corrigée sur l'édition originale de 1783, et sur l'édition de l'an IX, avec les notes de l'édition de 1833, attribuées au chevalier PIERRUGUES. — Bruxelles, chez tous les libraires, 1783-1868, imp. de J. ROPS, pet. in-12 de XV-220 p. avec un portrait de MIRABEAU, d'après SICARDI, gravé par FLAMENG.

C'est sans nul doute cette édition qui a été visée, par le jugement du Tribunal de Lille, du 6 mai 1868, (inséré au *Moniteur* du 19 septembre suivant), ordonnant la destruction, pour outrages à la morale publique et religieuse ainsi qu'aux bonnes mœurs, de l'*Erotika biblion*, ouvrage commençant par ces mots : « Voici la bibliographie » et finissant par ceux-ci : « se répandent dans les sociétés. » (Aff. contre DUQUESNE).

Voir : *Actes des Apôtres.*

Voir aussi : *Parapilla.*

Escole (l') de l'intérêst et l'université d'amour, galanterie morale, image de la vie humaine, songes véritables ou vérités songées, traduit d'espagnol, d'Antolinez di Piedrabuena, par Cl. Le Petit. — Paris, 1662, pet. in-12 de 12 ff. limin, et 151 pp. plus la table.

Réimprimé avec un avant-propos par Philomneste Junior. Paris, J. Gay, petit in-12 de XII-92 pp. Tiré à 100 ex. 8 fr. (décembre 1862).

La destruction de cet ouvrage, contenant des outrages à la morale publique et aux bonnes mœurs, a été ordonnée : 1º Par jugement du Tribunal correctionnel de la Seine, du 22 mai 1863 (Aff. Gay et consorts).

2º Par jugement du même Tribunal en date du 2 juin 1865 (Aff. contre Gay),

Voir : *Amours folastres.*

Voir : *Aphrodites.*

Voir aussi, pour les deux jugements, le *Moniteur* du 8 novembre 1865.

Voir enfin : *Parapilla.*

Esméralda, lithographie obscène, saisie en même temps que les autres dessins et sujets coloriés suivants : *Intérieur du harem ; L'Externat de jeunes filles ; Musée d'artistes ; Physiologie des étudiants de Paris ; La double jouissance ; Sous la République ; Sous Louis-Philippe Ier ; Sous l'Empire ; Sous la Régence ; Les Tribades ; Six pour un ; M. et Mme Denis ; Le comte Ory ; Jouissance du temps présent ; Le Chant du Départ ; Le Rosier ; Marlborough ; Le Roi d'Yvetot ; Il pleut, bergère ; Le Juif-Errant ; Les Soirées Lubriques, et la Bibliothèque des romans.*

La destruction de toutes ces lithographies licencieuses, ainsi que celle de divers autres sujets obscènes, énumérés en leur lieu et place, a été ordonnée : 1º Par arrêt de la Cour d'assises de la Seine, du 29 avril 1845 (Aff. contre Vallade et autres) ; 2º par arrêt de la Cour d'assises de la Seine, en date du 15 janvier 1851, condamnant, pour outrages à la morale publique et religieuse ainsi qu'aux bonnes mœurs, le sieur Detouche, peintre en bâtiments, à 6 mois d'emprisonnement et 100 fr. d'amende (*Moniteur* du 16 février 1851).

Esope (L'), fables politiques, par Victor Cholet. Recueil publié par livraisons. — Paris, 1832, impr. par Balary.

La 4e livraison de ce recueil, contenant deux fables intitulées l'une : *la Naissance de Quasi*, l'autre : *la Tête, l'Estomac et les Membres*, fut saisie à la requête du Parquet de la Seine, comme contenant dans l'ensemble de ces deux pièces, le délit d'excitation à la haine et au mépris du gouvernement du roi (*Gazette des Tribunaux* du 4 septembre 1832). Nous ignorons la suite judiciaire intervenue, mais si quelqu'un dut jamais être surpris de se voir poursuivi sous une pareille inculpation, ce fut assurément le bon M. Cholet, qui était bien l'un des poètes les plus inoffensifs, à tous égards, de cette époque.

Espérance (L'). — Courrier de Nancy, propriétaire-gérant Nicolas Vagner.

La suppression du numéro de ce journal contenant, dans une lettre signée : *Un Curé de campagne*, des allégations diffamatoires envers le préfet de la Meurthe, pour des actes relatifs à ses fonctions, a été ordonnée par arrêt de la Cour d'assises de la Meurthe, en date du 9 mai 1845, condamnant Vagner à 200 fr. d'amende. (*Moniteur* du 15 décembre 1845).

Espiègleries, joyeusetés, bons mots, folies de la jeunesse de sir S.-Peters Talassa Aïtlsei (par Mérard de St Just). — Londres, 1777, 3 vol. in-18, tirés à 15 exemplaires.

Recueil de morceaux très libres, en prose et en vers, réimprimé s. l. n. d. (Kehl, 1789), 3 part. in-18, à petit nombre. Cent exemplaires portent le titre de *OEuvres de la marquise de Palmarèze*.

La destruction de ce recueil *joyeux* a été ordonnée par le Tribunal correctionnel de la Seine, le 12 mai 1865 (Aff. contre P. Malassis.)

Voir : *Parapilla.*

Espion (L') du boulevard du Temple.

Voir : *Le chroniqueur désœuvré.*

Esquisses morales.....

Ouvrage mis en vente par Regnier-Becker, contenant des outrages à la morale publique et aux bonnes mœurs, et dont la destruction a été ordonnée par arrêt de la Cour d'assises de la Seine, en date du 9 août 1842, condamnant ledit Regnier-Becker à six mois de prison et 200 fr. d'amende (*Moniteur* du 15 décembre 1843).

Ne serait-ce pas la même chose que Les :

Esquisses morales, recueil de lithographies obscènes.

Destruction ordonnée par jugement du Tribunal correctionnel de la Seine, en date du 13 mars 1852 (Aff. contre Langlois. — *Gazette des Tribunaux* du 14 mars).

Antérieurement, la couverture seule de ce recueil avait fait l'objet d'une condamnation prononcée, le 9 août 1842, par la Cour d'assises de la Seine, contre Regnier-Becker.

Essais érotiques sur les demoiselles d'Athènes.

Voir : *Manuel des boudoirs.*

Est-ce qu'on meurt de faim ? — Article.

Voir : *Almanach-Catéchisme,* par Brée.

Est-il gentil comme ça ! — Lithographie licencieuse.

Voir : *Alfred, Alfred, arrête-le.*

Etat de la liberté en France, par Ch. A. Scheffer. — Paris, imp.
de Gillé, 1818, in-8 de 80 pp.

« L'autorité, dit Quérard, crut voir dans cet écrit une atteinte portée à la
puissance de Louis XVIII, et l'auteur, sur la réquisition du procureur du roi, fut
traduit en Police correctionnelle et condamné, le 2 janvier 1818, à trois mois de
prison, 200 fr. d'amende, un an de surveillance légale et 1.000 fr. de cautionnement. On contesta en outre à Scheffer, originaire de Hollande, ses droits de
citoyen français, bien qu'il se fût cru fondé à revendiquer cette qualité, tant par
suite du long séjour de sa famille en France que par suite de la réunion antérieure
de la Hollande à notre pays. Après avoir obtenu, par un premier arrêt, d'être jugé
comme français, M. Scheffer comparut devant la Cour d'appel de Paris et fut
jugé plus sévèrement encore que précédemment. En effet, par arrêt de la Cour
royale, en date du 30 mars 1818, il fut condamné à un an d'emprisonnement,
5,000 fr. d'amende, 3 ans d'interdiction des droits civils, cinq ans de surveillance
légale, et enfin 3.000 fr. de cautionnement.

De plus, le même arrêt ordonna la suppression de l'écrit incriminé.

Dans l'impossibilité de satisfaire à cet arrêt rigoureux, il se décida, avant signi-
fication, à sortir de France et se retira à Bruxelles. »

Son éminent défenseur fit alors paraître l'écrit suivant, dont la destruction fut
aussi ordonnée par arrêt du 4 avril de la même année :

« *Plaidoyer prononcé par Me Mérilhou*, avocat, à l'audience du Tribunal de police
« correctionnelle de Paris, du 17 janvier 1818, pour M. Ch.-Ant. Scheffer, auteur
« de l'ouvrage intitulé : *De l'état de la Liberté en France*, prévenu d'écrits séditieux ;
« suivi de la *Défense prononcée par l'accusé* » Paris, Planchér, 1818, in-8 de 80 pp.,
1 fr. 50.

Enfin, peu de temps après le jugement du 2 janvier, M. Jos. Esneaux, ancien
officier, publia au sujet de cette affaire qui avait alors singulièrement préoccupé
l'opinion publique, une brochure ayant pour titre :

« *Réflexions sur le procès de M. A.-C. Scheffer* », par J. Esneaux. Paris, 1818, in-8,
16 pp.

L'auteur ayant eu l'imprudence de reproduire, dans cet écrit, les principes ma-
nifestés dans l'ouvrage incriminé, sa brochure fut condamnée à la destruction et
lui-même le fut à trois mois d'emprisonnement par jugement du Tribunal de
police correctionnelle de la Seine.

Il publia alors :

Mémoires de J. Esneaux, interjetant appel, etc., etc. Paris, Delaunay, 1818, in-8,
92 pp. ; et fut déchargé de la prison par arrêt du 4 avril 1818, qui maintint toutefois la destruction des « Réflexions sur le procès Scheffer. »

Aucun des jugements et arrêts mentionnés dans cet article n'ont été insérés au
Moniteur.

Eté (Un) à la campagne.

Voir : *Un été à la campagne.*

Etincelles (Les). — Recueil de chants patriotiques et guerriers, de chansons de table et d'amour (M. Mai, comédie en trois actes et en chansons, précédée d'une épître aux Braves), par Eugène COUTRAY DE PRADEL, improvisateur. — Paris, les marchands de nouveautés, 1822, in-18, orné d'une planche et d'un frontispice gravés et de musique.

1º Par jugement contradictoire du Tribunal de la Seine, en date du 23 mai 1822, confirmé par arrêt de la Cour royale de Paris, le 11 juillet suivant, *Marie-Pierre-Eugène de Pradel,* homme de lettres, reconnu coupable : 1º d'attaque contre l'ordre de successibilité au trône, par la composition d'une chanson intitulée : *L'Orphelin Royal ;* 2º de provocation au port public d'un signe de ralliement non autorisé, par la composition d'une chanson ayant pour titre : *Le Chiffon ;* 3º d'outrages aux bonnes mœurs, par les chansons : *Les Prémices de Javotte,* et l'*Anguille ;* 4º enfin, d'excitation à la haine et au mépris des citoyens contre une classe de personnes, par la composition de la chanson intitulée: *Les Missionnaires,* toutes pièces contenues au recueil intitulé : *Les Etincelles,* dont il s'est reconnu l'auteur, a été condamné à six mois de prison et 1,000 fr. d'amende. Les exemplaires saisis ont en outre été condamnés à la destruction (*Moniteur* des 26 juillet 1822 et 26 mars 1825).

2º Des exemplaires des *Etincelles,* saisis chez ROUSSEAU, avec d'autres mauvais livres, ont été condamnés également à la destruction par arrêt de la Cour royale de Paris, en date du 16 novembre 1822, inséré au *Moniteur* du 26 mars 1825.

Voir pour les détails : *Description topographique.*

Etrennes aux amateurs de Vénus. — Paphos, 1787, in-12, 12 fig. libres. Plusieurs fois réimprimé notamment en 1806.

Ce petit recueil, d'une jolie exécution, est entièrement gravé. Il se compose d'un calendrier ordinaire de 16 pp. avec un frontispice et de 26 ff. de chansons et de figures.

La destruction de ce livre licencieux a été ordonnée par arrêt de la Cour royale de Paris, en date du 19 mai 1815. (Point d'insertion au *Moniteur*).

Etrennes aux gens d'église.

Voir : *La Chandelle d'Arras.*

Etrennes d'un mendiant à M. Mangin. — Épître sur la maison de refuge (en vers) (par Victor ROUSSY). — Paris, chez les marchands de nouveautés ; in-8, 8 pp. impr. de GUIRAUDET.

Par jugement du Tribunal correctionnel de la Seine (6e ch.), en date du 27 janvier 1830, ordonnant la destruction de cet écrit, contenant des outrages envers le

Préfet de police à l'occasion de ses fonctions, Roussy, auteur de la brochure, a été condamné à un mois de prison et 100 fr. d'amende, et l'imprimeur, Guiraudet, n'a été frappé que d'une amende de 200 fr. — Cette sentence a été confirmée par arrêt de la Chambre des appels correctionnels en date du 18 mars suivant. (*Gazette des Tribunaux* du 19 mars 1830).

Etrennes mignonnes, cahier de gravures obscènes.

Destruction ordonnée par arrêt de la Cour d'assises de la Seine, en date du 11 avril 1843, condamnant Mayer à un an de prison et 500 fr. d'amende, pour outrages à la morale publique et aux bonnes mœurs. (*Moniteur* du 15 décembre 1843).

Etudes humaines. — Histoire d'un frère ignorantin, par Edgar Monteil. — Paris, Brouillet, in-18, 1874, 1 fr.

Ce livre a valu à l'auteur un an de prison, 2,000 fr. d'amende, 10,000 fr. de dommages et intérêts et à l'éditeur six mois de prison et 1,000 fr. d'amende. (Otto-Lorenz, t. VI, p. 294.)

Etudes Législatives (comprenant : 1° La réfutation du système des publicistes ; 2° la manière d'étudier les lois ; 3° nécessité des discussions législatives dans les assemblées nationales de France, comme sources de la législation positive), par C.-J.-B. Bonnin, publiciste. — Paris, impr. Kleffer, 1821, in-8, 4 fr.

Les deux premiers morceaux de ce recueil avaient déjà paru en 1793 et en 1805. J.-B. Bonnin fut accusé d'avoir porté atteinte à la morale religieuse, dans un passage de cette nouvelle édition, où il avait été amené à parler des religions en elles-mêmes et à leur opposer la morale pure et simple, comme élément de la véritable politique.

La destruction des « Etudes Législatives » fut ordonnée, pour graves outrages contre toutes les religions, par arrêt de la Cour royale de Paris, en date du 7 novembre 1822, confirmatif d'un jugement du Tribunal correctionnel de la Seine, du 30 juillet précédent, condamnant Bonnin à 13 mois de prison et 3,000 fr. d'amende, et J.-E. Kleffer à 3 mois de prison et 1,500 fr. d'amende. (*Moniteur* des 17 décembre 1822 et 26 mars 1825.)

Etudiant (L'). — Journal.

Voir : *Elégie de l'Etudiant.*

Etudiants (Les) et les femmes du quartier latin en 1860, par un étudiant (Léon Grenier). — Paris, in-18, 1860, Marpon, 1 fr. Cosson, imprimeur.

Le quartier latin (par le même), in-16. — Paris, 1861, MARPON. 1 fr. 50.

L'auteur, qui avait sans doute la rancune de l'estomac, ne se montrait pas tendre dans ces deux écrits pour les sieurs VIOT et BLÉRY, restaurateurs du quartier latin, qu'il qualifiait « de gargotiers aquatiques et empoisonneurs. » Ces messieurs ayant porté plainte, le Tribunal de la Seine, par jugement du 9 août 1862, considérant que les expressions ci-dessus étaient de nature à nuire à la « considération et au crédit commercial des plaignants, d'autant plus que l'au- « teur comparait leurs établissements à d'autres dont il faisait l'éloge à leurs « dépens », condamna l'auteur, l'éditeur et les imprimeurs à payer à chacun des demandeurs la somme de 75 fr. pour chaque brochure, et autorisa VIOT et BLÉRY à faire insérer les motifs et le dispositif du jugement dans les annonces du *Moniteur*. (*Gazette des Tribunaux* du 10 août 1862.)

Eugénie, ou *N'est pas femme de bien qui veut*, par Mme de C***, auteur de *Coralie,* etc. (La comtesse Félicité de CHOISEUL-MEUSE.) — Paris, PIGOREAU, 1813, 4 vol. in-12, fig. 8 fr.

Les situations de ce roman sont fort libres ; il est cité au Catalogue Wittersheim, p. 24.

Voir : *Les Amours de Louis le Grand.*

Evangile (L') du Peuple, défendu par A. ESQUIROS. — Paris, LEGALLOIS, 1841, in-18, 75 cent. — Déjà publié, sans nom d'auteur, à Paris, 1840, in-12, 353 pp., avec cette épigraphe : « Venez à moi, vous tous qui travaillez. »

La destruction de cet écrit, contenant des outrages à la morale publique et religieuse ainsi qu'aux bonnes mœurs, a été ordonnée par arrêt de la Cour d'assises de la Seine, en date du 30 janvier 1841 (*Moniteur* du 12 mars 1843), condamnant Henri-Alphonse ESQUIROS, homme de lettres, à huit mois de prison et 500 fr. d'amende. L'éditeur LEGALLOIS a été acquitté. (Voir aussi : *Gazette des Tribunaux* du 31 janvier 1841).

Le même écrit a été condamné de nouveau par arrêt de la Cour d'assises de la Seine, en date du 18 septembre 1851.

Evangile (L') et la République, ou *Mission sociale des instituteurs*, par MALARDIER, représentant du peuple. — Paris, in-12, 1850, impr. chez SCHNEIDER, BALLARD, éditeur.

La *Gazette des Tribunaux* du 12 décembre 1849, annonce que des poursuites ont été dirigées contre les imprimeur et éditeur de cet écrit « sous inculpation d'excitation à la haine et au mépris des citoyens les uns contre les autres, d'outrage ou dérision contre une religion dont l'établissement est légalement reconnu en

France, et d'outrages publics aux ministres d'un culte salarié par l'Etat à raison
de leur qualité. »

Nous ignorons la décision judiciaire intervenue : il ne serait pas improbable
toutefois que les poursuites eussent abouti à un non-lieu ou à un acquittement,
l'auteur principal du délit n'ayant pu être mis en cause, à raison de sa qualité,
et les complices seuls ayant pu être atteints immédiatement par l'action publique.

Evangile (L'). — **Partie morale et historique** (par J.-A.-S.
Collin de Plancy). — Paris, Touquet, 1826, in-32 (forme la cinquième
livraison de la « Bibliothèque populaire »).

Cet écrit anti-religieux a été condamné à la destruction par arrêt de la Cour
royale de Paris, en date du 26 décembre 1826. (Pas d'insertion au *Moniteur*).

Evangiles (Les) annotés par Proudhon.

Voir : *La Bible annotée, I.*

Eve ressuscitée ou *La Belle en chemise*, aventures plaisantes. — Cologne (Hollande, à la Sphère), 1683, réimprimé sous le titre de : *La Belle
sans chemise*, 1797-1799, pet. in-12, 154 pp., avec figures de Bovinet. Traduit en allemand sous le titre de : *Histoire d'Angélique,* ou *La Belle sans
chemise.*

Ce recueil d'anecdotes fort indécentes a été poursuivi sous la Restauration,
mais on ne trouve à ce sujet aucune décision judiciaire au *Moniteur*.

Examen critique du culte juif.

Voir : *Caducité des religions.*

Examen (L') de Flora (par Louis Protat). Pièce de 304 vers, lithographiée, pour la première fois, en janvier 1846, maintes fois réimprimée
depuis, notamment en Belgique, avec ou sans gravure, isolément ou dans
des recueils érotiques.

La destruction de cette obscénité a été ordonnée par jugement du Tribunal
correctionnel de la Seine, en date du 13 mars 1852 (aff. contre Langlois.)

Voir : *Caroline et St-Hilaire.*

Excentricités littéraires. — Article.

Voir : *Rabelais*, journal.

**Exercices (Les) de dévotion de M. Henri Roch avec Mme la
duchesse de Condor,** par feu l'abbé de Voisenon, de joyeuse mémoire,

et, de son vivant, membre de l'Académie française, s. l. n. d. — Paris, vers 1780, pet. in-12.

Plusieurs réimpressions, dont la dernière a été faite par M. Poulet-Malassis, à Bruxelles, 1864, in-18, fig. 12 fr.

Dans toutes ces éditions on trouve à la fin du volume un opuscule libre intitulé : « *La Rocambole*, ou *Notes édifiantes et récréatives*, précédée d'une épître dédicatoire à M. Jean Camard et d'une préface de feu M. Quentin avec front. gr. et chiffrage spécial. Nous ne saurions dire s'il y a identité entre cet ouvrage et le suivant que le « Catalogue Wittersheim » signale commé ayant été aussi condamné avant 1850.

Les travaux d'Hercule ou *la Rocambole de la F.....rie,* par un émule de Piron, Grécourt, etc, 2e édit. Paris, 1790, in-8, 6 ou 12 fig. libres. — Puis 1792, in-12, 60 pp. avec 13 figures.

Le Tribunal de la Seine, par jugement du 2 juin 1865, inséré au *Moniteur* du 8 novembre suivant, a ordonné la destruction des « Exercices de Dévotion de M. Henri Roch », ouvrage contenant des outrages à la morale publique et religieuse ainsi qu'aux bonnes mœurs (aff. contre Gay).

Voir : *Aphrodites.*

Voir aussi : *Parapilla.*

Exercices gymnastiques. — Lithographie obscène.

Voir : *Les Soirées lubriques.*

Exilés (Les). — Lithographie in-4, représentant Mgr le duc de Bordeaux et sa sœur ; au bas se trouvent ces deux premiers vers de la célèbre romance de Châteaubriant :

> « Combien j'ai douce souvenance,
> Du beau pays de ma naissance. »

Les sieurs et dames Blaisot, Fonrouge et Ligny, prévenus d'avoir publié des gravures de nature à troubler la paix publique, ont été acquittés par la Cour d'assises de la Seine (2e section), le 17 janvier 1832.

Le Ministère public, tout en reconnaissànt l'innocence de leur intention, et tout en demandant leur acquittement, requit la Cour d'ordonner la destruction de la pierre et des exemplaires saisis de ce dessin, qu'il regardait comme dangereux. La défense s'étant vivement opposée à ce qu'on scindât ainsi la question, la Cour a néanmoins ordonné la destruction des objets saisis. (*Gazette des Tribunaux* du 18 janvier 1832.)

Exposé d'un système de finances pour éteindre la dette publique. — Paris, 1816.

La destruction de cet écrit, contenant des provocations à la haine des citoyens les uns contre les autres, a été ordonnée par jugement du Tribunal correctionnel de la Seine, en date du 12 mars 1816. (Point d'insertion au *Moniteur*).

Extases de l'amour. — Recueil de gravures obscènes. — Il existe des exemplaires gr. in-18 et gr. in-8, oblong.

Destruction ordonnée par jugement du Tribunal correctionnel de la Seine, en date du 25 février 1825 (aff. contre Besson, Bourrut, Cottenet et Merlot. — *Moniteur* du 7 novembre 1826.)

Externat (L') de jeunes filles. — Recueil de lithographies obscènes.

Destruction ordonnée par jugement du Tribunal correctionnel de la Seine, en date du 13 mars 1852. (Aff. contre Langlois. — *Gazette des Tribunaux* du 14 mars.)

Voir aussi : *Esméralda.*

Extrait de l'Almanach royal pour 1830. — Article de journal.

Voir : *L'Album.*

Extrait du Moniteur (par Auguis, Ferra et Froullé.) — Paris, 1814, in-8.

La destruction de ce libelle diffamatoire a été ordonnée, par arrêt de la Cour royale de Paris, en date du 28 décembre 1814. (Point d'insertion au *Moniteur*).

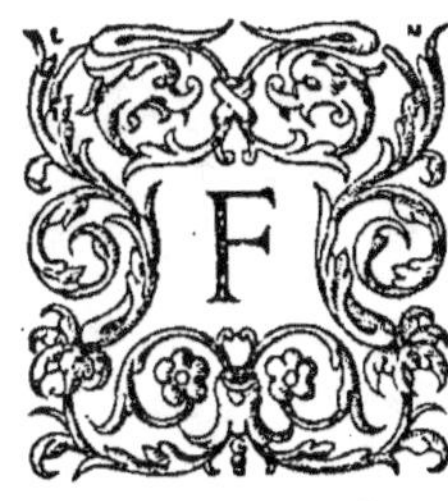

Faits inédits des événements de Juin, à Paris, par un détenu politique échappé aux persécutions (Th. Béghin). — Liége, Charron, 1848, in-8, 12 pp.

Le « Dictionnaire des Anonymes » (tome II, p. 423), annonce que presque tous les exemplaires de cette brochure ont été saisis à la frontière et détruits par ordre du gouvernement français.

Famille d'Orléans.

Voir : *Mémoires secrets de la...*

Famille (La) d'Orléans, depuis son origine jusqu'à nos jours, par Ch. Marchal. — Paris, Cauville, 1845, in-8, 5 fr.

M. Ch.-Félix Marchal, publiciste et romancier fécond, fut condamné, par arrêt de la Cour d'assises de la Seine, en date du 26 février 1845, à 5 ans de prison et 10,000 fr. d'amende, pour la publication de cet ouvrage contenant, dit le texte de l'arrêt, des « offenses envers la personne du Roi et les membres de la famille

Royale, des attaques contre l'autorité du roi et contre l'inviolabilité de sa personne ; enfin l'apologie de faits qualifiés crimes par la loi pénale. » (*Moniteur du 29 mars 1845.)*

Après la chute de Louis-Philippe, l'auteur réédita ce violent pamphlet. Paris, 1848, BAUDRY, in-8, 4 fr., avec cette note sur le titre : « Cet ouvrage, condamné « et supprimé sous la Monarchie, renferme des documents inédits, des aperçus « nouveaux, des faits restés jusqu'alors inconnus, sur les membres de cette « famille qui a dominé la France et que le peuple a poussée loin de la patrie, « qu'ils avaient voulu asservir, opprimer et corrompre ! »

Cette note suffit à indiquer que, dès cette époque, M. Ch. MARCHAL, qui, sous le pseudonyme de *Ch. de Bussy*, eut un procès retentissant dans les dernières années de l'Empire, ne tempérait guère les écarts de sa plume. Il eut, du reste, deux autres procès de presse sous la République de 1848.

Voir : *Lettre à F.-V. Raspail* et *Fin de la République.*

Famille (La) des transportés.

Voir : *Jeanne* et *Louise.*

Famille (La) impériale. — Gravure séditieuse, représentant, dans un transparent, l'effigie de Napoléon 1er, ainsi que celles de Marie-Louise et du duc de Reichstadt, et au bas cette inscription : « Pour le père et pour le fils, etc. »

Destruction ordonnée par arrêt de la Cour d'assises de la Seine en date du 22 juin 1820, condamnant Augustin-Emmanuel DAUTY, marchand d'estampes à Paris, à 600 fr. d'amende, pour fabrication et vente de la susdite gravure (*Moniteur du 15 août 1820).*

Fanchette, danseuse de l'Opéra.

Voir : *Margot la ravaudeuse.*

Farceur du régiment.

Voir : *Le véritable farceur.*

Farville, ou *Blanc, noir et couleur de rose,* par M. RAB**. (RABAN). — Paris, LOCARD et DAVY, 1819, 2 vol. in-12. 5 fr.

Roman fort libre, mis à l'index, par mesure de police, en 1825.

Voir : *Note des ouvrages à supprimer.*

Fastes, ruses et intrigues de la galanterie.

Voir : *La galanterie sous la sauvegarde des lois.*

Faublas (le chevalier de...)

Voir : *Amours et galanteries du chevalier...*

Fausse (La) démocratie. — Pamphlet anonyme, sortant d'une imprimerie clandestine.

Cet écrit, publié et distribué sous le manteau, en 1863, à l'époque des Elections législatives, a été très minutieusement recherché par la police. Plusieurs exemplaires ont été saisis ; mais les auteur. et imprimeur n'ayant pu être découverts, l'affaire a dû être classée.

Faux extraits du Moniteur. — Au mois d'avril 1831, la police saisit un certain nombre d'imprimés qu'un pauvre diable annonçait dans le passage Véro-Dodat en criant : « Voilà l'extrait du *Moniteur* de ce jour ! « Lettre officielle de S. M. le roi des Français à S. M. l'empereur de « Russie. — Noms des généraux qui vont commander l'armée des Alpes. « — Rapport relatif à la famille de Napoléon-Bonaparte. — Serpent de mer « de 200 pieds de long, dévorant deux mousses, etc., etc. »

Plusieurs de ces *canards* sortaient des presses de MM. HERHAN, DUPONT, CHASSAIGNON, STAHL, FRILLEY et PETIT, qui-reconnurent, à l'instruction, que certains de ces écrits étaient de leur invention et qu'ils avaient emprunté les autres à divers journaux de Paris.

Renvoyés devant le jury et déclarés coupables d'avoir composé et imprimé de *Faux extraits du Moniteur*, ces messieurs furent condamnés chacun à 10 fr. d'amende par arrêt de la Cour d'assises de la Seine, en date du 19 janvier 1832 (Voir *Gazette des Tribunaux* du 20 janvier 1832).

Faux-pas (Les) de la beauté.

Voir : *Lucette.*

Faux (Le) ravisseur, ou les *Caravanes galantes du chevalier d'Abbeville,* par M. H. LE M... — Hambourg (Liége) 1755, 2 part. in-18, fig., et Paris, LE PRIEUR, an II, 2 vol. in-18, 179 et 175 pp., 2 fig.

Roman licencieux, mis à l'index, par mesure de police, en 1825.

Voir : *Note des ouvrages à supprimer.*

Félicia (La) nouvelle...

Voir : *Cécile.*

Félicia, ou *Mes fredaines* (par le chevalier Andréa DE NERCIAT), avec

cette épigraphe : « La faute en est aux dieux qui m'ont faite si folle ».
S. d. — Amsterdam, 2 vol. in-8, ou 4 part. in-12.

Il faut lire sur les innombrables éditions de cette spirituelle mais plus
qu'érotique production du XVIIIe siècle, l'excellent article de la « Bibliographie Gay » (t. III, p. 303). — On y trouve en outre ces vers que l'auteur avait mis en tête du deuxième volume de son livre :

> « Voici, mon très cher ouvrage,
> « Tout ce qui t'arrivera :
> « Tu ne vaux rien, c'est dommage :
> « N'importe, on t'achètera ;
> « Jusqu'au bout, avec courage,
> « La plus c...n te lira ;
> « Et, ainsi que c'est l'usage,
> « Au feu te condamnera ;
> « Mais la plus sage en rira. »

Le personnage de *Félicia* n'était pas, paraît-il, imaginaire ; c'est véritablement
le portrait d'une amie de l'auteur, qu'on retrouve dans *Monrose* et dans *les
Aphrodites*.

Voir ces titres.

La destruction de cet ouvrage immoral a été ordonnée par :

1º Arrêt de la Cour royale de Paris, du 21 décembre 1822 (*Moniteur* du
26 mars 1835) ;

Et 2º Arrêt de la Cour d'assises de la Seine, du 9 août 1842, condamnant
RÉGNIER-BECKER à 6 mois de prison et 200 fr. d'amende (*Moniteur* du 15 décembre 1843).

Voir aussi : *Parapilla*.

Ce mauvais livre a aussi été mis à l'index, par mesure de police, en 1825.

Voir : *Note des ouvrages à supprimer*.

Femme (La) de César. — Biographie d'*Eugénie Kirkpatrik Théba
de Montijo, impératrice des Français, par l'auteur des *Nuits de St-Cloud* »
— Londres (Bruxelles), 1862, in-8, 16 pp. — Londres et Genève, 1865, in-8.

Libelle dont la destruction a été ordonnée, par jugement du Tribunal correctionnel de la Seine, en date du 27 janvier 1867 (Aff. contre GOSSELIN et consorts).

Voir : *La Lanterne*.

On attribue cet ignoble pamphlet à P. VÉSINIER, qui se serait caché sous la rubrique : *Par l'auteur des nuits de Saint-Cloud*.

Voir ce titre.

Voir : *Amours de Napoléon III*.

Femme (La) d'un homme public. — Chanson.

Voir : *La Chanson au XIXe siècle*.

Femme (La) jésuite. — Histoire véritable, par une victime du jésuitisme (RABAN). — Paris, marchands de nouveautés, 1826, in-32. 25 c.

La destruction de ce petit écrit a été ordonnée par arrêt de la Cour royale de
Paris, en date du 21 avril 1827 (Point d'insertion au *Moniteur*).

Femmes (Les) de théâtre, par Alphonse LEMONNIER, avec une préface
et un autographe de Mlle Léonide LEBLANC, et un portrait photographié de
l'une des héroïnes du livre. — Paris, FAURE, 1864, in-18 jésus, 287 pp.
3 fr.

La destruction de ce livre, contenant des outrages à la morale publique et aux
bonnes mœurs, a été ordonnée par jugement du Tribunal correctionnel de la
Seine, en date du 25 novembre 1864, condamnant, en outre, l'auteur et l'éditeur,
chacun en 100 fr. d'amende (*Moniteur* du 31 mai 1865).

Ne serait-ce point ce livre qui, sous le titre de : *Amours des Actrices* est visé dans
le jugement contre POULET-MALASSIS et consorts en date du 12 du même mois ?

Voir du reste : *Parapilla*.

Femmes (Les) débauchées.

Voir : *La Légende joyeuse*.

**Femmes (Les) entretenues dévoilées dans leurs fourberies
galantes**, ou le *Fléau des familles et des fortunes*, par une de leurs victimes (CUISIN). — Paris, v^e LEPETIT, 1820, 2 vol. in-12, 2 fig. 5 fr.

Ecrit licencieux et immoral mis à l'index, par mesure de police, en 1825.

Voir : *Note des ouvrages à supprimer*.

Festin (Le) de Balthazar. — Lithographie obscène bien connue,
maintes fois reproduite de nos jours, par la photographie.

Destruction ordonnée, pour outrages à la morale publique et aux bonnes
mœurs :

1º Par arrêt de la Cour d'assises de la Seine, en date du 30 août 1837 (Aff. contre
DAUTY. — *Moniteur* du 9 novembre suivant),

2º Par arrêt de la même Cour, du 29 avril 1845 (Aff. contre VALLADE et autres.
Moniteur du 9 juin 1846).

La pierre a été détruite.

Fêtes et courtisanes de la Grèce. — Supplément aux voyages
d'Anacharsis et d'Antenor (par J.-B.-P. CHAUSSARD). — Paris, BUISSON,
an IX. — La troisième et dernière réimpression de cet ouvrage est celle
de 1821. — Paris, 4 vol. in-8, avec 24 grav. d'après les dessins de Garneray.

Quoique librement traitée, cette compilation est intéressante et peut rendre des services pour l'intelligence des auteurs anciens. Cet écrit est d'ailleurs cité au catalogue Wittersheim, p. 25.

Voir : *Les Amours de Louis le Grand.*

Feuille du commerce de Marseille. — Journal ; gérant : BLANC, dit BOILEAU, ouvrier imprimeur.

Le numéro 182, commençant par ces mots : « Bien, très-bien, on ne peut mieux.... » et finissant par ceux-ci : « Laissez immoler les amis de l'ordre, c'est pour vous qu'on travaille », a été supprimé, par arrêt de la Cour d'assises des Bouches-du-Rhône, en date du 23 septembre 1835, pour attaque contre la dignité royale, offense envers la personne du roi et excitation à la haine et au mépris de son gouvernement. — Par le même arrêt, le sieur J.-B. AIMÉ BLANC, a été condamné à 3 mois de prison et 1.000 fr. d'amende (*Moniteur* du 26 juin 1836.)

Figaro (Le). — Journal publié à Paris ; gérant : BOHAIN.

Par jugement du Tribunal correctionnel de la Seine, en date du 23 août 1829, a été ordonnée la destruction du numéro du *Figaro*, du 9 du même mois, contenant des offenses envers la personne du roi, à l'occasion de la nomination de nouveaux ministres ; délit commis par l'insertion d'un article où il était dit « qu'au lieu « d'illumination à une solennité prochaine, toutes les maisons de la France « devaient être tendues de noir. » — Le même jugement a condamné Alex.-Victor BOHAIN, à six mois de prison et 1.000 fr. d'amende ; sentence confirmée par arrêt de la Cour royale de Paris, en date du 25 février 1830 (Point d'insertion au *Moniteur.*)

Fille (La) de joie, ou *Mémoires de Miss Fanny,* écrits par elle-même. — Amsterdam et Paris, chez Mᵐᵉ GOURDAN, 1786, 2 parties in-8, ensemble 232 pp., avec 35 figures libres (titres compris).

On ignore quel est l'auteur français de ce livre, qui n'est autre chose que la traduction française de : « *Memoirs of a woman of pleasure* (By J. CLELAND). — London, G. FENTON, 1745-50, 2 vol. in-12. C'est un des ouvrages érotiques dont la bibliographie est le plus obscure. — Il a eu diverses éditions sous les titres suivants : « *La fille de joie, ouvrage qui a tessencié de l'anglais, contenant les aventures de Mˡˡᵉ Fanny Hill.* » Traduction faite par un nommé LAMBERT, fils d'un banquier de Paris, à Lampsaque, 1751, in-12, puis 1758-1762, etc., in-18, avec gravures érotiques.

« *Nouvelle traduction de Woman of pleasure, ou la fille de joie.* » — Londres, 1770, in-8, fig., *id.,* 1775, 2 vol. in-12, etc.

« *Nouvelle traduction de Woman of pleasure, ou la fille de joye de M. Cleland, contenant les Mémoires de Mˡˡᵉ Fanny, écrits par elle-même, avec des planches en taille douce,* » 37 belles figures de BOREL et ELUIN, souvent réimprimé, notamment par CAZIN, à la fin du XVIIIᵉ siècle.

« *Apologie de la fine galanterie de Mˡˡᵉ Françoise de la Montagne,* trad. de l'anglais. — A Todion. chez Barnabas CONDOMINE, 1756, pet. in-8. A partir de la page 97, le titre courant est : « *La fille de joie.* » — C'est une réimpression de la traduction de LAMBERT.

« *Le avventure di Fanny Hill, ossia la meretrice ingese.* » — Londra, 1760, in-12. Réimpression de la traduction italienne du comte CARLO GOZZI.

Enfin la *Bibliographie Gay* signale une réimpression belge récente, sous la rubrique de Londres, 1786, avec 15 fig. seulement, qui est sans doute celle visée dans l'aff. contre DUQUESNE, dont il est question ci-après.

En somme, c'est toujours sous la dénomination générale de « *La fille de joie* », que ce livre a été frappé par les condamnations suivantes :

1° Arrêt de la Cour d'assises de la Seine, en date du 29 décembre 1821. (Destruction ordonnée. — Pas d'insertion au *Moniteur*);

2° Arrêt de la Cour royale de Paris, du 16 novembre 1822, inséré au *Moniteur* du 26 mars 1825 (aff. contre ROUSSEAU.)

3° Jugement du Tribunal de la Seine, du 7 mars 1823. (Destruction encore ordonnée. — Pas d'insertion au *Moniteur*);

4° Jugement du même Tribunal, en date du 25 février 1825, condamnant BOURRUT, MERLOT, BESSON et COTTENET, à diverses peines citées à l'art : « *Meursius français.* » (*Moniteur* du 7 novembre 1826.)

5° Enfin un jugement du Tribunal correctionnel de Lille, du 6 mai 1868, inséré au *Moniteur* du 19 septembre suivant, ordonne la destruction de l'ouvrage en 2 volumes intitulé : « *La fille de joie* », commençant par ces mots : « Je vais te donner, ma chère amie,» finissant par ceux-ci : «Et de me croire, etc., » et contetenant des outrages à la morale publique et aux bonnes mœurs. (Aff. contre DUQUESNE.) .

Voir : *Actes des Apôtres.*

Voir aussi : *Parapilla.*

Fille (La) Elisabeth, par BRÉVANNES (Alfred BARBOUX), article inséré dans le journal *le Tintamarre* du 1er avril 1877, commençant par ces mots : « Mon histoire », et finissant par ceux-ci : « Dans la misère. »

Cet article, poursuivi pour outrage aux bonnes mœurs, est un pastiche, trèschargé en expressions crues et en scènes immorales, d'un roman récemment publié, *La fille Elisa*, qui n'avait fait l'objet d'aucunes poursuites et que l'auteur de l'article incriminé a blâmé fort sévèrement, mais en exagérant les écarts de l'auteur objet de ses critiques.

Par jugement du Tribunal correctionnel de la Seine (8e ch.), du 3 mai 1877, l'auteur de l'article et M. Léon BIENVENU, gérant du *Tintamarre*, ont été condamnés, le premier à 100 fr., le second à 50 fr. d'amende.

Fille (La) inviolable. — Chanson licencieuse.

Voir : *Le Chansonnier érotique de l'amour.*

Filles de joie.

Voir : *L'infortune des filles de joie.*

Filles (Les) de plâtre, roman, par Xavier DE MONTÉPIN. — Paris 1855, 7 vol. in-8, CADOT, éditeur, JACQUIN, impr.

Ce roman fut poursuivi comme contenant dans un grand nombre de passages, des scènes, des descriptions, des théories qui constituent de graves atteintes à la morale publique et aux bonnes mœurs. (Les nombreux passages visés par la justice, sont cités par la *Gazette des Tribunaux*.)

Par jugement du Tribunal correctionnel de la Seine, en date du 14 février 1856, M. Xavier de MONTÉPIN a été condamné à 3 mois d'emprisonnement et 500 fr. d'amende ; M. CADOT à 1 mois et 500 fr. ; M. JACQUIN à 500 fr. d'amende. — En outre la destruction de l'ouvrage incriminé a été ordonnée. (Voir *Gazette des Tribunaux* du 15 février 1856, et *Journal officiel* du 7 mai 1874.) Le 23 février, M. Xavier de MONTÉPIN a interjeté appel ; mais nous n'avons pu retrouver la trace de la décision intervenue.

Fils (Le) de l'Homme, ou *Souvenirs de Vienne* (environ 350 vers alexandrins), par A. M. BARTHÉLEMY. — Paris, les marchands de nouveautés. (Amb. DUPONT), 1829, in-8, 26 pp. 2 fr.

Ce poëme que BARTHÉLEMY avait fait au retour d'un voyage à Vienne près du duc de REICHSTADT, fut saisi et poursuivi pour outrages à la dignité royale et attaque aux droits que le roi tient de sa naissance et pour provocation à changer le gouvernement et l'ordre de succession au trône.

Malgré l'éloquente défense *en vers* que prononça l'auteur de l'écrit poursuivi, le Tribunal correctionnel de la Seine (6ᵉ ch.), condamna, le 29 juillet 1829, BARTHÉLEMY, à 3 mois de prison et 1.000 fr. d'amende, et DAVID, imprimeur, à 25 fr. d'amende. — La destruction des exemplaires saisis fut en outre ordonnée. Cette sentence fut confirmée par arrêt de la Cour de Paris, en date du 7 janvier 1830. DAVID toutefois fut déchargé. — (Pas d'insertion au *Moniteur*.)

Les détails de cette intéressante affaire, les plaidoyers de la partie civile et celui du défenseur, ainsi que le texte du jugement ont été publiés sous le titre de :

« Procès du *Fils de l'Homme*, avec la défense en vers, prononcé à l'audience du 29 juillet 1829. — Paris, Denain, 1829, in-8, 78 pp. » Cet écrit a obtenu deux éditions dans la même année. (Voir : *Gazette des Tribunaux* du 8 janvier 1830).

Fin (La) de la République, par Ch. MARCHAL. — Paris, LEDOYEN, in-12, 1851, 1 fr. 50.

Cette brochure séditieuse fut saisie, et l'auteur condamné à 5 ans de prison et 10.000 fr. d'amende, par arrêt de la Cour d'assises de la Seine, en date du 8 octobre 1851 (*Moniteur* du 21 octobre 1851).— Le sieur MARCHAL a d'ailleurs été gracié le 15 juin suivant.

Fin des aventures de Faublas.

Voir : *Madame de Lignolles.*

Finis donc, tu me mouilles ! — Lithographie obscène.

Voir : *Le tohu bohu plaisant.*

Flacon (Le) d'essence. — Gravure obscène.

Destruction ordonnée par jugement du Tribunal correctionnel de la Seine, en date du 13 mars 1852 (aff. contre Langlois. — *Gazette des Tribunaux* du 14 mars.)

Flageolet (Le) qui ne va plus. — Chanson. Paroles et musique de Maurice Baduel, artiste musicien. Dessin, frontispice de Chatinière, artiste peintre. — Paris, 1862, édité par E. Feuchot.

Par jugement (défaut) du 14 novembre 1862, le Tribunal correctionnel de la Seine, en ordonnant la suppression de cette chanson contraire aux bonnes mœurs, a condamné l'auteur et le dessinateur chacun à un mois d'emprisonnement et 50 fr. d'amende. Sur opposition, formée par les condamnés, le Tribunal, par jugement du 12 décembre 1862, a supprimé l'emprisonnement et réduit, pour chacun, l'amende à 30 fr. (*Gazette des Tribunaux* du 13 décembre 1862.)

Fléau (Le) des familles et des fortunes.

Voir : *Les femmes entretenues dévoilées.*

Fleuve (Le) Scamandre. — Gravure obscène.

Voir : *Journal des connaissances utiles.*

Foi (La) et le pape Alexandre VI. — Article.

Voir : *Le Grondeur.* — Journal.

Folastreries à Jannot Parisien.

Voir : *Livret des folastreries.*

Folastrerie de P. Ronsard à Catin.

Voir : *Vie et actes triumphans.*

Folie (La) espagnole, par G.-C.-A. Pigault-Lebrun. — Paris, Barba, 1801-1820, 4 vol. in-12, fig. 10 fr.

Roman très-libre, plusieurs fois réimprimé, et tout récemment encore, avec illustrations.

Par jugement du Tribunal correctionnel de la Seine, le sieur GAMBART, tenant cabinet de lecture, rue St Jacques, a été condamné à un an de prison et 50 fr. d'amende, pour avoir donné en lecture cet ouvrage et d'autres livres immoraux à de jeunes élèves d'une institution voisine. — Ce jugement a été confirmé par arrêt de la Cour de Paris, en date du 21 août 1827. (Voir : *Gazette des Tribunaux* du 22 août 1827).

Ce livre, qui n'a jamais fait l'objet d'un jugement spécial, a été maintes fois réimprimé en divers formats et avec des illustrations très variées. — Tout récemment encore, on en a fait une nouvelle édition avec de nouvelles gravures, en même temps qu'on a réimprimé d'autres ouvrages du même auteur.

D'après la *Bibliographie Gay* (T. III, p. 355), une saisie d'une cinquantaine d'exemplaires a été faite, sous la Restauration, pour donner satisfaction à une partie du public que ce livre avait scandalisée. Enfin, il a été mis à l'index, par mesure de police, en 1825.

Voir : *Note des ouvrages à supprimer*.

Folies (Les) Françaises.

Voir : *Le curé capitaine*.

Force (La) des choses. — In-8, 1849. — Leipzig, TWIETMEYER, 1 fr.

La couverture de cet ouvrage, dont l'auteur est demeuré ignoré, porte : « *Ouvrage saisi en France* », mais l'édition originale, celle qui aurait été saisie, est complétement inconnue. (Otto Lorenz, T. II, p. 333.)

Forces (Les) d'Hercule.

Voir : *Les b...... de Thalie*.

F..taizes (Les) de Jéricho. — Constantinople, 1740, petit in-12, très-rare. — C'est un recueil de contes et de pièces libres dont la plupart ont déjà été imprimées, soit isolément, soit dans d'autres collections.

Réimprimé à Bruxelles, en 1863 (novembre), 71 pp., pet. in-8, 22 ex., pet. in-12, 128 ex., pr. 5 fr.

La destruction de cette réimpression a été ordonnée par jugement du Tribunal de la Seine, du 2 juin 1865, inséré au *Moniteur* du 8 novembre suivant, comme contenant des outrages à la morale publique et aux bonnes mœurs. (Aff. contre GAY.)

Voir : *Aphrodites*.

Voir aussi : *Parapilla*.

F.....r (Le) en levrette. — Lithographie obscène.

Destruction ordonnée par jugement du Tribunal correctionnel de la Seine, en date du 13 mars 1852. (Aff. contre Langlois. — *Gazette des Tribunaux* du 14 mars 1852.)

F..tromane (Le).

Voir : *Milord Arsouille*.

F..tromanie (La). — Poëme en 6 chants (par Sénac de Meilhan). — Sardanapolis, s. d. (fin de 1778), in-8, 79 pages avec 6 planches.

Telle est la première édition de ce poëme maintes fois réimprimé et dont la dernière édition parait être celle qui porte la rubrique de : « *Biblipalam, 1830, in-18, 6 fig. libres* », (le poëme n'a que 5 chants). Cet ouvrage qu'on a fort témérairement attribué à C. F. X. Mercier de Compiègne, est suivi, dans certaines éditions, soit de la *Comtesse d'Olonne*, de Bussy-Rabutin, soit de la *Confédération de la nature*, ou encore de *l'Art de se reproduire*, parodie de l'art poétique, par Chevalier du Coudray.

La destruction de ce livre a été ordonnée par arrêt de la Cour royale de Paris, en date du 19 mai 1815 (Point d'insertion au *Moniteur*.)

Depuis, par jugement du Tribunal correctionnel de la Seine, en date du 2 juin 1865 (6e ch.) inséré au *Moniteur* du 8 novembre suivant, la destruction de ce poëme lubrique a encore été ordonnée. (Aff. contre Gay.)

Dans son livre « *Procès des raretés Bibliographiques* », M. Gay fait remarquer que « *La F..tromanie* n'avait pas été éditée par lui et n'avait pas été destinée par « lui à la vente. C'est un vieux volume relié qui a été trouvé chez lui lors de la « saisie. Il l'avait acheté pour son usage personnel, afin de le consulter au cours de ses recherches en vue de la préparation d'une note bibliographique. »

Cette objection qui tend à prouver la bonne foi de M. J. Gay, et aussi à démontrer que depuis 1830, il n'aurait pas été fait de réimpression de cet écrit licencieux, n'a pas de valeur au point de vue juridique ; car on sait que la présence d'un écrit ou dessin, dans la boutique d'un éditeur ou libraire, suffit pour établir et constituer les caractères de la mise en vente.

Voir pour les détails : *Aphrodites*.

Fragments Thali-Priapiques.

Voir : *Les Aphrodites*.

Français (Le) après la victoire. — Lithographie obscène.

Voir : ...

Français (Les) en Afrique. — Recueil de douze lithographies obscènes, contenant les sujets suivants : *Lanciers d'Afrique. — Prise d'Alger. — La leçon de Français. — Assaut d'Alger. — Abd-el-Kader et la Vivandière. — Nouveau régiment français. — Premières armes d'un prince royal — Prise de Constantine. — Le Français après la victoire,*

— *Entrée des Français dans Constantine.* — *Chasseurs d'Afrique.* — *Pacot au Sérail.*

Destruction ordonnée, pour outrages à la morale publique et aux bonnes mœurs, par arrêt de la Cour d'assises de la Seine, en date du 29 avril 1845. (Aff. contre VALLADE et autres. — *Moniteur* du 9 juin suivant).

Français (Les) en Espagne

et :

Français (Les) en Vendée.

Recueils de lithographies obscènes, analogues au précédent.

Destruction ordonnée, pour les mêmes motifs, par jugement du Tribunal correctionnel de la Seine.(7e ch.), en date du 13 mars 1852. (*Gazette des Tribunaux* du lendemain et *Journal officiel* du 7 mai 1874).

France, désarmement ; Berry, délivrance !

Placard écrit dans un style véritablement apocalyptique et dont certaines productions de quelques pauvres fous de notre époque peuvent donner une idée suffisante. Cet écrit fut affiché, pendant la nuit, dans tous les carrefours de Paris, et, au matin, il se produisit presque une petite émeute à chaque coin de rue parmi le populaire qui se pressait pour lire cette étrange proclamation, d'ailleurs séditieuse. Par les soins de la police, ces placards furent arrachés et lacérés le jour même. (*Gazette des Tribunaux* du 10 février 1833).

France (La) galante, ou *Histoire amoureuse de la Cour sous le règne de Louis XIV.* — Cologne (Hollande), P. MARTEAU, 1688, maintes fois réimprimé.

Recueil de 7 pièces satiriques décrites dans la *Bibliographie Gay* (tome III, p. 375), et qui ont toutes été réimprimées dans l'*Histoire amoureuse des Gaules*, de BUSSY-RABUTIN.

On ne trouve point, au *Moniteur*, de décision judiciaire applicable à la *France galante*, qui a été poursuivie sous la Restauration.

France (La). — Journal publié à Paris.

Dix numéros de cette feuille ont été condamnés à la destruction par six arrêts de la Cour d'assises de la Seine. Ce sont :

N° du 14 juillet 1836. — Apologie de l'attentat commis par ALIBAUD contre la personne du roi. Arrêt du 30 juillet 1836, condamnant Ch.-Franc. BARBEYRAC DE SAINT-MAURICE à 2 mois de prison et 1,000 fr. d'amende. (*Moniteur* du 18 janvier 1837) ;

N° du 15 novembre 1836. — Attaques contre l'ordre de successibilité au trône et contre les droits du roi, adhésion publique à une autre forme de gouvernement.

Arrêt du 26 du même mois, condamnant M. B. Th. Verteuil de Feuillas, gérant, à 3 mois de prison et 300 fr. d'amende. (*Moniteur* du 23 avril 1837) ;

N° du 7 décembre 1836. — Mêmes délits. Arrêt du 9 janvier 1837, condamnant le même gérant à 3 mois de prison et 1,500 fr. d'amende. (*Moniteur* du 12 mai suivant) ;

N° du 23 février 1837. — Article intitulé : *Marche civilisatrice de la Révolution, progrès dans le régicide*, attaques contre le respect dû aux lois. Arrêt du 6 mars 1837, condamnant le même gérant à un mois de prison et 100 fr. d'amende. (*Moniteur* du 12 mai 1837) ;

N°s des 12 septembre, 4 et 12 octobre 1838. — Offenses envers la personne du roi. Arrêt du 27 octobre 1838, condamnant le même gérant à un an de prison et 3,000 fr. d'amende. (*Moniteur* du 9 juin 1839) ;

N°s des 10, 12 et 29 décembre 1843. — Mêmes délits que ci-dessus ; arrêt du 26 février 1844, condamnant, notamment à raison de la publication de l'article intitulé : *Le Serment*, Frédéric Dollé, gérant, à huit mois de prison et 8,000 fr. d'amende. (*Moniteur* du 23 juin 1845).

Fredaines (Mes).

Voir : *Felicia.*

Fuite de Lochleben-Castle. — Lithographie obscène.

Voir : *Histoire universelle érotique.*

Funérailles de M. Manuel.

Voir : *Relation des funérailles.*

Furet (Le), par Charles *** (Ch. Robert). — Paris, Chaumerot, 1818,

n'a eu que 2 livraisons in-8, de 64 pp.

La destruction de ce pamphlet séditieux a été ordonnée par arrêt de la Cour royale de Paris, en date du 2 avril 1818. (Pas d'insertion au *Moniteur.*)

La même année, le même auteur a fait paraître une suite à cet écrit sous le titre de : *C'est encore moi. Le Furet constitutionnel*, in-8, 63 pp.

Furet (Le) Troyen. — Journal.

Voir : *Un mot sur le...*

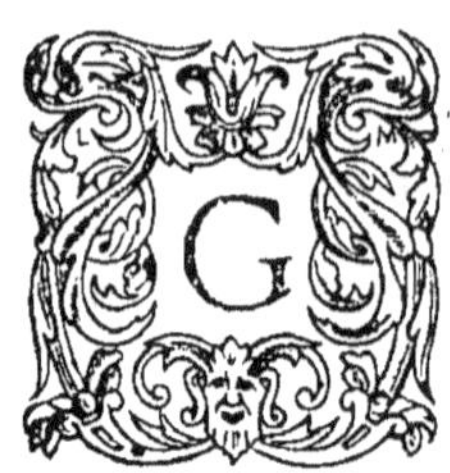

Gaietés (Les) de Béranger.

Voir : *Chansons de Béranger.*

Gais (Les) Canotiers. — Chanson en 9 couplets, commençant par ces mots : « Amis, canotiers de la Seine... », finissant par ceux ci : « ....Tontaine, tonton », signé : A. P. ;

— **Le Mou.** — Chanson en 8 couplets, commençant par : « Puisqu'à chanter l'on m'invite », finissant par : « Qui fait coucou », signé A. PERNEY ;

— **Un serpent tortillé.** — Chanson en 6 couplets, commençant par : « Lise avait lavé dans l'eau claire... », finissant par : « ...demande un serpent », signée A. PERNEY ;

— **Le Bijou des Dames.** — Chanson en 5 couplets, commençant par : « Une femme dès son enfance... », finissant par : « ...Le compagnon des plaisirs », signé D.

Chansons lithographiées ou autographiées, sans noms d'imprimeur, contenant des outrages à la morale publique et aux bonnes mœurs.

Destruction ordonnée par arrêt de la Cour d'assises de la Seine, du 21 janvier 1851, condamnant A. PERNEY, architecte, à six mois de prison et 100 fr. d'amende, et PILLET, maçon, à 2 mois de prison et 16 fr. d'amende. (*Moniteur* du 16 février 1851. — *Journal officiel* du 7 mai 1874.)

Galantériana, ou *Choix de propos joyeux et d'anecdotes galantes anciennes et modernes,* par *un ancien capitaine de dragons.* — Paris, SAILLARD, 1814, 2 vol. in-12, fig.

Ce choix de propos, trop joyeux sans doute, a été mis à l'index, par mesure de police, en 1825.

Voir : *Note des ouvrages à supprimer.*

Galanterie (La) Monacale.

Voir : *Les Entretiens de la Grille.*

Galanterie (La) sous la sauvegarde des lois, par P. Cuisin. — Paris, 1815, in-12; réimprimé sous le titre de :

— Fastes, ruses et intrigues de la galanterie, ou *Tableaux de l'amour et du plaisir.* — Paris, 1834, et 1836, in-18, 138 pp., 1 fig. 1 fr. 50

C'est une description anecdotique, assez amusante, mais fort libre du n° 113, fameux tripot et maison de plaisir du Palais-Royal. Le titre intérieur du texte est ainsi conçu : *Description apologétique du premier sérail de la capitale.*

La destruction de cette brochure a été ordonnée, pour outrages aux bonnes mœurs, par arrêt de la Cour d'assises de la Seine, en date du 8 décembre 1835, acquittant les libraires Baudouin, Therry et Tesson, chez lesquels des exemplaires de l'écrit incriminé avaient été saisis. (*Moniteur* du 7 novembre 1837.)

Voir aussi : *Parapilla.*

Galanteries (Les) de la Bible, par Evariste Parny. — Paris, 1808, in-12. — Ce poëme immoral et anti-religieux a été souvent réimprimé soit séparément, soit dans le « Portefeuille volé », soit dans les œuvres complètes de l'auteur.

La destruction de cet écrit a été ordonnée, pour attaques contre la religion..
1° Par jugement du Tribunal correctionnel de Coutances, du 30 août 1826. (Pas d'insertion au *Moniteur.*)
2° Par arrêt de la Cour d'assises de la Seine-Inférieure, en date du 24 février 1843. (*Moniteur* du 3 décembre 1843).

Galanteries de Thérèse.

Voir : *La belle Allemande*

Galerie des petits romans, anecdotes, etc.

Voir : *Le diable peint par lui-même.*

Galerie des gardes-françaises exposée en 1840. — Recueil de 6 dessins obscènes portant chacun le titre de : « Gardes-françaises », avec les légendes suivantes : *Permission de dix heures (une halte dans les blés). — Le Bouton de rose. — Caprice d'une dame de la Cour. — Le Racoleur. — Le Caporal instructeur. — Une garde hors de tour.*

Destruction ordonnée, pour outrages à la morale publique et aux bonnes mœurs, par :
1° Arrêt de la Cour d'assises de la Seine du 9 août 1842 (Aff. contre Régnier-Becker. — *Moniteur* du 15 décembre 1843);
2° Arrêt de la Cour d'assises de la Seine-Inférieure du 8 septembre 1844 (Aff. contre Bon. — *Moniteur* du 3 décembre 1844);

3° Arrêt de la Cour d'assises de la Seine du 29 avril 1845 (Aff. contre Vallade et autres. — *Moniteur* du 9 juin suivant);

4° Jugement du Tribunal correctionnel de la Seine du 13 mars 1852 (Aff. contre Langlois. — Voir : *Gazette des Tribunaux* du lendemain.)

Galerie historique des Contemporains.

Voir : *Biographie* ou *Galerie.*

Galotti et M. Portalis. — Article de journal.

Voir : *L'album.*

Gamiani, ou *Deux nuits d'excès,* par Alcide, baron de M***. — Bruxelles, 1833, grav. in-4. Texte lithographié à deux colonnes, avec lithographies assez bien faites, attribuées à Grévedon et à Devéria.

Cette première édition, très-incorrecte, est devenue introuvable. Depuis, *Gamiani* que l'on attribue généralement à Alfred de Musset a été maintes fois réimprimé. On trouve, au sujet de cet écrit licencieux, un article très complet dans la *Bibliographie Gay* (T. 3, p. 401).

Par jugement du Tribunal correctionnel de Lille, en date du 6 mai 1868. *Gamiani,* ouvrage commençant par ces mots : « Minuit sonnait » et finissant par ceux-ci : « monte sur le cadavre. » a été condamné à la destruction comme contenant des outrages à la morale publique et religieuse, ainsi qu'aux bonnes mœurs (*Moniteur* du 19 septembre 1868. — Aff. contre Duquesne.)

Le même ouvrage a été condamné également à la destruction par jugement du Tribunal de la Seine en date du 2 juin 1865, inséré au *Moniteur* du 8 novembre 1865 (Aff. contre Gay).

Voir pour les détails : *Actes des Apôtres.*

Voir aussi : *Aphrodites.*

Voir enfin : *Parapilla.*

Garde (Le) champêtre. — Chanson.

Voir : *Gaudrioles de M. Gaillard.*

Garde-française. — Une gravure et deux lithographies obscènes.

Voir : *Galerie des Gardes-françaises* et : *La vie du soldat.*

Gargantua. — Lithographie in-4, par Daumier, imp, chez Delaporte. — Paris, 1832.

Cette caricature extrêmement malicieuse à l'égard du roi Louis-Philippe représentait « un homme dans l'immense bouche duquel repose la partie supérieure d'une échelle descendant jusqu'à terre ; les échelons sont couverts de valets occupés à brouetter, dans l'avaloir de Gargantua, des sacs d'écus, qu'une multitude affamée et en guenilles apporte à ses pieds ; près de lui on remarque d'autres personnages qui, placés sous l'échelle, s'emparent avec avidité de tout ce qui tombe des brouettes ; enfin, un groupe nombreux de personnages somptueusement vêtus entourent le fauteuil de Gargantua et applaudissent avec transport. »

La destruction de cette lithographie a été ordonnée, par arrêt de la Cour d'assises de la Seine (2e section), en date du 22 février 1832, condamnant Daumier, dessinateur, Delaporte et Aubert, marchands de gravures, chacun à six mois de prison et 500 fr. d'amende (*Gazette des Tribunaux* du 23 février 1832).

Gaudriole (La). — Chansonnier joyeux, facétieux et grivois. — Paris, les marchands de nouveautés, 1830, in-32 de 512 pp. avec deux figures dont une libre. — Réimprimé en 1833 et 1834.

Ce chansonnier contient des productions de 67 auteurs différents et six pièces anonymes. On remarque parmi les auteurs : Cabassol (16 chansons), Charon (7), Collé (4), T. Dauphin (7), E. Debraux (9), Festeau (8), Scribe (3) ; etc.

Les sieurs Terry et Bacquenois, libraires à Paris, furent renvoyés devant le Tribunal correctionnel de la Seine (7e ch.), pour outrages à la morale publique et aux bonnes mœurs, par la mise en vente du susdit écrit et d'autres livres obscènes dont il sera parlé en leur lieu et place et dont plusieurs avaient été précédemment condamnés. Par jugement du Tribunal susdit, en date du 27 mars 1852, ordonnant la destruction des écrits saisis, Terry a été condamné à un an de prison et 2.500 fr. d'amende et Bacquenois à 2.000 fr. d'amende (*Gazette des Tribunaux* du 28 mars 1852).

Gaudrioles (Les). — **Chansons joyeuses du XIXe siècle.** — Bruxelles, 1866, 2 vol. pet. in-12, 125 ex. 12 fr.

Ouvrage commençant par ces mots : « O très dévotes créatures... », finissant par ceux-ci : « ...éprouve du désagrément », contenant des outrages à la morale publique et religieuse ainsi qu'aux bonnes mœurs, et dont la destruction a été ordonnée par jugement du Tribunal correctionnel de Lille du 6 mai 1868, inséré au *Moniteur* du 19 septembre suivant (Aff. contre Duquesne.)

Voir : *Actes des Apôtres.*

Gaudrioles (Les). — Recueil de pièces et chansons, 1 vol. in-32, 36 pp.

Les pièces contenues dans ce recueil sont intitulées : *Le Provincial à Paris. Le Mari ou les deux Confesseurs. Enigme. Ode à Priape. Les excellentes parties. Le Chapitre général des Cordeliers. Le Jeu ne vaut pas la Chandelle. Telle demande, telle réponse. La jolie Femme et le Peintre. Couplet. Mon Testament.*

La destruction de deux gravures illustrant les pièces de ce recueil intitulées : *Le Chapitre général des Cordeliers* et l'*Ode à Priape*, a été ordonnée par jugement du

Tribunal correctionnel de la Seine en date du 6 mars 1852 (Aff. contre Garnier. — *Journal officiel* du 7 mai 1874).

Gaudrioles (Les) de M. Gaillard. — Almanach chantant pour la présente année. — Paris, chez les marchands de nouveautés; pet. in-18 de 48 pp. Les pages 18 à 31 sont occupées par un calendrier grégorien pour l'année 1842. — (Montbéliard, Decker frères).

Ce recueil, aujourd'hui très rare, contient 17 chansons, dont quelques-unes sont fort libres, notamment celles qui ont pour titre : « *La bataille de Novi ; Suite de la bataille de Novi ; Le Garde-Champêtre ; M. et M*me *Mayeux ; Conseil à un ami ; Epithalame ; Il faut souffrir pour le plaisir ; La charge en douze temps ; Le jugement de Páris ; Halte-là ; Je ne le ferai plus, et La Sollicileuse.* »

La destruction de ce livre a été ordonnée par arrêt de la Cour d'assises de la Seine, en date du 30 mars 1843, condamnant à un mois de prison et 16 fr. d'amende, Eric-Jean Rameau, ouvrier bijoutier colporteur, pour avoir commis, en décembre 1841, des outrages à la morale publique et aux bonnes mœurs, par la mise en vente du recueil ci-dessus (*Moniteur* du 15 décembre 1843.)

Gazette d'Auvergne. — Journal publié à Clermont; Pierre Aigueperse, gérant.

1º La destruction des *Nos 36-37-39*, contenant des excitations à la haine et au mépris du gouvernement du roi et des attaques au respect dû aux lois, a été ordonnée par arrêt de la Cour d'assises du Puy-de-Dôme, en date du 21 mars 1841, condamnant le gérant à six mois de prison et 3.000 fr. d'amende.

2º La même mesure a été ordonnée, pour le *No du 11 septembre 1841*, contenant diffamation envers un commissaire de police, pour faits relatifs à ses fonctions, par arrêt de la même Cour, en date du 26 mai 1842, condamnant le gérant à quinze jours de prison et 1.000 fr. d'amende. — (*Moniteur* du 12 novembre 1842.)

Gazette de Bretagne. — Journal publié à Rennes.

1º La destruction des *Nos 497 et 499* a été ordonnée, pour excitation à la haine et au mépris du gouvernement, par arrêt de la Cour d'assises d'Ille-et-Vilaine, en date du 10 février 1835, condamnant Ferdinand Coudé, gérant, à 3 mois de prison et 2.000 fr. d'amende (*Moniteur* du 7 août 1835) ;

2º *No 505*, même délit, même mesure ordonnée par arrêt de la même Cour, en date du 9 février 1835, condamnant le même gérant à un mois de prison et 1.500 fr. d'amende (*Moniteur* même date) ;

3º *No 507*. Diffamation envers le préfet du Morbihan et le maire de St Avé. Destruction ordonnée par arrêt de la même Cour, en date du même jour, condamnant le même gérant à un mois de prison et 2.000 fr. d'amende. (*Moniteur* même date.)

Gazette de France. — Journal publié à Paris.

Sous la monarchie de Juillet, le célèbre organe légitimiste n'encourut pas moins de douze condamnations motivées par ses attaques contre le roi, le gouvernement ou des fonctionnaires. Onze arrêts de la Cour d'assises de la Seine et un arrêt de la Cour d'assises de Maine-et-Loire, prononcèrent contre les gérants Aubry-Foucault et Louis-Edouard Aubry, des condamnations s'élevant ensemble à 4 ans 8 mois et 10 jours de prison et 50,000 fr. d'amende.

Ces arrêts ordonnèrent en outre la destruction de 19 numéros de la *Gazette* dont voici les dates :

16 août 1832 (supplément). — 27 juin 1833. — 14 septembre 1833. — 4 et 23 mai 1834. — 23 septembre et 20 octobre 1834. — 4 février 1836. — 24, 25 et 28 juin 1836. — 8-9 et 10 décembre 1836. — 20 septembre 1841. — 19 et 20 juillet 1842. — 13 mars 1844. — .. août 1847.

Toutes ces condamnations ont été insérées au *Moniteur*.

Gazette de Franche-Comté. — Journal publié à Besançon.

Attaques contre les droits que le roi tient du vœu de la nation, excitation à la haine et au mépris du gouvernement. Destruction du n° .., ordonnée par arrêt de la Cour d'assises du Doubs, du 28 janvier 1833, condamnant le gérant Pinondel, à trois mois de prison et 3.000 fr. d'amende. (*Moniteur* du 29 juin 1833).

Gazette du Bas-Languedoc. — Journal publié à Nîmes; gérant : Louis Coulanges.

La destruction d'un numéro de cette feuille contenant des offenses envers la personne du roi, a été ordonnée par arrêt de la Cour d'assises du Puy-de-Dôme, du 25 février 1835, condamnant Coulanges, à huit jours de prison et 500 fr. d'amende (*Moniteur* du 26 juin 1836.)

Gazette du Berry. — Journal publié à Bourges.

Les *Nos des 17 novembre, 5 décembre 1832 et 16 janvier 1833*, ont été supprimés par arrêt de la Cour d'assises du Cher, en date du 2 mai 1833, condamnant le gérant Laurent à un mois de prison et 1,000 fr. d'amende, et Raucourt-Mimerand, journaliste, aux mêmes peines, pour injure et diffamation envers un magistrat, à l'occasion de ses fonctions. (*Moniteur* du 29 mai 1833) ;

2° Destruction encore ordonnée, par arrêt de la même Cour, en date du 24 janvier 1837, condamnant pour les mêmes délits Louis Renou, gérant, à 3 jours de prison et 2,000 fr. d'amende. (*Moniteur* du 23 avril 1837).

Gazette du Languedoc. — Journal publié à Toulouse.

Excitation à la haine et au mépris du gouvernement; nos *318* et *345*. Destruction ordonnée par deux arrêts de la Cour d'assises de la Haute-Garonne, en date des 26 mars et 24 juillet 1833, condamnant le gérant Marie-Antoine Roche : 1° à un mois de prison et 3,000 fr. d'amende; 2° à un mois de prison et 4,000 fr. d'amende. (*Moniteur* du 30 octobre 1833).

Gazette du Lyonnais. — Journal publié à Lyon.

1° N°du..... — Excitation à la haine et au mépris du gouvernement du roi. Destruction ordonnée par arrêt de la Cour d'assises du Rhône, du 24 décembre 1834, condamnant François-Antoine SCHMITT, gérant, à un mois de prison et 2,000 fr. d'amende (*Moniteur* du 23 avril 1837) ;

2° N° du .... — Même délit et outrage public envers le jury à l'occasion de ses fonctions. Destruction ordonnée par arrêt de la même Cour, du 8 mars 1837, condamnant le gérant, Théodore PITRAT, à 2 mois de prison et 200 fr. d'amende (*Moniteur*, même date).

Gazette du Maine. — Journal publié au Mans.

1° *N° 185.* — Excitation à la haine et au mépris du gouvernement du roi. Destruction ordonnée par arrêt de la Cour d'assises de la Sarthe, du 15 mars 1834, condamnant le gérant Marcellin LAROZE à 6 mois de prison et 6,000 fr. d'amende (*Moniteur* du 30 décembre 1834) ;

2° *N° 465* (6 août 1835). — Attaques contre les droits que le roi tient du vœu de la nation et de la Charte. Destruction ordonnée, par arrêt de la Cour d'assises de la Sarthe, du 14 décembre 1835, condamnant le gérant Simon-Pierre ROSÉE à 3 mois de prison et 2,000 fr. d'amende (*Moniteur* du 26 juin 1836).

Gazette du Midi. — Journal publié à Marseille.

1° N° du... — Outrages envers M. BORÉLY, procureur général près la Cour royale d'Aix, à l'occasion de ses fonctions. — Destruction ordonnée par arrêt de la Cour d'assises des Bouches-du-Rhône, du 26 janvier 1833, condamnant Pierre BRUNET, gérant, à un an de prison, 500 fr. d'amende et 3,000 fr. de dommages-intérêts (*Moniteur* du 29 juin 1833) ;

2° *N° 281.*—Excitation à la haine et au mépris du gouvernement du roi. —Destruction ordonnée par la même Cour, par arrêt du 9 mai 1833, condamnant BRUNET à 2,000 fr. d'amende (*Moniteur* du 30 octobre 1833);

3° N° *329.*—Même délit, même Cour, arrêt du 18 juin 1833, ordonnant la destruction dudit N°, et condamnant BRUNET à un mois de prison et 1,200 fr. d'amende. (*Moniteur*, même date);

4° *N° 792.* —Même délit commis par la publication d'un article commençant par ces mots : « Glorieuse révolution de Juillet, Marseille te salue... », et finissant ainsi : « Puisse bientôt s'apaiser une providence qui t'a déchaînée sur notre pays pour nous punir ! » — Destruction ordonnée par arrêt de la même Cour, du 19 septembre 1835, condamnant Eugène SEISSON, gérant, à un mois de prison et 1,000 fr. d'amende (*Moniteur* du 26 juin 1836);

5° *N° 791, du 25 juillet 1835.* — Offenses envers la personne du roi, attaques contre la dignité royale et l'ordre de successibilité au trône, etc. — Destruction ordonnée par arrêt de la même Cour, du 9 novembre 1835, condamnant SEISSON à trois mois de prison et 2,000 fr. d'amende (*Moniteur*, même date).

Voir aussi : *Pétition d'un voleur.*

Gazette du Périgord. — Journal publié à Périgueux ; gérant : Joseph de JOSSELIN.

Un numéro de cette feuille a été condamné à la destruction, pour excitation à la haine et au mépris du gouvernement du roi, etc., par arrêt de la Cour d'assises de la Dordogne, en date du 21 janvier 1833, condamnant de JOSSELIN à six mois de prison et 5,000 fr. d'amende. (*Moniteur* du 14 mars 1833).

Gendarme (Le) orthodoxe. — Article.

Voir : *Le Grondeur*, journal.

Gérontocratie (La). — Chanson de Béranger.

Voir : *Chansons de Béranger*.

Glossaire érotique de la langue française, depuis son origine jusqu'à nos jours ; contenant l'explication de tous les mots consacrés à l'amour, par Louis DESLANDES (pseudonyme). — Bruxelles, ROSEZ, 1861, in-12 de XII-396 pp.

Cet écrit, non moins obscène, mais plus succinct que le *Dictionnaire érotique*, a été condamné à la destruction par jugement du Tribunal correctionnel de la Seine, du 12 mai 1865. (Aff. contre POULET-MALASSIS et consorts.)

Voir : *Parapilla*.

Goguettes (Les) du bon vieux temps. — Paris, librairie populaire des villes et des campagnes, s. d. La couverture porte : Paris-Renault, 1845, in-32, 256 pp.

La destruction de ce recueil de chansons badines et gaillardes, contenant le *Cantique de St-Roch* et autres pièces déjà condamnées, a été ordonnée par jugement du Tribunal correctionnel de la Seine (7e ch.), en date du 24 avril 1852, condamnant ALVARÈS, éditeur, rue Ste-Barbe, à un an de prison, plus 500 fr. d'amende et à 3 amendes de 2,000 fr. chacune, pour trois contraventions et pour outrages à la morale publique et religieuse ainsi qu'aux bonnes mœurs, par la mise en vente, tant de l'écrit ci-dessus que d'autres ouvrages et gravures obscènes, etc.

Gorgone (La). — Satires en vers, par Victor VIAN, publiées *par livraisons*, à Marseille, en 1831, in-8.

L'auteur de ces satires, « Œuvre patriotique écrite avec verve et indépendance », fut poursuivi pour avoir publié un écrit *périodique* sans s'être conformé à la loi qui lui prescrivait de fournir un cautionnement. Ce fut un procès tout semblable à celui intenté à BARTHÉLEMY pour sa *Némésis*.

Par jugement du Tribunal correctionnel de Marseille, en date du .. décembre 1831, Victor VIAN fut acquitté.

(Voir : *Gazette des Tribunaux* du 29 décembre 1831.)

Grand (Le) Messager boiteux des électeurs de France, ou le *Courrier de la ville et de la campagne,* pour l'an 1824, par M. SCH.... (SCHONEN), avocat. Session de 1823. — Belfort, J.-P. CLERC, in-4, 1 f. de titre et 147 pp.

La destruction de cet écrit séditieux, contenant des excitations à la haine et au mépris du gouvernement du roi, des outrages à la morale publique et des imputations diffamatoires envers plusieurs députés, a été ordonnée par arrêt de la Cour royale de Colmar, du 17 novembre 1823, condamnant CLERC à un mois de prison et 500 fr. d'amende. (Point d'insertion au *Moniteur*).

Grande complainte.

Voir : *Horrible crime de Saint-Denis.*

Grande (La) rieuse ou la fille inviolable. — Chanson licencieuse.

Voir : *Le Chansonnier érotique de l'amour.*

Gras-double (Le). — Chanson.

Voir : *Le déjeuner du gras-double.*

Gravures obscènes.

1º AFFAIRE CHAPELLE.

Par arrêt de la Cour d'assises de la Seine en date du 10 février 1852, inséré au *Moniteur* du 8 mai suivant, Honoré CHAPELLE, libraire-bouquiniste à Paris, a été condamné (vu l'admission des circonstances atténuantes), seulement à un mois de prison et seize francs d'amende, pour outrages à la morale publique et religieuse ainsi qu'aux bonnes mœurs, par la vente, distribution et mise en vente 1º de livres obscènes, notés en leur lieu et place; 2º de jeux de cartes transparents et obscènes; 3º de plusieurs exemplaires des huit recueils ou cahiers de dessins obscènes dont l'énumération suit et dont la destruction a été ordonnée par ledit arrêt (ainsi que celle de tous autres objets sus mentionnés). Ces recueils sont :

I. LA VIE DU SOLDAT, recueil de douze lithographies obscènes, décrit à l'article spécial portant ce titre.

II. CAHIER DE DOUZE GRAVURES OBSCÈNES portant les légendes suivantes : *1º La jeune·Sœur surprise. 2º Quel....! — s'écria-t-elle... 3º « Ce jeune homme joua quelque temps le rôle d'écolier. » 4º Le Directeur de théâtre et sa protégée. 5º J'ai le chagrin.... — à la porte. 6º Les trois.... — en même temps. 7º Ah! monsieur, que faites-vous?*

dis-je en bégayant. 8o *Je me trouvai jolie sous cette mascarade.* 9o *L'Amant craintif et jaloux.*
10o *Le libertinage du couvent.* 11o *L'Accouchement d'une sœur.* 12o *Délassement des jeunes
sœurs.* (Une partie de ces dessins, sinon tous, devaient servir à illustrer des livres
licencieux du xviii⁰ siècle.)

III. Cahier de huit gravures obscènes, destinées aux œuvres badines complètes d'Alexis Piron, avec les légendes suivantes : 1o Frontispice : *Pasiphaé.*
2o *L'Ave Maria.* 3o *Les Cordeliers.* 4o *La Jouissance.* 5o *Les Belles jambes.* 6o *Amant dessus,
amant dessous.* 7o *Ce qui plaît aux dames.* 8o *Le Mal d'aventure.*

IV. Cahier de quatre gravures obscènes, accompagnées chacune d'une légende spéciale et ayant pour titre : 1o *Henri IV et le duc de Belleyarde.* 2o *Peyronnet et
sa sœur.* 3o *Bergami et la reine d'Angleterre.* 4o *Charles X et la princesse noire.*

V. Un cahier de douze gravures obscènes, ayant chacune une légende spéciale et consacrées aux *Amours ou aventures de M. Mayeux.*

VI. Un cahier de quatre gravures obscènes, ayant chacune une légende
spéciale et intitulées : 1o *Les Chasseurs en goguette.* 2o *Le Prélude.* 3o *Les Pêcheurs.*
4o *Le Hussard et la Bergère.*

VII. Le jour et la nuit, cahier de douze gravures obscènes, déjà condamné
en 1842 (aff. Régnier-Becker), et dont voici l'énumération : 1o *La Nuit du lundi.*
2o *Lundi à six heures du matin.* 3o *Mardi matin.* 4o *Mardi soir.* 5o *Mercredi matin.*
6o *Mercredi soir.* 7o *Jeudi de grand matin.* 8o *La Nuit du jeudi.* 9o *Vendredi soir.*
10o *Samedi.* 11o *La Nuit du dimanche.* 12o *Dimanche.*

Et VIII. Un cahier de douze gravures obscènes, portant chacune un nom et
une adresse, ou seulement une adresse, et paraissant destinées à servir de prospectus à des maisons de prostitution. .

2o AFFAIRE LANGLOIS.

Par jugement du Tribunal correctionnel de la Seine (7e ch.), en date du
13 mars 1852, le sieur Langlois, marchand de tableaux à Paris, a été condamné à
un an d'emprisonnement et 500 fr. d'amende pour outrages à la morale publique
et religieuse ainsi qu'aux bonnes mœurs, par la vente, la mise en vente et le colportage d'écrits licencieux ou anti-religieux, dont il est parlé en leur lieu et place
et de gravures et dessins obscènes dont le détail suit :

1o Une partie desdites estampes ont été visées déjà par des jugements et arrêts
divers qui sont relatés au cours de cet ouvrage; ce sont : *Les apprêts du bal. Après
la victoire. L'Ardent f....... Le Bois de Montmorency. Le comte Ory. Délices du printemps.
Dévotion. Esquisses morales. Externat de jeunes filles. Le f...... en levrette. Le Flacon
d'essence. La jument du compère Pierre. Les petits jeux innocents. Il pleut bergère!
M. et Mme Denis. Le passe-temps des salons. Le parfait accord. Rébecca à la fontaine. Le
roi d'Yvetot. Tableau mouvant,* et le cahier intitulé : *Le jour et la nuit,* déjà cité dans
l'affaire Chapelle, etc., etc.

II. Un grand nombre soit de cahiers, soit de gravures séparées, tous fort obscènes, sont notés aux procès-verbaux de saisie dressés au sujet de cette affaire.
Voici les principaux titres et légendes :
*Une digestion. Un nouveau siége. Bonheur réciproque. Jamais ça n'entrera. Oh! quelle
jouissance! A dada, cousin. En attendant mieux. Le mépris. Une première leçon. Un nouvel éteignoir. Deux vertus. Oh! je me pâme. Dieu, est-ce bon! Conversation à la porte. Mets-*

le vile! Surtout, n'en dites rien. Qu'en dit l'abbé? Si vieillesse pouvait! Oh! je me meurs! Instrument de boudoir. Enfonce, enfonce. Après la dispute. Va, va, fidèle! Oh! tu m'étouffes. Monsieur, pour qui me prenez-vous? Le Lycéen. L'Original. Le vieux célibataire. Le moment critique. La Cuisinière et le conscrit. Le prélude. La parisienne. Madame Grégoire. Le sénateur. Les deux sœurs. La Hollandaise. Le dénoûment. Rue Laffitte. Rue du Chantre. Grand bal masqué paré. Le double emploi. La double chasse. Nuits de Paris. Le vieux célibataire. L'Allemande. La Française. L'Espagnole. Montmorency. Meudon. Romainville. Saint-Maur. Les préludes. L'amateur. Le délire. Le romantique. L'étudiant. La complaisance. Le garçon maladroit. Le délire. Sous Louis XIII (Bassompierre et Marie de Rohan*). Sous Louis XIV* (le prince de Conti et Mme de Chevreuse). *Sous la Régence* (Law et la duchesse du Maine). *Sous Louis XV* (un garde française et Mme Grégoire). *Sous Louis XVI* (passe-temps des dames de la Cour). *Le parc de Versailles. Théâtre Français,* 1842 (loge de Mme Doze).

(Nous n'avons pas fait d'extraits de renvoi pour cette longue et fastidieuse énumération, que nous n'aurions même pas transcrite, s'il n'y avait intérêt, pour les représentants de l'autorité, à pouvoir, en certains cas, se rendre exactement compte des turpitudes déjà visées par la justice. Nous avons procédé de même pour plusieurs articles de gravures dont on trouvera le détail aux tables récapitulatives, à la fin de l'ouvrage.)

Il convient d'ajouter que tandis que son affaire s'instruisait, le sieur LANGLOIS a spontanément déposé au Greffe correctionnel un certain nombre de planches de cuivre qui, ainsi que les gravures ci-dessus, ont été vouées à la destruction.

3º AFFAIRE VALLADE.

Par arrêt de la Cour d'assises de la Seine, en date du 29 avril 1845, Louis-Véronique VALLADE, tabletier-garnisseur, a été condamné (ainsi que quelques autres individus), à quatre mois de prison et 500 fr. d'amende, pour outrages à la morale publique ainsi qu'aux bonnes mœurs par la vente et mise en vente d'imprimés, dessins, gravures, lithographies et cartonnages à sujets obscènes (*Moniteur* du 9 juin 1845).

Parmi les gravures, non citées déjà, qui ont été incriminées dans cette affaire, figurent les suivantes : *Macdonald en Portugal. Foy à Madrid. Bonaparte en Italie. Marmont en Bavière. Murat à Naples. Kléber en Egypte.*

Tous les objets saisis ont été détruits.

4º SAISIES ADMINISTRATIVES DE GRAVURES OBSCÈNES.

Les gravures dont les titres suivent ont été saisies aux lieux et jours ci-après mentionnés :

1º Chez un éditeur d'estampes, rue du Coq-Saint-Honoré, le 15 octobre 1850 :

M. le curé n'aime pas les os. Les nièces de M. le curé. Le miracle. Capot sur table. De Profundis. Un jour d'abstinence.

2º Chez un éditeur de la rue Saint-Honoré, le même jour :

Un sabre chez ma nièce! Danger de se trouver en mauvaise compagnie.

3º Chez un marchand d'estampes de la rue du Coq-Saint-Honoré, le 22 septembre 1851 ·

La veille des épousailles. Pourra-t-il tenir tout ce qu'il promet ? Le jeu de dames. Ce qu'on désire.

4° Chez un marchand d'estampes du passage Saucède, le même jour :

C'est toujours comme ça. Un chien reconnaissant. La pie aux bois. L'appétit vient en mangeant.

Nous ne croyons pas qu'il ait été donné suite à ces procés-verbaux, les inculpés ayant sans doute paru mériter de l'indulgence. C'est d'ailleurs ce qui s'est souvent pratiqué depuis et ce qui se fait parfois encore quand il est prouvé que des dessins saisis chez des libraires ne s'y trouvaient que par unités ou y avaient été introduits, dans des lots, à leur insu.

Nous terminons cet article par la liste chronologique de toutes les condamnations que nous avons pu relever, ordonnant la destruction de dessins obscènes vendus, colportés ou mis en vente par des libraires, marchands d'estampes ou autres, dans lesquelles ne sont point énumérés les titres et légendes des estampes incriminées :

1° 27 avril 1820. — Arrêt de la Cour d'assises de la Seine, condamnant Jacques Bignon, coutelier à Paris, à 2 mois de prison et 16 fr. d'amende (*Moniteur* du 27 juillet 1820) ;

2° 25 mai 1820. — Arrêt de la même Cour condamnant Jean-François Carlier, serrurier à Paris, à 10 fr. d'amende (*Moniteur* du 26 juillet 1820);

3° 4 juillet 1820. — Arrêt de la Cour d'assises de l'Orne, condamnant Barat, marchand de cirage, à quatre mois de prison et 16 fr. d'amende (*Moniteur* du 24 août 1820);

4° 25 avril 1825. — Arrêt de la Cour d'assises de la Seine (aff. contre Guerrier);

5° 29 janvier 1833. — Arrêt de la même Cour, condamnant Félix-Alexandre Collette à six mois de prison et 500 fr. d'amende (*Moniteur* du 14 mars 1833);

6° 23 mars 1833. — Arrêt de la même Cour, condamnant la dame Bouilly, femme Seignier à trois mois de prison et 150 fr. d'amende (*Moniteur* du 29 juin 1833) ;

7° 29 octobre 1833. — Arrêt de la même Cour *acquittant* Edme Desmaisons, marchand de gravures à Paris (point d'insertion au *Moniteur*);

8° 27 novembre 1835. — Arrêt de la Cour d'assises du Gard, condamnant Jean-Marie Mandement à six mois de prison et 16 fr. d'amende (*Moniteur* du 18 janvier 1837);

9° 30 août 1837. — Arrêt de la Cour d'assises de la Seine, condamnant Augustin-Emmanuel Dauty, marchand d'estampes à Paris à un an de prison et 600 fr. d'amende (*Moniteur* du 7 novembre 1837);

10° 6 septembre. — Arrêt de le même Cour, condamnant Auguste Delaunay à un an de prison et 100 fr. d'amende (*Catalogue Wittersheim*, p. 27);

11° 27 décembre 1837. — Arrêt de la même Cour, condamnant Frédéric-Célestin Lelièvre à un mois de prison et 16 fr. d'amende (*Catalogue Wittersheim*, p. 27);

12° 13 février 1838. — Arrêt de la même Cour, acquittant Jean-François Salagnat marchand colporteur (point d'insertion au *Moniteur*);

13° 23 juillet 1838. — Arrêt de la même Cour, acquittant Bouchez (point d'insertion au *Moniteur*);

14° 9 février 1842. — Arrêt de la même Cour, condamnant Jean-François Salagnat à dix-huit mois de prison et 100 fr. d'amende (*Moniteur* du 12 novembre 1842) ;

.15o 4 mars 1842. — Arrêt de la même Cour, condamnant Ambroise-Félix Bour-
guin, imprimeur en taille-douce, à quinze mois de prison et 50 fr. d'amende
(*Moniteur* du 12 novembre 1842) ;

16o 9 août 1842. — Arrêt de la même Cour, condamnant Régnier-Becker à
six mois de prison et 200 fr. d'amende (*Moniteur* du 15 décembre 1843) ;

17o 19 septembre 1842. — Arrêt de la même Cour, condamnant Gonon à un an
de prison et 3,000 fr. d'amende (*Catalogue Willersheim*, p. 28) ;

18o 23 septembre 1842. — Arrêt de la même Cour, *acquittant* Indice (point d'insertion au *Moniteur*) ;

19o 29 septembre 1842. — Arrêt de la même Cour, condamnant Eric-Jean Rameau, ouvrier bijoutier et colporteur, à un mois de prison et 16 fr. d'amende. (*Moniteur* du 15 décembre 1843) ;

20o 10 mars 1843. — Arrêt de la même Cour, *acquittant* Joseph-Claude Gonon,
colporteur (point d'insertion au *Moniteur)* ;

21o 11 avril 1843. — Arrêt de la même Cour, condamnant Mayer à un an de
. prison et 500 fr. d'amende (*Moniteur* du 15 décembre 1843) ;

22o 10 décembre 1844. — Arrêt de la même Cour, *acquittant* Rouquin (point
d'insertion au *Moniteur*) ;

23o 29 avril 1845. — Arrêt de la même Cour, condamnant Vallade à quatre
mois de prison et 500 fr. d'amende ; Maréchal à six mois de prison et 500 fr. d'a-
mende, et la do Rapothe, femme Herbemont, à six mois de prison et 16 fr. d'a-
mende (*Moniteur* du 9 juin 1845) ;

24o 29 avril 1845. — Arrêt de la même Cour, condamnant Louis-Jules Guerrier à un an de prison et 500 fr. d'amende (*Moniteur* du 23 juin 1845) ;

25o 23 novembre 1845. — Arrêt de la même Cour, condamnant Deshayes à huit
mois de prison et 500 fr. d'amende, et la femme Goin à quatre mois de prison et
200 fr. d'amende (*Moniteur* du 9 juin 1846) ;

26o 23 juin 1846. — Arrêt de la même Cour, condamnant Maréchal à six mois
de prison et 200 fr. d'amende, et Madigné à deux mois de prison et 50 fr. d'a-
mende (*Moniteur* du 9 juin 1846) ;

. 27o 10 février 1850. — Arrêt de la même Cour (affaire contre Chapelle) ;

28o 15 janvier 1851. — Arrêt de la même Cour (affaire contre Detouche) ;

29o 23 juillet 1851. — Arrêt de la même Cour (affaire contre Malaireda, Bonvalet et consorts. — Tableaux faits au daguerréotype) ;

30o 10 février 1852. — Arrêt de la même Cour (affaire contre Detouche) ;

31o 6 mars 1852. — Jugement du Tribunal correctionnel de la Seine (affaire
contre Garnier) ;

32o 13 mars 1852. — Jugement du même Tribunal (affaire contre Langlois) ;

33o 31 juillet 1858. — Jugement du même Tribunal (affaire contre François-
Joseph Borgmann. — *Moniteur* du 18 septembre suivant) ;

34o 3 août 1858. — Jugement du même Tribunal (affaire contre Langlois —
Moniteur du 8 octobre suivant) ;

35o 3 décembre 1858. — Jugement du Tribunal correctionnel de Tonnerre (affaire contre Simonnet. — *Moniteur* du 14 février 1859) ;

36o 31 janvier 1862. — Jugement du Tribunal correctionnel de la Seine (affaire
contre Avenin, Hugues et consorts) ;

37° 17 octobre 1863. — Jugement du même Tribunal (affaire contre Bonneau) ;

38° 31 juin 1864. — Jugement du même Tribunal (affaire contre Gaget) ;

39° 29 juillet 1864. — Jugement du même Tribunal (affaire contre Bouyer) ;

40° 13 janvier 1865. — Jugement du même Tribunal (affaire contre Butet) ;

41° 29 janvier 1865. — Jugement du même Tribunal (affaire contre Picard) ;

42° 3 février 1865. — Jugement du même Tribunal (affaire contre V. Puissant et fille Fourcheur) ;

43° 3 mars 1865. — Jugement du même Tribunal (affaire contre Fabry et Febvre).

Telles sont les principales condamnations intervenues pour vente ou colportage de dessins obscènes. — D'autres ont encore été prononcées depuis cette dernière date, mais il convient de remarquer que les gravures n'étaient que l'accessoire de ces affaires, les livres y étant principalement visés par l'accusation. — Il en est parlé d'ailleurs, en temps utile, au cours de cet ouvrage.

Ajoutons que, pour les gravures obscènes comme pour les cartes et cartonnages dont il est parlé plus haut, malgré la vigilance de la police et la juste sévérité des magistrats, la destruction de ces infâmes productions est loin d'être complète. — Il ne se passe pas d'année, sinon de mois, sans qu'on en saisisse soit des épreuves séparées soit des recueils complets tant en originaux qu'en reproductions photographiques.

Mais, dans bien des cas, les objets saisis étant en fort petit nombre et les délinquants paraissant mériter quelque indulgence, l'autorité judiciaire se borne souvent, comme nous l'avons déjà dit, à ordonner la destruction des dessins incriminés.

Gri-gri, histoire véritable, traduite du japonais en portugais, par Didacque Hadeczuca, compagnon d'un missionnaire, et du portugais en français, par l'abbé de *** (traduction supposée. Cet ouvrage est de L. de Cahusac). — A Nangazaki, chez Kinporzen-Kru, seul imprimeur du Très-Auguste Cuho, l'an du monde 59,749 (1749); 2 vol. in-12. — Plusieurs fois réimprimé au xviiie siècle.

Ce roman fort comique, mais très libre, a été mis à l'index, par mesure de police, en 1825.

Voir : *Note des ouvrages à supprimer.*

Grisette (La). — Lithographie obscène.

Voir : *Bibliothèque des romans.*

Grisette (La) et l'Etudiant.

Voir : *L'Enfer de Joseph Prudhomme.*

Grondeur (Le). — Journal littéraire, théâtral et d'histoire contemporaine, publié à Paris, en 1828, faisant partie d'une série de quinze feuilles du même genre, annoncées comme devant paraître chacune tous les deux mois, et formant, en fraude de la loi, une seule et même publication périodique, paraissant chaque lundi et chaque vendredi de chaque semaine. Plusieurs de ces recueils ont été poursuivis ; il en sera parlé en leur lieu et place.

Pour le *Grondeur*, que rédigeaient BINÈS, CHABOT et POLLET, quatre de ses articles furent incriminés. Ils étaient intitulés : « *Les Caricatures, Le Gendarme orthodoxe, La foi et le Pape Alexandre VI, Une tête coupée.* »

Par jugement du Tribunal correctionnel de la Seine, en date du 24 juillet 1829, a été ordonnée la destruction des numéros du journal *Le Grondeur*, contenant un des articles ci-dessus indiqués (point d'insertion au *Moniteur*). Ces articles furent poursuivis pour : « Outrages à la morale publique et à la religion de l'Etat ; « offenses envers les ministres de la religion de l'Etat ; injures envers les minis- « tres du culte et de nature à troubler la paix publique. »

Gros-Jean et son curé, dialogues sur l'Eglise (par M. Auguste ROUSSEL). — Bruxelles, LACROIX et VERBOECKHOVEN, 1864, in-18, 324 pp. Nouvelle édition, Bruxelles, 1865, in-32, 314 pp.

M. A. ROUSSEL, qui a publié divers ouvrages, avait déjà, en 1849, donné *Les sermons de mon curé*, satires (en vers et en prose), dédiés à MM. les curés. — Paris, imp. CORDIER, in-8, 2 fr. 50.

Par jugement du Tribunal correctionnel de Lille, du 6 mai 1868, inséré au *Moniteur* du 19 septembre suivant, a été ordonnée la destruction de « *Gros-Jean et son curé* », ouvrage commençant par ces mots : « Il est, vous le savez..., » finissant par ceux-ci : « Cité des deux passages, » et contenant des outrages à la religion catholique. (Aff. contre DUQUESNE.)

Voir : *Actes des Apôtres.*

Guerre (La). — Article.

Voir : *Le Peuple,* journal.

Guerre d'Orient (La), par CAZANI. — Brochure.

Par jugement du Tribunal correctionnel de Dijon, en date du 18 juillet 1856, le sieur POUCHET a été condamné à 15 jours de prison et 25 fr. d'amende, pour colportage illicite de l'écrit ci-dessus. — (*Journal officiel* du 7 mai 1874.)

Guerre (La) des dieux anciens et modernes, poëme en dix chants, par Evariste PARNY. — Paris, P. DIDOT, l'aîné, an VII, an VIII, pet. in-12. — Maintes fois réimprimé.

Ce poëme aussi élégant qu'impie et immoral est trop connu pour qu'il soit nécessaire d'en donner une analyse. Il fit sensation à son apparition sous le Directoire et *Le Moniteur officiel* (1er octobre 1799) en rendit compte de la façon la plus élogieuse, en en donnant même de longs extraits. — Depuis, ce même journal dut enregistrer plusieurs fois les condamnations encourues par cette production qui est certainement celle qui a le plus fréquemment été frappée par la justice.

En effet. la destruction de ce poëme obscène et immoral a été ordonnée par :

1º Arrêt de la Cour d'assises de la Seine, du 29 décembre 1821 (pas d'insertion au *Moniteur*) ;

2º Jugement du Tribunal correctionnel de la Seine, du 31 mai 1826, condamnant Furcy-Devaux, colporteur et étalagiste, à un mois de prison et 16 fr. d'amende (*Moniteur* du 6 août 1826) ;

3º Jugement du Tribunal correctionnel de Coutances, du 30 août 1826 (point d'insertion au *Moniteur*);

4º Arrêt de la Cour royale de Paris, du 19 juin 1827 (point d'insertion au *Moniteur*) ;

5º Jugements du Tribunal correctionnel de la Seine, des 10 et 11 août 1829, condamnant Langlois et Lebailli, libraire à Paris, à un an de prison et 500 fr. d'amende (point d'insertion au *Moniteur*) ;

6º Arrêt de la Cour d'assises de la Vienne, du 12 décembre 1838, condamnant Clouzot et Antoine et Bertrand Porterié, chacun à 10 fr. d'amende (*Moniteur* du 9 juin 1839);

7º Arrêt de la Cour d'assises de la Seine, du 9 août 1842, condamnant Régnier-Becker, à six mois de prison et 200 fr. d'amende (*Moniteur* du 15 décembre 1843) ;

8º Arrêt de la même Cour, en date du 23 février 1843, condamnant Louis-François Lemière, à 5 ans de prison et 500 fr. d'amende (*Moniteur* du 15 décembre 1843);

9º Arrêt de la Cour d'assises de la Seine-Inférieure, du 8 septembre 1844, condamnant Bon, Pierre, colporteur, à 5 ans de prison et 6,000 fr. d'amende (*Moniteur* du 3 décembre 1844) ;

10º Enfin, jugement du Tribunal correctionnel de la Seine, du 2 juin 1865, inséré au *Moniteur* du 8 novembre suivant (aff. contre Gay).

Voir : *Aphrodites*.

11º Voir enfin : *Parapilla*.

De plus, cet ouvrage a été mis à l'index, par mesure de police, en 1825.

Voir : *Note des ouvrages à supprimer*.

Guide de l'étranger à Paris. — Recueil de douze lithographies obscènes renfermées dans une couverture également licencieuse. Voici les légendes des douze feuilles de ce recueil :

Mme *Guérin*, rue Traversière. — *Maison à parties*, rue de l'Arcade-Colbert. — *Un estaminet*, rue de la Lanterne. — *Les bains turcs*, boulevard du Temple. — *Le Méridien*, boulevard du Temple. — *Une maison de passe*, rue des Colonnes. — *Magasin de modes*. passage Colbert. —

Mme *Saint-Aubin*, rue St-Marc. — *Les Allemandes*, rue Montmartre. — Mme *Lévêque*, rue des Moulins. — Mme *Charles*, rue Traversière-St-Honoré. — Mme *Kegger*, rue d'Artois.

La destruction de ce recueil a été ordonnée pour outrages à la morale publique et aux bonnes mœurs, par arrêt de la Cour d'assises de la Seine, du 30 août 1837. (Aff. contre DAUTY. — *Moniteur* du 7 novembre 1837.)

Guide des électeurs illustré.

S. DEBONS, imprimeur, et G. DECAUX, libraire-éditeur, prévenus d'avoir publié des dessins non autorisés, dans la brochure ci-dessus, ont été condamnés, par jugement du Tribunal correctionnel de la Seine (9e ch.), en date du 23 mars 1876, le premier à 100 fr., le second à 50 fr. d'amende, et tous deux solidairement aux dépens.

Guide (Le) du peuple dans les élections, ou le *Socialisme expliqué à nos frères les travailleurs des villes et des campagnes*, par MALARDIER, instituteur, représentant du peuple pour le département de la Nièvre, 1849.

Cette brochure fut poursuivie, après autorisation préalable de l'assemblée législative, pour excitation à la haine des citoyens les uns contre les autres. Par arrêt de la Cour d'assises de la Nièvre, en date du 26 novembre 1849, l'auteur a été condamné à une année d'emprisonnement et 500 fr. d'amende. (*Gazette des tribunaux* du 1er décembre 1849.)

Guignolet ou *La Béatomanie,* poëme héroï-comique en IX chants, suivi de poésies diverses (par B.-A. BRULEBŒUF). — Paris, LE NORMANT, 1810, in-18.

Le sieur GILBERT, directeur des *Annales du Commerce,* journal de jurisprudence commerciale (in-folio), ayant, dans un article intitulé : *Saint Guignolet,* publié un fragment du poëme ci-dessus, fut, par ce motif, condamné pour outrage à la morale publique et aux bonnes mœurs, à cinq ans de prison et 6,000 fr. d'amende, par jugements du 6 juillet (défaut) et 20 août (opposition) 1828, confirmés par arrêt de la Cour d'appel du 29 avril 1830 (défaut) devenu définitif. (Pas d'insertion au *Moniteur.*)

Guillotine (La).

Voir : *Le bal et la guillotine.*

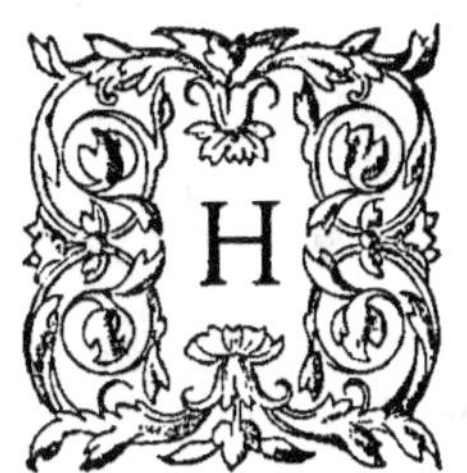

Halte-là. — Chanson.

Voir : *Gaudrioles de M. Gaillard.*

Haro (Le) national Normand. — Journal publié à Caen.

La destruction du *N° 136* (3ᵉ année) de cette feuille, contenant offense envers la personne du roi et excitation à la haine et au mépris de son gouvernement, délits commis par la publication d'un article intitulé : « *La Corruption* », a été ordonnée, par arrêt de la Cour d'assises du Calvados, en date du 22 février 1842, condamnant Barthélemy Pont, propriétaire-gérant, à 3 mois de prison et 5.000 fr. d'amende (*Moniteur* du 12 novembre 1842).

Hébertistes (Les), plainte contre une calomnie de l'histoire, par G. Tridon, in-8. — 1864, chez l'auteur, rue des Mathurins-Saint-Jacques, 11, 60 centimes.

Par jugement du Tribunal correctionnel de la Seine, du 11 août 1865, confirmé par la Cour d'appel, Edme-Marie-Gustave Tridon, avocat, a été condamné à quatre mois d'emprisonnement, comme auteur du susdit écrit contenant des excitations à la haine et au mépris des citoyens les uns contre les autres. Le Tribunal a en outre ordonné la destruction des exemplaires saisis et celle de tous ceux qui pourraient l'être (*Moniteur* du 28 janvier 1866).

Henri IV et le duc de Bellegarde.

Voir : *Gravures obscènes.* — Aff. Chapelle, iv.

Henri V ou Proudhon.

Voir : *Point de milieu.*

Henri V, roi de France, on vous attend! — Gravure.

Plusieurs exemplaires de ce portrait et divers emblèmes et dessins royalistes ont été saisis, chez M. Courville, marchand papetier, rue du Bac, 132, à Paris, qui fut poursuivi, à ce sujet, sous inculpation d'excitation à la rébellion et de manœuvres tendant à troubler la paix publique (*Moniteur* du 18 août 1850). Nous ignorons la suite judiciaire donnée à cette affaire.

Henri, duc de Bordeaux, ou *Choix d'anecdotes sur la vie de ce*

prince (Extrait de divers journaux et brochures publiés chez DENTU),
par J.-René THOMASSIN. — Paris, DENTU, 1832, in-8, 16 pp.

Seconde édition, ornée des signatures lithographiées de Madame et de ses enfants. — Paris, DENTU, 1832, in-8 de 24 pp. 30 cent., et sur papier fin, 50 cent.

La première édition, tirée à 10,000 ex. dit-on, ne s'est pas vendue. La seconde
se vendait au profit des détenus royalistes. L'auteur, légitimiste dévoué, a encore publié, en 1849, un ouvrage du même genre intitulé « Souvenir de Frohs-
dorf ». — Paris, JEANNE, in-16.

La destruction de la brochure ayant pour titre : « Henri, duc de Bordeaux »,
et contenant des attaques contre l'autorité du roi Louis-Philippe et des excitations à la haine et au mépris du gouvernement, a été ordonnée par arrêt de la
Cour d'assises de la Seine, en date du 6 mai 1833, condamnant en outre l'éditeur
Gabriel-André DENTU, à six mois de prison et 500 fr. d'amende (*Moniteur* du
30 octobre 1833).

Henry the fifth. — Lithographie.

Voir : *Portraits des membres de la Branche aînée.*

Heptaméron (L') français ou *Contes et nouvelles de Marguerite de
Valois, reine de Navarre.*

Ces spirituels mais licencieux écrits, si souvent réimprimés, ont été mis à
l'index, par mesure de police, en 1825.

Voir : *Note des ouvrages à supprimer.*

Hermine (L'), journal publié à Nantes.

Journal légitimiste, dont les n⁰ˢ 404, 432, 510, 527, 557 et 559, contenant des
attaques contre le roi, l'autorité des chambres, la gendarmerie, le Procureur du
roi à Nantes, ont été condamnés à la destruction par cinq arrêts de la Cour
d'assises de la Loire-Inférieure, des 9 mars, 10 et 11 juin, et 13 septembre 1836,
condamnant les gérants BOUBÉE, TANDÉ et GODIN, à des peines s'élevant ensemble
à 10 mois de prison et 10,700 fr. d'amende. (Ces condamnations ont été insérées
au *Moniteur.*)

Hermite (sic) du mont Apennin.

Voir : *Le page de la reine Marguerite.*

Heure (L') du berger, demi-roman comique, ou roman demi-comi-
que, par Claude LE PETIT. — Paris, Jean RIBOU et Ant. ROBINOT, 1662-1664,
in-12.

Une réimpression de cet ouvrage rare, satirique et surtout licencieux, précédé
d'un avant-propos de Philomneste JUNIOR, a été faite à Paris, en décembre 1862,
par J. GAY, pet. in-12 de 82 pp., tiré à 100 ex. 6 fr.

C'est cette réimpression dont la destruction a été ordonnée, pour outrages à la morale publique et aux bonnes mœurs : 1º par jugement du Tribunal correctionnel de la Seine du 22 mai 1863 (aff. contre GAY et consorts) ;

2º par jugement du même Tribunal, du 2 juin 1865. (affaire contre GAY).

Les deux jugements sont insérés au *Moniteur* du 8 novembre 1865.

Voir : *Amours folastres.*

Voir : *Aphrodites.*

Voir aussi : *Parapilla.*

Heures (Les) de Paphos, contes moraux, par un sacrificateur de Vénus. — 1787, gr. in-8, texte gravé avec douze gravures très-soignées et très-libres. Chaque conte occupe 4 pages ; la dernière se termine par un cul-de-lampe lorsqu'elle n'est que peu remplie par le texte.

Réimprimée à Bruxelles, en 1864, avec 13 photographies, 20 fr.

Voici les titres de ces 12 contes *moraux* : *Le moignon de l'invalide. La simplicité rustique. Le jardinier et sa femme. Le bâton de pommade. L'écrevisse. Damon Ursuline. Lisette Capucin. La servante du curé. Les deux n'en font qu'un. Le dévoiement. La messe de quatre heures. La consolation d'un veuf.*

On remarquera que la plupart de ces titres se rapportent à des gravures vendues séparément, hors texte, et dont nous avons noté la condamnation.

La destruction des *Heures de Paphos* a été ordonnée par le Tribunal de la Seine, le 12 mai 1865 (affaire contre POULET-MALASSIS et consorts).

Voir : *Parapilla.*

Heureuse (L') personne.

Voir : *Eléonore.*

Heureux (L') libertin.

Voir : *Le Cadran des plaisirs.*

Hic et Hæc, ou l'*Elève des RR. PP. Jésuites d'Avignon* (attribué faussement, sans doute, à MIRABEAU). La plus ancienne édition connue est celle de Berlin. — 2 vol. pet. in-12, 4 fig. bien faites.

Réimprimé sous ce titre : « *Hic et Hæc, ou l'Art de varier les plaisirs de l'amour* ». Londres (Paris), 1788 (1830). 2 t. in-18 de 99 et 80 pp., avec douze mauvaises fig. et en 1863, en Belgique, avec douze fig. — Cet ouvrage, d'une licence extrême, ne s'occupe des jésuites que dans les premières pages. Il a eu plusieurs autres éditions. Celle de 1863, que nous venons de citer, paraît être celle visée par le jugement du Tribunal de Lille du 6 mai 1868, inséré au *Moniteur* du 19 septembre 1868, condamnant à la destruction, pour outrages à la morale publique et religieuse ainsi qu'aux bonnes mœurs, l'ouvrage intitulé : *Hic et Hæc,* commençant par ces mots : « Je dois le jour », et finissant par ceux-ci : « d'en faire part au public » (aff. contre Duquesne).

Ce même ouvrage avait aussi été condamné à la destruction par arrêt de la Cour royale de Paris, en date du 7 mars 1830, confirmant un jugement du Tribunal correctionnel de la Seine, du 7 janvier précédent (aff. contre Therry, libraire à Paris. — Point d'insertion au *Moniteur*).

Voir : *Actes des Apôtres.*

Voir aussi : *Parapilla.*

Hier, orgies, turpitudes, etc., il faut en finir. — Placard séditieux, imprimé par Bonaventure et Ducessois, et affiché, malgré avertissement contraire, sur les murs de Paris.

Un « Communiqué », cité par la *Gazette des Tribunaux* du 20 avril 1850, a fait connaître que les imprimeurs et l'afficheur de ce placard seraient poursuivis, et que les exemplaires affichés seraient arrachés et anéantis par les soins du Préfet de police.

Histoire amoureuse de la Cour.

Voir : *La France galante.*

Histoire d'Angélique.

Voir : *Ève ressuscitée.*

Histoire comparée du drapeau tricolore et du drapeau blanc. — Pétition à messieurs les Membres de l'Assemblée nationale, demandant le rétablissement du Drapeau national. Ecrit de deux pages, dont l'éditeur Desloges est l'auteur. — Paris, 1850.

La destruction de cet écrit déclaré séditieux, fut ordonnée, pour attaques contre la Constitution et contre les institutions républicaines, par arrêt de la Cour d'assises de la Seine, en date du 28 janvier 1850, condamnant Desloges à 2 mois de prison et 200 fr. d'amende (*Moniteur* du 28 avril 1850).

Histoire d'un c.., écrite par le plus beau membre. Recueil de douze gravures obscènes, dont un frontispice, et dont voici les titres :

La Chandelle; Tous les lieux sont bons; La Mariée; Le Boudoir; La Cantinière; L'Enfance; Mon mari dort; Une bonne position; Le Procès-verbal; La Découverte; Le Pucelage.

La destruction de ces infâmes estampes, dont heureusement les cuivres ont pu être aussi saisis, a été ordonnée, pour outrages à la morale publique et aux bonnes mœurs, par arrêt de la Cour d'assises de la Seine, en date du 30 août 1837. (Aff. contre Dauty. — *Moniteur* du 7 novembre suivant.)

Histoire d'un frère ignorantin.

Voir : *Etudes humaines.*

Histoire de Bonaparte, depuis sa naissance jusqu'à sa dernière abdication, contenant le détail des faits mémorables qui ont illustré les Français sous son règne, par COLLOT, avec cette épigraphe : « Impartialité ». — Paris, 1815, VAUQUELIN, libraire-éditeur.

Ouvrage condamné, comme séditieux, à la destruction, par arrêt de la Cour royale de Paris, en date du 20 février 1816. (Pas d'insertion au *Moniteur.*)

Histoire de ce qui peut se passer entre un carme et une petite fille.

C'est l'un des ouvrages mis à l'index et saisis par ordre de l'autorité, à la vente de BEAUCHESNE, au mois de novembre 1874.

Histoire de Dom B....., portier des Chartreux, écrite par lui-même (par J.-Ch. GERVAISE DE LATOUCHE, avocat au Parlement de Paris). — Rome, chez PHILOTANUS, s. d. (vers 1745), in-12, 318 pp., 26 fig. libres (gravées par Caylus*).*

Ou :

—Histoire de Gouberdon, portier des Chartreux, édition revue, corrigée et augmentée.— S. 1. 1772, 2 part. in-8, contenant ensemble 332 p. et 21 grav. libres.

Ou bien :

— Mémoires de Saturnin , portier des Chartreux. — Londres, 1787 ; 2 vol. in-18, de 235 et 150 pp., figures d'ELLUIN.

Ou encore :

— Le portier des Chartreux, ou *Mémoires de Saturnin.* — Londres. 1788 (CAZIN) ; 2 vol. in-18, avec 24 gravures érotiques.

Ou enfin :

— Le portier des Chartreux. — Amsterdam, 1867 ; 2 vol. in-12, avec 16 jolies gravures libres sur acier, imitant celles de l'édition Cazin. Prix : 36 francs.

Tels sont les cinq titres sous lesquels a été publié, à différentes époques, l'ouvrage de Gervaise DE LATOUCHE. — Les réimpressions en ont été fort nombreuses ; elles présentent souvent entre elles quelques différences, surtout au point de vue des gravures. — « L'*Histoire de Dom Bougre*, dit la Bibliographie Gay, « dont il faut lire le curieux article (t. IV, p. 32), est aussi remarquable par sa

« hardiesse philosophique, sa composition ingénieuse, son style rapide et correct,
« que par son obscénité. »

Nous pensons néanmoins que notre littérature gagnerait beaucoup à ne pas
posséder de pareils chefs-d'œuvre.

L'*Histoire de Dom B..gre* a été condamnée à la destruction, pour outrages aux
bonnes mœurs et à la morale publique et religieuse, 1º sous le titre de : *Mémoires
de Saturnin*, par arrêt de la Cour royale de Paris, du 29 décembre 1821 (pas d'insertion au *Moniteur*) ; par arrêt de la même Cour (Chambre des mises en accusation), en date du 28 juin 1825 (pas d'insertion au *Moniteur*) ; puis, par jugement
du Tribunal correctionnel de Marennes, en date du 20 décembre 1865, condamnant en outre le colporteur Marie-Jean-Achille RÉGNAULT à 100 fr. d'amende
(*Journal officiel* du 7 mai 1874) ;

2º sous le titre de : *Portier des Chartreux*, par jugement du Tribunal correctionnel de Lille, en date du 6 mai 1868, inséré au *Moniteur* du 19 septembre suivant (aff. contre DUQUESNE).

Voir : *Actes des Apôtres.*

Histoire de France depuis 1789.

Voir : *Cours public d'Histoire de France.*

Histoire de Gouberdon.

Voir : *Histoire de Dom B......*

Histoire de Juliette.

Voir : *Justine, du marquis de Sade.*

Histoire de la Comtesse des Barres.

Voir : *Aventures de l'abbé de Choisy.*

Histoire de la première quinzaine de juin 1820, par BOUSQUET-DESCHAMPS.

La destruction de cet écrit, contenant des provocations à la désobéissance aux
lois et à la rébellion, etc., a été ordonnée par arrêt de la Cour d'assises de la
Seine, en date du 26 juillet 1820. (Pas d'insertion au *Moniteur*.)

Histoire de la Prostitution chez tous les peuples du monde, depuis l'antiquité la plus reculée jusqu'à nos jours,

par Pierre DUFOUR, membre de plusieurs académies savantes, françaises
et étrangères. — Paris, SERÉ, éditeur, et MARTINON, 1851-53; 6 vol. in-8,
fig. sur acier.

Cet ouvrage, successivement attribué à M. Ferdinand SERÉ et à M. RABUTAUX,

qui peut-être y ont collaboré, est en réalité de M. Paul LACROIX, ainsi que le suivant, complément indispensable du premier :

*Mémoires curieux sur l'histoire des mœurs et de la prostitution en France, aux XVIIe
et XVIIIe siècles, époques de Louis XIII et de Louis XIV*, par Pierre DUFOUR, etc. Paris,
MARTINON, 1854, 2 vol. in-8.

Il faut lire, au sujet de ces deux écrits, l'intéressant article des *Supercheries Littéraires*, t. I, colonnes 1014 à 1016 (édition de 1869). On y apprend comment ce
grand ouvrage d'érudition qui devait comprendre 12 volumes en tout, est resté
inachevé. En effet, M. P. LACROIX, menacé de poursuites par le Parquet de la
Seine, consentit à faire mettre, dans le sixième volume de l'*Histoire de la Prostitution*, trente-huit cartons qui furent insérés par le brocheur dans les exemplaires
saisis, au greffe même du Palais de justice.

Quant aux *Mémoires curieux*, dont il avait été vendu 100 exemplaires au plus,
ils furent détruits du consentement de l'auteur qui renonça à les continuer,
même à l'étranger, où plusieurs éditeurs demandaient à en publier la suite.

Le plus piquant de l'affaire, c'est que ce ne fut pas spontanément que le ministère public ordonna la saisie de ces ouvrages, mais bien sur les dénonciations
réitérées de créanciers de M. SERÉ. Ces messieurs ayant trouvé à vendre 40,000 fr.
la propriété de l'*Histoire de la Prostitution*, M. P. LACROIX s'opposa formellement à
la conclusion de ce marché, en annonçant qu'il allait donner une suite à son
ouvrage. Les créanciers s'imaginant alors que la publication nouvelle ferait tort
à l'ancienne qui leur tenait lieu de garantie, s'empressèrent de signaler à la justice comme immoraux et répréhensibles les *Mémoires curieux*, qui cependant
étaient bien plus réservés et irréprochables que le premier ouvrage. — Heureusement pour M. P. LACROIX, les poursuites dirigées contre son livre aboutirent à
une ordonnance de non-lieu moyennant toutefois la suppression des écrits incriminés.

Bien que ces deux intéressants ouvrages aient été contrefaits en Belgique, ils
sont de la plus grande rareté en France. Un catalogue de librairie offrait récemment un exemplaire de l'édition originale, en belle condition, au prix de 120 fr.

Histoire de Manon Lescaut et du chevalier des Grieux, par
l'abbé PRÉVOST. — Paris, 1733, 2 vol. in-12.

Ce célèbre roman, dont les innombrables éditions ont permis de former tout
récemment une bibliographie spéciale, a été mis à l'index, comme immoral, par
mesure de police, en 1825.

Voir : *Note des ouvrages à supprimer*.

Histoire de Marguerite, fille de Suzon.

Voir : *Mémoires de Suzon.*

Histoire de Saint-Just, député à la Convention nationale,
avec un portrait de SAINT-JUST et un portrait du conventionnel PHILIPPE

Le Bas, gravés tous deux par Flameng; par Ernest Hamel. — Paris, in-8,
Poulet-Malassis et de Broise, 7 fr. 50. (Réimprimé en Belgique.)

Cet ouvrage a été saisi par la justice (Otto Lorenz, t. II, p. 559), et a motivé
une condamnation à 100 fr. d'amende prononcée contre l'éditeur, par le Tribunal
correctionnel de la Seine, le 20 avril 1859, pour outrages à la morale publique.

Histoire de Mme Boislaurier.

Voir : *Thérèse Philosophe.*

Histoire des Cent-Jours, ou *Dernier règne de l'empereur Napoléon. Lettres écrites de Paris, depuis le 8 avril, jusqu'au 20 juillet 1815,* traduites de l'anglais de Hobhouse, par Regnault-Warin. — Paris, Domère, 1819.

La destruction de cet ouvrage, contenant des offenses envers la personne du roi
et les membres de la famille royale, a été ordonnée par arrêt de la Cour d'assises
de la Seine, en date du 25 octobre 1819, condamnant en outre Paul Domère,
libraire, rue du Battoir, 5, à Paris, et Jean-Baptiste-Innocent-Philadelphe Regnault-Warin, homme de lettres, domicilié à Paris, rue Neuve-St-Roch, 18,
le premier à six mois et le second à un an d'emprisonnement, et tous deux à
1,000 fr. d'amende chacun et aux frais solidairement. (*Moniteur* du 23 juin 1820.)

Histoire des crimes du 2 décembre, par Schœlcher. — Bruxelles, 2 vol. in-32, édition diamant, 8 fr. A été plusieurs fois réim-primée dans divers formats.

Ouvrage contenant des excitations à la haine et au mépris du gouvernement,
des offenses envers la personne de Napoléon III et les membres de sa famille, et
dont la destruction a été ordonnée par jugement du Tribunal correctionnel de la
Seine, en date du 27 janvier 1869, inséré dans la *Gazette des Tribunaux* du lendemain. (aff. contre Gosselin et consorts).

Voir : *La Lanterne.*

Histoire des libertins et libertines célèbres de tous les temps et de tous les pays, par Henry de Kock. — Paris, Victor Bunel, 1870.

L'ouvrage, qui commence par l'histoire de la duchesse de Berry, fille du Régent, devait avoir 100 livraisons in-4, à deux colonnes, avec de nombreuses illustrations ; mais cette publication peu morale fut arrêtée, dès les premières livraisons, par ordre de l'autorité compétente.

Histoire des Missionnaires dans le midi et l'ouest de la

France. — Lettres d'un marin à un hussard. — Paris, PLANCHER, 1819-1820, 3 vol. in-8.

Une addition au 3e volume a été faite sous ce titre : *Les Missionnaires.* Poëme héroï-comique en VI chants. — Paris, PLANCHER, 1820, in-8. « C'est, dit QUÉRARD, « une addition au 3e volume de l'*Histoire* », dont le premier est dû à E.-F. GARAY DE MONGLAVE, tandis que les deux autres sont de Louis GUYON, ex-lieutenant au 28e de ligne.

La destruction des *Missionnaires* a été ordonnée par :

1o Arrêt de la Cour d'assises de la Seine, en date du 27 juin 1820, condamnant *l'auteur et l'éditeur* du poëme, chacun à deux mois d'emprisonnement et 200 fr. d'amende (*Moniteur* du 20 août 1820) ;

Et 2o Arrêt de la Cour d'assises du Var, en date du 18 août 1820, condamnant Jean-Pierre BELLUC, libraire à Toulon, à un mois de prison et 100 fr. d'amende pour mise en vente d'un écrit intitulé : *Histoire des Missionnaires*, lequel contient des outrages à la morale publique et religieuse, ainsi qu'aux bonnes mœurs (*Moniteur* du 7 septembre 1820).

Histoire des Papes, crimes, meurtres...

Voir : *Horreurs, massacres et crimes des Papes.*

Histoire des Princes de la Maison de Condé pendant les XVIe et XVIIe siècles, par HENRI d'ORLÉANS, duc d'AUMALE. — Paris, 1869, LÉVY frères, 2 vol. in-8, avec cartes et portraits, 15 fr.

Cet ouvrage était déjà imprimé et sur le point d'être publié, lorsque le gouvernement impérial en interdit la publication et le fit saisir chez l'éditeur, le 19 juin 1863, par les soins du Préfet de police (M. BOITTELLE). De là procès retentissant intenté par l'illustre auteur du livre, conjointement avec son éditeur, contre les ministres de l'intérieur et des finances, les Préfets de police et de la Seine, le Directeur des Domaines, à l'effet d'obtenir la restitution en France, sans conditions ni restrictions des deux volumes saisis brochés et en feuilles, procès qui dura 6 ans et ne se termina, après l'épuisement de tous les degrés do juridiction, que par l'acquiescement du gouvernement aux prétentions des demandeurs.

Voir, sur ce curieux et intéressant procès, la *Gazette des Tribunaux* des 26 juin 1864, 4 avril 1866 et 9 mai 1839.

Histoire des traditions morales.

Voir : *Résumé de l'histoire...*

Histoire du Législateur des chrétiens, sans fard et sans miracles, par MONNERON. — Paris, in-8, DABIN, imprimeur.

Ouvrage dangereux et anti-religieux, cité au catalogue Wittersheim, p. 31.

Voir : *Les amours de Louis le Grand.*

Histoire du mal de Naples.

Voir : *La Cacomonade.*

Histoire du nouveau César, par P. VÉSINIER. — Londres, Bruxelles, Genève, 186., 3 vol. in-8, 25 fr.

Violent pamphlet contre Napoléon III. — Destruction ordonnée par jugement du Tribunal correctionnel de la Seine, en date du 27 janvier 1869. (Aff. contre GOSSELIN et consorts.)

Voir : *La Lanterne.*

Histoire du prince Apprius, extraite des fastes du monde depuis sa création, manuscrit persan trouvé, etc., traduit par ESPRIT, gentilhomme provençal (composé par P.-L. GODARD DE BEAUCHAMPS). — Constantinople, vers 1728.

L'histoire du prince Apprius (anagramme de *Priapus*) est une satire violente contre le Régent. — Ecrit fort immoral d'ailleurs, cité au Catalogue Wittersheim, p. 5.

Voir : *Les amours de.Louis le Grand.*

Histoire galante de deux Turcs.

Voir : *Mémoires turcs.*

Histoire galante de la portière des Carmélites.

Voir : *Sainte Nitouche.*

Histoire générale des Jésuites.

Voir : *Précis de l'histoire générale.*

Histoire secrète des jeunes personnes renfermées au Parc aux Cerfs.

Voir : *Pauline de Ferrière.*

Histoire universelle érotique. — Recueil de douze lithographies obscènes, avec un frontispice également indécent.

Voici les titres des estampes de ce recueil : *Leicester et Amy Robsard. — Ordre de Saint-François de Sales. — La dîme du gondolier. — Alonzo et Cora. — Marie Stuart et Bothwell. — Telasko et Olinde. — Une dénonciation. — Fuite de Lochleven-Castle. — Elisabeth et le comte de Sussex.*

— Un mandarin chinois. — Jésuite introduisant sa doctrine en Chine. — La princesse Amélie et le baron de Trenck.

La destruction de cet immonde recueil a été ordonnée pour outrages à la morale publique et religieuse ainsi qu'aux bonnes mœurs :

1º Par arrêt de la Cour d'assises de la Seine, en date du 9 août 1842 (aff. contre Régnier-Becker. — *Moniteur* du 15 décembre 1843) ;

2º Par jugement du Tribunal correctionnel de la Seine (7ᵉ ch.), du 13 mars 1852 (aff. contre Langlois).

Voir : *Gazette des Tribunaux* du lendemain.

Histoire universelle hérétique (?).

Ouvrage mis en vente par Regnier-Becker, et dont la destruction a été ordonnée, pour outrages à la morale publique et religieuse, par arrêt de la Cour d'assises de la Seine, en date du 9 août 1842 (*Moniteur* du 15 décembre 1843).

C'est probablement le même ouvrage que le *Précis de l'Histoire Universelle*, d'Anquetil.

Voir ce titre.

Histoire véritable de Tchen-Tcheouli, mandarin lettré, premier ministre et favori de l'empereur Tien-Ki, écrite par lui-même et traduite du chinois. — Paris, Nadau, 1822, in-8, 2 fr. (par Alex. P. Barginet), imprimé chez Goetschy, à Paris.

Cet opuscule qui offrait, sous des noms chinois, l'histoire d'un ministre récemment disgracié et celle des personnages qui avaient pris le plus de part à son administration, a été condamné à la destruction, par arrêt de la Cour royale de Paris, du 19 août 1822, confirmatif d'un jugement du Tribunal correctionnel de la Seine, en date du 4 juin précédent, prononçant la peine de 13 mois d'emprisonnement et 1,000 fr. d'amende contre le libraire Jean-Marie-André Nadau, déclaré coupable, à raison de la susdite publication, d'excitation à la haine et au mépris du gouvernement du roi, d'offenses envers les princes et une princesse de la famille royale, d'attaques aux droits que le roi tient de sa naissance et à ceux en vertu desquels il a donné la Charte, enfin, de provocation à la désobéissance aux lois (*Moniteur* du 26 mars 1825).

Homme (L') à la longue barbe.

Voir : *Le Duel.*

Homme (L') gris, ou *Petite chronique*, par Amédée Feret et Creton. 1817-1818, 15 numéros in-8, en 2 vol. avec caricatures.

Cette petite feuille, imitation quelquefois heureuse du *Nain Jaune*, publiait dans presque chacun de ses numéros une caricature où les nobles, les prêtres et les écrivains royalistes figuraient sous les costumes et dans les attitudes les plus grotesques. Elle se plaisait à placer des officiers en demi-solde, pleins d'honneur et de loyauté, en face d'émigrés sots et poltrons. Mais elle s'attaquait surtout au clergé et mêlait trop souvent à une certaine verve railleuse beaucoup de mauvais goût et de mauvais esprit. Sept numéros sur quinze furent condamnés à être détruits comme séditieux. A la fin de 1818, les dépouilles de l'*Homme Gris*, écrasé par les condamnations judiciaires, furent recueillies par le *Nouvel Homme Gris, éphémérides politiques et constitutionnelles*, par CUGNET DE MONTARLOT, CAUCHOIS LEMAIRE et BRISSOT-THIVARS, 1818-1819; 21 numéros in-8 en 2 vol., journal également piquant et prodigue de bonnes vérités, (Hatin, bibliographie de la Presse, pp. 334-335).

Par arrêt de la Cour royale de Paris, du 27 juillet 1818, a été ordonnée la destruction des numéros 6, 7 et 8 du 1er vol. de l'*Homme Gris*.

Par arrêt de la même Cour, en date du 19 août 1822, a été également ordonnée la destruction des numéros 3, 4, 5, 6, du 2e volume de l'*Homme Gris*, avec cette épigraphe : « Il s'en présentera, gardez-vous d'en douter », par CRETON. (Aucun de ces arrêts n'a été inséré au *Moniteur*).

Hommes (Les) de la Révolution française, par Pierre-Aymard BRESSION et Alfred BOUGEART. — Livraisons 1 et 2; in-18, 1841, Paris, rue d'Amsterdam, 4; chaque livraison, 50 centimes.

Les auteurs de cette série biographique ayant été menacés officieusement de poursuites judiciaires, ne jugèrent pas à propos de continuer cette publication qui fut interrompue après la deuxième livraison. L'ouvrage ne contient donc que les vies de Camille DESMOULINS et de Lazare HOCHE. (Otto Lorenz, t. I, p. 108.)

Honnêtes (Les) modérés, chanson commençant par ces mots : « Etre ennemi de toutes les réformes... », et finissant par ceux-ci : « ....Voilà bien les honnêtes modérés. »

Destruction ordonnée par arrêt de la Cour d'assises de la Vienne, en date du 20 août 1851, pour excitation à la haine et au mépris des citoyens les uns contre les autres (aff. contre MÉTIVIER. — *Moniteur* du 11 novembre suivant).

Horreurs, massacres et crimes des Papes.

Ouvrage contenant des outrages à la morale publique et religieuse ainsi qu'aux bonnes mœurs et dont la destruction a été ordonnée par jugement du Tribunal correctionnel de la Seine, en date du 27 janvier 1869. (*Journal officiel* du 7 mai 1874.)

Nous n'avons trouvé aucun renseignement bibliographique sur cet ouvrage, qui n'est peut-être autre chose que la réimpression faite, en 1865, d'un ouvrage de Maurice LA CHATRE, intitulé :

Histoire des Papes, crimes, meurtres, empoisonnements, parricides, adultères, incestes des Pontifes romains depuis saint Pierre jusqu'à Grégoire XVI. — Crimes des rois, des reines et des empereurs. 10 vol. in-8, avec vignettes. Docks de la librairie. Paris, 25 fr.

Ce livre a été en effet mis à l'index en France par l'autorité, et une réimpression faite récemment (gr. in-8) en Belgique a été interdite à la frontière par décision ministérielle du 13 janvier 1874.

Horrible (L') crime de Saint-Ouen. — Détails sur ce mystérieux assassinat. — *Grande complainte* sur ce crime épouvantable, commis dans la nuit du 10 au 11 novembre 1876. — Paris, in-folio, J.-E. DEHON, imprimée par Pierre RATIER, et tirée à 3,500 exemplaires.

Cette complainte, relative à l'assassinat bien connu commis sur la personne de la femme LE MANACH, par le nommé BILLOIR, fut colportée par les sieurs TERRADE et BERTUAUD, sans autorisation ni estampille. Traduits ainsi que l'imprimeur, pour ce motif, devant la 11e chambre du Tribunal correctionnel de la Seine, les sieurs RATIN, TERRADE et BERTRAND ont été condamnés, le premier à 50 fr. et les deux autres à 25 fr. d'amende, par jugement du 11 janvier 1877.

Voir : *Gazette des Tribunaux*, du 12 janvier 1877.

Hors-d'œuvre (Les) de Pierre LACHAMBAUDIE. — Bruxelles, 1852-1860 et 1868, in-8, 17 pp. Tiré, dit-on, à 50 ex. avec une préface anonyme de M. POULET-MALASSIS. Prix : 4 fr.

Deux des pièces de cette mince plaquette sont assez connues « La M…. et le Cochon et « Le bout de viande ; » les autres pièces sont intitulées : « Le lac de la Villette ; La lame et le fourreau ; L'avare et le diable ; La clochette. » Dans l'intérêt de sa réputation littéraire, le fabuliste LACHAMBAUDIE aurait réellement bien fait de se dispenser de publier ces ordures.

Par jugement du Tribunal de Lille, du 6 mai 1863, inséré au *Moniteur* du 19 septembre suivant, a été ordonné la destruction des « Hors d'œuvre », ouvrage commençant par ces mots : « Voici quelques gaietés,» finissant par ceux-ci : «·Pas besoin de clochette,» et contenant des outrages à la morale publique et religieuse. (Aff. contre DUQUESNE.)

Voir : *Actes des Apôtres.*

Huit années du règne de Napoléon. — Bordeaux (?), 1822, 4 vol.

La destruction de cet écrit, contenant des offenses envers le roi, a été ordonnée par arrêt de la Cour d'assises de la Gironde, en date du 2 septembre 1822, condamnant Jean FORÊT, marchand-libraire à Bordeaux, à un an de prison et 500 fr. d'amende. (*Moniteur* du 23 février 1823.)

Hussard 1824 et 1840. — Deux lithographies obscènes.

Voir : *La Vie du Soldat.*

Hussard (Le) et la Bergère.

Voir : *Gravures obscènes.* — Aff. Chapelle, VI.

 **Idées naturelles opposées aux idées sur-naturelles.**

Voir : *Le bon Sens du curé Meslier.*

Il a son plumet! par Claude MICHU. Se vend à Paris, chez les grands libraires. Impr. de Ch. NOBLET. 1868, in-12, IV, 242 pp. Tiré à fort petit nombre pour les vrais bibliophiles. Orné d'une fleur de lis fleuronnée sur le titre.

Ce livre, devenu fort rare, est une historiette, assez gaillardement racontée, sur la jeunesse du Béarnais.

Par jugement du 24 avril 1868, le Tribunal correctionnel de la Seine a ordonné la destruction de cet écrit, contraire à la morale publique et aux bonnes mœurs, et a condamné Claude-Hyacinthe MICHU à deux mois de prison et 500 fr. d'amende, et Antoine NOBLET, à 300 fr. d'amende. (*Moniteur* du 13 juin 1863. — *Journal officiel* du 7 mai 1874.)

Il faut en finir. — Article.

Voir : *La Voix du Proscrit,* journal.

Il faut souffrir pour le plaisir, chanson.

Voir : *Gaudrioles de M. Gaillard.*

Il n'est pas mort!!! Par un citoyen ami de la patrie (Amédée VIBAILLE). — Paris, BRASSEUR, 1821; in-8 de 8 pp., 50 cent.

La destruction de cet écrit a été ordonnée par arrêt de la Cour d'assises de la Seine, en date du 15 novembre 1821. (Pas d'insertion au *Moniteur*.)

Il pleut, Bergère ! — lithographie obscène.

Destruction ordonnée par jugement du Tribunal correctionnel de la Seine, en date du 13 mars 1852.(Aff. contre LANGLOIS. *Gazette des Tribunaux* du 14 mars 1852.)

Voir aussi : *Esméralda.*

Ile (L') d'amour, gravure obscène.

Destruction ordonnée par arrêt de la Cour d'assises de la Seine, en date du 9 août 1842. (Aff. contre RÉGNIER-BECKER. — *Moniteur* du 15 décembre 1843.)

Ils ne font qu'un saut, lithographie in-4, impr. chez DELAPORTE. — Paris, 1832.

Caricature offensante pour le gouvernement, représentant deux personnages, l'un vieux et l'autre jeune, montés sur un cheval dont les pieds de derrière posent sur Paris et ceux de devant atteignent déjà Lyon, avec la légende ci-dessus.

Les sieurs DELAPORTE, imprimeur, et AUBERT, marchand d'estampes, prévenus d'offenses envers un membre de la famille royale, à raison de la publication de ce dessin, ont été acquittés tous deux, par arrêt de la Cour d'assises de la Seine (2ᵉ section), en date du 22 février 1832 (*Gazette des tribunaux* du 23 février 1832).

Imirce ou *la Fille de la nature.* — Berlin, chez l'imprimeur du philosophe de Sans-Souci (Hollande), 1765, in-12. L'épître dédicatoire est signée Modeste-Tranquillin XANG-XUNG, pseudonyme de l'abbé Henri-Joseph DULAURENS.

Plusieurs fois réimprimé.

Ce roman, immoral et anti-religieux, a été mis à l'index, par mesure de police, en 1825.

Voir : *Note des ouvrages à supprimer.*

Impurs (Les) du Figaro, par Ch. MARCHAL, dit DE BUSSY. — Paris, 1868, in-18. MADRE, éditeur; ROCHETTE, imprimeur.

Il faut lire, dans les journaux de l'époque, le compte rendu de ce scandaleux procès qui fournirait un bien curieux mais peu édifiant chapitre à l'histoire des démêlés littéraires de ce temps, et auquel nous avons fait allusion déjà à l'article : *La famille d'Orléans,* par le même auteur. M. Albert WOLF, violemment insulté dans cet écrit et dans le journal l'*Inflexible,* rédigé par de STAMIR, poursuivit, devant la police correctionnelle ce dernier, MARCHAL et leurs éditeur et imprimeur. Le Tribunal (6ᵉ ch.), par deux jugements en date du 29 juillet 1868, condamna les sieurs de STAMIR, ROCHETTE, Ch. MARCHAL et MADRE, chacun à un franc d'amende et un franc de dommages-intérêts envers le plaignant (*Gazette des Tribunaux* du 30 juillet 1868).

Incrédule (L') ou *les deux Tartufes,* par L.-F. RABAN. — Paris, LUGAN, 1824, 2 vol. in-12 : 5 fr. (Réimprimé en 1830, par le même libraire.)

Par jugement du Tribunal correctionnel de la Seine, en date du 10 décembre 1824, l'auteur de ce roman avait été condamné, pour outrages à la morale publique et aux bonnes mœurs, à six mois d'emprisonnement et 100 fr. d'amende. Sur l'appel interjeté par RABAN, ce jugement a été infirmé parce que l'auteur n'avait pas été déclaré coupable d'avoir tourné en dérision la religion de l'Etat. En conséquence, RABAN a été simplement condamné à 300 fr. d'amende par arrêt de la

Cour royale de Paris, en date du 14 mars 1824, ordonnant en outre la suppression des exemplaires saisis ou qui pourraient l'être (*Moniteur* du 26 mars 1825).

De plus, ce roman a été mis à l'index, par mesure de police, en 1825.

Voir : *Note des ouvrages à supprimer*.

Indépendant (L'), journal publié à Angers.

Nº du ..... Excitation à la haine et au mépris du gouvernement du roi. Destruction ordonnée par arrêt de la Cour d'assises de Maine-et-Loire, du 6 mai 1834, condamnant le gérant DAVAU à un mois de prison et 1,500 fr. d'amende (*Moniteur* du 7 août 1835).

Indépendant (L') de l'Ouest, journal publié à Alençon.

Excitation à la haine et au mépris du gouvernement de la République. Destruction ordonnée par arrêt de la Cour d'assises de l'Orne, du 14 avril 1849, condamnant le gérant, J.-B.-François LEMOINE, à un mois de prison et 150 fr. d'amende (*Moniteur* du 7 décembre 1849).

Indiscret (L'), gravure obscène.

Destruction ordonnée par arrêt de la Cour d'assises de la Seine, en date du 14 janvier 1822 (point d'insertion au *Moniteur*).

Indiscret (L'), journal publié à Rouen ; gérant, Léon LAURIER, 1835.

La destruction de ce journal, contenant des outrages à la morale publique et religieuse, a été ordonnée, par arrêt de la Cour d'assises de la Seine-Inférieure, en date du 22 décembre 1835, condamnant le gérant à 3 mois de prison et 500 francs d'amende (*Moniteur* du 18 janvier 1837).

Infanterie de ligne, 1840. Deux lithographies obscènes.

Voir : *La Vie du Soldat*.

Infiniment petits (Les) ou *La Gérontocratie*.

Voir : *Chansons de Béranger*.

Inflexible (L'), journal.

Voir : *Les Impurs du Figaro*.

Infortune (L') des filles de joie, *suivie de La Maigre*, par Adrien DE MONTLUC, comte de CRAMAIL. — Paris, J. GAY, 1863, pet. in-12 de XVII-51 pp. Tiré à 100 ex.; 4 fr. 50.

Réimpression d'un opuscule qui parut pour la première fois, en 1648, dans le recueil intitulé : *Les Jeux de l'inconnu*, par DEVAUX. Lyon, La Rivière, in-8. C'est un plaidoyer en faveur des filles des faubourgs de Paris que la police voulait alors expulser hors des murs. *La Maigre* qui occupe les pages 41 à 50 de la réimpression de 1862, contient des passages satiriques et libres qui paraissent avoir surtout motivé les poursuites dont ce livre a été l'objet.

Par jugement du Tribunal correctionnel de la Seine du 22 mai 1863, inséré au *Moniteur* du 8 novembre 1865, a été ordonnée la destruction de l'*Infortune des filles de joie, suivie de la Maigre,* ouvrages contenant des outrages à la morale publique et aux bonnes mœurs. (Aff. contre GAY et consorts.)

Voir : *Amours folastres.*

Ingénue. — Roman publié par Alexandre DUMAS, dans le feuilleton du journal *le Siècle*, du mois d'août au mois d'octobre 1854. Réédité la même année en 7 vol. in-8, chez CADOT. 52 fr. 50.

Ce roman, inspiré au célèbre écrivain par la lecture de l'ouvrage de *Rétif de la Bretonne*, intitulé : *Ingénue Saxancourt* ou la *Femme séparée*, etc., etc. Liége et Paris, Maradan, 1786-1788-1789, 3 vol. in-12.

Le roman d'Alexandre Dumas, qui toutefois a été bien plus réservé dans les détails et dans la forme que 'le premier auteur, est l'histoire de la fille aînée de Rétif et de son mari, mêlée à celle de toute la famille. Cet ouvrage, renfermant des faits blessants pour la mémoire du gendre de Rétif, les petits-enfants de celui-ci firent signifier à M. Alexandre Dumas d'avoir à suspendre sa publication. (*Bibliographie Gay*, t. IV, p. 129.)

Innocence (L'), gravure obscène.

Voir : *Journal des connaissances utiles.*

Inspection (L'), lithographie obscène.

Voir : *Les Tribades.*

Instruction (De l') supérieure des prolétaires, article.

Voir : *Les Droits du Peuple*, revue.

Intendant (L'), maire de village.

Voir : *M. Corbin.*

Intérieur (L') d'une loge grillée, gravure obscène publiée par AUBERT et BESNARD.

Destruction ordonnée par arrêt de la Cour d'assises de la Seine en date du 31 décembre 1833 (point d'insertion au *Moniteur*).

Intérieur d'un harem. Recueil in-folio de six lithographies obscènes, contenant : *Les deux Amies ; la Flagellation ; les suites du bain ; Passe-*

temps des odalisques ; le Don du mouchoir et la couverture portant cette légende : *Un rival du Grand-Seigneur (le Chien du Harem).*

Destruction ordonnée pour outrages à la morale publique et aux bonnes mœurs :

1º Par arrêt de la Cour d'assises de la Seine en date du 9 août 1842 (aff. contre RÉGNIER-BECKER. — *Moniteur* du 15 décembre 1843) ;

2º Par arrêt de la même Cour du 29 avril 1845 (aff. contre VALLADE et consorts. — *Moniteur* du 9 juin 1846) ;

3º Par arrêt de la même Cour du 15 janvier 1851 (aff. contre DETOUCHE. — *Moniteur* du 16 février 1851) ;

4º Par arrêt de la même Cour du 7 mars 1851 (aff. contre PITOIS. — Pas d'insertion) ;

5º Par jugement du Tribunal correctionnel de la Seine du 13 mars 1852 (affaire contre LANGLOIS. — *Gazette des Tribunaux* du lendemain).

Voir aussi : *Esméralda.*

Intrigue (De l') dans les tribunaux, par PINET, avocat. —. Paris, 1819.

2ᵉ édition, revue et corrigée. — Paris, B. Warée fils aîné, 1824, in-12 (visée par le jugement ci-dessous).

M. Fortuné PINET, qui publia plusieurs mémoires en faveur du fameux Maubreuil dont il était le conseil, fut déclaré coupable d'outrages à la morale publique et d'injures envers les cours et tribunaux, à raison de la publication de cet écrit, et condamné par jugement contradictoire du Tribunal correctionnel de la Seine (6ᵉ ch.), en date du 15 juillet 1824, à un mois d'emprisonnement et 16 fr. d'amende. La même sentence ordonna la destruction des exemplaires saisis (*Moniteur* du 7 novembre 1826).

Invocation à l'Amour. *Chant philosophique.* — London, published by a virtuoso of thegood fashion, in Cithery island, in-8 oblong. Rare.

Ce recueil, entièrement gravé, se compose de douze pages de vers et seize figures coloriées avec légendes en vers et d'un frontispice également colorié en regard du titre.

Cet écrit assez licencieux a été poursuivi en France. Mais on ne trouve point de décision judiciaire au *Moniteur.*

Voici les titres des légendes : *L'Extase; l'Evanouissement; l'Heureux calcul ; les Charmes de la mast........ ; l'Aimable Bidet; l'Attente voluptueuse; le G..........; la Valse d'amour; l'Heureuse position ; la Victoire d'amour; les Deux tétons; le Boudoir champêtre; l'Astre de la vie; Sur l'aile des plaisirs : Avis aux athées ; l'Heureuse conjonction.*

Quelques-unes de ces lithographies ont fait, comme on le verra au cours de cet ouvrage, l'objet de condamnations spéciales.

Itinéraire érotique des quatre parties du monde. — Recueil de douze lithographies obscènes.

Voici les sujets de ces douze estampes : *Indiens; Français* (XVIᵉ siècle); *Ecossais;*

Suisses; Polonais; Espagnols; Persans; Grecs Souliotes; Napolitains; Chinois; Musulmans (Sérail) et *Vénitiens* (Pont des Soupirs).

La destruction de cet infâme recueil a été ordonnée, pour outrages à la morale publique et aux bonnes mœurs :

1o Par arrêt de la Cour d'assises de la Seine, en date du 30 août 1837 (aff. contre DAUTY. — *Moniteur* du 7 novembre suivant);

2o Par arrêt de la même Cour en date du 29 avril 1845 (aff. contre VALLADE et consorts. — *Moniteur* du 9 juin 1846).

Ivresse (L') du pape.

Voir : *Chansons de Béranger.*

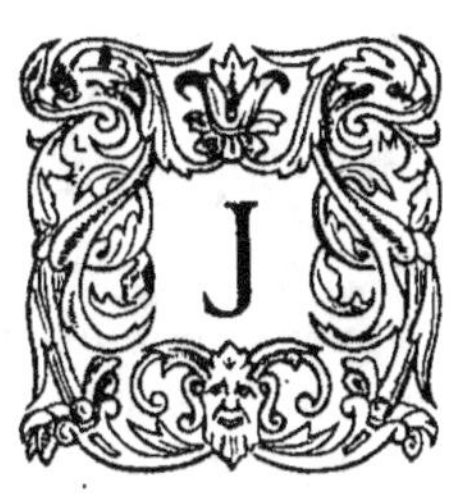

J'ai sauvé ma rose.

Voir : *Julie.*

Jacques le fataliste et son maître, par Denis DIDEROT. — Paris, 1796, in-8. — Paris, MARADAN, 1798, 2 vol. in-12. — Ou Paris, C. TAILLARD, et PAINPARÉ, 1822, in-18. Maintes fois réimprimé.

Ce recueil de contes gaillards, entremêlés de raisonnements philosophiques, a été poursuivi (sans doute l'édition de 1822) pour outrages à la morale publique et religieuse ainsi qu'aux bonnes mœurs. La destruction en a été ordonnée par jugement du Tribunal correctionnel de la Seine, en date du 31 mai 1826, condamnant FURCY-DEVAUX, colporteur et étalagiste, à un mois d'emprisonnement et 16 fr. d'amende, pour mise en vente dudit ouvrage et d'autres écrits immoraux. (*Moniteur* du 6 août 1826.)

Voir aussi : *Parapilla.*

Enfin ce roman a été mis à l'index, par mesure de police, en 1825.

Voir : *Note des ouvrages à supprimer.*

Jardin (Le) d'amour.

Voir : *Le nouveau jardin d'amour.*

Jean Caboche à ses amis les paysans, revu par M. L. GAGNEUR. Prix : 20 cent., dix-neuvième édition. — Paris, Armand LE CHEVALIER, éditeur, rue de Richelieu, 61. — Paris, 1874, in-18, 36 pp.

Cette brochure ayant été colportée et distribuée illicitement fut déférée au Tribunal correctionnel de Langres ainsi qu'un certain nombre d'individus inculpés d'organisation de la propagande démagogique dans les départements. Par jugement du 15 mai 1874, ce Tribunal prononça diverses peines et amendes contre quinze inculpés parmi lesquels se trouvait le sieur VALLOT, gérant du journal *Le Spectateur de Langres*, compris dans les mêmes poursuites. M. VALLOT ayant fait appel, M. le procureur général près la Cour de Dijon, saisit la Cour de l'ensemble de la poursuite en interjetant de son côté un appel général.

La Cour de Dijon, par arrêt du 10 juin 1875, condamna M. VALLOT à deux mois d'emprisonnement et 500 fr. d'amende ; le sieur GRAVET, liquoriste, à 40 jours de prison et 300 fr. d'amende ; le sieur JOBERT, marchand de grains, à 15 jours et 50 fr. ; le meunier THÉVENOT, le cabaretier SIMONEL, et le sieur LIÈVRE, chacun à 6 jours de prison et 100 fr. d'amende et confirma purement et simplement, pour les autres distributeurs dudit écrit, la sentence des premiers juges.

Bien que *Jean Caboche* n'ait point obtenu, pour Paris, l'estampille du colportage, cette brochure n'est nullement rare ; toutefois il ne faut pas prendre au pied de la lettre les mots : *Dix-neuvième édition*, qui figurent sur la couverture, c'est une supercherie de libraire et rien de plus ; le dépôt légal en fait foi.

Voir : *Gazette des Tribunaux* des 22 mai et 14 juin 1874.

Jeanne et Louise ou *les Familles des Transportés*, par Eugène SUE. — Genève, 1853. LAUFFER et Cⁱᵉ, in-12, 1 fr. 50.

Ce petit roman, interdit en France à raison de ses tendances, pendant toute la durée du second empire, a été, en outre, condamné à la destruction, par jugement du Tribunal correctionnel de Lille, en date du 6 mai 1868, inséré au *Moniteur* du 19 septembre suivant. (Aff. contre S. DUQUESNE et consorts.)

Il commence par ces mots : « J'ai dû écrire ce livre... » et finit par ceux-ci : « .... Défendre la loi. » Le jugement porte qu'il contient des excitations au mépris et à la haine du gouvernement impérial.

Voir : *Actes des Apôtres.*

Je l'ai échappé belle.

Voir : Ma tante Geneviève.

Je m'abandonne à toi ! — Recueil de six dessins avec une couverture en papier vert, portant aussi une lithographie obscène.

La destruction de ce recueil a été ordonnée par arrêt de la Cour d'assises de la Seine-Inférieure, en date du 8 septembre 1844, condamnant Pierre BON, colporteur, à cinq ans de prison et 6,000 fr. d'amende, pour outrages à la morale publique et aux bonnes mœurs, par la mise en vente de l'ouvrage ci-dessus et de plusieurs autres écrits dont il est parlé en leur lieu et place. (*Moniteur* du 3 décembre 1844.)

Je ne le ferai plus. — Chanson.

Voir : *Gaudrioles de M. Gaillard.*

Je ne trouve pas ma rosette. — Lithographie obscène.

Voir : *Le Tohu-bohu plaisant.*

Je te donnerai deux baisers pour la peine. — Lithographie
licencieuse.

Voir : *Alfred, Alfred, arrête-le.*

Jérôme, par G.-C.-A. PIGAULT-LEBRUN. — Paris, BARBA, 1804 et 1823.
4 vol. in-12, 10 fr. Réimprimé récemment in-12, avec illustrations.

Roman fort libre, mis à l'index, par mesure de police, en 1825.

Voir : *Note des ouvrages à supprimer.*

Jérôme le Franc-Parleur. — Pamphlet de la famille des MAYEUX,
écrit périodique qui changeait fréquemment de titre pour se soustraire à la
loi du cautionnement (voir au sujet de cette publication l'article de la *Bibliographie Hatin*, p. 379.)

La destruction du *N° du 7 janvier 1832,* contenant des offenses envers la personne
du roi, des excitations à la haine et au mépris du gouvernement, a été ordonnée
par arrêt de la Cour d'assises de la Seine, en date du 19 avril suivant, condamnant l'éditeur MOUSSARD à six mois de prison et 500 fr. d'amende, avec affichage
du jugement à 50 exemplaires. (*Gazette des Tribunaux* du 20 avril 1832.)

Un autre numéro du même pamphlet fut poursuivi et acquitté par la même
Cour, le 30.novembre suivant.

Jésuite introduisant sa doctrine en Chine. — Lithographie obscène.

Voir : *Histoire universelle érotique.*

Jésus-Christ devant le Conseil de guerre ;

— Les Mystères du Peuple, par E. SUE.

— Les Montagnards.

Par jugement du Tribunal correctionnel de Dijon, du 11 décembre 1850, confirmé en appel, le 24 du même mois, Charles COLLET a été condamné à six mois
de prison et 500 fr. d'amende, pour colportage sans autorisation des trois écrits
ci-dessus. (*Journal officiel* du 7 mai 1874.)

Jeu (Le) de dames. — Lithographie obscène.

Voir : *Le Tohu-bohu plaisant.*

Jeune France (La), journal.

Voir : *Le Diable est mort.*

Jeune France (La) passionnée.

Voir : *Celle-ci et celle-là.*

Jeune sœur (La) surprise. — Gravure obscène.

Voir : *Gravures obscènes.* Affaire Chapelle, II.

Jeunesse (La) du chevalier de Moronville.

Voir : *Confession générale du chevalier.*

Jeunesse et Folie, ou *Mémoires et Voyages de Victor de Lineul.* — Paris, 1823 (par M. DUBERGIER). 2 vol. in-12.

Ecrit assez libre, cité au catalogue Wittersheim, p. 34.

Voir : *Amours de Louis le Grand.*

Jeux (Les) de l'inconnu.

Voir : *L'Infortune des Filles de joie.*

Joconde (2 gravures obscènes).

Voir : *Contes de La Fontaine.*

Joies (Les) de Lolotte.

Voir : *Mon noviciat.*

Joli (Le plus) conte du monde.

Voir : *Le roi Guiot.*

Jolie (La) complaisante, lithographie obscène;

Et :

Jolies (Les) complaisantes, autre lithographie obscène.

Destruction ordonnée, pour outrages à la morale publique et aux bonnes mœurs, par jugement du Tribunal correctionnel de la Seine, du 13 mars 1852. (Aff. contre LANGLOIS. — *Gazette des Tribunaux* du lendemain.)

Jouissance (La). — Illustration d'un conte de Piron.

Voir : *Gravures obscènes.* Aff. Chapelle, III.

Jouissons du temps présent. —Lithographie obscène avec couplet.

Destruction ordonnée, pour outrages à la morale publique et aux bonnes mœurs :

1º Par arrêt de la Cour d'assises de la Seine, en date du 15 janvier 1851. (aff. contre DETOUCHE. — *Moniteur* du 16 février suivant);

2º Par jugement du Tribunal correctionnel de la Seine, du 13 mars 1852. (*Journal officiel* du 7 mai 1874.)

Voir aussi : *Esméralda.*

Jouissances équestres, lithographie obscène.

Voir : *Les Soirées lubriques.*

Joujou (Le) de Javotte. — Chanson licencieuse.

Voir : *Le Chansonnier du b......*

Joujou (Le) des demoiselles, nouveau choix de poésies à l'usage du beau sexe libertin, s. l. n. d., in-8, 58 ff. Texte gravé, front. et 50 fig. à mi-page. Plus de huit éditions à la fin du XVIIIᵉ siècle. Réimprimé aussi à Stuttgard en 1854.

Ouvrage rempli d'obscénités, dont la destruction a été ordonnée par arrêt de la Cour royale de Paris, en date du 19 mai 1815. (Pas d'insertion au *Moniteur.*)

Jour (Un) de Carnaval.

Voir : *Sujets mécaniques.*

Jour (Le) et la nuit, cahier de douze gravures obscènes décrites à l'article : *Gravures obscènes.* Affaire Chapelle, nº VII.

Destruction ordonnée, par 1º Arrêt de la Cour d'assises de la Seine, en date du 11 avril 1843 (aff. contre MAYER. — *Moniteur* du 15 décembre 1843);

2º Arrêt de la même Cour, du 29 avril 1845 (aff. contre VALLADE et consorts. — *Moniteur* du 9 juin 1846);

3º Arrêt de la même Cour, du 10 février 1852 (aff. contre CHAPELLE. — *Moniteur* du 8 mai 1852.)

Journal de Dunkerque.

1º Nº *2,285* (2 juin 1844). Diffamation envers M. de Saint-Aignan, conseiller d'Etat et préfet du Nord, à raison de faits relatifs à ses fonctions. — Destruction ordonnée, par arrêt de la Cour d'assises du Nord, en date du 30 juillet 1844 ;

2° *N° 3,046* (3 juin 1849). Attaques contre les institutions républicaines, provocation à la guerre civile, etc. Destruction ordonnée par arrêt de la même Cour, du 23 juillet 1849, condamnant BERTAU à six mois de prison et 500 fr. d'amende. *(Moniteur* du 2 octobre 1849.)

Journal (Le) de Joigny.

N° du 6 février 1858. — Outrages à la morale publique et aux bonnes mœurs, par la publication d'un article commençant par ces mots :« L'histoire de Joconde s'est renouvelée... », et finissant ainsi : « ... N'y voient que des cornes. »

Destruction ordonnée par jugement du Tribunal correctionnel de Joigny, en date du 26 février 1858, condamnant ZANOTE, imprimeur, à 100 fr. d'amende, et KUNTZ, homme de lettres, à un mois de prison et 16 fr. d'amende. (*Moniteur* du 21 mai 1858.)

Journal de la Guyenne, publié à Bordeaux.

Cinq numéros de cette feuille ont été condamnés à la destruction pour provocation au renversement du gouvernement, excitation à la haine et au mépris du gouvernement du Roi, etc., etc., par cinq arrêts de la Cour d'assises de la Gironde, en date des 15, 16 décembre 1832, 22 janvier, 20 et 25 juin 1833, condamnant les gérants, LECOULTRE DE BEAUVAIS et CULIER, à des peines s'élevant ensemble à sept ans deux mois et un jour de prison et 36,000 fr. d'amende. (Ces condamnations ont été insérées au *Moniteur.*)

Journal de Rouen. Gérant, Emile BRIÈRE.

Un numéro de ce journal contenant un compte rendu infidèle, injurieux et de mauvaise foi, d'une audience de la Cour d'assises de la Seine-Inférieure, a été supprimé par arrêt de la même Cour, en date du 9 novembre 1836, condamnant BRIÈRE à deux mois de prison et 6,000 fr. d'amende. (*Moniteur* du 23 avril 1837.)

Journal de Senlis.

Voir : *Article inédit du Journal....*

Journal des Cocus, avec le tableau officiel de tous ceux qui le sont!!!

— Paris, n°s 1 et 2, portant la date des 3 et 10 juin 1877, seuls numéros parus. GARNIER, gérant; imp. DEBONS et RICHARD.

Par jugement du 5 juillet 1877, le Tribunal correctionnel de la Seine (9° ch.) a condamné L.-Napoléon GARNIER, gérant dudit journal, à 500 fr. d'amende, pour outrages aux bonnes mœurs, et a ordonné la confiscation des nombreux exemplaires saisis des deux numéros de ce journal.

Le *Journal des Cocus* était imprimé sur papier jaune clair ; après sa disparition, il a été remplacé par un écrit imprimé sur papier de même couleur, ayant le même objet et intitulé : *Journal Jaune.*

Journal des connaissances utiles, recueil de douze gravures obscènes dont voici les titres et quelques sous-titres ; les autres légendes sont trop ignobles pour pouvoir être citées ici, même à l'aide d'initiales et de points : *Messaline*, elle goûte le bonheur suprême ; *l'Innocence....* ; *les Quatre jouissances* ; *Un vieux jaloux*, je fais pipi, mon bon ami ; *Remède contre l'usure....* ; *les Délices magiques....* ; *Tour de force....* ; *Fleuve Scamandre* ; *le Bichon de quatorze ans....* ; *la Crapaudine*, surprise imprévue ; *Une Vue pittoresque*, l'échelle de Jacob ; *Plaisir sans crainte....*

La destruction de cet infâme recueil et celle des cuivres qui ont pu être saisis a été ordonnée par arrêt de la Cour d'assises de la Seine, en date du 30 août 1837, condamnant Dauty à un an de prison et 500 fr. d'amende pour outrages à la morale publique et aux bonnes mœurs, pour vente et mise en vente tant des susdites gravures que d'autres dont il est parlé en leur lieu et place. (*Moniteur* du 7 novembre 1837.)

Journal des Inspecteurs de M. de Sartines.

Voir : *Documents inédits sur le règne de Louis XV.*

Journal jaune.

Voir : *Journal des Cocus.*

Journaux, écrits et dessins, publiés à Paris sous la Commune (18 mars-24 mai 1871).

Le 29 juin 1876, en vertu des ordres de l'autorité administrative, il a été saisi chez M. Frédéric Costes, libraire, rue de La Feuillade, 6, à Paris, les écrits et dessins dont les titres suivent : 3 collections du journal *Le Père Duchêne* ; un assez grand nombre de numéros des journaux : le *Mot d'Ordre* ; *l'Avant-garde* ; le *Cri du Peuple* ; *Paris libre* ; la *Nouvelle République* ; la *Sociale* ; la *Montagne* ; *Journal officiel de la Commune* ; — des exemplaires des brochures intitulées : *Les Chefs révolutionnaires*, par le citoyen Vindex ; *Le grand Pardon* ; *Le bonhomme Franklin* ; *La colère de Jacques Bonhomme* ; *La Mère Duchesne* ; *Les avis de la Mère Duchesne* ; *Politique de la femme du Père Duchesne* ; *Le Pair Duchêne* ; *La Révélation d'un curé démissionnaire* ; — deux exemplaires de la brochure : *Les deux Cours et les Nuits de St-Cloud* ; — les publications illustrées ayant pour titre : *Le Fils du Père Duchesne* et *Les Crimes des Congrégations religieuses.* Enfin une liasse énorme d'estampes rappelant les scènes déplorables de la période insurrectionnelle, et une nombreuse série de dessins non autorisés ayant un caractère politique et quelquefois obscène.

Pour sa défense, M. Costes prétendit qu'il ne possédait les écrits incriminés, dont plusieurs ne figuraient que par unités dans cette collection, qu'en tant qu'amateur et qu'il n'avait jamais voulu en faire le commerce ; mais cette allégation fut complétement détruite par la production de 5 affiches blanches apposées par ses soins sur les volets de son magasin, et annonçant la vente prochaine des écrits et dessins saisis depuis en sa possession.

En conséquence, le Tribunal de la Seine (9e ch.), par jugement du 11 août 1876, a condamné COSTES à 100 fr. d'amende et ordonné en outre la confiscation au greffe de tous les journaux et dessins saisis.

Journaux étrangers, poursuivis et condamnés pour outrages au souverain de la France.

Bien que cet article ne semble pas rentrer strictement dans le cadre de ce catalogue, nous ne pensons pas devoir nous abstenir de dire un mot des cinq écrits suivants, condamnés pour délits commis au sujet de la personne du chef du gouvernement français. Nous ignorons d'ailleurs si ces poursuites avaient été provoquées par des notes émanant du Cabinet de Paris, comme cela a eu lieu pour un autre écrit dont nous avons parlé en son lieu et place.

1º *Le Drapeau*; 2º *Le Crocodile*, journaux publiés en Belgique, ont été poursuivis par le Parquet de Bruxelles, sur l'ordre du gouvernement belge, pour avoir publié chacun, au mois de janvier 1858, un article dans lequel ils approuvaient hautement la tentative d'assassinat commise, le 14 du même mois, sur la personne de l'empereur Napoléon III. (*Moniteur* du 22 janvier 1858);

3º L'éditeur responsable du *Prolétaire*, journal publié à Bruxelles, a été condamné, par arrêt de la Cour d'assises du Brabant, à 18 mois de prison et 100 fr. d'amende, pour offenses envers l'empereur des Français (*Moniteur* du 10 mars 1858);

4º *Il Pensiero*, journal radical publié à Oneglia (Sardaigne), ayant attaqué et offensé l'empereur des Français, le directeur et le gérant de cette feuille furent condamnés chacun à 15 jours de prison et 200 fr. d'amende, par le Tribunal de première instance. Sur l'appel à *minimâ* du ministère public, la Cour d'appel italienne éleva cette peine à un mois de prison et 500 livres d'amende pour tous deux. (*Moniteur* du 24 avril 1858);

5º Enfin, le journal le *Progrès*, publié à Chambéry, ayant également insulté Napoléon III, le gérant de cette feuille fut condamné à deux mois de prison et 600 fr. d'amende, par jugement du Tribunal de cette ville, confirmé peu après par la Cour d'appel.

Voir : *Il Corrriere mercantile* de Gênes, du 10 juin 1858.

Et : *Le Moniteur* du 14 du même mois.

Journées (Les), etc. — Article.

Voir : *L'Ami de la Vérité,* journal.

Jours (Les) de repos. — Article.

Voir : *Le Pilote,* journal.

Joyeusetés galantes et autres du vidame Bonaventure de la

Braguette (par Albert GLATIGNY, et, pour certaines pièces peut-être, Ch. BAUDELAIRE). — Luxuriopolis, à l'enseigne du Beau Triorchis (Bruxelles); 1866, in-32, front. à l'eau-forte par F. ROPS. Tiré à 262 ex. numérotés.

Quelques-unes des 40 pièces de vers de ce recueil sont fort libres.

Un jugement du Tribunal de Lille, du 6 mai 1868, inséré au *Moniteur* du 19 septembre suivant, ordonne la destruction des *Joyeusetés galantes*, ouvrage commençant par ces mots : « Le poëte excellent... », finissant par ceux-ci : « Et narguer la v...le », et contenant des outrages à la morale publique et religieuse, ainsi qu'aux bonnes mœurs. (Aff. contre DUQUESNE.)

Voir : *Actes des Apôtres.*

Jugement (Le) de Pâris, chanson.

Voir : *Gaudrioles de M. Gaillard.*

Juif (Le) errant. — Lithographie obscène avec couplet.

Voir : *Esméralda.*

Julie ou *J'ai sauvé ma rose* (par Mme GUYOT), avec cette épigraphe : « La mère en défendra la lecture à sa fille. » — Hambourg et Paris, Léop. COLLIN, 1807 ; 2 vol. in-12, 4 fr. Plusieurs fois réimprimé. Traduit en anglais en 1840.

Ce roman, extrêmement licencieux et immoral, a été revu par ROUGEMONT. On l'a faussement attribué à Mme de CHOISEUL-MEUSE, qui en a du reste commis bien d'autres.

La destruction de *Julie* a été ordonnée, en raison des obscénités qu'il contient, surtout à la fin, par jugement du Tribunal correctionnel de la Seine, du 12 juillet 1827, confirmé par arrêt du 5 août suivant. (Pas d'insertion au *Moniteur*.)

De plus, ce mauvais livre a été mis à l'index, par mesure de police, en 1825.

Voir : *Note des ouvrages à supprimer.*

Julie, ou *la Nouvelle-Héloïse.*

Voir : *Œuvres de J.-J. Rousseau.*

Juliette, ou *les Prospérités du vice.*

Voir : *Justine,* par DE SADE.

Jument (La) du compère Pierre. — Gravure obscène.

Destruction ordonnée par jugement du Tribunal correctionnel de la Seine, en date du 13 mars 1852 (aff. contre LANGLOIS. — *Gazette des Tribunaux* du 14 mars 1852).

Voir aussi : *Contes de La Fontaine.*

Juste-milieu et conservateurs. — Article.

Voir : *Les Droits du Peuple,* revue.

Juste-milieu (Le), recueil de lithographies avec cette épigraphe :
« Il fait plaisir à tout le monde. »

Ce petit recueil, saisi avec d'autres lithographies séditieuses, chez le sieur Co-
LETTE, marchand d'estampes, à Paris, a été supprimé, comme outrageant et offensant pour le roi et pour les membres de la famille royale, par arrêt de la Cour
d'assises de la Seine, en date du 29 janvier 1833, condamnant ledit COLETTE à six
mois de prison et 100 fr. d'amende (*Gazette des Tribunaux* du 30 janvier 1833).

Justice(De la) dans la Révolution et dans l'Eglise. — Nouveaux
principes de philosophie pratique adressés à S. Em. Mgr MATHIEU, cardinal archevêque de Besançon, par P.-J. PROUDHON; 3 vol. in-12. — Paris,
GARNIER, 1858. 12 fr.

Ouvrage fameux poursuivi comme contenant des outrages à la morale publique
et religieuse, l'apologie de faits qualifiés crimes ou délits par la loi pénale, des
attaques contre le respect dû aux lois et contre les droits de la famille, reproduction de fausses nouvelles, etc. La destruction en a été ordonnée :

1º Par jugement du Tribunal correctionnel de la Seine, du 3 juin 1868, condamnant l'auteur à 3 ans de prison et 4,000 fr. d'amende ; l'éditeur à un mois de
prison et 1,000 fr. d'amende ; BOURDIER, imprimeur, à quinze jours et 1,000 fr.,
et BRY, autre imprimeur, à quinze jours et 200 fr. — Confirmation en appel,
le 28 juillet suivant, sauf pour GARNIER, dont les peines ont été élevées à 4 mois
de prison et 4,000 fr. d'amende. (*Moniteur* des 3 juin et 29 juillet 1858) ;

2º Par jugement du Tribunal correctionnel de Lille, en date du 6 mai 1868,
inséré au *Moniteur* du 19 septembre suivant (aff. contre SACRÉ-DUQUESNE et consorts).

Voir : *Actes des Apôtres.*

Justine. — Chanson obscène.

Voir : *Le Chansonnier du b......*

Justine ou *les Malheurs de la vertu* (par Donatien-Alph.-François
marquis DE SADE). — En Hollande, chez les libraires associés; 1791, 2 vol.
in-8 ou in-12. — Londres, 1792, 6 fig. obscènes.

Le marquis de SADE a donné une 3e rédaction de son exécrable ouvrage sous le
titre de : *La nouvelle Justine, ou les Malheurs de la Vertu, suivie de l'Histoire de Juliette,
sa sœur, ou les Prospérités du vice,* ouvrage orné d'un frontispice et de cent sujets
gravés avec soin. Hollande (Paris-Bertraudet ?) 1797, 10 vol. in-18.

Dans cet infâme ouvrage, de SADE a poussé l'atrocité au dernier période. On trouve dans la *Bibliographie Gay* (tome IV, p. 201) d'utiles indications sur les différentes éditions de cet écrit et la liste des publications à consulter sur la vie et sur les ouvrages du marquis de SADE.

Indépendamment des saisies d'éditions entières de *Justine*, faites par la police en 1797 et en 1801, la destruction de cette effroyable production a été ordonnée par arrêt de la Cour royale de Paris, en date du 19 mai 1815. (Pas d'insertion au *Moniteur*.)

Justine ou *les Malheurs de la vertu* (par F.-M.-J. BORDEAUX), avec une préface par le marquis DE SADE (ou plutôt un extrait de la préface mise par DE SADE à son trop fameux ouvrage). — Paris, OLIVIER, impr. MALTESSE, 1835 ; 2 vol. in-8.

Ce roman, que le *Dictionnaire des Anonymes* attribue à RABAN, bien que portant le même titre que le précédent, est tout différent et, à tous égards, infiniment moins répréhensible. Cette spéculation ne réussit guère à l'éditeur cependant, car la destruction de ce livre a été ordonnée par arrêt de la Cour d'assises de la Seine, en date du 15 mars 1836, condamnant l'auteur (?) François-Marie-Jules BORDEAUX à six mois de prison et 3,000 fr. d'amende pour attaque envers le respect dû aux lois, apologie de faits qualifiés crimes par la loi pénale, excitation des citoyens au mépris et à la haine contre plusieurs classes de la société, enfin, outrages à la morale publique et religieuse (*Moniteur* du 26 juin 1836).

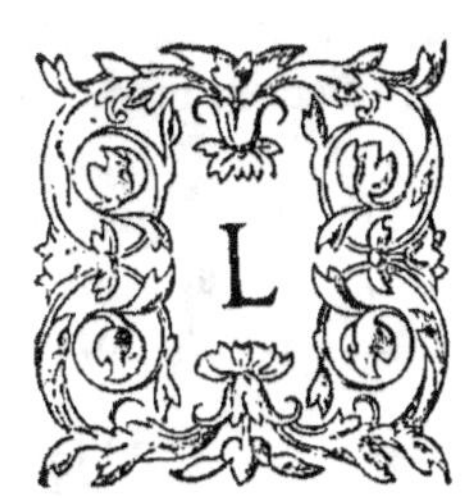

Lady Vagation, Caricature.

Lithographie dont la destruction a été ordonnée par arrêt de la Cour royale de Paris, du 22 juin 1832. (Aff. contre SAVARD. — *Gazette des Tribunaux* du 23 juin 1832.)

La Fontaine en 1831. — Fables.

Voir : *Les Métamorphoses du jour.*

Lallemant (pièces sur la mort de).

Voir : *Relation détaillée des faits.*

Lamentations ou *Renaissance sociale*, par Marcellin de BONNAL. — Paris, 1841; 2 vol. in-8.

C'est avec un pareil titre que l'auteur, Antoine MARCELLIN de BONNAL, a trouvé le moyen de se faire condamner à quatre mois de prison et 200 fr. d'amende, pour outrages aux bonnes mœurs, par arrêt de la Cour d'assises de la Seine, en date du 17 mars 1842. Les passages incriminés se trouvent aux pages 281 et suivantes du tome II.

Voir : *Moniteur* du 12 novembre 1845.)

Lancier 1840. — Lithographie obscène.

Voir : *La vie du soldat.*

Lanciers d'Afrique. — Lithographie obscène.

Voir : *Les Français en Afrique.*

Langue du v.. fourré.

Ouvrage obscène, comme son titre l'indique du reste, cité au catalogue Wittersheim, p. 35.

Voir : *Les Amours de Louis le Grand.*

Lanterne (La). — Journal politique hebdomadaire, publié à Paris et à Bruxelles en 1868-1869, par le comte Henri DE ROCHEFORT-LUÇAY. 50 nᵒˢ environ, in-18, 50 centimes.

Nous n'avons point à parler ici du trop fameux auteur de cet écrit ; nous nous bornerons à rappeler que ce pamphlet d'une violence inouïe contre l'empire, la famille impériale, la magistrature, la religion, etc., fut saisi et poursuivi dès le onzième numéro, et dut cesser de paraître en France. — L'auteur, réfugié à Bruxelles, le continua jusqu'au mois d'août 1869, époque où, profitant de l'amnistie accordée aux condamnés pour délits de presse, il revint à Paris et cessa la publication de l'écrit qui avait motivé sa fuite et sa condamnation.

Non-seulement les numéros incriminés à Paris, mais aussi tous ceux qui, publiés à l'étranger, ne pouvaient pénétrer en France, furent recherchés, saisis et supprimés avec soin par ordre de l'autorité. — Plusieurs procès correctionnels eurent lieu à cette occasion. — Nous citerons notamment le suivant :

Par jugement du Tribunal correctionnel de la Seine (6ᵉ ch.) en date du 27 janvier 1869, les sieurs Louis-François GOSSELIN, libraire à Paris (en fuite), Henri FONTAINE et Ch.-Pierre LEMAITRE, tous deux commis du premier, ont été condamnés : GOSSELIN, à trois ans de prison et 5,000 fr. d'amende ; LEMAITRE et FONTAINE à deux mois d'emprisonnement, comme coupables d'excitation à la haine et au mépris du gouvernement, d'offenses envers la personne de l'Empereur, d'apologie de faits qualifiés crimes, d'outrages à la morale publique et religieuse, ainsi qu'aux bonnes mœurs et à une religion reconnue en France, par l'introduction, la distribution, la vente et la mise en vente en France, tant de numéros de *La Lanterne* que d'exemplaires de quinze autres écrits séditieux, immoraux ou anti-religieux, dont il sera parlé en leur lieu et place. — Le même jugement a ordonné la destruction de tous les objets saisis. (*Gazette des Tribunaux* du 28 janvier 1869.)

Ajoutons que, depuis son évasion, le condamné Rochefort, réfugié à Genève, a fait paraître de nouveau hebdomadairement sa *Lanterne*, imprimée successivement à Genève, Bruxelles et Leipzig. — Cette nouvelle série du pamphlet en question a été interdite en France, par décision ministérielle du 24 juin 1874 ; — elle a d'ailleurs cessé de paraître depuis plus de quinze mois.

Lanterne (La) d'un citoyen??? — N° 1, portant la date du dimanche 8 juillet 1877. Ecrit périodique de 64 pp. in-18, paraissant tous les samedis. Propriétaire-gérant E. Mervaud, prix : 25 c.

Le premier numéro de cet ouvrage périodique ayant été publié sans cautionnement, M. Mervaud, gérant, et MM. Robert et Buhl, imprimeurs, ont été condamnés, par défaut, le premier à six jours de prison et 500 fr. d'amende, et les deux autres à 50 fr. d'amende chacun, par jugement du Tribunal correctionnel de la Seine (8e ch.), en date du 18 juillet 1877.

Voir : *Gazette des Tribunaux* du lendemain.

Lanterne (La) magique, gravure obscène.

Destruction ordonnée par jugement du Tribunal correctionnel de la Seine, en date du 25 février 1825. (Aff. contre Besson, Bourrut, Cottenet et Merlot. — *Moniteur* du 7 novembre 1826.)

Voir aussi : *Sujets mécaniques.*

Laurent Marcel ou *l'Observateur sans préjugés.*

Roman immoral mis à l'index, par mesure de police, en 1825.

Voir : *Note des ouvrages à supprimer.*

Lauriers (Les) ecclésiastiques ou *Campagnes de l'abbé de T**** (par le chevalier de La Morlière). — Luxuriopolis, 1748, ouvrage licencieux maintes fois réimprimé au xviiie siècle, notamment en 1760, avec *les Délices du cloître* ou *la Rome éclairée,* en 1779, avec 6 jolies gravures d'après Boucher, et en 1797, sous le titre de : *Mes Espiègleries* ou *Campagnes de l'abbé de T***.* In-18, avec figures.

La destruction de cet écrit immoral et irréligieux, attribué à tort par certains bibliographes à l'abbé Terray, a été ordonnée par jugement du Tribunal correctionnel de la Seine, du 12 mai 1865. (Aff. contre Poulet-Malassis.)

Voir : *Parapilla.*

Lazaréennes (Les), fables et pièces sociales, par Joseph Dejacque. — Paris, 1851, chez l'auteur; in-8, 50 cent.

Cet écrit, imprimé par J.-B. Prosper Beaulé, et émanant de la plume du sieur Dejacque, homme de lettres et ouvrier colleur, fut poursuivi comme contenant

« des excitations à la haine et au mépris du gouvernement de la République, à la haine et au mépris des citoyens les uns contre les autres, enfin l'apologie de faits qualifiés crimes par la loi pénale », notamment dans les fables intitulées : « *Le Minotaure. — Le Négrier pirate. — Le lion* ; et les poésies : *La Famille du transporté ; Le passé, — Le présent, — L'Avenir.* »

La destruction de cet écrit a été ordonnée par arrêt de la Cour d'assises de la Seine, du 22 octobre 1851, condamnant en outre DEJACQUE à deux ans de prison, BEAULÉ, à six mois de la même peine et chacun à 2,000 fr. d'amende. (*Moniteur* du 7 mai 1852.)

Leçon (La) de français. — Lithographie obscène.

Voir : *Les français en Afrique.*

Leçons (Les) de la volupté.

Voir : *Carline et Belval;*

Et :

Confession générale du chevalier.

Légende (La) joyeuse ou *les Cent-et-une leçons de Lampsaque* (petites pièces tirées de divers auteurs), avec la suite. — Londres, chez Pynne, au Cornichon (France), 1749-1750 ; 3 part. en un vol. pet. in-12, fig.

La *Bibliographie Gay* contient (tome IV, p. 260) un article intéressant sur ce recueil d'épigrammes et de petits contes de huit à seize vers, par FERRAND, GRÉCOURT, J.-B. ROUSSEAU, PIRON ; — il est entièrement gravé sur cuivre et a été réimprimé successivement avec les sous-titres suivants : « *Le Bijou de société ; Le Cabinet de Lampsaque ; Les Trois cent leçons des hommes et des femmes impudiques ; La Maquerelle, ou les femmes débauchées ; Entretiens voluptueux de Juliette et de Nathalie, putains italiennes,* » etc., etc. Toutes ces réimpressions ont peu de valeur.

Des exemplaires de la 1re édition de ce recueil obscène ont été condamnés à la destruction par jugement du Tribunal correctionnel de la Seine, du 12 mai 1865. (Aff. contre POULET-MALASSIS.)

Voir : *Parapilla.*

Législature. — Article.

Voir : *Almanach-Catéchisme,* par BRÉE.

Leicester et Amy Robsard. — Lithographie obscène.

Voir : *Histoire universelle érotique.*

Léonide ou *la Vieille de Suresnes.* — Lithographie obscène.

Voir : *Bibliothèque des romans.*

Les 363. — Dernier vote de la Chambre des députés au scrutin du 19 juin 1877. Carte de France coloriée en rose pour les arrondissements représentés par des députés républicains et en vert pour tous les autres. Paris, GLUCQ, auteur-éditeur; HESMET, impr. lithographe, juillet 1877, 50 centimes.

L'autorisation de publier cette carte a été accordée par le ministère de l'intérieur, mais le colportage en a été interdit. — En conséquence, un certain nombre d'exemplaires mis en vente sur la voie publique, ont été saisis et transmis à justice, le 8 juillet 1877.

Lettre à F.-V. Raspail, représentant du peuple, par Ch. MARCHAL. — Paris, 1848, in-8.

Ecrit contenant des excitations à la haine et au mépris des citoyens les uns contre les autres, et dont la destruction a été ordonnée par arrêt de la Cour d'assises de la Seine, en date du 20 décembre 1848, condamnant en outre l'auteur à trois mois de prison et 200 fr. d'amende. (*Moniteur* du 26 mars 1849.)

Lettre à M. Carrère, par Benjamin CONSTANT. — Paris, 1822, in-8.

Destruction ordonnée par jugement du Tribunal correctionnel de la Seine, en date du 28 novembre 1822. (Point d'insertion au *Moniteur*.)

Lettre à M. Decazes.

Voir : *Première lettre à M. le comte Decazes.*

I. — **Lettre à M. d'Hermopolis**, par LA MENNAIS, publiée dans le journal le *Drapeau blanc*, n° du 22 août 1823.

Dans cet écrit, l'abbé FÉLICITÉ FR. ROBERT, dit DE LA MENNAIS, attaquait vivement l'administration et particulièrement Mgr de Frayssinous, grand-maître de l'Université. Par ces motifs, l'article fut déféré à la justice qui, par jugement de première instance, confirmé par arrêt d'appel de la Cour de Paris en date du 11 décembre 1823, ordonna la destruction du numéro précité et l'insertion dans le délai d'un mois, dans les colonnes du *Drapeau blanc*, des motifs et du dispositif de la condamnation. (Pas d'insertion au *Moniteur*.)

II. — Trois ans plus tard, l'illustre écrivain publia l'ouvrage suivant : **De la religion considérée dans ses rapports avec l'ordre politique et civil.** — Paris, au bureau du *Mémorial catholique*. 1825-1826; 2 part. in-8, 7 fr.

Il fut de nouveau cité devant les tribunaux, à raison de cet écrit dans lequel il attaquait la célèbre déclaration du clergé de 1682, regardée en France comme une de nos lois politiques constitutives.

Malgré le succès de l'ouvrage, dont la première partie n'eut pas moins de trois éditions dans la même année, l'abbé DE LA MENNAIS, reconnu coupable de provocation à la désobéissance aux lois, fut condamné à 50 fr. d'amende, par jugement du Tribunal correctionnel de la Seine, en date du 22 avril 1826, ordonnant en outre la destruction de l'écrit incriminé. (*Moniteur* du 31 mai suivant.)

III. — Enfin, pour la troisième fois, M. DE LA MENNAIS comparut en justice, à l'occasion de sa brochure intitulée : **Le Pays et le gouvernement**. — Paris, PAGNERRE; 1840, in-32, 75 c.

Par arrêt de la Cour d'assises de la Seine, en date du 26 décembre 1840, l'auteur, reconnu coupable d'excitation à la haine et au mépris du gouvernement du Roi, d'attaques contre le respect dû aux lois et d'apologie de faits qualifiés crimes par la loi pénale, fut condamné à un an d'emprisonnement et 2,000 fr. d'amende. La Cour ordonna en outre la destruction des exemplaires saisis et celle d'une préface manuscrite ajoutée par l'auteur et déposée au greffe. (*Moniteur* du 12 mars 1842.)

Voir aussi l'article : *A Monsieur de La Mennais.*

Lettre à M. Grégoire, ancien évêque de Blois, sur son ouvrage intitulé : *De la Constitution française de* 1814, par un condamné à mort en l'an III. — Paris, POULET, 1814, in-8 (attribué à J.-F. DUTRONE DE LA COUTURE, médecin).

Suppression ordonnée par arrêt de la Cour d'assises de la Seine, en date du 29 décembre 1820. — (Pas d'insertion au *Moniteur*.)

Lettre à Monseigneur Dupanloup sur les événements de Pologne, par Anatole de LA FORGE. — Paris, 1863.

Cette brochure a été saisie par ordre du Parquet, le 3 avril 1863. L'auteur ayant consenti à la destruction des exemplaires saisis, les poursuites aboutirent à une ordonnance de non-lieu.

Lettre à S. A. R. Mgr. le duc d'Orléans.

Voir : *Sur la crise actuelle.*

Lettre à un ami sur un monument public (*la Madeleine*), brochure in-4, avec 3 pl. (par Pierre DE COURT DE MONTAIGLON, mort à Paris, vers 1845).

Le « Dictionnaire des Anonymes » (T. I, col. 1119) fait connaître que cet ouvrage a été condamné ; mais nous n'avons pu retrouver ni les motifs de la poursuite, ni la teneur du jugement.

Lettre à un jeune homme sur ce qu'il doit savoir en devenant époux, par le Dr SALLUSTE. — Paris, 1865, couverture verte.

Lettre à une jeune fille sur ce qu'elle doit savoir en devenant épouse, par le Dr SALLUSTE. — Paris, 1865, couverture rose.

L? sieur Henri LEFÈVRE, employé, fut poursuivi comme étant, sous le pseudonyme du « Dr SALLUSTE », le véritable auteur de ces deux publications. — Par jugement du 18 août 1865, le Tribunal correctionnel de la Seine, rappelant que l'inculpé avait déjà débité un nombre considérable de médicaments divers, ce qui constituait l'exercice illégal de la pharmacie, a condamné le sieur LEFÈVRE à 100 fr. d'amende pour la contravention et à 3 mois d'emprisonnement pour outrages à la morale publique, par la publication des écrits ci-dessus. En outre, le même jugement a ordonné la saisie des médicaments et la destruction des deux brochures précitées. (*Gazette des Tribunaux* du 19 août 1865. — *Moniteur* du 8 novembre suivant.)

Lettre à une balle. — Londres, in-32.

Cette lettre, dont l'auteur n'est autre que le trop fameux Félix PYAT, a été souvent réimprimée en Angleterre et en Belgique. Si nous ne nous trompons, elle a été même publiée en France, en partie du moins, dans le journal *le Vengeur*, que Félix PYAT dirigeait à Paris pendant le siége de 1870-1871.

Par jugement du Tribunal correctionnel de Saint-Omer, en date du .. juin 1863, le sieur Ernest-Adolphe ROBERT, dit Charles BRÉMONTIER, reconnu coupable d'avoir introduit en France, le 6 avril précédent, des exemplaires du susdit écrit, contenant les délits d'excitation à la haine et au mépris du gouvernement impérial et à l'assassinat de l'empereur des Français, a été condamné à deux années d'emprisonnement. Le jugement a ordonné en outre la destruction des exemplaires saisis et celle de tous ceux qui pourraient l'être ultérieurement.

Lettre à une jeune fille.

Voir : *Lettre à un jeune homme.*

Lettre au Procureur général de la Cour royale de Poitiers. — Paris. Ecrit d'une feuille et demie in-8, par Benjamin CONSTANT.

La destruction de cette brochure, contenant des outrages contre des magistrats, a été ordonnée par arrêt de la Cour royale de Paris, en date du 6 février 1823. (Point d'insertion au *Moniteur*.)

Lettre au roi sur les imperfections du régime introduit dans la colonie de l'Algérie, par CAPPÉ, décoré de juillet et juge démissionnaire à Oran. — Paris, impr. GŒSTCHY, 1834.

On doit à M. CAPPÉ quelques autres brochures, peu importantes du reste, sur la colonie de l'Algérie et sur l'organisation du travail.

La destruction de l'écrit ci-dessus, contenant des offenses envers la personne du roi, a été ordonnée, par arrêt de la Cour d'assises de la Seine, en date du 14 mars 1834. L'auteur, Jean-Marie CAPPÉ, a été renvoyé purement et simplement. (Point d'insertion au *Moniteur.*)

Voir : *Moyen infaillible.*

Lettre aux prolétaires, par Albert LAPOMMERAYE. — Paris, 1833.

Cet écrit, commençant par ces mots : « Les 33 millions d'individus... », finissant par ceux-ci : « ...avec les maux effrayants », et contenant des excitations à la haine et au mépris d'une classe de citoyens et des provocations au renversement du gouvernement, a été condamné à la destruction, par arrêt de la Cour d'assises de la Seine, en date du 27 juin 1833, condamnant en outre l'auteur à 3 mois d'emprisonnement et 50 fr. d'amende. (*Moniteur* du 30 octobre 1833.)

Lettre confidentielle écrite par un chasseur involontaire de la garde nationale de Paris, à Louis-Philippe surnommé le roi des Barricades, par L. DE LA CHASSAGNE, homme de lettres. — Paris, 1833, in-8.

Les poursuites dirigées contre l'auteur de cette brochure, offensante pour la personne du roi et pour les membres de sa famille, s'étendirent aux sieurs HÉNÉE, typographe, BLACHE, praticien, et Félix BOKER, qui avaient participé, à divers titres, à cette publication. — Un arrêt de la Cour d'assises de la Seine, en date du 27 mai 1833, ordonna la destruction du susdit écrit et condamna DE LA CHASSAGNE à deux ans de prison et 500 fr. d'amende ; HÉNÉE, à six mois et 500 fr. ; BOKER à un an et 200 fr., et BLACHE à un an de prison et 500 fr. d'amende. (*Moniteur* du 30 octobre 1833.)

Lettre d'amoureux, sonnet-romance, paroles et musique d'A. THÉO. — Paris, mai 1877, impr. chez FOUQUET, édité par L. EVEILLARD.

Par jugement du Tribunal correctionnel de la Seine (9e ch.), en date du 2 juin 1877, MM. THÉOLIER (dit THÉO) et EVEILLARD ont été condamnés chacun à 50 fr. d'amende, pour outrages aux bonnes mœurs, à raison de certaine allusion obscène renfermée dans les deux tercets du sonnet ci-dessus. Cette sentence a été confirmée par arrêt de la Cour de Paris (Ch. des appels correctionnels), en date du 28 juin 1877 (défaut), et sur opposition par un autre arrêt de la même Cour, du 25 juillet suivant.

Lettre de Henri de Saint-Simon.

Voir : *L'Organisateur.*

Lettre de Jean Bonhomme à MM. les députés de la Remontrance, signée : Jean BONHOMME, 25 mai 1832, pet. in-4.

— **Une pastorale,** écrit daté du 21 février 1833. Signé : Jean Bon-
HOMME.

— **A la France de Juillet. Lis, juge et agis si tu le peux.** —
Ecrit daté de Paris, le 6 septembre 1832. Signé : Jean BONHOMME.

— **A la France de Juillet et à tous les généreux défenseurs
de la liberté des peuples.** —Ecrit daté de Paris, le 30 septembre 1832,
et signé Jean BONHOMME.

— **A la France de Juillet. Lis, juge et agis.** — Ecrit daté de
Paris, le 5 octobre 1832, et signé : Bonhomme RICHARD. .

— **Reproches sanglants du citoyen Vieux-Cuir adressés au
sieur Montaugibet fils.** (Vers 1832, autographié par COLLIARD.)

— **Soldats de la liberté!..** — Ecrit autographié, vers la même époque, par COLLIARD, et se terminant par ces mots : « Honneur aux enfants
de la France. »

Ces sept écrits séditieux, dont les cinq premiers ont été imprimés à l'aide d'une
presse clandestine, émanent de la plume de ce célèbre imposteur, se faisant
appeler Ethelbert-Louis-Hector-Alfred, baron DE RICHEMONT, et se prétendant fils
de Louis XVI, dont nous parlerons plus amplement à l'article *Mémoires du Duc
de Normandie.*

Par arrêt de la Cour d'assises de la Seine, en date du 4 novembre 1834, il fut
condamné à douze années de détention comme auteur d'un complot ayant pour
but la destruction du gouvernement et comme auteur et distributeur de divers
écrits autographiés ou imprimés, contenant des excitations à la guerre civile
ainsi qu'à la haine et au mépris du gouvernement du roi et des offenses envers sa
personne, etc. Le même arrêt a ordonné la destruction de tous les écrits en question. (*Gazette des Tribunaux* du 29 octobre 1834 et jours suivants, et *Moniteur* du
30 décembre 1834.)

Lettre de M. de La Rochefoucauld, duc de Doudeauville. —
Article.

Voir : *La Gazette de France* et *la Nation.*

**Lettre de M. le comte Joseph de Cordon à M. le président
du collége électoral du département de l'Ain.**

Dans cette lettre, datée du 23 octobre 1830, M. de Cordon faisait connaître au
destinataire les motifs de son refus de prêter serment de fidélité au nouveau
roi.

La brochure, publiée à Paris, fut saisie et déférée au jury. La destruction en a
été ordonnée par arrêt de la Cour d'assises de la Seine, en date du 30 novembre 1832, condamnant M. DE CORDON (fort malade et éloigné de Paris depuis le

commencement des poursuites) à 3 mois de prison et 2,000 fr. d'amende. (*Gazette des Tribunaux* du 1er décembre 1832.)

Lettre de M. le prince de Joinville à M. le duc d'Aumale son frère. — Paris, impr. VIALLET, 1862.

L'imprimeur de cet écrit a été condamné, pour défaut de dépôt, à 200 fr. d'amende, par jugement du Tribunal correctionnel de la Seine, du 28 août 1862. — Les exemplaires saisis ont été remis à M. DULAC, employé à l'administration des biens de la famille d'Orléans.

Lettre de M. Lebel à MM. les conseillers de préfecture du département de la Seine, écrit d'une demi-feuille in-8. — Paris, 1822.

La destruction de cet écrit diffamatoire a été ordonnée par jugement du Tribunal correctionnel de la Seine, en date du 29 juin 1822. (Point d'insertion au *Moniteur*.)

Lettre de M. Stanislas Charnal à M. Truchard-Dumolin, avocat, rédacteur en chef et propriétaire du *REVEIL*. — Lyon, impr. chez PORTE, datée du 29 mars 1867.

Cette brochure, commençant par ces mots : « C'est à vous que je m'adresse » et finissant par ceux-ci : « ...Votre éditeur responsable », a été déférée à la justice comme diffamatoire et injurieuse, sur la plainte de Francis-Isidore DUMOLIN, avocat à Lyon, et Claude-Henri MONLOUX, dit DEBANEY. — Reconnus coupables, François-Benoît-Stanislas CHARNAL, homme de lettres, et Jean PORTE, imprimeur, ont été condamnés, par jugement du Tribunal correctionnel de Lyon, en date du 18 avril 1867, le premier à six mois d'emprisonnement et 300 fr. d'amende, le second à 100 fr. d'amende et aux dépens. (*Moniteur* du 25 mai 1867.)

Lettre de Mgr l'archevêque de Tours.

Vo r : *Actes des Evêques.*

Lettre de Satan aux Francs-maçons, suivie d'une réponse à Satan (par V.-A. WAILLE). — Paris, POTEY, 1825, in-8 de 40 pp.
2e édition. — Paris, le même, 1825, in-8 ,36 pp.

Cet écrit fut déféré au Parquet de la Seine comme contenant des provocations à la désobéissance aux lois du royaume, à l'autorité constitutionnelle du roi et des chambres, et des attaques aux bonnes mœurs et à la religion de l'Etat.
Par jugement du Tribunal de la Seine (6e ch.), du 22 février 1826, ordonnant la destruction de cette brochure, M. WAILLE a été condamné à un mois de prison et 100 fr. d'amende. (*Gazette des Tribunaux* du 23 février 1826.)

Lettre d'un étudiant, homme du peuple, aux aristocrates, doc-

trinaires, par Allier, avocat, secrétaire de la société des *Amis du peuple*. — Paris, mars 1831.

Cet écrit fut poursuivi sous la double inculpation d'excitation à la haine et au mépris du gouvernement et de provocation non suivie d'effet au renversement du gouvernement du roi. — Le 19 janvier 1832, M. Allier comparut devant le jury de la Seine et présenta lui-même sa défense, en des termes si forts, que le ministère public dut requérir que divers passages de cette plaidoirie fussent mentionnés au procès-verbal d'audience. Le jury ayant rendu un verdict affirmatif, la Cour condamna d'abord M. Allier à deux ans de prison et 150 fr. d'amende, et prescrivit la destruction de la brochure incriminée. Statuant ensuite sur les réserves de l'avocat général, elle ordonna que le condamné fût mis immédiatement sous mandat d'amener, et renvoyé devant un juge d'instruction pour être jugé en la forme ordinaire. (*Gazette des Tribunaux* du 20 janvier 1832.)

Lettre d'un vieux religieux. — Sans nom d'auteur ni d'imprimeur.

Ce pamphlet, contenant des outrages à la morale publique et aux bonnes mœurs, a été poursuivi, mais la décision judiciaire ne se trouve point au *Moniteur*.

Lettre sur l'histoire de France adressée au prince Napoléon, par Henri d'Orléans, duc d'Aumale. — Paris, in-8, 1861, éditeur : Lemercier-Dumineray; imp. Beau. Prix : 1 fr.

Une réimpression faite à l'étranger, sous l'empire, a été interdite en France.

Une 3e édition a été faite, en 1871, à Bruxelles, chez Briard, in-18, avec les autres écrits politiques de Mgr le duc d'Aumale.

Cette brochure, qui a fait grand bruit en son temps, a été poursuivie pour excitation à la haine et au mépris du gouvernement de l'empire :

1o Par jugement du Tribunal correctionnel de la Seine, en date du 4 mai 1861 (6e ch.), l'éditeur Dumineray a été condamné à une année d'emprisonnement et 5,000 fr. d'amende, et Beau, à six mois de la même peine et à la même amende. En outre, le Tribunal a ordonné la confiscation de la brochure saisie.

2o La même mesure a été prescrite par jugement du Tribunal correctionnel de la Seine, du 27 janvier 1869. (Aff. contre Gosselin et consorts.)

Voir : *Gazette des Tribunaux* du 5 mai 1861.

Voir aussi : *La Lanterne*.

Lettre à Eugénie ou *Préservatif contre les préjugés* (par le baron d'Holbach). — Londres (Amsterdam, MM. Rey, 1768, 2 vol. in-8.)

(Réimprimé dans les *OEuvres philosophiques de Fréret*, en 1792.)
Mis à l'index, par mesure de police, en 1825.

Voir : *Note des ouvrages à supprimer*.

Lettres à un blessé de Juillet.

Voir : *Trois lettres à….*

Lettres après les élections de la deuxième série, par B*** L***, potier de terre ; Nevers, imp. de Roch, 1823, in-8.

L'auteur de cette brochure sur les élections de la Nièvre est M. BONNEAU-LESTANG, qui, peu de temps auparavant, avait déjà publié, sur le même sujet : « Lettres sur les élections de la seconde série, par un électeur à double vote. — « Nevers, septembre 1822, in-8.

La suppression du premier de ces écrits a été ordonnée par arrêt de la Cour royale de Bourges, en date du 20 juin 1823. (Point d'insertion au *Moniteur*.)

Lettres d'Hartwel, ou Correspondance intime du feu roi Louis XVIII. — Paris, BAUDOUIN, éditeur, 1826 (ou 1827).

Dans ses « anecdotes historiques du temps de la Restauration » (Paris, DIDOT, 1853, in-12), M. BAUDOUIN raconte (pages 64 à 71) comment, mis en possession de ces lettres familières de Louis XVIII, il avait pris la résolution de les publier, et comment le ministère, regrettant de voir dans cette correspondance des appréciations sévères et dangereuses sur plusieurs souverains vivants, s'était opposé à sa publication. — M. BAUDOUIN ayant fait tirer, dit-il, cet ouvrage à dix mille exemplaires, fut menacé d'être traduit devant la Cour des pairs comme « spoliateur de la succession du feu roi. » Pour éviter les chances d'un pareil procès et se montrer d'ailleurs reconnaissant envers Charles X, qui inclinait à l'indulgence, il fit lacérer toute l'édition dont le prix lui fut remboursé par la suite. Le seul exemplaire qui fut sauvé, fut remis par BAUDOUIN à M. le Premier président SÉGUIER, dans la famille duquel il serait encore actuellement.

Lettres de Louis le Dieu sur les affaires étrangères.

Voir : *Appel aux représentants.*

Lettres de MM. d'Argenson, Bignon, Lafayette et Kœchlin à leurs commettants.

La destruction de ces écrits séditieux a été ordonnée par arrêt de la Cour royale de Colmar, en date du 20 novembre 1823 (point d'insertion au *Moniteur*).

Lettres d'un bon rouge à la Commune de Paris, par M. A. GROMIER. Préface d'A. MONNANTEUIL. — Paris, librairie André SAGNIER, 9, rue Vivienne. — Imp. chez G. JACOB, à Orléans, in-12, X-108 pp. 1 fr.

Les dix lettres qui composent ce recueil furent publiées d'abord, en mars et avril 1871, pendant l'insurrection de 1871, dans le journal *La Vérité*. Quand elles reparurent en brochure, le ministère public en ordonna la saisie et les poursuivit pour excitation à la guerre civile.

Par arrêt de la Cour d'assises de la Seine, en date du 15 novembre 1873, Marc-Amédée GROMIER a été condamné à deux ans de prison, et SAGNIER, à six mois de la même peine, et tous deux à 3,000 fr. d'amende. L'arrêt a en outre ordonné la confiscation des exemplaires saisis ou à saisir. (*Moniteur* du 7 mai 1874.)

Lettres d'un marin à un hussard.

Voir : *Histoire des missionnaires.*

Lettres d'un Provençal à son épouse.

Voir : *Critique des jolies femmes.*

Lettres du père Duchesne aux Républicains français. —

Liberté-Egalité, — un sou chez tous les libraires. — Paris, juin 1877; impr. sur papier rouge, chez MALVERGE et DUBOURG.

Le premier numéro de ce journal, traitant de matières politiques sans autorisation ni cautionnement, a été saisi presque en totalité le jour même de sa mise en vente. Par jugement du tribunal correctionnel de la Seine (10e ch.), en date du 7 juillet 1877, MM. PÉTROT, rédacteur, MALVERGE et DUBOURG, imprimeurs de l'écrit ci-dessus, ont été condamnés chacun à 100 fr. d'amende. — Confiscation des exemplaires saisis.

Lettres écrites de Paris, etc.

Voir : *Histoire des Cent-Jours.*

Lettres françaises, ou *Correspondance sur la politique, la littérature et la morale entre un citoyen français et un citoyen du champ d'asile,* par M. J. J. (J. JUGE). — Paris, Plancher, 1818, 3 nᵒˢ, in-8.

Le nᵒ 3 et dernier de cette publication a été saisi pour un article sur la souveraineté du peuple, article séditieux dans lequel l'auteur cherchait à affaiblir le respect dû à la personne et à l'autorité du Roi. Par jugement du Tribunal correctionnel de la Seine, en date du 19 mai 1819, l'auteur a été renvoyé purement et simplement de la prévention. (*Moniteur* du 21 mai 1819.)

Lettres Normandes, ou petit tableau moral, politique et littéraire adressées par un Normand devenu Parisien (Léon THIESSÉ), à plusieurs de ses compatriotes. 18 septembre 1817, 11 septembre 1820, 11 vol. in-8.

Cette publication très-spirituelle fut dénoncée à la Tribune nationale à raison d'un article publié sous le titre de : *Service funèbre du 21 janvier,* et un arrêt de la Cour d'assises de la Seine, en date du 17 mars 1820, ordonna la destruction du numéro qui contenait cet écrit. (Pas d'insertion au *Moniteur.*)

Les *Lettres Normandes* ont aussi été poursuivies à l'occasion de la publication intitulée : *Souscription nationale.*

Voir : *Le Censeur européen.*

Lettres par Barruel-Beauvert.

Destruction ordonnée par arrêt de la Cour royale de Paris en date du 13 août 1816. (Voir le cinquième article ci-après.)

Lettres persanes (par Ch. de SECONDAT, baron de la BRÈDE et de MONTESQUIEU). — Amsterdam (Paris), 1721, 2 vol. in-12.

Ces lettres célèbres, réimprimées et traduites plus de cent fois, ont été mises à l'index, par mesure de police, le 15 octobre 1825.

Voir : *Note des ouvrages à supprimer.*

Lettres provinciales.

Voir : *Nouvelles lettres provinciales.*

Lettres sur la situation de la France. — Paris, 1820.

La destruction de cet écrit, déclaré séditieux, a été ordonnée par jugement du Tribunal correctionnel de la Seine en date du 16 décembre 1820, confirmé par arrêt de la Cour de Paris. (Pas d'insertion au *Moniteur.*)

Lettres sur les élections de la Nièvre.

Voir : *Lettres après les élections.*

Lettres sur quelques particularités de l'histoire, pendant l'interrègne des Bourbons, à M. le comte Armand de......, par le Cᵗᵉ Ant. Jos. de BARRUEL-BEAUVERT. — Paris, Egron, 1815, 3 vol. in-8.

Cet ouvrage, auquel Mᵐᵉ D'ARÇON-BREMTZ a eu part, a été condamné à la destruction, par jugement du tribunal correctionnel de la Seine, en date du 6 août 1816, pour diffamation à l'égard du sieur BUMMAET, rôtisseur, à Paris. Ce particulier était représenté, dans le susdit ouvrage, comme ayant été l'un des assassins de la princesse de Lamballe, etc., etc. (Point d'insertion au *Moniteur.*)

Levasseur.

Voir : *Mémoires de René....*

Liaisons (Les) dangereuses ; Lettres recueillies dans une société et publiées pour l'instruction de quelques autres, par

C*** de L*** (P. A. Fr. CHODERLOS de LACLOS). — Amsterdam et Paris, Durand, 1782, 4 part. in-12.

Voir *La Bibliographie Gay*, pour les nombreuses réimpressions de cet ouvrage qui a été traduit dans plusieurs langues et dont diverses éditions sont accompagnées de suites de gravures. Ch. NODIER a sévèrement critiqué cette production qui, de l'aveu même du rédacteur de la « *Bibliogra-* « *phic Gay*, doit son succès à sa brutalité. Loin de déguiser le vice, elle le « peint sous les plus noires couleurs et ne voit rien autre chose. L'auteur, « trop grand admirateur et partisan de ROUSSEAU, voulut faire peur à la « France de la légèreté galante et de la facilité de mœurs qui avaient « jusqu'alors régné et il traça cet horrible commentaire des contes volup- « tueux, gazés ou sentimentaux à la mode jusqu'à cette époque. Ce choc « fut un de ceux qui contribuèrent à jeter notre société polie dans l'abîme « révolutionnaire. »

La destruction de cet écrit dangereux a été ordonnée pour outrages aux bonnes mœurs, par jugement du Tribunal correctionnel de la Seine, du 8 novembre 1823, confirmé par arrêt de la Cour Royale de Paris, du 22 janvier 1824.(Pas d'insertion au *Moniteur.*)

Voir aussi : *Parapilla.*

De plus cet ouvrage a été mis à l'index, par mesure de police, en 1825.

Voir : *Note des ouvrages à supprimer.*

Libelle commençant par ces mots : « *Les sieurs Deroisin et Deflen-nes...*», distribué le 27 janvier 1849, à Pithiviers.

Destruction ordonnée, pour diffamation et outrages publics envers un déposi-taire ou agent de l'autorité publique à l'occasion de ses fonctions, par arrêt de la Cour d'assises du Loiret en date du 18 avril 1849.(Aff. contre DEQUEST. — *Moniteur* du 3 juin suivant.)

Libérateur (Le), journal publié à Paris, en 1834, par BLANQUI, jeune, gérant, ADAM.

La destruction de la première publication de cette feuille, ayant pour titre : *Tout l'espoir des prolétaires est dans la République*, a été ordonnée, pour provocation, non suivie d'effet, à un attentat ayant pour but soit de changer, soit de détruire le gouvernement, par arrêt de la Cour d'assises de la Seine, du 29 avril 1834, con-damnant ADAM à six mois de prison et 1,000 fr. d'amende. (*Moniteur* du 30 dé-cembre 1834.)

Liberté d'enseignement.

Voir : *Mémoire adressé aux évêques.*

Et : *L'Univers religieux*, journal.

Liberté (La) en Autriche, article signé Eug. Pelletan , publié dans le numéro du journal *Le Courrier du dimanche*, portant la date du 3 novembre 1861. — Paris, in-folio.

L'article incriminé commençant par ces mots : « Il fut un temps... », finissant par ceux-ci : « ... Donnez une obole à Bélisaire », contenait des excitations à la haine et au mépris du gouvernement. — Par jugement du 20 décembre 1861, le Tribunal correctionnel de la Seine a condamné Jacques Lapp, dit Laurent, gérant du journal, à deux mois de prison et 2,000 fr. d'amende ; Eug. Pelletan, homme de lettres, à trois mois de prison et 2,000 fr. d'amende, et Dubuisson, imprimeur, à un mois de prison et 500 fr. d'amende : le Tribunal a, en outre, ordonné la confiscation des exemplaires saisis. *(Gazette des Tribunaux* des 21-22 décembre 1861.)

Liberté (La) individuelle, sous le régime de la Charte-vérité, — par Félix Boker. — Paris, 1833.

La destruction de cet écrit a été ordonnée, pour offenses envers la personne du roi, par arrêt de la Cour d'assises de la Seine, en date du 25 juin 1833, condamnant l'auteur à un an de prison et 200 francs d'amende. *(Moniteur* du 30 octobre 1833.)

Libertin (Le) de qualité ou *Confidences d'un prisonnier au château de Vincennes, écrites par lui-même* : avec cette épigraphe : « *Auri sacra fames*» ; — à Stamboul, de l'imprimerie des Odalisques. — M.DCCLXXIV. pet. in-8 de 317 pp. encadrées, 8 fig.

Il faut lire, au sujet des nombreuses éditions de cet ouvrage licencieux, l'excellent article de la *Bibliographie Gay*, (T. IV, p. 251*)*.

Il en résulte : 1º que cette première édition a dû sortir, comme beaucoup d'ouvrages du même genre, de l'imprimerie clandestine de Malassis, à Alençon ; 2º que cet ouvrage a été faussement attribué à Gabriel Riquetti de Mirabeau ; 3º que les biographes ont donné à tort à cet ouvrage les sous-titres de : *Ma Conversion* ou *Le Rubicon,* etc. Plusieurs réimpressions ont été faites au xixᵉ siècle, notamment en 1830,(avec la date de 1801, 2 vol. in-18, 139 et 142 pp., avec 12 lithographies obscènes).

C'est sans doute cette édition qui a été visée et dont la destruction a été ordonnée par :

1º Arrêt de la Cour d'assises de la Vienne, en date du 12 décembre 1838, inséré au *Moniteur* du 9 juin suivant (aff. contre Clouzot et les frères Porterié) ;

2º Arrêt de la Cour d'assises de la Seine en date du 9 août 1842, inséré au *Moniteur* du 15 décembre 1843. (Aff. contre Régnier-Becker.)

Voir aussi : *Parapilla.*

Libertin (Le) devenu philosophe.

Voir : *Mémoires de Versorand.*

Libertin (Le) par fatalité.

Voir : *Monrose.*

Libertinage (Le) du couvent.

Voir : *Gravures obscènes.* — Aff. CHAPELLE II.

Libertinage (Le) secret du cloître ou l'*Education des Nonnes ;*
avec un discours préliminaire, précédé d'une notice bibliographique. — Cologne, 1683, in-18, pap. de Holl., 6 fr. (Réimpression faite à Bruxelles vers 1872.)

Nous ignorons quelle édition de cet ouvrage obscène a été visée par le jugement du tribunal correctionnel de la Seine, qui en a ordonné la destruction, le 25 juin 1869. (Aff. PUISSANT et autres.)

Voir : *Abus dans les cérémonies.*

Lisa, chanson de DEBRAUX.

Voir : *Le nouvel enfant de la goguette.*

Lit de justice de l'amour.

Voir : *Le Code de Cythère.*

Livre à quinze sols.

Voir : *Le petit livre à quinze sols.*

Livrée (La).

Voir : *Les Parchemins et la Livrée.*

Livres du Boudoir de la reine Marie-Antoinette ; catalogue
authentique et original publié, pour la première fois, avec préface et notes par Louis LACOUR. — Paris, J. GAY, 1862, pet. in-12 de LXVI-144 pp. tiré à 317 ex., prix : 5 fr.

Ce curieux petit livre, aujourd'hui fort rare et recherché, a fait l'objet d'un procès, non au point de vue des outrages à la morale publique, bien que quelques-uns des ouvrages qui y sont cités soient plus que légers, mais au point de vue d'une question de propriété littéraire. Il faut lire, à ce sujet, la brochure publiée par M. L. LACOUR et rédigée par les soins de son défenseur Mᵉ GALLIEN, sous le titre de : « Procès relatif à la publication du catalogue intitulé : Livres du « boudoir de Marie-Antoinette, prétendue contrefaçon imputée aux éditeurs, sur « la plainte de M. J. TASCHEREAU (administrateur de la Bibliothèque impériale),

« réquisitoire de M. Hémar, plaidoyer de Mᵉ Gallien et jugement en faveur de
« MM. Gay et Lacour. — Paris, rue du Foin, 6, 1864, in-8 de 48 pages. »

Le jugement rendu par le Tribunal de la Seine, le 23 mai 1868, mit en effet hors
de cause, pour cet ouvrage, MM. Gay et Lacour.

Livret des folastreries à Jeannot Parisien (par Ronsard). —
Paris, de Laporte, 1533, pet. in-8, 71 pp. et 1584, avec deux pièces libres
de plus.

Réimprimé en 1862, à Paris, J. Gay, in-18, XX-58 pp. Tiré à 100 ex.,
8 francs.

La pièce la plus curieuse de ce recueil de pièces fort libres, intitulé : *Le Dithy-
rambe chanté au bouc de Jodelle*, n'est pas de Ronsard mais bien de Bertrand Berger.

La réimpression de 1862 a été condamnée à la destruction, par jugement du
Tribunal correctionnel de la Seine, en date du 22 mai 1863, inséré au *Moniteur* du
8 novembre 1865, comme contenant des outrages à la morale publique et aux
bonnes mœurs. (Aff. contre Gay et consorts.)

Voir : *Amours folastres.*

Lord-Gueil. — Caricature.

Lithographie dont la destruction a été ordonnée par arrêt de la Cour royale de
Paris du 22 juin 1832. (Aff. contre Savard. — *Gazette des tribunaux* du 23 juin 1832.)

Louis IX dans le désert, gravure obscène.

Voir : *Amours des rois de France.* (Gravures.)

Louis XVI, écrit attentatoire à sa mémoire, par Jean-Paul
Béranger.

Nous n'avons pas trouvé d'indication bibliographique relative à cet ouvrage'
cité par le *Catalogue Wittersheim*, p. 38.

Voir : *Amours de Louis le Grand.*

Louis XVIII et Mᵐᵉ du Cayla. — Gravure obscène.

Voir : *Amours des rois de France.* (Gravures.)

Lucette, ou *Les Progrès du libertinage.* — Londres, 1765, 3 part. in-12
(par Nougaret).

Roman licencieux et mal écrit qui a été réimprimé sous les titres suivants :
Suzette et Perrin, ou les *Dangers de la séduction*, 2 vol. 1778. *Juliette*, ou *les Malheurs
d'une vie coupable*, 1821. *Dangers de la séduction* ou *les Faux pas de la beauté*, ou
Aventures d'une villageoise, 1846.

La destruction de *Lucette* a été ordonnée par jugement du Tribunal correctionnel de la Seine en date du 12 mai 1865. (Aff. contre P. MALASSIS et consorts.)

Voir : *Parapilla.*

Lune (La) rousse, journal illustré. And. GILL, rédacteur en chef, impr. chez Gustave BÉRARD et chez E. MAYOT.

La justice a ordonné la saisie des nos 25 (27 mai 1877), contenant un dessin non autorisé, signé And. GILL, et intitulé : *A pied ;* et *30* (1er juillet 1877), contenant, sous la même signature, un dessin intitulé : *Lapin sauté.*

M. BÉRARD a été condamné : 1o pour le *no 25,* à diverses amendes s'élevant ensemble à 536 fr. Jugement du Tribunal correctionnel de la Seine (8e ch.), du 6 juin 1877 ; 2o pour le *no 30,* à 200 fr. d'amende, pour publication d'un dessin sans autorisation. Jugement du Tribunal correctionnel de la Seine du 30 juin 1877. Confiscation des exemplaires saisis.

Lunes parisiennes, ouvrage dont il paraît une livraison à chaque phase de la Lune, octobre 1822 à 18 avril 1823, 24 nos formant 2 vol. in-8, avec gravures et planches de musique. — (Paris, J.-B. GOURIET, auteur ; A. BAILLEUL, éditeur.)

Cet écrit séditieux a fait l'objet d'une condamnation, prononcée par le Tribunal correctionnel de la Seine, le 1er avril 1823. (Point d'insertion au *Moniteur.*)

Lunettes (Les). — Gravure obscène.

Voir : *Contes de La Fontaine.*

Lupanar (Le) Elyséen dévoilé.

Voir : *Amours de Napoléon III.*

Lupanie, histoire amoureuse de ce temps (attribué à Corneille BLESSEBOIS). A la Sphère (Hollande). Elzevir, 1668, in-12, 94 pp.

Réimprimé sous le titre de : *Alosie, ou les amours de M. T. P.* — Cologne, Jean Le Blanc,1860 ; in-12.

Deux réimpressions modernes de cet ouvrage ont été données : 1o sous le titre de *Lupanie ;* Leyde (Bruxelles), 1867, 260 ex. in-32 et in-8 (BRIARD, pour P. MALASSIS) ; 2o sous le titre d'*Alosie,* Paris, 1877, impr. DEBONS, tiré à 309 ex., avec une notice sur Corneille Blessebois, par M. Marc de MONTIFAUD (Marie-Amélie CHARTROULE, fe QUIVOGNE).

La *Bibliographie Gay* (t. IV, p. 345) contient un fort intéressant article sur cet écrit, qu'en raison des initiales M. T. P. on a dit être un pamphlet dirigé contre Mme de Montespan, favorite du grand roi. Cette opinion paraît fort erronée, car il ne s'agit, dans ce petit roman, que d'un ménage tout bourgeois. Il ne serait pas moins certain, au dire de M. POULET-MALASSIS, que ce roman ne saurait être attribué au trop célèbre Corneille BLESSEBOIS.

Quoi qu'il en soit, cet écrit a été déjà condamné deux fois en France à la destruction : 1º Par jugement du Tribunal correctionnel de Lille en date du 6 mai 1868, inséré au *Moniteur* du 19 septembre 1868. (Aff. contre DUQUESNE et consorts.)

Voir : *Actes des Apôtres.*

2º Par jugement du Tribunal correctionnel de la Seine (11ᵉ ch.), en date du 12 décembre 1876, condamnant le nouvel éditeur, Mᵐᵉ QUIVOGNE, dite MARC DE MONTIFAUD, à huit jours de prison et 500 fr. d'amende, et DEBONS, imprimeur, à 500 fr. de cette dernière peine, attendu, dit le jugement, que « soit dans la préface, soit « dans le corps de cet ouvrage, se trouvent, presque à chaque page, les scènes « les plus licencieuses, racontées dans un style d'une obscénité révoltante et ren- « fermant les outrages les plus graves aux bonnes mœurs. »

Voir : l'*Univers* du 16 décembre 1876.

Cette affaire fut jugée à huis-clos. On se rappelle le bruit que fit cette condamnation quand Mᵐᵉ QUIVOGNE refusa de subir à St-Lazare la peine de huit jours de prison, qu'on lui permit plus tard de passer dans une maison de santé. Nous retrouverons cette dame à l'article : *les Vestales de l'Eglise.*

Luxure (La) et la Gourmandise, gravure représentant un prêtre du culte catholique et personnifiant ces deux vices à l'aide de divers attributs.

Destruction ordonnée, pour outrages à la morale publique et religieuse ainsi qu'aux bonnes mœurs, par jugement du Tribunal correctionnel de Nantes, en date du 5 mai 1852, confirmé par arrêt de la Cour d'appel de Rennes, du 1ᵉʳ juillet suivant, et condamnant J.-B. PETITPAS, libraire et marchand d'estampes à Nantes, à 50 fr. d'amende. (*Moniteur* du 24 juillet 1852.)

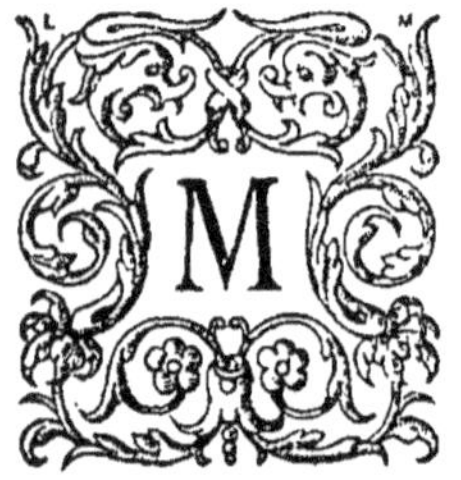

M. Bonaparte à l'Assemblée nationale. — Article.

Voir : *Révolution démocratique et sociale,* journal.

Mlle Georges et Mlle Raucourt, lithographie obscène.

Voir : *Célébrités contemporaines.*

Mlle Julia et le vicomte de Sosthènes, lithographie obscène.

Voir : *Célébrités contemporaines.*

M. Corbin, ou l'intendant maire de village, par RABAN. — Paris,
LOCARD et DAVY; 1821, 2 vol. in-12, 5 fr.

Roman satirique, mis à l'index, par mesure de police, en 1825.

Voir : *Note des ouvrages à supprimer.*

M. Gaillard. — Recueil de chansons.

Voir : *Gaudrioles de M. Gaillard.*

M. et Mme Denis, lithographies obscènes, avec couplets au bas de
chaque estampe.

Destruction ordonnée par jugement du Tribunal correctionnel de la Seine, en
date du 13 mars 1852 (aff. contre LANGLOIS. — *Gazette des Tribunaux* du 14 mars.)

Voir aussi : *Esméralda.*

M. et Mme Mayeux, chanson.

Voir : *Gaudrioles de M. Gaillard.*

M. et Mme Mayeux. — Recueil de douze gravures obscènes avec
légendes.

Destruction ordonnée par arrêt de la Cour d'assises de la Seine, en date
du 10 février 1852.

C'est le même recueil que : *Amours* ou *Aventures de M. Mayeux.*

Voir : *Gravures obscènes.* — Aff. Chapelle, V.

M. Jules Baisef de Plumepatte.

Voir : *A bas les Calicots.*

M. Zangiacomi, par Raoul RIGAULT. — Paris, 1870.

La *Gazette des Tribunaux* du 10 juillet 1870 annonce la saisie de cette brochure « contenant, dit le rédacteur, des articulations fort outrageantes pour
« M. ZANGIACOMI et pour la mémoire de son père. »

Nous n'avons pas trouvé trace de la décision judiciaire intervenue au sujet de
cet écrit diffamatoire du futur procureur de la commune de Paris. Il est vrai-
semblable que la saisie a été maintenue et que les exemplaires conservés au
greffe correctionnel ont été consumés dans l'incendie du Palais, allumé, moins
d'un an après, par les ordres même de l'auteur de ce pamphlet.

Ma Conversion.

Voir : *Le libertin de qualité.*

Ma tante Geneviève, ou *Je l'ai échappé belle* (par Dorvigny). Paris, Barba; 1800-1801-1803; 4 vol. in-18, fig. assez libres.

La « Bibliographie Gay » donne (t. IV, p. 354) une analyse intéressante, mais bien indulgente, de ce roman licencieux, fort lestement écrit.

La destruction de cet ouvrage, contenant des outrages à la morale publique et religieuse, ainsi qu'aux bonnes mœurs, a été ordonnée : 1º par arrêt de la Cour royale de Paris, en date du 5 août 1828 (pas d'insertion au *Moniteur*); 2º par jugement du Tribunal correctionnel de la Seine (7ᵉ ch.) en date des 3 avril et 8 mai 1852.(Aff. Lebrun.)

Ouvrage mis à l'index, par mesure de police, en 1825.

Voir : *Note des ouvrages à supprimer*.

Ma vie de garçon, aventures galantes d'un officier de dragons. — Paris, an VII, in-12, fig. D'après la *Bibliographie Gay*, ce ne serait autre chose que l'ouvrage plusieurs fois réimprimé déjà sous les titres de : *Les confidences réciproques* ou *Le Roman pris par la queue*.

Ce roman libertin, qu'il paraîtrait y avoir lieu d'attribuer à Crébillon fils, a été condamné à la destruction par arrêt de la Cour royale de Paris, en date du 5 août 1828. (Point d'insertion au *Moniteur*.)

Il a de plus été mis à l'index, par mesure de police, en 1825.

Voir : *Note des ouvrages à supprimer*.

Madame Bovary, par Gustave Flaubert. — Paris, M. Lévy, 1857, 2 vol. in-12. — Souvent réimprimé. — La dernière édition, dite définitive, donnée en 1876, contient le compte rendu du procès.

Ce célèbre roman, publié d'abord dans la *Revue de Paris*, motiva des poursuites pour outrages à la morale publique et religieuse, ainsi qu'aux bonnes mœurs, contre G. Flaubert, auteur, Léon Laurent-Pichat, gérant de la susdite *Revue*, et Auguste-Alexis Pillet, imprimeur, ces deux derniers poursuivis comme complices.

A l'audience, M. Flaubert protesta de son respect pour la morale et les bonnes mœurs, et expliqua le but qu'il avait cherché à atteindre dans cette œuvre remarquable mais si diversement appréciée. Aussi, par jugement du Tribunal correctionnel de la Seine (6ᵉ ch.), en date du 7 février 1857, il fut acquitté purement et simplement ainsi que ses co-inculpés, par la justice qui, tout en critiquant les incroyables licences de son œuvre, admit cependant qu'il était de bonne foi. *(Gazette des Tribunaux* du.8 février 1857.)

Madame de Lignolles, ou *la Fin des aventures de Faublas*, manuscrit inédit, trouvé chez un ami de J.-B. Louvet. (Ouvrage médiocre de

Mlle MARNÉ de MORVILLE, dame de Rome, attribué à tort, par Pigoreau, à Mme GUÉNARD, baronne de NIÉRÉ.) — Paris, 1815.

Roman ennuyeux et assez libre, mis à l'index, par mesure de police, en 1825.

Voir : *Note des ouvrages à supprimer.*

Madame malade. — Article.

Voir : *Le Revenant,* journal.

Madame, Nantes, Blaye et Paris, par Louis-François-Fortuné de CHOLET. — Paris, HINERT, 1832; in-8.

La destruction des deux livraisons de cet écrit, contenant des offenses envers la personne du roi Louis-Philippe et des excitations à la haine et au mépris du gouvernement du roi, a été ordonnée par arrêt de la Cour d'assises de la Seine, du 5 mars 1833, inséré au *Moniteur* du 29 juin suivant, et condamnant l'auteur à deux mois de prison et 1,000 fr. d'amende, et l'éditeur à la même peine.

M. de Cholet, ex-officier de la garde royale, publia plusieurs autres écrits en faveur de la légitimité. Il mourut cinq semaines à peine après sa condamnation, à l'âge de 25 ans.

Madame Putiphar et Joseph. — Eau-forte obscène.

Destruction ordonnée par jugement du Tribunal correctionnel de la Seine, en date du 31 janvier 1862. (Aff. contre femme AVENIR et autres.)

Madame Putiphar, par Petrus BOREL, le Lycanthrope. — Paris, 1839, 2 vol. in-8 ; 2 vignettes sur bois.

« *Madame Putiphar,* dit la *Bibliographie Gay* (t. IV, p. 361), c'est Mme de POM-
« PADOUR, qu'une scène de quelques pages met dans la situation de la fameuse
« Egyptienne. Il y a dans ce roman des passages un peu risqués ; mais on ne peut
« pas dire cependant que ce soit un ouvrage libre. » Il est fort bien analysé dans le petit livre de Jules CLARETIE, intitulé : *Petrus Borel, le Lycanthrope, sa vie et ses œuvres,* 1865 (p. 84 à p. 105).

Des exemplaires de cet ouvrage, qui se trouvaient parmi les livres saisis à Pantin, au mois de novembre 1868, ont été condamnés à la destruction par jugement du Tribunal correctionnel de la Seine, en date du 25 juin 1869, inséré au *Journal officiel* du 7 mai 1874. (Aff. contre PUISSANT et consorts.)

Voir : *Abus dans les cérémonies.*

Ce jugement visait-il l'immoralité du livre ou simplement la contravention aux règlements sur l'introduction de la librairie en France ? On ne saurait le préciser. Toutefois, il y a lieu de penser que c'est le second délit qui a été visé, puisque en 1877 même, l'administration supérieure, après quelques difficultés d'ailleurs, ne s'est pas opposée à la publication d'une nouvelle édition de *Madame Putiphar.*

Mademoiselle Suzon, chanson éditée par H. Lemoine, impr. chez L. Salme.

Cette chansonnette, saisie, le 10 avril 1864, comme contenant des outrages à la morale publique, a été détruite, à la suite d'une ordonnance de non-lieu rendue le 19 du même mois.

Magistrature (La) Impériale (par Aug. Callet). Londres, 1853, in-64, 2 ff. de titre et 50 pages.

Par jugement du Tribunal correctionnel de la Seine, du 22 mars 1855, le sieur Pierre-Auguste Callet, homme de lettres, ancien membre des assemblées constituantes et législatives, reconnu coupable d'excitations à la haine et au mépris du gouvernement, d'offenses envers la personne de l'empereur, d'attaques contre le respect dû aux lois et de distribution et colportage sans autorisation des écrits intitulés : *La Magistrature impériale* ; *La Voix mystérieuse* ; *La Veille du Sacre* ; écrits dont il est l'auteur et qu'il a publiés précédemment à l'étranger, a été condamné à un an d'emprisonnement et 1,000 fr. d'amende. (*Gazette des Tribunaux*, 23 mars 1855.)

Maigre (La).

Voir : *L'Infortune des filles de joie.*

Main (La belle...)

Voir : *Le nouvel enfant de la Goguette.*

Maison (La) en rut, lithographie obscène.

Voir : *Les soirées lubriques.*

Mal (Le) d'aventure, illustration d'un conte de Piron.

Voir : *Gravures obscènes.* Aff. Chapelle, III.

Mâle et femelle, par Albéric Glady. — Paris, librairie du XIXᵉ siècle.— Glady, frères, éditeurs, 1876, in-12, 299 pages, imp. Paul Dupont. Prix : 3 fr. 50; ex. sur Chine, 20 fr.

L'auteur et l'éditeur de cet écrit immoral et licencieux ont été condamnés chacun à un mois de prison et 100 fr. d'amende, pour outrages aux bonnes mœurs, par jugement du Tribunal correctionnel de la Seine, en date du 13 mai 1876 ; sentence confirmée en appel, le 29 du même mois (défaut) et, sur opposition, le 6 juillet suivant.

Malheurs (Les) de la vertu.

Voir : *Justine.*

Malice (La) des grandes filles, ouvrage contenant une foule d'anecdotes, etc., par une bavarde. — Paris, LEBAILLY, 1845-1849-1854-1856, etc. ;
in-18 de 3 feuilles, avec vignettes.

C'est exactement le même texte que celui de : *Les nouvelles malices des femmes*
ou les *Drôleries des grandes filles.* — Ouvrage éminemment farceur, etc., par
HALBERT (d'Angers). — Paris, LEBAILLY, 1849-1854-1856, etc.; in-18 de 108 pp.

La destruction de cet ouvrage a été ordonnée, pour outrages à la morale publique et aux bonnes mœurs, par jugement du Tribunal correctionnel de la Seine,
en date du 16 décembre 1868, condamnant l'éditeur LEBAILLY à 16 fr. d'amende.
(*Moniteur* du 14 mars 1869.)

Mamzelle, il y en a jusqu'où vous voyez. — Lithographie
licencieuse.

Voir : *Alfred, Alfred, arrête-le.*

Mandement de MM. les vicaires généraux de Paris. — Chanson manuscrite, saisie sur un sieur DERICQUEHEM, auteur inconnu.

Cet écrit, contenant des outrages aux mœurs et des atteintes à l'honneur de
diverses personnes ainsi qu'au respect dû au roi et à la religion, a été détruit
en vertu d'un jugement du Tribunal correctionnel de la Seine, en date du
22 mai 1817. (Point d'insertion au *Moniteur.*)

Mandements et lettres pastorales.

Voir : *Actes des Evêques.*

Manifeste du parti absolutiste.

Voir : *Note secrète.*

Manuel des boudoirs, ou *Essais érotiques sur les demoiselles d'A-
thènes* (par Mercier de COMPIÈGNE). — Cythère, l'an du plaisir et de la
liberté, 1240. — (Paris, 1787), 4 vol. in-18, de 302-304-319 et 302 pp. avec
4 figures.

Recueil de diverses pièces érotiques et anti-religieuses, dont l'énumération se
trouve dans la *Bibliographie Gay* (tome IV, p. 383.)

Destruction ordonnée, par le Tribunal correctionnel de la Seine, le 12 mai 1865.
(Aff. contre P. MALASSIS.)

Voir : *Parapilla.*

Manuel du peuple.

Voir : *Almanach-Catéchisme.*

Manuscrit de Sainte-Hélène.

Voir : *Le Censeur européen.*

M....relle (La) ou les femmes débauchées.

Voir : *La légende joyeuse.*

Marat, l'ami du peuple, par Alfred BOUGEART, professeur libre ;

2 vol. in-8, 1865. — Bruxelles, LACROIX, VERBOECKHOVEN et Cie. — 10 fr.

La destruction de cet ouvrage, poursuivi pour « attaque contre les principes de la propriété ; apologie de faits qualifiés crimes et délits par la loi pénale ; excitation à la haine et au mépris des citoyens les uns contre les autres, » a été ordonnée par jugement du Tribunal correctionnel de la Seine, en date du 7 juillet 1865, condamnant en outre VERBOECKHOVEN et POUPART-DAVYL, éditeurs, l'un à 100 fr., l'autre à 150 fr. d'amende, et l'auteur, A. BOUGEART, à 4 mois d'emprisonnement et 150 fr. d'amende. (*Moniteur* des 16-17 août 1865.)

Marche civilisatrice de la révolution. — Progrès dans le régicide. — Article.

· Voir : *La France.* — journal.

Mardi (Le) gras. — Plusieurs sujets.

Voir : *Sujets mécaniques.*

Maréchaux (Les) de France. — Etude de leur conduite de la guerre

en 1870. — LEBŒUF, plans et préparatifs. — MAC-MAHON, Wœrth et Sedan. — BAZAINE, Metz. — Par Henry BRACKENBURY, capitaine de l'artillerie anglaise, professeur à l'école militaire de Woolwich. — Paris, LACHAUD, in-8, 1872, 6 fr.

Cet ouvrage a été retiré du commerce, par ordre supérieur, le jour même de sa mise en vente. (Otto Lorenz, t. V, p. 199.)

Margot la ravaudeuse et ses aventures galantes, par M. de M***

(Fougeret de MONTBRON). — Hambourg, in-12, 146 pp., avec le portrait de Margot dans son tonneau.

Maintes fois réimprimé, notamment sous ce titre : *Fanchette danseuse de l'Opéra, histoire galante,* suivie du *Quart d'heure d'une jolie femme.* Londres, 1796, 2 vol. in-18, 126 et 149 pp., avec deux fig. non libres, et à Bruxelles, en 1868, in-18 de 173 pp., avec un charmant front, à l'eau-forte, de F. ROPS, représentant Margot dans son tonneau, et près d'elle un soldat aux gardes qui lui fait la cour.

La destruction de cet ouvrage, contenant des outrages aux bonnes mœurs, a été ordonnée : 1º Par arrêt de la Cour royale de Paris en date du 19 mars 1815. (Pas d'insertion au *Moniteur*.)

2º Par arrêt de la même Cour, en date du 16 novembre 1822, inséré au *Moniteur* du 26 mars 1825. (Aff. contre ROUSSEAU.)

Voir : *Description topographique.*

3º Par jugement du Tribunal correctionnel de la Seine du 25 juin 1869, inséré au *Journal officiel* du 7 mai 1874. (Aff. contre DEROUILLAT, PUISSANT et GAY.)

Voir aussi : *Parapilla.*

Mariage Cobourg-Clémentinois, article.

Voir : *La Mode.* — Journal.

Mariage (Le) de César.

Voir : *Les nuits et le mariage.*

Mariage d'une Créole, ouvrage de Mme U. RATTAZZI, dont l'entrée en France a été interdite.

Mariage (Le) d'une Espagnole, par Mme U. R. (M. de S.) — Londres, 1866, imp. internationale anglo-française (in-18, de X-364 pp.) ·

Les initiales ci-dessus avaient pour but de faire attribuer cet ouvrage à madame Urbain RATTAZZI (Marie DE SOLMS), à qui l'entrée en France du livre : *Les Mariages d'une créole*, venait d'être refusée. Il résulta d'une enquête faite par la police belge que le volume avait été imprimé à Bruxelles, chez VANDERANWERA, et édité par J. ROZEZ, père. Celui-ci dénonça comme l'auteur du livre M. P. VÉSINIER, réfugié français, que le jury de la Cour d'assises du Brabant condamna, de ce chef, à 18 mois de prison et 1,000 fr. d'amende (août 1866). L'éditeur ROZEZ fut condamné à la même peine. (*Bibliographie Gay*, t. IV, p. 408.)

Une 2e édition a été donnée à Londres, chez TRUELOVE, 256 Holborn, 1869, in-18, 346 pp., 10 fr.

Par jugement du Tribunal correctionnel de Lille, du 6 mai 1863, a été ordonnée la destruction du livre ci-dessus, commençant par ces mots : « Il y a près de dix-huit mois, » et finissant par ceux-ci : « avait quitté la France, » contenant des outrages à la morale publique et religieuse ainsi qu'aux bonnes mœurs et des offenses envers la personne de l'Empereur et les membres de la famille impériale. (*Moniteur* du 19 septembre 1868. — Aff. contre DUQUESNE.)

Voir pour les détails : *Actes des Apôtres.*

Marie-Joseph Chénier et le prince des critiques, par Félix PYAT. — Paris, Leriche, 1844, in-8 de 16 pp.

Cette brochure fut extraite du journal *La Réforme*, du 4 janvier 1844, et publiée à l'occasion du feuilleton publié par Jules JANIN dans le *Journal des Débats* du

18 décembre précédent sur le *Tibère* de Chénier. Dans ce pamphlet, l'un des plus violents qu'ait produits la polémique littéraire, l'auteur accuse sa victime de « manquer de cœur. » M. J. JANIN s'empressa de porter plainte en police correctionnelle contre les attaques de M. F. PYAT, et publia en outre un mémoire intitulé : « A M. Félix PYAT ; réponse du prince des critiques. » Paris, 1844, in-12, 16 pp. Cette querelle donna lieu, de part et d'autre, à quatre factums qu'on trouve décrits dans le *Bourquelot* (t. VI, p. 95). Finalement, la brochure de F. PYAT fut condamnée.

Marie Stuart et Bothwell. — Lithographie obscène.

Voir : *Histoire universelle érotique.*

Mariée (La). — Gravure obscène.

Voir : *Histoire d'un C...*

Marlborough. — Lithographie obscène.

Voir : *Esméralda.*

Marquis (Le) de la Rapière, par RABAN. — Paris, J. BRIANCHON. 1820, in-12, 2 fr. 50.

Roman satirique mis à l'index, par mesure de police, le 15 octobre 1825.

Voir : *Note des ouvrages à supprimer.*

Marquis (Le) de Sade, l'homme et ses écrits. — Etude bio-bibliographique, par M. G. BRUNET. — Sadopolis, chez Justin Valcourt, rue Juliette, à l'enseigne de la « Vertu malheureuse », l'an 0000. — (Bruxelles, J. Gay, 1866). pet. in-12 de 71 pp. tiré à 150 ex. 3 fr.

Destruction ordonnée pour outrages à la morale publique, par jugement du Tribunal correctionnel de la Seine (6e ch.), inséré au *Journal officiel* du 7 mai 1874. (Aff. contre PUISSANT et consorts.)

Voir : *Abus dans les cérémonies.*

Marseillaise (La). — Journal publié à Paris, 1870, in-folio, DEREURE gérant.

N 25, article commençant par ces mots : « Assassinat commis.., » finissant par ceux-ci : « Est-ce que tu ne trouves pas qu'en voilà assez ? » par Henri ROCHEFORT.

N° 26, article intitulé : *Les témoignages,* par Paschal GROUSSET.

La destruction de ces numéros, contenant des offenses envers la personne de l'empereur et les membres de la famille impériale, provocations à commettre plusieurs crimes, etc., a été ordonnée par jugement du Tribunal correctionnel de la Seine (6ᵉ ch.), en date du 22 janvier 1870, condamnant Dereure à 6 mois de prison et 500 fr. d'amende; Rochefort, à six mois et 3,000 fr., et P. Grousset, à six mois et 2,000 fr. (*Gazette des Tribunaux* du 25 janvier 1870.)

Martyrologe démocratique, article.

Voir : *Almanach-Catéchisme,* par Brée.

Massacreurs (Les). — Chanson par Henri Benoist, ouvrier chapelier. — Paris, 1850.

La destruction de cet écrit commençant par ces mots : « Au temps jadis, les préfets de police... » et finissant par ceux-ci : « ...Qu'attendre, hélas! d'un ancien massacreur, » a été ordonnée, pour offenses envers le président de la République, par arrêt de la Cour d'assises de la Seine en date du 6 juillet 1850, condamnant Henri Benoist à un an de prison et 500 fr. d'amende. (*Moniteur* du 20 novembre 1850.)

Matin (Le), le midi, le soir, la nuit, gravures obscènes.

Destruction ordonnée par jugement du Tribunal correctionnel de la Seine en date du 3 décembre 1858, inséré au *Moniteur* du 14 février 1859.

Mauri ?

Voir : *Tape, tape.*

Mauvais (Le) sujet, chanson.

Voir : *La chanson au XIXᵉ siècle.*

Mayeux, journal.

Voir : *Un procès scandaleux.*

Mazas et Belle-Isle, article.

Voir : *Le vote universel,* journal.

Médailles, statuettes, emblèmes divers.

Voir : *La Préface,* § II.

Méditations sur les révolutions des Empires.

Voir : *Les Ruines,* par Volney.

Mélanges occitaniques, journal publié à Montpellier. (Non cité par Hatin.)

Un article diffamatoire envers les agents ou dépositaires de l'autorité publique, à raison de faits relatifs à leurs fonctions, ayant paru dans cette feuille, le gérant responsable, M. Aimé CHAMBON, avocat à Montpellier, a été condamné à trois mois d'emprisonnement et 300 fr. d'amende, par arrêt de la Cour d'assises du Gard, en date du 13 février 1833, ordonnant en outre la destruction du numéro du journal incriminé. (*Moniteur* du 14 mars 1833.)

Mémoire adressé aux évêques de France et aux pères de famille sur la guerre faite à l'Eglise et à la Société par le monopole universitaire. — Paris, Sirou; 1844, in-8 de 68 pp. (par l'abbé Théodore COMBALOT).

La destruction de ce violent factum, anti-universitaire, a été ordonnée par arrêt de la Cour d'assises de la Seine du 6 mars 1844, condamnant en outre l'auteur à 15 jours de prison et 4.000 fr. d'amende pour publication de la susdite brochure, contenant diffamation, injures et outrages envers une administration, et provocation à la haine entre les citoyens. (*Moniteur* du 23 juin 1844.)

Le procès fait à l'éminent abbé donna lieu à la publication suivante :

Liberté d'enseignement. Procès de M. l'abbé Combalot, précédé d'une introduction par M. Louis Veuillot, et suivi de documents historiques. Paris, impr. de SIROU, 1844; in-8, 1 franc.

Cet écrit a été publié en brochure et par extraits dans les numéros des 16 et 20 mars 1844, du journal *l'Univers religieux* dont M. VEUILLOT était le rédacteur en chef.

La destruction, tant de la brochure que des deux numéros sus-indiqués du journal qui l'avait en partie reproduite, a été ordonnée, pour provocation à la désobéissance aux lois du royaume et attaque contre le respect qui leur est dû, par arrêt de la Cour d'assises de la Seine, en date du 11 mai 1844, condamnant en outre MM. VEUILLOT, à un mois de prison et 3.000 fr. d'amende, et Jean BARRIER, gérant du journal *l'Univers religieux*, aux mêmes peines et aux frais solidairement. (*Moniteur* du 23 juin 1845.)

Mémoire à l'appui du livre.

Voir : *Paris, tableau moral*, II.

Mémoire au Conseil du Roi.

Voir : *Question d'Etat.*

Mémoire confidentiel à MM. les Députés. — s. l. n. d. anonyme.

Ecrit séditieux dont la destruction a été ordonnée par jugement du Tribunal correctionnel de la Seine en date du 12 mars 1816. (Pas d'insertion au *Moniteur*.)

Mémoire de J. Esnaux interjetant appel.

Voir : *État de la liberté en France*.

Mémoire justificatif (par l'abbé Vinson).

Voir : *Le concordat expliqué au roi*.

Mémoire sur la défense de la France par les places fortes, concurremment avec l'action des armées, par M. C***, officier supérieur. (Courneaux, ingénieur.) — Paris, P. Didot, l'aîné, s. d. (1820), in-8.

Cet ouvrage n'a pas été mis en vente. L'édition entière a été saisie par ordre de l'autorité supérieure.

Voir : *Les Supercheries littéraires*, t. I, col. 609.

Mémoire sur les élections du Lot à la Chambre des députés, par Delachèze, Murel et Syrieys de Mayrinhac, 1817.

Par jugement du 7 mars 1817, le Tribunal correctionnel de la Seine a ordonné la suppression de ce mémoire contenant énonciation de faits calomnieux contre MM. de Campagne, Courpon et Delpont. (Point d'insertion au *Moniteur*.)

Mémoire sur les finances et réfutation du budget de 1816. — Paris, imp. d'Everat ; 1815, in-4, 11 pp. (Sans doute par le comte A. de Malartic, ancien conseiller d'Etat.)

Ecrit dont la destruction a été ordonnée, pour provocation à la haine des citoyens les uns envers les autres, par jugement du Tribunal correctionnel de la Seine, en date du 12 mars 1816. (Pas d'insertion au *Moniteur*.)

Mémoires authentiques de la Comtesse du Barri, maîtresse de Louis XV, par le chevalier Fr. N. ; extraits d'un manuscrit que possède Mme la Duchesse de Villeroy, traduits de l'anglais. — Londres, 1772, in-12.

Ces mémoires, aussi apocryphes que licencieux, ont été mis à l'index et saisis par ordre de l'autorité à la vente Bergeret, en 1859. Ils étaient catalogués sous le numéro 1367.

Mémoires curieux sur l'histoire des mœurs et de la prostitution en France.

Voir : *Histoire de la prostitution*.

Mémoires (Les) de Badinguet, par E. Ramier, in-32. — Liége,

1865, Ch. Gnusé, 1 fr. — Réimprimé plusieurs fois à Londres et en Belgique.

Pamphlet contre Napoléon III, commençant par ces mots : « Le temps est maintenant... » et finissant par ceux-ci : « ...de ses trésors et de son sang. » Destruction ordonnée, pour offenses envers l'empereur et envers les membres de sa famille, par jugement du Tribunal correctionnel de Lille, en date du 6 mai 1868, inséré au *Moniteur* du 19 septembre suivant. (Aff. contre S. Duquesne et consorts.)

Voir : *Actes des Apôtres.*

Voir aussi : *Le Christ au Vatican.*

Mémoires de Céleste Mogador.

Voir : *Adieux au monde.*

Mémoires de Griscelli, agent secret de Napoléon III (1850-58), de Cavour (1859-61), d'Antonelli (1861-62), de François II (1864-67); par l'auteur des *Révélations* et de *A bas les masques.* — Bruxelles, Genève, Londres, 1857, sans nom d'imprimeur; in-16 carré.

Cet ouvrage, où l'imagination doit avoir eu une grande part, a été réimprimé après le 4 septembre 1870, et répandu à profusion en France, sous le titre de *Mémoires de Griscelli, baron de Rimini.*

Par jugement du 6 mai 1868, inséré au *Moniteur* du 19 septembre suivant, le Tribunal correctionnel de Lille a ordonné la destruction de cet ouvrage, commençant par ces mots : « Il n'y a pas de grand homme... », finissant par ceux-ci : « il en serait dégoûté, » et contenant des offenses envers la personne de l'empereur et envers les membres de la famille impériale. (Aff. contre Duquesne.)

Voir : *Actes des Apôtres.*

Mémoires de Jacques Casanova de Seingalt, sur les cinquante dernières années du XVIIIe siècle. — Bruxelles, Rozez, 1863 ; 6 vol. in-12, 21 fr.

Telle est la dernière édition de ces mémoires sur la publication desquels il convient de lire l'art. de la *Bibliographie Gay* (t. V, p. 6.)

C'est l'édition visée et condamnée à la destruction par le jugement du Tribunal de Lille, en date du 6 mai 1868, inséré au *Moniteur* du 19 septembre suivant, incriminant d'outrages aux bonnes mœurs et à la morale publique et religieuse « ces « *Mémoires* en six volumes, commençant par ces mots : « Je commence par décla- « rer » et finissant par ceux-ci : « qui trouve grâce devant lui, » sauf les chapitres « 3 à 9 du troisième volume, qui ne contiennent aucun délit et qui sont relatifs à « l'incarcération de Casanova dans les prisons de Venise et à son évasion. » (Aff. contre Duquesne.)

Voir : *Actes des Apôtres.*

Mémoires de Julie R***.

Voir : *Vingt ans de la vie d'une femme.*

Mémoires de la princesse de Bavière, duchesse d'Orléans.

Voir : *Mémoires sur la cour de Louis XIV.*

Mémoires de M. de Meilcourt.

Voir : *Egarements du cœur et de l'esprit.*

Mémoires de M. Fournier-Verneuil.

Voir : *Paris, tableau moral..., III.*

Mémoires de Madame de Campestre, écrits par elle-même, édités par M. de Campestre, son fils, 1828. — Paris, chez MOUTARDIER, libraire-distributeur, imp. par GAULTIER-LAGUIONIE.

Le sieur JULLIAN, dit ANDRÉ, ex-cuisinier de Mme de CAMPESTRE, se trouvant injurié et diffamé par certains passages de ces mémoires qui rappelaient trop nettement son humble origine et son attitude très-souple pour arriver, par la Révolution, à une belle situation, assigna son ancienne maîtresse devant les Tribunaux.

Le Tribunal de la Seine (7e ch.), par jugement du 18 novembre 1828, renvoya purement et simplement Mme de CAMPESTRE et consorts des fins de la plainte, et condamna JULLIAN aux dépens. (*Gazette des Tribunaux* du 19 novembre 1828.)

Mémoires de Mlle Anaïs C...

Voir : *Dix ans de la vie d'une femme.*

Mémoires de Mademoiselle Cochelet.

Voir : *Mémoires sur la reine Hortense.*

Mémoires de Miss Fanny Hill.

Voir : *La fille de joie.*

Mémoires de René Levasseur (de la Sarthe), ex-conventionnel, ornés du portrait de l'auteur. — Paris, Rapilly, 1829 ; 2 vol. in-8, 15 fr. — (Mis en ordre et publiés par Achille ROCHE, ancien secrétaire de Benjamin Constant.)

Cet ouvrage fut poursuivi comme contenant, outre des attaques à la dignité royale et des outrages à la religion de l'Etat ainsi qu'à la morale publique, l'apologie de la souveraineté du peuple, de l'égalité absolue, l'éloge du régime de 93, etc.

La destruction en a été ordonnée par jugement du Tribunal correctionnel de la Seine (6ᵉ ch.), en date du 3 mars 1830, condamnant Achille ROCHE, homme de lettres, âgé de 29 ans, à quatre mois d'emprisonnement et 1,000 fr. d'amende ; RAPILLY, libraire, 33 ans, à 3 mois de la même peine et 800 fr. d'amende ; GAULTIER-LAGUIONIE, imprimeur, fut mis hors de cause. — Cette sentence a été confirmée par arrêt de la Cour royale de Paris (appels), en date du 13 mai suivant. (*Gazette des Tribunaux* du 14 mai 1830.)

Mémoires de Saturnin.

Voir : *Histoire de Dom B......*

Et : *Parapilla.*

Mémoires de Suzon, sœur de Dom B....., portier des chartreux,

écrits par elle-même. — Cythère, 1783, in-8, 264 pp. 11 fig. — A J'enco... (Paris, 1830, in-18, 178 pp. avec huit lith. obscènes. — On joint quelquefois à cette réimpression, qui est l'édition visée par la justice : *Histoire de Marguerite, fille de Suzon.*

La destruction de ce roman obscène, contenant des outrages à la morale publique et aux bonnes mœurs, a été ordonnée par arrêt de la Cour d'assises de la Seine, en date du 9 août 1842, condamnant RÉGNIER-BECKER, commissionnaire en marchandises, à six mois de prison et 200 fr. d'amende. (*Moniteur* du 15 décembre 1843.)

Mémoires de Versorand, ou le *Libertin devenu philosophe* (par

Henri-Fr. de LA SOLLE). — Amsterdam (Paris), 1750, 6 part. in-12. — Plusieurs fois réimprimé, notamment en 1815, avec le titre de : *Le petit Faublas* ou le *Libertin devenu philosophe*, 6 vol. in-18, 6 fr.

Ouvrage immoral et licencieux, mis à l'index, par mesure de police, en 1825.

Voir : *Note des ouvrages à supprimer.*

Mémoires d'un ancien ministre du Trésor public (le comte Fr.

Nic. MOLLIEN.), de 1800 à 1814. — Paris, imp. de H. Fournier, 1837, 4 vol. in-8.

Toute l'édition de ces mémoires a été détruite, chez l'imprimeur, au moment de leur publication. Nous ignorons les motifs de cette suppression.

Mémoires d'un homme de lettres écrits par lui-même.

Voir : *Le Poëte.*

Mémoires d'un pauvre hère, par Alexandre DELCOURT, publiés dans *Le Corsaire*. — Paris, 1829, Combal, éditeur.

Le général baron DESFOURNEAUX traduisit, pour diffamation, devant les Tribunaux, le jeune auteur de ces mémoires, qui lui avait fait jouer un rôle singulier dans diverses anecdotes.

Par jugement du Tribunal de la Seine, en date du 1er octobre 1829 (6e ch.), Alexandre DELCOURT fut condamné à un mois de prison et 500 fr. d'amende. Le Tribunal ordonna en outre l'affichage du jugement à 200 exemplaires. (*Gazette des Tribunaux* du 2 octobre 1829.)

Mémoires d'un vieillard de vingt-cinq ans. — Paris, 1809, 5 vol. in-12, de XXXVI-234, 256, 294 ,257 et 287 pp.

Ce roman, assez libre et peu commun, attribué à ROUGEMONT, à TOUCHARD-LAFOSSE, à ROCHEMONT et de préférence à LAMOTHE-LANGOND. L'auteur, toutefois, est fort incertain.

Cet écrit, traduit deux fois en anglais, a été mis à l'index, comme immoral, par mesure de police, en 1825.

Voir : *Note des ouvrages à supprimer.*

Mémoires d'une biche anglaise, avec un portrait photographié de l'héroïne des mémoires. — Paris, A. Faure, 1864. in-18 jésus, XII-348 pp., 3 fr. Sept éditions la même année.

« C'est, dit la *Bibliographie Gay*, la traduction assez mal faite d'un livre anglais. »

Le 4 décembre 1864, la 6e Chambre du Tribunal de police correctionnelle de la Seine fut saisie d'une action en diffamation et en dommages-intérêts, intentée par Mlle Catherine WALTER, domiciliée à Londres, et auteur, paraît-il, du texte anglais, contre MM. FAURE, éditeur, et Pierre PETIT, photographe, à propos de la publication de l'édition française du livre ci-dessus.

A l'appel de la cause, les défendeurs ayant fait connaître qu'ils renonçaient à toute publication ultérieure du susdit écrit, et s'engageaient à remettre à Mlle WALTER tous les exemplaires qui leur restaient, la partie demanderesse s'est déclarée satisfaite, et le Tribunal a ordonné la radiation de l'affaire. (*Gazette des Tribunaux* du 4 décembre 1864.)

Mémoires d'une courtisane célèbre.

Voir : *La belle Cauchoise.*

Mémoires d'une jolie Normande.

Voir : *La belle Cauchoise.*

Mémoires de Canler, ancien chef du service de sûreté. — Paris, Hetzel, 1862; in-12, 446 pp., 3 fr.

Peu de temps après cette publication, ces curieux mémoires furent saisis en vertu d'une ordonnance d'un juge d'instruction de Paris. — MM. HETZEL et CLAYE, éditeurs, M. WITTERSHEIM, imprimeur, et M. CANLER, auteur, étaient inculpés d'avoir, par la publication de ce livre, outragé la morale publique et les bonnes mœurs et révélé des secrets confiés à des personnes dépositaires par état ou profession.

Cette saisie parut bien tardive; elle ne fut opérée, en effet, que sur la 3e édition, déjà presque entièrement vendue; aussi les exemplaires de ce livre recherché se trouvent-ils facilement, bien qu'à un prix assez élevé.

L'affaire se termina, nous a-t-on dit, par une ordonnance de non-lieu, les inculpés s'etant engagés à ne point faire de nouvelle édition et ayant consenti à la destruction des exemplaires saisis.

Mémoires du duc de Lauzun, (1747-1783). — Paris, Barrois, 1821, in-8 et in-12.

Dès leur apparition, ces mémoires furent saisis par ordre de l'autorité, qui ne les laissa remettre en vente qu'avec des cartons, en 1822.

En 1855, M. POULET-MALASSIS en donna une nouvelle édition in-12, avec les passages supprimés en 1821 et une préface de M. LACOUR, qui divulgua dans ses notes les noms de divers personnages, cachés jusqu'alors sous de simples initiales. — A la requête d'une famille princière, la justice condamna l'éditeur pour diffamation, et ordonna la destruction des exemplaires saisis. Il faut lire, sur cette affaire, l'intéressant article de la *Bibliographie Gay* (t. V, p. 31.)

La destruction de ces mémoires a encore été ordonnée par jugement du Tribunal correctionnel de la Seine, en date du 26 janvier 1869 (affaire contre Louis LAURU. — *Journal officiel* du 7 mai 1874.)

Mémoires du duc de Normandie, fils de Louis XVI, écrits et publiés par lui-même. — Paris, impr. de DAVID, 1831 ; in-8, 5 fr.

Ces mémoires émanent de la plume d'un imposteur fameux, qui occupa longtemps la police et les Tribunaux français, sous le nom de baron de RICHEMONT, et qui prétendait n'être autre que le dauphin Louis-Charles, duc de NORMANDIE, fils de Louis XVI, proclamé roi de France par les émigrés, sous le nom de Louis XVII. Plusieurs brochures ont été publiées pour et contre ce personnage à l'occasion de ses procès. Nous nous contenterons de rappeler ici que le soi-disant baron de RICHEMONT sut se faire des partisans dévoués qui l'aidèrent de leur bourse et de leur personne, pour imprimer clandestinement, distribuer, colporter, envoyer par la poste d'innombrables factums, parmi lesquels nous citerons les suivants : *Véritable Catéchisme du Peuple. — La Vendéenne. — Charles X. — Le Roi à la mode. — Le Baromètre politique. — L'omelette au persil. — Le Roi Vaillant. — Le Roi Populaire. — Vive l'citoyen Bourbon. — Dors, mon enfant, tu seras roi.*

— *Le Temps passé.* — *Adresse aux Français,* et plus de 20 autres productions analogues.

En 1870, nous avons compulsé, en vue d'un travail que les événements ne nous ont pas permis d'achever, le dossier du baron de RICHEMONT, conservé dans les archives politiques de la Préfecture de police. — Ce dossier de l'un des faux « Louis XVII » (le cabinet du Préfet en possédait trois) ne se composait pas de moins de quatre cartons bourrés de rapports, mémoires, etc., et d'exemplaires saisis des divers écrits que nous venons de citer. — Ces divers imprimés clandestins étaient fort curieux tant par la forme ramassée des caractères que par la détestable couleur de l'encre qu'on avait employée. La plupart portaient au bas la signature, tantôt autographe, tantôt en griffe, de : L.-Charles, duc de NORMANDIE. Toutes ces pièces ont péri dans l'incendie de 1871.

Non-seulement les factums du soi-disant baron de RICHEMONT furent recherchés et détruits avec soin par la police, mais des poursuites judiciaires furent encore dirigées spécialement contre quelques-uns d'entre eux, notamment contre les *Mémoires* et contre le *Véritable Catéchisme.* — L'instruction ouverte d'abord contre les sieurs CHOISELAT, GALLIEN, MILLET, l'abbé DE BERVANGER, qu'on supposait les auteurs de ces écrits, aboutit à une ordonnance de non-lieu.

Enfin, les sieurs DAVID, imprimeur, et BOUCHER, régleur de papier, renvoyés devant la police correctionnelle pour avoir sciemment contribué à la publication et distribution d'un ouvrage sans indication vraie des nom, profession et demeure de l'auteur, furent acquittés par jugement du 28 février 1832.

Voir : *Gazette des Tribunaux* du lendemain.

Celui qui paya, et avec justice, pour toutes ces impostures imprimées, fut le prétendu baron de RICHEMONT lui-même, condamné, le 4 novembre 1834, par la Cour d'assises de la Seine, à douze années de détention, pour complot et délits de presse.

Pour ce deuxième procès, voir : *Lettre de Jean Bonhomme.*

Mémoires et voyages de Victor de Lineul.

Voir : *Jeunesse et folie.*

Mémoires historiques et philosophiques sur la vie et les ouvrages de Diderot, par Jacques-André NAIGEON. — Paris, imp. de Crapelet, J.-L.-J. BRIÈRE, éditeur, 1821 (1823), in-8, portr. 7 fr. et gr. pap. vél. 20 fr.

La destruction de cet écrit, contenant des outrages à la morale publique et religieuse, a été ordonnée par jugement du Tribunal correctionnel de la Seine en date du 23 décembre 1823, condamnant l'éditeur, Jean-Louis BRIÈRE, à 500 fr. d'amende. (*Moniteur* du 7 novembre 1826.)

Mémoires nouveaux pour servir à l'histoire de l'Empereur Napoléon et des Cent-jours, faisant suite à ceux de MM. O'Méara, Las Cases, Montholon, Gourgaud, etc. — Bruxelles, 1824 ; in-8, 6 fr.

Cet ouvrage est d'Antony BÉRAUD, ex-officier de la garde impériale. Cette édition est la seule qui soit connue, celle que l'auteur avait publiée à Paris, en 1818 (Mac CARTHY, 2 vol. in-8), ayant été interdite et supprimée par ordre de l'autorité supérieure.

Mémoires pour servir à l'histoire de D. Dirrag.

Voir : *Thérèse Philosophe.*

Mémoires pour servir à l'histoire de France en 1815, avec le plan de la bataille du Mont Saint-Jean (par Napoléon Ier). — Paris, BARROIS, l'aîné. 1820; in-8 de 336 p.

Voici ce que dit au sujet de ce livre le *Dictionnaire des ouvrages anonymes* (T. III, col. 236) :

« L'avis de l'éditeur est signé C. B. (Charles BARROIS). Cet ouvrage forme le
« IXe livre des Mémoires de Napoléon. Il contient l'histoire militaire des Cent-
« jours. M. BARROIS, l'aîné, déclare avoir fait cette édition sur le manuscrit qui
« lui avait été transmis par O'MEARA, ex-chirurgien du vaisseau de Sa Majesté
« Britannique *le Northumberland*. Il en existe plusieurs contrefaçons. Ces mémoires
« ont été saisis à la requête du ministère public ; ils furent rendus à la circulation
« par arrêt du 21 mars 1820. »

Nonobstant cette décision, des exemplaires saisis chez ROUSSEAU ont été condamnés à la destruction, avec d'autres ouvrages, par arrêt de la Cour royale de Paris, du 16 novembre 1822, inséré au *Moniteur* du 26 mars 1825.

Voir pour les détails de l'arrêt : *Description topographique.*

Mémoires pour servir à l'histoire de Perse. (Ouvrage attribué successivement à PECQUET, à RESSÉGUIER, à LA BAUMELLE, à VOLTAIRE et dont le véritable auteur est encore inconnu). 1re édition. — Amsterdam, 1745, pet. in-12. Souvent réimprimé au XVIIIe siècle.

Ces mémoires, qui ne sont qu'une satire du gouvernement français sous la Régence et au commencement du règne de Louis XV, sont ordinairement accompagnés d'une clef des noms. C'est le premier ouvrage où il soit question de l'*Homme au masque de fer*. D'après la *Bibliographie Gay* (tome V, p. 47), la Restauration a fait saisir et condamner ce livre en 1822. Il est fort commun néanmoins et circule librement entre toutes les mains.

Mémoires (Les) secrets de la famille d'Orléans. — Roman publié en feuilleton dans le journal *Le Républicain.*

Par arrêt de la Cour d'assises de la Seine, en date du 30 avril 1872, M. SALVADOR-BERNARD ayant été déclaré coupable d'outrages à la morale publique et aux bonnes mœurs, à raison de la publication du roman ci-dessus, dans le journal le *Républicain*, dont il était le gérant, a été condamné à deux mois d'emprisonnement et 500 fr. d'amende. La Cour a rendu en outre un arrêt aux termes duquel, conformément au décret de 1852 sur la presse, le compte rendu des débats a été interdit. (*Gazette des Tribunaux* du 1er mai 1872.)

Mémoires sur la cour de Louis XIV et de la Régence, extraits de la correspondance allemande de madame Elisabeth-Charlotte de BAVIÈRE, duchesse d'Orléans, mère du régent ; précédés d'une notice sur cette princesse et accompagnés de notes (par M. de MONMERQUÉ et M. Alex. SCHUBART, libraire). — Paris, Ponthieu, 1822, in-8, 6 fr.

« La duchesse d'ORLÉANS, dit QUÉRARD, en parlant de la vie privée de
« Louis XIV, s'exprime avec cette franchise et cette rondeur d'expression qui
« caractérisent la nation allemande (?) — Réimprimer, sous la Restauration, un
« livre où le Grand Roi, honneur de la famille des Bourbons, était montré à nu
« devenait un délit ; aussi cette édition fut-elle saisie et les exemplaires dé
« truits, par arrêt de la Cour royale du 26 juin 1823, le Ministère public ayant
« trouvé que ce livre, malgré le grand nombre de retranchements qui avaient été
« faits, contenait des outrages à la morale publique et religieuse. » — Le même
arrêt d'appel déchargea Alex. SCHUBART et Ulfrand PONTHIEU des condamnations
à un mois de prison et 50 fr. d'amende prononcées contre chacun d'eux par jugement du Tribunal correctionnel de la Seine, en date du 22 mars précédent. (*Moniteur* du 26 mars 1825.)

Mémoires sur la reine Hortense et la famille impériale (par Mlle COCHELET, lectrice de la reine Hortense, devenue plus tard Mme PARQUIN). — Paris, Ladvocat, 1836-1837 ; 4 vol. in-8 avec portraits, 32 fr.

« Il paraîtrait, d'après une note du frère de Mlle COCHELET, insérée dans les
Débats du 24 novembre 1836, que ces mémoires auraient été rédigés par une main
étrangère et publiés à l'insu de la famille. — Le libraire LADVOCAT a déclaré, par
la même voie, tenir « les mémoires de Mlle COCHELET » d'une personne qui les
avait reçus de l'auteur à son lit de mort avec mission de les éditer. (Bourquelot,
t. III, p. 23.)

A en juger par cette note et par la rareté des exemplaires, cette édition paraît
avoir été supprimée par un particulier, car le *Droit* du 27 novembre 1836 en a
annoncé la saisie, mais non pour cause politique.

Il en a été fait une réimpression à Bruxelles, en 1837 ; 2 vol. in-18, 2 fr. 50.

Mémoires Turcs, ou Histoire galante de deux Turcs pendant leur séjour en France (par Godard d'AUCOURT). — La Haye, 1743, maintes fois réimprimé, notamment en 1823. — Paris, 2 vol. in-18 ; 4 pl. d'après Chasselat, 3 fr. 50.

Ce voyage galant dans les Cours de l'Europe et particulièrement dans celle
de France, a été mis à l'index, comme immoral, par mesure de police, en 1825.

Voir : *Note des ouvrages à supprimer.*

Memoirs of a woman of pleasure.

Voir : *La fille de joie.*

Ménippée (La) nouvelle, satire sociale, ou *Vérités sur la civilisation*, par H. Junius. — Paris, 1849, in-12 (annoncée en 100 livraisons, il n'en parut que deux.)

La deuxième livraison de cette publication (dont l'auteur est M. F. Malapert), intitulée : *Pétition sur le droit au travail*, fut saisie, par ordre du parquet de Paris, le 13 février 1850.

Voir : *Moniteur* du lendemain.

L'éditeur fut poursuivi pour attaques contre le principe de la propriété et pour excitation au mépris et à la haine des citoyens les uns envers les autres. Nous ignorons la décision judiciaire intervenue.

Mensonge et double mensonge ! Lisez, malades ! Lisez, docteurs !

Affiche relative à des médicaments spéciaux, placardée à profusion sur les murs de Paris, par les soins de la Dᵉ Poupier, née Selos, et dirigée contre les sieurs Fayard et Blayn, pharmaciens à Paris.

Cet écrit donna lieu à un curieux procès; les sieurs Fayard et Blayn s'étant trouvés diffamés par le contenu de ladite affiche, assignèrent en police correctionnelle la Dᵉ Poupier, le sieur Chassaignon, imprimeur, et le sieur Wacher, entrepreneur d'affichage, qui avait été chargé de faire apposer ces placards injurieux.

Le Tribunal de la Seine (6ᵉ ch.), faisant droit à la requête de Fayard et Blayn, condamna, par jugement du 4 août 1838, la Dᵉ Poupier à un mois de prison, Chassaignon, à 500 et Wacher à 100 fr. d'amende et tous trois solidairement à 1.500 fr. de dommages-intérêts au profit des plaignants, et ordonna, outre la destruction de l'affiche incriminée, l'insertion du jugement dans deux journaux. (*Gazette des Tribunaux* du 5 août 1838.)

Mercure (Le) de Landernau. — Écrit sans nom d'auteur ni d'imprimeur.

Destruction ordonnée le 6 février 1816. (Pas d'insertion au *Moniteur*.)

Mercure du XIXᵉ siècle, journal.

Voir : *Tablettes romaines* (Année).

Meretrice (La) inglese.

Voir : *La fille de joie.*

Merveilles du pouvoir absolu, suivi des causes et effets de la superstition, par le baron Thomas-Bonaventure-Côme de Satgé, édité par Riga et Jeannin, imprimé par David. — Paris, in-8, 1828.

L'histoire de ce livre qui, bien qu'imprimé, n'a jamais été publié, est fort curieuse. En 1828, M. de SATGÉ convint avec MM. RIZA et JEANNIN que l'ouvrage ci-dessus, dont il leur remettait le manuscrit, serait tiré à 1,000 exemplaires et mis en vente le 10 novembre 1828. Il versait en outre deux billets de 270 fr. chacun pour concourir aux charges de l'entreprise dont il devait partager les bénéfices par moitié avec ses éditeurs.

En lisant les épreuves, ces derniers furent alarmés des opinions hardies qui étaient émises dans l'ouvrage de M. de SATGÉ et refusèrent de le faire paraître ; M. DAVID, l'imprimeur, refusa également de livrer les exemplaires au jour dit.

M. de SATGÉ assigna ces trois messieurs devant le Tribunal de commerce en demandant qu'on lui restituât son manuscrit, ses deux billets de 270 fr., 2,000 fr. de dommages-intérêts, tous les exemplaires prêts, et dans le cas où ces derniers ne lui seraient pas remis, il portait à 10,000 fr. ses prétentions aux dommages-intérêts.

Par jugement du 7 février 1829, le Tribunal de commerce de la Seine, ayant pris connaissance, en la Chambre du conseil, du manuscrit de M. de SATGÉ, déclara que les appréhensions des éditeurs étaient légitimes, et que le livre de de SATGÉ ne saurait être publié sans les exposer à des poursuites correctionnelles ; en conséquence, il débouta de SATGÉ de ses prétentions, et condamna simplement ses éditeurs à lui remettre ses billets et son manuscrit. (*Gazette des Tribunaux* du 10 janvier 1829.)

Voir, pour jugement analogue : *Merveilles du pouvoir absolu.*

Mes espiègleries.

Voir : *Les lauriers ecclésiastiques.*

Mes fredaines.

Voir : *Félicia.*

Messager (Le). — Journal publié à Paris.

La destruction du *N° du 23 avril 1834*, contenant diffamation envers des agents de l'autorité publique, à raison de l'insertion d'une lettre signée : GERVAIS, commençant par ces mots : « L'explosion de passions haineuses... » et finissant par ceux-ci : « ... des ordres impitoyables, » a été ordonnée par arrêt de la Cour d'assises de la Seine, en date du 12 juin 1834, condamnant Frédéric-Guillaume GERVAIS à deux mois de prison et 500 fr. d'amende. (*Moniteur* du 30 décembre 1834.)

Messager (Le) boiteux des Electeurs.

Voir : *Le grand messager boiteux.*

Messager (Le) patriote. — Almanach populaire pour 1835. — Lille.

La saisie de cet écrit a été opérée à Lille en vertu d'un mandat décerné par le juge d'instruction de cette ville ; nous ignorons la suite donnée à l'affaire. (*Gazette des Tribunaux* des 2, 3 janvier 1835.)

Messaline, gravure obscène.

Voir : *Journal des connaissances utiles.*

Messaline (La) française, ou les nuits de la duchesse de Polignac, et aventures mystérieuses de la princesse d'H (énin) et de la R (eine) : ouvrage fort utile à tous les jeunes gens qui voudront faire un cours de libertinage, par l'abbé....., compagnon de la fuite de la duchesse de Polignac. — A Tribaldis, de l'impr. de Priape; 1789, in-18 de 101 pp. avec une figure libre intitulée : *Le Bosquet de Versailles.* — Plusieurs fois réimprimé, même de notre temps, à Bruxelles, in-12, 4 fig. libres, 12 fr.

La destruction de ce pamphlet insolent et immonde a été ordonnée, par arrêt de la Cour d'assises de la Seine, en date du 9 août 1842, inséré au *Moniteur* du 15 décembre 1843. (Affaire contre RÉGNIER-BECKER, commissionnaire en marchandises, condamné à six mois de prison et 200 fr. d'amende, pour outrages à la morale publique et religieuse ainsi qu'aux bonnes mœurs.)

Messe (La) à minuit.

Voir : *La bougie de Noël.*

Messe (La) de Gnide (ou de Cythère?). —Poëme posthume de C. Nobody (pseudonyme de Griffet de la BAUME). — Paris, an II (1794), in-18, 31 pp. Très rare, réimprimé en 1797.

C'est une parodie érotique et bien blâmable du saint sacrifice de la messe. Cet écrit détestable est cité au *Catalogue Wittersheim*, p. 42.

Voir : *Les amours de Louis le Grand.*

Messieurs les royalistes, tirez les premiers. — Article.

Voir : *Révolution démocratique et sociale.* — Journal.

Méthode pour bien entretenir une maitresse.

Voir : *Le nouveau jardin d'amour.*

Métamorphoses (Les) du jour, ou *La Fontaine en* 1831, par Eugène DESMARES, avec des vignettes d'Henri MONNIER, gravées par Thompson. — Paris, Delaunay, 1832; 2 vol. in-8 (18 fr.)

Cet ouvrage fut poursuivi sous la prévention d'offenses envers la personne du roi, prévention renfermée tout entière dans la qualification de : « Citoyen tyran, » donnée au roi des Français par l'auteur, dans l'une de ses fables intitulée : « 1793 et 1830, imitation de la fable de La Fontaine *le Chameau et les Bâtons flottants.* »

Après une courte délibération du jury, qui a rendu un verdict négatif, l'auteur a été purement et simplement acquitté par arrêt de la Cour d'assises de la Seine, en date du 25 janvier 1832.

Voir : La *Gazette des Tribunaux* du lendemain.

Meursius (Le) françois.

Voir : *Académie des dames.*

Et : *Parapilla.*

Mgr de Chamon, évêque de Saint-Claude, faussaire ; M. de Vincent, préfet du Jura, imposteur ; Le sieur Laurençot, juge d'instruction près le tribunal d'Arbois, violateur des lois ; par le citoyen PAGET (Lupicin). — Bruxelles, 1851, 31 pp.

La destruction de ce libelle, contenant des attaques contre la propriété, la religion, la morale publique et religieuse, des outrages à des fonctionnaires à l'occasion de leurs fonctions, notamment à ceux désignés ci-dessus et de plus à M. PION, procureur de la République à Dole et à M. THIÉBAUD, juge de paix à Salins, a été ordonnée, par arrêt de la Cour d'assises du Jura, en date du 1er septembre 1851, condamnant l'auteur à trois ans de prison et 4,000 fr. d'amende. (*Moniteur* du 10 octobre 1851.)

Mille (Les) et un souvenirs, ou les *Veillées conjugales.* — Recueil d'anecdotes véritables, galantes, sérieuses, bouffonnes, comiques, tragiques, nationales, étrangères, merveilleuses, mystérieuses, etc., etc. — Hambourg (Paris), 1779, 4 vol. in-12 (par P.-J.-B. CHOUDARD-DESFORGES). — Réimprimé à Paris, Lecointe et Durey, 1819, 5 vol. in-12, et en 1839, avec fig.

Ouvrage érotique, fort immoral, mis à l'index, par mesure de police, en 1825.

Voir : *Note des ouvrages à supprimer.*

Mille (Les) et une faveurs, contes de cour, tirés de l'ancien gaulois, par la reine de Navarre, et publiés par le chevalier de MOUHY. — Londres, 1740, 8 part. in-12, et Paris, 1783, 5 vol. in-12, fig.

« On prétend, dit la *Bibliographie Gay,* qu'il y a des exemplaires avec une clef imprimée. Ce serait, en ce cas, l'édition condamnée comme outrageant les bonnes mœurs, car les anagrammes des noms propres (Onveexpie, Puristones, Croselivergol, etc.,) sont obscènes et ne sauraient être traduits ici; mais il est difficile de les deviner. Le roman, d'ailleurs, est très-allégorique et fort ennuyeux. »

La destruction de l'écrit ci-dessus a été ordonnée, par arrêt de la Cour royale de Paris, en date du 25 août 1827, confirmatif d'un jugement du Tribunal de la Seine du 12 juillet précédent, condamnant Claude GAMBART, libraire à Paris, à un an de prison et 50 fr. d'amende, pour distribution d'ouvrages contraires aux bonnes mœurs et à la morale publique. Ces livres, saisis chez Gambart au nombre de 59 volumes, étaient loués par lui aux élèves des colléges. C'est sur la dénonciation d'un maître de pension que cette saisie fut opérée. (Pas d'insertion au *Moniteur*.)

Milord Arsouille, ou les *Bamboches d'un gentilhomme.* — A Bordelopolis, chez Pinard, rue de la Motte, 1789, avec 7 fig. lithographiées.

« Personne n'ignore, dit la *Bibliographie Gay*, que le surnom populaire de *Milord Arsouille*, avait été donné à lord Seymour; il existe un ouvrage intitulé : *Vie libertine de milord Seymour*, in-12, fig., qu'on assure n'être pas le même livre que *Milord Arsouille*.

« En revanche, un libraire de Bruxelles V.... P......., qui eut jadis la spécialité de ces tristes publications, n'a pas craint de duper le public en distribuant et vendant sous les titres de : *Le F..tromane,* ou les amours libertines d'un grand seigneur de ce siècle. A Seymourhouse, allée du c.., près le square des F......., 1833, tirage à 125 ex.; et *Les Amours libertines d'un grand seigneur de ce siècle*, Paris, 1833, in-18, pap. vergé, grav. 12 fr., un ouvrage qui n'était autre chose que de vieux exemplaires de *Milord Arsouille* pourvus de nouveaux titres. Cette supercherie, pratiquée vers 1867, fut bientôt découverte par les amateurs. »

Par jugement du Tribunal correctionnel de Lille, du 6 mai 1868, inséré au *Moniteur* du 19 septembre suivant, a été ordonnée la destruction de *Milord Arsouille*, ouvrage commençant par ces mots: « Le destin en lançant les hommes, » finissant par ceux-ci : « Vive Milord Arsouille, » et contenant des outrages à la morale publique et religieuse ainsi qu'aux bonnes mœurs. (Aff. contre Duquesne.)

Voir : *Actes des Apôtres.*

Voir aussi : *Parapilla.*

Miroir (Le) du genre humain au XIXe siècle, par Nicolas-Fabien Sanson; 1851, brochure.

La destruction de ce petit écrit, contenant des outrages à la religion catholique ainsi qu'à la morale publique et aux bonnes mœurs, des offenses envers le président de la République, des attaques contre le respect dû aux lois, etc., etc., a été ordonnée par arrêt de la Cour d'assises de la Manche, en date du 21 juin 1851, condamnant l'auteur à trois années d'emprisonnement et 1,000 fr. d'amende. (*Moniteur* du 24 juillet 1851.)

Mission sociale des instituteurs.

Voir : *L'Evangile et la République.*

Missionnaires (Les). — Chanson de Béranger.

Voir : *Chansons de Béranger.*

Missionnaires (Les). — Poëme héroï-comique, par Louis GUYON, ex lieutenant au 52ᵉ de ligne.

Destruction ordonnée, par arrêt de la Cour d'assises de la Seine, en date du 27 juin 1820, condamnant, pour outrages à la morale publique et religieuse ainsi qu'aux bonnes mœurs, Louis Guyon, auteur, et Pierre-François PLANCHET, libraire à Paris, chacun à deux mois d'emprisonnement et 200 fr. d'amende. (*Moniteur* du 20 août 1820.)

Voir aussi : *Histoire des missionnaires.*

Missionnaires en goguette (Les), chanson de Pradel.

Voir : *Les étincelles.*

Missionide (La), suivie d'une épître aux amis des Missionnaires, par un Rouennais, témoin oculaire des événements (Joseph CAHAIGNE). — Rouen, Frère, et Paris, A. Braud, 1826, in-32, 27 pp.

La destruction de ce petit poëme, contenant des outrages à la religion et aux bonnes mœurs, a été ordonnée par arrêt de la Cour royale de Paris, du 5 décembre 1826, condamnant en outre l'auteur à plusieurs mois d'emprisonnement. (Pas d'insertion au *Moniteur*.)

Mitraille. — Ecrit séditieux

Voir : *A Mitraille.*

Mode (La), revue des modes, galerie de mœurs, album des salons, journal publié à Paris depuis le mois d'octobre 1829, au 15 septembre 1854 (sous divers titres). 100 vol. gr. in-8.

« Cette revue, dit la *Bibliographie Hatin*, fondée par Emile de GIRARDIN, et placée sous le patronage de Mᵐᵉ la Duchesse de Berry, ne fut d'abord que ce que dit son titre ; mais, après 1830, elle devint l'organe passionné, agressif, spirituel de la pensée royaliste. Sa vie ne fut qu'un combat sans paix ni trève contre le pouvoir issu des Journées de Juillet, et elle ne succomba qu'après avoir payé 32,000 fr. d'amende et encouru huit années de prison. »

Sept numéros ont été condamnés à la destruction par la Cour d'assises de la Seine, pour « attaques contre les droits constitutionnels du roi et offenses envers sa personne, apologie de faits qualifiés crimes par la loi pénale, adhésion publique à une autre forme de gouvernement, offenses envers des membres de la famille royale, excitation à la haine et au mépris du gouvernement du roi » Ce sont :

1º Nº du ..., arrêt du 4 août 1834, condamnant MARTIN, gérant, à six mois de prison et 3,000 fr. d'amende (*Moniteur* du 30 décembre 1834) ;

2º *Nº du 26 mars 1836.* — Arrêt du 4 août suivant, condamnant Pierre VOILLET

DE SAINT-PHILBERT à six mois de prison et 4,000 fr. d'amende (*Moniteur* du 18 janvier 1837) ;

3o *No du 31 décembre 1836.* — Arrêt du 10 juillet 1837, condamnant Sigismond-Joseph DE NUGENT, gérant, à un mois de prison et 3,000 fr. d'amende (*Moniteur* du 12 mai 1837) ;

4o *No du 10 février 1838.* — Article intitulé : *Autres temps, autres mœurs.* Arrêt du 20 du même mois, condamnant V. DE SAINT-PHILBERT à six mois de prison et 4,000 fr. d'amende (*Moniteur* du 18 mai 1838) ;

5o *No du 3 mars 1838.* — Arrêt du 21 du même mois, condamnant le même gérant à un an de prison et 15,000 fr. d'amende (*Moniteur* même date) ;

6o *No du 22 janvier 1842.* — Arrêt du 31 dudit mois, condamnant le susdit gérant à deux ans de prison et 6,000 fr. d'amende. (*Moniteur* du 12 novembre 1842) ;

7o *No du 25 avril 1843*, contenant les articles intitulés : *Petite Chronique ; Absents pour le service du roi ; Mariage Cobourg-Clémentinois ; Propagande royaliste* ; arrêt du 10 mai 1843, condamnant KERGAN, gérant, à six mois de prison et 3,000 fr. d'amende (*Moniteur* du 15 décembre 1843) ;

8o Enfin, *no du 19 octobre 1850*, contenant un article intitulé : *Boutade d'un républicain de la Commission des Vingt-Cinq*, commençant par ces mots : « Ah ! messieurs, de quel droit... », et finissant par ceux-ci : « ...Les fauteuils dorés de l'Elysée », article offensant pour la personne du président de la République. Destruction ordonnée par arrêt de la Cour d'assises de la Seine, en date du 9 novembre 1850, condamnant VOILLET DE SAINT-PHILBERT, gérant, à trois mois d'emprisonnement et 2,000 fr. d'amende. (*Moniteur* du 16 février 1851.)

Mœurs (Les) de Paris par arrondissement. — Recueil de douze lithographies obscènes dont voici les titres et les légendes :

1er *arrondissement, quartier du Roule : C'est moi qui fais l'homme ;* — 2o, *chaussée d'Antin : Quelle jouissance !* — 3e, *quartier Poissonnière : Tu es méchant, voilà déjà deux fois....;* — 4e, *St-Honoré : Quel Caprice !* — 5o, *Bonne-Nouvelle : Je suis encore pucelle !* — 6e, *Porte St-Denis : Je t'en prie, pas si fort !* — 7o, *Mont-de-Piété: La Chambre d'un garçon ;* — 8e, *Marais : La fête de la blanchisseuse ;* — 9e, *Ile Saint-Louis : La partie sur l'eau ;* — 10e, *St-Germain : Conseil d'un avocat ;* — 11o, *Ecole de médecine : Ne crains rien, je fais mes cours sur nature ;* — 12o, *Faubourg St-Marceau : La chiffonnière et la marchande de carottes.*

Destruction ordonnée, pour outrages à la morale publique et aux bonnes mœurs, par : 1o arrêt de la Cour d'assises de la Seine, du 9 août 1842 (aff. contre RÉGNIER-BECKER. — *Moniteur* du 15 décembre 1843) ;

2o Jugement du Tribunal correctionnel de la Seine (7e ch.), du 13 mars 1852).

Voir aussi : *Plan de Paris.*

Mœurs des couvents, abbayes et monastères, ou Révélations historiques de la vie privée, des amours et galanteries secrètes des moines, jésuites et novices de tous les ordres et des religieuses, etc., par Ro-

BERT, licencié en droit, et le docteur Morel de RUBEMPRÉ. (?) — Paris, 1843,
2 vol. in-12, fig. libres, lithographiées chez FOURQUEMIN, édité par TERRY,
impr. chez PILLET.

Cet ouvrage, aussi immoral qu'anti-religieux, n'a pas été poursuivi spécialement ; il a été visé, toutefois, dans un jugement du Tribunal correctionnel de la
Seine (6ᵉ ch.), du 7 février 1862, condamnant à un mois de prison le sieur
FRUCHARD, libraire, galerie de Valois, chez lequel avaient été saisis, le 21 octobre
1861, divers ouvrages obscènes, et notamment celui qui fait l'objet de cet article.

Mœurs des petites dames de ce temps.

Voir : *L'Ecole des Biches.*

Mœurs (Les) françaises.

Voir : *Académie des dames.*

Mœurs privées de la Grèce.

Voir : *Alcibiade.* IV.

Mœurs (Les) secrètes de Mˡˡᵉ Julie B***.

Voir : *Les amours secrètes de......*

Moignon (Le) de l'Invalide, gravure obscène.

Voir : *Amours des rois de France.* (Gravures.)

Moine (Le) au parloir.

Voir : *Les entretiens de la grille.*

Moine (Un) en rapports intimes avec une femme. — Gravure obscène.

Destruction ordonnée pour outrages à la morale publique et religieuse ainsi
qu'aux bonnes mœurs, par jugement du Tribunal correctionnel de la Seine, en
date du 31 janvier 1862.

Moine (Le) et le philosophe, ou *La croisade et le bon vieux temps,*
ouvrage critique et philosophique, par Ricard Saint-Hilaire. — Paris,
Leroy ; et Lyon, Manel, 1820, 4 vol. in-12, 10 fr.

Ce roman a été mis à l'index, comme immoral, par mesure de police, en 1825.

Voir : *Note des ouvrages à supprimer.*

Moine (Le), par M. G. LEWIS, traduit de l'anglais, par DESCHAMPS. — Paris, Maradan, 1797, 3 vol. in-12, maintes fois traduit et réimprimé en français.

Ce roman fameux, qui contient des détails peu chastes, a été mis à l'index, par mesure de police, en 1825.

Voir : *Note des ouvrages à supprimer.*

Moines.

Voir : *Les trois moines.*

Momus (Le) français ou *Aventures divertissantes du duc de Roquelaure, suivant les mémoires que l'auteur a trouvés dans le cabinet du maréchal d'H***, dont il a été le secrétaire*, donné au public par le sieur L. R. (LEROY). — Cologne (ou Amsterdam), 1718, pet. in-12.

Telle est la première édition de l'ouvrage d'Antoine LEROY, qui a été maintes fois réimprimé au XVIIIe siècle, et qui n'a pas eu moins de 12 éditions depuis le commencement de celui-ci. Les plus récentes de 1826 à 1846 (in-18) sont toutes fort médiocres.

Les *Aventures de Roquelaure*, imprimées par Jean-Pierre-Auguste LOTTIN et éditées par Paul-Joseph BOUQUIN, libraire, ont été condamnées à la destruction par jugement du Tribunal correctionnel de la Seine (5e ch.), en date du 12 août 1826 ; l'auteur et l'éditeur déclarés coupables, à raison de cette publication, d'outrages à la morale publique et aux bonnes mœurs, furent condamnés chacun à 16 fr. d'amende et aux frais. (*Moniteur* du 10 septembre 1826.)

Même décision, Tribunal de 1re instance de la Seine, 8 novembre 1826. Même décision, 100 fr. d'amende contre François CHASSAIGNON, imprimeur, assises de la Seine du 26 avril 1842. (*Moniteur* du 12 novembre suivant.)

Enfin, cet ouvrage immoral a été aussi mis à l'index, par mesure de police, le 14 octobre 1825.

Voir : *Note des ouvrages à supprimer.*

Modus redivivus, ou les *Saturnales françaises , Biblia jovialis ad usum compagnonorum ad huc ridentium.*—Editio modernissima, grandissimis soinis collecta, excusa et emendata, à minimo grandissimi Merlini Cocaï, sumptibus achetantium utriusque sexûs, (par Mercier de COMPIÈGNE). — A Lutipolis, de l'imprimerie du libraire-auteur, 2496, 2 vol. in-18, 2 fig. libres.

Recueil bien fait de pièces facétieuses anciennes, contenant notamment : *Roquête des Fiacres contre les Cabriolets; Les Reclusières de Vénus*, poëme allégorique; *Les Sultanes nocturnes de Paris contre les réverbères ; Complainte des filles auxquelles ont a refusé l'entrée des Tuileries à la brune ; Les amours de Charlot et de Toinette;* des épigrammes, des chansons, etc.

Ce livre, qui est aujourd'hui rare et recherché, a été condamné à la destruction par arrêt de la Cour royale de Paris, en date du 16 novembre 1822, inséré au *Moniteur* du 26 mars 1825, comme contenant des outrages aux bonnes mœurs. (Aff. contre Rousseau.)

Voir : *Description topographique.*

Mon cousin Jacques, chanson de Debraux.

Voir : *Le nouvel enfant de la goguette.*

Mon cousin Mathieu, par Raban. — Paris, Hautecœur, 1824, 2 vol. in-12, 5 fr.

Louis-François Raban, auteur de plusieurs pamphlets politiques et de romans innombrables, dont quelques-uns, parait-il, ne seraient pas de lui, déclaré coupable d'outrages à la morale publique et religieuse ainsi qu'aux bonnes mœurs, par la composition de l'écrit ci-dessus, a été condamné à deux mois d'emprisonnement et 16 fr. d'amende, par jugement du Tribunal correctionnel de la Seine, en date du 19 octobre 1824, ordonnant en outre la destruction des exemplaires saisis. (*Moniteur* du 9 octobre 1825.)

Ce mauvais roman a de plus été mis à l'index, par mesure de police, en 1825.

Voir : *Note des ouvrages à supprimer.*

Mon curé, chanson de Béranger.

Voir : *Chansons de Béranger.*

Mon histoire et celle de ma maîtresse.

Voir : *Thémidore.*

Mon mari dort. — Gravure obscène.

Voir : *Histoire d'un c...*

Mon noviciat, ou *Les joies de Lolotte* (par le chevalier Andréa de Nerciat). S. L. (Berlin), 1792, 2 vol. in-18, 2 fig.

Roman fort obscène qui, comme *Félicia*, ne sert qu'à retracer les actes de lubricité d'une fille de joie. Il a été traduit une fois en allemand et deux fois en anglais.

Destruction ordonnée, par le Tribunal correctionnel de la Seine, le 12 mai 1865. (Aff. contre P. Malassis et consorts.)

Voir : *Parapilla.*

Mon serre-tête, ou *les après-soupers d'un petit commis*, brochure comme il y en a tant (par Mercier de Compiègne). — A Frivolopolis. — (Compiègne, L. Bertrand). Chez moi et les marchands de nouveautés, 1788, in-12.

Recueil de pièces en vers et en prose, satiriques et parfois fort libres, — cité au Catalogue Wittersheim, p. 49.

Voir : *Les amours de Louis le Grand.*

Mon voisin Raymond. — Lithographie obscène.

Voir : *Bibliothèque des romans.*

Monde (Le) illustré, journal hebdomadaire, n° 1041, du 24 mars 1877. — Paris, in-folio, 16 pages, Paul Dalloz, directeur.

En vertu des ordres de M. le ministre de l'intérieur, ce numéro tout entier a été saisi dans les ateliers mêmes de l'imprimerie Bourdilliat, 13, quai Voltaire, comme contenant des dessins publiés sans autorisation préalable. Sur la demande de M. Dalloz, et pour éviter les frais, ce numéro a été haché, sur place, en toutes petites bandes, sous les yeux d'un commissaire de la librairie. Aucun exemplaire n'a échappé à la destruction.

Monialisme (Le), histoire galante, écrite par une ex-religieuse de l'abbaye où se sont passées les aventures. — Rome (Allemagne), 1777, 2 vol. in-12, figures.

Roman libre et peu connu, dit la *Bibliographie Gay*, qui pourrait bien être le même ouvrage que le *Bordel dans le cloître.*

Destruction ordonnée par le Tribunal correctionnel de la Seine, en date du 12 mai 1865. (Aff. contre P. Malassis et consorts.)

Voir : *Parapilla.*

Moniteur (Le) vinicole, journal mensuel, publié à Paris.

N° du .. décembre 1848. — Provocation à la désobéissance aux lois dans un article intitulé : *Vive le Président de la République.* — Destruction ordonnée par arrêt de la Cour d'assises de la Seine, du 24 juillet 1849, condamnant le gérant Jean-Louis Figuet à 300 fr. d'amende. (*Moniteur* du 7 décembre 1849.)

Monrose, ou le *Libertin par fatalité, suite de Félicia* (par A. de Nerciat). — (Paris-Cazin ?), 1792, 4 vol. pet. in-18. — Plusieurs fois réimprimé, notamment avec gravures, en 1797, 2 vol. in-18, et à Bruxelles, en 1871, 4 vol. in-12, 20 fig. libres, pap. vergé, 60 fr.

Suppression ordonnée par mesure de police, — 15 octobre 1825, — et par arrêt

de la Cour d'assises de la Seine, en date du 10 février 1852. (Aff. contre CHA-
PELLE.)

Voir : *Gravures obscènes* et *Moniteur* du 8 mai 1852.

Voir aussi : *Note des ouvrages à supprimer.*

Monsieur (A) de La Mennais.

Voir : *A monsieur.*

Monsieur de Roberville, par PIGAULT-LEBRUN. — Paris, BARBA,
1818 et 1824, 4 vol. in-12, 10 fr. — Souvent réimprimé, notamment avec
Les voyages de Vénus, du même auteur. — Paris, 1852, in-4.

La destruction de cet ouvrage, contenant des outrages à la morale publique et
religieuse, a été ordonnée, à l'occasion de l'édition de 1824, 1º par jugement du
Tribunal correctionnel de la Seine, du 3 décembre de la même année, condamnant J.-N. BARBA, libraire-éditeur, à un mois de prison et 500 fr. d'amende. — En
appel, par arrêt du 15 janvier 1825, BARBA a été déchargé de ces condamnations,
par ce motif qu'il avait pu être induit en erreur par une édition publiée en 1818
et non poursuivie. Toutefois la Cour a maintenu et ordonné la destruction des
exemplaires saisis et de tous ceux qui pourraient l'être. (*Moniteur* du 26 mars 1825.)

2º La destruction de la réimpression de 1852 a été ordonnée par jugement du
Tribunal correctionnel de la Seine (6ᵉ ch.), en date du 18 mai 1852, condamnant
Gustave BARBA, libraire-éditeur, à un mois de prison et 500 fr. d'amende, pour
outrages à la morale publique et religieuse ainsi qu'aux bonnes mœurs, par la
réimpression d'ouvrages immoraux, déjà condamnés antérieurement. (*Moniteur*
du 19 mai 1852.) Confirmation en appel le 22 juillet suivant. (*Gazette des Tribunaux*
du 23 juillet.) Pourvoi en cassation rejeté par arrêt de la Cour suprême, du 19 novembre 1852. (*Gazette des Tribunaux* du 27 novembre 1852.)

Ajoutons que ce mauvais livre a été mis à l'index, par mesure de police, en 1825

Voir : *Note des ouvrages à supprimer.*

Monsieur Nicolas, ou le *Cœur humain dévoilé*, renfermant en outre
la philosophie, la morale et la physique de Monsieur Nicolas; 16 vol. in-12,
1796-1797.

C'est l'un des ouvrages les plus prodigieusement effrontés de RESTIF DE LA
BRETONNE ; il est cité au Catalogue Wittersheim, p. 17.

Voir : *Les amours de Louis le Grand.*

Monstre (Le), par l'auteur du *Damné* (Hugues-Marie-Humbert BOCON,
plus connu sous le nom d'Eugène LAMERLIÈRE). — Paris, Urbain Canel,
1824; 2 vol. in-12, 5 fr.

Ce roman fut saisi presque aussitôt après son apparition et supprimé par mesure administrative. Mᵐᵉ J. BASTIDE, qui avait collaboré au *Damné*, aurait pris

part aussi à cette production, qui fut d'ailleurs mise à l'index, par la police, en 1825.

Voir : *Note des ouvrages à supprimer.*

Montagnards (Les).

Voir : *Jésus-Christ devant le conseil de guerre.*

Monte-Christo (Le). — Journal.

Voir : *Epopée Garibaldienne.*

Monuments de la vie privée des douze Césars.

Voir :

Monumens du culte secret des dames romaines, pour servir de suite aux « Monumens de la vie privée des Césars » (par P.-F. Hugues d'HANCARVILLE. — Caprée (Nancy, LE CLERC), 1784, in-4.

Les 50 gravures que renferme chacun de ces deux volumes sont presque toutes, croit-on, de l'invention de d'HANCARVILLE et non prises sur des pierres ou camées antiques comme la préface le donne à entendre. Le texte offre une explication remplie de passages empruntés à Suétone, Martial, etc. La *Bibliographie Gay* (t. VI, p. 390) donne une notice intéressante sur cet ouvrage et sur ses différentes éditions.

Les *Monuments du Culte secret* sont d'ailleurs presque toujours joints aux : *Monuments de la vie privée des douze Césars, d'après une suite de pierres et médailles gravées sous leur règne.* Caprée, chez SABELLIUS, 1780, in-4.

Ces deux ouvrages ont été condamnés à la destruction :

1º Le *Culte secret,* seul, par arrêt de la Cour royale de Paris, en date du 19 mai 1815. (pas d'insertion au *Moniteur)* ;

2º Les deux ouvrages ensemble, du consentement du prévenu qui a été renvoyé des poursuites, par arrêt de la même Cour, chambre des mises en accusation, en date du 19 septembre 1826. (Pas d'insertion au *Moniteur.)*

Voir aussi : *Parapilla.*

Mort au tyran Louis-Philippe, la sangsue du peuple ! — Placard manuscrit affiché publiquement par Marie-Eugène-Dominique LENOIR, en mars 1842.

La destruction de ce placard, offensant pour la personne du roi, a été ordonnée par arrêt de la Cour d'assises de la Seine, en date du 5 juillet 1842, condamnant l'auteur à deux ans de prison et 500 fr. d'amende. *(Moniteur du 12 novembre 1842.)*

Mort de Bonaparte. — Gravure séditieuse.

Destruction ordonnée par jugement du Tribunal correctionnel de la Seine, en date du 30 novembre 1821. (Point d'insertion au *Moniteur*.)

Mort (La) de Jésus, tragédie sociale en cinq actes et en vers, par P.-X. SAURIAC, publié par la Société dite de « Propagande démocratique et sociale », dont le libraire était le sieur J. BALLARD, et le gérant le sieur Eugène-Louis CARPENTIER, homme de lettres.

La destruction de cet écrit a été ordonnée, pour excitation à la haine et au mépris des citoyens les uns contre les autres, attaques au principe de la propriété et aux droits de la famille, par arrêt de la Cour d'assises de la Seine, en date du 18 juillet 1851, condamnant SAURIAC à 15 mois de prison et 6,000 fr. d'amende, et BALLARD et CARPENTIER chacun à 3 mois d'emprisonnement et 500 fr. d'amende. *(Moniteur* des 19 juillet et 12 octobre 1851.)

Mort (La) du dernier soldat ; — Cantate en douze chants sur l'appui des braves. — Paris, 1825, par PERRINT ; imprimé par A. PILLET.

Le sieur Pierre-Augustin PERRINT, architecte, ayant été renvoyé par jugement contradictoire du Tribunal de police correctionnelle de Paris, en date du 25 janvier 1823, de la prévention d'avoir composé *l'écrit séditieux* ci-dessus, et le sieur Jean-Baptiste-Armand PILLET, imprimeur, ayant été condamné par le même jugement à 3,000 fr. d'amende, la Cour royale, sur l'appel interjeté par M. le Procureur du roi, à l'égard de PERRINT, a, par arrêt du 22 mars 1823, condamné ce dernier à 3 jours de prison et 100 fr. d'amende, — confirmé à l'égard de PILLET la sentence des premiers juges et ordonné d'office la destruction de l'exemplaire saisi. *(Moniteur* du 26 mars 1825.)

Mou (Le). — Chanson.

Voir : *Les gais Canotiers.*

Mouton (Le) enragé. — Article de journal.

Voir : *L'Album.*

Mouvement perpétuel, ou *le Pousse-Pousse.*

Nous n'avons trouvé aucune indication bibliographique sur cet écrit, ou dessin (?) cité par le Catalogue Wittersheim, p. 44.

Voir : *Les Amours de Louis le Grand.*

Moyen (Le) de parvenir, œuvre contenant la raison de tout ce qui a été et de tout ce qui sera, etc. Imprimé cette année (commencement du xviie siècle), in-16-439 pp. — Réimprimé un nombre considérable de fois, souvent avec des sous-titres divers tels que : le *Coupe cu de la mélancolie,* ou *Vénus en belle humeur ;* le *Salmigondis,* ou le *Manége du genre humain.*

Cette célèbre et ordurière production a été attribuée tantôt à Agrippa d'Aubigné, tantôt à Henry Estienne ; elle est généralement acquise aujourd'hui à Béroalde de Verville.

Bien que nous ne connaissions pas de condamnation spéciale de cet écrit, qui se vend partout aujourd'hui, il est cité par le Catalogue Wittersheim, p. 44.

Voir : *Les amours de Louis le Grand.*

L'édition de 1870-1873, 3 vol. in-8, Willem, Paris, ornée de nombreuses vignettes, dont quelques-unes sont assez libres, n'a été autorisée qu'à la condition que l'ouvrage serait mis en vente sans exposition aux vitrines des libraires.

Moyen infaillible de donner du travail et de l'aisance à l'ouvrier, par J.-M. Cappé. — Paris, 1834.

Cet écrit a été condamné à la destruction, pour offenses envers la personne du roi, par arrêt de la Cour d'assises de la Seine, en date du 14 mars 1834. L'auteur a été acquitté. (*Moniteur* du 25 avril 1834.)

Musée d'artistes. — Lithographie obscène.

Voir : *Esméralda.*

Musée (Le) des familles, recueil de douze lithographies licencieuses, avec texte et frontispice obscène ; in-4. — Bruxelles, Deshayes, éditeur.

Destruction ordonnée par arrêt de la Cour d'assises de la Seine en date du 9 août 1842. (Aff. contre Régnier-Becker. — *Moniteur* du 15 décembre 1843.)
Condamné aussi dans l'affaire contre Langlois.
Voici les légendes de ces obscénités :
A mon tour à présent. Donnez-moi du coloris à faire. Le Maître de musique. Le bon exemple. Le Passe-temps. Une bonne mère. Le Rêve d'une pucelle. Dieu, quelle jouissance ! Trente-six degrés au-dessous de zéro. Le Magasin de modes. L'Asperge à la sauce blanche. Une fausse couche.

Muses (Les) incognues, ou la *Seille aux Bourriers, plaine de désirs et imaginations d'amour.* — Rouen, Jean Petit, 1604 ; petit in-12 de 103 pp.

— Une réimpression de ces poésies satiriques a été faite textuellement sur l'unique exemplaire de la bibliothèque de l'Arsenal. — Paris, J. Gay, 1862 ; petit in-12 de XII-107 pp. Tirée à 102 ex., prix : 10 fr.

— Ce recueil attribué par Brunet à Michel Gay, de Tours, et par l'édi-

teur de 1862, à BÉROALDE DE VERVILLE, contient en réalité des pièces de
ces deux auteurs, ainsi que de GAUCHET, BERTHELOT, MORIN et autres.

La réimpression de 1862 a été condamnée à la destruction, par jugement du
Tribunal correctionnel de la Seine, du 22 mai 1863, inséré au *Moniteur* du 8 novembre 1865, comme contenant des outrages à la morale publique et aux bonnes
mœurs. (Aff. contre GAY et consorts.)

Voir : *Amours folastres.*

Mylord Arsouille.

Voir : *Milord Arsouille*

Et : *Parapilla.*

Mylords à 1 fr. 25 cent. la course.

Voir : *Sujets mécaniques.*

Mystères (Les) champêtres. — Recueil de douze lithographies,
plus une couverture, obscènes.

Destruction ordonnée, pour outrages à la morale publique et religieuse ainsi
qu'aux bonnes mœurs, par jugement du Tribunal correctionnel de la Seine, du
13 mars 1852. (Aff. contre LANGLOIS. — *Gazette des tribunaux* du lendemain.)

Mystères (Les) d'un évêché. — Roman publié, en 1872, en feuil-
letons, dans le journal la *Tribune,* de Bordeaux ; réimprimé, depuis la
condamnation, à Bruxelles, en 4 vol. in-12.

Ce déplorable écrit, contenant des outrages continuels à la morale publique et
religieuse, ainsi qu'à un culte reconnu par l'Etat, a pour auteurs les abbés Pierre-
François JUNQUA et Jean-François-Xavier MOULS, l'un prêtre habitué, l'autre
ex-chanoine à la cathédrale de Bordeaux.

Par arrêt de la Cour d'assises de la Gironde, du 9 juin 1872, la destruction des
numéros du journal *la Tribune,* contenant le roman 'en question, a été ordonnée. Le même arrêt a condamné : JUNQUA, à 2 ans de prison et 3,000 fr. d'amende ;
MOULS, aux mêmes peines (défaut) et PEYCHÈS, gérant du journal *la Tribune,*
à 3 mois de prison et 2,000 fr. d'amende.

Voir, pour les détails de ce triste et scandaleux procès : *Gazette des
Tribunaux* des 10-11 juin 1872, et *Journal officiel* du 7 mai 1874.

Mystères (Les) de Paris. — Recueil de lithographies obscènes, for-
mat in-folio, servant d'illustrations au fameux roman d'Eugène SUE. —
Voici les titres des principales estampes : *Derniers moments de Jacques
Ferrand. — Rodolphe et la comtesse Sarah à Gérolstein. — Le vicomte
de Saint-Remy et la duchesse de Lucenay à Chaillot. — Fleur-de-Marie*

et le chourineur au Tapis-franc. — Rigolette et Germain. — Cecily et David. — La marquise d'Harville et le commandant Robert.

Destruction ordonnée, pour outrages à la morale publique et religieuse ainsi qu'aux bonnes mœurs :

1º Par arrêt de la Cour d'assises de la Seine, en date du 29 avril 1845 (aff. contre VALLADE et autres. — *Moniteur* du 9 juin 1846);

2º Par jugement du Tribunal correctionnel de la Seine, en date du 13 mars 1852. (Aff. contre LANGLOIS. — *Gazette des Tribunaux* du lendemain.)

Mystères (Les) de Paris, la nuit. — Recueil de lithographies obscènes, format in-32 carré, contenant sept séries de six dessins chacune, représentant des femmes galantes dans les postures les plus indécentes ; au bas de chaque dessin sont écrits les nom et adresse de chaque femme représentée. — Il est absolument inutile d'énumérer ici ces quarante-deux inscriptions, d'ailleurs entièrement fictives.

La destruction de cet immonde recueil a été ordonnée :

1º Par arrêt de la Cour d'assises de la Seine du 7 mars 1851; (aff. contre PITOIS. — *Moniteur* du 15 mai suivant).

2º Arrêt de la même Cour, du 10 février 1852; (aff. contre CHAPELLE. — *Moniteur* du 8 mai 1852).

3º Jugement du Tribunal correctionnel de la Seine (7º ch.), du 13 mars 1852. (Aff. contre LANGLOIS. — *Gazette des Tribunaux* du lendemain.)

Mystères (Les) de Saint-Denis. — Série de vignettes.

Voir : *La Vie parisienne,* journal.

Mystères (Les) du confessionnal. — Roman publié par Hippolyte TOIGNE, prêtre, domicilié à Toulouse, en 1850.

Cinq passages de la deuxième partie de ce scandaleux écrit, émanant de la plume d'un ecclésiastique, furent incriminés comme contenant des outrages à la morale publique et religieuse ainsi qu'aux bonnes mœurs. La destruction en a été ordonnée par arrêt de la Cour d'assises de la Haute-Garonne, en date du 2 mars 1850, condamnant l'auteur à dix mois d'emprisonnement et 500 fr. d'amende. (*Moniteur* du 29 mai 1850.)

Mystères du grand monde. — Histoire des palais, résidences royales, prisons d'Etat, abbayes, boudoirs et salons, renfermant les principaux événements qui s'y sont accomplis : assassinats, empoisonnements, séquestrations, séductions, adultères, etc. 8 vol. in-8 avec 40 gravures (par Fulgence GIRARD). — Paris, 1850, rue St-Thomas-du-Louvre, 10.

Par jugement du Tribunal correctionnel de Dijon, en date du 31 mai 1854, le sieur François PRÉDEPUCE a été condamné à un mois de prison et 25 fr. d'amende pour colportage, sans autorisation, tant de l'ouvrage ci-dessus que des *Livres sur la femme*, de LARCHER, et de l'*Histoire de Paris*, par DULAURE. (*Journal officiel* du 7 mai 1874.)

Mystères (Les) du peuple, ou *Histoire d'une famille de prolétaires à travers les âges*, par Eugène SUE. — Paris, impr. de Mᵐᵉ DONDEY-DUPRÉ, 1849, in-8, 2ᵉ édition; 16 vol. in-8 avec gravures, 1849-1857, rue Notre-Dame-des-Victoires, 32, 160 fr.

Deux autres éditions ont été données à Bruxelles, en 1865, en 12 vol. in-8, et avec illustrations par la librairie A. Lacroix.

La destruction de cet écrit a été ordonnée :

1º Par arrêt de la Cour de Dijon, en date du 30 avril 1851;

2º Par jugement du Tribunal correctionnel de la Seine, en date du 25 septembre 1857, condamnant en outre de LA CHATRE et CHALIOF, dit FONTENAY, éditeurs, le premier à un an d'emprisonnement et 6,000 fr. d'amende, le second à deux mois de prison et 2.000 fr. d'amende et Aimée-Charlotte SAULNIER, veuve DONDEY, imprimeur, à un mois d'emprisonnement et 1,000 fr. d'amende, (*Moniteur* du 28 janvier 1857);

3º Cet ouvrage a encore motivé une condamnation contre Charles COLLET, condamné à six mois de prison et 500 fr. d'amende, pour colportage illicite dudit écrit et de deux autres mauvais livres.

Voir : *Jésus-Christ devant le conseil de guerre.*

Nacelle (La).

Ecrit (ou dessin ?) sur lequel nous n'avons point trouvé d'indication bibliographique. Il est cité au Catalogue Wittersheim, p. 44.

Voir : *Les Amours de Louis le Grand.*

Nain (Le). — Journal.

Voir : *Le Cardinal et le Capucin.*

Nain (Le) tricolore, ou *Journal politique des arts, des sciences et de la littérature*; numéro premier, janvier 1816. — Paris, de l'impr. du *Nain Tricolore*, in-8, 1 f. de titre et 14 pp.

« Ce journal, dit Barbier (t. III, col. 391), fut en réalité imprimé à Troyes et il n'en a paru que ce numéro. Il était rédigé par Robert BABEUF, Pierre-Spiridion

DUFEY et Georges-Constantin ZENOWITZ. » Les auteurs ainsi que l'imprimeur, Stanislas BOUQUOT, ainsi que les deux libraires, BABEUF et J.-J.-L. BEAUPRÉ, furent condamnés à la déportation, par arrêt de la Cour d'assises de la Seine, en date du 11 juin 1816, ordonnant en outre la suppression des exemplaires saisis ainsi que de tous ceux qui pourraient l'être par la suite. (Pas d'insertion au *Moniteur*.)

Naissance (La) de Quasi. — Fable.

Voir : *L'Esope.*

Napoléon dans l'exil.

Voir : *Pièces authentiques sur le captif.*

Napoléon et les paysans. — Article.

Voir : *Le Peuple,* journal.

Napoléon le Petit, par Victor HUGO. — Bruxelles, in-32, 1852 ; plusieurs fois réimprimé depuis 1871.

Comme *les Châtiments,* ce violent pamphlet contre Napoléon III fut interdit en France pendant toute la durée du second empire. Après le 4 septembre 1870, la maison Hetzel en fit faire une édition in-12 à 2 fr. qui se vendit fort bien , mais sans être enlevée avec autant de fureur que *les Châtiments.*

1º La destruction de *Napoléon le Petit* a été ordonnée, pour excitation à la haine du gouvernement et au mépris des citoyens les uns contre les autres, offenses envers l'empereur et envers les membres de sa famille, par jugement du Tribunal correctionnel de Lille, du 6 mai 1868, inséré au *Moniteur* du 19 septembre suivant. (Aff contre S. DUQUESNE.)

Voir : *Actes des Apôtres.*

2º La même mesure a été prescrite par jugement du Tribunal correctionnel de la Seine, en date du 29 janvier 1869. (Aff. contre Ch. GOSSELIN et consorts.)

Voir : *La Lanterne.*

Nation (La). — Journal publié à Paris.

1º *Nos des 30 novembre, 14, 15 et 28 décembre 1843.* Acte public d'adhésion à une autre forme de gouvernement. Destruction ordonnée par arrêt de la Cour d'assises de la Seine, en date du 25 mars 1844, condamnant Jacques-François DURAND, gérant et propriétaire du journal, à six mois de prison et 6,000 fr. d'amende. (*Moniteur* du 23 juin 1845) ;

2º *Nº du 13 mars 1844. — Lettre de M. de Larochefoucauld, duc de Doudeauville* (publiée aussi dans la *Gazette de France*). Attaque contre les droits que le roi tient du vœu de la nation. Acte public d'adhésion à une autre forme de gouvernement.

Destruction ordonnée par arrêt de la même Cour, du 13 avril 1844, condamnant
DURAND à quatre mois de prison et 6,000 fr. d'amende. (*Moniteur* du 23 juin 1845.)

National (Le). — Journal publié à Paris en 1823, et que la *Bibliographie Hatin* dit ne connaître que par la condamnation suivante :

Par jugement du Tribunal correctionnel de la Seine, en date du 7 octobre 1823,
a été ordonnée la destruction des numéros des 1, 2, 3 et 5 juillet 1823, contenant
des articles offensants envers la personne du roi. (Point d'insertion au *Moniteur*.)

National (Le). — Journal publié à Paris.

No du 14 mars 1833. Compte rendu infidèle, de mauvaise foi et injurieux d'une
audience de la Cour d'assises de la Seine. Destruction ordonnée par arrêt de la
Cour d'assises de Seine-et-Oise, en date du 10 août 1833, condamnant PAULIN,
gérant, à un mois de prison et 5,000 fr. d'amende. (*Moniteur* du 25 avril 1834.)

National (Le) de 1834. — Journal publié à Paris.

La destruction de douze numéros de ce journal a été ordonnée par 9 arrêts de
la Cour d'assises de la Seine en date des 31 mai, 26 juillet, 31 juillet, 13 août,
29 août, 16 septembre 1834, 13 juillet 1836, 2 octobre 1841 et 30 mars 1842, prononçant contre les gérants CARREL, CONSEIL, SCHEFFER, ROUEN, PERSAT et DELAROCHE,
des condamnations s'élevant ensemble à 2 ans et 3 mois de prison et 25,000 fr.
d'amende.

Parmi les numéros supprimés, nous citerons ceux des 8, 31 janvier, 1er février,
25 avril 1834 (ce dernier contient un article offensant pour la personne du roi,
intitulé : *Election de M. Laffite à Rouen*, 1er septembre 1834, 13 juillet 1836 (apologie
de l'attentat d'ALIBAUD), 12 septembre 1841 et 20 septembre 1841.

National (Le) de l'Ouest. — Journal publié à Nantes.

No du 19 mars 1849. Excitation à la haine et au mépris du gouvernement de la
République dans un article intitulé : *l'Echafaud politique relevé par la réaction.* Destruction ordonnée par arrêt de la Cour d'assises de la Loire-Inférieure en date du
2 juillet 1849, condamnant le gérant MANGIN à un an de prison et 3,000 francs
d'amende. (*Moniteur* du 2 octobre 1849.)

N'est pas femme de bien qui veut.

Voir : *Eugénie*, ou...

Nec plus ultrà (Le) du plaisir.

Voir : *Point de lendemain.*

Nécessaire (Le) et le superflu, chanson socialiste (autographiée).

La destruction de cet écrit, contenant des attaques contre le principe de la propriété et des excitations à la haine et au mépris des citoyens les uns contre les autres, a été ordonnée, par arrêt de la Cour d'assises de l'Aisne, en date du 13 août 1850. (Aff. contre LABAUDE. — *Moniteur* du 10 septembre 1850.)

Nécessité (De la) de former des clubs, par Pierre-Théophile Robert DINOCOURT. — Paris, in-8, 1848, SIMON ; 60 cent. (Réimpression.)

Cette brochure a valu à son auteur, en 1830, un procès en Cour d'assises. (Otto LORENZ, t. II, p. 129.)

Nécessité (De la) de l'amnistie, par Xavier RASPAIL. L'insurrection du 18 mars, ses causes, ses effets et sa répression. — Paris, chez l'éditeur des ouvrages de M. RASPAIL, 14, rue du Temple, 1876 ; in-12, 192 pages, 2 fr.

Par jugement du Tribunal correctionnel de la Seine (11e chambre), en date du 10 octobre 1876, l'auteur de cet écrit, M. Fr. X. RASPAIL, a été condamné à huit mois de prison et 1,000 fr. d'amende ; DUBUISSON, imprimeur, à 500 fr. d'amende et aux frais solidairement.

Sur l'appel interjeté par M. RASPAIL, la Cour de Paris, considérant « que la « brochure en question n'est qu'une défense nouvelle de faits de l'insurrection « de 1871, qui met constamment en parallèle les agents de la répression et les « insurgés, qui s'efforce d'atténuer leurs responsabilités pénales en les repré- « sentant comme des belligérants contre les droits de l'Assemblée nationale et de « l'ordre public », a, par arrêt du 11 novembre 1876, confirmé purement et sim- plement la sentence des premiers juges. Les exemplaires saisis ont été détruits.

A l'occasion de son appel, M. RASPAIL avait fait paraître un écrit de 8 pages, in-8, imprimé chez DUBUISSON, intitulé : « *Chambre des appels correctionnels. — Con- clusions pour M. Xavier Raspail.* »

Némésis (La) incorruptible. — Satire hebdomadaire, in-4, com- mencée le 18 novembre 1832, par J.-F. DESTIGNY, de Caen.

Cette satire, souvent très-virulente, fut une des nombreuses imitations pro- duites par le succès qu'avait alors la *Némésis* de BARTHÉLEMY, qui depuis... !

La *Némésis incorruptible* fut interrompue peu de temps après son apparition et recommença sa carrière, en 1838, sans faire oublier cependant la *Némésis cor- rompue.* M. DESTIGNY fut condamné, en décembre 1838, par jugement du Tri- bunal correctionnel de la Seine, à 3 mois d'emprisonnement et 1,500 fr. d'amende, pour avoir fait distribuer, sans cautionnement, un certain nombre de numéros de ses satires chez les boulangers de Paris.

Voir : *Louandre* et *Bourquelot,* t. III, p. 250.

Némésis. — Satire hebdomadaire, par Auguste-Marseille BARTHÉLEMY.

— Paris; l'auteur, PERROTIN; 1830-1832, 52 numéros in-4. (Plus de sept fois réimprimé.)

C'est certainement un des écrits qui ont le plus occupé les Tribunaux pour aboutir à un acquittement final.

BARTHÉLEMY (comme V. VIAN pour la *Gorgone*) fut poursuivi pour avoir publié un écrit, *par livraisons périodiques,* sans cautionnement. La réalité est que ces productions mordantes devaient singulièrement agacer le pouvoir d'alors. L'auteur fut donc condamné à un mois de prison et 500 fr. d'amende par jugement du Tribunal correctionnel de la Seine du 27 août 1831. Sentence confirmée par arrêt de la Chambre des appels correctionnels du 7 octobre suivant (défaut), puis mise à néant par arrêt de la même Chambre du 10 décembre suivant, rendu sur opposition. — Mais, le Procureur général ayant fait appel en cassation, la Cour suprême renvoya, par arrêt du 29 décembre 1831, devant les juges de Rouen, BARTHÉLEMY, qui fut d'abord condamné à la même pénalité que ci-dessus, et enfin déchargé par arrêt définititif de la Cour de Paris, en date du 26 avril 1832.

Voir : *Gazette des Tribunaux* de 1831-1832, et notamment du 27 avril 1832.

Nicostrata (La). — Brochure périodique en vers, par L.-Victor BASIÈRE. — Paris, GARNIER et les principaux libraires, 1831, in-8, impr. chez MIE et RIVAIL.

Ce recueil, que des poursuites interrompirent peu de temps après ses débuts, fut repris en 1837.

La 3e livraison de *La Nicostrata,* contenant entre autres vers séditieux, une chanson intitulée : *La République,* fut poursuivie pour provocation, non suivie d'effet, au renversement du gouvernement. La destruction en fut ordonnée par arrêt de la Cour d'assises de la Seine, du 28 juin 1832, condamnant l'auteur à 15 mois de prison et 500 fr. d'amende, et les deux imprimeurs chacun à six mois et 2,000 fr. (défaut).

Sur opposition de ces deux derniers, la même Cour, par arrêt du 8 septembre suivant, acquitta RIVAIL et réduisit la peine de MIE à trois mois de prison et 50 fr. d'amende (minimum de la peine).

Voir : *Gazette des Tribunaux* des 29 juin et 9 septembre 1832.

Nom (Le) de famille, par Auguste LUCHET. — Paris, SOUVERAIN, 1841, 2 vol. in-8, 15 fr. — Réimprimé à Bruxelles, 1842, 2 vol. in-12.

M. LUCHET, fécond romancier, fut, à ses débuts, l'un des collaborateurs de Félix PYAT. — Le *Nom de Famille,* qui porte cette épigraphe : *Is pater est quem nuptiæ demonstrant,* est un de ses meilleurs romans, dit le *Catalogue Monselet.* « C'est une hardie conception; phrase continuellement grondante; d'admirables « chapitres : le *Choléra,* la *Mort de Broussais,* et surtout une *évasion du Mont St-* « *Michel,* qui est un chef-d'œuvre de narration. » Tous ces mérites n'empêchèrent pas le Parquet de relever dans cet ouvrage des outrages à la morale publique, des excitations à la haine et au mépris du gouvernement du roi, des excitations au mépris ou à la haine des citoyens contre plusieurs classes de personnes ; enfin, des outrages à la religion professée par la majorité des Français. — Un arrêt de la Cour d'assises de la Seine, en date du 10 mars 1842, ordonna la suppression de cet ouvrage et condamna l'auteur à deux ans de prison et 1,000 fr. d'amende. (*Moniteur* du 12 novembre 1842.)

Nonne (La) éclairée.

Voir : *Les Lauriers ecclésiastiques.*

NOTE des ouvrages à supprimer dans les cabinets de lecture, rédigée d'après les retranchements faits, sur les catalogues, par Messieurs les Inspecteurs de la librairie. — (Insérée au XIe supplément de la « Petite Bibliographie Biographico-Romancière de Pigoreau ». — Paris, in-8 ; 15 octobre 1825.)

Un des objets dont l'autorité se préoccupa plus particulièrement, dès le commencement de la Restauration, ce fut de faire disparaître aussi exactement que possible de la librairie, toutes les productions contraires à la religion, à la morale publique, aux bonnes mœurs, à l'ordre social, et dont la publication avait été si singulièrement facilitée par l'esprit de libertinage de la fin du xviiie siècle, la licence inouïe de la période révolutionnaire, et la tolérance fort relâchée de l'époque impériale.

Toutefois, ce n'était point chose aisée d'atteindre tous ces écrits, dont les auteurs et éditeurs avaient disparu presque tous depuis longtemps, et l'autorité judiciaire dut se borner à sévir, surtout contre les réimpressions de livres pernicieux, ainsi qu'on peut le remarquer pendant la période décennale qui s'étend de 1815 à 1825.

De son côté l'autorité administrative s'efforça, soit par des saisies, soit par des prohibitions spéciales, de diminuer le nombre et d'entraver la circulation des ouvrages anti-religieux et érotiques qui infestaient alors les cabinets littéraires et étaient à portée de toutes les mains. En 1825, elle fit publier et répandre la note dont le titre figure en tête de cet article. Cette sorte d'*index* de la librairie française qu'on doit considérer, non comme une mesure de tracasserie et de répression, mais bien comme un utile avertissement destiné surtout à prévenir les tristes résultats des mauvaises lectures, fut sanctionnée par des condamnations correctionnelles prononcées par divers tribunaux contre des libraires et teneurs de cabinets littéraires qui n'avaient pas craint de vendre ou de louer, à de tout jeunes gens, et même à des enfants, des livres prohibés.

Nous n'avons pas cru devoir transcrire ici cette note qui comprend près de cent articles ; nous en avons fait des extraits, qui sont classés en leur lieu et place, et qui contiennent toutes indications et renvois nécessaires.

Note secrète, ou *Manifeste du parti absolutiste,* adressé, en 1818, au

Congrès des princes alliés, à Paris, pour demander le retrait de la Charte constitutionnelle. — Paris (Baudouin, éditeur), in-8, juin 1818 ; 60 pp.

Dans ses *Anecdotes historiques du temps de la Restauration* (Paris, Didot, 1853, in-12), M. Baudouin donna de curieux détails (pages 1 à 14) sur les tribulations qu'il éprouva au moment où on le chargea d'imprimer ce factum, qui finit cependant par être publié le 29 juin 1818, après avoir manqué, à plusieurs reprises, d'être supprimé par ordre du ministère. Cette brochure est utile à consulter pour bien connaître le complot désigné sous le nom de « Conspiration du bord de l'eau. » — Il faut y joindre la « Réponse aux ultra-royalistes, ou réfutation de la note secrète », etc. (par M. A. Jullien). Paris (le même), 1818.

Notice explicative sur l'impérieuse urgence d'une réglementation fixe et de la publicité de l'emploi des fonds votés pour l'encouragement des sciences et des lettres, avec le tableau sommaire des graves abus subsistant depuis 1830 dans l'état discrétionnaire de ces crédits, d'après les seuls rapports officiels, par Sébastien Rhéal (*Gayet de Césena*). — Paris, de l'impr. de Lacour, 1847, in-8, 20 pp.

Ce mémoire, adressé à « Messieurs les Membres des deux Chambres législatives », n'a pas été poursuivi judiciairement ; toutefois, on a lieu de penser qu'il a dû être en partie supprimé. En tout cas, il valut à son auteur la suppression immédiate d'une modeste pension de 800 fr. qui avait été allouée à ce dernier en raison de ses travaux littéraires.

M. S. Rhéal prit assez mal cette mesure qu'il ne put venir à bout de faire rapporter. Quelques mois après, la Révolution ayant éclaté, il s'empressa de publier un nouvel écrit intitulé : *Documents historiques (1847)*, etc., etc. Paris, Proux, 1848, in-8, 16 pp., et dans lequel il raconte tout au long sa mésaventure.

Notice historique et biographique sur les scènes.

Voir : *Pot-Pourri, ou...*

Notice historique sur l'assassinat commis par Mingrat, curé de St-Quentin, par Gérin, frère de la victime.

Un jugement du Tribunal correctionnel de Nantes, en date du 2 août 1826, condamna Gérin à 500 fr. d'amende, pour avoir publié, vendu et distribué son ouvrage sans être pourvu d'un brevet de libraire. Au mois de septembre suivant il fut, sur son appel, déchargé par arrêt de Cour royale. (*Gazette des Tribunaux* du 29 septembre 1826.)

Nouveau (Le) Cabinet des Muses gaillardes, s. l. n. nom, 1665, in-12. L'exemplaire unique conservé à la Bibliothèque de l'Arsenal n'a que 92 pp., le reste a été supprimé à dessein. — On connaît une autre édition antérieure à 1665, s. l. n. d., 2 part. pet. in-12, 86 pp., avec figure.

Ce recueil introuvable a été réimprimé sur l'édition de 1665, avec une notice de M. P. Lacroix. — Genève, J. Gay, 1865, in-18 de X-87 pp. tiré à 102 ex. Il contient des pièces fort libres.

La destruction en a été ordonnée, par jugement du Tribunal correctionnel de la Seine, du 25 juin 1869, inséré au *Journal officiel* du 7 mai 1874. (Aff. contre Puissant et consorts.)

Voir : *Abus dans les cérémonies.*

Nouveau catéchisme poissard, ou la *Trompette du Carnaval*, recueil de chansons, etc. — Paris (impr. Hiard, à Meulan), 1843, in-18, 3 ff. et une planche. — Réimprimé, vers 1852, sous le titre de : *l'Art de s'engueuler dévoilé.*

La destruction de ce recueil obscène, contenant des outrages à la morale publique et aux bonnes mœurs, notamment aux pages 21, 22, 23, 25, 27, 38, 46, 51, 77 et 80, a été ordonnée :

1o Par jugement du Tribunal correctionnel de Niort, en date du 14 avril 1860, condamnant Bertrand et Modeste Grand, colporteurs, chacun à 2 mois de prison et 16 fr. d'amende; (*Moniteur* du 4 mai 1860);

2o Par jugement du Tribunal correctionnel de Coulomniers, en date du 2 décembre 1865. (Aff. contre Saux et Dussay, inculpés de colportage sans autorisation. — *Moniteur* du 20 janvier 1866.)

Nouveau (Le) entretien des bonnes compagnies.

Voir : *Parnasse des Muses.*

Nouveau (Le) jardin d'amour, ou *la Galanterie du jour*. — Paris, 1860, in-18, 108 pp.

Ce petit écrit, dont la 1re édition date de 1671, et qui est souvent accompagné de *l'Amour conjugal*, a été réimprimé plus de vingt fois, avec des sous-titres différents, tels que : *l'Art de réussir en amour; Méthode pour bien entretenir une maîtresse; Art de se faire aimer;* etc., etc.

C'est sous le titre ci-dessus que la destruction en a été ordonnée, pour outrages à la morale publique et aux bonnes mœurs, par jugement du Tribunal correctionnel de Niort, en date du 14 avril 1860, condamnant les colporteurs Bertrand et Modeste Grand, chacun à deux mois de prison et 16 fr. d'amende. (*Moniteur* du 4 mai 1860).

Nouveau (Le) Parnasse des Muses.

Voir : *Parnasse des Muses.*

Nouveau (Le) Parnasse satyrique.

Voir : *Parnasse et Cabinet satyriques.*

Nouveau Parnasse satyrique du XXIe siècle.

Voir : *Parnasse et Cabinet satyriques.*

Nouveau régiment français. — Lithographie obscène.

Voir : *Les Français en Afrique.*

Nouvel (Le) enfant de la goguette, par Emile DEBRAUX. — Paris, LECOUVEY, 1823, in-18, avec une planche et un front. gravé.

Le sieur Charles LECOUVEY ayant été reconnu éditeur de quatre chansons renfermant des outrages aux bonnes mœurs, lesquelles chansons intitulées : *C'est du nanan ; La belle main ; Lisa ; Mon cousin Jacques,* dont le sieur Debraux s'est reconnu l'auteur, ont été insérées dans un recueil ayant pour titre : *Le nouvel enfant de la Goguette,* a été condamné par jugement contradictoire du Tribunal correctionnel de Paris, en date du 21 février 1823, à un mois de prison et 25 fr. d'amende. Le même jugement a ordonné la suppression des quatre chansons sus-désignées. Sentence confirmée, purement et simplement, sur l'appel de Lecouvey, le 29 mai suivant. Le sieur DEBRAUX, condamné par le même jugement à un mois de prison et 16 fr. d'amende, n'a point interjeté appel. (*Moniteur* du 26 mars 1825.)

Nouvel ordre du jour.

Voir : *Chansons de Béranger.*

Nouvelle biographie pittoresque des Députés.

Voir : *Biographie pittoresque des Députés.*

Nouvelle (La) d'un Révérend Père en Dieu *et bon Prélat demeurant en Avignon, et le moyen comme il ressuscita de mort à vie, avec le deschiffrement de ses tendres amourettes ;* faicte et composée par Colin ROYER, bachelier formé in utroque, etc. — Troyes, LARRIVOUR (Paris, NICOLE), 1546, pet. in-4 de 22 ff.

Réimpression textuelle, collationnée sur l'exemplaire unique de 1546, conservé à la Bibliothèque impériale. — Paris, J. GAY, 1862, pet. in-12 de IV-40 pp., tiré à 115 exempl.

Colin ROYER, soi-disant auteur de cette satire, dirigée contre un évêque amoureux dont le nom n'est point prononcé, n'est autre que Jean DE LUXEMBOURG, abbé d'Ivry, au diocèse d'Evreux, de Larrivour, au diocèse de Troyes et plus tard évêque de Pamiers. Il était issu de l'illustre maison des princes de Luxembourg.

On lui doit encore l'ouvrage intitulé : *Vie et actes triumphans de Catherine des Bas Souhaiz*, dont il sera parlé en son lieu et place.

La destruction de la *Nouvelle d'un révérend père en Dieu* a été ordonnée, pour outrages à la morale publique et aux bonnes mœurs, par jugement du Tribunal de la Seine, du 22 mai 1863, inséré au *Moniteur* du 8 novembre 1865. (Aff. contre GAY et consorts.)

Voir : *Amours folastres.*

Nouvelle (La) Félicia.

Voir : *Cécile.*

Nouvelle (La) Héloïse.

Voir : *Œuvres de J.-J. Rousseau.*

Nouvelle (La) Justine.

Voir : *Justine de De Sade.*

Nouvelle légende dorée, ou *Dictionnaire des Saints,* mis au jour par S. M. (Pierre-Sylvain MARÉCHAL), rédacteur de l'*Almanach des honnêtes gens.* — Rome, rue des Pêcheurs, s. d. (1790), 2 part. in-12.

Production non moins détestable et impie que les autres écrits du même auteur, citée au *Catalogue Wittersheim,* p. 45.

Voir : *Les Amours de Louis le Grand.*

Nouvelle traduction de Woman of plasure.

Voir : *La Fille de joie.*

Nouvelle traduction du Meursins françois.

Voir : *Académie des Dames.*

Nouvelles (Les sept petites) de Pierre Arétin.

Voir : *Arétin IV.*

Nouvelles galantes et critiques, par B... (BATACCHI). Traduites de l'italien (par Louet DE CHAUMONT). — Paris, an XII, 4 tomes pet. in-18, et 4 vol. in-24 ; 1823.

Cet ouvrage de BATACCHI, auteur fort libre comme on sait, est cité au *Catalogue Wittersheim,* p. 45.

Voir : *Les Amours de Louis le Grand.*

Nouvelles lettres provinciales, ou *Lettres écrites par un provincial à un de ses amis sur les affaires du temps*, par l'auteur de la *Revue politique de l'Europe en* 1825. (P. F. X. BOURGUIGNON D'HERBIGNY). — Paris, chez les marchands de nouveautés, novembre 1825, in-8, 224 pp. — Réimprimé à Bruxelles, de Mat, 1825, in-8, 122 pp.

La destruction de cet écrit, contenant des outrages à la religion de l'Etat et à la dignité royale, fut ordonnée par arrêt de la Cour royale de Paris, en date du 20 juin 1826, inséré au *Moniteur* du 7 novembre suivant. L'auteur, condamné, par le même arrêt, à 3 mois de prison et 300 fr. d'amende, se retira dans les Pays-Bas pour se soustraire à l'exécution de la sentence.

Nouvelles (Les) malices des femmes.

Voir : *La Malice des grandes filles.*

Nouvelles (Les) Vierges, ou la *Nuit aux aventures.* — Paris, s. d. (vers 1800), in-12 ; réimprimé plusieurs fois, notamment en 1814 et en 1821 ; in-18.

Ecrit fort libre cité au Catalogue Wittersheim, p. 61.

Voir : *Les Amours de Louis le Grand.*

Noviciat (Le) d'amour.

Voir : *Veillées du Couvent.*

Nuit (La) aux aventures.

Voir : *Les nouvelles Vierges.*

Nuit (La) des noces. — Chanson obscène.

Voir : *Le Chansonnier du B......*

Nuit (La) merveilleuse.

Voir : *Point de lendemain.*

Nuits (Les) de Paris.

Voir : *Les Nymphes du Palais-Royal.*

Nuits (Les) de Paul Niquet, roman publié par M. BEAUJOINT dans le journal illustré bihebdomadaire l'*Omnibus.* — Paris, 1864.

Les héritiers du célèbre marchand de vins-traiteur, qui, pendant vingt années et jusqu'en 1823, exploita le fameux cabaret de la rue aux Fers, portèrent plainte en diffamation contre le sieur Bunel, directeur du journal l'*Omnibus*, et le sieur Beaujoint, auteur du susdit roman en cours de publication depuis le 30 septembre 1864. Ils réclamaient notamment 20,000 fr. de dommages-intérêts.

Le Tribunal correctionnel de la Seine, par jugement du 2 décembre 1864, a condamné les deux prévenus chacun à 100 fr. d'amende, ensemble à 200 fr. de dommages-intérêts et ordonné la suppression du journal l'*Omnibus*, en ce qui concerne le roman incriminé. (*Gazette des Tribunaux* du 4 décembre 1864.)

Sur appel interjeté par Bunel et Beaujoint, la Cour impériale de Paris, par arrêt du 9 février 1865, a déchargé les appelants, mis à néant le premier jugement et condamné les parties civiles à tous dépens. (*Gazette des Tribunaux* du 10 février 1865.)

Nuits (Les) de Saint-Cloud.

Voir : *Les deux Cours.*

Nuits (Les) et le mariage de César, par L. Stelli (par Hippolyte Magen).

— Jersey, 1853, in-32, 96 pp. — Souvent réimprimé à Bruxelles, notamment avec le nom de l'auteur, qu'on a cru longtemps à tort être M. Auguste Callet.

Ouvrage contenant des excitations à la haine et au mépris du gouvernement, des offenses envers la personne de l'empereur Napoléon III et les membres de sa famille, etc., dont la destruction a été ordonnée par jugement du Tribunal correctionnel de la Seine (6e ch.), du 27 janvier 1869, inséré dans la *Gazette des Tribunaux* du lendemain. (Aff. contre Gosselin et autres.)

Voir : *La Lanterne.*

Nuits mystérieuses d'une fille de joie. — Paris, 1849, in-18.

Ouvrage obscène, dont la destruction a été ordonnée, par jugement du Tribunal correctionnel de Rethel (Ardennes), en date du 13 avril 1852, condamnant en outre Etienne Clouzet et J.-J. Pujole, colporteurs, chacun à un mois d'emprisonnement et 25 fr. d'amende, pour colportage illicite et mise en vente de mauvais livres.

Nymphes (Les) du Palais-Royal, *leurs mœurs, leurs expressions d'argot, leur élévation, leur retraite et décadence,* par P. Cuisin. — Paris, 1815, in-18, 144 pp., une fig., 2 fr.

Réimprimé aussi la même année sous le titre de : *La Volupté prise sur le fait,* ou les *Nuits de Paris.* — Paris, Roux, 1815, in-8, 1 fr. 50.

Ecrits extrêmement licencieux, mis à l'index, par mesure de police, en 1825.

Voir : *Note des ouvrages à supprimer.*

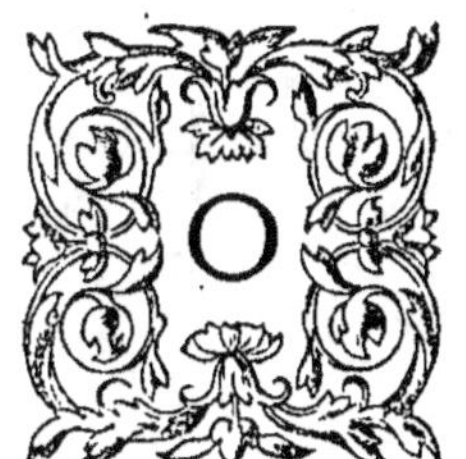

Obscénités de toute nature.

Voir : *La Préface,* § II.

Observateur (L') des Tribunaux. — Journal.

Voir : *Pétition d'un voleur.*

Observateur (L') sans préjugés.

Voir : *Laurent Marcel.*

Observations de Me Hennequin, avocat, sur l'instruction relative à la mort du prince de Condé. — Paris, in-4.

Lors du procès civil intenté à Mme la baronne de FEUCHÈRES, par MM. de ROHAN, ceux-ci publièrent un mémoire portant le titre ci-dessus et résumant cette fameuse et triste affaire, dont bien des gens peuvent encore se souvenir aujourd'hui. Mme de FEUCHÈRES en demanda la suppression au Tribunal de 1re instance; mais la juridiction civile se déclara incompétente, attendu que l'écrit n'avait point été produit dans l'instance. Mme de FEUCHÈRES et l'abbé BRIANT, également visé dans ce factum, portèrent plainte devant le Tribunal correctionnel de la Seine, qui, par jugement du 8 juin 1832, condamna le prince de ROHAN, comme diffamateur, à 3 mois d'emprisonnement et 1,000 fr. d'amende, et ordonna la suppression et la destruction de l'écrit incriminé partout où il pourrait être saisi.

Quelques jours après, en vertu de ce jugement devenu définitif, et à la requête de ladite dame de FEUCHÈRES , des descentes de police furent effectuées chez l'éditeur, l'imprimeur dudit mémoire et chez les divers libraires de Paris qui en étaient dépositaires. Plusieurs exemplaires furent trouvés, saisis et lacérés séance tenante en présence de témoins qui signèrent un procès-verbal dressé en cette occasion.

« Depuis longtemps, dit un narrateur contemporain, on n'avait vu mettre dans l'exécution d'un jugement de cette nature, autant de persévérance et de ténacité. (*Gazette des Tribunaux* des 9 juin et 28 juillet 1832.)

Occasion (L') perdue recouverte (*sic*), par Pierre CORNEILLE. — Nouvelle édition, accompagnée de notes et de commentaires avec les sources et les imitations qui ont été faites de ce poëme célèbre, non recueilli dans les œuvres de l'auteur. — Paris, J. Gay, 1862, pet. in-12, 94 pp., tiré à 250 ex., et pet. in-8, tiré à 70 ex. Prix : 3 et 5 fr.

Le petit poëme de l'*Occasion perdue* se compose de 40 stances de 10 vers chacune et occupe les pages 5 à 18 de cette curieuse plaquette. C'est la première édition complète de cet élégant opuscule qui avait figuré déjà dans 20 recueils avec plus ou moins de correction.

Cette réimpression a été condamnée à la destruction par jugement du Tribunal correctionnel de la Seine, du 22 mai 1863, inséré au *Moniteur* du 8 novembre 1865, comme contenant des outrages à la morale publique et aux bonnes mœurs. (Aff. contre Gay et consorts.)

Voir : *Amours folastres.*

Occitanique (L'). — Journal publié à Montpellier (non cité par Hatin).

Le numéro de ce journal portant la date du *29 avril 1834*, contenant un article renfermant des excitations à la haine et au mépris du gouvernement du roi, a été condamné à la destruction par arrêt de la Cour d'assises de l'Hérault, en date du 5 mars 1834, condamnant en outre le gérant Alex. Garnier à un mois de prison et 300 fr. d'amende. (*Moniteur* du 30 décembre 1834.)

Ode à Priape. — Gravure obscène.

Voir : *Les Gaudrioles.*

Ode à Priape (16 strophes), suivi de l'*Hymne au c..* ; à F. . topolis, aux dépens des amateurs, 1835, in-12, imprimé en rouge avec 4 figures gravées sur acier, le plus souvent coloriées.

Telle est l'édition la plus connue, à l'étranger, de cette fameuse et détestable production d'Alexis Piron.

Des exemplaires, introduits clandestinement en France, ont été condamnés à la destruction par jugement du Tribunal correctionnel de la Seine (6e ch.), en date du 25 juin 1869, inséré au *Journal officiel* du 7 mai 1874. (Aff. contre Puissant et consorts.)

Voir : *Abus dans les cérémonies.*

Odes et stances sur la mort de Lallemant.

Voir : *Relation détaillée des faits.*

Œil (L') du peuple. — Journal.

Voir : *A B C démocratique.*

Œuvres badines d'Alexis Piron. — Paris, chez les marchands de nouveautés, 1796-1797, in-8, in-12 et in-18 ; 144 pp. avec 8 figures libres, assez jolies, non signées.

Depuis la publication de ce livre en 1796, jusqu'en 1872, il en a été fait plus de vingt éditions sur lesquelles on peut consulter l'art. de la *Bibliographie Gay* (t. V, p. 337 et suiv). Presque toutes ces éditions, plus ou moins expurgées, contiennent des pièces dans lesquelles PIRON n'est pour rien. Le recueil cependant a toujours porté son nom.

Les condamnations suivantes ont été prononcées au sujet de cet ouvrage :

1º Arrêt de la Cour royale de Lyon, du 23 mars 1817 ; outrages aux bonnes mœurs ; destruction ordonnée. (Point d'insertion au *Moniteur*);

2º Arrêt de la Cour royale de Paris, du 5 janvier 1828 ; même mention que ci-dessus ;

3º Arrêt de la Cour d'assises de la Seine, du 24 novembre 1834 (inséré au *Moniteur* du 26 juin 1836), condamnant Auguste JEAN, commis-libraire, à 3 mois de prison et 300 fr. d'amende, reconnu coupable d'outrages aux bonnes mœurs et à la religion, pour mise en vente dudit ouvrage et d'autres analogues ;

4º Arrêt de la Cour d'assises du Nord, en date du 2 février 1835 (inséré au *Moniteur* du 7 août suivant), condamnant ARTIGUES, dit Jean ARTIGUES, à un an de prison et 500 fr. d'amende ;

5º Arrêt de la Cour d'assises de la Vienne, en date du 12 décembre 1835 (inséré au *Moniteur* du 9 juin 1839), condamnant CLOUZOT, Antoine et Jean PORTERIÉ, chacun à 10 fr. d'amende ;

6º Jugement du Tribunal de la Seine, en date du 27 mars 1852, ordonnant la destruction du dit ouvrage, et condamnant TERRY à.... (*Journal officiel* du 7 mai 1874) ;

Et 7º jugement du Tribunal de Lille, du 6 mai 1868, inséré au *Moniteur* du 19 septembre suivant, ordonnant la destruction, pour outrages à la morale publique et religieuse, ainsi qu'aux bonnes mœurs, de l'ouvrage intitulé : *Œuvres badines d'Alexis Piron*, commençant par ces mots : « O jours heureux ! » et finissant par ceux-ci : « ...utile au service du c... » (Aff. contre DUQUESNE).

Voir : *Actes des Apôtres.*

Voir aussi : *Parapilla.*

Œuvres badines de Robbé de Beauveset (en vers). — Londres et Paris, LAVILLETTE, 1801 ; 2 part. in-18, fig. libres.

Bien que ce recueil ne contienne pas les pièces les plus licencieuses de l'auteur et notamment son poëme sur la vér..., il a cependant été condamné à la destruction, pour outrages à la morale publique et religieuse ainsi qu'aux bonnes mœurs, par jugement du Tribunal correctionnel de la Seine (7e ch.), en date du 3 avril 1852, confirmé par arrêt du 8 mai suivant. (Aff. contre DETOUCHE.)

Œuvres choisies de Grécourt, précédées de considérations historiques et critiques sur le genre de poésie auquel elles appartiennent (par

Louis-François L'Héritier, de l'Ain; avec des gravures obscènes par Champion). — Paris, Paulin (Renault), 1833, in-8.

Les éditions des œuvres badines, choisies, complètes, etc., de Grécourt, sont très-nombreuses ; nous citons de préférence celle décrite ci-dessus, pour deux motifs : 1º Elle fut l'objet d'un procès curieux ; l'éditeur Paulin, nommé au bas de cette coupable publication, à laquelle il n'avait nullement contribué, non-seulement réclama dans tous les journaux contre cette espèce de diffamation, mais encore poursuivit devant les Tribunaux les véritables éditeurs qui n'avaient pas craint d'abuser de son nom ; 2º ce fut sans doute l'édition visée par arrêt de la Cour d'assises du Nord, du 2 février 1835 , ordonnant la destruction desdites *Œuvres de Grécourt,* et condamnant à un an de prison et 500 fr. d'amende, Jean Artigues, colporteur, qui s'était rendu coupable d'outrages à la morale publique et religieuse, ainsi qu'aux bonnes mœurs, en mettant en vente, dans les rues de Lille, des exemplaires tant dudit ouvrage que d'autres mauvais livres. (*Moniteur* du 7 août 1835.)

Œuvres complètes de Parny (Evariste-Désiré Desforges, chevalier, puis vicomte de...); 4 et 5 vol.

Destruction ordonnée, pour outrages aux bonnes mœurs et dérision envers la religion de la majorité des Français ;

1º Par arrêt de la Cour d'assises du Nord, en date du 2 février 1835, condamnant Jean Artigues à un an de prison et 500 fr. d'amende (*Moniteur* du 7 août 1835);

2º Par arrêt de la Cour d'assises de la Seine, du 24 août 1840, condamnant Maurice Goin, imprimeur en taille-douce, à un an de prison et 600 fr. d'amende. (*Moniteur* du 23 juin 1845.)

Voir encore pour les œuvres de Parny : *La guerre des Dieux.*

Et : *Le paradis perdu.*

Œuvres de G.-C.-A. Pigault-Lebrun.

Les écrits suivants de ce célèbre romancier ont été mis à l'index, comme licencieux, en 1825, ce sont : *Le Citateur.* — *La folie espagnole.* — *L'enfant du Carnaval.* — *Jérôme.* — *Monsieur de Roberville.* — La note de police porte en outre que ses autres ouvrages ne doivent pas être donnés indistinctement à tout le monde.

Œuvres de J.-J. Rousseau.

Les écrits suivants : « *Confessions,* » — « *Profession de foi du vicaire Savoyard,* » — « *La nouvelle Héloïse* », ont été mis à l'index, par mesure de police, en 1825.

Voir : *Note des ouvrages à supprimer.*

Œuvres de J.-P.-R. Cuisin.

Les ouvrages suivants de Cuisin ont été mis à l'index, comme licencieux, par mesure de police, en 1825, ce sont :

L'amour au grand trot, ou la Gaudriole en diligence. — *Clémentine orpheline et Andro-gyne, ou les Caprices de la nature et de la fortune.* — *Ducls, suicides et amours du Bois de Boulogne.* — *Les femmes entretenues dévoilées dans leurs fourberies galantes, ou le Fléau des familles et des fortunes.* — *Les nymphes du palais Royal ou la volupté prise sur le fait.* — *Vie d'un garçon dans les hôtels garnis, ou de l'amour à la minute.*

Voir : *Note des ouvrages à supprimer.*

Œuvres de la marquise de Palmarèze, par MÉRARD DE SAINT-JUST.

Voir : *Espiègleries, joyeusetés, etc.*

Œuvres de Raban.

Les ouvrages suivants de RABAN ont été mis à l'index, par mesure de police, en 1825, comme satiriques ou licencieux : ce sont : *Le curé capitaine.* — *Mon cousin Mathieu.* — *Monsieur Corbin,* ou *l'Intendant maire de village.* — *L'incrédule ou les deux Tartufes.* — *Farville,* ou *Blanc, noir et couleur de rose.* — *Le marquis de la Rapière.*

Voir : *Note des ouvrages à supprimer.*

Œuvres de Victor-Henri-Joseph Brahain-Ducange.

Les romans suivants de ce fécond écrivain, ont été mis à l'index, comme licen-cieux, par mesure de police, en 1825 ; ce sont : *Albert, ou les Amants missionnaires; Agathe, ou le Petit vieillard de Calais; Thélène, ou l'amour et la guerre ; Valentine, ou le pasteur d'Uzès.*

Voir : *Note des ouvrages à supprimer.*

Œuvres de Voltaire (Fr.-Marie AROUET DE...).

Les écrits suivants : « *La Bible enfin expliquée,* » — « *Le Dictionnaire philosophique,* » — « *Contes et romans,* » — « *La pucelle* », ont été mis à l'index, par mesure de police, en 1825.

Voir : *Note des ouvrages à supprimer.*

Œuvres libres d'un citoyen qui ne l'est pas.

Voir : *Veillées du Couvent.*

Œuvres philosophiques de Boulanger (Nicolas-Antoine), 1722-1759.

Ces écrits, dont on trouve la description dans « la France littéraire » (tome I, p. 456), ont été mis à l'index, par mesure de police, en 1825.

Voir : *Note des ouvrages à supprimer.*

Œuvres philosophiques de Dupuis (Charles-François, 1742-1809).

Ces écrits, dont on trouve la description dans « La France littéraire ».(tome II, pp. 713-714), ont été mis à l'index, par mesure de police, en 1825.

Voir : *Note des ouvrages à supprimer.*

Œuvres philosophiques de Fréret (Nicolas), 1688-1749.

Ces écrits, dont on trouve la description complète dans « La France littéraire » (t. III, pp. 208-210), ont été mis à l'index, par mesure de police, en 1825.

Voir : *Note des ouvrages à supprimer.*

Œuvres philosophiques de La Mettrie (Julien-Offroy DE....), 1709-1751.

Ces écrits, dont on trouve la description complète dans « La France littéraire » (tome IV, pp. 495-497), ont été mis à l'index, par mesure de police, en 1825.

Voir : *Note des ouvrages à supprimer.*

Œuvres philosophiques de Volney (comte Constantin-François CHASSEBŒUF DE....), 1757-1820.

Ces écrits, dont on trouve la description dans « La France littéraire » (tome X, pp. 270-275), ont été mis à l'index, par mesure de police, en 1825.

Voir : *Note des ouvrages à supprimer.*

Œuvres philosophiques du baron d'Holbach (Paul THYRY), 1723-1789.

Ces écrits, dont on trouve la description dans « La France littéraire » (tome IV, pp. 118 à 120), ont été mis à l'index, par mesure de police, en 1825.

Voir : *Note des ouvrages à supprimer.*

Œuvres posthumes et facéties de Mirabeau le Jeune.

Voir : *Contes nouveaux et nouvelles nouvelles.*

Omelette (L') au persil. — Ecrit clandestin.

Voir : *Mémoires du Duc de Normandie.*

Omnibus (L'). — Journal.

Voir : *Les nuits de Paul Niquet.*

Omnibus du ministère du 8 août.

Le 1er décembre 1829, 15 exemplaires de cette brochure satirique, principalement dirigée contre les ministres, furent saisis chez le sieur Bocquet, gantier, tenant cabinet de lecture à Niort, lequel fut, par ce motif, poursuivi pour attaque à la dignité royale, excitation à la haine et au mépris du gouvernement et outrages aux ministres de la religion de l'Etat ainsi qu'à la morale religieuse.

Par jugement (défaut) du Tribunal de Niort, en date du 19 mars 1830, le sieur Bocquet fut condamné à 3 mois d'emprisonnement et 600 fr. d'amende, et la destruction des exemplaires saisis fut ordonnée. Par jugement contradictoire rendu, sur opposition, par le même Tribunal, le 16 avril suivant, le sieur Bocquet fut déchargé de ces deux peines, mais la saisie fut maintenue. (*Gazette des Tribunaux* du 23 avril 1830.)

On annonce la recomposition de l'Ecole de médecine. — Article de journal.

Voir : *L'Album.*

Opinion de Georges Couthon, membre de la Convention nationale, sur le jugement de Louis XVI, *précédée de quelques réflexions,* par M. A. Havard, et *d'une lettre secrète de Louis XVI à Frédéric-Guillaume, roi de Prusse.* — Paris, Auffray, imprimeur, 1833, in-8, 32 pp.

Poursuivis sous inculpation d'excitation au renversement du gouvernement, l'auteur et l'éditeur de cet opuscule furent condamnés le premier à deux ans, le second à six mois d'emprisonnement, par arrêt de la Cour d'assises de la Seine, en date du 12 novembre 1833 (défaut.) — Sur opposition, ils furent acquittés l'un et l'autre par arrêt de la même Cour, en date du 13 janvier suivant. (*Gazette des Tribunaux* du 14 janvier 1834.)

Opinion (L') publique. — Journal.

Voir : *Le Corsaire,* journal.

Opuscules (par L. A. F. Cauchois-Lemaire). — Paris, Brissot-Thivars, 1821, in-8, 5 fr.

Cet ouvrage est un recueil de divers articles et d'extraits d'ouvrages publiés à différentes époques et dans différents pays.

Cet écrit saisi, comme séditieux, a été condamné à la destruction, par arrêt de la Cour d'assises de la Seine, en date du 31 août 1821. (Pas d'insertion au *Moniteur.*)

Oracle (L'), ci-devant l'*Ultra,* journal publié à Paris. (La *Biblio-*

graphie Hatin ne donne point de renseignements applicables à cette feuille.)

Par arrêt de la Cour royale de Paris, en date du 19 juillet 1819, a été ordonnée la destruction des nᵒˢ 6, 7 et 8 de ce journal, contenant des imputations diffamatoires à l'égard de E... T... (Point d'insertion au *Moniteur.*)

Oraison funèbre de très-haute et très-puissante dame Madame Justine Pâris, grande prêtresse de Cythère, Paphos, Amathonte et autres lieux du royaume de Cypris, prononcée par Madame Gourdan, sa coadjutrice, en présence de toutes les nymphes de Vénus, suivie de la description du B....., etc., etc. A Lupanaropolis, 1786, in-18, 2 grav. (attribué au prince de Conti). Réimprimé, en Belgique, tout récemment.

Le titre dit assez ce qu'est ce triste opuscule, dont la destruction a été ordonnée par jugement du Tribunal correctionnel de la Seine, en date du 25 juin 1869. (Aff. contre Puissant et consorts.)

Voir : *Abus dans les cérémonies.*

Ordre de Saint-François de Sales. — Lithographie obscène.

Voir : *Histoire universelle érotique.*

Organisateur (par le comte Claude-Henri de Saint-Simon), 3ᵉ édition, augmentée de *deux lettres importantes* et d'une *Esquisse du nouveau système politique.* — Paris, Corréard, 1819, in-8, 64 pp., 1 fr. 50.

Le fameux novateur auteur de cet écrit, qui avait paru la première fois sous le titre d'*Extraits de l'Organisateur*, fut renvoyé devant les tribunaux sous inculpation d'offenses envers les membres de la famille royale. Il fut déchargé par arrêt de la Cour d'assises de la Seine, en date du 3 février 1820, ordonnant simplement la destruction de l'écrit incriminé. (Pas d'insertion au *Moniteur.*)

De nouvelles poursuites furent dirigées contre lui à raison d'une autre brochure qu'il avait publiée pour sa défense sous le titre suivant :

Lettre de Henri de Saint-Simon à MM. les jurés qui doivent prononcer sur l'accusation intentée contre lui. — Paris, Corréard, 1820, in-8, 44 pp. 1 f.

Nous n'avons pu savoir ce qu'il est advenu de cette seconde affaire.

Les passages condamnés, en 1820, dans la brochure dont la suppression a été ordonnée, ont été reproduits, en 1833, par M. H. Fournel dans sa *Bibliographie Saint-Simonienne*, p. 22 ter, sous le titre de : *Parabole politique de Saint-Simon*; puis dans les œuvres complètes de l'auteur, par les soins de son disciple Ol. Rodrigues qui fit même placarder, sur les murs de Paris, ces pages célèbres. Enfin, en 1848, sous ce titre : *Paroles d'un mort* (Henri de Saint-Simon), par Olinde Rodrigues. — Paris, Chaix, in-8, 11 pp.

Organisation du travail.

Voir : *Deuxième lettre aux travailleurs.*

Organisation (De l') du travail, par Louis BLANC. — Paris, PAGNERRE, in-32, réimprimé en 1841.

Cet opuscule est la réimpression d'un article publié par l'auteur dans la *Revue du progrès*. Des poursuites furent dirigées contre l'auteur, lors de la publication ; toute l'édition fut saisie chez l'éditeur PAGNERRE.

Voir : *Gazette des Tribunaux* du 22 octobre 1840.

Organisation secrète des Patriotes de 1816, impr. de CHARLES. — Paris.

Ecrit séditieux dont la destruction a été ordonnée, par arrêt de la Cour d'assises de la Seine, en date du 3 février 1820.

Organisation sociale.

Voir : *Almanach de l'...*

Orgie (L'). — Gravure obscène (un homme et deux femmes), avec légende ordurière ;

   Et :

Orgies parisiennes. — Recueil de six lithographies obscènes, plus une couverture également licencieuse ; en voici les légendes : *Noir et Blanche ; Atelier d'artistes ; Ecolier en vacances ; Jeune fille complaisante ; Un cabinet au Château-Rouge ; On s'amuse un peu...*

Destruction ordonnée, pour outrages à la morale publique et aux bonnes mœurs, par jugement du Tribunal correctionnel de la Seine (7e ch.), en date du 13 mars 1852. (Aff. contre LANGLOIS. — *Gazette des Tribunaux* du lendemain.)
Ce recueil a été visé aussi dans l'affaire LAROQUE.

Orgie (L') royale.

Voir : *Autrichienne en goguette.*

Origine de tous les cultes.

Voir : *Abrégé de l'origine de...*

Et : *Parapilla.*

Origine des puces et le pucelage conquis, poëmes libres et autres pièces du même genre, traduites des *Priapeïa* et autres poëtes grecs et latins, par l'auteur des *Veillées du Couvent.* — A Paris, chez les marchands de nouveautés, 1793, in-18, 142 pp.

Parmi les pièces obscènes que renferme ce recueil, on peut citer notamment : *Les Priapées,* de MERCIER ; *Le Priapisme,* ouvrage moral; etc., etc. *L'Origine des puces,* pièce aussi spirituelle que licencieuse, est attribuée à MONCRIF, par DE MANNE.

La destruction de ce recueil immoral a été ordonnée, par arrêt de la Cour royale de Paris, en date du 19 mai 1815. (Pas d'insertion au *Moniteur.*)

Origines du mot cocu.

Voir : *Dissertation étymologique.*

Orléanais (L'). — Journal publié à Orléans.

1º *Nᵒˢ des 6 juin, 18 juillet, 19 et 22 août 1832.* — Excitation à la haine et au mépris du gouvernement. Destruction ordonnée par arrêt de la Cour d'assises du Loiret, condamnant le gérant, Jean-Joseph HUE, à 6 mois de prison et 5,000 fr. d'amende. (*Moniteur* du 7 avril 1833);

2º *Nᵒ du 31 mars 1833.* — Même délit; arrêt de la même Cour, du 31 octobre 1833, ordonnant la destruction, et condamnant HUE à un an de prison et 3,000 francs d'amende. (*Moniteur* du 25 avril 1834.)

Orléanaises (Les). — Lettres adressées à Mgr Dupanloup par LUCIFER LEDEUIL. — Paris, 1869, imp. LOIGNON.

Cette brochure, due à la plume de M. Edouard-Charles-Nicolas LEDEUIL, ancien officier de l'armée, a été déférée au Tribunal, sous la prévention d'outrages à la religion, dont le culte est reconnu par l'Etat, et aux ministres de cette religion.

Par jugement du Tribunal correctionnel de la Seine (6ᵉ ch.), en date du 2 juillet 1869, a été ordonnée la destruction de cet écrit; l'auteur a été condamné en outre à trois mois de prison et 300 fr. d'amende. L'éditeur à 300 fr. d'amende et aux frais solidairement.

Cette sentence a été purement et simplement confirmée en appel, par arrêt du 29 du même mois.

Voir : *Gazette des Tribunaux* des 3 et 30 juillet 1869.

Orphelin (L') royal. — Chanson de Pradel.

Voir : *Les Etincelles.*

Osmin et Azéma.

Voir : *Confessions de Clémentine.*

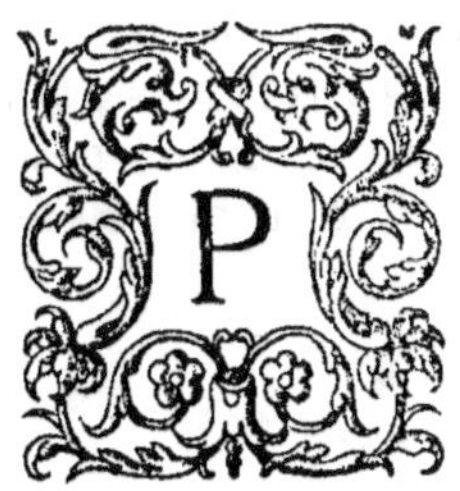

Pacot au sérail. — Lithographie obscène.

Voir : *Les Français en Afrique.*

Page (Le) de la reine Marguerite, ou l'*Hermite du Mont Apennin*, par GUÉNARD DE FAVEROLLES, ancien capitaine de dragons. — Augsbourg (Paris, LEROUGE), 1806. 4 vol. in-12, 7 fr. 50.

Ce roman, dont l'auteur véritable est Mme GUÉNARD, a été mis à l'index, comme immoral, par mesure de police, en 1825.

Voir : *Note des ouvrages à supprimer.*

Pamphlets de A. Rogeard. — Edition de 1868. — Bruxelles. LACROIX, VERBOECKHOVEN et Cie, petit in-12, contenant notamment : *Les Propos de Labienus* et *Pauvre France !*

Tout le monde connait *Les Propos de Labienus*, publiés pour la première fois à Paris, in-8, 1865, 50 cent., qui furent condamnés à la destruction, la même année, par le Tribunal correctionnel de la Seine, et valurent à leur auteur une condamnation à cinq années d'emprisonnement (défaut).

M. ROGEARD s'étant retiré à Bruxelles y publia, clandestinement d'abord, puis avec son nom, sous le titre de : *Pauvre France !* un recueil de poésies dirigées contre le second Empire et qui le firent expulser de Belgique.

Après le 4 septembre 1870, ces publications, qui avaient été, comme beaucoup d'autres, sévèrement interdites en France, y furent introduites en grand nombre ; elles sont aujourd'hui dans toutes les mains.

1° Par jugement du Tribunal correctionnel de la Seine, du 6 mai 1868, inséré au *Moniteur* du 19 septembre suivant, a été ordonnée la destruction de l'ouvrage intitulé : *Pamphlets de A. Rogeard*, ouvrage commençant par ces mots : « Je réunis dans ce volume... », finissant par ceux-ci : « ... la crise d'une aventure, » et contenant des excitations à la haine et au mépris du gouvernement et des citoyens les uns contre les autres, ainsi que des offenses à la personne de l'empereur et envers les princes de la famille impériale. (Aff. contre DUQUESNE.)

Voir : « *Actes des Apôtres.* »

2° La destruction des *Propos de Labienus* a encore été ordonnée, par jugement du Tribunal correctionnel de la Seine, du 29 janvier 1869. (Aff. contre GOSSELIN et consorts.)

Voir : *La Lanterne.*

Pamphlets de P.-L. Courier.

Voir : *Collection complète des Pamphlets.*

Pamphlets révolutionnaires. — Bruxelles, pet. in-12, 1867.

Recueil de divers libelles, commençant par ces mots : « Louis XVI traité comme il le mérite... », et finissant par ceux-ci : « ... mourut au bout de quelque temps. »

Destruction ordonnée, pour outrages à la morale publique et religieuse, ainsi qu'aux bonnes mœurs, par jugement du Tribunal correctionnel de Lille, en date du 6 mai 1868, inséré au *Moniteur* du 17 novembre suivant. (Aff. contre SACRÉ-DUQUESNE et consorts.)

Voir : *Actes des Apôtres.*

Pandœmonium (Le) français, — Almanach charivarique de l'Antechrist, pour l'an de Satan 46 ; calendrier-omnibus à l'usage de tout le monde et de plusieurs autres, par un Gaulois (par le comte Eugène BLANC DE ROYAL-SAHARAZIN). — Paris, DENTU, imp. de VRAYET DE SURCY, 1846, in-12, 2 ff. de titre et 212 pp.

L'auteur, propriétaire et rédacteur des journaux parisiens *La Lecture* et *La Censure,* fut condamné à un an de prison et 4,000 fr. d'amende, par arrêt de la Cour d'assises de la Seine, du 30 avril 1846, pour offense envers la personne du roi, par la publication du susdit écrit dont le même arrêt ordonna en outre la destruction. (*Moniteur* du 9 juin 1846.)

Pankalaphagon.

Voir : *Atrocité, sottise, fourberie.*

Panorama (Le) des paillards. — Gravure obscène.

Destruction ordonnée, par arrêt de la Cour d'assises de la Seine, en date du 11 août 1843. (Aff. contre MAYER. — *Moniteur* du 15 décembre 1843.)

Pantins (Les) des boulevards.

Voir : *Les Bord... de Thalie.*

Papa, qué qu'c'est qu'ça ? — Chanson, par Auguste MONCIER, coiffeur ; musique de Alfred RONCIM, gravée par BEAUDOIN, éditée par DINQUEL.

Cette chansonnette, poursuivie pour outrages à la morale publique, a été détruite, au mois de juin 1862, du consentement des auteur et éditeur, en faveur desquels a été rendue une ordonnance de non-lieu.

Pape (Le) devant un maire de village, par l'abbé POPLINEAUX, vicaire de la paroisse de Parthenay ; 1860. Niort, impr. de MERCIER.

Dans cette petite brochure, l'auteur traitait, en style familier et sous forme de dialogue, la question du temporel du pape, de la revendication des Romagnes, etc. Dans cet écrit, non périodique, ayant moins de six feuilles d'impression et dont le dépôt n'avait pas été effectué, le Parquet releva les délits d'excitation à la haine et au mépris du gouvernement de l'empereur et des citoyens les uns contre les autres.

Par jugement du Tribunal de police correctionnelle de Niort, en date du 27 avril 1860, l'abbé POPLINEAUX a été condamné à 100 fr. et l'imprimeur MERCIER à 50 fr. d'amende. (*Gazette des Tribunaux* du 29 avril 1860.)

Pape (Le) et l'Evangile, ou *Encore des adieux à Rome,* par l'abbé J.-J. MAURETTE, curé de Serres (Ariége). — Lyon, Denis, 1844, in-8, 88 pp.

Peu de temps auparavant, en 1843, un autre prêtre, l'abbé BRUITTE, du diocèse de Montauban, avait publié : *Mes adieux à Rome,* pour expliquer sa séparation de l'Eglise catholique. On comprend dès lors le sous-titre de l'écrit ci-dessus : *Encore des adieux à Rome.* Ces deux prêtres dissidents ont d'ailleurs publié, vers cette même époque, plusieurs écrits du même genre, hostiles à la papauté.

La destruction de la brochure *Le Pape et l'Évangile,* distribuée à profusion dans le département de l'Ariége, contenant des outrages et dérision envers la religion catholique et des excitations à la haine et au mépris contre une ou plusieurs classes de personnes, fut ordonnée, par arrêt de la Cour d'assises de l'Ariége, en date du 17 mai 1844. (Point d'insertion au *Moniteur.*) Le curé démissionnaire, J.-J. MAURETTE, ne fut pas heureux parmi les protestants. Abreuvé d'humiliations et de dégoûts, il finit par rentrer dans le giron de l'Eglise romaine, et fit sa soumission entre les mains de l'évêque de Pamiers, son diocésain.

Papes (Les) peints par eux-mêmes (par le pasteur Napoléon ROUSSEL). — Paris, DELAY, 1847, in-32.

La destruction de ce petit écrit, fort outrageant pour la religion catholique, a été ordonnée par arrêt de la Cour d'assises de la Seine, en date du 14 juillet 1851, inséré dans la *Gazette des tribunaux* du lendemain. (Aff. contre GRASSART et DUCLOUX.)

Voir : « *La religion d'argent.* »

Cet opuscule avait été déjà condamné, pour les mêmes motifs, par arrêt de la même Cour, en date du 25 février 1851. (Aff. contre RÉGAMEY. — *Moniteur* du 27 mars suivant.)

Papesse (La) Jeanne. — Etude historique et littéraire, par Philomneste JUNIOR (G. BRUNET). — Paris, J. GAY, 1862, pet. in-12 de 156 pp., 4 fr., et pap. de Hollande, 8 fr.

L'érudit et religieux éditeur de ce curieux volume, M. G. Brunet, parait avoir eu surtout pour but de détruire l'erreur populaire qui veut qu'une femme se soit assise sur le trône pontifical. Il a dû toutefois aborder des sujets bien scabreux, et, par exemple, celui de la « Chaise probatoire » ; ce qui expliquerait les poursuites dirigées contre cette élégante réimpression sur laquelle on trouve un intéressant article dans la *Bibliographie Gay* (t. V, p. 419).

La destruction de l'écrit intitulé : « La papesse Jeanne », contenant des outrages à la morale publique et aux bonnes mœurs, a été ordonnée par jugement du Tribunal de la Seine, du 22 mai 1863, inséré au *Moniteur* du 8 novembre 1865. (Aff. contre GAY et consorts.)

Voir : *Amours folastres.*

Papimanie (La), par G. MABRU. — Paris, 1861, DENTU, in-12; NOBLET, imprimeur, 1 fr. 50. Tiré à 500 ex.

Cet ouvrage commence par ces mots : « La part de la sottise est si grande en ce monde qu'on pourrait prendre la société pour un hôpital de fous.... », se termine par ceux-ci : «.... Il faut donc faire graver sur la porte de tous les petits et grands séminaires ce simple programme qui serait obligatoire pour tous les écrits :

> *O vos qui cum Jesu itis,*
> *Non ite cum Jesuitis ....*

et porte cette épigraphe tirée de RABELAIS :

« Je voy clairement que la peste est icy et que là où le diable chante messe les innocents ne sont pas en seurté... »

Cet écrit, qu'il ne faut pas confondre avec celui qui est intitulée: *Les Papimanes*, publié, la même année, a été saisi le 3 septembre 1861, en vertu d'une ordonnance d'un juge d'instruction de Paris, comme contenant des outrages à la religion catholique et aux ministres de cette religion. — L'auteur ayant consenti à la destruction de son ouvrage dont *un seul* exemplaire avait été vendu, les poursuites dirigées contre lui aboutirent à un non-lieu.

Parades inédites de Collé. — 1º Le *Mariage sans curé ;* 2º La *Guinguette ;* 3º *Léandre étalon ;* 1864. — Hambourg et Paris (GAY, Bruxelles), pet. in-12, XII-84 pp., 4 fr.

Ouvrage contenant des outrages à la morale publique et aux bonnes mœurs, commençant par ces mots : « S'il me convenait de parler... », et finissant par ceux-ci : « Qué chienne de vie! », dont la destruction a été ordonnée par jugement du Tribunal de Lille, du 6 mai 1868, inséré au *Moniteur* du 19 septembre suivant. (Aff. contre DUQUESNE.)

Voir : *Actes des Apôtres.*

Voir aussi : *Parapilla.*

Paradis (Le) perdu, poëme en quatre chants, par Evariste PARNY, publié notamment dans le recueil du même auteur, intitulé *Portefeuille volé.* — Paris, 1805, DEBRAY, in-12, 2 fr.

Destruction ordonnée par jugement du Tribunal correctionnel de Coutances, du 30 août 1826. (Point d'insertion au *Moniteur.*)

Parapilla, ou le *V.. déifié,* poëme en 5 chants, mis au jour par le Chapitre général de quelques moines paillards, à l'instance de plusieurs religieuses échauffées. Aux dépens de toutes les Communautés, 1000-700-79,

in-8, 48 pp. (attribué à Ch. Borde). — Pour les autres éditions ou réimpressions de ce poëme extrêmement licencieux,

Voir la *Bibliographie Gay* (tom. V, p. 428).

Ce petit poëme est une imitation de « La Novella dell'Angelo Gabriello », qui
se trouve dans un recueil des plus rares et bien connu sous ce titre d' « Il Libro
del perchè ». Le sujet est celui-ci : Un bel inconnu demande ce qu'il plante à un
ermite qui cultive son jardin, « Cazzo, cazzo, » répond celui-ci d'un ton bourru.
— « Vous en plantez, eh bien, il en viendra, » réplique le questionneur. La pro-
phétie s'accomplit et c'est l'histoire des aventures de cette plante singulière qui
est racontée dans le *Parapilla*. Les expressions sont honnêtes, assure-t-on ; mais,
comme on voit, le sujet promet.

Des exemplaires de ce livre, nous ne savons de quelle édition, ont été condamnés à la destruction par jugement du Tribunal correctionnel de la Seine (6e ch.),
en date du 12 mai 1865, condamnant, pour outrages à la morale publique et religieuse, ainsi qu'aux bonnes mœurs, colportage illicite, etc, les dix individus
dont les noms suivent, savoir : 1º Paul-Emmanuel-Auguste Poulet-Malassis,
libraire à Paris, à un an de prison et 500 fr. d'amende; 2º Aubin-Antoine Sauvan,
officier de cavalerie en activité, à 4 mois de prison et 100 fr. d'amende ; 3º Jean-
Baptiste Blanche, commis libraire. à....; 4º Jules Gay, libraire-éditeur à Paris, à
4 mois de prison et 500 fr. d'amende ; 5º Louis-Joseph-Isaïe Bayart, conducteur
de train au chemin de fer du Nord, à 3 mois de prison et 100 fr. d'amende; 6º Blaise
Margouteau, relieur à Paris, à 2 mois de prison et 100 fr. d'amende ; 7º J.-B.
Jules Randon, placier en librairie à Paris, à 2 mois de prison et 100 fr. d'amende;
8º Auguste-François Hélaine, à un mois de prison et 100 fr. d'amende ; 9º Jules-
Adolphe Chauvet, commis principal à la compagnie des Petites-Voitures, à un
mois de prison et 100 fr. d'amende, et 10º Alexandre-Frédéric Boivin, marchand
d'estampes à Paris, à un mois de prison et 100 fr. d'amende, lesquels ont été déclarés coupables, à différents degrés, des délits ci-dessus énoncés, par la vente, distribution, mise en vente et colportage illicite, tant du poëme obscène intitulé :
Parapilla, que de 86 autres ouvrages immoraux et de 8 gravures obscènes dont
voici l'énumération : *Iº Livres : 1º Almanach des honnêtes femmes ; 2º Amours de Charlot et de Toinette ; 3º Amours de Faublas ; 4º Amours des actrices ; 5º Amours secrètes de
Mayeux ; 6º Anti-Justine ; 7º Aphrodites ; 8º Arétin français ; 9º Art priapique ;
10º Aventures de Roquelaure ; 11º Aventures d'une prostituée ; 12º Bas-Fonds de la
société; 13º Belle Cauchoise ; 14º Belle libertine ; 15º Bibliothèque des Paillards ; 16º Bordel de Thalie ; 17º Bordel royal ; 18º Cabinet satyrique ; 19º Cacomonade ; 20º Capucins
ou le secret du confessionnal ; 21º Caroline et Saint-Hilaire ; 22º Celle-ci et celle-là ;
23º Chandelle d'Arras ; 24º Chansonnier des filles d'amour ; 25º Chansons de Collé ;
26º Compère Mathieu ; 27º Costumes théâtrales ; 28º Description topographique de la
Forêt-Noire ; 29º Désœuvré, ou l'Espion du Boulevard du Temple; 30º Diable au corps ;
31º Dictionnaire érotique moderne ; 32º Ecole des filles ; 33º Entretiens de la grille ;
34º Erotika-Biblion ; 35º Escole de l'intérest ; 36º Exercices de dévotion de M. Henri
Roch ; 37º Félicia, ou mes fredaines ; 38º Fille de joie ; 39º Foutaizes de Jéricho ;
40º Galanterie sous la sauvegarde des lois; 41º Gamiani ; 42º Glossaire érotique ;
43º Guerre des dieux ; 44º Heure du berger ; 45º Heures de Paphos ; 46º Hic et Hæc ;*

47° Jacques le fataliste ; 48° Lauriers ecclésiastiques ; 49° Légende de Lampsaque ; 50° Légende joyeuse ; 51° Liaisons dangereuses ; 52° Libertin de qualité ; 53° Lucette : 54° Manuel des boudoirs ; 55° Margot la ravaudeuse ; 56° Mémoires de Saturnin ; 57° Meursius français ; 58° Mon Noviciat ; 59° Monialisme ; 60° Monuments de la vie privée des Césars ; 61° Monuments du culte secret des dames romaines ; 62° Mylord Arsouille ; 63° Œuvres badines de Piron ; 64° Œuvres de la marquise de Palmarez ; 65° Œuvres posthumes de Mirabeau le jeune ; 66° Origine des cultes ; 67° Parnasse Libertin ; 68° Parnasse satyrique ; 69° Parnasse satyrique du XIX° siècle ; 70° Parades inédites de Collé : 71° Petit Polisson ; 72° Plaisirs de l'ancien régime ; 73° Plaisirs du cloître ; 74° Portefeuille d'un dragon ; 75° Portier des Chartreux ; 76° Priapées de Maynard; 77° Religieuse ; 78° Rideau levé ou l'Education de Laure ; 79° Sainte Nitouche ; 80° Sept petites nouvelles de Pierre Arétin ; 81° Tableaux des mœurs du temps ; 82° Théâtre Gaillard : 83° Thérèse Philosophe ; 84° Traité du fouet ; 85° Trois moines, et 86° Valentine, ou le Pasteur d'Uzès ;

II Gravures : *1° Amours des rois de France ; 2° Chasse aux papillons ; 3° Damon l'Ursuline ; 4° Deux (les) n'en font qu'un ; 5° L'Ecrevisse ; 6° Moignon de l'invalide ; 7° Simplicité rustique ; 8° La servante du curé.*

Tous ces livres et dessins sont cités chacun en leur lieu et place et renvoient au présent article : *Parapilla* ; nous avons cru devoir employer ce moyen de simplification pour bien faire connaître l'ensemble de l'affaire, tout en évitant 94 répétitions qui ne serviraient qu'à grossir inutilement ce catalogue.

Pour les débats de ce procès, le plus important qui ait été jugé, de notre temps, en matière de livres obscènes, on peut consulter avec intérêt la *Gazette des Tribunaux* des 13, 20 mai et 3 juin 1865.

Voir aussi le supplément du *Journal officiel* en date du 7 mai 1874.

Parapluie (Le) patrimonial (par Léonard GALLOIS). Paris, imp. de HARDY, 1822, in-8 de 16 pp.

Cette brochure, dont la destruction a été ordonnée par jugement du Tribunal correctionnel de la Seine, en date du 5 juin 1822, confirmé, en appel, par arrêt du 11 novembre suivant, a valu à son auteur une condamnation à un an de prison et 1,500 fr. d'amende, pour offense envers la personne du roi et envers un des membres de la famille royale, et pour attaques contre l'autorité royale et contre l'autorité constitutionnelle du roi. (*Moniteur* des 17 décembre 1822 et 26 mars 1825.)

Parc (Le) aux Cerfs.
Voir : *Pauline de Ferrière.*

Parchemins (Les) et la livrée, par l'auteur de *Mon parrain Nicolas* (Fr.-Eug. GARAY DE MONGLAVE). — Paris, TENON, 1825, 2 vol. in-12, fig.

Ce roman, composé en société avec M. Marie AYCARD, fut saisi et condamné à la destruction, comme présentant les caractères d'outrages à la morale publique et religieuse ainsi qu'aux bonnes mœurs, par jugement du Tribunal correctionnel de la Seine (6ᵉ ch.), en date du 30 juin 1825. — L'auteur fut en outre condamné à 15 jours d'emprisonnement et 300 fr. d'amende. (*Moniteur* du 20 septembre 1825.)

Il fut en outre mis à l'index, par mesure de police, le 15 octobre suivant.

Voir : *Note des ouvrages à supprimer.*

Parfait (Le) accord. — Lithographies obscènes.

Destruction ordonnée par jugement du Tribunal correctionnel de la Seine, en date du 13 mars 1852 (*Gazette des Tribunaux* du 14 mars.)

I. — **Paris, tableau moral et philosophique**, par FOURNIER-VERNEUIL, ancien notaire. — Paris, chez les principaux libraires, 1826, in-8, 8 fr.

II. — **Mémoire à l'appui du livre intitulé :** *Tableau moral et philosophique de Paris.* — Paris, impr. de SETIER, 1826, in-4 de 32 pp.

III. — **Mémoire de M. Fournier-Verneuil en Cour royale.** — Paris, SETIER, 1826, in-4, 6 pp.

La destruction du premier ouvrage a été ordonnée, comme contenant des peintures indécentes et des expressions obscènes, par jugement du Tribunal correctionnel de la Seine, en date du 19 avril 1826, condamnant en outre l'auteur à six mois d'emprisonnement et 25 fr. d'amende. — Sur appel du condamné et sur celui du procureur général, interjeté à minimâ, la Cour royale, par arrêt du 13 juin suivant, a purement et simplement confirmé la sentence des premiers juges et ordonné la suppression du mémoire nᵒ 1, comme étant la continuation du délit.— Il n'est pas fait mention, dans l'arrêt, du mémoire nᵒ 2. (*Moniteur* du 7 novembre 1826.)

Parfum systaltique, inventé par Mosa-Ben-Noseir, premier eunuque des femmes du Grand Sultan, importé en France par M. SALOMON. — Paris, mars 1843. Affiche.

Il s'agit ici d'un simple placard qui, par l'immoralité de son contenu, attira l'attention des agents de l'autorité,et motiva le renvoi en Cour d'assises des sieurs SALOMON, GUILLOTOT et PARISSE, prévenus tous trois d'outrages à la morale publique et aux bonnes mœurs, le premier comme auteur, le second imprimeur et le troisième afficheur de cet écrit.

Les débats de cette affaire eurent lieu à huis-clos et, par arrêt de la Cour d'assises de la Seine, en date du 24 mars 1843, le sieur SALOMON a été condamné à un mois de prison et 16 fr. d'amende. — Ses co-inculpés ont été acquittés (*Gazette des Tribunaux* du 25 mars 1843.)

Parnasse (Le) des Muses, ou *Recueil des plus belles chansons à danser. Le Concert des enfants de Bacchus, assemblés avec ses bacchantes pour raisonner au son des pots et des verres les plus beaux airs et chan-*

sons à sa louange. — Paris, CH. HULPEAU, 1627, 2 tomes en un volume petit in-12.

Le second volume du Parnasse des Muses, auquel est adjousté le second volume du Concert des Enfants de Bacchus. — Paris, 1628, deux tomes en un volume;

Réimprimé sous le titre de : *Nouveau Parnasse des Muses.* — Paris, Ch. SEVESTRE, 1634, 4 part. in-12, front.

Cet ouvrage a été suivi de compléments dont voici les titres :

1° *Les Airs du Berger amoureux* ou *la troisième partie du Parnasse.* — Paris, 1627;

2° *Les Chants de joye des enfants de Bacchus,* ou *Nouveau recueil des plus beaux airs à faire* (36 chansons). — Paris, J. GUIGNARD, 1634, in-12;

3° *Le doux entretien des bonnes compagnies,* ou *Recueil des plus beaux airs à danser.* — Paris, GUIGNARD, 1634, petit in-12;

4° *Le Nouveau entretien des bonnes compagnies,* ou *Le Recueil des plus belles chansons à danser.* — Paris, VILLERY, petit in-12, 1635.

Le Parnasse des Muses de 1628, et ses suppléments ont été réimprimés, de 1864 à 1867, à Bruxelles, pour J. GAY, en 4 vol. pet. in-12, tirés à 100 exemplaires seulement, au prix de 50 fr. — Les notices jointes à cet ouvrage par M. P. L. font remarquer que, si ces chansons sont assez libres, comme c'était la mode du temps, elles sont surtout pleines de verve et de gaieté.

Par jugement du 6 mai 1868, inséré au *Moniteur* du 19 septembre suivant, le Tribunal correctionnel de Lille a ordonné la destruction des deux parties de ce recueil intitulées : 1° *Le doux entretien des bonnes compagnies,* commençant par ces mots : « Puisque la danse des chansons.... », finissant par ceux-ci : « Il faut que je meure en buvant. » 2° *Le nouveau entretien des bonnes compagnies,* commençant par ces mots : « Il faut absolument que vous confessiez...» et finissant par ceux-ci : « Je t'épouserai un jour », ouvrages contenant des outrages à la morale publique et religieuse, ainsi qu'aux bonnes mœurs. (Aff. contre DUQUESNE.)

Voir : *Actes des apôtres.*

Parnasse (Le) des poëtes satyriques.

Voir : *Parnasses et cabinets satyriques.*

Parnasse (Le) libertin, ou *Recueil de poésies libres.* — Amsterdam, Ferrand, 1769, in-12.

On connait six réimpressions, dont la dernière date de 1793, de ce recueil licencieux, dû à la plume de LA FONTAINE, GRÉCOURT, VERGIER, CHAULIEU, etc., et sur lequel la *Bibliographie Gay* (t. V, pp. 440) donne un intéressant article.

Cet ouvrage se trouvait au nombre des écrits et dessins licencieux saisis chez le sieur LEBRUN, en 1852, et dont la destruction a été ordonnée par jugement du Tribunal correctionnel de la Seine, rendu à huis clos, le 3 avril 1852, condamnant le susnommé à un an de prison et 500 fr. d'amende, pour outrages à la morale publique et religieuse ainsi qu'aux bonnes mœurs. (*Moniteur* du 4 avril 1852.)

Voir aussi : *Parapilla.*

Parnasse satyrique du XIXe siècle.

Voir : *Parnasses et cabinet satyriques.*

Parnasses et cabinet satyriques.

Nous réunissons, sous cette désignation, cinq ouvrages bien connus et qu'on pourrait appeler le Florilegium du libertinage au XVIIe et au XIXe siècles. Pour les différentes éditions et les réimpressions de ces recueils non moins condamnables que curieux, nous ne pouvons que renvoyer aux excellents articles de la *Bibliographie Gay.* Nous nous contenterons d'indiquer la première et la dernière édition de chacun de ces ouvrages.

I. **Le Parnasse des poëtes satyriques,** ou *Recueil de vers piquants et gaillards de notre temps, tirez des œuvres secrètes des auteurs les plus signalez,* etc. (par Théophile DE VIAU). — Paris, 1622, petit in-8 de 208 pages, édition originale très-rare. Maintes fois réimprimé, en dernier lieu à Bruxelles, en 1864 (POULET-MALASSIS), 2 vol. in-12 avec front. de Rops (suivi du *Nouveau Parnasse satyrique*).

On sait que, par arrêt du 19 août 1623, le Parlement a condamné THÉOPHILE, à être brûlé vif, BERTHELOT à être pendu et COLLETET à un bannissement de 9 ans, comme auteurs du *Parnasse satyrique.* Heureusement pour eux, cette sentence sévère ne fut point exécutée à la lettre.

Des réimpressions du *Parnasse satyrique* ont été condamnées à la destruction : 1° par jugement du Tribunal correctionnel de Lille, en date du 6 mai 1868, inséré au *Moniteur* du 19 septembre suivant, pour outrages à la morale publique et religieuse ainsi qu'aux bonnes mœurs. (Aff. contre SACRÉ-DUQUESNE.)

Voir : *Actes des Apôtres.*

2° Par jugement du Tribunal correctionnel de la Seine, en date du 27 janvier 1869. (Aff. contre GOSSELIN et consorts. — *Gazette des Tribunaux* du 28 janvier 1869.)

Voir : *La Lanterne. (Gazette des Tribunaux* du 28 janvier 1869.)

II. **Le nouveau Parnasse satyrique,** contenant divers madrigales et épigrammes galants et facétieux ; à Calais, chez PASQUIN, 1684, in-12 (par le sieur THÉOPHILE). Ce recueil, divisé en trois parties, a été réimprimé à Paris, en 1862, pour J. GAY, et en 1864, à Bruxelles, par POULET-MALASSIS, à la suite du *Parnasse satyrique.* — Il est bon de noter en passant que Théophile n'a pas écrit un vers de ce recueil qui porte son nom.

La destruction de la réimpression Gay, tirée à 100 ex., a été ordonnée par jugement du Tribunal correctionnel de la Seine, du 22 mai 1863, inséré au *Moniteur* du 8 novembre 1865. (Aff. contre GAY et consorts.)

Voir : *Amours folastres.*

III. Le Cabinet satyrique ou *Recueil parfaict des vers piquants et gaillards de ce temps, tiré des secrets cabinets des sieurs de Sygognes, Regnier, Motin, Berthelot, Maynard et autres des plus signalés poëtes de ce siècle.* — Paris, 1618, petit in-12 de 703 pp., front. gravé, très-rare. Dernière réimpression, 1864, Bruxelles (imp. BRIARD), 2 vol. in-12 de 335 et 341 pp., front. gravé, édition la plus complète de toutes.

La destruction de réimpressions de cet ouvrage a été ordonnée 1o par jugement du Tribunal correctionnel de la Seine, en date du 2 juin 1865. (Aff. contre GAY.)

Voir : *Aphrodites.*

2o Par jugement du Tribunal correctionnel de Lille, en date du 6 mai 1868, inséré au *Moniteur* du 19 septembre suivant. (Aff. contre DUQUESNE et consorts.)

Voir : *Actes des Apôtres.*

IV. Parnasse satyrique du XIXe siècle, recueil de vers piquants et gaillards de MM. Béranger, Hugo, Deschamps, etc. — Rome, à l'enseigne des Sept péchés capitaux (Bruxelles), 2 vol. in-12, de iv-241 et iv-251 pp. plus un front. gravé à l'eau-forte par Rops, 8 autographes fac-sim. et une planche de musique, 40 fr.

Cette publication, ainsi que la suivante, est bien plus ordurière que ses devancières. Si au XXe siècle, on fait un recueil analogue, on se demande ce qu'on y pourra mettre. — Peut-être les poëtes d'alors s'inspireront-ils de certains prosateurs de nos jours, et alors...... !

Des exemplaires du *Parnasse satyrique du XIXe siècle,* cédés par M. P.-MALASSIS à M. J. GAY, ont été condamnés à la destruction pour outrages à la morale publique et religieuse, ainsi qu'aux bonnes mœurs, par jugement du Tribunal correctionnel de la Seine, en date du 2 juin 1865, inséré au *Moniteur* du 8 novembre suivant. (Aff. contre GAY.)

Voir : *Aphrodites.*

V. Nouveau Parnasse satyrique du XIXe siècle, suivi d'un appendice au Parnasse satyrique (anonymes et pseudonymes dévoilés, rectifications, adjonctions).— Eleuthéropolis (Bruxelles, P.-MALASSIS),1866, in-12, front. de Rops, 24 fr.

Ce dernier recueil qui forme, en réalité, le 3e volume du précédent, ne le cède pas aux autres en obscénité. — Quel emploi de l'esprit et de la poésie !

Par jugement du Tribunal correctionnel de Lille, la destruction des exemplaires saisis de ce recueil, ainsi que de tous ceux qui pourraient l'être, a été ordonnée le 6 mai 1868. (*Moniteur* du 19 septembre suivant. — Aff. contre DUQUESNE et consorts.)

Voir : *Actes des Apôtres.*

Voir aussi *Parapilla.*

Il va sans dire que toutes les réimpressions des cinq ouvrages ci-dessus, faites pour la plupart à l'étranger et notamment en Belgique, ont été et demeurent sévèrement interdites en France.

Paroles d'un mort.

Voir : *L'Organisateur.*

Part (La) des femmes, par MÉRAY, roman publié en feuilleton dans le journal *La Démocratie pacifique* (numéros des 30 juin et 1er juillet 1847).

La destruction de ces feuilletons, contenant des outrages à la morale publique et aux bonnes mœurs, a été ordonnée par arrêt de la Cour d'assises de la Seine, en date du 24 août 1847. (Point d'insertion au *Moniteur.*)

Partie (La) carrée. — Lithographie obscène.

Voir : *Les Soirées lubriques.*

Pasiphaé.

Voir : *La tragédie de...*

Pasiphaé. — Frontispice, illustration des œuvres badines de Piron.

Voir : *Gravures obscènes*, aff. CHAPELLE, III.

Passage (Le) de la mer Rouge. — Lithographie obscène publiée vers 1830 et souvent reproduite de nos jours par la photographie, ainsi que *Le Festin de Balthasar*, autre lithographie obscène qui date de la même époque.

Destruction ordonnée, pour outrages à la morale publique et aux bonnes mœurs :

1o Par arrêt de la Cour d'assises de la Seine, du 30 août 1837. (Aff. contre DAUTY. — *Moniteur* du 7 novembre suivant) ;

2o Par arrêt de la même Cour, du 29 avril 1845. (Aff. contre VALLADE et autres. — *Moniteur* du 9 juin 1846.)

Passe-temps amoureux. — Recueil de lithographies obscènes.

Passe-temps (Le) de Montrouge. — Chanson obscène.

Voir : *Le Chansonnier du B......*

Passe-temps des amants. — Recueil de six lithographies obscènes
dont voici les titres : *Esméralda et Phœbus ; Le Rendez-vous ; Viens faire
tes premières preuves ; Roméo et Juliette ; Philippolyppi (?) ; Allons, Babet,
un peu de complaisance.*

Destruction ordonnée, pour outrages à la morale publique et aux bonnes
mœurs, par arrêt de la Cour d'assises de la Seine, en date du 29 avril 1845. (Aff.
contre VALLADE et autres. — *Moniteur* du 9 juin 1846.)

Passe-temps (Le) des novices.

Voir : *Sujets mécaniques.*

Passe-temps (Le) des salons. — Recueil de six lithographies
obscènes avec couverture, comprenant : *La Tentation ; Je ne veux pas ;
Douce souvenance ; Le page amoureux ; Si tu voulais...., et la Comtesse
du Tonneau,* qui sert ordinairement de couverture.

Destruction ordonnée, pour outrages à la morale publique et aux bonnes
mœurs :
1º Par arrêt de la Cour d'assises de la Seine, du 29 avril 1845. (Aff. contre
VALLADE et autres. — *Moniteur* du 9 juin 1846);
2º Par jugement du Tribunal correctionnel de la Seine, du 13 mars 1852. (Aff.
contre LANGLOIS. — *Gazette des Tribunaux* du lendemain.)

Passe-temps des tristes.

Voir : *La récréation et passe-temps des tristes.*

Pasteur (Le) d'Uzès.

Voir : *Valentine.*

Pastorale (Une). — Écrit clandestin.

Voir : *Lettre de Jean Bonhomme.*

Patriote (Le), journal publié à Lisieux, gérant : Louis TRINITÉ.

Le Nº *14* de cette feuille, portant la date du 2 avril 1834, a été supprimé, pour
diffamations envers le sieur FRANÇOIS, commandant de la garde nationale d'Orbec,
etc., etc., par arrêt de la Cour d'assises du Calvados, en date du 23 novembre 1834,
condamnant TRINITÉ à 10 mois de prison et 200 fr. d'amende. *(Moniteur* du
7 août 1835.)

Patriote (Le) de la Meurthe et des Vosges, journal publié à Nancy.

La destruction du numéro contenant la reproduction de l'article *Encore une tête* (apologie de l'attentat d'ALIBAUD), a été ordonnée par arrêt de la Cour d'assises de la Meurthe, condamnant DUGAILLON, gérant, à un mois de prison et 200 fr. d'amende. (*Moniteur* du 18 janvier 1837.)

Patriotes français.

Voir : *Ecrits révolutionnaires, I.*

Paul Niquet.

Voir : *Les nuits de...*

Pauline de Ferrière, ou *Histoire de vingt jeunes filles enlevées de chez leurs parents, sous le règne de Louis XV,* par DE FAVEROLLES (Mme GUÉNARD). — Paris, 1801 et 1802, 2 vol. petit in-12, réimprimé en 1822, sous le titre de : *Le Parc aux Cerfs,* ou *Histoire secrette* (sic) *des jeunes personnes qui y ont été renfermées.* — Hambourg et Paris, 3 vol. in-18, réimprimé encore en 1832, 4 vol. in-12.

Ouvrage licencieux et immoral, mis à l'index, par mesure de police, en 1825.

Voir : *Note des ouvrages à supprimer.*

Pauvre France !

Voir : *Pamphlets de A. Rogeard.*

Pauvre (Le) Jacques, journal publié à Paris, gérant : DEDINEUR.

La destruction du supplément du N° en date du 27 septembre 1829, contenant énumération de faits portant atteinte à l'honneur et à la considération des sieurs GIOT, GUIBOUT et PÉRARDEL, a été ordonnée par jugement du Tribunal correctionnel de la Seine, en date du 2 février 1830, condamnant Alex.-Joseph DEDINEUR à un mois de prison et 500 fr. d'amende. (Point d'insertion au *Moniteur*.)

Pays (Le) et le Gouvernement.

Voir : *Lettre à M. d'Hermopolis, III.*

Paysan (Le) et la paysanne pervertis, ou les *Dangers de la ville* (par RÉTIF DE LA BRETONNE). 1784, La Haye et Paris, 8 vol. in-12 avec 84 figures. (Voir pour la description de ce fameux ouvrage la *Bibliographie Gay*, tome V, p. 460.)

Ce roman, non moins immoral et dangereux que les autres écrits de RÉTIF DE

LA BRETONNE, a été poursuivi sous la Restauration. On ne trouve pas au *Moniteur* de décision judiciaire qui lui soit applicable.

Paysanne pervertie.

Voir : *La Belle Cauchoise.*

Paysans (Les) et les ouvriers. — Article.

Voir : *Le Peuple souverain,* journal.

Péchés (Les sept) capitaux.

Recueil de sept lithographies obscènes dont la destruction a été ordonnée, pour outrages à la morale publique et aux bonnes mœurs, par arrêt de la Cour d'assises de la Seine en date du 29 avril 1845. (Aff. contre VALLADE et autres. — *Moniteur* du 9 juin 1846.)

Pêcheurs (Les). — Lithographie.

Voir : *Gravures obscènes,* aff. CHAPELLE, VI.

Pélagiennes. — Satires.

Voir : *Deuxièmes Pélagiennes.*

Pèlerinage.

Voir : *Un pèlerinage.*

Pèlerinage (Le) d'Holy-Rood, ou *le Récit et le Rêve,* par M. B. D. P*** (A. POURRET DES GAUDS). — Paris, DENTU, 1832, in-8, 70 pp.

Un procès fut fait à l'auteur de cette publication favorable à Charles X. Les poursuites ne paraissent pas avoir abouti, car, la même année, parut à Lyon, chez PITRAT, une seconde édition de cet écrit, *augmentée du procès fait à l'auteur,* (in-8, 104 pp., silhouette).

Pèlerinage (Le) de Lisette. — Chanson licencieuse.

Voir : *Le chansonnier érotique de l'amour.*

Pensiero (Il). — Journal sarde.

Voir : *Journaux étrangers.*

Père (Le) Duchêne. — Journal publié à Paris, pendant le siége et la Commune. N° 1, 16 ventôse an 79 ; n° 68 et dernier, 3 prairial suivant

(22 mai 1871), rédigé par E. Vermersch, A. Humbert et Maxime Vuillaume.

Tous les écrits de la période insurrectionnelle ont été, comme on sait, poursuivis et supprimés en bloc par mesure administrative lors de la rentrée du gouvernement légitime dans la capitale. — Cette décision a été sanctionnée, à plusieurs reprises, par des saisies et des jugements, dont nous avons eu occasion de parler.

Nous citerons spécialement, au sujet du présent écrit, un jugement du Tribunal correctionnel de la Seine, du 25 février 1876, qui ordonne la destruction d'une collection complète du *Père Duchêne*, reliée en basane rouge, avec des bonnets phrygiens en guise de fleurons sur le dos. (Aff. contre Lequien.)

Voir : *La P.... errante.*

Voir aussi : *Journaux, écrits et dessins publiés à Paris, pendant la Commune.*

Père (Le) La Poire. — Chanson.

Voir : *Les Républicaines.*

Père (Le) Michel.

Voir : *Le petit livre à quinze sols.*

Perfidies (Les) assassines, crimes et escroqueries d'un bambocheur du grand ton, ou l'*Amour et l'Hymen qui la gobent,* par un écouteur aux portes, parfois farceur, parfois grave, et même sermonneur (J.P.R. Cuisin). — Paris, les libraires du Palais-Royal (Masson), 1818 et 1820, in-18, fig., 1 fr. 50. Peu commun quoique réimprimé. La figure représente « Le tableau des bains de Félicia. »

La destruction de cet ouvrage immoral a été ordonnée par jugement du Tribunal correctionnel de la Seine, en date du 18 octobre 1822, confirmé, en appel, par arrêt du 21 décembre suivant. (Point d'insertion au *Moniteur*.)

Péril social.

Voir : *Déisme et...*

Perle (La), ou *Quelques années de la vie d'une femme célèbre.* — Cythère (Paris, vers 1830), in-18 de 107 pp. avec un portrait et cinq lithographies libres; rare. (Libelle grossier et sans esprit contre Mlle Mars.)

La destruction de cet écrit, commençant par ces mots : « Les femmes sont appelées.. ., » et finissant par ceux-ci : « ... et encore plus glorieuse à parcourir », a été ordonnée, pour outrages à la morale publique et aux bonnes mœurs, par

arrêt de la Cour d'assises de la Seine, en date du 29 avril 1845. (Aff. contre VAL-
LADE et autres. — *Moniteur* du 9 juin 1846.)

Permission (La) de dix heures. — Lithographie obscène.

Voir : *Galerie des gardes françaises.*

Personnalités, par Alph. PEYRAT. — Paris, 1840, DESREZ, imprimeur.

M. Louis DESNOYERS, journaliste, ayant considéré comme diffamatoires et
injurieux pour son honneur quelques passages de cette petite brochure, assigna
devant la Police correctionnelle l'auteur et l'imprimeur, en demandant 5,000 fr.
de dommages-intérêts et l'insertion du jugement dans quatre journaux.

Sur les conclusions du ministère public, le Tribunal a condamné M. PEYRAT à
50 fr. d'amende, à l'insertion dans 4 journaux et aux dépens pour tous dommages-
intérêts. (*Gazette des Tribunaux* du 15 mars 1840.)

Pétards (Les) et cœtera, par celui qui va écouter aux portes
(Léonard GALLOIS). — Paris, imp. GUIRAUDET, in-8, 8 pp.

« Cette petite brochure, dit BARBIER, fut saisie le lendemain de sa publication.
L'auteur ne fut point mis en jugement parce qu'il consentit à ce que la saisie de
tous les exemplaires fût définitive. »

Petit almanach de tout le monde pour 1835, par Victor
MANGIN. — Nantes, petit in-18.

Ce petit écrit ayant été colporté et crié sans autorisation dans la ville, des
poursuites furent dirigées contre le rédacteur et aboutirent à une condamnation
en un mois d'emprisonnement et 200 fr. d'amende prononcée contre lui par arrêt
de la Cour royale de Rennes, du 24 décembre 1835. — Ce procès offrit cette particularité que l'organe du ministère public, tout en maintenant ses réquisitions au
point de vue de la contravention, donna à entendre qu'il ne se refuserait pas à
appuyer une commutation de peine ; — ce qu'il fit en effet quand le condamné
souscrivit un recours en grâce au roi. Mais, par un excès de rigueur qui fit alors
grand bruit, surtout parce qu'il ne s'agissait que d'une simple contravention en
matière de presse, le recours fut impitoyablement écarté par le ministère. (*Gazette
des Tribunaux* du 18 avril 1836.)

Petit (Le) chat de Mam'zelle Rose. — Chanson licencieuse. —
Paris, 1862.

Destruction ordonnée, pour outrages à la morale publique, par jugement du
Tribunal correctionnel de la Seine (6ᵉ ch.), en date du 30 janvier 1863, acquittant
toutefois les auteurs et éditeurs, les sieurs de PLOESEN, URBAIN et POINTEL.

Petit (Le) Commis.
Voir : *Mon serre-tête.*

Petit (Le) courrier de Lucifer.

Voir : *Le Diable rose.*   ·

Petit dialogue sur de très-petites choses. — Article rédigé par le
Dr CHANAVAT et publié dans le n°du journal *Le Corsaire*, du 17 avril 1852·

Ce dialogue commençant par ces mots : « Le négociant : Dites donc messieurs... »
et finissant par ceux-ci : « .... Les enfants d'aujourd'hui ont de l'esprit », fut poursuivi comme contenant des excitations à la haine et au mépris du gouvernement
de la République. Il y est parlé d'une concession de chemin de fer et des charges
très-onéreuses imposées aux concessionnaires. On y fait de nombreuses et ironi-
ques allusions au nom de *Teste.*
Par jugement du 18 mai 1852, le Tribunal correctionnel de la Seine (6e ch.), a
condamné le Dr CHANAVAT et le sieur VIREMAITRE, gérant du *Corsaire*, chacun à
un mois de prison et 150 fr. d'amende, et a en outre ordonné la destruction de
tous les exemplaires du numéro incriminé. (*Moniteur* du 19 mai 1852.)

Petit (Le) dictionnaire ministériel (par J.-D. MAGALON). — Paris,
chez les marchands de nouveautés, 1826, in-32 de 64 pp.

La destruction de cet écrit a été ordonnée par arrêts de la Cour royale de Paris,
en date des 5 et 12 décembre 1826. (Pas d'insertion au *Moniteur.*)

Petit (Le) Faublas.

Voir : *Mémoires de Versorand.*

Petit (Le) jeu de société. — Gravure séditieuse.

Destruction ordonnée par jugement du Tribunal correctionnel de la Seine, en
date du 18 mai 1819. (Point d'insertion au *Moniteur.*)

Petit (Le) lapin de ma femme. — Chanson licencieuse, par Louis-
Charles DURAND.

Destruction ordonnée, pour outrages à la morale publique et aux bonnes
mœurs, par jugement du Tribunal correctionnel de la Seine, du 10 mars 1854,
condamnant l'auteur à un mois de prison et 16 fr. d'amende.

Petit (Le) livre à quinze sols, ou *La politique de poche à l'usage
des gens qui ne sont pas riches, par le Père Michel, devenu auteur sans
le savoir* (Martial SAUQUAIRE-SOULIGNÉ). — Paris, POULET fils dit TARTARIN,
PLANCHER et DELAUNAY, 1818, 9 vol. in-18.

Cet ouvrage, espèce de recueil hebdomadaire qui devait, en trois mois, former
12 volumes contenant ensemble 1,900 pp., ne tarda pas à avoir affaire à la justice. — Par jugement du Tribunal correctionnel de la Seine, en date du 6 juin

1818, a été ordonnée la destruction des tomes I-II-III, pour attaques contre la dignité royale et l'autorité du roi, excitation à la désobéissance à la Charte constitutionnelle, et diffamations envers des magistrats de l'ordre judiciaire et administratif, par calomnies, outrages et injures. Le 4ᵉ volume parut avec ce titre :

« *Défense du père Michel prononcée par M. Tartarin, etc., etc.* » — Cette publication n'a pas été au delà du 9ᵉ volume.

Le jugement ci-dessus n'atteignit pas le véritable auteur des écrits en question, mais prononça contre POULET, dit TARTARIN, les peines de 3 mois d'emprisonnement, 300 fr. d'amende, cinq années d'interdiction des droits civiques et de surveillance de la haute police, avec 1,500 fr. de cautionnement. (*Moniteur* des 7 juin et 11 octobre 1818.)

Petit (Le) Polisson, ou *Veni mecum,* recueil de chansons composées par M. G***. — Cythère, s. d., in-8, avec musique. Fort rare.

La destruction de ce livre licencieux a été ordonnée par jugement du Tribunal correctionnel de la Seine, du 12 mai 1865. (Aff. contre P.-MALASSIS et consorts.)

Voir : *Parapilla.*

Petit (Le) vieillard de Calais.

Voir : *Agathe.*

Petite bibliothèque joyeuse. — Catalogue contenant l'indication de 29 ouvrages obscènes.

Deux exemplaires de cet écrit, saisis chez le libraire TERRY, ont été condamnés à la destruction par jugement du Tribunal correctionnel de la Seine (7ᵉ ch.), en date du 27 mars 1852, inséré dans la *Gazette des Tribunaux* du lendemain. (Aff. contre TERRY et BACQUENOIS.)

Voir : *La Gaudriole.*

Petite biographie des députés.

Voir : *Biographie des députés.*

Petite biographie des gens de lettres.

Voir : *Biographie des gens de lettres.*

Petite biographie des pairs.

Voir : *Biographie des pairs.*

Petite chronique.

Voir : *L'Homme gris.*

Petite chronique. — Article.

Voir : *La Mode*, journal.

Petite (La) Jeanneton, chansonnette commençant par ces mots : « Je ne veux plus aller.. », éditée par H. LEMOINE, imp. chez L. SALME.

Cette petite pièce, saisie le 10 avril 1864, comme contenant des outrages à la morale publique, a été détruite à la suite d'une ordonnance de non-lieu, rendue le 19 du même mois.

Petites (Les) gaudrioles, ou *Le nouveau chansonnier de la table et du lit.* — Paris, LOCARD et DAIR, 1820-1821, in-32 de 128 pp.

La destruction de ce recueil, qui contient des pièces fort libres, a été ordonnée pour outrages à la morale publique et religieuse, par jugement du Tribunal correctionnel de Vannes, en date du 29 avril 1822, condamnant en outre Jean REDONNET, dit GARRAVÉ, marchand colporteur, à Boulx, à un mois d'emprisonnement et 16 fr. d'amende. (*Moniteur* des 24 et 25 mai 1822.)

Petites (Les sept) nouvelles de Pierre Arétin.

Voir : *Arétin IV*.

Pétition à la Chambre des députés, par Jean-Paul ORBAND, 1820.

Dans cet écrit, l'auteur, ancien juge à DRAGUIGNAN et propriétaire à Correns (arr. de Brignoles), demandait qu'on fît une loi prévoyant la démission ou la destitution du roi.

La destruction de ce libelle séditieux a été ordonnée, pour attaques contre l'inviolabilité de la personne du roi et l'ordre de successibilité au trône, par arrêt de la Cour d'assises du Var, en date du 31 mai 1820, condamnant ORBAND à huit mois de prison et 100 fr. d'amende. (*Moniteur* du 13 juillet 1820.)

Pétition à la Chambre des députés, par REGNIER et autres habitants de l'Isère (publié par J. REY, en 1819).

Cet écrit n'était autre chose qu'une plainte rédigée par REY, sous le couvert de quelques signataires, contre les mesures qu'avaient prises le commandant militaire et le préfet, MM. DONNADIEU et de MONTLIVAULT, lors des troubles de Grenoble.

La destruction en fut ordonnée, pour diffamations envers le général DONNADIEU, par arrêt de la Cour d'assises de la Seine, en date du 20 octobre 1820. (Point d'insertion au *Moniteur*.)

Cette triste affaire motiva la radiation de REY du tableau des avocats du barreau de Paris ; il protesta et publia à cette occasion un mémoire de 108 pp. in-8.

Voir : *Quérard,* t. VII, p. 559.

Pétition aux Chambres, par Tandron.

Pas de détails sur ce pamphlet séditieux, dont la destruction a été ordonnée par arrêt de la Cour royale de Paris, en date du 2 avril 1818. (Point d'insertion au *Moniteur*.)

Pétition aux fins du rétablissement de la garde nationale de Paris, par Duplan, avocat. — Paris, 1829.

La destruction de cette brochure, contenant une attaque contre la dignité royale, résultant de ce que l'auteur contestait au roi le droit de dissoudre la garde nationale, a été ordonnée par arrêt de la Cour royale de Paris, en date du 23 juin 1829, confirmatif d'un jugement du Tribunal correctionnel de la Seine, du 22 avril précédent. (Point d'insertion au *Moniteur*.)

Pétition commençant par ces mots : « Aux citoyens, membres de l'assemblée législative... » et finissant par ceux-ci : « ... respect à la Constitution. »

Écrit contenant des excitations au mépris et à la haine du gouvernement de la République, et dont la destruction a été ordonnée par arrêt de la Cour d'assises de l'Aisne, en date du 2 avril 1851, condamnant Beaudet, manouvrier, Leleu, cabaretier et arpenteur, et Mathou, chanvrier, le premier à deux mois, les deux autres à quatre mois de prison, pour avoir exposé et colporté la susdite pétition dans des lieux ou réunions publics. (*Moniteur* du 27 mai 1851.)

Pétition commençant par ces mots : « Citoyens représentants, le peuple français en vous donnant la mission..... » et finissant par ceux-ci : « ... le refus de l'impôt. »

Destruction ordonnée, pour attaques contre l'autorité et les droits de l'Assemblée et contre le respect dû aux lois, par arrêt de la Cour d'assises de la Moselle, du 28 novembre 1850. (Aff. contre Pierre-Claude. — *Moniteur* du 15 décembre suivant.)

Pétition demandant l'appel au peuple, à MM. les représentants de l'Assemblée législative.

Placard affiché et colporté dans Paris, en 1849, composé par J.-B. Hulard, édité par Ch. Fournier, imprimé chez Williams Remquet.

Bien que l'écrit incriminé contint de fortes attaques contre les institutions républicaines, les trois accusés ont été acquittés par le jury de la Seine, le 21 décembre 1849. (*Gazette des Tribunaux* du 22 décembre 1849.)

Pétition d'un voleur à un roi son voisin, (par Lacenaire, assassin fameux).

Cette chanson, insérée pour la première fois dans le recueil intitulé : *Les Répu-*

blicaines (voir ce titre), est on ne peut plus outrageante, dans le 4e couplet surtout, à l'égard du roi Louis-Philippe. Outre le procès fait aux *Républicaines*, cette chanson a encore motivé des poursuites : 1o Contre le journal *l'Observateur des Tribunaux*, qui l'avait reproduite in-extenso d'après la brochure intitulée : *Procès complet de Lacenaire*; Eugène ROCH, directeur de *l'Observateur des Tribunaux*, fut acquitté par arrêt de la Cour d'assises de la Seine, du 26 septembre 1836, ordonnant toutefois la suppression de la chanson incriminée (*Moniteur* du 23 avril 1837); 2o Contre les sieurs GERVAIS et PITRAT, gérants des journaux *le Réparateur* et *la Gazette du Midi*; traduits devant les assises du Rhône, pour le même motif que ci-dessus, ils furent acquittés tous deux par arrêt du 16 décembre 1835, ordonnant également la destruction des couplets en question. (*Gazette des Tribunaux* des 21-22 décembre 1835.)

Pétition sur le droit au travail, par F. MALAPERT.

Voir : *La Ménippée nouvelle.*

Petits (Les) jeux innocents. — Recueil de lithographies obscènes,

format oblong, renfermées dans une couverture également obscène, portant cette inscription : *Les gages tirés, London*, et contenant les sujets suivants : *Je vous vends mon Corbillon; Le baiser à la capucine; Le dessous du chandelier ; Le colin-maillard ; Le pont d'amour ; Le portier du couvent; Le colin-maillard assis; Trois petits pâtés, ma chemise brûle; Petit bonhomme vit encore.*

Ces estampes, presque toutes à quatre personnages, sont fort licencieuses. La destruction en a été ordonnée, pour outrages à la morale publique et aux bonnes mœurs, par jugement du Tribunal correctionnel de la Seine (7e ch.), du 13 mars 1852. (Aff. contre LANGLOIS.)

Petits (Les) livres de la rue de Fleurus; un préjugé par mois (par H. VIVÈS, bibliothécaire à la bibliothèque Sainte-Geneviève).— Paris, rue de Fleurus, 42, 1861, in-18, no 1; GUIRAUDET, imprimeur.

La destruction de cette brochure, portant la date du 15 mai 1861, dans laquelle le « catholicisme et le christianisme sont qualifiés de superstition et de préjugés, » a été ordonnée par jugement du Tribunal correctionnel de la Seine, en date du 19 juillet 1861, condamnant l'auteur, VIVÈS, à 500 fr. d'amende et l'imprimeur à 600 fr. d'amende. (*Gazette des Tribunaux* du 20 juillet 1861. — *Journal officiel* du 7 mai 1874.)

Peuple (Le), journal publié à Limoges.

1o *Nos des 1er et 15 février 1849.* — Diffamation envers des volontaires de la Haute-Vienne. Destruction ordonnée, par arrêt de la Cour d'assises de la Haute-Vienne, du 28 mai 1849, condamnant le gérant CHAMPSEIX à 18 mois de prison et 2,000 fr. d'amende. (*Moniteur* du 2 octobre 1849.)

2o *No du 29 avril 1849.* — Excitation à la haine et au mépris du gouvernement de la République. Même mesure. Arrêt de la même Cour, du 30 mai 1849, condamnant CHAMPSEIX à quatre ans de prison et 5,000 fr. d'amende. (*Moniteur* même date.)

Peuple (Le), journal publié à Paris.

Vingt-quatre numéros de cette feuille ont été condamnés à la destruction par neuf arrêts de la Cour d'assises de la Seine, prononçant, du 13 décembre 1848 au 3 août 1849, contre les sieurs DUCHÈNE, gérant, PROUDHON et MÉNARD des peines fort sévères, tant en prison qu'en amende (voir *Moniteur* de 1849), pour excitation à la haine et au mépris du gouvernement de la République et des citoyens les uns envers les autres, provocation à la désobéissance aux lois, à la guerre civile, attaques contre le principe de la propriété, etc., etc.

Les numéros supprimés sont les suivants : 26 novembre 1848, 26 et 27 janvier 1849 (article intitulé : *La Guerre*, PROUDHON, auteur); 11 décembre 1848; 8, 15, 22 janvier, 5, 12, 19 février 1849 (article : *Prologue d'une Révolution*, par MÉNARD). 10 février; 5, 6, 11, 18, 19 mars; 18 mai (article : *Napoléon et les Paysans*), 23, 24, 25 avril; 22 mars (article : *Violation de la Constitution*), 9, 10 et 11 mai 1849.

Peuple (Le) constituant, journal publié à Paris.

N° du 11 juillet 1848. — Provocation non suivie d'effet au changement de gouvernement. Destruction ordonnée, par arrêt de la Cour d'assises de la Seine, du 26 octobre 1848, condamnant le gérant, Prosper-Frédéric VEYRON-LACROIX, à un mois de prison et 500 fr. d'amende. (*Moniteur* du 26 mars 1849.)

Peuple (Le) et l'armée, ou *Boichot ou les deux sergents.* — Paris, Ch. DURAND, éditeur, 1849.

Deux des chansons contenues en cet écrit, intitulées, l'une : *Boichot aux femmes du peuple*, signée : Alexandre GUÉRIN (de Troyes), l'autre : *Les Socialistes ou Rattier aux Socialistes*, signée : Hippolyte DEMANES, furent poursuivies comme contenant « des provocations non suivies d'effet à la guerre civile, des excitations à la haine et au mépris des citoyens les uns contre les autres et des attaques au principe de la propriété. »

La destruction de l'ouvrage en question fut ordonnée par arrêt de la Cour d'assises de la Seine, en date du 29 décembre 1849, condamnant Louis-Ch. DURAND à six mois de prison et 50 fr. d'amende. (*Moniteur* du 26 janvier 1850.)

Par arrêt de la même Cour, en date du 10 janvier 1850 et par les mêmes motifs que ci-dessus, le sieur Barthélemy LAGIER fut condamné à cinq jours de prison pour colportage de l'écrit précité, ainsi que de deux autres écrits séditieux, ayant pour titre, l'un : *Les Socialistes ou la République démocratique et sociale*; l'autre : *Chant des montagnards*, signé : LOYNEL, commençant par ces mots : « En avant, Républicains!... » et finissant par ceux-ci : « ... l'ouvrier sans travail a le droit d'avoir faim ! » Le même arrêt ordonna en outre la suppression des divers écrits saisis. (*Moniteur* du 28 février 1850.)

Peuple (Le) souverain, journal publié à Bordeaux.

Les N⁰ˢ des 22 mars, 25 mars et 19 avril 1849 (15, 16 et 22), ont été condamnés à la destruction pour excitations à la haine et au mépris du gouvernement de la République, provocation à la désobéissance aux lois, à la guerre civile, notamment dans le N⁰ 16, par la publication d'un article intitulé : *Les Paysans et les Ouvriers*. Arrêts de la Cour d'assises de la Gironde, des 5 mai et 2 octobre 1849, condamnant le gérant, Henri DURAND, à des peines s'élevant ensemble à deux ans de prison et 3,000 fr. d'amende. (*Moniteur* des 2 octobre et 7 décembre 1849.)

Peuple (Le) souverain, journal publié à Marseille.

1⁰ *N⁰ 155*. — Outrages envers le maire de la commune de Barbantane, par la publication d'un article intitulé : *Derniers moyens de défense de la royauté du 7 août*. Destruction ordonnée, par arrêt de la Cour d'assises des Bouches-du-Rhône, en date du 16 novembre 1835, condamnant le gérant, Jacques IMBERT, à 15 jours de prison et 200 fr. d'amende. (*Moniteur* du 26 juin 1836);

2⁰ *N⁰ˢ 192 et 204*. — Excitation à la haine et au mépris du gouvernement, etc., par la publication d'un article intitulé : *Conspiration de la Poire*. Destruction ordonnée par arrêt de la même Cour, du 16 novembre 1835, condamnant IMBERT à 6 mois de prison et 600 fr. d'amende (*Moniteur* même date);

3⁰ *N⁰ 303*. — Diffamation envers un brigadier de gendarmerie. Destruction ordonnée par arrêt de la même Cour, du même jour, condamnant IMBERT à 200 fr. d'amende. (*Moniteur* même date.)

Peuples (Des) et des gouvernements, pensées extraites de Raynal, ouvrage édité à Paris, en 1822, par BARRAULT-ROULLON.

La destruction de cet écrit contenant « des outrages envers la religion de l'Etat, « des attaques contre la dignité royale, l'ordre de successibilité au trône, les « droits que le roi tient de sa naissance et son autorité constitutionnelle, » a été ordonnée par jugement du Tribunal correctionnel de la Seine, du 28 décembre 1822, confirmé par arrêt contradictoire et définitif de la Cour royale de Paris, en date du 12 juin 1823, condamnant en outre BARRAULT-ROULLON à trois mois de prison et 500 fr. d'amende. (*Moniteur* du 26 mars 1825.)

Peyronnet et sa sœur.

Voir : *Gravures obscènes*, aff. CHAPELLE, IV.

Phallus (Culte du...).

Voir : *Des divinités génératrices*.

Philanthropie de M. Mangin. — Article publié dans le journal *Le Courrier français* (numéro du 19 janvier 1830).

La destruction de cet écrit, contenant des outrages envers un fonctionnaire public, a été ordonnée, par jugement du Tribunal correctionnel de la Seine, en date du 10 février 1830, condamnant René-Théophile CHATELAIN, gérant dudit journal, à 15 jours de prison et 500 fr. d'amende. (Point d'insertion au *Moniteur*.)

Philippe a trahi ses serments.

Chanson séditieuse, chantée le 28 avril 1839, dans un café de Cognac, par Alexandre GUILLOT et Guillaume FERRÉ, chanteurs publics. Dans cette chanson, contenant des offenses envers le roi et des attaques contre l'inviolabilité de sa personne, on remarquait les paroles suivantes : « Philippe a trahi ses serments, « il n'est plus notre roi, il n'est plus qu'un tyran; il mérite d'avoir le poing coupé, « la tête tranchée : aux armes, vengeons-nous, vengeons-nous ou mourons! » etc.

Les deux prévenus alléguèrent leur état d'ivresse et furent acquittés par le jury de la Charente, le 10 août suivant.

Voir : *Gazette des Tribunaux* du 10 octobre 1839.

Philippoire (Le) Dagobert. — Chanson.

Voir : *Considérations politiques.*

Philosophie (La) des dames.

Voir : *Ecole des filles.*

Phoutrokisticope. — Jeu composé de cartons ronds représentant des sujets obscènes, avec une instruction autographiée.

Destruction ordonnée, pour outrages à la morale publique et aux bonnes mœurs, par arrêt de la Cour d'assises de la Seine, en date du 29 avril 1845. (Aff. contre VALLADE et consorts. — Insertion irrégulière, sans indication spéciale, au *Moniteur* du 9 juin 1846.)

Physiologie de la première nuit de noces, par Octave DE SAINT-ERNEST (Jules CHABOT DE BOUIN), précédée d'une introduction philosophique, hygiénique et morale, par Morel de RUBEMPRÉ (docteur en médecine). — Paris, 1842, 1 fr., imp. chez BOUDIN, à Auxerre, édité par TERRY, au Palais-Royal. — Nombreuses éditions.

Des gravures non autorisées par le ministère de l'intérieur ayant été intercalées dans cette brochure, les éditeur et imprimeur furent condamnés, par le Tribunal correctionnel de la Seine, en date du 25 juin 1856, pour infraction aux dispositions de l'art. 22 du décret du 17 février 1852.

Un deuxième jugement, rendu par le même Tribunal, le 7 février 1862, a condamné le libraire FRUCHARD à un mois de prison pour mise en vente d'exemplaires de ladite brochure, contenant les dessins non autorisés.

Ces deux jugements ont prononcé en outre la confiscation des exemplaires saisis.

Physiologie des établissements nocturnes de Bruxelles.

Voir : *Bruxelles la nuit*.

Physiologie des étudiants de Paris. — Recueil de lithographies

obscènes, par Pithuy, comprenant notamment les sujets suivants : *Le grand examen d'après nature, étude de natation (Sèvres); l'Ile des Sauvages (St-Ouen) ; Réception de l'étudiant de Paris (Barrière du Maine); le Grand galop (à la Grande-Chaumière); Sortie de la Grande-Chaumière (5 heures du matin)*.

Destruction ordonnée, pour outrages à la morale publique et aux bonnes mœurs : 1º par arrêt de la Cour d'assises de la Seine, du 15 janvier 1851 (aff. contre Detouche. — *Moniteur* du 16 février suivant) ;

2º Par jugement du Tribunal correctionnel de la Seine (6ᵉ ch.), du 30 mars 1852. (Aff. contre Lefebvre.)

Voir aussi : *Esméralda*.

Physiologie galante. — Recueil de six lithographies obscènes inti-

tulées : *Emploi des dames d'honneur*; *Départ du conscrit*; *Prise de voile*; *Leçon de peinture*; *Utilité des grottes*; *Pastorale*.

Destruction ordonnée, pour outrages à la morale publique et aux bonnes mœurs, par arrêt de la Cour d'assises de la Seine, en date du 29 avril 1845. (Aff. contre Vallade et autres. — *Moniteur* du 9 juin 1846.)

Pie VI et Louis XVIII, ou *Conférence politique et théologique*. —

Brochure publiée par Therry, libraire à Paris, en 1822. (Atribuée à Chénier ?)

La destruction de cet écrit a été ordonnée, pour attaques contre l'autorité constitutionnelle du roi et outrages à la morale publique et religieuse, par arrêt de la Cour d'assises de la Seine en date du 31 mars 1822, condamnant le sieur Therry à six mois de prison et 1,000 fr. d'amende. (*Moniteur* des 11 avril 1822 et 26 mars 1825.)

Pièces authentiques sur le captif de Stᵉ-Hélène, recueil tra-

duit de l'anglais et publié par Barthélemy.

Le Xᵉ volume de ce recueil, contenant une nouvelle traduction de la 1ʳᵉ partie de l'ouvrage du docteur O'Méara, intitulé : *Napoléon dans l'exil*, ou *l'Echo de Sainte-Hélène* et renfermant beaucoup de passages offensants pour la personne du roi et pour la famille royale, passages omis ou rectifiés dans les traductions précédentes de Béraud et Greffier, a été condamné à la destruction, par jugement du Tribunal correctionnel de la Seine, en date du 4 mars 1823. (Pas d'insertion au *Moniteur*.)

Pour des motifs analogues, *les VI⁰ et VII⁰ volumes* dudit ouvrage ont été supprimés en vertu d'un autre jugement du même Tribunal, en date du 23 décembre 1824. (Point d'insertion au *Moniteur*.)

Pièces désopilantes recueillies pour l'esbatement de quelques pantagruélistes.

— A Paris, près Charenton, chez un libraire qui n'est pas triste. Printemps de 1866 (Jules GAY, à Bruxelles), petit in-12 de VIII-310 pp., tiré à 150 exemplaires numérotés, prix : 15 fr.

Ce recueil a eu un second volume intitulé :

Choix de pièces désopilantes, dédié aux pantagruélistes, imp. à Charenton, près Paris, et se vend dans toutes les bonnes librairies de l'Europe. (MERTENS, à Bruxelles, pour J. GAY), 1867, petit in-12 de 279 pp., même tirage, même prix.

Il ne paraît pas inopportun de donner ici la liste des pièces contenues dans ces deux volumes, pièces qui, pour un grand nombre, ont été condamnées par le Parlement de Paris ou par le Conseil du roi, ou qui, de nos jours, ont fait l'objet de mesures d'interdiction spéciales :

Tome I⁰ʳ : *L'Entrée magnifique et triomphante de mardy-gras*, 1650. — *Les paroles grasses de Caresme-prenant*, 1622. — *Les Secrets, prologues, chansons et rencontres facétieuses du capitaine Freluquin*, 1627. — *Lettre d'un cavalier à sa maîtresse*. — *La Défense du pet, pour le galant du carnaval*, 1652. — *Le Contenu de l'assemblée des dames de la confrairie du grand Habitavit*, 1615. — *Virelai de Claude Le Petit*. — *La Pourmenade du Pré aux Clercs*, 1622. — *Les vérités inconnues sur la dissolution du luxe de Paris*. — *L'Ordre des cocus réformés nouvellement établis à Paris*, 1626. — *Le cocu consolateur*. — *Patente de cocu*. — *Le caleçon des coquettes du jour*. — *Ouvrages burlesques en langues étrangères*. — *Demandes joyeuses*, 1511. — *La Carajicomédia*, 1620. — *Mazarinades* : *Tempéramment amphibologique des testicules de Mazarin*. — *La bouteille cassée attachée avec une fronde au cul de Mazarin*. — *Virelai, sur les vertus de sa Faquinance*. — *La custode de la reine qui dit tout*. — *Lettre de la signora Foutakina à messir Julio Mazarini*. — *Ambassade burlesque des filles de joie au Cardinal*. — *L'estat déplorable des femmes d'amour de Paris*. — *Dialogue de dame Perrette et de Jeanne la Crotée*. — *Dialogue de la guerre des tabourets*, 1649. — *Elégie sur la jalousie des culs de la Cour*. — *Lettre à Mˡˡᵉ V...* — *La famine, ou les putains à cul*. — *Lettre de la petite Michon, du Marais, à M. le prince de Condé, à St-Germain*. — *Le trictrac de la Cour*.

Tome II : *Les sultanes nocturnes*. — *Testament d'une fille d'amour mourante*. — *Le voluptueux hors de combat*. — *L'origine des puces*. — *Priapées anciennes et modernes* (par MERCIER DE COMPIÈGNE.) — *Chansons, contes et épigrammes de divers auteurs* (extraits du *Soupé de Cailhava*, de la *Correspondance d'Eulalie*, des *Muses en belle humeur*, de la *Lyre gaillarde* et du *Désœuvré*). — *Les filles de l'Opéra*, nouvelle extraite du *Petit-neveu de Bocace* (en prose). — *Les Epices de Vénus*, par Xanferligote (Félix NOGARET).

Toutes ces pièces, notamment celles du tome II, même rencontrées séparément, peuvent être considérées comme des écrits condamnés, un jugement du Tribunal de Lille, du 6 mai 1868, inséré au *Moniteur* du 19 septembre suivant, ayant formellement ordonné la destruction du *Choix de pièces désopilantes pour 1867*, ouvrage commençant par ces mots : « Les sultanes nocturnes..., » finissant par ceux-ci : « Par vous soient respectés, » et contenant des outrages à la morale publique et religieuse ainsi qu'aux bonnes mœurs. (Aff. contre DUQUESNE.)

Voir : *Actes des Apôtres*.

Pièces politiques, par — BOUSQUET-DESCHAMPS. Brochure publiée à Paris au mois de juin 1820.

La destruction de cet écrit, contenant des outrages envers le roi de Portugal et du Brésil, et des imputations diffamatoires envers le marquis de Marialva, ambassadeur de Portugal en France, a été ordonnée par arrêts de la Cour d'assises de la Seine, en date des 27 juillet 1820 et 13 avril 1821. (Point d'insertion au *Moniteur*)

Pieuvre (La) parisienne, par J.-J. LIATH. — Paris, brochure in-16 de 125 pp., impr. DUPRÉ DE LA MAHÉRIE (?), tirage à 1,100 exemplaires.

Cette brochure, dont l'auteur véritable serait M. Albert BLANQUET, homme de lettres et journaliste, a été saisie, nous ignorons pour quel motif, le 2 mai 1866. Elle n'a point été déférée au Tribunal, les poursuites ayant abouti à une ordonnance de non-lieu. Toutefois, la confiscation des exemplaires saisis a été maintenue.

Pilote (Le). — Journal publié à Paris, rédigé par P.-F. TISSOT, in-folio, du 11 décembre 1821 à 1827.

Quatre numéros de cette feuille ont été condamnés à la destruction par les sentences suivantes à raison de la publication des articles dont voici les titres :

1º *Les jours de repos.* — Jugement du Tribunal correctionnel de la Seine, du 19 octobre 1822;

2º *Traité de Vérone.* — Arrêt de la Cour royale de Paris, du 28 août 1823;

3º *Sur la condamnation du six Juillet.* — Autre arrêt de la même Cour, en date du même jour;

4º *Elections.* — Jugement du Tribunal correctionnel de la Seine du 24 mars 1824. (Aucune de ces décisions judiciaires n'a été insérée au *Moniteur*.)

Piqueuse (La) d'épingles.

(Ecrit ou dessin?) cité par le *Catalogue Wittersheim*, p. 50.

Voir : *Les amours de Louis-le-Grand*.

Pisseuse (La). — Eau-forte obscène.

Destruction ordonnée par jugement du Tribunal correctionnel de la Seine, en date du 31 janvier 1862. (Aff. contre Fe AVENIN et consorts.)

Plaidoyer prononcé par Me Mérilhou pour Scheffer.

Voir : *Etat de la liberté en France.*

Plaisir sans crainte. — Gravure obscène.

Voir : *Journal des connaissances utiles.*

Plaisirs champêtres. — Plusieurs sujets.

Voir : *Sujets mécaniques.*

Plaisirs (Les) de l'ancien régime et de tous les âges. — Londres, imp. par ordre des Paillards, 1795, in-18, 20 fig. libres à la manière anglaise.

Recueil de pièces obscènes, contenant notamment l'*Ode à Priape.*
Destruction ordonnée, pour outrages à la morale publique et aux bonnes mœurs : 1º Par arrêt de la Cour d'assises de la Seine, du 9 août 1842. (Aff. contre RÉGNIER-BECKER. — *Moniteur* du 15 décembre 1843) ;
2º Par jugement du Tribunal correctionnel de la Seine, du 12 mai 1865 (aff. contre MALASSIS et consorts.)

Voir : *Parapilla.*

Plaisirs (Les) de Paris. — Recueil de douze lithographies obscènes. (C'est sans doute la même collection que les *Mœurs de Paris.*)

Destruction ordonnée, pour outrages à la morale publique et religieuse, par arrêt de la Cour d'assises de la Seine, du 9 août 1842. (Aff. contre RÉGNIER-BECKER. — *Moniteur* du 15 décembre 1843.)

Plaisirs (Les) du cloître, comédie en 3 actes et en vers libres, par M. D.-L.-C.-A. P....., s. l. 1773, in-8.

Pièce très-obscène, où figurent deux religieuses, un jésuite et un chevalier, réimprimée dans le *Théâtre Gaillard* et traduit en italien sous le titre de *Un Monasterio del secolo XVIII.*
Destruction ordonnée, par jugement du Tribunal correctionnel de la Seine, en date du 12 mai 1865. (Aff. contre P.-MALASSIS et consorts.)

Voir : *Parapilla.*

Plan de Paris, ou *les Mœurs de Paris par arrondissement.* — Recueil de douze lithographies obscènes.

Destruction ordonnée, pour outrages à la morale publique et aux bonnes mœurs :

1º Par arrêt de la Cour d'assises de la Seine, en date du 9 août 1842 (aff. contre Régnier-Becker. — *Moniteur* du 15 décembre 1843);

2º Par arrêt de la Cour d'assises de la Seine-Inférieure, en date du 8 septembre 1844, condamnant Pierre Bon, colporteur, à 5 ans de prison et 6,000 fr. d'amende. (*Moniteur* du 3 décembre 1844).

Plus d'exercice à domicile! par Figuet. — Paris, 1849.

Ecrit contenant des provocations à la désobéissance aux lois, et dont la destruction a été ordonnée par arrêt de la Cour d'assises de la Seine, en date du 24 juillet 1849, condamnant l'auteur à 300 fr. d'amende.

Plus de Bourbons!

Voir : *Chansons de Béranger.*

Plus de représentants.

Voir : *Le treize juin.*

Poëte (Le), ou *Mémoires d'un homme de lettres par lui-même* (par P.-J.-B. Choudard Desforges). — Paris, 1798, 4 vol. in-12, Hambourg, 1799, 8 vol. in-18, et Paris, Lecointe et Durey, 1819, 5 vol. in-12, avec la clef des noms des principaux personnages.

Roman « rempli de détails qui feraient rougir une prostituée si on l'obligeait d'en soutenir la lecture, » mis à l'index, par mesure de police, en 1825.

Voir : *Note des ouvrages à supprimer.*

Point de lendemain. — Conte en prose, inséré dans « *les Mélanges littéraires et coup d'œil sur la littérature* » (par Dorat), tome .II, pp. 227 et suivantes.

Reproduit sous le titre de *La nuit merveilleuse ou le nec plus ultrà du plaisir,* avec figures libres, 1794.

Ce conte a été maintes fois réimprimé, soit isolément, soit dans certaines œuvres, et notamment dans la *Physiologie du mariage*, de Balzac. Il est généralement attribué à Vivant-Denon; c'est du moins l'avis du dernier éditeur, M. J. Liseux, qui l'a récemment réimprimé, en supprimant les passages obscènes, comme cela avait déjà été fait d'ailleurs dans de précédentes éditions.

M. Poulet-Malassis en a donné une réimpression *complète*, sous ce titre :

« *Point de lendemain,* conte, par Vivant-Denon : suivi de *la Nuit merveilleuse.* « Paris, 1777 (Bruxelles, 1867), pet. in-16, 126 pp., avec front. libre de Félicien Rops. »

Par jugement du Tribunal de Lille, du 6 mai 1868, inséré au *Moniteur* du 19 septembre suivant, a été ordonnée la destruction de *Point de lendemain,* ouvrage commençant par ces mots : « Ce petit conte..., » finissant par ceux-ci : « Je n'en trouverai point, » et contenant des outrages à la morale publique et aux bonnes mœurs. (Aff. contre Duquesne.)

Voir : *Actes des apôtres.*

Point de milieu, Henri V ou Proudhon, etc. — Brochure publiée et distribuée, en 1849, par Martin de la Rivière, propriétaire à Acquigny (Eure).

La destruction de ce petit écrit a été ordonnée, pour excitation au mépris des citoyens les uns envers les autres, par arrêt de la Cour d'assises de l'Eure, du 28 mai 1849, condamnant l'auteur à 3 mois de prison et 100 fr. d'amende. (*Moniteur* du 2 octobre 1849.)

Polissoniana, ou *Recueil de turlupinades, quolibets, rébus, jeux de mots, allusions, allégories, pointes, expressions extraordinaires, hyperboles, gasconnades, espèces de bons mots et autres plaisanteries* (par l'abbé Claude Cherrier). — Amsterdam, H.-Desbordes (Rouen), 1722, in-12, 140 pp., et Amsterdam, H. Schelte, 1725, in-12. Réimprimé en 1863 sous la date de 1722, avec une notice pour M. P.-L. (P. Lacroix). Bruxelles, (Mertens pour J. Gay), in-18, tiré à 106 ex. — 8 fr.

Cet ouvrage ne tient pas ce que promet son titre : il ne s'y trouve que des facéties plus ou moins gauloises, mais nullement obscènes. L'introduction en France en fut permise. Cependant quelques mois après, les exemplaires trouvés chez J. Gay furent saisis et l'auteur condamné; c'est la *Bibliographie Gay* (tome VI, p. III) qui fait connaître cette particularité.

Politique (La) de Machiavel.

Voir : *Dialogue aux enfers.*

Politique (La) de poche.

Voir : *Le petit livre à quinze sols.*

Politique (La) et le socialisme à la portée de tous, par Louis-Laurent-Gabriel Mortillet. — Paris, 1849, in-32.

Ce petit écrit a été poursuivi pour attaque contre le principe de la propriété et pour provocation au vol non suivie d'effet. La destruction en a été ordonnée par arrêt de la Cour d'assises de la Seine, en date du 23 juin 1849, condamnant l'auteur à deux ans de prison et 2,000 fr. d'amende. (*Moniteur* du 7 décembre 1849.)

Voir aussi : *La Gazette des Tribunaux* du 24 juin 1849, qui donna quelques détails sur cette brochure, portant en tête le triangle égalitaire et divisé en trois chapitres intitulés : Droit au vol; droit à l'assistance; droit au travail.

Populaire (Le). — Journal publié à Paris, par Cabet.

N° du 19 janvier 1834. — Offenses envers la personne du roi. Destruction ordonnée par arrêt de la Cour d'assises de la Seine, en date du 28 février 1834, condamnant Etienne Cabet, député, à deux ans de prison et 4,000 fr. d'amende. (*Moniteur* du 25 avril 1834.)

Populaire (Le) royaliste. — Journal publié à Paris.

N° du 1er janvier 1837. — Excitation à la haine et au mépris du gouvernement du roi. Adhésion publique à une autre forme de gouvernement, Destruction ordonnée par arrêt de la Cour d'assises de la Seine, du 25 février 1837, condamnant le gérant Magnant, à 3 mois de prison et 1,000 fr. d'amende. (*Moniteur* du 23 avril 1837.)

Portefeuille d'un dragon ou *Recueil galant à l'usage des filles de la rue Saint-Honoré*, dédié à madame d'Ericourt, mère du sérail militaire de Paris. — Londres, 1781, in-18, rare. C'est un recueil de contes licencieux et d'épigrammes obscènes connus pour la plupart.

Destruction ordonnée par le Tribunal correctionnel de la Seine, le 12 mai 1865. (Aff. contre P. Malassis et consorts.)

Voir : *Parapilla.*

Portier (Le) des Chartreux.

Voir : *Histoire de Dom B.....*

Et aussi :

Doléances du portier des Chartreux.

Et enfin : *Parapilla.*

Portrait de Bonaparte. — Lithographie.

Voir : *La clémence de Napoléon.*

Portrait de Kléber. — Lithographie.

Voir : *La clémence de Napoléon.*

Portrait de madame la duchesse de Berry, avec les insignes de la royauté.

Lithographie séditieuse, dont la destruction a été ordonnée, par arrêt de la Cour royale de Paris, du 22 juin 1822. (Aff. contre Savard. — *Gazette des Tribunaux* du 23 juin 1832.)

Portraits des membres de la branche aînée de la famille royale.

Le 3 septembre 1831, le sieur Bennechard, marchand d'estampes, rue Vivienne, ayant exposé dans la vitrine de son magasin une lithographie représentant *madame la duchesse de Berry et ses enfants,* il se forma, devant cette image, un rassemblement qui nécessita l'intervention de la police et amena la saisie de l'estampe en question. Deux jours après, des visites furent faites au domicile de quinze marchands de gravures et l'on saisit très-exactement tous les portraits des membres de la branche aînée de la famille royale.

C'est à la suite d'une instruction basée sur ces faits que les sieurs Auguste Boivin, François Piery, Etienne Delaunay, Adolphe Fonrouge, Fourmage, Auvray, Gihaut, Boblet, Couronné, Danlos, Legluais, Lenoir, Henry et Riboulet, comparurent devant le jury de la Seine, sous inculpation d'avoir vendu, distribué et mis en vente des gravures destinées à propager l'esprit de rébellion.

Ils furent tous déclarés non coupables et acquittés par arrêt de la Cour d'assises de la Seine, en date du 21 janvier 1832, ordonnant en outre que toutes les lithographies saisies seraient restituées, hormis celles portant l'inscription de Henri V en anglais (*Henry the fifth*). (*Gazette des Tribunaux* du 22 janvier 1832.)

Portrait du duc de Bordeaux, revêtu du manteau royal. — Lithographie séditieuse.

Destruction ordonnée par jugement du Tribunal correctionnel de la Seine, confirmée par arrêt de la Cour royale de Paris, en date du 22 juin 1832, condamnant le sieur Savard à 1,000 fr. d'amende, pour publication et mise en vente, tant dudit portrait que de nombreux exemplaires de caricatures politiques, dont il sera parlé en leur lieu et place. Un incident avait été soulevé devant la Cour, au sujet de la validité de la saisie. Ce moyen a été pleinement rejeté. (*Gazette des Tribunaux* du 23 juin 1822.)

Pot-pourri, ou *Notice historique et biographique sur les scènes burlesques qui ont agité la bonne ville d'Amiens, en l'an de grâce 1835, et sur les individus qui les ont commandées, organisées et exécutées.* — S. l. n. d., in-4, 10 pp. lithographiées.

« Cette curieuse pièce de vers devenue fort rare, dit Barbier (t. III, p. 962), fut composée à l'occasion des démêlés survenus entre le préfet Duvoyer et le maire Duroyer, par un jeune avocat, M. Radiguet, qui dut quitter le barreau d'Amiens à la suite des affaires qu'on voulut lui susciter à cause de ce violent pamphlet. » Inutile d'ajouter avec quel soin les intéressés firent supprimer tous les exemplaires qu'ils purent se procurer.

Pour le père, pour le fils, etc.

Voir : *La famille impériale,* gravure.

Précis de l'histoire de la Révolution française, précédé de considérations sur les intérêts du Tiers-Etat, et suivi de réflexions politiques, etc., par J.-P. Rabaut de Saint-Etienne. Nouvelle édition augmentée de plusieurs pièces importantes et inédites de l'auteur et d'une notice sur sa vie et ses écrits, par le comte Boissy-d'Anglas, pair de France. — Paris, Kleffer, 1827, in-8, 4 fr.

Bien que cet écrit eût été déjà plusieurs fois réimprimé, cette nouvelle édition fut déférée à la justice comme contenant des offenses envers le roi. La destruction en fut ordonnée par jugement du Tribunal de la Seine (6e ch.), du 28 août 1827, condamnant en outre l'éditeur Kleffer à six mois de prison et 500 fr. d'amende. Sentence confirmée par arrêt de la Cour de Paris, en date du 13 mai 1828. (Pas d'insertion au *Moniteur*.)

Voir : *Gazette des Tribunaux* du 14 mai 1828.

Précis de l'histoire générale des Jésuites depuis la fondation de leur ordre, le 7 septembre 1540, jusqu'en 1826, par A.-J.-B. Bouvet de Cressé. — Paris, A. Payen, 1826, 2 vol. in-18, 8 fr.

Une note de cet ouvrage fut incriminée comme contenant des outrages à la religion. L'auteur démontra que le passage poursuivi n'était que la citation textuelle d'une page de *l'Histoire de l'admirable Don Inigo de Guipuscoa*, publiée, en 1736, par Hercule Rasiel de Selva (Quesnel, de Dieppe).
En conséquence, le Tribunal de la Seine (6e ch.), par jugement du 22 août 1826, déchargea de l'accusation M. Bouvet, qui s'engagea d'ailleurs à mettre un carton dans son livre et à n'en vendre aucun qui ne fût ainsi corrigé. Les exemplaires saisis lui furent rendus. (*Gazette des Tribunaux* du 23 août 1826.)

Précis de l'histoire universelle (par L.-P. Anquetil). — Paris, 1797, 9 vol. in-12, et Paris, 1801, 12 vol. in-12. Une troisième édition entièrement revue (c'est-à-dire châtrée par M. Jondot, dit Quérard, t. I, p. 67), a été donnée en 1807, à Paris, chez Mame. Depuis cette époque, cet ouvrage a été plusieurs fois réimprimé soit en abrégé, soit in-extenso.

La destruction d'une édition complète du *Précis de l'Histoire universelle* a été ordonnée, par jugement du Tribunal correctionnel de la Seine (7e ch.), du 13 mars 1852, pour outrages à la morale publique et religieuse ainsi qu'aux bonnes mœurs. (Aff. contre Langlois.)

Voir : *Gazette des Tribunaux* du 14 mars.

Cet ouvrage est peut-être le même qui a été condamné sous le titre de : *Histoire universelle érotique*.

Voir cet article.

Précis historique de la vie civile et militaire du général Foy. — Gravure représentant les funérailles du général Foy.

Par jugement du Tribunal correctionnel de la Seine, du 5 janvier 1826, LACROIX-DUVAL et LECLERC ont été condamnés à six jours de prison, comme convaincus d'avoir colporté dans les rues, sans autorisation, la brochure et le dessin ci-dessus. (*Gazette des Tribunaux*, 6 janvier 1826.)

Précurseur (Le). — Journal publié à Lyon.

1º *Nº du 25 février 1833.* — Excitation à la haine et au mépris du gouvernement du roi. Provocation à la désobéissance aux lois. Destruction ordonnée par arrêt de la Cour d'assises du Rhône, du 25 mars 1833, condamnant le gérant, Anselme PÉTETIN, à 2 mois de prison et 3,000 fr. d'amende. (*Moniteur* du 29 juin 1833.)

2º *Nº du ....* — Mêmes délits. Destruction ordonnée par arrêt de la même Cour, du 25 mars 1835, condamnant le gérant Amédée DE ROUSSILLAC, à 6 mois de prison et 2,000 fr. d'amende. (*Moniteur* du 26 juin 1836.)

Précurseurs (Les) de l'Ante-Christ.

Voir : *A Monsieur de La Mennais.*

Prélude (Le). — Lithographie.

Voir : *Gravures obscènes,* aff. CHAPELLE, VI.

Prémices (Les) de Javotte. — Chanson de Pradel.

Voir : *Les Etincelles.*

Premier (Le) acte du Synode nocturne des Tribades, Lémanes, Unelmanes, Propétides, à la ruine des biens, vie et honneur de Calianthe (par Guillaume REBOUL), s. l., 1608, petit in-8 de 85 pp.

Réimpression faite à Londres, en 1852, à 60 ex. par G. BRUNET et O. DELEPIERRE. Nouvelle réimpression. — Paris, J. GAY, 1862, 100 ex. numérotés, pet. in-12, XII-120 pp., 10 fr.]

C'est cette dernière réimpression, la plus complète, qui a été visée par le jugement du Tribunal de la Seine du 22 mai 1863, inséré au *Moniteur* du 8 novembre 1865, et qui en a ordonné la destruction, pour outrages à la morale publique et aux bonnes mœurs. (Aff. contre GAY et consorts.)

Voir : *Amours folastres.*

Première lettre à M. le comte Decazes en réponse à son discours sur la liberté individuelle, par A.-F.-T. C. (Adolphe-Fr.-T. CHEVALIER). — Paris, DENTU, 1817, in-8 de II-76 p.

Cette brochure politique, saisie dès son apparition, fut déférée à la justice et devint l'objet d'un procès qui fit grand bruit à l'époque. La destruction en a été ordonnée par arrêt de la Cour royale de Paris, en date du 17 juin 1817. (Pas d'insertion au *Moniteur*.)

Premières armes d'un prince royal. — Lithographie obscène.

Voir : *Les Français en Afrique*.

Prenons-y garde ! par PONTIGNAC DE VILLARS. — Paris, juillet 1820.

La destruction de cet écrit, contenant des attaques formelles contre l'autorité constitutionnelle du roi et une provocation au changement du gouvernement, a été ordonnée par arrêt de la Cour d'assises de la Seine en date du 14 septembre 1820. (Pas d'insertion au *Moniteur*.)

Préservatif contre les préjugés.

Voir : *Lettres à Eugénie*.

Presse (La). — Journal publié à Paris.

No du 11 novembre 1850. — Publication d'un article commençant par ces mots : « Le *Constitutionnel* annonce ce matin... » et finissant par ceux-ci : « ...la France marchera sans vous si vous ne savez la conduire, » signé : « L.-N. BONAPARTE. » Publication de fausse nouvelle et d'une pièce fausse, fabriquée de mauvaise foi, etc. Destruction ordonnée par arrêt de la Cour d'assises de la Seine, en date du 18 novembre 1850, condamnant M. NEFFTZER, gérant, à un an de prison et 2,000 fr. d'amende. (*Moniteur* du 16 février 1851.)

Prêtre (Le). — Pamphlet.

Nous n'avons trouvé aucune indication utile au sujet de cet écrit. Peut-être s'agit-il d'un roman publié sous ce titre en 1820, par Mme Sophie PANIER, née TESSIER, épouse en secondes noces de M. LELARGE DE LOURDOUEIX, et qui a donné un certain nombre de romans et d'écrits politiques. Il est bien entendu que nous n'émettons cette hypothèse que sous toutes réserves.

Quoi qu'il en soit, l'écrit intitulé : *le Prêtre*, a été condamné à la destruction, pour outrages à la morale publique et religieuse ainsi qu'aux bonnes mœurs, par arrêt de la Cour d'assises de la Seine, en date du 5 août 1828. (Point d'insertion au *Moniteur*.)

Priapées de Maynard, publiées pour la première fois d'après les manuscrits et suivies de quelques pièces analogues du même auteur, extraites de différents recueils. — Freetown, impr. de la Bibliomanic society (Bruxelles, MERTENS pour J. GAY), 1864, petit in-12 de 71 pp. 4 fr., 506 exemp.

Ce recueil de pièces licencieuses, pour la plupart inédites, du *Martial français,* a été condamné à la destruction, par jugement du Tribunal correctionnel de la Seine du 2 juin 1865, inséré au *Moniteur* du 8 novembre suivant. (Aff. contre GAY.)

Voir : *Aphrodites.*

Voir aussi : *Parapilla.*

Priapisme (Le) moderne, ouvrage moral (*sic*).

C'est l'un des ouvrages mis à l'index et saisis, par ordre de l'autorité, à la vente de Beauchesne, au mois de novembre 1874.

Prince (Le) Napoléon à Strasbourg.

Voir : *Relation historique des événements.*

Princesse (La) Amélie et le baron de Trenck. — Lithographie obscène.

Voir : *Histoire universelle érotique.*

Principe (Le) et les faits, par Louis-Achille BOBLET. — Paris, imp. de HERHAN, 1832, in-8, 68 pp.

Cet écrit d'un ardent légitimiste fut poursuivi sous la triple prévention d'offense au roi, d'attaques contre ses droits et d'excitation à la haine et au mépris de son gouvernement. On trouve sur l'auteur un article fort étendu dans *Le Bourquelot* (tome II. p. 32). La destruction de cette brochure fut ordonnée par arrêt de la Cour d'assises de la Seine en date du 8 août 1832, condamnant M. BOBLET à 4 mois d'emprisonnement et 400 fr. d'amende. (*Gazette des Tribunaux* du 9 août 1832.)

Principes d'ordre social.

Voir : *République et Monarchie.*

Prise d'Alger. — Lithographie obscène.

Voir : *Les Français en Afrique.*

Prise de Constantine. — Lithographie obscène.

Voir : *Les Français en Afrique.*

Procès de M. l'abbé Combalot.

Voir : *Mémoire adressé aux évêques.*

Procès-verbal (Le). — Gravure obscène.

Voir : *Histoire d'un c...*

Profession de foi du vicaire savoyard.

Voir : *Œuvres de J.-J. Rousseau.*

Programme de l'union des communes.

Voir : *Ecrits révolutionnaires.*

Progrès (Le), journal publié à Arras.

Compte rendu infidèle et de mauvaise foi de l'audience du 5 décembre 1837, de la Cour d'assises du Pas-de-Calais. Destruction ordonnée par arrêt de la même Cour, du 12 février 1838, condamnant le gérant, Degouve-Denuncques, à un mois de prison et 3,000 fr. d'amende. (*Moniteur* du 18 mai 1838.)

Progrès (Le), journal sarde.

Voir : *Journaux étrangers.*

Progrès (Les) du libertinage, histoire trouvée dans les papiers d'un carme réformé et publiée par un novice du même ordre. — Londres, 1788, in-12, de 71 pp. avec 4 ou 6 fig. libres.

Réimprimé, vers 1830, avec la date de 1788 et six mauvaises lithographies dont voici les titres : *L'amant craintif et jaloux ; le Libertinage du couvent ; l'Accouchement d'une sœur surprise ; le Délassement des jeunes sœurs ; la Jeune sœur surprise ; le Directeur de théâtre et ses protégées.* Nous ignorons si cet ouvrage est le même que *Lucette*, ou *les Progrès du libertinage.* — Voir d'ailleurs ce titre.

La destruction de cet ouvrage obscène, contenant des outrages à la morale publique et religieuse ainsi qu'aux bonnes mœurs, a été ordonnée : 1° Par arrêt de la Cour d'assises de la Seine, en date du 9 août 1842, condamnant Régnier-Becker à 6 mois de prison et 200 fr. d'amende. (*Moniteur* du 15 décembre 1843);

2° Par arrêt de la même Cour, en date du 10 février 1852, condamnant Honoré Chapelle à un mois de prison et 16 fr. d'amende. (*Moniteur* du 8 mai 1852.)

Ce livre a encore été visé dans l'arrêt rendu, par la même Cour, contre Vallade et consorts, le 29 avril 1845.

Progressif (Le) de l'Aube. — Journal publié à Troyes.

N° du 11 avril 1834. — Destruction ordonnée, pour attaques contre l'autorité constitutionnelle du roi et celle des Chambres, etc., etc., par arrêt de la Cour d'assises de l'Aube, du 9 juin 1834, condamnant le gérant, Jean-Soleil Amand, dit Saint-Amand, à 3 mois de prison et 2,000 fr. d'amende. (*Moniteur* du 7 août 1835.)

Projet d'assurance mutuelle entre les auteurs, satire dédiée à..... et autres éminents protecteurs des lettres, de la liberté de la presse, et de la liberté individuelle, par Adrien Lenoir. — Paris, chez l'auteur, 1826, in-8, 88 pages.

Un arrêt de la Cour royale de Paris, en date du 6 mars 1827, a ordonné la destruction de tous les exemplaires saisis ou qui pourraient l'être de cette satire en vers de huit syllabes, précédée d'une préface et d'un dialogue en prose (attaque contre le respect dû aux lois). Pas d'insertion au *Moniteur*.

Projet d'un monument. — Lithographie.

Voir : *La Caricature,* journal.

Prolétaire (Le), journal belge.

Voir : *Journaux étrangers.*

Prologue d'une révolution. — Article.

Voir : *Le Peuple,* journal.

Prologues tant superlifiques que drôlatiques.

Voir : *Chansons folastres.*

Propagande électorale. — Aux Paysans ! — Placard distribué à Marchenoir et affiché tant sur la porte de l'église que sur la place du marché, par les soins de Cochet, cultivateur, domicilié à Marchenoir, et de Racouillat, conseiller municipal de Blois. La destruction de cet écrit injurieux et offensant pour le président de la République, commençant par ces mots : « Aux paysans de France... » et finissant par ceux-ci : « Toast porté au banquet du 24 février 1849, à Paris », fut ordonnée par arrêt de la Cour d'assises de Loir-et-Cher, en date du 11 août 1849, condamnant Cochet et Racouillat, chacun à 15 jours de prison et 50 fr. d'amende. (*Moniteur* du 2 octobre 1849.)

L'auteur de cet écrit, expédié de Paris, assurait-on, par la propagande socialiste, n'était autre qu'un célèbre montagnard, qui, s'adressant aux paysans qu'il appelait « ses chers porte-blouses », déversait à pleines mains des flots de calomnie sur les autres classes de la société.

Voir : *Gazette des Tribunaux* du 21 août 1849.

Propagande populaire. — Article.

Voir : *Almanach-Catéchisme*, par Brée.

Propagande royaliste. — Article.

Voir : *La Mode*, journal.

Propos (Les) de Labienus.

Voir : *Pamphlets de A. Rogeard.*

Proposition (La). — Chanson obscène.

Voir : *Le chansonnier du B......*

Proposition (La). — Gravure obscène.

Voir : *Chansonnier des filles d'amour,* gravures.

Prospectus, avec gravures, annonçant une nouvelle édition de l'*Histoire de la prostitution en Europe*, par RABUTEUX. — Paris, tirage à 40,000 exemplaires.

L'éditeur Alfred LEBIGRE, dit DUQUESNE, ayant commencé à distribuer ce prospectus sans que le dépôt en eût été effectué et sans que les gravures eussent été soumises à l'autorisation préalable, a été condamné à un mois de prison et 100 fr. d'amende, par jugement du Tribunal correctionnel de la Seine en date du 22 décembre 1865, ordonnant en outre la suppression des paquets d'exemplaires saisis. (Point d'insertion au *Moniteur*.)

Prospectus pour la maladie de neuf mois, composé et distribué par LANGLOIS, ancien chef de bureau au ministère des cultes.

L'auteur de cet écrit, âgé de 89 ans, déclara à l'audience que depuis plus de 40 ans, il s'occupait de la guérison de la maladie en question. Son grand âge, son apparente sincérité, le firent mettre hors de cause; mais, par arrêt du 6 novembre 1835, la Cour d'assises de la Seine ordonna la destruction du prospectus incriminé comme outrageant la morale publique. (Point d'insertion au *Moniteur*.)

Prospérités (Les) du vice.

Voir : *Justine*, du marquis de Sade.

Protestation de Jos. Esneaux contre le procès du maréchal Ney. — Paris, 1815, in-8.

Cet écrit fut saisi sous la presse, par ordre de l'autorité et supprimé, ainsi qu'un autre du même auteur.

Voir : *Réflexions sur le projet de Scheffer.*

Protestation de la Chambre des députés des Cent-Jours.

Ecrit contenant une provocation à la révolte et dont la destruction a été ordonnée par jugement du Tribunal correctionnel de la Seine en date du 20 août 1823. (Point d'insertion au *Moniteur*.)

Prusse (La) galante, ou *Voyage d'un jeune Français à Berlin*, traduit de l'allemand par le Dr Akerlins (Rousseau-Jacquin, de Metz, imprimeur à Paris).— Coïtopolis (Paris), 1801, in-12 de 166 pp. frontispice gravé libre.

Roman érotique, mis à l'index, par mesure de police, en 1825.

Voir : *Note des ouvrages à supprimer.*

Public (Le) sera bien surpris.... — Article inséré dans le numéro du journal *Le Courrier français*, en date du 19 janvier 1830. — Paris, Chatelain, gérant.

La destruction de cet écrit diffamatoire envers des magistrats a été ordonnée par jugement du Tribunal correctionnel de la Seine en date du 25 février 1830. (Point d'insertion au *Moniteur*.)

Pucelage (Le). — Gravure obscène.

Voir : *Histoire d'un c..*

Pucelage (Le) conquis.

Voir : *Origine des puces.*

Pucelle (La) d'Orléans, poëme divisé en quinze livres, par M. de V*** (Voltaire). — Louvain, 1755, in-12 de 161 pp., plus le faux titre qui porte seulement : « La P... d'O... », poëme divisé en quinze livres. Le volume finit par trois lignes de points et ces mots :*Cætera desunt.*

Telle est, croit-on, la première édition de cette exécrable production, dont les réimpressions, tant isolées que dans les œuvres complètes de Voltaire, ne se comptent plus. Mise à l'index dès le 20 janvier 1757, cette œuvre infâme d'un génie admirable sous tant d'autres rapports, encourut maintes condamnations.

La destruction en fut ordonnée notamment dans notre siècle, pour outrages à la morale publique et religieuse ainsi qu'aux bonnes mœurs :

1º Par arrêt de la Cour royale de Paris, du 21 décembre 1822 (aff. contre le sieur Pierre Lagier, libraire à Paris, déchargé d'une condamnation à un mois de prison et 100 fr. d'amende, prononcée contre lui en 1re instance). *Moniteur* du 26 mars 1825;

2º Par arrêt de la Cour d'assises de la Seine, du 9 août 1842, condamnant Régnier-Becker à 6 mois de prison et 200 fr. d'amende (*Moniteur* du 15 décembre 1843);

Et 3º Par arrêt de la même Cour, en date du 28 novembre 1845, condamnant Louis-Victor Deshayes à huit mois de prison et 500 fr. d'amende. (*Moniteur* du 9 juin 1845.)

Enfin cet ouvrage a été mis à l'index, par mesure de police, en 1825.

Voir : *Note des ouvrages à supprimer.*

Pucelle (La) de Belleville. — Lithographie obscène.

Voir : *Bibliothèque des romans.*

P..... errante, (La) ou *Dialogue de Madelaine et de Julie.* — Traduction du dialogue italien de Pierre Arétin.

Destruction ordonnée par jugement du Tribunal correctionnel de la Seine (11e ch.), en date du 25 février 1876, condamnant Eugène-François Lequien, encadreur, à 6 mois de prison et 500 fr. d'amende, pour outrages à la morale publique et religieuse ainsi qu'aux bonnes mœurs, par la vente et la mise en vente, tant de l'ouvrage ci-dessus que de photographies et d'autres livres obscènes dont il est parlé d'autre part.

P..... (Les) cloîtrées, parodie des Visitandines, vaudeville en 2 actes. — Bicêtre (Paris, Mercier), 1793, in-8 de 40 ff. et 4 fig. libres.
Réimpression : à Bicêtre, et se trouve à Paris chez tous les marchands de nouveautés, 1797 (Auvillain, 1868), in-12, 50 p. et 4 fig. libres.

Pièce très-obscène dont la destruction a été ordonnée, comme outrageant les bonnes mœurs, par arrêt de la Cour royale de Paris, du 16 novembre 1822, inséré au *Moniteur* du 26 mars 1825. (Aff. contre Rousseau.)

Voir : *Description topographique.*

P.....s (Les) du Palais-Royal.

Voir : *Caroline et Saint-Hilaire.*

Putiphar et Joseph. — Gravure obscène.

Destruction ordonnée, par jugement du Tribunal correctionnel de la Seine, en date du 31 janvier 1862.

Quatre hommes et un caporal, ou *Entretien de Jean Pichu avec son sergent, au sujet du discours du citoyen Bugeaud,* par J.-M. Théodore Boccas, homme de lettres. — Paris, 1849 (avril).

La destruction de ce petit écrit, contenant des provocations à la désobéissance aux lois et des excitations à la haine et au mépris du gouvernement de la République, a été ordonnée, par arrêt de la Cour d'assises de la Seine, en date du 26 juin 1849, condamnant l'auteur à deux ans de prison et 4,000 fr. d'amende. (*Moniteur* du 7 décembre 1849.)

Quatre (Les) jouissances. — Gravure obscène.

Voir : *Journal des connaissances utiles.*

Quart d'heure d'une jolie femme.

Voir : *Margot la ravaudeuse.*

Quartier Latin (Le).

Voir : *Les étudiants et les femmes.*

Qu'est-ce que le peuple? — Article.

Voir : *Almanach-catéchisme*, par Brée.

Qu'il me serait doux, charmante baronne, de vous voir serrer d'autres nœuds! — Caricature séditieuse et licencieuse.

Lithographie dont la destruction a été ordonnée par arrêt de la Cour royale de Paris, du 22 juin 1832. (Aff. contre Savard. — *Gazette des Tribunaux* du 23 juin 1832.)

Quelques mots à ceux qui possèdent, en faveur des prolétaires sans travail. — Ecrit signé Barbès, Aberny, Fages, avocat, Trinchan, avocat, Doux, négociant, et Paliopy, négociant. Publié en 1837, à Carcassonne, vers la fin du mois de juin.

Un arrêt de la Cour d'assises de l'Aude, en date du 7 août 1837, a ordonné la destruction de cette brochure, pour offenses envers un membre de la famille royale, attaques contre la propriété et le respect dû aux lois et pour excitation à la haine et au mépris d'une classe de la société contre une autre. (Point d'insertion au *Moniteur.*) Tous les accusés furent acquittés, sauf Barbès, qui, à l'occa. sion d'un incident d'audience, se fit condamner à un mois de prison pour outrages à un magistrat.

Voir : *Gazette des Tribunaux* du 13 août 1837.

Quelques mots sur l'affaire de Wilfrid Regnault, par J.-J. Ach. Darmaing, article inséré dans le 2º cahier du *Surveillant politique et littéraire*, journal in-8, fondé par Darmaing fils, à Paris, en 1818.

Le numéro incriminé a été condamné à la suppression, par jugement du Tribunal correctionnel de la Seine en date du 17 juillet 1818. (Pas d'insertion au *Moniteur.*)

Le Surveillant politique et littéraire, bien qu'écrit avec beaucoup d'indépendance, d'impartialité et de chaleur, survécut peu de temps à cette condamnation, il n'eut que 9 numéros. Sept ans plus tard, M. Darmaing fonda *La Gazette des Tribunaux,* qui tient aujourd'hui le premier rang parmi les journaux judiciaires et de jurisprudence.

Quelques réflexions sur la trahison, par DARDONVILLE, de l'Eure. — Paris, imp. CHANTPIE, 1822, in-8 de 16 pp.

La destruction de cet opuscule, contenant des excitations à la haine et au mépris du gouvernement du roi, a été ordonnée par arrêt de la Cour royale de Paris, en date du 7 décembre 1822, condamnant en outre l'auteur à un mois de prison et 500 fr. d'amende. (Point d'insertion au *Moniteur.*)

Question d'Etat. — Mémoire au conseil du roi sur la véritable situation de la France et sur l'urgence d'un gouvernement contraire à la Révolution (par A.-M. MADROLLE). — Paris, mars 1830, in-4, 140 pp.

Ouvrage qui fit un bruit énorme lors de son apparition et dont l'édition fut épuisée en quelques jours. Malgré les illustres adhésions qui figuraient au bas de ce mémoire, il fut conçu et rédigé par M. MADROLLE seul.

L'auteur fut déféré à justice pour attaques contre les droits et l'autorité des Chambres, outrages, diffamations et injures envers les Cours et Tribunaux et offenses envers la Chambre des députés.

La suppression en fut ordonnée par jugement du Tribunal correctionnel de la Seine, condamnant en outre MADROLLE, le 21 mai 1830, à 15 jours de prison et 150 fr. d'amende. Par arrêt de la Chambre des appels correctionnels en date du 8 juillet suivant, cette sentence fut mise à néant aux applaudissements de tout le public. (*Gazette des Tribunaux* du 9 juillet 1830.)

Question (La) romaine, par Ed. ABOUT.

Cette brochure, publiée d'abord en partie dans le *Moniteur universel,* puis en totalité à Bruxelles, fut saisie le 15 mai 1859. La prohibition ne fut pas longtemps maintenue. Deux ans après, une nouvelle édition complète fut donnée par l'auteur, à Paris, DENTU, in-8, 4 fr.

Questions à l'ordre du jour (par J.-L. BOUSQUET-DESCHAMPS). — Paris, CORRÉARD, 8 avril 1820, in-8, 16 pp.

(Extrait du journal *L'Aristarque.*)

La suppression de cet écrit, contenant des provocations à la désobéissance aux lois et à la destruction du gouvernement, a été ordonnée par arrêt de la Cour d'assises de la Seine en date du 14 juin 1820, condamnant en outre l'auteur à un an de prison et 3,000 fr. d'amende et l'éditeur à 4 mois d'emprisonnement et 1,000 fr. d'amende. (*Moniteur* du 15 août 1820.)

Questions ouvrières.

Voir : *Deux questions ouvrières.*

Qui vive ! — Journal publié à Rouen.

Outrage à la morale publique. Destruction ordonnée par arrêt de la Cour d'assises de la Seine-Inférieure, du 19 août 1836, condamnant le gérant Félix Rusnot, à 3 mois de prison et 500 fr. d'amende. (*Moniteur* du 18 janvier 1837.)

Quinade (La), par Bouffard.

La destruction de cet écrit, contenant des outrages à la morale publique et aux bonnes mœurs, a été ordonnée par arrêt de la Cour d'assises de la Seine en date du 30 juin 1823, condamnant l'auteur à 6 mois de prison et 100 fr. d'amende. (Pas d'insertion au *Moniteur*.)

Quotidienne (La). — Journal publié à Paris, de 1792 à 1847, in-4 et in-folio. Pour ses divers titres, voir *La Bibliographie Hatin*, p. 234.

Dix-neuf numéros de la célèbre feuille légitimiste ont été condamnés à la destruction par onze arrêts des Cours d'assises de la Seine et de Maine-et-Loire, pour « offenses envers la personne du roi, attaques contre les droits et l'autorité constitutionnels du roi, excitation à la haine et au mépris de son gouvernement, provocation à la désobéissance aux lois et au changement de gouvernement, attaques contre l'ordre de successibilité au trône ; diffamation envers des fonctionnaires publics, etc. etc. » Les peines prononcées s'élevèrent ensemble à 7 ans et 10 mois de prison et à 50,600 fr. d'amende que se partagèrent les gérants MM. Briau, Dieudé, de Kergolay, de Lostanges et de Vaugrigneuse. Les numéros condamnés sont ceux portant la date des : 19 et 20 octobre 1830 ; 7, 9 et 10 janvier 1831 ; 14 février 1831 ; 28 avril 1834 ; 7 et 22 mai 1834 ; 5 et 19 janvier 1835 ; 31 janvier 1835 ; 1er août 1835 (article intitulé : *Les Accusés de Niort*) ; 8 décembre 1836 ; 6 mars 1837 et 6, 15, 20 et 28 décembre 1843.

Huit de ces arrêts seulement ont été insérés, en leur temps, au *Moniteur*.

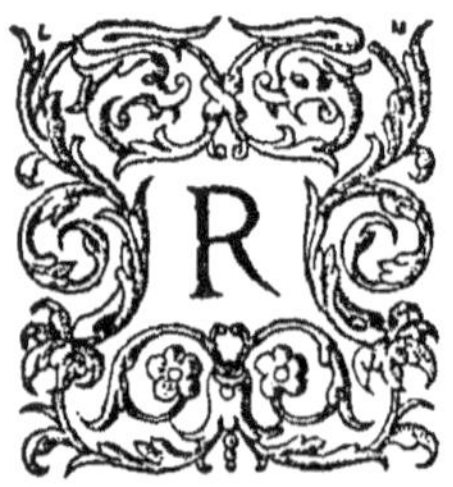

Rabelais. — Journal illustré. Gr. in-4, paraissant le mercredi et le samedi, à Paris. 1er n°, 16 mai 1857 ; 20 fr. par an.

Ce journal, faisant suite au *Triboulet*, succomba au 70e numéro.

Les numéros suivants furent poursuivis pour outrages à la morale publique et aux bonnes mœurs :

1° *N° du 25 juillet 1857.* — Article intitulé : *Un Jésuite* ;

2° *N° du 26 juillet.* — Article commençant par ces mots : « Quand on prend du Viennet... », finissant par ceux-ci : « ...c'est-à-dire avant le Sextus. » Autre article commençant par : « Cela vaut mieux... », finissant par : « ...vous aurez le droit de rougir, lectrice » ;

3o *No du 1er août.* — Article intitulé : *Excentricités littéraires* (par A. DELVAU);

4o *No du 12 août.* — Articles intitulés : *Billets au porteur* et *Correspondance.*

Ces numéros furent supprimés par arrêt de la Cour impériale de Paris (ch. des appels correctionnels), en date du 14 mai 1858, confirmatif d'un jugement du Tribunal de la Seine, condamnant le gérant LAPOSTOLLE à quatre mois de prison ; A. DELVAU, homme de lettres, à un an de prison et DESOYE, imprimeur, à un an de la même peine. (*Moniteur* des 14, 15 mai 1858.)

Racoleur (Le). — Lithographie obscène.

Voir : *Galerie des Gardes-françaises.*

Rappel (Le). — Chanson.

Voir : *Le Tyrtée.*

Rappel (Le). — Journal.

Voir : *Les Soldats.*

Rappel (Le) des Bannis, par L.-Saturnin BRISSOT-THIVARS. — Paris, 1818, in-8, 60 pp.

M. BRISSOT-THIVARS, homme de lettres et éditeur, fut arrêté et mis en jugement à raison de la publication de cette brochure. Le Tribunal correctionnel de la Seine, appelé à prononcer sur cette affaire, tout en considérant que plusieurs passages de l'ouvrage étaient blâmables, déclara qu'aucun d'eux ne présentait le caractère de la sédition. En conséquence, BRISSOT-THIVARS a été mis immédiatement en liberté et on ordonna en même temps la main-levée de la saisie de l'ouvrage. (Jugement du 7 avril 1818, inséré au *Moniteur* du lendemain.)

Rattier aux socialistes.

Voir : *Le Peuple et l'Armée.*

Rébecca à la fontaine. — Lithographie obscène.

Destruction ordonnée par jugement du Tribunal correctionnel de la Seine, en date du 13 mars 1852. (Aff. contre LANGLOIS. — *Gazette des Tribunaux* du 14 mars.)

Réception d'un homme illustre aux Champs-Elysées. — Gravure séditieuse.

La destruction de cette gravure relative à Napoléon Ier, a été ordonnée par jugement du Tribunal correctionnel de la Seine, en date du 18 décembre 1821. (Point d'insertion au *Moniteur.*)

Récit (Le) et le Rêve.

Voir : *Pèlerinage d'Holy-Rood.*

Récréation (La) et passe-temps des tristes, traictant de choses plaisantes et récréatives, touchant l'amour et les dames, pour resjouir toutes personnes mélancholiques. — Paris, P. L'Huíllier, 1573, in-16, 96 ff. réimprimé à Rouen en 1595, mais avec des suppressions. Nouvelle réimpression, très-complète, Paris, J. Gay, 1862, 115 ex. pet. in-12 de XII-192 pp. Prix : 15 fr.

La préface de cette réimpression, dont les seize dernières pages contiennent des notes intéressantes, fait connaître que ce recueil a été faussement attribué à Guillaume des Autels. Un certain nombre des épigrammes et petites pièces qui y sont renfermées sont dirigées contre les moines et frisent l'hérésie, beaucoup sont fort libres.

La réimpression de 1862 a été condamnée à la destruction par jugement du Tribunal de la Seine en date du 22 mai 1863, inséré au *Moniteur* du 8 novembre 1865, comme contenant des outrages à la morale publique et religieuse ainsi qu'aux bonnes mœurs. (Aff. contre Gay et consorts.)

Voir : *Amours folastres.*

Recueil complet des chansons de Collé.

Voir : *Chansons joyeuses mises au jour.*

Recueil de chansons qui n'ont pu être imprimées.

Voir : *Chansons joyeuses mises au jour.*

Recueil de poésies diverses de La Fontaine, Piron, Voltaire et Grécourt. — Un vol. in-12 avec gravures, 1833. Réimprimé dans le format in-12.

Destruction ordonnée, pour outrages à la morale publique et aux bonnes mœurs, par arrêt de la Cour d'assises de la Vienne, du 12 décembre 1838, condamnant Henri Clouzot, Antoine et Bertrand Porterié, bouquinistes et libraires à Niort, chacun à dix fr. d'amende. (*Moniteur* du 9 juin 1839.)

Des gravures destinées à illustrer ce recueil et notamment celles intitulées : *Le mal d'aventure, Tirliberly, l'Hospitalière, la Puce, la Planche,* ont été également condamnées à la destruction, pour les mêmes motifs, par jugement du Tribunal correctionnel de la Seine, du 6 mars 1852. (Aff. contre Garnier.)

Recueil de toutes les satyres, amourettes, etc.

Voir : *Dessert des Muses.*

Recueil des plus belles chansons à danser.

Voir : *Parnasse des Muses.*

Recueil général des chansons du capitaine Savoyard, par lui seul chantées dans Paris. — Paris, J. Promé, 1645, in-12 de 48 pp.

Et

Recueil nouveau des chansons du capitaine Savoyard. — Paris, Vᵉ Promé, 1665, in-12 de 139 pp. et table.

C'est sur cette dernière édition connue qu'a été faite la réimpression de : Paris, 1862, avec avant-propos de A. Percheron, chez J. Gay, pet. in-12 de XVI-120 pp. tirage à 100 ex. Prix : 10 fr.

Voir : *Le Bulletin de l'alliance des arts*, tome Iᵉʳ, p. 170; *les Variétés bibliographiques*, de Tricotel, pp. 296 à 316 et la *Bibliographie Gay*, tome VI, p. 196, sur Philippe, dit le Savoyard, du nom de son pays, auteur de ce recueil de chansons assez vives pour choquer la bienséance moderne.

La destruction de la réimpression de 1862 a été ordonnée, par jugement du Tribunal correctionnel de la Seine, en date du 22 mai 1863, inséré au *Moniteur* du 8 novembre 1865, comme contenant des outrages à la morale publique et aux bonnes mœurs. (Aff. contre Gay et consorts.)

Voir : *Amours folastres.*

Recueil nouveau des chansons du Savoyard.

Voir : *Recueil général des chansons.*

Recueil nouveau des plus agréables chansons.

Voir : *La Caribarye des artisans.*

Réflexions d'un ouvrier tailleur sur la misère des ouvriers en général, par Sylvain Court.

— Revue militaire, par le même.

M. Sylvain Court, poursuivi pour excitation à la haine et au mépris du gouvernement du roi, provocation à une coalition d'ouvriers, offenses envers la personne du roi, provocation non suivie d'effet à un attentat ayant pour but soit de détruire, soit de changer la forme du gouvernement, ne se présenta point devant la Cour d'assises du Rhône.

En conséquence, par deux arrêts successifs, la Cour, jugeant sans intervention de jurés, condamna le susnommé à un mois de prison et 3,000 fr. d'amende pour le premier pamphlet et à un an de prison et 3,000 fr. d'amende pour le second. (*Gazette des Tribunaux* du 26 juin 1834.)

Réflexions d'un patriote, par J.-L. Bousquet-Deschamps. — Paris, 1820. (Extrait du journal l'*Aristarque*.)

La destruction de cet écrit, contenant des attaques formelles contre l'autorité constitutionnelle du roi et des Chambres, a été ordonnée par arrêt de la Cour d'assises de la Seine du 11 juin 1820. (*Moniteur* du 1er août 1820.)

Réflexions sur la trahison.

Voir : *Quelques réflexions.*

Réflexions sur le procès de Scheffer.

Voir : *Etat de la liberté en France.*

Réformateur (Le). — Journal publié à Paris.

La destruction de onze numéros de ce journal a été ordonnée, par 7 arrêts de la Cour d'assises de la Seine en date des 21 juillet (deux arrêts), 28 septembre, 7 octobre (2 arrêts), 26 septembre et 23 novembre 1835, condamnant les gérants Jaffrenou, Yves et Auguste Dupoty, à des peines s'élevant ensemble à 17 mois de prison et 29,500 fr. d'amende, pour excitation à la haine et au mépris du gouvernement du roi, diffamation envers le préfet de police, excitation à la désobéissance aux lois, etc., etc. (Toutes ces condamnations ont été insérées au *Moniteur* de 1835-1836).

Les numéros supprimés sont ceux des 21, 23 mai; 9, 10, 21, 23 juin; 17 juillet; 14 septembre; 13, 14 octobre et 23 novembre 1835.

L'article incriminé dans le numéro du 17 juillet est intitulé : *Assassinat des prévenus dans leur prison.*

Réforme (La) électorale, ou *Entretiens politiques entre Robert Macaire, propriétaire, député, conseiller d'Etat, colonel de la garde nationale, etc., et son ami Bertrand;* chanson, avec accompagnement de piano, paroles d'un bizet, musique de G.... de Bombas. — Paris, 1838 (Sarrazin, éditeur, impr. Vᵉ Massut).

Cet écrit, déposé sans noms d'éditeur ni d'imprimeur, éveilla l'attention du ministère de l'intérieur qui en ordonna la saisie. On n'a point à apprécier ici ce qu'il importait le plus d'atteindre par les poursuites ou de l'ouvrage en lui-même, ou de la contravention commise aux dispositions de l'art. 17 de la loi du 21 octobre 1814. Quoi qu'il en soit, après une enquête longue et minutieuse, Mᵐᵉ veuve Massut et MM. Sarrazin, Meissonnier et Frère furent renvoyés en police correctionnelle, pour avoir imprimé sans déclaration préalable, publié et mis en vente ledit écrit qui n'était revêtu d'aucune des indications prescrites par la loi.

Par jugement du 8 février 1839, le Tribunal correctionnel de la Seine condamna la veuve Massut à 3,000 fr. d'amende, Frère et Meissonnier, chacun à 1,000 fr. d'amende, Sarrazin, à 10 jours d'emprisonnement et ordonna que les exemplaires saisis ne seraient restitués qu'après payement complet de l'amende. (*Gazette des Tribunaux* du 9 février 1839.)

Réforme sociale, ou *Catéchisme du prolétaire,* par Sauriac, membre de la société des *Droits de l'homme.* — Paris, 1834.

Cette brochure, que le ministère public qualifie spirituellement de « manuel d'insurrection », fut déférée au jury sous inculpation de provocations au renversement du gouvernement et à la coalition d'ouvriers. Toutefois, l'auteur fut déclaré non coupable et acquitté par arrêt de la Cour d'assises de la Seine du 2 avril 1834.

Voir : *Gazette des Tribunaux* du lendemain.

Réformes démocratiques.

Voir : *Dédié aux producteurs français.*

Réfutation du budget de 1816.

Voir : *Mémoire sur les finances.*

Regarde dans la psyché comme il est petit! — Lithographie obscène.

Voir : *Le tohu-bohu plaisant.*

Régime (Le) du sabre, article.

Voir : *Bibliothèque des enfants du peuple.*

Règne (Le) de Satan.

Voir : *Le coup de sabre.*

Reine Hortense.

Voir : *Mémoires sur la reine.*

Relation des funérailles de M. Manuel, ancien député de la Vendée. — Paris, 1827, par F.-A.-A. Mignet, édité par Sautelet, imprimé par Laguionie, broch. in-8.

Cet écrit qui contenait notamment tous les discours prononcés sur la tombe de

Manuel, fut déféré aux Tribunaux pour outrages aux autorités légalement établies et à la Chambre des députés ainsi que pour provocation à la rébellion.

Voir : *Gazette des Tribunaux* du 27 septembre 1827.

Relation détaillée des faits qui se sont passés à Paris, dans la journée du 3 juin 1822, à l'occasion de l'anniversaire de la mort de Lallemant (par M. Alain ROUSSEAU). — Paris, 1822, in-8, 16 pages.

Cet écrit fut poursuivi comme contenant des provocations à la haine et au mépris du gouvernement du roi, à la rébellion envers les agents de l'autorité, au renversement du gouvernement, au meurtre et comme présentant les caractères de diffamation envers un conseil de guerre. La destruction en a été ordonnée par jugement du Tribunal correctionnel en date du 3 août 1822, confirmé par arrêt de la Cour de Paris du 16 novembre suivant, condamnant en outre les sieurs SULPICE, Ch. LHUILLIER, libraire, à six mois d'emprisonnement et 1,200 francs d'amende, et François PILLET, prote en imprimerie, à six mois de prison et 100 fr. d'amende. (*Moniteur* des 17 décembre 1822 et 26 mars 1825.)

Il faut joindre à cet article :

1o *Odes et stances sur la mort de Lallemant* (manuscrites sans doute), qui devaient être lues au banquet de Beaujon, par Michel ROCH ;

2o *Strophes aux mânes de Lallemant.*

La destruction de ces deux écrits, contenant des excitations à la haine et au mépris du gouvernement du roi, a été ordonnée par jugement du Tribunal correctionnel de la Seine, du 14 décembre 1822. (Point d'insertion au *Moniteur*.)

Relation historique des événements du 30 octobre 1836. — Le prince Napoléon à Strasbourg, par Armand-François LAITY. — Paris, impr. de THOMASSIN, 1838, in-8 de 96 pp.

L'auteur de cet écrit fut l'un des complices du prince Louis Bonaparte ; il était alors lieutenant d'artillerie et fut compris dans les poursuites dirigées contre les complices du complot de Strasbourg. Acquitté, mais rayé des cadres de l'armée, il employa ses loisirs à écrire la brochure ci-dessus.

Par arrêt de la Cour des pairs en date du 10 juillet 1838, a été ordonnée la destruction du susdit écrit, contenant des provocations non suivies d'effet au renversement du gouvernement et attaques contre le principe et la forme du gouvernement établi par la Charte de 1830. Par le même arrêt, l'auteur a été condamné à 5 ans de détention et 10,000 fr. d'amende. (*Moniteur* du 11 juillet 1838.)

Relation historique des événements qui ont eu lieu à Colmar et dans les villes et communes environnantes, les 2 et 3 juillet 1822; suivie de la pétition adressée aux Chambres par 132 citoyens de ce département. — Paris, imp. C. CHANTPIE, 1822, in-8, 40 pp. (Traduit en allemand, à

Strasbourg, la même année.) Ouvrage publié par M. Jac. Kœchlin, député du Haut-Rhin, ancien maire de Mulhouse.

M. Kœchlin ayant été renvoyé devant la police correctionnelle à raison de cet écrit publia, en forme de mémoire justificatif, une autre brochure intitulée : *Réponse à l'accusation dirigée au nom de quelques fonctionnaires publics du Haut-Rhin, contre M. Kœchlin.....* au sujet de la relation des événements qui ont précédé, accompagné et suivi l'arrestation du lieutenant-colonel Caron. Paris, imp. de Plassan, 1823, in-4.

La destruction de la *Relation historique* contenant des excitations à la haine et au mépris du gouvernement du roi, ainsi que des outrages envers les autorités civiles et militaires du département du Haut-Rhin, a été condamnée à la destruction par jugement du 8 janvier 1823 (défaut), et 17 mai suivant *(opposition)*, confirmés en appels par la Cour de Paris en date du 17 juillet 1823, condamnant l'auteur à six mois d'emprisonnement et 3,000 fr. d'amende. Le même arrêt a ordonné la suppression de la *Réponse à l'accusation. (Moniteur* du 26 mars 1825.)

Enfin la traduction allemande de la *Relation* a été également condamnée à la destruction par arrêt de la Cour royale de Colmar en date du 22 mars 1823. (Point d'insertion au *Moniteur*.)

Religieuse (La), par Denis Diderot. Paris, 1796, in-8. IIIe édition où l'on trouve une conclusion. — Paris, Deroy, 1799. Maintes fois réimprimé en divers formats, avec et sans gravures, même sous la Restauration, isolément ou dans les œuvres complètes de l'auteur.

La destruction de ce célèbre roman, aussi licencieux qu'immoral, a été ordonnée :

1º Par jugement du Tribunal correctionnel de la Seine en date du 20 août 1824;

Et 2º Par jugement du même Tribunal en date du 24 novembre 1826. (Aucune de ces décisions n'a été insérée au *Moniteur.)*

La *Bibliographie Gay* renferme sur cet ouvrage un excellent article notamment au point de vue des éditions expurgées des détails trop libres.

Voir aussi : *Parapilla.*

Enfin ce célèbre roman a été mis à l'index, par mesure de police, en 1825.

Voir : *Note des ouvrages à supprimer.*

Religion (De la) considérée dans ses rapports.

Voir : *Lettre à M. d'Hermopolis II.*

Religion (La) d'argent (par Napoléon Roussel, pasteur de l'Eglise réformée de Saint-Etienne). — Paris, J. Risler, 1839, in-16, 16 pp. souvent réimprimé.

Le pasteur Roussel, auteur de plus de trente écrits du même genre, dont trois ont été également incriminés (il en sera parlé en leur lieu et place), ne fut jamais poursuivi personnellement. Mais, en 1851, les sieurs Marc-Auguste DUCLOUX et J. GRASSART, libraires à Paris, furent traduits devant le jury de la Seine, sous la prévention d'avoir outragé, en la tournant en dérision, la religion catholique, l'une des religions légalement établies en France, en mettant en vente trois écrits intitulés : *Rome et compagnie*, *les Papes peints par eux-mêmes* et la *Religion d'argent*. Ce délit se compliquait de cette circonstance aggravante que ces ouvrages venaient d'être condamnés par arrêt de la Cour d'assises du Var, du 25 février 1851.

Par arrêt de la Cour d'assises de la Seine, en date du 14 juillet 1851, les deux prévenus, grâce à l'admission des circonstances atténuantes, n'ont été condamnés qu'à trois mois de prison et 300 fr. d'amende chacun. La cour a en outre ordonné la destruction des exemplaires saisis. (*Gazette des tribunaux* du 15 juillet 1851.)

Religion, propriété, famille, par le Dr J. NAQUET. — Paris, 1869, POUPART-DAVYL, imprimeur, in-12.

Cet écrit, sévèrement interdit en France et dont une nouvelle édition vient d'être faite à Bruxelles, a été poursuivi pour « outrage à la morale publique et reli-« gieuse ainsi qu'aux bonnes mœurs. — Attaque contre les droits de la famille et « de la propriété. — Complicité de l'imprimeur. »

Par jugement du 30 mars 1869, le tribunal correctionnel de la Seine a ordonné la suppression et destruction des exemplaires saisis et de ceux qui pourraient l'être ultérieurement et, écartant la prévention d'outrages aux bonnes mœurs et d'attaques contre les droits de la famille, retenant les autres chefs de la prévention a condamné Joseph NAQUET, professeur de sciences, à 4 mois d'emprisonnement et 500 fr. d'amende, et G. A. POUPART, imprimeur, à 300 fr. d'amende, le tout solidairement quant aux amendes. (*Journal officiel* du 7 mai 1874. — *Gazette des Tribunaux* du 31 mars 1869.)

Religion (La) Saint-Simonienne.

Voir : *Affranchissement des c....*

Reliques (Les) juives et païennes de M. l'archevêque de Paris, par le pasteur Napoléon ROUSSEL. — Paris, 1845. DELAY, in-32.

La destruction de ce petit écrit, ainsi que celle de trois autres, dont il a été parlé à l'article : « La Religion d'argent », a été ordonnée, pour outrages à la religion catholique, par arrêt de la cour d'assises du Var en date du 25 février 1851. (Aff. contre RÉGAMEY.)

Remède contrel'usure, gravure obscène.

Voir : *Journal des connaissances utiles.*

Renaissance sociale.

Voir : *Lamentations, ou...*

Renommée (La), journal publié à Paris, et dont un numéro fut condamné à la destruction pour publication de l'article : *Souscription nationale*.

Voir : *Le Censeur européen*.

Rénovateur (Le) breton et vendéen, journal publié à Nantes.

Suppression ordonnée pour excitation à la haine et au mépris des citoyens les uns contre les autres et envers le roi, etc., par trois arrêts de la cour d'assises de la Loire-Inférieure et de la Seine en date des 12 et 14 juin (2 arrêts) 1833, insérés tous trois au *Moniteur* du 30 octobre suivant et prononçant contre le gérant Huet du Pavillon des peines s'élevant ensemble à 2 ans et 10 mois de prison, 7,500 fr. d'amende et 5,000 fr. de dommages-intérêts envers un fonctionnaire diffamé.

Réparateur (Le). — Journal.

Voir : *Pétition d'un voleur*.

Réponse à l'accusation dirigée...

Voir : *Relation historique des événements*.

Réponse au chevalier Alphonse de Vigier.

Écrit séditieux dont la destruction a été ordonnée par arrêt de la cour d'assises de Lyon, en date du 14 mars 1817.

Réponse sommaire de M. Lebel. — Écrit d'une demi-feuille in-8. Paris, 1822.

La destruction de ce factum, fort injurieux pour un sieur Vigen, a été ordonnée par jugement du tribunal correctionnel de la Seine en date du 29 juin 1822. (Point d'insertion au *Moniteur*.)

Représentant (Le) du peuple. — Journal publié à Paris.

Numéros des 16 et 19 août 1848. — Destruction ordonnée pour excitation à la haine et au mépris des citoyens les uns contre les autres, par arrêt de la cour d'assises de la Seine, du 12 décembre 1848, condamnant le gérant Vasbenter, à 8 mois de prison et 2,000 fr. d'amende. (*Moniteur* du 26 mars 1849.)

Reproche (Le). — Chanson obscène.

Voir : *Le chansonnier du b......*

Reproches sanglants du citoyen Vieux-Cuir. (Écrit clandestin.)

Voir : *Lettre de Jean Bonhomme*.

Républicain (Le) des campagnes, brochure. — Paris, 1851, CARPENTIER et BALLARD, imprimeur et éditeur.

Article de Félix PYAT, intitulé : *Toast aux Paysans,* inséré de la page 61 à la page 68 de cet écrit publié par la « Librairie de la Propagande démocratique » et contenant des offenses envers le président de la République, attaques contre la Constitution, excitation à la haine et au mépris des citoyens les uns envers les autres, etc., etc,

Destruction ordonnée, par arrêt contradictoire et définitif de la cour d'assises de la Seine en date du 21 août 1851, condamnant F. PYAT à 3 mois d'emprisonnement et 5,000 fr. d'amende. (*Moniteur* du 22 août 1851.)

Républicaines (Les). — Recueil de chansons. — Paris, 1834, PAGNERRE.

Nouvelle édition en 1835.

Le libraire PAGNERRE ne fut pas poursuivi pour la première édition ; il ne fut mis en cause que lors de la publication de la réimpression de 1835. — Par arrêt de la cour d'assises de la Seine, en date du 6 novembre 1835, Antoine-Laurent PAGNERRE, libraire-éditeur à Paris, fut condamné à 6 mois de prison et 500 fr. d'amende pour offenses envers la personne du roi, par l'insertion, dans le volume susdit, des trois chansons suivantes : 1º *De quoi vous plaignez-vous?* ; 2º *Le Père La Poire*; 3º *Pétition d'un voleur à un roi son voisin.* — Le même arrêt ordonna la destruction des exemplaires saisis. (*Moniteur* du 26 juin 1836.)

Pagnerre s'étant pourvu en cassation par le motif que la première édition n'avait pas été poursuivie, fut débouté par arrêt de la cour suprême en date du 18 décembre 1835.

Voir : *Gazette des Tribunaux* du lendemain.

République (La). — Chanson.

Voir : *La Nicostrata.*

République (La). — Journal publié à Paris.

Nº 17. — Article commençant par ces mots : « Le citoyen Michelot... », et finissant par ceux-ci : « ...conduits en prison ». Fausses nouvelles. Destruction ordonnée par arrêt de la cour d'assises de la Seine en date du 7 novembre 1851, condamnant P. E. BARESTE, rédacteur en chef et gérant, à 6 mois de prison et 500 fr. d'amende, et CAILLEY, à 4 mois d'emprisonnemeut et 300 fr. d'amende. (*Moniteur* du 7 mai 1852.)

République et Monarchie, ou *Principes d'ordre social,* par Francisque BOUVET. — Paris, impr. MIE, 1832, in-8 de 156 pp.

La destruction de cet écrit a été ordonnée, pour attaques contre la dignité royale et contre l'autorité constitutionnelle du roi, par arrêt de la cour d'assises de la

Seine, en date du 5 janvier 1833, condamnant l'auteur à 3 mois de prison et 300 fr. d'amende. *(Moniteur* du 7 avril 1833).

Résumé de l'histoire des traditions morales et religieuses chez les divers peuples, par M. de S*** (E. P. DE SÉNANCOUR.) — Paris, LECOINTE et DUREY, 1825, in-18. Seconde édition, revue, ibid., 1827,. in-18, 3 fr.

Ce livre qui est une sorte de complément de la collection des *Résumés* de Lecointe et Durey, fut poursuivi pour outrage d'une nature grave à la religion de l'Etat et aux autres cultes chrétiens reconnus par la loi.

Le tribunal correctionnel de la Seine (6e ch.) condamna l'auteur à 9 mois de prison et 300 fr. d'amende, et l'éditeur à 3 mois et 300 fr., par jugement du 14 août 1827, qui fut cassé par arrêt de la cour royale, rendu le 22 janvier 1828, sur appel des condamnés.

Voir : *Gazette des Tribunaux,* 23 janvier 1828.

Retour (Le) de la conférence.

Voir : *Les curés en goguette.*

Réveil (Le) de la France, par J.-F. PERRON. — Paris, 1875, librairie AMYOT (imp. chez NOBLET), in-18, prix : 0,25 centimes. Tiré à 2,200 ex.

Ce petit écrit de M. PERRON, ancien chef de division au ministère d'Etat, et l'un des plus féconds écrivains de propagande en faveur du parti auquel il est resté attaché, a été déféré au jury de la Seine, pour outrages et attaques contre le gouvernement de la République. Cette brochure qui a pour épigraphe ces paroles tirées de l'Ecriture sainte : *Exurge, Domine, et dissipentur inimici.* — Lève-toi, peuple souverain, et tes ennemis disparaîtront! — est divisée en cinq chapitres : les Principes de 89; le Premier empire; le Deuxième empire; le Troisième empire, son programme; les Élections générales.

On trouve l'analyse de cette publication, et les passages incriminés, dans le journal l'*Ordre,* du 13 décembre 1875.

Par arrêt de la cour d'assises de la Seine en date du 10 décembre 1875, M. PERRON, auteur de l'écrit ci-dessus, a été condamné à quinze jours de prison et 500 francs d'amende; AMYOT, éditeur, a été acquitté; NOBLET (non comparant) a été condamné à un mois de prison et 1,000 fr. d'amende. (*Gazette des Tribunaux* du 11 décembre 1875.)

Révélations sur l'assassinat du duc de Berri.

Voir : *Aux Chambres.*

Revenant (Le). — Journal publié à Paris.

1o. — *Numéro du 25 janvier 1833.* Article intitulé : *Madame malade,* offense à la personne du roi, excitation à la haine et au mépris de son gouvernement. Destruction ordonnée par arrêt de la cour d'assises de la Seine, du 27 juin 1833, condamnant le gérant, MÉNARD DE ROCHECAVE, à un an de prison et 500 fr. d'amende, (*Moniteur* du 30 octobre 1833) ;

2º. — *Numéro du 1ᵉʳ mars 1833.* Mêmes délits, même mesure ; arrêt de la cour d'assises de la Loire-Inférieure du 3 septembre 1833 (inséré au *Moniteur* du 30 octobre suivant), condamnant MÉNARD DE ROCHECAVE, à un mois de prison et 150 fr. d'amende.

Revenons à l'Evangile ! (par P.-M.-Alfred SIRVEN), broch. in-8. — Paris, 1862.

La destruction de cet écrit, contenant des outrages aux ministres d'un culte salarié par l'État, notamment aux passages commençant par ces mots : « Lorsque les grands de la terre... » (p. 7), et : « Le peuple veut... » (pp. 13 et 14), a été ordonnée par arrêt de la cour d'appel de Paris, en date du 20 novembre 1862, condamnant en outre l'auteur de cet écrit à 2 mois d'emprisonnement et 500 francs d'amende (*Moniteur* du 11 avril 1863). Le même arrêt, confirmatif d'un jugement du tribunal correctionnel de la Seine du 27 août 1862, a condamné l'éditeur MARPON à 300 fr. d'amende, Moïse CERF, imprimeur, a été renvoyé sans amende ni dépens. (*Gazette des Tribunaux* du 21 novembre 1862.)

Rêves (Les) de l'avenir, par J.-F. MASSON DE VILLENEUVE. — Paris, chez l'auteur, 1852, 2 vol. in-8.

Un article du premier volume de cet ouvrage, intitulé : *Apologie du régicide*, a motivé un commencement de poursuites, mais nous n'avons pas trouvé trace de condamnation et l'affaire a dû rester sans suite.

Révision de la carte de l'Europe, 1854 (par Ch. FLOR, rédacteur de la *Gazette belge*). — Bruxelles, ROZEZ, in-12, 31 pp.

La publication de cette brochure qui contenait des idées et des doctrines contraires à la politique du gouvernement impérial, fût empêchée par l'autorité. Quelques exemplaires ayant échappé à la surveillance et ayant pu être distribués, une instruction a été ordonnée au sujet de cet écrit. (*Moniteur*, 1854, page 338.)

Le *Dictionnaire des anonymes* ajoute que l'édition originale fut imprimée, à Paris, chez PLON frères, en 1854, et a été retirée de la circulation comme il est dit ci-dessus. Enfin le rédacteur ajoute que, dans le public, on attribuait cet écrit à Napoléon III.

Révolution (La). — Journal publié à Paris.

Nº du 24 octobre 1851. — Article diffamatoire à l'égard de M. CARLIER, préfet de police. Destruction ordonnée par arrêt de la Cour d'assises de la Seine, en date du 8 novembre 1851, condamnant E. LEGUEVEL, rédacteur, et L. WATRIPON, gérant dudit journal, chacun à 9 mois de prison et 1,500 fr. d'amende. (*Moniteur* du 7 mai 1852.)

Révolution de 1830 et situation présente (septembre 1832), expliquées et éclairées par les révolutions de 1789, 1792, 1799 et 1804, et par la Restauration, par CABET. — Paris, impr. de MIE, 1832, in-8, 7 fr. 50.

Cet ouvrage du fameux et souvent ridicule communiste Cabet, a été réimprimé en 1833 et 1834, en 2 volumes in-12.

La destruction de cet écrit, contenant des attaques contre la dignité royale, a été ordonnée par arrêt de la Cour d'assises de la Seine, en date du 16 novembre 1832. (Point d'insertion au *Moniteur.*)

Révolution (La) de 1830. — Journal publié à Paris, 1830-1832, in-folio.

Voir : *Bibliographie Hatin,* p. 375.

Trois numéros de ce journal, notamment ceux du 17 février et du .. mars 1831, ont été condamnés à la destruction, pour injures contre la garde nationale et attaques contre la Chambre des députés, etc., par arrêts de la Cour d'assises de la Seine, en date du 13 janvier, 14 avril et 25 août 1831, condamnant les gérants FAZY à 4 mois de prison et 6,000 fr. d'amende, et Antony THOURET, à 3 mois et 6,000 fr. et 4 mois de prison et 6,000 fr. d'amende. Ces arrêts n'ont pas été insérés au *Moniteur*.

Révolution (La) démocratique et sociale. — Journal publié à Paris.

1º *Nº du 10 mai 1849.* — Excitation au mépris et à la haine du gouvernement de la République, provocation, non suivie d'effet, à la guerre civile dans un article intitulé : « *M. Bonaparte et l'Assemblée nationale.* » Destruction ordonnée par arrêt de la Cour d'assises de la Seine, du 13 août 1849, condamnant le gérant, Jacques ROBILLARD, à 2 ans de prison et 4,000 fr. d'amende. (*Moniteur* du 7 décembre 1849) ;

2º *Nº du 30 mai 1849.* — Mêmes délits dans un article intitulé : « *Messieurs les royalistes, tirez les premiers.* » Destruction ordonnée par arrêt de la même Cour, du 27 août suivant, condamnant ROBILLARD à trois ans de prison et 3,000 fr. d'amende. (*Moniteur* même date.)

Révolution française (La) prédite.

Voir : *A monsieur de La Mennais.*

Revue anecdotique. — Paris, 1861, pet. in-8, nouvelle série. LARCHEY, gérant, PLON, imprimeur.

Le nº 19 (T. IV) de cette revue a été saisi, le 22 novembre 1861, en vertu d'une ordonnance d'un juge d'instruction près le parquet de Paris comme contenant, page 157, une historiette fort peu édifiante et des moins flatteuses pour la mémoire du Régent et pour une grande famille dont le nom est encore porté aujour-d'hui en France. Il y a lieu de penser que cette affaire a été terminée par une ordonnance de non-lieu ; mais les exemplaires saisis, comme contenant des outra-ges à la morale publique et aux bonnes mœurs, ont dû être confisqués et détruits.

Revue de Paris (La).

Voir : *Madame Bovary.*

Revue (La) démocratique, publiée à Paris mensuellement, par DESESSART.

La destruction des livraisons des 5 octobre et 5 novembre 1840 a été ordonnée pour provocation à la haine et au mépris du gouvernement du Roi, apologie de faits qualifiés crimes, attaques contre la propriété, outrages à la morale publique et religieuse, par arrêt de la Cour d'assises de la Seine, en date du 30 novembre 1840, condamnant L. M. Xavier BASQUIN-DESESSART, à 3 ans de prison et 6,000 fr. d'amende. (*Moniteur* du 12 mars 1842.)

Revue dramatique, politique et littéraire. — Paris, 1828, 3 n°ˢ in-8.

Des numéros de ce journal, mis en vente par RÉGNIER-BECKER, ont été condam-nés à la destruction, pour outrages à la morale publique et aux bonnes mœurs, par arrêt de la Cour d'assises de la Seine, en date du 9 août 1842, condamnant le susnommé à six mois de prison et 200 fr. d'amende. (*Moniteur* du 15 décem-bre 1843.)

Revue (La) du progrès, écrit périodique, traitant de matières poli-tiques et d'économie sociale, publié à Paris, sans autorisation préalable, en 1864.

La suppression de ce recueil, contenant en outre un article outrageant la mo-rale publique et religieuse, a été ordonnée par jugement du Tribunal correctionnel de la Seine (6ᵉ ch.), du 27 mai 1864, condamnant le gérant Adolphe RACOT, Louis-Xavier de RICARD, homme de lettres ; Auguste-Paulin BOURET, imprimeur à Poissy, chacun à 3 mois de prison, Charles SELLES, à un mois d'emprisonnement, et Ferdinand PAPILLON, à quinze jours de la même peine et chacun à 300 fr. d'a-mende. — Confirmé en appel le 25 juin suivant, sauf pour RACOT, dont l'empri-sonnement a été réduit à un mois. (*Gazette des Tribunaux* du 26 juin 1864.)

Revue militaire.

Voir : *Réflexions d'un ouvrier tailleur.*

Rhétorique des P......, ou *la fameuse maq.......* ouvrage imité de l'italien (de FERRANTE PALLAVICINO). — Rome, 1771, in-18, 320 pp. 3 fig.

Réimprimé, toujours sous la rubrique de Rome, en 1794 et en 1836, avec préface, notes et les portraits de douze courtisanes célèbres. Tiré à 50 ex.

Ce dialogue licencieux, où figurent trois interlocutrices : « Angélique, Marguerite et Marthe, » a été poursuivi pour outrages à la morale publique et aux bonnes mœurs, mais la décision judiciaire ne se trouve point au *Moniteur*.

Rideau (Le) levé, ou *l'Education de Laure*. Cythère (Alençon), 1786, 2 part. in-12 ou in-18, avec figures, généralement très-mauvaises, dans toutes les éditions qui ont été faites depuis, notamment en 1790, 1800, 1830, et 1864. — Bruxelles, POULET-MALASSIS, 2 vol. in-16, 6 grav. 20 fr.

« Cet ouvrage, dit la *Bibliographie Gay*, a été faussement attribué à MIRABEAU, ainsi que plusieurs autres obscénités qui courent sous son nom. D'après une note de M. Louis DUBOIS, bibliothécaire d'Alençon, « Le Rideau levé, » serait l'œuvre du marquis de SENTILLY, gentilhomme bas-normand qui a mis en tête de la première édition de son œuvre l'épigraphe suivante :

> « Retirez-vous, censeurs atrabilaires,
> « Fuyez, dévots, hypocrites et fous,
> « Prudes, guenons, et vous, vieilles mégères,
> « Nos doux transports ne sont pas faits pour vous ! »

On peut juger d'après cette profession de foi du dévergondage qui règne dans cet ouvrage, qui a fait l'objet de trois condamnations :

1o Arrêt de la Cour royale de Paris, en date du 19 mai 1815 (destruction ordonnée. Pas d'insertion au *Moniteur*.)

2o Arrêt de la Cour d'assises de la Vienne, du 12 décembre 1838, inséré au *Moniteur* du 9 décembre 1839, ordonnant la destruction et condamnant CLOUZOT, Antoine, et Bertrand PORTERIÉ, chacun à 10 fr. d'amende;

3o Jugement du Tribunal correctionnel de Lille, du 6 mai 1868, inséré au *Moniteur* du 17 novembre suivant, ordonnant la destruction du « Rideau levé, » ouvrage commençant par ces mots : « Je t'envoie, cher chevalier... », finissant par ceux-ci : « Attends-moi donc au plus tôt » et contenant des outrages à la morale publique et aux bonnes mœurs. (Aff. contre DUQUESNE.)

Voir : *Actes des Apôtres*.

Voir aussi : *Parapilla*.

Rigueurs (Les) salutaires. — Article.

Voir : *Almanach-catéchisme par Brée*.

Rive (La) gauche. — Journal publié à Paris. Le *N*o 13, contenant un article intitulé : *La dynastie des de La Palisse*, a été saisi comme injurieux et offensant envers la personne du souverain.

Par jugement du Tribunal correctionnel de la Seine, en date du 1er avril 1865,

César LONGUET, auteur de l'article, Victorin GUILLOT, gérant du journal et RIQUEUR-LAINÉ, imprimeur, ont été condamnés, le premier à huit mois de prison, le second, à deux mois de la même peine et le dernier à 100 fr. d'amende. Le même jugement a ordonné en outre la destruction des numéros saisis et celle de tous ceux qui pourraient l'être ultérieurement.

Roberville.

Voir : *M. de Roberville.*

Robinson (Le) des neiges, par Mme Marie de BRAY (Mlle DRAVIGNY), in-8, 1866, SARLIT. Paris, 2 fr.

Ouvrage supprimé par arrêt de la Cour d'appel de Paris, en date du 20 février 1872, comme n'étant qu'un plagiat de l'ouvrage publié par M. J. J. PORCHAT, littérateur suisse, sous le titre de : *Trois mois sous la neige* ; — journal d'un jeune habitant du Jura, suivi de *Nouvelles*, » in-12, 1849 et 1864, 60 cent. (Otto Lorenz, t. V, p. 202.)

Rocambole (la) de la F....rie.

Voir : *Exercices de dévotion.*

Rognures de la censure, documents historiques.

Voir : *Le censeur européen.*

Roi (Le) à la mode, écrit clandestin.

Voir : *Mémoires du duc de Normandie.*

Roi (Le) Christophe, chanson de Béranger.

Voir : *Chansons de Béranger.*

Roi (Le) d'Yvetot, lithographie obscène.

Destruction ordonnée par jugement du Tribunal correctionnel de la Seine, en date du 13 mars 1852. (Aff. contre LANGLOIS. — *Gazette des Tribunaux* du 14 mars.)

Voir aussi : *Esméralda.*

Roi (Le) de leur choix ! — Chanson.

Voir : *Considérations politiques.*

Roi (Le) Guiot, histoire nouvelle, tirée d'un vieux manuscrit poudreux et vermoulu (par VESQUE DE PUTLINGEN); 1791, in-12, 144 pp.

« Ce volume, dit la *Bibliographie Gay*, renferme des passages fort libres. C'est une spirituelle critique des dernières années de Louis XVl. On voit, dans l'introduction, que l'auteur de ce roman fut incarcéré. Les pages 137-144 sont occupées par : *Bagatelle,* ou *Le plus joli conte du monde*, petite aventure personnelle à l'auteur et assez libre. Il est beaucoup question, dans ce livre, de Marie-Antoinette.

Le Tribunal correctionnel de Lille, par jugement du 6 mai 1868, inséré au *Moniteur* du 19 septembre suivant, a ordonné la destruction du *Roi Guiot,* ouvrage commençant par ces mots : « Il était une fois un Roi… », finissant par ceux-ci : « Je n'y suis pas retourné depuis », et contenant des outrages à la morale publique et religieuse, ainsi qu'aux bonnes mœurs. (Aff. contre Duquesne.)

Voir : *Actes des Apôtres.*

Roi (Le) populaire. — Ecrit clandestin.

Voir : *Mémoires du duc de Normandie.*

Roi (Le) Vaillant.

Voir : *Mémoires du duc de Normandie.*

Roman (Le) d'un prêtre. — Publié en feuilleton dans *la Tribune,* journal paraissant à Paris, en 1876. (Ouvrage attribué à Mme Gagneur, et qui, dans l'origine, devait, paraît-il, être intitulé : *Les amours d'un prêtre.*)

Ce roman, dont M. W. Gagneur, député du Jura, s'est déclaré l'auteur par une lettre en date du 7 novembre 1876, insérée au journal *La Tribune,* du 9 du même mois, a été poursuivi pour outrages à la morale publique et religieuse. — M. Gagneur, en raison de sa qualité, ne pouvant être poursuivi sans l'autorisation de la Chambre, le parquet de Paris s'est borné à traduire M. Gendron, gérant du journal, devant le Tribunal correctionnel de la Seine (9ᵉ ch.) — Par jugement du 12 janvier 1877, M. Gendron a été condamné à 500 fr. d'amende et 1,500 numéros environ du journal, saisis au commencement de l'affaire, ont été confisqués. (*Moniteur universel* du 16 janvier 1877.)

Roman (Le) d'une américaine en Russie, par Fanny Lear (Henriette Hey, Vᵉ Blackford, dite mis Phœnix). — Bruxelles, A. Lacroix et Cie, 1875, in-12, IX-336 pages. (Accompagné de lettres originales.)

Ce livre, qui fit un bruit énorme au moment de sa mise en vente à Paris, est le récit des amours de l'auteur avec un prince de la famille impériale de Russie. Le scandale fut si grand que la police française, dont on avait en quelque sorte surpris l'acquiescement à l'introduction de l'ouvrage en France, en ordonna immédiatement la saisie. Par malheur, il était trop tard, et quelques exemplaires à peine furent trouvés chez l'entrepositaire de Paris.

Par décision ministérielle en date du 8 octobre 1875, l'introduction et la circulation en France du *Roman d'une Américaine* furent interdites. Les journaux de l'époque annoncèrent que Fanny Lear, vu sa qualité d'étrangère, venait d'être expulsée du territoire français par application de la loi du 3 décembre 1849.

Roman (Le) d'une nuit, par Catulle MENDÈS, inséré dans le numéro de la *Revue fantaisiste* en date du 15 mai 1861. — Paris, BOURDILLIAT, imprimeur.

M. Catulle MENDÈS étant encore mineur au moment ou il publia ce roman, fort leste d'ailleurs, les poursuites furent dirigées contre l'imprimeur principalement; aussi par jugement du tribunal de la Seine (6e ch.), en date du 26 juillet 1861, M. BOURDILLIAT, qui avait fourni les moyens matériels de publier *Le Roman d'une nuit,* ouvrage contenant de nombreux outrages à la morale publique et aux bonnes mœurs, fut condamné à un mois de prison et à 500 fr. d'amende. M. Catulle MENDÈS, fils, et M. MENDEZ, père, comme civilement responsable, furent condamnés solidairement aux dépens. (*Gazette des Tribunaux* du 27 juillet 1861.)

Roman (Le) philosophique.

Voir : *Aline et Valcour.*

Roman (Le) pris par la queue.

Voir : *Ma vie de garçon.*

Romans et contes de l'abbé de Voisenon. — Londres (Paris), 1767, 5 part. pet. in-12. Plusieurs fois réimprimé, notamment en l'an VI (1798), 3 vol. in-18 avec 3 fig. de QUÉVERDO.

Ce recueil contient les contes suivants : *Le sultan Misapouf et la princesse Grisemine;* — *L'histoire de la Félicité;* — *Zulmis et Zelmaïde;* — *Tant mieux pour elle;* — *Il eut raison;* — *Il eut tort ;* — *Ni trop ni trop peu;* — *Les A-propos ;* — *La Navette d'amour; Aphanor et Bellanire.* Tous ces écrits fort licencieux ont été mis à l'index, par mesure de police, en 1825.

Voir : *Note des ouvrages à supprimer.*

Rome et compagnie, par le pasteur Napoléon ROUSSEL. — Paris, DELAY, 1846, in-18.

La destruction de cet écrit, très hostile à la religion catholique, a été ordonnée par arrêt de la Cour d'assises de la Seine, en date du 14 juillet 1851, inséré dans la *Gazette des tribunaux* du lendemain. (Aff. contre GRASSART et DUCLOUX.)

Voir : *La Religion d'argent.*

Rose (La) mousseuse. — Chanson licencieuse, par M. BEAUCANTIN. Interdite, en 1840, par mesure administrative.

Rosée (La). — Recueil de 12 gravures obscènes.

Destruction ordonnée par arrêt de la cour d'assises de la Seine en date du 9 août 1842. (Aff. contre RÉGNIER-BECKER. *Moniteur* du 15 décembre 1843.)

Rosée (La) de toutes les saisons. — Cahier de gravures obscènes.

Destruction ordonnée par arrêt de la Cour d'assises de la Seine en date du 11 avril 1843. (Aff. contre MAYER. *Moniteur* du 15 décembre 1843.*)*

Rosier (Le). — Lithographie obscène.

Voir: *Esméralda.*

Rossignol (Le). — Gravure obscène.

Voir : *Contes de La Fontaine.*

Royauté (La) sans prestige.

Voir : *Le Despotisme en état de siége.*

Rubicon (Le).

Voir : *Le libertin de qualité.*

Ruines (Les), ou *Méditations sur les révolutions des empires* (par le comte Constantin-François CHASSEBŒUF DE VOLNEY). — Genève, 1791, in-8, 3 planches. Souvent réimprimé.

Ouvrage mis à l'index, comme anti-religieux, par mesure de police, en 1825.

Voir : *Note des ouvrages à supprimer.*

Sacre (Le) de Charles le Simple. — Chanson de Béranger.

Voir : *Chansons de Béranger.*

Sacristie (La), ou *l'Enfant de chœur.* — Chanson obscène.

Voir : *Le chansonnier du b.....*

Saint Guignolet.

Voir : *Guignolet.*

Saint Simoniennes (Les.) — Recueil de gravures ou lithographies obscènes.

Destruction ordonnée pour outrages à la morale publique et aux bonnes mœurs :

1º Par arrêt de la Cour d'assises de la Seine du 11 avril 1843 (aff. contre
MAYER. — *Moniteur* du 15 décembre 1843);

2º Par arrêt de la même Cour du 29 avril 1845. (Aff. contre VALLADE et autres.
Moniteur du 9 juin 1846.)

Sainte Nitouche, ou *Histoire galante de la tourière des Carmélites,
servant de pendant au P. des C.* (au Portier des Chartreux), attribué à
MEUSNIER DE QUERLON. — Londres, 1784 (Paris, 1830), in-18, 118 pp. et
Paris, in-18, 104 pp., avec 6 lith. libres. Plusieurs fois réimprimé avec de
légères modifications de titre.

Ouvrage obscène, dont la destruction a été ordonnée pour outrages aux bonnes
mœurs ainsi qu'à la morale publique et religieuse, par arrêt de la Cour d'assises
de la Seine, en date du 9 août 1842, condamnant RÉGNIER-BECKER à six mois de
prison et 200 fr. d'amende. (*Moniteur* du 15 décembre 1843.)

Voir aussi : *Parapilla*.

Satan et Ève. — In-18, 6 grav. obscènes.

La destruction de cet ouvrage commençant par ces mots : « Le Père éternel
bâillait.... », et finissant par ceux-ci : ... Mais il peste parce qu'il n'en est pas »,
a été ordonnée, par arrêt de la Cour d'assises de la Seine en date du 29 avril 1845,
pour outrages à la morale publique et religieuse ainsi qu'aux bonnes mœurs.
(Aff. contre VALLADE et consorts. Insertion irrégulière, sans désignation spéciale,
au *Moniteur* du 9 juin 1846.)

Saturnales (Les) françaises.

Voir : *Momus redivivus*.

Saül et David... (?)

Ecrit dont la destruction a été ordonnée par jugement du tribunal correctionnel
de la Seine en date du 25 juin 1869. (Aff. contre PUISSANT et consorts.)

Voir : *Abus dans les cérémonies*.

Sauvons le Pape. — Publié à Paris, par le sieur Joseph-Nestor
SEMPÉ, en 1860.

Par jugement du tribunal correctionnel de la Seine en date du 23 mars 1860,
M. SEMPÉ a été condamné à un mois de prison et 100 fr. d'amende, pour publication d'une brochure sans autorisation préalable du ministère de l'Intérieur et
exercice illégal de la profession de libraire.

Scènes de Bourse. — Article de journal.

Voir : *L'Album*.

Scènes de la vie intime. — Recueil de lithographies obscènes avec texte et légendes.

Cet ouvrage immoral, mis en vente par REGNIER-BECKER, a été condamné à la destruction pour outrages à la morale publique et aux bonnes mœurs, par arrêt de la Cour d'assises de la Seine, du 9 août 1842, condamnant le susnommé à six mois de prison et 200 fr. d'amende. (*Moniteur* du 15 décembre 1843.)

Scènes de mœurs. — Recueil de lithographies obscènes, avec couverture et dont voici les titres : *Le Bouquet de la Rosière. — Loge du Cintre (théâtre de la Porte St-Martin). — La dévote. — La femme qui n'y voit pas. — Brune et blonde. — En avant deux ! — Le bidet libertin. — Prière d'Ida. — Loge de Mlle Doze (Théâtre français). — Catherine de Russie. — L'Immortalité. — Ne me chiffonne pas. — Montmorency.*

Destruction ordonnée pour outrages à la morale publique et aux bonnes mœurs, par arrêt de la Cour d'assises de la Seine en date du 30 août 1837. (Aff. contre DAUTY. *Moniteur* du 9 novembre suivant.)

Second (Le) tour de la gageure des trois commères (gravure obscène).

Voir : *Contes de La Fontaine.*

Secret (Le) du cabinet noir.

Voir : *Les Capucins.*

Seille (La) aux bourriers.

Voir : *Les Muses incognues.*

Seizième (Le) siècle en mil huit cent dix-sept, par l'auteur du *Paysan et le Gentilhomme* (R.-T. CHATELAIN). — Paris, BRISSOT-THIVARS, 1818, in-8, 5 fr.

Cet écrit fut saisi comme séditieux, chez l'éditeur, à la requête du ministère public, (*Moniteur* du 16 décembre 1818.) Nous n'avons pas trouvé trace de la suite donnée à cette affaire. Il y a lieu de penser toutefois que les poursuites ont abouti à un acquittement puisque, l'année suivante, une seconde édition du même ouvrage fut donnée par le même éditeur.

Séjour de Napoléon à l'île d'Elbe. — Détail de ce qui s'est passé en France, à l'île d'Elbe et au Congrès de Vienne pendant l'année mémorable de son exil. Faits incroyables, recueillis par l'auteur du Bonapartiana, P. C. Paris. H. VAUQUELIN, 1815, in-18.

L'auteur du *Bonapartiana* est Ch.-Yves COUSIN, d'Avallon. Les *Supercheries lit-*

téraires, d'après les initiales du titre, attribuent cet écrit à Pierre Colau. C'est à tort, car ce dernier n'est pas l'auteur du *Bonapartiana*, mais bien du *Buonapartiana*, qui n'a point été poursuivi, pas plus que le précédent.

C'est donc bien l'ouvrage de C.-Y. Cousin, dont la destruction a été ordonnée, sous le titre de *Bonapartiana de 1815*, ou séjour de Napoléon, etc., par jugement du tribunal correctionnel de la Seine en date du 20 mars 1816. (Pas d'insertion au *Moniteur*.)

Séminaire (Le) de Vénus.

Voir : *La Tourelle de St-Etienne*.

Sentinelles (Les) en défaut, gravure obscène.

Destruction ordonnée par arrêt de la Cour royale de Paris en date du 14 septembre 1821. (Point d'insertion au *Moniteur*.)

Sept (Les) entretiens satyriques d'Aloysia.

Voir : *Académie des dames*.

Sept (Les) petites nouvelles de Pierre Arétin.

Voir : *Arétin-IV*.

Et :

Parapilla.

Serment (Le). — Article.

Voir : *La France*, journal.

Serment (Le) des maréchaux de France.

Voir : *Discours prononcé par Sa Majesté*.

Sermon en proverbes.

Voir : *Contrat de mariage*.

Serpent (Un) entortillé. — Chanson.

Voir : *Un Serpent entortillé*.

Et :

Les Gais canotiers.

Serre-Tête, ou *Après-Soupers*.

Voir : *Mon Serre-Tête*.

Servante (La) du curé.

Voir : *Amours des rois de France* (gravures).

Service funèbre du 21 janvier.

Voir : *Lettres normandes.*

Seule? Hélas oui! — Lithographie obscène.

Voir : *Le Tohu-bohu plaisant.*

Si monsieur Thiers mourait? par MM. Ernest WALTER et René
SALES-GIRONS. — Paris, 1872, in-18, LEYMANN, éditeur. Eugène LEFEBVRE,
imprimeur; prix : 20 centimes.

Les auteurs, éditeur et imprimeur de ce petit écrit furent renvoyés devant les
assises de la Seine sous inculpation « d'attaques contre les droits et l'autorité de
l'Assemblée nationale et contre les droits et l'autorité que les membres du pouvoir exécutif tiennent de l'assemblée nationale. » Déclarés non coupables par
le jury, les quatre accusés furent acquittés par arrêt du 27 juin 1872. (*Gazette
des Tribunaux* du 28 juin 1872.)

Siècle (Le), journal publié à Paris.

No du 29 juillet 1851. — *La Séance*, article contenant des excitations à la haine
et au mépris du gouvernement de la République, etc. Destruction ordonnée par
arrêt de la Cour d'assises de la Seine, du 6 août 1851, condamnant SOUGÈRE, gérant,
à trois mois de prison et 2,500 fr. d'amende, et JOURDAN, auteur de l'article, à deux
mois et 500 fr. (*Moniteur* du 22 août 1851.)

Siècle (Le) de Louis XV.

Voir : *Vie privée de Louis XV.*

Siége (Le) du Paradis, macédoine infernalico-diabolico-comique,
en quinze chants (par RÉGNIER-BECKER). — Paris, LEMOINE, libraire; et
les marchands de nouveautés, 1830, in-8, 52 pp.

Telle est la première et, croyons-nous, l'unique édition de cette composition
amphigourique qui ne doit sa très-mince célébrité qu'aux poursuites dont elle a
été l'objet.

Félix RÉGNIER-BECKER, compagnon menuisier à Méru (Oise), auteur d'un
recueil de chansons publié en 1829, raconte, dans la brochure décrite ci-dessus,
comment, la même année, sa chanson : *Le siège du paradis*, a été poursuivie, alors
qu'il n'en circulait que des copies manuscrites.

Par jugement du 9 décembre 1829, le tribunal de Senlis ordonna la destruction
dudit écrit, pour outrages à la morale publique et religieuse, et condamna l'auteur

à trois mois de prison et 300 fr. d'amende. (Point d'insertion au *Moniteur*.) Une souscription fut alors ouverte par un journal en faveur du condamné. Bientôt réalisée, le menuisier poëte put payer son amende, et à sa sortie de prison, il employa le reste de la somme à se faire commissionnaire en marchandises. Dans cette position, il se constitua un fonds vraiment considérable de librairie obscène, et c'est ainsi qu'en 1842, il encourut une sévère condamnation pour le colportage et la mise en vente de 44 ouvrages immoraux ou antireligieux, dont il est parlé, en leur lieu et place, dans cet ouvrage.

Simple discours de Paul-Louis (Courier), vigneron de la Chavonnière, aux membres du conseil de la commune de Veretz (Indre-et-Loire), à l'occasion d'une souscription proposée par Son Exc. le ministre de l'intérieur, pour l'acquisition de Chambord. — Paris, imp. de Bobié, 1821, in-8 de 28 pp.

La destruction de cet écrit déclaré séditieux a été ordonnée par arrêt de la Cour d'assises de la Seine, du 28 août 1821. (Point d'insertion au *Moniteur*.)

A l'occasion de cette affaire, P.-L. Courier a publié la brochure suivante :

« Procès de Paul-Louis Courier, vigneron de La Chavonnière, condamné, le 28 août 1821, à l'occasion de son discours sur la souscription de Chambord. » — Paris, imp. de C. Chantpie; 1821, in-8, 80 pp.

Simple rapprochement, par Bellanger. — Paris, 1848.

Ecrit séditieux dont la destruction a été ordonnée pour excitation à la haine et au mépris du gouvernement de la République et des citoyens les uns contre les autres, par arrêt de la Cour d'assises de la Seine, en date du 22 janvier 1849, confirmatif d'un autre arrêt par défaut du 13 décembre précédent, condamnant l'auteur à six mois de prison et 200 fr. d'amende.

Simplicité (La) rustique, gravure obscène,

Voir : *Amours des rois de France* (gravures).

Sistema de la naturaleza.

Voir : *Le Système de la nature.*

Situation (de la) des gens de couleur libres, aux Antilles françaises, par Valère Darmiant. — Paris, Mac-Carthy, 1823, in-8, 32 p.

Trois hommes de couleur, J.-B. Volny, Bissette et Fabien fils, furent condamnés aux travaux forcés à perpétuité, par arrêt de la Cour royale de la Martinique, en date du 12 janvier 1824, comme étant les auteurs d'une conspiration dont le but était de renverser l'ordre civil et politique établi dans les colonies françaises, en publiant et distribuant des brochures séditieuses et notamment l'écrit ci-dessus.

Ce sévère arrêt fut cassé par la Cour suprême le 30 septembre 1826, par ce motif qu'un membre du parquet avait siégé parmi les juges de la Cour de la Martinique qui l'avait rendu. L'arrêt de la Cour suprême renvoyait les accusés devant la Cour royale de la Guadeloupe. Nous n'avons pas retrouvé la suite de cette affaire. (*Gazette des Tribunaux*, 1er octobre 1826.)

Six pour un. — Lithographie obscène.

Voir : *Esméralda.*

Socialisme (Le) expliqué à nos frères.

Voir : *Le guide du peuple.*

Socialisme (Le), par MORTILLET.

Voir : *La politique et le socialisme.*

Socialistes (Les).

Voir : *Le Peuple et l'Armée.*

Sœur Anne. — Lithographie obscène.

Voir : *Bibliothèque des romans.*

Soir (Le) du bal. — Lithographie obscène.

Destruction ordonnée, pour outrages à la morale publique et aux bonnes mœurs, par jugement du tribunal correctionnel de la Seine (7e ch.) du 13 mars 1852. (Aff. contre LANGLOIS.)

Soirées (Les) lubriques, recueil de douze lithographies obscènes, avec la couverture, et dont voici la description :

1º Couverture : Une femme nue avec cette légende : *Érotique;* 2º Trois hommes et une femme avec cette légende : *Les Effets du champagne;* 3º Deux femmes, un homme et un chien : *La Maison en rut;* 4º Deux femmes et un homme : *Un groupe d'après nature ;* 5º Un homme et trois femmes : *Exercices gymnastiques;* 6º Un homme, une femme et un âne : *Jouissances équestres;* 7º Deux femmes et un homme : *Les deux sœurs;* 8º Quatre femmes et un homme : *Tout le monde en aura!* 9º Deux hommes et deux femmes : *La Partie carrée;* 10º Deux hommes et une femme : *Les deux frères;* 11º Deux hommes et une femme : *Chacun son tour ;* 12º Un homme et deux femmes : *Comme ça part;* 13º Trois femmes : *Une réception.*

La destruction de cet infâme recueil a été ordonnée :

1º Par arrêt de la Cour d'assises de la Seine, en date du 9 août 1842 (aff. contre REGNIER-BECKER. — *Moniteur* du 15 décembre 1843) ;

2º Arrêt de la même Cour, en date du 15 janvier 1851 (aff. contre DETOUCHE);

Voir : *Esméralda.*

Et 3º, arrêt de la même Cour, en date du 10 février 1852, condamnant, pour outrages à la morale publique et aux bonnes mœurs : 1º Louis-Victor DESHAYES, éditeur de gravures à Paris, à un an d'emprisonnement et 500 fr. d'amende, et 2º François-Baptiste LELOUP, marchand d'estampes, à Paris, à un mois de prison et 16 fr. d'amende. (*Moniteur* du 7 mai 1852.)

Soldat du génie, 1800. — Lithographie obscène.

Voir : *La vie du soldat.*

Soldats (Les), par Félix PYAT. — Paris, 1870, imp. BALITOUT, in-18. Tiré à 2,000 ex.

Cette brochure, qui n'est qu'une longue provocation à la désobéissance adressée aux soldats des armées de terre et de mer, avait paru, avant d'être distribuée dans les casernes et partout ailleurs aux soldats, en article dans le numéro du journal *Le Rappel* du 2 janvier 1870.

Par jugement du 7 janvier 1870, le tribunal correctionnel de la Seine condamna Félix PYAT, signataire de l'article mis en brochure, à quatre mois de prison et 1,000 fr. d'amende ; BALITOUT, imprimeur de la brochure, à 15 jours d'emprisonnement et 200 fr. d'amende, et BARBIEUX, gérant du *Rappel*, à trois mois de prison et 1,000 fr. d'amende. Le tribunal ordonna en outre la destruction tant des exemplaires de la brochure que de tous les numéros saisis. (*Gazette des Tribunaux* du 12 janvier 1870. — *Journal officiel* du 14 août suivant.)

Soldats de la liberté !... — Ecrit clandestin.

Voir : *Lettre de Jean Bonhomme.*

Soldats (Les) du désespoir. — Chanson séditieuse, contenant l'apologie de faits qualifiés crimes et des excitations à la haine et au mépris des citoyens les uns envers les autres.

Ecrit condamné, le 13 août 1850, par arrêt de la Cour d'assises de l'Aisne, (Aff. contre TOUSSAINT et consorts. — *Moniteur* du 10 septembre 1850.)

Destruction ordonnée de nouveau, le 24 août 1851, par arrêt de la Cour d'assises de la Seine, condamnant CHARBONNIER, commis-libraire chez OLLIVIER, rue Saint-André-des-Arts, 25, à deux ans de prison et 4,000 fr. d'amende (défaut). *Moniteur* du 25 août 1851.)

Solidarité (La) démocratique de Loir-et-Cher, journal publié à Blois.

Numéro du 9 juin 1849. — Destruction ordonnée, pour attaques contre les institutions républicaines, par arrêt de la Cour d'assises de Loir-et-Cher, en date du 10 mai 1849, condamnant Nicolas-Eugène Laforce à trois mois de prison et 300 fr. d'amende. (*Moniteur* du 7 décembre 1849.)

Solliciteuse (La). — Chanson.

Voir : *Gaudrioles de M. Gaillard.*

Sommeil (Le) du lion. — Gravure séditieuse, mise en vente par Gramain.

Destruction ordonnée par arrêt de la Cour royale de Paris en date du 22 novembre 1828. (Point d'insertion au *Moniteur.*)

Songe (Le) de Marie-Louise. — Gravure séditieuse, par Né-Cardon. Mise en vente par Gramain.

Destruction ordonnée par jugement du tribunal correctionnel de Paris en date du 25 février 1825 *(Moniteur* du 7 décembre 1826) ;

2º Par arrêt de la Cour royale de Paris en date du 22 novembre 1828. (Point d'insertion au *Moniteur.)*

Songe (Le) trompeur, gravure obscène.

Destruction ordonnée par arrêt de la Cour royale de Paris en date du 14 janvier 1822. (Point d'insertion au *Moniteur.*)

Sopha (Le), conte moral (par Cl.-Prosper Jolyot de Crébillon, fils), 1742, s. l., 2 vol. in-12, fig. Maintes fois réimprimé. En dernier lieu chez J. Rozez, à Bruxelles, 1869, in-18, 358 pp. 6 fr. et in-8, 18 fr.

Roman extrèmement licencieux, mis à l'index, par mesure de police, le 15 octobre 1825.

Voir : *Note des ouvrages à supprimer.*

La destruction a été ordonnée en outre par jugement du tribunal correctionnel de la Seine, en date du 24 avril 1852. (Affaire contre Alvarès. — *Journal officiel* du 7 mai 1874.)

Sorcière (La), par J. Michelet, in-12. — Bruxelles et Leipzig. A. Lacroix, Verboeckhoven et Cie, 420 pp. Plusieurs fois réimprimé.

La première édition qui avait été publiée en France, en 1862, y a, dit-on, été saisie. (Otto Lorenz, t. VI, p. 270.) Toutefois, nous croyons que l'intervention

de l'autorité s'est bornée à un simple avis officieux de ne pas tirer une seconde
édition à Paris.

Sottise des deux parts. — Article publié en 1829, dans le journal
Le Corsaire, dont Viennot était le gérant.

Cet article contenant diffamation envers un tribunal, a été condamné à la destruction, par jugement du tribunal correctionnel de la Seine en date du 4 juillet
1829. (Point d'insertion au *Moniteur.*)

Source (La) des plaisirs et **Les sources du plaisir**, lithographies
obscènes.

Destruction ordonnée par arrêt de la Cour d'assises de la Seine, en date du
9 août 1842. (Aff. contre Régnier-Becker. — *Moniteur* du 15 décembre 1843.)

Souris (La). — Chanson.

Voir : *Chansons de Béranger.*

Sous l'Empire.

Sous Louis-Philippe Ier.

Sous la Régence.

Sous la République.

Quatre lithographies obscènes.

Voir : *Esméralda.*

Souscription nationale.

Voir : *Le Censeur européen.*

Souteneurs (Les) et les Amants de cœur, par Alfred Coubaud.
— Paris, 1860, E. Aumont, éditeur ; imp. chez Allard.

Bien que ce petit livre, conçu et écrit dans un esprit malheureusement tout
parisien, contînt des outrages à la morale publique et aux bonnes mœurs, le tribunal a admis des circonstances atténuantes pour les trois inculpés.

Par jugement du tribunal correctionnel de la Seine (6e ch.), du 2 janvier 1861,
Coubaud et Aumont ont été condamnés chacun à huit jours d'emprisonnement ;
Allard, qui avait fait défaut, a été condamné à 100 fr. d'amende. (*Gazette des Tri-
bunaux* du 4 janvier 1861. — *Journal officiel du 7 mai 1874.*)

Souvenirs de Vienne.

Voir : *Le Fils de l'Homme.*

Souvenirs des Highlands : voyage à la suite de Henri V, en 1832. — Relation, scènes, portraits, paysages et costumes, par Monsieur D'HARDIVILLIERS. — Paris, DENTU, 1835, 3 livraisons in-4 (36 fr.).

Cet ouvrage, dû à la plume d'un ancien garde du corps, capitaine de cavalerie et professeur de dessin de Mgr le duc de Bordeaux, fut poursuivi pour attaques contre les droits que le roi tient du vœu de la naton. Plusieurs gravures représentaient des portraits des membres de la famille royale exilée. Des poursuites avaient été ordonnées bien que l'ouvrage eût été déposé et reçu par l'autorité, avant la loi du 9 septembre 1835 et depuis la publication en avait été permise ou du moins tolérée. Aussi ces circonstances nuisirent beaucoup au maintien de la prévention, et par arrêt du 5 décembre 1835, les trois prévenus, D'HARDIVILLIERS, auteur, DENTU, éditeur, et BOBLET, libraire, furent acquittés à l'unanimité, à la grande satisfaction du public. (*Gazette des Tribunaux* du 6 décembre 1835.)

Souvenirs d'un prisonnier d'Etat sous le second Empire par J.-B. BOICHOT. — Bruxelles, 1867, C. MUQUARDT, in-32, 3 fr.

Réimprimé à Bruxelles, depuis la chute de l'Empire, in-18, 5 fr.

Ouvrage très-hostile au gouvernement impérial. Suppression ordonnée par jugement du tribunal correctionnel de la Seine, en date du 27 janvier 1869. (Aff. contre GOSSELIN et consorts.)

Voir : *La Lanterne.*

Souvenirs populaires du bon vieux temps. — Recueil de lithographies obscènes.

Le 29 octobre 1851, le sieur LANGLOIS, marchand d'estampes et de tableaux, demeurant rue Saint-Lazare, 31, fut arrêté sur la voie publique au moment où il colportait, cachés tant dans un grand portefeuille en cuir que dans ses vêtements, des jeux de cartes transparentes obscènes, des gravures et lithographies licencencieuses et des ouvrages immoraux, tous objets dont il est parlé en leur lieu et place.

Traduit, pour ces motifs, devant le tribunal correctionnel de la Seine, il fut, par jugement du 13 mars 1852, condamné à une année d'emprisonnement et 500 fr. d'amende, pour outrages à la morale publique et religieuse ainsi qu'aux bonnes mœurs. Le jugement ordonna en outre la destruction des objets saisis. (*Gazette des Tribunaux* du 14 mars 1852.)

Statuettes et emblèmes divers.

Voir : *La Préface,* § II.

Strophes aux mânes de Lallemant.

Voir : *Relation détaillée des faits.*

Suc....s (Les). — Lithographie obscène.

Voir : *Les Tribades.*

Suite de Félicia.

Voir : *Monrose.*

Suite de Justine.

Voir : *Justine, par de Sade.*

Suite de la bataille de Novi. — Chanson.

Voir : *Gaudrioles de M. Gaillard.*

Suite (La) d'un bal masqué. — Article publié dans l'*Echo de Paris*, journal bi-hebdomadaire, dirigé par SOMBRET, 1828, 15 juillet 1829, in-4.

L'article ci-dessus, contenant le délit d'outrage à la morale publique et religieuse, a été condamné à la destruction, par jugement du tribunal ,correctionnel de la Seine, en date du 3 avril 1829. (Point d'insertion au *Moniteur*.)

Sujets mécaniques ou à compartiments.

On appelle ainsi des gravures superposées ou combinées de telle façon qu'à l'aide d'un mécanisme très-simple, on peut les faire glisser l'une sur l'autre et produire des poses plus obscènes encore que les dessins eux-mêmes. Les gravures à compartiments sont bien plus simples encore. Etant donné un dessin quelconque, dont l'ensemble n'a rien de licencieux, il suffit de lever la partie de l'image qui représente une porte, un placard, une glace, etc., pour découvrir une obscénité. Nous avons vu des albums entiers de ces gravures à compartiments, souvent fort bien exécutées, et dont les sujets témoignaient, chez leurs auteurs, une facilité d'imagination bien tristement employée.

Parmi les sujets mécaniques ou à compartiments, visés spécialement par la justice, nous citerons :

1. *Un jour de carnaval.*
2. *Le Mardi-gras.* (Plusieurs sujets).
3. *La Lanterne magique.* (Six sujets).
4. *Mylords à 1 fr. 25 cent. la course.*

5. *Le Passe-temps des novices.*

6. *Plaisirs champêtres.* (Plusieurs sujets).

La destruction de ces dessins obscènes, presque toujours coloriés, a été ordonnée, pour outrages à la morale publique et religieuse ainsi qu'aux bonnes mœurs, notamment par les deux arrêts suivants :

1º Arrêt de la Cour d'assises de la Seine, en date du 11 décembre 1850, condamnant RONDET, imprimeur en taille-douce, et les frères RONDET et REQUIER, chacun à un an d'emprisonnement et 100 fr. d'amende (*Moniteur* du 16 février 1851) ;

2º Arrêt de la même Cour, du 15 janvier 1851, condamnant DETOUCHE, peintre en bâtiments, à six mois d'emprisonnement et 100 fr. d'amende. (*Moniteur* du 16 février 1851.)

Supplément aux chansons de BÉRANGER, Vᵉ volume.

Voir : *Chansons de Béranger.*

Sur Fieschi. — Pièce de vers par Louis SERGY M..... 1835.

L'auteur de ce panégyrique criminel fut déféré au jury de la Seine, le 7 décembre 1833, pour apologie de fait qualifié crime par la loi pénale, offense à la personne du Roi, etc. Il refusa, paraît-il, de faire connaître son véritable nom. Nous n'avons pu retrouver l'arrêt intervenu. (*Gazette des Tribunaux* du 8 décembre 1835.)

Sur la condamnation du 6 juillet, article.

Voir : *Le Pilote*, journal.

Sur la crise actuelle; lettre à S. A. R. Mgr le duc d'Orléans, par L.-A.-F. CAUCHOIS-LEMAIRE. — Paris, PONTHIEU, 1827, in-8, 72 pp. (SCHOUBARD, éditeur).

Cette brochure fut poursuivie comme contenant des offenses envers la personne du Roi et envers les princes, des attaques contre l'autorité constitutionnelle du Roi, provocation à prendre un commandement militaire et à usurper la couronne de France.

Par jugement du 17 janvier 1828, le Tribunal de la Seine (6ᵉ ch.) ordonna la destruction de cet écrit et condamna 1º CAUCHOIS-LEMAIRE à 15 mois de prison et 2,000 fr. d'amende, et PONTHIEU et SCHOUBARD, chacun à 3 mois de la même peine et 500 fr. d'amende. — Sentence confirmée par la Cour royale (ch. des appels correctionnels), qui ordonna également la destruction de l'écrit incriminé, commençant par ces mots : « C'est à vous que j'en ai..., » et finissant par ceux-ci : « Qui hâtent son essor. » Arrêt du 14 février 1828.

Voir : *Gazette des Tribunaux* du 15 février 1828.

Et :

Moniteur du 18 janvier 1829.

Sur terre et sur mer. — Ouvrage publié à Paris, en 1876, par livraisons (la 60ᵉ et la 61ᵉ n'ont pas été déposées et les dessins qu'elles contenaient n'ont pas été soumis à l'autorisation préalable).

Les sieurs G. Decaux, libraire-éditeur, et S. Debons, imprimeur, ont été renvoyés devant le Tribunal correctionnel de la Seine, pour publication et mise en vente de l'ouvrage ci-dessus, sans dépôt préalable au ministère de l'intérieur. — Par jugement du 23 septembre 1876 (11ᵉ chambre), malgré les allégations de Debons affirmant que l'apprenti chargé de faire le dépôt ne s'était pas acquitté de sa commission, le Tribunal, faisant application du décret du 17 février 1852 et de l'art. 463, C. P., a condamné Debons, comparant, et Decaux (absent), à 100 fr. d'amende et solidairement aux dépens. Le même jugement a ordonné la confiscation des livres saisis. (*Gazette des Tribunaux* du 24 septembre 1876.)

Surveillant politique et littéraire, journal.

Voir : *Quelques mots sur l'affaire.*

Suzette et Perrin, ou *les Dangers de la séduction.*
Voir : *Lucette.*

Sylphe (**Le**), journal.
Voir : *Ce que j'aime et ce que je n'aime pas.*

Synode (Le) conjugal, ou *Aloïsia sacra*, recueil de conférences, fait et mis au jour par Charles Bonaventure, ex-récollet. — Paris, Marandau, an IV, 2 part. en un vol. in-12.

Cet ouvrage, attribué, mais à tort sans doute, à Louvet de Couvray, se compose de discussions anti-religieuses en faveur du divorce. — Ce sont des dialogues entre Chaos, Candide et autres interlocuteurs qui s'entretiennent du mariage et du devoir conjugal en s'appuyant sur l'autorité de Sanchez et d'autres casuistes. C'est fort scabreux, comme on pense.

La destruction de cet ouvrage immoral et anti-religieux a été ordonnée par arrêt de la Cour royale de Paris, en date du 19 mai 1815. (Point d'insertion au *Moniteur.*)

Synode nocturne des Tribades.
Voir : *Le premier acte du synode nocturne.*

Système (Le) de la nature, ou *des Lois du monde physique et du monde moral*, par Paul Thiry, baron d'Holbach, avec des notes et corrections, par Diderot (publié par B. de Roquefort). — Paris, Domère, 1822, 4 vol. in-18, impr. de Gueffier.

Depuis 1770, date de la 1ʳᵉ édition de ce célèbre ouvrage, il en a été donné maintes réimpressions dont quelques-unes ont été visées par arrêts du Parlement de Paris.

Dans ce siècle, la destruction du *Système de la nature* a été ordonnée :

1º Par arrêt de la Cour royale de Paris, du 29 mai 1823, condamnant Paul DONIÈRE, libraire à Paris, à 6 mois de prison et 1,000 fr. d'amende, pour publication d'un ouvrage contenant des outrages à la morale publique et à toutes les religions (*Moniteur* du 26 mars 1825) ;

2º Par arrêt de la même Cour, en date du 19 juin 1827 (point d'insertion au *Moniteur*) ;

3º Un arrêt de la Cour royale de Paris, du 15 novembre 1823, a déclaré bonne et valable la saisie de la traduction espagnole du susdit écrit : « *Sistema de la na-* « *turaleza*, con notas y correcciones por Diderot. Trad. al. Castell, por F. A. F***. « Paris, Masson, hijo, 1822, 4 vol. in-8. » (Pas d'insertion au *Moniteur*.)

Système social, ou *Principes naturels de la morale et de la politique*, avec *un Examen de l'influence du gouvernement sur les mœurs* (par THYRY, baron D'HOLBACH). — Londres (Amsterdam), 1773. Plusieurs fois réimprimé, notamment en 1822, à Paris, par NIOGRET, 2 vol. in-18.

La destruction de cet écrit, contenant des outrages à la religion de l'Etat, et des attaques à la dignité royale, a ete ordonnée par arret de la cour royale de Paris, en date du 1ᵉʳ mars 1823, condamnant en outre J.-B. NIOGRET, libraire à Paris, à 3 mois d'emprisonnement et 1,000 fr. d'amende. (*Moniteur* des 15 mars 1823 et 26 mars 1825.)

Tableau (Le). — Deux gravures obscènes.

Voir : *Contes de la Fontaine*.

Tableau d'un jour de noce. — Chanson obscène.

Voir : *Le chansonnier du b......*

Tableau de l'amour conjugal, ou *l'Histoire complète de la génération de l'homme*, par Nicolas VENETTE. (Ouvrage entièrement refondu et mis à la hauteur des connaissances modernes en physiologie et en médecine, par M. DUBUISSON, Dʳ médecin.) — Paris, 1840, avec 16 grav.; 4 vol. in-18, 4 fr. On connaît plus de soixante éditions de ce livre populaire et rempli d'erreurs, qui aurait été publié pour la première fois en 1686. Il a été traduit en plusieurs langues. Le titre subit souvent des modifications.

De nos jours, cet ouvrage, saisi sur les porte-balles ou aux étalages, a été maintes fois poursuivi. Toujours les prevenus ont ete acquittes ; sauf le sieur J.-B. CASSÉ, libraire à Saint-Gaudens, condamné à un mois de prison et 50 fr. d'amende, par arrêt de la Cour d'assises de la Haute-Garonne, en date du 8 juin 1843, pour outrages aux bonnes mœurs par l'exposition et la mise en vente de l'ouvrage ci-dessus, illustré de figures obscènes. (*Moniteur* du 3 décembre 1844.)

Ce livre a de plus été mis à l'index, par mesure de police, le 15 octobre 1825.

Voir : *Note des ouvrages à supprimer.*

Tableau (Le) mouvant. — Lithographie obscène.

Destruction ordonnée par jugement du Tribunal correctionnel de la Seine, en date du 13 mars 1852. (Aff. contre LANGLOIS. — *Gazette des Tribunaux* du 14 mars.)

Tableaux de l'amour et du plaisir.

Voir : *La Galanterie sous la sauvegarde des lois.*

Tableaux des mœurs du temps dans les différents âges de la vie ; en dialogues, suivis d'une seconde partie intitulée : *Histoire de Zaïrette.* — Amsterdam, s. d. (Paris, vers 1760), in-4, orné de 20 grandes miniatures de la plus grande fraicheur, attribuées à Carême ou à Chardin, et représentant des sujets libres.

Il faut lire l'article publié dans la *Bibliographie Gay* (t. VI, p. 307), sur cet étrange ouvrage, analysé par M. Ch. MONSELET, dans *l'Artiste*, du 16 septembre 1855, et par M. Ch. BRUNET dans ses *Fantaisies bibliographiques.* La première partie, les dialogues, est attribuée à CREBILLON fils : c'est la plus intéressante ; quant à l'*Histoire de Zaïrette*, c'est la suite d'un méchant roman de LA POPELINIÈRE, que son auteur a ainsi cherché à tirer de l'oubli.

Les *Tableaux des mœurs du temps* ont été réimprimés textuellement en 1863 (à 150 ex.), puis en 1867, à Paris (Bruxelles), imprimerie des ci-devant fermiers-généraux, in-8 avec 1 frontispice, 4 vignettes et la notice de Ch. MONSELET. Prix : 40 fr.

C'est cette édition que vise la condamnation prononcée par le Tribunal de Lille, le 6 mai 1868, insérée au *Moniteur* du 19 septembre suivant. (Aff. contre DUQUESNE.)

Voir pour les détails : *Actes des Apôtres.*

Voir aussi : *Parapilla.*

Tablettes romaines, article inséré par Antoine ANNÉE, dans le nº 48 du *Mercure du XIXᵉ siècle* (journal publié à Paris, de 1823 à 1830, in-8).

La destruction de la livraison renfermant cet article, a été ordonnée, pour outrages commis envers la religion et les ministres du culte, par jugement du Tribunal correctionnel de la Seine, en date du 15 juillet 1824, condamnant l'auteur de l'écrit incriminé à 3 mois de prison et 300 fr. d'amende : peine réduite à un mois de prison et 300 fr. d'amende par arrêt de la Cour d'appel de Paris, en date du 25 novembre suivant, qualifiant le délit de simple outrage à la morale publique et religieuse. — Destruction maintenue. (*Moniteur* du 26 mars 1825.)

Tablettes romaines, contenant des faits, des anecdotes et des observations sur les mœurs et usages, les cérémonies, le gouvernement de Rome, par un Français qui a récemment séjourné dans cette ville (le comte Joseph-Hipp. SANTO-DOMINGO). — Paris, les marchands de nouveautés, 1824, in-8 avec deux grav. lithographiées. — Nouvelle édition, revue et augmentée d'un grand nombre de chapitres. — Bruxelles, WAHLEN et TARLIER, 1829, 2 vol. gr. in-18, pap. vél, grav. et vignettes, 7 fr.

La destruction de cet ouvrage, contenant des outrages envers la religion de l'Etat et les ministres du culte, a été ordonnée par jugement du Tribunal correctionnel de Paris, du 23 mai 1824, confirmée par arrêt de la Cour d'appel du 25 novembre suivant, et condamnant l'auteur à 3 mois d'emprisonnement et 300 fr. d'amende. (*Moniteur* du 26 mars 1825.)

A l'occasion de ce procès, le condamné publia : « Plaidoyerie de M. Santo-« Domingo, auteur des *Tablettes romaines,* devant la Cour royale, audience solen-« nelle. » Paris, les principaux libraires, 1824, in-8.

Tablettes universelles. — (Paris, 1820-1824, 31 tomes en 11 vol. in-8.) Dans la 46ᵉ livraison de cette feuille, a été publié par le journaliste Jacques COSTE, un article intitulé : *Bulletin politique,* commençant par ces mots : « Il est arrivé, » que l'imprimeur J.-B. Constant CHANTPIE, père, a fait tirer à 4,000 ex. sous le titre de *Prospectus,* et qui a été déclaré contenir des excitations à la haine et au mépris du gouvernement du roi.

Par jugement du Tribunal correctionnel de la Seine, en date du 24 décembre 1823, a été ordonnée la destruction complète du numéro contenant l'article sus-indiqué ; de plus l'auteur et l'imprimeur ont été condamnés chacun à un mois d'emprisonnement et 150 fr. d'amende. Jugement purement et simplement confirmé par arrêt de la Cour d'appel du 29 janvier 1824. (*Moniteur* du 26 mars 1825.)

Tant mieux : ça va mal !

Ecrit cité au catalogue Wittersheim, p. 58.

Voir : *Les Amours de Louis le Grand.*

Tante (Ma) Geneviève.

Voir : *Ma tante Geneviève.*

Tanzaï et Néardané.

Voir : *L'Ecumoire.*

Tape-Tape, ou *Mauri.*

Ecrit (ou dessin?) cité au catalogue Wittersheim, p. 58.

Voir : *Les Amours de Louis le Grand.*

Tapis (Le).

Ecrit (ou dessin?) cité au catalogue Wittersheim, p. 58.

Voir : *Les Amours de Louis le Grand.*

Tartufes (Les deux).

Voir : *L'Incrédule.*

Tartufe (Le) libertin, ou *le Triomphe du vice.* — A Cythère, chez le gardien du temple (Paris, vers 1831); in-18 de 107 pp. avec six mauvaises lithographies érotiques. Très-rare.

Cet opuscule, commençant par ces mots : « La Providence est le grand cheval de bataille.... » et finissant par ce vers : « Le bon métier que t'as trouvé là, la, la ! » a été attribué au marquis de SADE, mais bien à tort, car il y est question de personnages du règne de Louis-Philippe.

La destruction de cet écrit extrêmement licencieux a été ordonnée, pour outrages à la morale publique et aux bonnes mœurs, par arrêt de la Cour d'assises de la Seine, en date du 29 avril 1845. (Aff. contre VALLADE et autres. — *Moniteur* du 9 juin 1846.)

Tchen-Tcheouli.

Voir : *Histoire véritable de...*

Telasko et Olinde. — Lithographie obscène.

Voir : *Histoire universelle érotique.*

Témoignages (Les). — Article.

Voir : *La Marseillaise,* journal.

Temps (Le) passé. — Ecrit clandestin.

Voir : *Mémoires du duc de Normandie.*

Temps (Le) qui court. — Paris, 1820.

La destruction de cette brochure immorale et anti-religieuse a été ordonnée par arrêt de la Cour d'assises de la Seine, en date du 28 juin 1820, condamnant en outre Alexandre CORRÉARD, libraire au Palais-Royal, Galerie de Bois, n⁰ 258, à trois mois de prison et 400 fr. d'amende pour l'avoir mise en vente. (*Moniteur* du 20 août 1820.)

Testament du curé Meslier.

Voir : *Le Bon sens du curé Meslier.*

Tête (La), l'estomac, les membres. — Fable.

Voir : *L'Esope.*

Théâtre (Le) érotique de la rue de la Santé, suivi de la grande symphonie des punaises. — Partout et nulle part (Bruxelles), l'an de joie 1864, 2 vol. in-8 de IV-144 pp. et IV-186 pp. avec 2 frontispices gravés à l'eau-forte par Rops, 40 fr.

2ᵉ édition. — Batignolles (toujours Bruxelles, POULET-MALASSIS), 1866. 2 part. en 1 vol. gr. in-16, 2 front., 24 fr.

Voici, d'après la *Bibliographie Gay* (t. VI, p. 325), le contenu des deux volumes :

Tome Iᵉʳ. — *La Grisette et l'Etudiant,* par Henry MONNIER. — *Le dernier jour d'un condamné,* par TISSERANT (de l'Odéon). — *Les jeux de l'amour et du bazar* et *Un caprice,* par LEMERCIER DE NEUVILLE. — *Scapin maquereau,* par A. GLATIGNY.

Tome II. — *Signe d'argent,* par DUBOYS et Amédée ROLLAND. — *Le Bout de l'an de la noce,* par LEMERCIER DE NEUVILLE. — *La grande Symphonie des punaises,* par NADAR et Ch. BATAILLE. — Chaque pièce de ce théâtre de société qui a, dit-on, réellement existé à Paris en 1861 et 1862, est précédée d'un avertissement anecdotique.

1º Par jugement du Tribunal de Lille, du 6 mai 1868, inséré au *Moniteur* du 19 septembre suivant, cet ouvrage, commençant par ces mots : « L'hypocrisie n'était pas », et finissant par ceux-ci : « La vengeance des morts », a été condamné à la destruction comme contenant des outrages à la morale publique et aux bonnes mœurs. (Aff. contre DUQUESNE.)

Voir : *Actes des Apôtres.*

2º Même décision. — Jugement du Tribunal correctionnel de la Seine, du 25 février 1876. (Aff. contre LEQUIEU.)

Voir : *La P..... errante.*

Théâtre Gaillard. — Glascow, 1776, 2 vol. in-18 de 167 et 155 pp. avec dix figures.

On compte au moins neuf réimpressions de cet ouvrage licencieux. La dernière a été faite à Bruxelles, en 1865, 2 vol. in-12. Voici, d'après la

Bibliographie Gay, les pièces contenues dans ces différentes éditions, qui ne sont pas toutes très complètes :

Tome 1er. — *Le Luxurieux,* en vers, par LEGRAND. — *Le Tempérament,* en vers. — *Le Bordel,* ou *le J...F.....puni,* en prose, par le comte de CAYLUS. — *L'Appareilleuse,* en prose.

Tome II. — *La comtesse d'Olonne,* par BUSSY-RABUTIN. — *Vasta, reine de Bordélie,* tragédie en 5 actes et en vers. — *Là nouvelle Messaline,* par PIRON dit PRÉPUTIUS. — *Alphonse l'Impuissant.* — *Les plaisirs du cloitre.* — *Les deux bis-cuits et l'Intrigue au bordel.* Toutes ces productions sont d'une révoltante obscénité.

Le *Théâtre Gaillard* a été condamné à la destruction, pour outrages à la morale publique et aux bonnes mœurs, par :

1o Arrêt de la Cour royale de Paris, du 16 novembre 1822, inséré au *Moniteur* du 26 mars 1825. (Aff. contre ROUSSEAU.)

Voir pour les détails : *Description topographique.*

2o Arrêt de la Cour d'assises de la Seine, du 24 novembre 1834, inséré au *Moniteur* du 26 juin 1836, condamnant en outre Auguste JEAN, commis-libraire, à 3 mois de prison et 300 fr. d'amende, pour mise en vente dudit ouvrage.

3o Arrêt de la Cour d'assises de la Vienne, du 12 décembre 1838, inséré au *Moniteur* du 9 juin 1839, condamnant en outre Henri CLOUZOT, libraire à Niort, Jean-Antoine et Jean-Bertrand PORTERIÉ, chacun à 10 fr. d'amende, pour mise en vente dudit ouvrage ; et 4o Jugement du Tribunal correctionnel de Lille, du 6 mai 1868, inséré au *Moniteur* du 19 septembre suivant, condamnant à la destruction *Le Théâtre Gaillard* (édition de 1865), ouvrage commençant par ces mots : « Le Théâtre Gaillard contient », et finissant par ceux-ci : « Divertissement et F....rie générale ». (Aff. contre DUQUESNE.)

Voir pour les détails : *Actes des Apôtres.*

Voir aussi : *Parapilla.*

Thélène, ou *l'Amour et la Guerre,* par Victor DUCANGE. — Paris, 1823, 4 vol. in-12.

M. Henri-Joseph-Victor BREHIN-DUCANGE, homme de lettres, a été condamné, par defaut, par jugement du Tribunal correctionnel de la Seine (6e chambre), en date du 29 janvier 1824, à deux mois de prison et 100 fr. d'amende, pour s'être rendu coupable d'outrage aux bonnes mœurs en composant ce roman. Le même jugement a ordonné la destruction des exemplaires saisis. (*Moniteur* du 7 novembre 1826.)

Une réimpression de *Thélène* a été faite en 1823, 5 vol. in-12, 18 fr.

Ce mauvais roman a d'ailleurs été mis à l'index, par mesure de police, en 1825.

Voir : *Note des ouvrages à supprimer.*

Thémidore (par Godard d'Aucourt, fermier général. La Haye (Paris), 1745, 1747, I760, 1775, 1776, in-12. Réimprimé sous le titre de :

Thémidore, ou *Mon histoire et celle de ma maîtresse.* — Londres (Cazin), 1781, 1782, 1785, 1797, in-18, 158 pp. sans fig.

Cet ouvrage, assez agréablement écrit, est un pamphlet licencieux, dirigé contre le Président Dubois. L'auteur n'ayant pu être découvert, ce fut le libraire, Mérisot, qui fut mis à la Bastille.

La destruction de cet écrit, contenant des outrages aux bonnes mœurs et à la morale publique, a été ordonnée : 1º par arrêt de la Cour royale de Paris, en date du 19 mai 1815 ; — 2º par arrêt de la même Cour, du 16 novembre 1822, inséré au *Moniteur* du 26 mars 1825. (Aff. contre Rousseau.)

Voir : *Description topographique.*

Ce mauvais livre a, de plus, été mis à l'index, par mesure de police, le 15 octobre suivant.

Voir : *Note des ouvrages à supprimer.*

Thérèse philosophe, ou *Mémoires pour servir à l'histoire de D. Dirrag et de M*^{lle} *Eradice, avec l'Histoire de M*^{me} *Boislaurier.* — La Haye (à la Sphère), s. d. (1748), 2 vol. ou part. pet. in-8 de 148 et 72 pp. encadrés, avec 16 fig. libres, se repliant dans le volume. Edition originale extrèmement rare. Maintes fois réimprimé, notamment en dernier lieu à Bruxelles, en 1868, sous la rubrique de La Haye, avec notice bibliographique.

Ce livre dont les noms de lieux et de personnes ne sont que les anagrammes des noms véritables n'est autre chose que l'histoire du jésuite Girard et de la demoiselle Cadières, qui occupa si vivement l'opinion au commencement du règne de Louis XV. — Cet écrit fort licencieux d'ailleurs est attribué, par l'abbé Sépher, à D'Arles de Montigny, qui fut mis, à ce sujet, pour huit mois à la Bastille. D'autres, et notamment le marquis de Sade, prétendent qu'il est du marquis d'Argens.

La destruction de cet ouvrage immoral et anti-religieux, a été ordonnée :

1º Par jugement du Tribunal correctionnel de la Seine, du 6 juin 1822, condamnant Jean-François Leroux, libraire à Paris, à deux mois d'emprisonnement et 500 fr. d'amende (*Moniteur* du 7 novembre 1826);

2º Par jugement du même Tribunal, en date du 25 février 1825, condamnant Besson, Bourrut, Cottenet et Merlot, colporteurs et libraires, à des peines variant de 3 mois à un an de prison et à de fortes amendes (*Moniteur* du 7 novembre 1826;)

3º Voir aussi : *Parapilla.*

Tisiphone, satire populaire, par Louis-Barth.-El. Bastide. — Paris, l'auteur; Rouanet, 1834-35, imp. chez J.- D. Henel, 4 vol. in-8, 10 fr.

Ce recueil paraissait chaque dimanche par cahiers de 16 pages, avec ou sans pagination suivie. On trouve dans Bourquelot (t. I, p. 183) l'énumération des 59 satires contenues dans ces 4 volumes.

Voir aussi : *Au roi.*

Par arrêt de la Cour d'assises de la Seine, en date du 7 novembre 1835, l'auteur, déclaré coupable de provocations, non suivie d'effet, à détruire et changer la forme du gouvernement et à exciter les citoyens à s'armer les uns contre les autres, par la publication du susdit écrit, a été condamné à un an de prison et 1,000 fr. d'amende, l'imprimeur a été frappé de 3 mois de prison et 200 fr. d'amende ; enfin la destruction de l'ouvrage· a été ordonnée. (*Moniteur* du 26 juin 1836.)

Toast aux paysans. — Article.

Voir : *Le Républicain des campagnes.*

Tohu-bohu (Le) plaisant. — Recueil de lithographies, dessiné par Bassaget, édité par Bulla et Jouy, impr. par Lemercier. — Paris, 1851.

Six lithographies de cette collection intitulées : *Je ne trouve pas ma rosette. — Seule? hélas oui ! — Le jeu de dames. — Finis donc, tu me mouilles ! — Chacun prend son plaisir où il le trouve. — Regarde, dans la psyché, comme il est petit!* — ont été saisies le 27 septembre 1851, et déférées au jury de la Seine, comme outrageant la morale publique et les bonnes mœurs.

Les prévenus ayant comparu le 13 décembre 1851 devant la Cour d'assises, déclarèrent, avant tous débats, consentir à ce que les pierres fussent effacées et les lithographies tirées détruites. En conséquence, par arrêt du même jour, la Cour prononça leur acquittement et prit acte de leur déclaration.

Toujours! toujours! gravure obscène, publiée par Aubert et Besnard.

Destruction ordonnée par arrêt de la Cour d'assises de la Seine, en date du 31 octobre 1833. (Point d'insertion au *Moniteur.*)

Tour (Le) de force. — Gravure obscène.

Voir : *Journal des connaissances utiles.*

Tourelle (La) de Saint-Etienne, ou *le Séminaire de Vénus.* — Chronique traduite du latin par un clerc tonsuré. — A Cythère (Paris), in-18 de 95 pp. avec 6 lithographies licencieuses.

Exécrable production, sale et sans esprit, dirigée contre Mgr de Quélen, archevêque de Paris, contre les moines et contre les nonnes. L'action roule depuis le Consulat, jusqu'aux premières années du règne de Louis-Philippe.   .

Destruction ordonnée, pour outrages à la morale publique et religieuse, ainsi qu'aux bonnes mœurs :

1º Par arrêt de la Cour d'assises de la Seine, en date du 21 août 1831, acquittant d'ailleurs GAUTIER, ouvrier bouquiniste (point d'insertion au *Moniteur*) ;

2º Par jugement du Tribunal correctionnel de la Seine, en date du 10 février 1852. (Aff. contre CHAPELLE. — *Journal officiel* du 7 mai 1874.)

Tous les lieux sont bons. — Gravure obscène.

Voir : *Histoire d'un c...*

Tout l'espoir des prolétaires est dans la République. -- Article.

Voir : *Le Libérateur,* journal.

Tout le monde en aura ! — Lithographie obscène.

Voir : *Les Soirées lubriques.*

Tractatus de usu flagrorum in re venereâ.

Voir : *Traité du fouet.*

Tragédie (La) de Pasiphaë, par le sieur THÉOPHILE, précédée d'une notice et suivie d'un appendice contenant plusieurs poésies du même auteur. — Paris, J. GAY, 1862, pet. in-12 de XII-84 pp. Tiré à 115 ex.

« Cet ouvrage, publié primitivement en 1628, chez Ch. HULPEAU, à Paris, eut trois éditions anciennes dont aucune ne fut poursuivie. »

Néanmoins la destruction de la réimpression ci-dessus a été ordonnée par jugement du Tribunal correctionnel de la Seine (6e ch.), en date du 23 mai 1863, inseré au *Moniteur* du 8 novembre 1865. Les passages incriminés se trouvent pages IX, X et XI, et 43 et 49. (Aff. contre GAY et consorts.)

Voir : *Amours folastres.*

Traité de Vérone. — Article.

Voir : *Le Pilote,* journal.

Traite (La) des blancs. — Article.

Voir : *Almanach-catéchisme,* par Brée.

Traité du fouet, ou *De l'utilité de la flagellation dans les plaisirs du mariage.* — Paris, 1792, 1795, 1800, in-18 de 156 pp. avec une jolie figure qui manque quelquefois. C'est une traduction faite, par le libraire MERCIER DE COMPIÈGNE, du fameux *Tractatus de usu flagrorum in re venereâ*, etc., par MEIBOMIUS.

La *Bibliographie Gay* (tome VI, p. 338) contient un intéressant article sur ce fameux traité, et sur les traductions anglaises, allemandes, etc., qui en ont été faites.

Le *Traité du Fouet* a été condamné à la destruction, à cause de la gravure peut-être, par jugement du tribunal correctionnel de la Seine du 12 mai 1865. (Affaire contre P.-MALASSIS et consorts.)

Voir : *Parapilla*.

Travaux (Les) d'Hercule.

Voir : *Exercices de dévotion*.

Treize (Le) juin, par Alexandre-Auguste LEDRU, dit LEDRU-ROLLIN.

Paris, au bureau du Nouveau-Monde, in-12, 1849, 50 cent. 70 pp.

Réimprimé à Bruxelles, chez VALLAIN, avec la signature de LEDRU-ROLLIN et la date de Londres, novembre 1850.

La première édition de cet écrit, commençant par ces mots : « Depuis cinq mois… » et finissant par ceux-ci « …devant celui de l'histoire », fut opérée, avant même la mise en vente, en vertu d'une ordonnance d'un juge d'instruction de Paris, dans les ateliers de l'imprimeur SCHNEIDER, et dans la maison des sieurs HOUSSIAUX et CAUVIN, brocheurs. L'éditeur, le sieur SIMONIN, sous prétexte que cette mesure n'avait pas été sanctionnée par un arrêt de la chambre des mises en accusation, réclama, par la voie des tribunaux, la restitution des exemplaires saisis; il fut débouté tant par jugement du tribunal de la Seine que par arrêt confirmatif de la Cour de Paris (*Gazette des Tribunaux* du 21 avril 1850), et la saisie fut pleinement maintenue.

Des exemplaires de la réimpression belge ayant été distribués et colportés en France, en 1850, par un publicateur resté inconnu, une instruction fut ouverte contre l'auteur dudit écrit comme complice d'excitation à la haine et au mépris du gouvernement de la République, et d'apologie de faits qualifiés crimes ou delits par la loi pénale.

Par arrêt de la Cour d'assises de la Seine en date du 21 juin 1851, LEDRU-ROLLIN fut condamné, par défaut, à un an de prison et 500 fr. d'amende, et la destruction de l'ouvrage fut en même temps ordonnée. (*Gazette des Tribunaux* du 22 août 1851.)

Le 15 juillet de la même année, le sieur DALICAN, domicilié rue Montmartre, fut condamné, par le tribunal correctionnel de la Seine (7e ch.), à un mois de prison, pour colportage sans autorisation de deux écrits du même LEDRU-ROLLIN, intitulés : *La Voix du Peuple*, et *Plus de représentants*. (*Moniteur* du 16 juillet 1851.)

Enfin, l'année précédente, le Parquet de la Seine avait fait saisir déjà, pour offenses envers le président de la République et excitation des citoyens à la haine et au mépris du gouvernement, un autre écrit du même auteur, intitulé : *Le Vingt-quatre février* (*Moniteur* du 26 février 1850). Mais nous n'avons pu retrouver la décision judiciaire intervenue en cette affaire.

Trésor (Le) d'une jeune fille. — Chanson.

Voir : *Le Coquillage.*

Tribades (Les). — Recueil de lithographies obscènes contenant : *les Suc....s, Deux amis intimes, Une première leçon, Une flagellation, Une hermaphrodite* (sic), *l'Inspection.*

Destruction ordonnée, pour outrages à la morale publique et aux bonnes mœurs :
1º Par arrêt de la Cour d'assises de la Seine, en date du 15 janvier 1851 (aff. contre DETOUCHE. — *Moniteur* du 16 février suivant) ;
2º Par arrêt de la même Cour du 7 mars 1851 (aff. contre PITOIS. — Point d'insertion au *Moniteur*) ;
3º Par jugement du tribunal correctionnel de la Seine (7e ch.) du 13 mars 1852. (Aff. contre LANGLOIS. — *Journal officiel* du 7 mai 1874.)

Voir aussi : *Esméralda.*

Tribulations de l'homme de Dieu. — Article de journal.

Voir : *L'Album.*

Tribune (La). — Journal de Bordeaux.

Voir : *Les Mystères d'un évêché.*

Tribune (La). — Journal publié à Paris en 1876.

Voir : *Le Roman d'un prêtre.*

Tribune (La) politique et littéraire. — Journal publié à Paris.

Après *La Quotidienne*, cette feuille fut celle qui attira le plus les sévérités de la justice, sous la monarchie de juillet. Il convient de remarquer d'ailleurs que ce fut un des organes les plus agressifs de la presse d'alors. Aussi 18 numéros furent condamnés à la destruction par 14 arrêts de la Cour d'assises de la Seine, du 20 février 1833, au 15 juillet 1835, prononçant contre les gérants AVRIL, BASCANS, BICHAT, BRÉE et LIONNE, des peines s'élevant ensemble à 15 ans de prison et 66,350 fr. d'amende.

Les numéros supprimés, pour excitation à la haine et au mépris du gouvernement du roi, offenses envers sa personne, provocation à la révolte, à la désobéissance aux lois, outrages à des fonctionnaires, etc., etc., etc., sont les suivants :
8 mai. — 2-3-27-29 juillet 1832. — 21 mars. — 5-8 juillet. — 31 août. — 14 septembre 1833. — 4-20 mars. — 14-26 septembre. — 3 novembre 1834. — 3 janvier. — 3 février 1835 et le nº 92 de cette dernière année.

Tric-trac (Le), chanson commençant par ces mots : « Galant, je vais apprendre... », éditée par H. LEMOINE, impr. par L. SALME.

Cette chansonnette, contenant des outrages à la morale publique, a été saisie, le 10 avril 1864 et détruite à la suite d'une ordonnance de non-lieu rendue le 19 du même mois.

Trinité (La) républicaine, lithographie avec texte représentant, sous les dates de 33, 1793, 1848, les portraits de *Jésus-Christ, Robespierre, Barbès*, et sous chacun d'eux les mots : *Charité, foi, espérance*. Estampe grand in-4 publiée à Paris, en 1850, par MAILLY, jeune, dessinateur, imp. par DOMNEC.

La destruction de cette lithographie a été ordonnée, pour outrages à la morale publique et religieuse :

1º Par arrêt de la Cour d'assises de la Seine, en date du 12 octobre 1850, condamnant MAILLY, jeune, à six mois d'emprisonnement et 300 fr. d'amende, et DOMNEC imprimeur, et LEBLANC, libraire, chacun à deux mois de prison et 100 fr. d'amende (*Moniteur* des 13 octobre 1850, et 16 février 1851) ;

2º Par arrêt de la Cour d'assises du Calvados en date du 11 février 1851, mêmes motifs. (Aff. contre BRARD. — *Moniteur* du 15 mars 1851.)

Triomphe (Le) de l'amour. — Recueil de douze lithographies obscènes dont voici les titres : *Le Triomphe de l'amour. — La Nonchalante. — L'Orgie. — Le Caprice. — L'Education première. — La Coquette. — Le Chéri. — Contemplation. — Les deux amies. — La Galoppe. — Récréation champêtre. — Le Modèle complaisant.*

Ce recueil de lithographies ainsi que douze feuilles de texte explicatif, ont été condamnés à la destruction, pour outrages à la morale publique et aux bonnes mœurs, par jugement du tribunal correctionnel de la Seine (7ᵉ ch.) du 13 mars 1852 .(Aff. contre LANGLOIS.)

Triomphe (Le) de la F.....rie, ou *les Apparences sauvées*. — Comédie en 2 actes (auteur inconnu). S. l. n. d., in-18, 31 pp. fig.

Pièce très-libre et très-bête, réimprimée dans le *Nouveau Théâtre Gaillard*. Concarneau (Bruxelles), 1866, tome I, pages 129 à 157, et tiré à part à 100 exemplaires petit in-12, 3 fr.

Cet ouvrage, commençant par ces mots : « Ah ! comme sous les doigts... », et finissant par ceux-ci : « L'amour devient maussade », et contenant des outrages à la morale publique ainsi qu'aux bonnes mœurs, a été condamné à la destruction par jugement du tribunal de Lille en date du 6 mai 1868, insérée au *Moniteur* du 19 septembre suivant. (Aff. contre DUQUESNE.)

Voir : *Actes des Apôtres.*

Triomphe (Le) du vice.

Voir : *Le Tartufe libertin.*

Trois cents (Les) leçons des hommes et des femmes impudiques.

Voir : *La Légende joyeuse.*

Trois cent soixante-trois.

Voir : *Les* 363.

Trois lettres à un blessé de juillet sur la Révolution de juillet, par H.-Frédéric Besnier. — Paris, l'auteur, 1832, impr. chez Béthune ; in-8, 40 pp.

La troisième de ces lettres, écrites dans un esprit essentiellement favorable à la légitimité, fut poursuivie pour offenses envers la personne du roi, excitation à la haine et au mépris de son gouvernement, etc. — La destruction a été ordonnée par arrêt de la Cour d'assises de la Seine, en date du 26 septembre 1832, acquittant l'imprimeur et condamnant l'auteur à six mois de prison et 6,000 fr. d'amende. (*Gazette des Tribunaux* du 27 septembre 1832.)

Trois (Les) moines (par Mme Guénard, baronne de Méré). — Paris, an XI (1803), 3 vol. in-18.

Réimprimé en 1815 et en 1821, sous le nom de Faverolles, pseudonyme ordinaire de Mme Guénard.

Par jugement du tribunal de police correctionnel de la Seine, du 18 octobre 1822, Pierre Lagier, libraire à Paris, a été condamné à un mois de prison et 100 francs d'amende, pour outrages à la morale publique et aux bonnes mœurs, par la mise en vente des *Trois Moines* et de deux autres ouvrages obscènes. Il a été déchargé par arrêt de la Cour royale de Paris, du 21 décembre suivant qui a simplement ordonné la destruction des ouvrages saisis. (*Moniteur* du 26 mars 1825.)

Voir aussi : *Parapilla.*

Enfin, ce mauvais livre a été aussi mis à l'index, par mesure de police, en 1825.

Voir : *Note des ouvrages à supprimer.*

Troisième philippique. — Aux ministres, par M. Parfait. — Paris, l'auteur, 1833, in-8, 32 pp. 1 fr. 50.

Les *Philippiques*, publiées par N. Parfait, en 1832-33-34, sont au nombre de quatre. Elles sont adressées : *Au roi, au peuple, aux ministres* et *aux Chambres.* La troisième a été poursuivie pour offenses au roi, excitation à la haine et au mépris de son gouvernement, excitation à la guerre civile, etc.

M. N. Parfait, auteur, et Mie, éditeur de cet écrit, ayant été déclarés non coupables, par le jury, parce que la brochure, critiquable cependant, n'avait été ni distribuée ni publiee, la Cour d'assises de la Seine, par arret du 12 juin 1833, a renvoyé les deux prévenus et a maintenu la saisie des exemplaires déposés au greffe. (*Gazette des Tribunaux* du 13 juin 1833.)

Trompette (La) du carnaval.

Voir : *Nouveau catéchisme poissard.*

Trône (Le). — Chanson licencieuse.

Voir : *Les Gaudrioles de M. Gaillard.*

Tu n'peux plus l'faire! — Chanson licencieuse par Auguste Moncier, coiffeur, musique d'Alfred Roncin, gravée par Bauduin, impr. chez Dinquel.

Cette chanson immorale a été saisie, les 22 et 26 juin 1862, en vertu d'une commission rogatoire d'un juge d'instruction de Paris. L'affaire s'est terminée par une ordonnance de non-lieu, les auteur et éditeur ayant consenti à la destruction.

Tuer un tyran n'est pas un meurtre, par Allen, in-18. — Bruxelles, 186...

La destruction de cet écrit contenant l'apologie de faits qualifiés crimes par la loi pénale, ainsi que des outrages à la morale publique et religieuse, a été ordonnée par jugement du tribunal correctionnel de la Seine en date du 27 janvier 1869, inseré dans la *Gazette des Tribunaux* du 28 du même mois. (Aff. contre Gosselin et autres.)

Voir : *La Lanterne.*

Tyrans (Les).

Ecrit séditieux commençant par ces mots : « Nous livrons au public... », finissant par ceux-ci : «... S'effondrer en bas et se rompre », et dont la destruction a été ordonnée par jugement du tribunal correctionnel de Lille, en date du 6 mai 1868, inséré au *Moniteur* du 19 septembre suivant. (Aff. contre Sacré-Duquesne et consorts.)

Voir : *Actes des Apôtres.*

Tyrtée (Le). — Brochure périodique publiée à Paris en 1832, fort hostile au gouvernement de Louis-Philippe. Guyot, éditeur-gérant.

Le numéro du 22 avril 1832 fut poursuivi pour excitation à la haine et au mépris du gouvernement, provocations non suivies d'effet, à la rébellion et à la guerre civile, etc., etc., à raison de deux chansons intitulées : *Le Rappel,* par Bressandier;

2° *Eloge du Gouvernement*, par un voltigeur (M. Labédollière). Cette dernière chanson, fort mordante, et dont le refrain est : « Tout va bien, nous avons un roi citoyen », a été publiée *in-extenso* dans la *Gazette des Tribunaux.*

La destruction du numéro ci-dessus a été ordonnée par arrêt de la Cour d'assises de la Seine, en date du 8 août 1832, condamnant l'éditeur à six mois de prison et 1,000 fr. d'amende, Labédollière, à un mois de prison et 300 fr , et Bressandier (par défaut) à deux mois d'emprisonnement et 300 fr. d'amende. (*Gazette des Tribunaux* du 9 août 1832.)

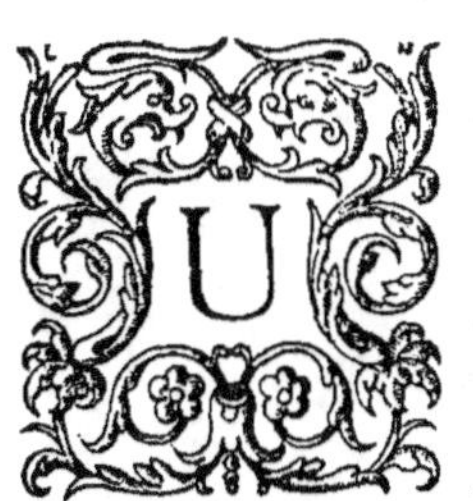

Ultrà (L'). — Journal.

Voir : *L'Oracle.*

Un baptême, par Sers, avoué, imprimé chez Raissac, imprimeur à Marennes, 1837.

Cet écrit, contenant des excitations à la haine et au mépris des citoyens envers les deux Chambres, fut renvoyé à l'appréciation du jury de la Charente, par arrêt de la Chambre des mises en accusation de la Cour royale de Poitiers. Mais, sur le pourvoi des prévenus, et conformément au réquisitoire de son procureur général, la Cour de cassation, par arrêt du 13 janvier 1838, a cassé et annulé l'arrêt de renvoi de la susdite Cour, par ce motif qu'un semblable délit ne pouvait être poursuivi sans l'autorisation des Chambres. (*Gazette des Tribunaux* des 14 et 31 janvier 1838.)

Un bouquet de fleurs, lithographie obscène.

Voir : *Chansonnier des filles d'amour* (gravures).

Un chapitre de l'histoire de France. — Article.

Voir : *Les droits du Peuple*, revue.

Un chiffonnier urinant. — Eau-forte obscène.

Destruction ordonnée par jugement du tribunal correctionnel de la Seine du 31 janvier 1862. (Aff. contre femme Avenin et autres.)

Un crime judiciaire. — Brochure publiée par Jules Mirès, fameux financier, à l'occasion d'un de ses procès.

Cet écrit fut saisi en vertu d'une ordonnance d'un des juges d'instruction de la Seine, chez le brocheur même, au moment où cette publication allait être mise en vente et envoyée à la poste. En outre, le commissaire de police chargé de l'opération mit les scellés sur les formes, dans l'imprimerie Serrière. (*Gazette des Tribunaux* du 28 décembre 1869.)

Un été à la campagne, correspondance de deux jeunes parisiennes, recueillie par un auteur à la mode. — Bruxelles, 1868, in-18, 228 pp. front. à l'eau-forte, 20 fr.

Ce roman érotique moderne, attribué à la plume élégante de M. G. D. (Droz?) peut soutenir la comparaison avec d'autres productions du xviiie siècle en ce genre. Il offre cette particularité, comme Gamiani, que, bien qu'on y trouve des scènes d'une extrême licence, on n'y rencontre pas une seule expression obscène.

Cette débauche d'esprit est d'autant plus dangereuse qu'elle n'effarouche pas le lecteur et corrompt les imaginations en rendant presque le vice aimable.

Par jugement du tribunal correctionnel de Lille, du 6 mai 1863, inséré au *Moniteur* du 19 septembre suivant, a été ordonnée la destruction de *Un été à la campagne,* ouvrage commençant par ces mots : « Les lettres qu'on va lire... », finissant par ceux-ci : « ... Passeport à nos héroïnes », et contenant des outrages à la morale publique et aux bonnes mœurs. (Aff. contre Duquesne.)

Voir : *Actes des Apôtres.*

Un groupe d'après nature. — Lithographie obscène.

Voir : *Les Soirées lubriques.*

Un jésuite. — Article.

Voir : *Rabelais,* journal.

Un jour de carnaval.

Voir : *Sujets mécaniques.*

Un mandarin chinois. — Lithographie obscène.

Voir : *Histoire universelle érotique.*

Un moine en rapports intimes avec une femme. — Eau-forte obscène.

Destruction ordonnée, par jugement du tribunal correctionnel de la Seine, du 31 janvier 1862. (Aff. contre femme Avenin et autres.)

Un mot d'avis à la Chambre des Pairs.

Voir : *Le cri des Patriotes français.*

Un mot sur le « Furet Troyen, » par un de ses lecteurs. — Paris, septembre 1872, impr. de G. J. Masquin.

M. Masquin, directeur de l'Imprimerie nouvelle, de Paris, ayant imprimé le journal satirique : *Le Furet Troyen,* dont le numéro 47 fut incriminé par le parquet de Troyes, a été condamné, comme complice, à 25 fr. d'amende par le tribunal de cette ville (outrages à la morale publique).

Peu de temps après ce jugement, on lui fit imprimer l'écrit ci-dessus, qui fut distribué à Troyes et à Paris, avant que le dépôt exigé par la loi eût été exécuté. Ce fut pour cette contravention seulement que la susdite brochure fut poursuivie.

Par jugement du tribunal correctionnel de la Seine (10e ch.) en date du 18 septembre 1872, M. MASQUIN fut condamné à 300 fr. d'amende et aux frais ; sentence confirmée le 5 décembre suivant, par arrêt de la Chambre des appels correctionnels de Paris.

Un pèlerinage, par HENRY.

Ecrit dont la destruction a été ordonnée par arrêt de la Cour de Montpellier, en date du 6 janvier 1862. (*Journal officiel* du 7 mai 1874.)

Un point curieux des mœurs de la Grèce.

Voir : *Alcibiade,* IV.

Un préjugé par mois.

Voir : *Les Petits livres de la rue de Fleurus.*

Un procès scandaleux, article publié par M. MUGNEY, dans le journal *Le Mayeux.* — Paris, 1832, GROSSE-TÊTE, imprimeur.

Cet article, relatif au procès des princes de Rohan contre la baronne de Feuchères et Mgr le duc d'Aumale, fut poursuivi pour offenses envers la personne du roi. La destruction du numéro incriminé a été ordonnée par arrêt de la Cour d'assises de la Seine en date du 30 avril 1832, condamnant MUGNEY, à deux ans de prison et 2,000 fr. d'amende, et GROSSE-TÊTE à six mois et 50 fr. (*Gazette des Tribunaux* du 1er mai 1832.)

Un serpent entortillé. — Chanson obscène en six couplets, commençant par ces mots : « Lise avait lavé dans l'eau claire.... » et finissant par ceux-ci : « .... Demande un serpent. »

Destruction ordonnée, pour outrages à la morale publique et aux bonnes mœurs, par arrêt de la Cour d'assises de la Seine du 21 janvier 1851. (Aff. contre PERNEY et PILLET. — *Moniteur* du 16 février suivant.)

Un vieux jaloux, gravure obscène.

Voir : *Journal des connaissances utiles.*

Une bonne position. — Gravure obscène.

Voir : *Histoire d'un c...*

Une dénonciation. — Lithographie obscène.

Voir : *Histoire universelle érotique.*

Une élection dans le grand-duché de Gérolstein, par M. le Dʳ ORDINAIRE, 1868.

L'auteur de cette brochure, alors maire de Maizières (Doubs), fut traduit devant le tribunal correctionnel de Besançon à raison de cet écrit contenant des imputations diffamatoires et injurieuses à l'égard de M. Bidalot, maire d'Ornans et de M. le colonel Tripard. Condamné en première instance, M. Ordinaire interjeta appel devant la Cour impériale de Besançon, qui, par arrêt du 3 juin 1868, tout en maintenant les dispositions du jugement attaqué, réduisit à 20 jours la peine de 40 jours d'emprisonnement prononcée contre M. Ordinaire et ordonna la suppression de l'écrit incriminé. (*Gazette des Tribunaux* du 5 juin 1868.)

Une flagellation. — Lithographie obscène.

Voir : *Les Tribades.*

Une garde hors de tour. — Lithographie obscène.

Voir : *Galerie des Gardes françaises.*

Une hermaphrodite (sic). — Lithographie obscène.

Voir : *Les Tribades.*

Une pastorale, écrit clandestin.

Voir : *Lettre de Jean Bonhomme.*

Une première leçon. — Lithographie obscène.

Voir : *Les Tribades.*

Une réception. — Lithographie obscène.

Voir : *Les Soirées lubriques.*

Une tête coupée, article.

Voir : *Le Grondeur*, journal.

Une veillée de jeunes filles. — Série de gravures licencieuses.

Destruction ordonnée par arrêt de la Cour d'assises de la Seine en date du 9 août 1842. (Aff. contre RÉGNIER-BECKER. — *Moniteur* du 15 décembre 1843.)

Voir pour la description : *Bibliothèque des romans.*

Une vue pittoresque, gravure obscène.

Voir : *Journal des connaissances utiles.*

Union (L') des Provinces et Le Réparateur, — journal publié à Paris.

Nos des 12 et 21 juillet 1844. — Apologie de faits qualifiés délits, provocation à la haine entre les diverses classes de la société. Destruction ordonnée par arrêt de la Cour d'assises de la Seine du 13 août 1844, condamnant le gérant Jean-Joseph MARTIN à six mois de prison et 1,000 fr. d'amende. (*Moniteur* du 3 décembre 1844.)

Univers (L') Religieux, journal publié à Paris.

Nos des 16-20 mai 1844. — Provocation à la désobéissance aux lois, attaques contre le respect qui leur est dû, apologie de faits qualifiés délits, par l'insertion dans lesdits numéros d'extraits d'un écrit intitulé : *Liberté d'enseignement; Procès de l'abbé Combalot...*

Voir : *Mémoire adressé aux évêques.*

Destruction ordonnée par arrêt de la Cour d'assises de la Seine en date du 11 mai 1844, condamnant le gérant, Jean BARRIER, à un mois de prison et 3,000 fr. d'amende, et Louis-François-Victor VEUILLOT, rédacteur en chef, aux mêmes peines. (*Moniteur* du 23 juin 1845.)

Université d'amour.

Voir : *L'Escole de l'intérest.*

Utilité (De l') de la flagellation dans les plaisirs du mariage.

Voir : *Traité du fouet.*

Va, Poulot, promets-leur ce que je te donne. — Caricature séditieuse.

Lithographie dont la destruction a été ordonnée, par arrêt de la Cour royale de Paris, du 22 juin 1832. (Aff. contre SAVARD. — *Gazette des Tribunaux* du 23 juin 1832.)

Vacances (Les) de M. L. P. (*Louis Protat*), avoué près la Cour impériale de Paris. C'est à savoir : Serre-fesse, Tragédie-parodie; Examen de Mlle Flora, etc., précédés d'un avertissement sur l'auteur. —Au Palais. —Sous les robes. — (Bruxelles, POULET-MALASSIS), 1867, in-12, front. de Rops ; 15 fr., et sur Chine, 30 fr.

« L'épitaphe pour un beau-père, » qui termine ce volume, est une épigramme de M. ROGER DE BEAUVOIR.

La destruction de cet ouvrage commençant par ces mots : « Le titre du recueil », finissant par ceux-ci : « ...Mais j'en suis content, » et contenant des outrages à la morale publique et aux bonnes mœurs, a été ordonnée par jugement du tribunal correctionnel de Lille, du 6 mai 1868, inséré au *Moniteur* du 19 septembre suivant. (Aff. contre DUQUESNE.)

Voir : *Actes des Apôtres.*

Valentine, ou le *Pasteur d'Uzès,* par Victor DUCANGE. — Paris, BARBA, 1820, 3 vol. in-12, et 1849, in-4, à 2 colonnes.

Ce roman immoral et anti-religieux a été condamné à la destruction et a valu à son auteur six mois d'emprisonnement et 500 fr. d'amende, par arrêt de la Cour d'assises de la Seine du 26 juin 1821 (*Moniteur* du 24 mars 1822). Une seconde condamnation a été prononcée, le 18 mai 1852, à Paris, à l'occasion du même ouvrage réimprimé par G. BARBA.

Voir : *Monsieur de Roberville.*

Voir aussi: *Parapilla.*

Ajoutons que ce mauvais livre a été mis à l'index, par mesure de police, en 1825.

Voir : *Note des ouvrages à supprimer.*

Variétés historiques, par CAUCHOIS-LEMAIRE. — Paris, 4 mai 1820, in-8 (c'est le 4e des cinq opuscules qui complètent la 2e livraison du 14e volume de la *Bibliothèque historique*)...

Voir ce titre.

Par arrêt de la Cour d'assises de la Seine, en date du 18 juin 1820, a été ordonnée la destruction de cet écrit contenant une provocation, non suivie d'effet, à armer les citoyens les uns contre les autres. (Point d'insertion au *Moniteur.*)

Veille (La) de la guerre civile. — Article.

Voir : *La démocratie pacifique,* journal.

Veille (La) du sacre, par l'auteur de: *La Voix mystérieuse* (Auguste CALLET). — Londres, JEFFS, in-12 de 41 pp., 1853.

Voir : *Magistrature impériale.*

Cet écrit a été condamné aussi par jugement du Tribunal correctionnel de la Seine en date du 27 janvier 1869.

Voir : *Gazette des Tribunaux* du 28.

Aff. contre GOSSELIN et consorts.

Voir : *La Lanterne.*

Veillée de jeunes filles.

Voir : *Une veillée....*

Veillées (Les) conjugales.

Voir : *Les mille et un souvenirs.*

Veillées d'un f.......

Voir : *Le Chansonnier du B......*

Veillées (Les) des maisons de prostitution et des prostituées ;

nouvelle lanterne magique curieuse et plus que galante en douze tableaux. — A C......polis, 1700 (Paris, vers 1832), in-18 de 66 pp., plus un supplément de 6 pp. contenant une liste d'ouvrages érotiques, et douze gravures obscènes dont voici les titres :

« Ah ! fi donc ! — Le passe-temps du berger. — Ma sœur, le docteur a dit que je sortirai quand je ferai...... — Le peintre et son modèle. — Eh bien ! êtes-vous prêt ? — Ah ! j'y suis ! — Finissez donc, monsieur Jules, votre maman vous appelle. — L'assurance mutuelle. — Ah ! le bon bouillon que j'aurai ! — Le fâcheux contre-temps. — L'ouvreuse indiscrète. — Je veux le père capucin ! »

Destruction ordonnée pour outrages à la morale publique et religieuse ainsi qu'aux bonnes mœurs, par arrêt de la Cour d'assises de la Seine du 30 août 1837. (Aff. contre DAURY. — *Moniteur* du 30 novembre 1837.)

Veillées (Les) du couvent, ou *le Noviciat d'amour*, poëme érotisatyrique en prose et en 5 livres, par C. F. X. M. D. C. (MERCIER DE COMPIÈGNE). — Lutipolis (Paris), 1793, in-18, fig. Plusieurs fois réimprimé, notamment sous le titre de : *Œuvres libres d'un citoyen qui ne l'est pas,* avec deux fig. d'après les dessins de MOREAU.

Ouvrage aussi licencieux que médiocre, mis à l'index et saisi à la Salle Sylvestre, par ordre de justice, à la vente des livres de M. de Beauchesne. (*Gazette des Tribunaux*, 15 novembre 1874.)

Vendéen (Le), journal publié à Niort.

Excitation à la haine et au mépris du gouvernement du roi. Destruction ordonnée par arrêt de la Cour d'assises des Deux-Sèvres, en date du 12 juillet 1834, condamnant de Brémont, journaliste, à six semaines de prison et 500 fr. d'amende, et Brunet de Lagrange, gérant, à un mois de prison et 300 fr. d'amende. (*Moniteur* du 30 décembre 1834.)

Vendéenne (La), écrit clandestin.

Voir : *Mémoires du duc de Normandie.*

Veni mecum, recueil de chansons.

Voir : *Le Petit polisson.*

Vénus (La) en rut.

Voir : *La belle libertine.*

Vénus physique (par Pierre-Louis Moreau de Maupertuis). — 1745-1777, in-12, maintes fois réimprimé.

Ouvrage cité au *Moniteur*, du 8 octobre 1850, et au catalogue Wittersheim, p. 60.

Voir : *Les amours de Louis le Grand.*

Véritable catéchisme du peuple.

Voir : *Mémoires du duc de Normandie.*

Véritable (Le) farceur du régiment. — Paris, in-8.

La destruction de ce recueil de gaudrioles fort épicées a été ordonnée par jugement du tribunal correctionnel de Paimbœuf en date du 10 juin 1852, condamnant en outre Bertrand Tapie, dit Guillaume, colporteur, à trois mois d'emprisonnement et 300 fr. d'amende, pour colportage et mise en vente dudit écrit contenant des outrages à la morale publique et aux bonnes mœurs et notamment à la religion catholique qui y est tournée en dérision. (*Moniteur* du 15 juillet 1852.)

Vérité (La) sur le parti démocratique, par Théophile Thoré. — Paris, 1840, in-8, 48 pp., 75 cent. Cette brochure a eu une deuxième édition la même année.

La destruction de cet écrit, contenant l'apologie de faits qualifiés crimes par la loi pénale et des attaques à la propriété, a été ordonnée par arrêt de la Cour d'assises de la Seine, en date du 8 décembre 1840, condamnant en outre l'auteur à un an de prison et 1,000 fr. d'amende. (*Moniteur* du 12 mars 1842.)

Voir aussi sur cette affaire, l'écrit intitulé : *Procès de M. Thoré*, auteur de la brochure intitulée : *La vérité sur le parti démocratique.* 1841, in-8.

Vérités sur la civilisation.

Voir : *La Ménippée nouvelle.*

Versorand, ou le Libertin, etc.

Voir : *Mémoires de Versorand.*

Vestales (Les) de l'Eglise, par MARC DE MONTIFAUD. — Paris, impr. MASSON, 1877, in-12. Deuxième édition, même année. — Bruxelles, impr. JANSSENS, in-12, prix : 6 fr.

Mme QUIVOGNE, dite Marc de MONTIFAUD, dont nous avons parlé déjà à l'article *Lupanie,* a été renvoyée de nouveau devant la 11e Chambre correctionnelle du Tribunal de la Seine, sous l'inculpation d'outrages aux bonnes mœurs par la publication de l'écrit ci-dessus. Par jugement du 27 juin 1877, elle a été condamnée à 3 mois d'emprisonnement et 500 fr. d'amende ; M. P. A. MASSON, imprimeur, a été condamné, comme complice, à 200 fr. d'amende. Le Tribunal a en outre ordonné la destruction des quelques exemplaires saisis.

Vicaire (Le) des Ardennes, par Horace de SAINT-AUBIN (Honoré de BALZAC). — Paris, POLLET, 1822 ; 4 vol. in-12, 10 fr. Plusieurs fois réimprimé.

Roman immoral et irréligieux, mis à l'index, en 1825, par mesure de police.

Voir : *Note des ouvrages à supprimer.*

Victoires, conquêtes et revers d'une jolie femme, par RABAN.— Paris, 1833, 4 vol. in-12.

Destruction ordonnée par jugement du Tribunal correctionnel de Niort, en date du 14 avril 1860, condamnant pour colportage illicite et outrages à la morale publique et aux bonnes mœurs, les sieurs BERTRAND et Modeste GRAND, colporteurs, chacun à 2 mois d'emprisonnement et 10 fr. d'amende. *(Moniteur* du 4 mai 1860.)

Vie (La) d'une femme, recueil de douze lithographies obscènes.

Voir : *Le Cerbère.*

Vie (Ma) de garçon.

Voir : *Ma vie de garçon.*

Vie (La) de garçon dans les hôtels garnis, ou *De l'Amour à la minute* (ou, pour la seconde édition : *Cujas, Esculape et l'Amour*). Petite galerie galante, pittoresque, sentimentale et philosophique, faisant voir la lanterne magique des intrigues des hôtels garnis. Par un parasite logé à pouf dans un grenier (J. P. R. Cuisin). — Paris, au Palais-Royal, veuve Le Petit, 1820 et 1823, in-18, fig., 1 fr. 50.

Ouvrage fort licencieux, mis à l'index, par mesure de police, en 1825.

Voir : *Note des ouvrages à supprimer.*

Vie (La) de M. Ratapoil.

Pamphlet imprimé à Bruxelles, commençant par ces mots : « Jean, baron de Ratapoil.... », finissant par ceux-ci : « . .. l'intérêt le plus réel et le plus général, » et contenant des offenses envers la personne de l'empereur et envers les membres de la famille impériale. — Destruction ordonnée par jugement du Tribunal correctionnel de Lille, en date du 6 mai 1868, inséré au *Moniteur* du 19 septembre suivant. (Aff. contre S. Duquesne et consorts.)

Voir : *Actes des Apôtres.*

Vie du Dandy en Europe. — Recueil de lithographies obscènes contenant notamment les sujets suivants : « *Je le veux bien, mais soyez prudent. — Est-il bien vrai qu'il soit à moi seul ? — Voilà la plus belle de toutes les femmes. — Vous êtes toujours méchant. — Tout ce que vous voudrez si vous m'aimez.* »

Destruction ordonnée, pour outrages à la morale publique et aux bonnes mœurs, par arrêt de la Cour d'assises de la Seine, en date du 9 août 1842. (Aff. contre Regnier-Becker. — *Moniteur* du 15 décembre 1843.)

Vie (La) du duc d'Orléans. — Traduite de l'anglais, par A. D. W.— Londres, 1789 (?).

Ouvrage commençant par ces mots : « L'exécrable adultère...., » finissant par ceux-ci : « .... et de la faiblesse », contenant des outrages à la morale publique et religieuse, ainsi qu'aux bonnes mœurs; et dont la destruction a été ordonnée par jugement du Tribunal de Lille du 6 mai 1868, inséré au *Moniteur* du 19 septembre suivant. (Aff. contre Duquesne.)

Voir : *Actes des apôtres.*

Vie (La) du soldat, recueil de douze lithographies obscènes, le plus souvent coloriées, et représentant les sujets suivants, accompagnés chacun d'une légende spéciale, savoir : 1° *Cosaques du Don*, 1815.— Légende: « Tous à tous; » 2° *Soldat du génie*, 1800. — Légende : « Prise d'assaut souterraine ; » 3° *Garde française*, 1786.— Légende : « Permission de dix heures ; départ; » 4° *Carabinier*, 1840. — Légende : « Changement de garnison; » 5° *Infanterie de ligne*, 1840. — Légende : « Pardon, mon officier....; à moi les camarades ! » 6° *Artillerie*, 1840. — Légende : « La fille du geôlier ; » 7° *Chasseur*, 1840. — Légende: « L'hospitalière; » 8° *Lan-*

cier, 1840. — Légende : « La servante du curé ; » 9° *Infanterie de ligne*, 1840. — Légende : « Cantinière ; » 10° *Garde française*, 1786. — Légende : « Permission de dix heures ; retour ; » 11° *Hussard*, 1840. — Légende : « Un jour de cuisine ; » et 12° *Hussard*, 1824. — Légende : « Le jour du prêt. »

La destruction de ces sales productions a été ordonnée, pour outrages à la morale publique et aux bonnes mœurs :

1° Par arrêt de la Cour d'assises de la Seine, en date du 9 août 1842 (aff. contre REGNIER-BECKER. — *Moniteur* du 15 décembre 1843) ;

2° Par arrêt de la même cour, en date du 10 février 1852, condamnant Honoré CHAPELLE, libraire-bouquiniste à Paris, à un mois d'emprisonnement et 16 fr. d'amende, tant pour la vente du recueil en question que pour celle d'autres écrits et dessins obscènes dont il est parlé en leur lieu et place. (*Moniteur* du 8 mai 1852.)

Vie (La) et actes triumphans d'une demoiselle nommée Catharine des Baz-Souhaiz, par Jean de LA ROCHE, baron de Florigny, imprimé sur la copie de Nicolas PARIS, imprimeur à Troyes, 1546, pet. in-4 de 80 pp.

Réimprimé à Paris, sur l'exemplaire unique de la Bibliothèque impériale. — Paris. J. GAY, 1862, pet. in-12 de XIV-74 pp., 115 ex.

Réimprimé aussi à la fin du seizième siècle, sous le titre de : *La courtisane bourdeloise, ou la vie, mœurs et déportements de damoiselle Catharine des Bas-Souhaitz, native de la ville de Bourdeaux et fidèlement décrite par Jean de La Roche*, baron de Florigny. — Paris, Ant. du BREUIL, 1599, in-12 de 83 pp., dont les trois dernières sont occupées par la troisième folastrerie de RONSARD, intitulée ici : *Folastrerie de P. Ronsard à Catin du Bas-Souhait*, bien qu'en réalité cette pièce ne paraisse avoir que peu de rapport à l'héroïne.

Le soi-disant Jean de LA ROCHE n'est autre que Jean de LUXEMBOURG, le savant et éloquent évêque de Pamiers, dont il a été parlé à l'article : *La nouvelle d'un révérend père en Dieu.*

Voir d'ailleurs l'excellente notice de la *Bibliographie Gay*, T. VI, p. 414.

La réimpression de 1862 a été condamnée à la destruction, comme contenant des outrages à la morale publique et aux bonnes mœurs, par jugement du Tribunal correctionnel de la Seine, du 22 mai 1863, inséré au *Moniteur* du 8 novembre 1865. (Aff. contre J. GAY et consorts.)

Voir : *Amours folastres.*

Vie libertine de Milord Seymour.

Voir : *Milord Arsouille.*

Vie (La) parisienne, journal. — Le n⁰ du 21 juillet 1866 a été saisi comme contenant une série de vignettes intitulée : *Les Mystères de Saint-Denis*, dont la publication n'avait point été autorisée.

Par jugement du Tribunal correctionnel de la Seine (6ᵉ ch.), en date du 10 août 1866, M. MARCELIN, propriétaire du journal, a été condamné à un mois de prison et 100 fr. d'amende pour infraction à l'art. 22 du décret du 17 février 1852. Les exemplaires saisis ont été confisqués.

Vie privée de Louis XV, ou *principaux événements de son règne* (par MOUFFLE d'ANGERVILLE). — Londres, 1765, 4 vol. in-12, portraits. — Réimprimé en 1781-1785-1788 et en 1796, sous le titre suivant :

« Le siècle de Louis XV, contenant les événements, etc., etc., ouvrage posthume de Arnoux LAFFREY (publié par MATON DE LA VARENNE). — Paris, GUEFFIER, 2 vol. in-8. C'est exactement le même ouvrage que le précédent.

Libelle fort piquant cité au catalogue Wittersheim, p. 60.

Voir : *Les amours de Louis le Grand.*

Vie privée de Très-Sérénissime prince Mgr le duc de Chartres (depuis Louis-Philippe-Joseph d'ORLÉANS), contre un libel (*sic*) diffamatoire écrit en 1781, mais qui n'a point paru à cause des menaces que nous avons faites à l'auteur de le déceler. Par une société d'amis du prince, à cent lieues de la Bastille. — (Londres-Hodges), 1784, in-8 de VI-101 pp., figure.

Biographie très-satirique attribuée à THÉVENOT DE MORANDE, et où il y a des détails fort libres.

Ouvrage commençant par ces mots : « On a depuis longtemps la manie », finissant par ceux-ci : « .... n'eût jamais trahi la vérité », contenant des outrages à la morale publique et religieuse, ainsi qu'aux bonnes mœurs, et dont la destruction a été ordonnée par jugement du tribunal de Lille, du 6 mai 1868, inséré au *Moniteur* du 19 septembre suivant. (Aff. contre DUQUESNE.)

Voir : *Actes des Apôtres.*

Vie privée, libertine et scandaleuse de Marie-Antoinette d'Autriche, reine des Français, depuis son arrivée en France jusqu'à ce jour. — Château des Tuileries et dans toutes les cours étrangères, 1792-1793, 3 vol. in-12 de 144-142 et 138 pp., en 4 parties, avec 32 figures et un portrait.

Pamphlet infâme cité au catalogue Wittersheim, p. 61.

Voir : *Les amours de Louis le Grand.*

Vie voluptueuse entre les Capucins et les Nonnes, par la confession d'un père de cet ordre. — Cologne, 1755-1759-1764-1774-1775-1779, pet. in-12, fig. ; a été récemment réimprimé en Allemagne.

Ouvrage licencieux et obscène, cité au catalogue Wittersheim, p. 61.

Voir : *Les amours de Louis le Grand.*

Vieille (La) de Suresnes. — Lithographie obscène.

Voir : *Bibliothèque des romans.*

Vieille (De la) Europe, des rois et des peuples de notre époque, par le vicomte Gabriel Donnadieu, lieutenant général. — Paris, Allardin, 1837, in-8, 7 fr.

La destruction de cet ouvrage a été ordonnée, pour attaques contre les droits constitutionnels du Roi et offenses envers sa personne, par arrêt de la Cour d'assises de la Seine, du 24 juillet 1837, condamnant l'auteur à deux années d'emprisonnement et 5,000 fr. d'amende. (*Moniteur* du 7 novembre 1837.)

Vierges (Les nouvelles...)

Voir : *Les nouvelles vierges.*

Vieux (Les) polissons, par Alfred Sirven ; avec une lithographie par Lucien Dulac. — Paris, Cournol, 1865, in-12, 280 pp., 3 fr. Toinon, imprimeur.

Par jugement du 6 mai 1865, le Tribunal correctionnel de la Seine a ordonné la destruction du susdit ouvrage, attendu « que le livre tout entier et notamment les « chapitres XII et XVIII, le titre qu'il porte et les détails obscènes que l'auteur se « plait à produire et à développer, même en dehors de ce qu'il prétend être le « sujet et le but de son livre, démontrent jusqu'à l'évidence que ce n'est pas une « œuvre loyale et sérieuse que l'auteur a voulu faire, mais que son intention ma- « nifeste a été d'appeler les lecteurs par l'attrait du scandale et de peintures licen- « cieuses et de parler aux imaginations pour les corrompre ; qu'il a ainsi porté « une atteinte grave aux bonnes mœurs et à la morale publique.... » — Le même jugement a condamné Cournol à 1 mois de prison et 100 fr. d'amende ; Sirven, à 6 mois d'emprisonnement et 100 fr. d'amende ; enfin, Toinon, imprimeur, à 100 fr. d'amende. En outre, la confiscation de la lithographie, qui n'avait pas été autorisée, a été ordonnée.

Sur opposition, par jugement du 31 mai, la peine d'emprisonnement d'un mois, prononcée contre M. Sirven, a été réduite à trois jours. En appel, le tout a été confirmé purement et simplement. (*Gazette des Tribunaux* du 3 juin 1865, *Journal officiel* du 7 mai 1874.)

Vieux (Le) rentier. — Gravure obscène.

Voir : *Chansonnier des filles d'amour.* (Gravures.).

Villageois (Le) qui cherche son veau. — Gravure obscène.

Voir : *Contes de La Fontaine.*

Ville (La) de Cologne. — Chanson licencieuse.

Voir : *Le Chansonnier du B. . . .*

Ville (La) de Paris, journal quotidien. — Première année, n° 1. Lundi 27 octobre 1873. — Paris, 10 centimes; départements, 15 centimes.

C'est le seul numéro qui ait paru. Le tirage tout entier a été saisi tant à l'imprimerie que chez les libraires, et détruit en vertu d'un arrêté de M. le gouverneur de Paris, notifié le même jour. Quelques rares exemplaires avaient été distribués avant la saisie pratiquée pour les motifs suivants :

Le journal *L'Avenir national* ayant été interdit, le 25 octobre 1873, par arrêté de M. le gouverneur de Paris, M. Miot-Frochot, qui avait précédemment obtenu l'autorisation de publier, sous le titre ci-dessus, un journal politique quotidien, en fit paraître le premier numéro, dès le 27 du même mois, mais sans avoir versé préalablement le cautionnement exigé par l'art. 2 de la loi des 6-11 juillet 1871. Un cautionnement avait bien été versé préalablement pour ledit journal, mais sous un autre nom que celui de M. Miot-Frochot, et sans que le ministère des finances eût reçu la notification, exigée par la loi, de cette formalité.

En conséquence, MM. Miot-Frochot, propriétaire-gérant de la *Ville de Paris,* Clément Privé, gérant de l'*Avenir national* et Georges Masquin, imprimeur, furent renvoyés, le 16 décembre 1873, devant la 8e chambre du Tribunal correctionnel de la Seine qui, considérant que la *Ville de Paris* n'était que la reproduction exacte du journal l'*Avenir national*, non-seulement comme disposition typographique, mais comme rédaction et opinion, condamna Miot-Frochot à 2,000 fr. d'amende Privé à 1,000 fr. et Masquin à 500 fr. d'amende, et ordonna la confiscation des numéros saisis.

Ce jugement fut confirmé par arrêt de la Ch. des appels correctionnels, en date du 20 février 1874, en ce qui concerne Clément Privé, qui seul avait interjeté appel.

Mais cette décision fut mise à néant par arrêt de la Cour de cassation, en date du 10 avril 1874, considérant notamment que le cas ne ressortissait pas à la juridiction civile, la loi de 1849 sur l'état de siége ayant entendu armer l'autorité militaire de pouvoirs exceptionnels les plus étendus et lui ayant donné la sanction qu'elle tient de sa force morale et de sa force matérielle sans la soumettre à l'intervention lente et formaliste de l'autorité judiciaire.

Par l'arrêté cité au commencement de cet article, la saisie et la destruction du n° de l'*Avenir national*, portant la date du 26 octobre 1873, ont été ordonnées par l'autorité militaire.

Vingt ans de la vie d'un jeune homme. — A V... C... C... C...,
1789-1790 (vers 1830), in-18 de 93 pp., avec 6 fig. libres. — (Réimprimé en
Belgique, en 1854 et en 1864.)

Ouvrage licencieux faisant suite à :

Vingt ans de la vie d'une femme, ou *Mémoires de Julie R****. —
Londres, 1789 (vers 1830), in-18, 6 grav. libres. — Londres, 1790. — (Belgique, 1854 et 1864.)

Ouvrage licencieux, condamné à la destruction, en même temps que le précédent, pour outrages aux bonnes mœurs et à la morale publique, 1° par arrêt de
la Cour d'assises de la Seine, en date du 9 août 1842 (aff. contre REGNIER-BECKER
— *Moniteur* du 15 décembre 1843) ;

2° Par jugement du Tribunal correctionnel de la Seine, en date du 13 mars
1852. (Aff. LANGLOIS.)

Ces écrits ont été encore visés dans les sentences rendues contre CHAPELLE et
LEFEBVRE, les 10 février et 30 mars 1852.

Vingt-et-un janvier.

Voir : *Lettres Normandes.*

Vingt-quatre (Le) février.

Voir : *Le treize juin.*

Violation de la Constitution. — Article.

Voir : *Le Peuple,* journal.

Vive l'citoyen Bourbon ! — Ecrit clandestin.

Voir : *Mémoires du duc de Normandie.*

Vive le président de la République ! — Article.

Voir : *Le Producteur vinicole,* journal.

Vivent les rouges, à bas les blancs ! — Chanson dont le refrain
est :

> « Plan, plan, rantanplan,
> « Vivent les rouges, à bas les blancs !
> « Plan, plan, rantanplan,
> « Coupons la tête aux blancs ! »

La destruction de cette production, qui ne paraît avoir jamais été imprimée, mais
dont on a saisi des copies manuscrites, a été ordonnée, pour excitation à la haine
et au mépris des citoyens les uns contre les autres :

1º Par arrêt de la Cour d'assises de la Meuse, du 3 octobre 1850 (aff. contre MARJOLLET et FLAMAND. — *Moniteur* du 15 du même mois);

2º Par arrêt de la Cour d'assises de la Vienne, du 25 novembre 1850 (aff. contre Sylvain METZER. — *Moniteur* du 14 décembre suivant);

3º Par arrêt de la Cour d'assises de Seine-et-Marne du 20 mai 1851. (Aff. contre LARSONNIER et BIHONNARD. — *Moniteur* du .. juin 1851.)

V'là qu'ça vient, Jeannette. — Chanson publiée par E. HURÉ DE GAREL, imprimée par L. E. MONCELOT. — Paris, 1862.

Cette chansonnette fort licencieuse a été saisie et supprimée, par jugement du Tribunal correctionnel de la Seine (6ᵉ ch.), en date du 30 juillet 1862, condamnant l'auteur et l'éditeur à 50 fr. d'amende chacun. (Pas d'insertion au *Moniteur*.)

Voix (La) de Guernesey.

Voir : *Le Christ au Vatican.*

Voix (La) de la famine, par l'abbé Alphonse CONSTANT, brochure de 32 pp., portant cette épigraphe : *Le peuple a faim, la France a peur.* — Paris, 1847, LEGALLOIS, éditeur.

La destruction de cet écrit a été ordonnée, pour provocation à la haine et au mépris des citoyens contre une ou plusieurs classes de personnes, excitation à la haine et au mépris du gouvernement du roi, par arrêts de la Cour d'assises de la Seine, des 8 février et 15 mars 1847, condamnant l'auteur à un an de prison et 1,000 fr. d'amende, et l'éditeur, Pierre-Auguste LEGALLOIS aux mêmes peines. (*Moniteur* des 7 août et 9 novembre 1847.)

Voix (La) du peuple.

Voir : *Le treize juin.*

Voix (La) du Proscrit, organe de la République universelle, 46 nᵒˢ in-8, 27 octobre 1850, 6 septembre 1851.

Le *Nᵒ du 7 juin 1851*, contenant un article intitulé : *Il faut en finir*, par Ch. DELESCLUZE, a été condamné à la destruction, par arrêt de la Cour d'assises du Nord, en date du 29 juillet 1851, pour excitation à la haine et au mépris de la République, provocation à un acte qualifié crime, etc. — Par le même arrêt, Ch. DELESCLUZE a été condamné, tant pour cet article que pour un autre intitulé : *Le Droit de réunion*, inséré dans le nᵒ du 14 du même mois, également supprimé, à .... et Camille CHOTEAU, gérant dudit journal, à 3 mois de prison et 500 fr. d'amende. (*Moniteur* du 9 août 1851.)

Voix (La) du sang. — Couplets faits au sujet du bombardement de

Rome, par l'armée française, par J. Ch.... D. — Genève, 10 juin 1849.

Cette chanson, aussi démocratique qu'ennuyeuse, fut saisie, avec d'autres papiers, chez le sieur Doin, l'un des prévenus de l'affaire dite du *Complot de Lyon*, jugée, en 1851, par le 2e conseil de guerre séant en cette ville. Elle se compose de trois couplets qui se chantaient sur l'air : *La République romaine.* La *Gazette des Tribvnaux* du 13 août 1851 a régalé ses lecteurs de cette production aimable dont les exemplaires ont vraisemblablement été condamnés à la destruction.

Voix (La) mystérieuse. — Les Proscrits. — Le scrutin du 20 décembre. — La Constitution de 1852. — Les conseillers de M. Bonaparte (par Auguste Callet). — Londres, Jeffs, in-32 de 91 pp., 1852.

Voir : *La magistrature impériale.*

Volupté (La) prise sur le fait.

Voir : *Les nymphes du Palais-Royal.*

Vote (Le) universel, journal. — *N° du 22 novembre* 1850. — « *Mazas et Belle-Isle ;* »

N° du 13 décembre 1850. — Autre article ; tous deux contenant des excitations à la haine et au mépris du gouvernement de la République.

Destruction ordonnée par arrêts de la Cour d'assises de la Seine, en date des 4 et 23 décembre 1850, condamnant Treillard, auteur du 1er article, à 3 mois de prison et 500 fr. d'amende, et Vié, homme de lettres, gérant dudit journal, 1o à 3 mois de prison et 500 fr. d'amende; 2o à 6 mois d'emprisonnement et 6,000 fr. d'amende. (*Moniteur* du 16 février 1851.)

Vous avez trouvé la clé ! — Gravure obscène, publiée sans autorisation, par Léonard Bégin.

Destruction ordonnée par arrêt de la Cour royale de Paris, en date du 14 septembre 1821. (Point d'insertion au *Moniteur.*)

Voyage d'un jeune Français à Berlin.

Voir : *La Prusse galante.*

Voyage de Mathieu Panther à l'île Sonnante, ces derniers jours, traduit par Jacques Tellier, Languedocien. (Ch.-Raymond-Henri Arnoulat), in-32, 46 pp. — Toulouse, 1861.

Ce pamphlet a été saisi lors de sa mise en vente.

Voir : *Otto Lorenz,* T. I, p. 75.)

Vrai (Le) bonheur. — Chanson obscène.

Voir : *Le Chansonnier du B.....*

Vrais et faux catholiques, par M. Louis-Auguste MARTIN. — Paris, 1858.

La destruction de cet écrit, contenant des attaques contre la liberté des cultes, contre le respect dû aux lois et à l'inviolabilité des droits qu'elles ont consacrés, a été ordonnée, par arrêt de la Cour impériale de Paris, en date du 19 mars 1858, condamnant l'auteur à six mois d'emprisonnement et 2,000 fr. d'amende. (*Moniteur* des 14-15 mai 1858.)

Vues arrachées à un homme d'Etat. — 2e édition, augmentée d'une note.

Destruction ordonnée par...., le 21 décembre 1816.

Vues sur le gouvernement de la France, brochure *lithographiée* par M. le duc de BROGLIE. — Mars 1861.

Cet écrit fut poursuivi, au moment où il allait être publié, comme contenant des attaques contre le gouvernement impérial, et bien qu'il eût été préparé pour la publicité, non par le moyen des procédés typographiques, mais simplement à l'aide de la lithographie.

Au mois de juin 1861, une ordonnance de non-lieu fut rendue en faveur de l'auteur et de l'imprimeur-lithographe qu'il avait employé. — Cette ordonnance était basée sur ce fait qu'en réalité la brochure n'avait pas été livrée à la publicité, ayant été saisie au moment où elle allait paraître. Tous les exemplaires saisis demeurèrent néanmoins confisqués. (*Gazette des Tribunaux* du 30 juin 1861.)

Cet ouvrage a d'ailleurs été publié in-extenso, après la chute de l'empire, par le fils de l'auteur, Albert de BROGLIE. — Paris, LÉVY, frères, in-8, 1870, 7 fr. 50. — Une seconde édition a été donnée en 1872 (in-12, 3 fr. 50).

Wellington et miss Wilson. — Lithographie obscène.

Voir : *Célébrités contemporaines.*

Wilfort (Chevalier de).

Voir : *Confession générale du.*

Zon, ma Lisette ! — Chanson.

Voir : *La chanson au XIXe siècle.*

OBSERVATION

Afin de rendre les recherches aussi simples et aussi rapides que possible, la Table de cet ouvrage a été divisée en trois index :

I. — Les noms,

II. — Les écrits,

III. — Les dessins.

Les chiffres romains renvoient aux pages de la Préface, les chiffres arabes, à celles du Catalogue.

ABRÉVIATIONS EMPLOYÉES.

a.......	auteur.	j.......	journal.
br.....	brochure.	lib.....	libraire.
ch......	chanson.	lic.....	licencieux.
colp....	affaire de colportage, ou colporteur.	lith....	lithographie.
		m^d.d'est.	marchand d'estampes.
dess....	dessin, ou dessinateur.	obsc....	obscène.
é.......	écrit.	phot....	affaire de photographie.
éd.....	éditeur.	pol.....	politique.
est.....	estampe.	ps......	pseudonyme.
gér.....	gérant de journal ou de revue.	rec.....	recueil.
		rom....	roman.
grav....	graveur ou gravure.	séd.....	séditieux.
irr.....	irréligieux.		

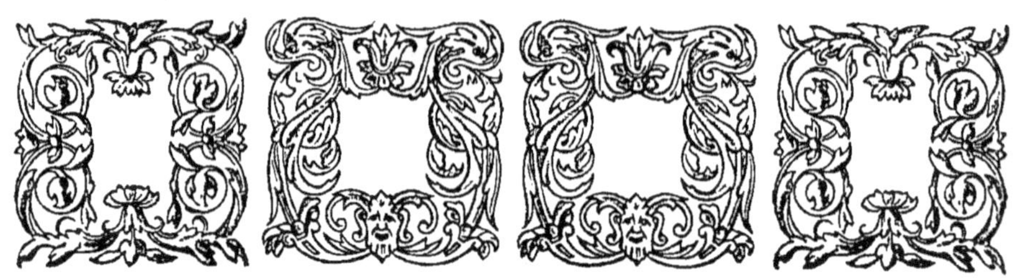

I

TABLE DES NOMS

Aubrée, Fᵉ, phot., ... XXX
Aubry, L.-Edm., gér.,....... 176
Aubry-Foucault, gér.,....... 176
Auffray, imp., ... 290
Auger, phot., ... XXXII
Auguis, a., ... 158
Aumale (Henri d'Orléans, duc
   d'), a., ...,..... 196, 225, 226, 386
Aumont, E., éd., ... 365
Aunay (Alfred d'), V. Descudier.
Autels (Guillaume des), a., .. 339
Auvray, colp., ... 325
Auvray, Jean, a.; 120
Avenel, Paul, a.,............ 12
Avenin, colp., ... 183, 238
Avenin, Fᵉ, lib., ... 320, 384, 385
Avrial. XXVII
Avril, colp., ... 95, 380
Aycard, Marie, a., ... 299

B

Babeuf, Robert, a.,...... 272, 273
Bachelier, colp.,............. 73
Bacquenois, lib., ... 174, 311
Baduel, Maurice; a., ... 47, 166
Baillès (Mgr J.-M.-J.), a., .. XXI
Bailleul, colp., ... XXXIII
Bailleul, A., éd., ... 234
Baillot, Denis, a., ... 143
Bailly, imp.,................ 56
Balary, imp., ... 150
Balitout, imp., ... 363
Ballard, J., éd.,. 16, 155, 268, 347
Balzac, (H. de), a.,...... 322, 392
Bancel, a., ... 66
Barat, colp., ... 182
Barba, éd., 9, 10, 94, 142, 166, 208
                   237, 266, 389
Barbès, a., ...: 335, 381

Barbet, L.-R., a., ... 108
Barbey d'Aurevilly, J., a., .. 124
Barbeyrac de Sᵗ-Maurice, Ch.
   Fr., a., ... 169
Barbier, a.,...... 6, 272, 309, 325
Barbieux, gér., ... 363
Barbou, éd., ... 6
Barboux, Alfred, a., ... 164
Bareste, P.-E., gér., ... 347
Barginet, Alex.-P., a., ... 198
Baroche, a., ... 134
Baron, Auguste, a., ... 17
Barraud, éd., ... 104, 140
Barrault-Roullon, a., ... 316
Barri, (Cᵗᵉˢˢᵉ du), ... 246
Barrier, Jean, gér., ... 245, 388
Barrois, Ch., éd., a., ... 253
Barruel-Beauvert, (Cᵗᵉ Ant.-Jo.
   de), a., ... 229
Barthélemy, A.-M., a.,... 165, 275
                      276, 318
Barthélemy, L., a.,.......... 117
Barthélemy, Pierre, a., XVI, 55
                          178
Bascans, gér., ... 380
Baseggio, Giambattista, a., .. 12
Basière, L.-Victor, a.,....... 276
Basquin-Desessart, a., ... 351
Bassaget, dess., ... 377
Basseville. XX
Bastide, (Mᵐᵉ J.), a., ... 266
Bastide, L.-B.-E., a. 39, 122, 377
Batacchi, a., ... 281
Bataille, Ch., a., ... 374
Bathlot, éd., ... 62
Baudelaire, Ch., a., ... 146, 214
Baudier, Louis, a., ... 34, 35
Baudoin, a., ... XVI
Baudouin, Fr., éd., XII, XIV, 82
                   171, 227, 278
Baudry, éd., ... 159

C

E

H

M

FIN.

VIENT DE PARAITRE

LE BRIC-A-BRAC DE L'AMOUR

Par OCTAVE UZANNE

PRÉFACE
DE J. BARBEY D'AUREVILLY

Eau-forte frontispice composé et gravé par Adolphe LALAUZE.

Un beau volume in-8° couronne, imprimé sur papier vergé, nombreux fleurons, culs-de-lampe et lettres ornées imprimés en couleur, titre bleu et noir. . . . . 5 fr.

Ces fantaisies charmantes, réunies sous le titre du *Bric-à-brac de l'amour*, sont appelées, nous en sommes assurés, à la vogue la plus grande. M. Octave Uzanne a écrit ce livre avec sa jeunesse; c'est une course au clocher, pleine de fougue, d'humour, d'esprit et d'enthousiasme pour la femme; c'est un bric-à-brac de style et de couleur qui révèle l'érudit, mais qui se ressent d'une grande indépendance de plume et de pensée. L'auteur s'y montre *lui-même* sans fard, avec son libertinage d'imagination et son mépris des sots préjugés; c'est surtout un conteur original dans une manière qui lui est bien personnelle. Il n'esquive jamais les situations difficiles et graveleuses, mais il gaze en homme délicat qui possède merveilleusement sa langue et qui ne craint pas de *néologier*, selon son mot, en méprisant l'opinion des censeurs myopes, niais et momifiés dans les bandelettes rigides d'un petit savoir; le défaut d'une telle œuvre serait d'être trop riche en belles expressions; M. Uzanne *écrème* la langue si mignarde et si forte du seizième siècle : il récolte à l'hôtel de Rambouillet les plus jolis termes de préciosité; il cueille dans les boudoirs du dernier siècle ces termes de papillottage inventionnés pour diamanter la beauté féminine; c'est dévulgariser la langue pour mieux la vulgariser.

Voici les titres principaux de ce Recueil amoureux et libre : *Préface. — Aux honnêtes dames de Paris. — Le Crachoir. — Du mourir en amour. — Un curieux maléfice. — Les pulsations de l'attente. — Bric-à-brac du sentiment. — Le libertinage. — Une femme qui saute. — Cupidoniana. — A qui a lu,* etc. — Tous ces chapitres sont traités dans une manière différente qui amuse et fouette l'esprit du lecteur sans lasser son attention. — Le *Bric-à-brac de l'amour* n'est qu'une gamme brillante et variée sur la femme. L'esprit de l'ouvrage est viril, chaud et nullement sentimental; c'est l'amour vu par la lucarne ensoleillée du xvıııe siècle et non par derrière la vitre pluvieuse et terne d'une autre époque.

Justification des tirages de luxe.

4	Exemplaires imprimés sur parchemin, numérotés de	1 à 4	. . .	80 fr.
6	—	—	— papier du Japon	—	de 5 à 10	. . .	40 fr.
10	—	—	— de Chine	—	de 11 à 20	. . .	25 fr.
30	—	—	— Whatman	—	de 21 à 50	. . .	12 fr.

TIRAGE IMPRIMÉ EN DEUX COULEURS

Fleurons, lettres ornées et cul-de-lampe en bleu flore, texte en rouge minéral.

50 Exemplaires imprimés sur papier Whatman, numérotés de 51 à 100. . . . . . 25 fr.

Épreuves du frontispice avant la lettre :

EN NOIR

Whatman. . . 2 fr. — Chine. . . 3 fr. — Japon. . 4 fr.

EN SANGUINE OU EN BISTRE

Whatman. . . 3 fr. — Chine. . . 4 fr. — Japon. . 5 fr.